中国社会科学院大学
University of Chinese Academy of Social Sciences

篤学 慎思　明辨 尚行

中国社会科学院大学系列教材

法学系列

中国特色社会主义
法治理论概要

王莉君　等著

Introduction to the Theory of
Socialist Rule of Law with Chinese Characteristics

社会科学文献出版社
SOCIAL SCIENCES ACADEMIC PRESS (CHINA)

编写说明

法治建设必须以法治理论为基础。中国特色社会主义法治理论是服务和支持中国特色社会主义法治道路与中国特色社会主义法治体系的直接理论支撑，是引领和指导全面推进依法治国、加快建设社会主义法治国家的理论体系。为了更好地研究和学习这一内涵丰富、论述深刻、逻辑严密、系统完备的理论，提升法学教育的质量与水平，我们组织了本教材的编写工作。

本教材的编写工作坚持贯彻党的大政方针，坚持以习近平新时代中国特色社会主义思想为根本指导思想。党的十八大以来形成的习近平新时代中国特色社会主义思想中，"全面依法治国是中国特色社会主义的本质要求和重要保障"。对社会主义法治的重视，体现在党的一系列重要文件之中。党的十五大把依法治国确立为党领导人民治理国家的基本方略。党的十八大把法治确定为治国理政的基本方式。十八届四中全会第一次以全面依法治国为主题，形成了关于全面推进依法治国若干重大问题的决定。党的十九大进一步把坚持全面依法治国上升为新时代坚持和发展中国特色社会主义的基本方略，显著提升了法治在社会主义现代化强国建设中的地位和作用。十九届四中全会确认了建设中国特色社会主义法治体系、建设社会主义法治国家是坚持和发展中国特色社会主义的内在要求。十九届五中全会将"基本建成法治国家、法治政府、法治社会"作为 2035 年基本实现社会主义现代化远景目标。十九届六中全会在总结党的百年奋斗重大成就和历史经验时，将"明确中国特色社会主义事业总体布局是经济建设、政治建设、文化建设、社会建设、生态文明建设五位一体，战略布局是全面建设社会主义现代化国家、全面深化改革、全面依法治国、全面从严治党四个全面""明确全面推进依法治国总目标是建设中国特色社会主义法治体系、建设社会主义法治国家"作为"习近平新时代中国特色社会主义思想"的组成部分。2022年胜利召开的党的二十大深刻总结了中国现代化建设的历史性成就。其中，法治建设方面的成就表现为："社会主义法治国家建设深入推进，全面依法治国总体格局基本形成，中国特色社会主义法治体系加快建设，司法体制改革取得重大进展，社会公平正义保障更为坚实，法治中国建设开创新局面。"二十大报告要求："我们要坚持走中国特色社会主义法治道路，建设中国特色社会主义法治体系、建设社会主义法治国家，围绕保障和促进社会公平正义，坚持依法治国、依法执政、依法行政共同推进，坚持法治国家、法治政府、法治社会一体建设，全面推进科学立法、严格执法、公正司法、全民守法，全面推进国家各方面工作法治化。"

在2020年11月召开的中央全面依法治国工作会议上，党中央明确提出了"习近平法治思想"。习近平法治思想是当代中国马克思主义法治理论、21世纪马克思主义法治理论，与马克思主义法治理论、毛泽东思想的法治理论、邓小平理论以及"三个代表"重要思想和科学发展观的法治理论既一脉相承又创新发展，集中体现了我们党在法治领域的理论创新成果。习近平法治思想生动记载了改革开放以来我们党持续推进依法治国的丰厚实践经验，深刻蕴含着中华民族自古至今绵延不断的宝贵治理智慧，广泛吸纳了人类社会法治文明的璀璨思想精华，科学规划了新时代全面依法治国的宏伟战略蓝图，是新时代全面依法治国的根本遵循和行动指南。习近平新时代中国特色社会主义思想是本教材编写的根本理论依据与根本指导思想。

中国特色社会主义法治理论，是马克思主义关于社会主义法治建设的基本原理与当代中国社会主义法治建设实际相结合的结晶，是从社会主义现代化建设事业的现实和全局出发，总结中国法治实践经验，汲取中国传统法治文化精华，借鉴国外法治合理元素，围绕如何建设社会主义法治国家这一核心问题而形成的知识系统。因此，本教材的撰写以习近平新时代中国特色社会主义思想为根本指导思想，贯彻习近平法治思想，以当代中国社会主义法治建设的实际问题为导向，充分借鉴国内外的法治理论观点与实践经验，提炼出符合我国国情的理论观点，使其既具有先进性和独创性，又具有典型的"中国作风和中国气派"，最终使教材的内容融学术性、可读性、规范性于一体。由于中国特色社会主义法治理论既关涉我国法治的一般原理，又涉及法治的具体制度实践，本教材在体例上分总论与分论两编。其中，总论编将讨论中国特色社会主义法治理论的历史渊源、理论基础、指导思想，中国特色社会主义法治的基本范畴、基本原则，中国特色社会主义法治的建设目标、价值追求以及其在国家建设和发展大局中的地位、战略举措等基础性问题；分论编将围绕立法、执法、司法、法治监督、法治保障以及党内法规等主题，具体讨论中国特色社会主义法治理论在实践中如何展开以回应现实需要、实现国家治理体系和治理能力现代化与人民权益保障的法治建设目标的问题。为了更好地引导学生深入理解中国特色社会主义法治理论的基本原理与具体实践，本教材将在每一章后附小结与引申思考的问题，进而培养学生清晰思考和严谨论证的能力。

参与教材编写的核心成员均为高校一线教师，且具有法学理论、法哲学、法学方法论、立法学、宪法学、行政法学、诉讼法学等不同教育背景与研究方向。这一点有利于教材的编写者拓展思路，在研究和阐述中国特色社会主义法治理论方面形成更宽广的"视域融合"，为学生提供更丰富、鲜活以及具有针对性的教学资料。本教材的撰稿人及其分工如下。

王莉君：法学博士，中国社会科学院大学教授，负责撰写第四章、第六章、第七章、第十二章；参与撰写第二章、第三章、第五章第一节和第三节。

时晨：法学博士，武昌理工学院特聘研究员，负责撰写第一章。

黄钰洲：法学博士，中国社会科学院大学讲师，参与撰写第二章、第三章、第五章第一节和第三节。

江辉：法学博士，中国社会科学院大学讲师，负责撰写第八章、第五章。

伏创宇：法学博士，中国社会科学院大学副教授，负责撰写第九章。

王彬：法学博士，南开大学教授，负责撰写第十章。

程捷：法学博士，中国社会科学院大学副教授，负责撰写第十一章。

李忠：法学博士，中国社会科学院法学研究所国际法研究所法治战略研究部主任，负责撰写第十三章。

上述作者完成写作后，全书由王莉君审阅通改。

编　者

2023 年 3 月

目 录

总论编

分论编

总论编

第一章 中国特色社会主义法治的渊源

第一节 古代法律文明

中国法律文明历史悠久，源远流长。习近平曾指出："我国古代法制蕴含着十分丰富的智慧和资源，中华法系在世界几大法系中独树一帜。"[①] 在人类文明和文化的发展中，中华民族曾作出过伟大贡献，不仅最早开启了世界东方文明的大门，而且对人类法治、法学及法学教育的生成与发展进行了积极的探索与光辉的实践。[②] 以中国传统律典和法律思想为代表的古代法律文明，熔哲学思想、伦理道德、宗教信仰、风俗习惯、知识经验等于一炉，不仅深刻地体现出中华民族在认识自身、认识世界、调节社会和谋求发展方面的思想和行动，更证明了中华民族在法律文明领域的成就，与西方文明相比也具有自身独特的亮点和优势。

一 先秦时期的法律文明

（一）夏代的法律

中国法律文明起源较早，有观点认为，在上古黄帝时期，即已出现法律的雏形，例如《商君书·画策》记载："神农既没，以强胜弱，以众暴寡。故黄帝作为君臣上下之义，父子兄弟之礼，夫妇妃匹之合，内行刀锯，外用甲兵。"又如《管子·任法》云："黄帝之治天下也，其民不引而来，不推而往，不使而成，不禁而止。故黄帝之治也，置法而不变，使民安其法者也。"

也有观点认为，法律起源于夏代，如《左传·昭公六年》有"夏有乱政，而作《禹刑》"。《尚书·大传》有"夏刑三千条"。《汉书·刑法志》说：

---

① 习近平：《论坚持全面依法治国》，中央文献出版社，2020，第176~177页。
② 曾宪义、赵晓耕主编《中国法律史》，中国人民大学出版社，2020，总序。

"禹承尧舜之后，自以德衰而制肉刑。"但由于史料不足，目前还难以确认上古时期法律文明的样貌。即便如此，我们仍然可以认为，从夏代的创立者"启"开始，中国即已进入文明社会，法律作为社会的重要组成部分，也有了鲜明的特点。

首先，夏代在立法上坚持"恭行天罚"的神权法思想，将国家政权的合理性与神相挂钩，并赋予司法权力神圣性。其次，有观点认为，夏代制定有相对较为完整的刑法，称为《禹刑》。《禹刑》的具体内容，现在已经无法考证。但通过传世文献转引的部分条文可知，夏代对于自己为恶而窃取他人美名、贪婪腐败、随意杀人等行为，均有相对应的严厉处罚，并初步建立了以死刑为代表的肉刑系统。同时，夏代已经建立了相对完整而稳定的公权力系统、官员系统和军事系统，具备了国家统治的基本能力。夏代的军法《甘誓》当中，系统记录了出征的理由、征讨对象的罪状和士兵的行为守则，具备了"主体—行为—处断"的基本法律表述逻辑。这说明，夏代的统治者已经掌握了应用行为规范体系控制人民行为、管理国家和社会的能力。

（二）商代的法律

商代的立法思想仍然坚持"天讨天罚"的神权法思想，且无论是在性质上还是程度上都进一步地加深和拓展。商王赋予"天"人格化的特征，并将施行刑罚说成秉承神的旨意。

商代已经进行了系统的立法活动，其制定有《汤刑》《汤之官刑》等法律。虽然具体内容不可考，但其表述当中，能够看出刑法修订、修改和重制的过程。在《汤刑》中，特别强调了"不孝罪"，体现出家国同构、家国一体的法律系统在此时的发展。

商代已经建立起了土地为王所有的土地所有制，商王将土地分赐贵族以后，贵族需要向商王缴纳贡赋，并承担其他义务。与此类似，家庭中的财产也主要由家长占有。在继承方面，商代初期的继承主要是兄终弟及与父死子继并行，到商代末期，父死子继成为政治继承领域的主要原则。同时，嫡长子继承制度也开始出现，并对后世产生了深远影响。

商代的司法流程也独具特色。商代赋予司法裁判更多的神权法色彩，定罪量刑假托神意，以占卜吉凶的结果为依据，充分体现出其"敬鬼神"的法律思想。但是实际上，占卜的结果为商王和巫觋把控。《礼记》当中记载的

"敬鬼神，畏法令"，实际上就说明了商代以敬鬼神为手段，而实现让民众畏惧法令、不敢违法的目的。商代还建造了一些监狱，如后世之"囚"字，生动形象地反映了监狱的样貌。在监狱中，犯人还被要求戴上刑具和束缚器械，体现出此时刑罚的相对严苛。

（三）周朝的法律

西周时期，在夏、商两代"天讨""天罚"神权法思想基础上发展起来的"以德配天""明德慎罚"思想逐步成为立法与司法的基本指导思想。周朝统治者为了解决自身政权合理性的问题，总结并吸取夏代、商代灭亡的教训，提出"以德配天"的君权神授说。认为"天"或"上帝"不是哪一族独有的神，而是天下各族所共有的神。"天命"属于谁，就看谁有能使人民归顺的"德"。这一思想的提出意味着神权的动摇。西周统治者感到仅靠神权已不足以维系其统治，还必须兼顾人事，重视民心的向背，既"敬天"，又"保民"。将"以德配天""敬天保民"的治国方略运用于法制方面，就是要求"明德慎罚"，即重视道德教化的作用，立法、司法都必须宽缓、审慎，执行刑罚更要慎重。这为中国后世"德主刑辅"这一正统意识形态的最终确立以及发展提供了最为直接的思想渊源，从而决定了中国古代社会法律传统的基本特征。

与立法思想相适应，周朝大胆地修改了前代以刑罚为主的法律体系，将行为规范和社会规范拓展为"礼""刑"并立、"礼""刑"并重的成熟系统。其中，"礼"最初指祭祀当中的行为规范，但在周朝，经过周公等人的改革以后，夏礼、商礼发展成一整套以维护宗法等级制为核心的行为规范，以及相应的典章制度、礼节仪式，这一制度系统一般称为"周礼"。在周人看来，"礼"是治理国家的唯一准绳。后来的儒家将之发展成"为国以礼"的"礼治"。[①] 周礼所确立的全部规范和制度中，始终贯穿着"亲亲"、"尊尊"、"长长"和"男女有别"四个原则。其中，最基本的原则是"亲亲"和"尊尊"。"亲亲"是宗法原则，旨在维护家长制；"尊尊"是等级原则，旨在维护君主制。二者都是为巩固宗法等级制服务的。从这两个基本原则出发，周礼在

---

① 后世的研究中，一般将"礼"的基本内容归纳为五种，包括祭祀之礼——吉礼；冠婚之礼——嘉礼；迎宾之礼——宾礼；征伐之礼——军礼以及丧葬之礼——凶礼。但其实际内容远远多于上述五种，基本涵盖了周人日常生活的各个方面，可谓处处有礼、行止有礼。

伦理道德上特别强调"孝"和"忠"。在当时的宗法等级制度下，"亲亲"和"尊尊"往往是二位一体，因此"孝"和"忠"也往往是两相结合。"亲亲"和"尊尊"既是周礼的基本原则，也是西周立法的指导思想。与此相应，"孝"和"忠"既是伦理道德规范，又是法律规范。正所谓"道德仁义，非礼不成；教训正俗，非礼不备；分争辨讼，非礼不决。君臣、上下、父子、兄弟，非礼不定。宦学事师，非礼不亲；班朝治军，莅官行法，非礼威严不行；祷祠祭祀，供给鬼神，非礼不诚不庄。是以君子恭敬、撙节、退让以明礼"。[①] 周礼的内容和精神深刻地影响了后世的中国人和中国社会，普通民众将礼仪规范的某些原则内化于心，形成了独特的人格与操守，进而形成了独特的民族样貌和民族精神。

同时，周朝统治者也非常注重刑的作用。文王在还未推翻商朝统治之时，就已经制定了"有亡荒阅"和"罪人不孥"等法令。一般认为，周朝进行过两次比较系统的立法活动。第一次为周初制定《九刑》。第二次为西周中后期，穆王为稳定政局，任命吕侯为司寇，制定《吕刑》。《吕刑》系统地贯彻了明德慎罚的立法方针，尤其强调用刑宽缓，以赎刑代替实际刑罚。在主要法典以外，西周统治者还将军法的"誓"、对于贵族进行劝勉训诫的"诰"和国王颁行命令的"命"作为法律渊源，共同形成了一个层级清晰、内容丰富、兼具严肃性和适应性的法律渊源体系。

在定罪量刑的实际执行方面，西周创制了很多非常值得称道的基本法律原则。第一，强调区分故意与过失、惯犯与偶犯。"眚"指过失，"非眚"指故意，故意从重，过失从轻。"非终"指偶犯，"惟终"指惯犯，惯犯从重，偶从轻。并增加"三宥之法"，对于"不识"、"过失"和"遗忘"均可减轻处罚。

第二，强调老幼废疾犯罪减免刑罚。西周制定了非常细致而具体的主体年龄标准，幼童及老人犯罪，虽然产生了危害后果，也不处以刑罚。西周还强调，幼小病弱、年老衰弱以及患有精神疾病者犯罪，应加以赦免。这体现出深刻的人文关怀。

第三，强调罪止一身，反对无故株连，反对刑罚无限累加。西周统治者

---

① 《礼记·曲礼》。

认为，"父子兄弟，罪不相及"。惩处一个主体的犯罪行为，不意味着要赋予或者剥夺其他主体行为和身份的合理性。《吕刑》当中还强调，轻重二罪均事发而需要处刑，则以重罪处断，并使犯罪人服较重的刑罚，而并不是将刑罚简单累加。

第四，强调罪疑从轻、疑罪开释。西周统治者深刻意识到"与其杀不辜，宁失不经"，即与其严刑峻法，罗织罪名杀掉无罪的人，宁愿失之过宽，将疑罪者释放。这种面对法律武器极端谨慎的态度，直接促使西周统治者综合运用多种审理程序，确保审判的公正性。例如在案件事实不清、法律适用不明的情况下，要在贵族、官员甚至是国民中展开大讨论，确保公允，如定罪量刑仍有疑问，则要从轻或赦免。

第五，强调用刑适中，罚当其罪。在定罪量刑的过程中，不仅要保证诉讼双方的不偏不倚，还要保证刑罚手段的公正性，避免过于严苛导致残害民众或者过于宽缓导致放纵犯罪。在此基础上，西周统治者系统地总结了刑罚轻重与刑罚执行的目标之间的关系，强调刑罚世轻世重，刑新国，用轻典；刑乱国，用重典；刑平国，用中典。这一理论对后世影响极为深远。

在民事法律制度方面，西周中后期宗法体制略有松弛，因而私权和以私权为中心的民事法律关系得到了长足的发展。随着地方势力的逐渐扩大，以井田制和分封制为代表的土地所有制度、政治体制等均被不同程度地破坏，地方诸侯和一般土地所有人的权利显著扩大，土地买卖也随之兴起，这也促进了债与契约等制度的发展。西周时期的买卖契约、借贷契约、保管契约和租赁契约等，均由官府制作，并由官府专门管理，体现出非常高超的民事立法水平。但是，就下层奴隶而言，他们仍然被视为不具有人格的畜产，身份地位极其低下，无法得到法律的认可和保障。

西周时期，司法机构的设置仍然保持着行政与司法合一的总体建构，但司法官员已经具有了独立的名称、地位和官署，称为"司寇"。设大司寇一人、小司寇二人作为主官，下设士师、司民、司刑等属官。遇有重大案件，其他行政长官也可参与审判。审判中，已经开始区分民事案件与刑事案件，并进一步确立了审级制度。案件的起诉分为自诉、公诉和检举揭发三种，审判要求两造具备，当庭受审。在庭审中，注意采用"五听"的方式，观察当事人陈述时候的神态动作、语言表达和当庭的反应，体现出极高的司法心理学水平。在判定事实的过程中，虽然仍较为注重口供，但也同时注重各类证据的综合应用。在没有任何证据的情况下，不能仅仅根据具有动机定案。判决结果应以书面形式呈现，并当众宣读，如当事人鸣冤，则可提出上诉。对于司法审判人员，法律提出了非常明确且严肃的要求，严令不得因秉承上意、公报私仇、亲属徇私、收受贿赂、受人请托等枉法裁判，否则将受到严厉制裁。

总体而言，西周是上古文明的全盛时期，也是上古的法律文明的全盛时期。这一时期的思想观念、政治文化、典章制度对后世产生了极为深远的影响，在同时期乃至于嗣后的相当一段时期，也居于世界领先地位。

（四）春秋战国时期的法律

春秋战国时期是中国古代社会由宗族国家制度向君主专制集权制度转变的时期。这一时期，生产力水平迅速提高，井田制加速瓦解，"私田"增加，周天子实力衰微，诸侯国内部新旧势力矛盾尖锐，新兴地主阶级开始登上历史舞台，诸侯国之间征伐不断。在这种环境当中，法律思想和法律制度呈现激烈的变化，各诸侯国纷纷变法图强，掀起了轰轰烈烈的法律改革运动和法律成文化运动。一大批伟大的思想家在此时涌现出来，就政治问题、法律问题发表自己的看法，在哲学、科学、法律、艺术等领域，形成了百家争鸣的繁盛场面。

在诸子百家的法律思想之中，比较有代表性的当数法家、儒家和道家三家。其中，法家以管仲、商鞅、慎到、申不害和韩非子等人为代表，其核心观点是"以法治国"。法家认为法律是具有客观公正性的普遍行为准则，应该得到最广泛的遵守，反对逾越法律的特权。法律由国家强制力保证实施，因而必须严厉执法，以刑去刑，以杀止杀。法家还认为，法律不应该仅仅代表社会当中一部分人的利益，从这个角度上看，即便是贵为君主，也不能将个人的私欲置于法律之上，而是应该遵循统治的一般规律，励精图治。同时，整体利益优先于个人利益，依靠制度体系进行的统治优于依靠个体良心进行的统治，个人身上的政治属性和社会属性优先于自然属性。总体而言，虽然法家在相当多的领域片面强调社会矛盾的复杂尖锐，对于人性的论述也基于自身的论述而多有曲笔；但是，法家为推动法律的发展和社会的进步所作出的努力及其显著成果是不可磨灭的。

儒家学派以孔子、孟子和荀子为代表，其核心观点是"仁政"、"礼治"和"德治"。孔子的法学思想是其政治思想的重要组成部分。在"仁"的基础上，孔子非常强调道德教化的作用，反对制定成文法，反对实施严刑峻法。但同时，孔子也认为，作为"周礼"的一个组成部分或者极端化的"礼"，法律应该得到遵守，这样才能够实现从强制化的社会秩序到自发的社会秩序，最后达到虽然没有刑事法律也可以"道不拾遗、夜不闭户"的社会图景。这一"克己复礼"的政治理想，决定了孔子在诸多法律变革的问题上所持的相对保守的态度。孟子对孔子的观点进行了一定程度的改良。以孟子为代表的儒家继承者们已经意识到，历史的车轮滚滚向前，片面强调西周的等级秩序已经毫无意义。他们更希望借由统治者力图争霸的迫切心情，实现自身"仁政"的政治抱负。孟子系统论述了国家制度构建的几种不同模式，阐述了将法律工具化、藐视人民和权力滥用的极端危险性，强调以民为本，突出道德教化的作用，特别是"三纲五常"对于维护社会秩序的重要性。荀子在此基础上，进一步地将儒家理论与法家理论相融合，提出了"隆礼重法"的政治主张，突破了原有对于性善论、性恶论论辩的窠臼，进一步将法律与国家权力的建构结合在一起。儒家的这些法律思想对于后世影响极大，汉武帝以后的"正统"法律思想，就是以先秦儒家法律思想为主，结合诸子百家当中有利于维护帝制统治的部分加以改造而形成的。

道家以老子、庄子等思想家为代表，其法律思想极富特色。道家崇尚道法自然，强调政治上应该"无为而治"，反对统治者穷奢极欲、好大喜功、滥用民力。因此，道家不仅反对法家的政治和法律主张，也反对儒家的法律观。例如老子认为，"法令滋彰，盗贼多有"，法律制定得过多，自然会将民众逼迫到法律的对立面上去，最终的结果便是"民不畏死，奈何以死惧之"，而一旦人民连最严苛的刑罚都不再畏惧，法律在社会当中也就毫无意义。又如，庄子针对儒家所谓的"仁义"抨击道："彼窃钩者诛，窃国者为诸侯，诸侯之门而仁义存焉。"① 实际上是阐明了"仁义"的概念内涵外延均掌握在统治者手中，而沦为统治和压迫的工具。道家的法律思想虽然较为保守，但其中对于法律的负面影响的深刻认识，对后世产生了深远影响。此后的历朝历

---

① 《庄子·胠箧》。

代均强调，不可过分适用严刑峻法，"持法深者无善治"，立法司法尤其应该宽严相济，以人为本。

在法律改革方面，春秋末期，郑国和晋国最早出现了制定成文法的运动，史称"铸刑鼎"。统治者将法律条文铸于象征国家权力的铁鼎之上，标志着秘密法的结束和成文法的诞生，也宣告了君主专制集权的法律制度的出现，开启了中华法系的序幕。此后，韩国、魏国、赵国、秦国等纷纷开始变法改革。公元前5世纪，魏国李悝制定了《法经》，共6篇，是中国传统社会第一部比较系统的成文法典。《法经》将实体法与程序法相区分，将总则与分则相区分，标志着中国古代立法技术已经达到了很高的水平。这一法典编纂的体例，为秦律所继承，并通过汉承秦制，对后世产生了深远影响。

在这一时期，法律调整的范围进一步扩大，规定更加具体、完备。各国开始颁布大量的非刑事法律，刑罚也开始从野蛮走向文明。在公元前3世纪中叶，商鞅在秦国变法，系统总结了各国变法的经验和成果，提出了奖励军功、重农抑商、废井田开阡陌、废分封行县制以及征收赋税等系统化的社会变革方案。商鞅变法取得了显著的成果，秦国一跃成为战国群雄之首，并且为最终秦统一天下奠定了坚实的基础。商鞅变法所确立的"大一统"的帝国法律体系，也成为所有统治模式当中，最适应时代和社会发展的一种政治法律建构模式。

二 秦汉时期的法律文明

（一）秦代的法律

秦国陆续消灭六国以后，建立起了中国历史上第一个统一的帝国，秦始皇则成为第一位皇帝。在法律领域，秦代统治者十分重视加强中央集权，强调法令的至上地位。正所谓"治道运行，诸产得宜，皆有法式"，[①] 皇帝以法律强化自身权威，法律也依靠皇权得以迅速而严厉地推广。

秦代在前代的基础上，对法律形式进行了进一步的整合，创制出以律为主、以令为尊的法律渊源结构，其中律为国家大法，令为皇帝诏令，加之文

① 《史记·秦始皇本纪》。

书程式、法律解释和法律公告，共同构成了完备的法律系统。同时，秦代还注重归纳总结案例，强调案例的指导性作用，将判案成例总结为"廷行事"。秦代法律渊源内容丰富，但同时也比较冗杂，相互龃龉之处在所难免。这种法律渊源之间的矛盾，也成为秦汉时期法律系统化程度较低的一个主要原因。

在定罪量刑方面，秦代将西周的故意与过失区分原则进一步细化为区分有无犯罪意识及区分主观为故意或过失，强调某些犯罪行为即使是过失仍然要追究刑事责任。故意从重，过失从轻。秦代严厉打击教唆犯罪、诬告犯罪及共犯和累犯，教唆犯、诬告犯均与正犯同罪，且教唆未成年人犯罪加重处罚。共犯和累犯均加重处罚，甚至可加重至死刑。同时，自首或积极消除犯罪后果的，可减免刑罚。

秦代法律体系以严密和庞杂著称，因而在民事领域和经济领域均有大量法律规范，从出土文献上看，秦代已经对于所有权、债权、担保、婚姻、继承等民事法律关系有比较清晰的规定，同时也有对于农田种植、粮食仓储、牛羊养殖、手工业操作规程、市场管理财政货币、环境保护等领域的法律规定，其内容可谓包罗万象，深刻体现出法律在秦代社会中的尊崇地位。在行政领域，秦代严肃整饬吏治，官吏在任用、日常行为、奖惩等方面均有细致而具体的规定，对于机构整体的设置和运作，也有较为明确的划分。正所谓"以法为教，以吏为师"，[①] 秦代行政法制也体现出统治者"明主治吏不治民"的法治化思路。在监察领域，秦代创设御史监察制度，以御史大夫一人司掌监察，位列三公，位高权重。虽然该官员及其官署并非专门司掌监察，还同时承担其他事务性工作，但也反映出秦代对于监察的重视。

秦代司法诉讼机构设置也适应了中央集权的特点。在中央设置有廷尉，作为全国最高司法机关，位列九卿。地方上仍然坚持司法行政合一，县另设县丞，协助处理司法实务。审理中，特别注重法庭的调查和现场证据的勘验，另需制作审讯记录。特别值得关注的是，秦代并不提倡拷讯。秦代司法者认为，能够通过证据证明其犯罪事实，或者通过一般推理能够证实其犯罪且取得口供的，证明司法官员的能力突出，单纯靠拷打而得出口供的，证明司法

---

① 《韩非子·五蠹》。

官员能力亟待提高。因而，一般仅在数次审问后仍狡辩或者欺骗，随意改变口供拒不配合时，才使用拷讯。

（二）汉代的法律

汉代的立法活动基本属于汉承秦制。汉代的基本大法《九章律》，就是在秦《法经》六篇的基础上，加入《户律》、《兴律》和《厩律》三篇完成的，此后所制定的《傍章律》等法律，基本都是在维护皇权，体现等级秩序。至东汉对法律进行改革之时，汉代法律已经过于繁杂，统治者不得不屡次发布减刑诏书。除了律文以外，汉代还对君主颁布的诏令进行了系统的整理，编为数部诏令合集。在汉代，还出现了将经典案例作为裁判根据的"决事比"。《汉书·刑法志》曰："若今律，其有断事，皆依旧事断之，其无条，取比类以决之，故云决事比。"

汉代的法律文明还有一个明显的特征，就是儒家思想越来越深入地影响了立法与司法活动。汉代吸取秦二世而亡的教训，在立国之初采用黄老学派"无为而治"的政治法律思想。但是随着汉代政治的发展，统治者开始放弃"无为而治"的主张，转而将儒家思想改造为"官学"。一方面，儒家思想在司法裁判中得到了很多运用，这在董仲舒所提出的"春秋决狱"中有着最鲜明的体现。所谓"春秋决狱"是指遇到义关伦常而现行法律无明文规定或虽有明文规定却有碍伦常时，便用儒家经典《春秋》所载有关事例及其体现的道德原则作为司法审判的依据。此后，儒家学者们不满足于"春秋决狱"，还征引其他儒家经典断狱，故称为"引经决狱"，而此种将儒家经典扩大适用的结果则是向引经注律迈进。这种结合儒家经义的方式来辅助法律解释、填补法律漏洞的做法虽然是古代的，却与当前方兴未艾的法教义学之逻辑相合。引经注律进一步发展，就导致了实用学科律学的产生。在法律解释和行为规范不断增加之时，律学家们综合应用法律知识和经学知识，阐述其对于法律精神和法律条文的理解，而皇帝则在诸多解释中选取一个，赋予其权威地位。这既促进了法律儒家化的迅速发展，也为后世法律知识的传承和法学教育提供了重要的基础。

另一方面，儒家思想也深刻影响了汉代的立法。在儒家思想的影响下，在定罪量刑方面，汉代创设了一些新的制度，例如亲属之间相互隐匿犯罪而不予追究的亲属相隐制度、贵族官僚犯罪先向皇帝禀报减免刑罚的先请制度、衡量犯罪人犯罪时主观心态据此定罪的原心定罪制度等，基本上都体现出刑罚的等级化、差异化和刑罚适用与伦常的结合，但同时也为出入人罪打开了方便之门。除此之外，以儒家经义为根据处理纠纷的典型案例还通过"决事比"的方式渗入立法领域。

三　魏晋隋唐时期的法律文明

（一）魏晋时期的法律

魏晋时期是中国民族和社会大发展大融合的时期，也是法律取得长足发展和进步的时期。这一时期，受汉代引经入律的影响，律学家们在律令的区分、法典编纂体例及经律互释方面，继续进行了不懈的探索，初步确立了"律以正罪名，令以存事制"[①]、"律十二篇"和"总则在前，分则在后"等原则，对后世产生了深远影响。

魏晋时期是中国法律儒家化的重要阶段。陈寅恪先生首次明确提出"法律儒家化"的概念，并指明："古代礼律关系密切，而司马氏以东汉末年之儒学大族创造晋室，统制中国，其所制定之刑律尤为儒家化。既为南朝历代所因袭，北魏改律复采用之，辗转嬗蜕，经由齐隋，以至于唐，实为华夏刑律不祧之正统。"[②]瞿同祖也认为，曹魏制律，即已经是儒家化的法律了，而儒家因素在历代法律中逐渐累积，至隋唐而大成。[③]具体而言，这一时期比较有代表性的制度，均有着明显的儒家理论根据。如：八议制度、准五服以制罪制度、官当制度、"重罪十条"、存留养亲制度等。

魏晋时期的中央审判机关仍为廷尉（仅三国时的孙吴称"大理"，北周因仿效西周而称"秋官司寇"），最高司法审判权掌握在各王朝的皇帝手中。为了加强司法机关的镇压职能，稳定社会秩序，各王朝相继采取了一系列措施，扩大司法机关的组织规模，以强化统治。至北齐，廷尉正式改称为"大理寺"，并增加了属吏，律博士由一人增至四人，司法机关的规模显著扩大。三国时期，地方决断死刑权力的行使开始受到限制。魏明帝青龙四年（公元236 年）曾诏："廷尉及天下狱官，诸有死罪具狱以定，非谋反及手杀人，亟

---

①　杜预:《律序》。

②　陈寅恪:《隋唐制度渊源略论稿》，上海古籍出版社，1982，第 100 页。

③　瞿同祖:《中国法律与中国社会》，中华书局，1981，第 270~346 页。

语其亲治，有乞恩者，使与奏。"[1] 南朝自宋开始，死刑奏报皇帝批准也渐成惯例。至北魏时，法律明确规定了死刑奏报的制度。为进一步规范诉权，西晋还建立了登闻鼓制度，允许有冤情者直诉有司。

（二）隋唐时期的法律

隋唐是我国古代社会经济、思想文化、政治军事等均非常繁盛的时期，其法律也是当之无愧的中国古代社会的典范。隋朝初期，立法者非常重视立法的宽简，但在隋朝后期并未得到贯彻。唐初统治者总结隋亡教训，深刻认识到立法宽简的重要性。宽严适中、简约易懂的法律成为唐代立法者追求的目标。同时，唐代立法者还对礼法关系有了极为深刻的理解。在《唐律疏议》的卷首即谈道"德礼为政教之本，刑罚为政教之用，犹昏晓阳秋相须而成者也"。从这个角度上看，唐代统治者对于道德与法律的积极作用和消极作用都有所认识，且能够综合运用多种社会管理手段，追求大治的政治理想。后人评价唐律为"一准乎礼，得古今之平"，可谓恰如其分。

在隋开皇初年，国家制度体系已经基本形成了以"律令格式"为主干，以其他规范为补充的相对较为完善的结构。唐代立法者进一步明确了四者的界分："凡律以正刑定罪，令以设范立制，格以禁违止邪，式以轨物程式。"[2]律为国家大法，主要是刑事法律规范。令主要是皇帝颁布的诏令，后经整理，主要规范国家组织制度。格本为临时颁布的行政命令，后也具有临时性刑法的性质。式主要是尚书省和其他部门在工作中订立的办事细则和公文程式。唐律明确，断罪必须援引律令格式正文，否则将承担刑事责任。

隋朝的代表性法典为《开皇律》，该法典分为12卷，以《名例》一篇冠首，总则在前，分则在后，实体在前，程序在后，其编撰体例为《唐律疏议》所全盘继承。唐朝初年，唐高祖以《开皇律》为蓝本，稍作增补，制定了《武德律》，其继承者唐太宗，则对旧律进行了大规模的删减，形成了《贞观律》，基本确定了唐代法制的面貌。至唐高宗永徽年间，体例未作变化，但条文进一步修改，形成了《永徽律》。长孙无忌等人针对《永徽律》撰写了《律疏》，作为逐字逐句的法律官方解释，经朝廷颁布后，与法律具有同等效

---

[1] 《论中国古代法律监督制度》，载中国法院网，https://www.chinacourt.org/article/detail/2006/06/id/207835.shtml，最后访问日期：2023年1月4日。

[2] 《唐六典》。

力，这就是闻名天下的《永徽律疏》，元代以后称为《唐律疏议》。

《唐律疏议》计凡30卷，12篇，502条。其内容主要包括刑法总则、宫廷警卫、边境管理、官吏职责、户口家庭、仓库管理、军事徭役、人身财产、斗殴告诉、诈骗伪造、抓捕罪犯、司法审判等，始以总则，终以专则，先列事律，后列罪律，是一部内容丰富、体例严整的综合性法典。

《唐律疏议》中出现了许多体现儒家经义的精致法律制度。如，在汉代亲属相隐的基础上，《唐律疏议》提出了"同居相为隐"制度：承认同居共财者，包括家族亲属、部曲、奴婢等隐匿罪状，不负或者减轻刑事责任。并且以亲属尊卑和亲属之远近，厘定可相隐的罪状的轻重和所负刑事责任的大小。同时规定，一些重大犯罪如谋反、谋大逆等，不适用本条。再如，《唐律疏议》形成了极有特点的自首减免刑罚。唐律规定，犯罪未被发现而能够自首的，则减免刑事处罚。但是，自首仅限于可恢复原状的犯罪，如果是杀伤人或者损毁物品不能恢复原状，则不可自首。如果自首不实不尽，则坦白部分免罪，追究其余责任。如果共同犯罪逃跑后能缉捕同伙的，满足一定数量也可认定自首。在司法裁量方法上，《唐律疏议》还形成了"轻重相引"原则。"诸断罪而无正条，其应出罪者，则举重以明轻；其应入罪者，则举轻以明重。"其含义为，在应定量刑之时法律没有明确对应条文的，如果属于应减轻或免除罪状的，则在律文中举出严重的行为，如严重的行为不构成犯罪，则比之更轻的行为亦自然不构成犯罪，反之亦反。《唐律疏议》还出现了"化外人相犯"的冲突法规则。唐律规定，同属某一国人之间犯罪，适用该国法。而不同国家人之间犯罪，适用唐律。本条充分体现出唐律在维护本国利益的原则下，展现出的大国气度。

唐代的司法体系较为紧凑，中央司法机关为大理寺，刑部为复核机构，御史台为监察机构，称为"三法司"。遇有重大案件，由中书省中书舍人、门下省给事中和御史台侍御史组成司法机构，谓之"三司"，直接对皇帝负责，是最高的常设性司法机关。在地方，诉讼案件仍然需要逐级上告，严禁越诉。官府受理诉讼以后，需要对诉讼人进行三次审问，反复核实，然后才可立案。一些比较严重的犯罪如死刑犯罪，需要经过三次复奏，方可实施，京师地区的死刑甚至要五次复奏。

总体来看，唐律是我国传统社会发展到鼎盛阶段的产物。在中国漫长的历史中，唐律承前启后，继往开来。一方面，它系统总结和全面继承了夏商以来，尤其是秦汉以来历代王朝立法和司法的丰富经验和优秀成果，并在此基础上加以补充完善，形成了以德主刑辅为核心的立法思想，一系列精辟而富有实务精神的刑法适用原则和诉讼审判制度，使得传统法律不论在体例的科学、内容的丰富还是在技术的完善方面，都大大超越了前代的水平。另一方面，由于唐律体现了中国传统立法的最高成就，因而后代修订法律时皆以唐律为楷模和蓝本，虽在某些方面"随时损益"，但其基本精神和主要内容都未超出唐律的范围，可见唐律对于后世各王朝的传统立法所产生的广泛而深刻的影响。唐律也对日本、韩国、越南等地的法律产生了深远影响，这些国家的法律之主要内容与编排体例，基本都是学习、模仿唐律，并稍加改动的结果。可以说，唐律是当之无愧的中华法系杰出代表，《唐律疏议》代表了整个中古时期法治文明、全世界范围内的最高水平。

四　宋元明清时期的法律文明

（一）宋元时期的法律

两宋时期的法律思想，仍然延续德主刑辅的大体框架，但从整体上看，更趋务实。自赵匡胤开始，皇帝对于中央集权的诉求不断通过法律的方式固定和强化，到王安石变法之时，又转为关注经济的发展，这就促使传统的法律观念向着"功利"的角度大大迈进了一步。"舍生取义""重义轻利"的思想，逐步为"义利并重""义利相辅"取代，制度建设方面也出现了许多关注现实的改革举措。至程朱理学出现并逐步取得优势地位之时，实际上法律思想方面就已经完成了皇帝与官僚和民众在权力和权利之间诉求上的平衡与妥协，以"理"的方式，缓解原有的紧张关系。但是在宋代末期，统治者又拿起了重刑的武器，用以解决阶级矛盾和民族矛盾。这种思路也影响了元代的法律思想，使其在处理民族关系问题方面更趋保守，并维护蒙古的特权。

宋元时期的法律渊源比之前有了进一步的发展。宋代的基本法典称为《宋刑统》，是将唐律当中原有的条文以性质相同或者相近为标准而区分为213门，在门内将通行的敕令格式等统编在一起，形成了律令合编的体例结构。这里的"敕"，本义为尊长对于卑幼的训诫，在南北朝以后成为皇帝诏令的一种。敕作为专门命令，效力高于律，宋仁宗以前，基本上是敕律并行，但是到神宗以后，敕的地位大大提高，甚至可以取代律文。南宋时期还曾经对断例进行编修，以例断案有了较大的发展，这直接影响了元代。元代将"断例"作为与"条格"同等地位的法律渊源，在其主要法典《大元通制》《至正条格》等当中，均列有律文和断例，甚至出现"有例可援，无法可守"[①]的现象。

受商品经济发展的影响，两宋时期的民事经济法律规范有了较大的发展。在土地方面，让渡权利的契约分为三种，即完全转移所有权的绝卖、让渡使用权而保留赎回权的典卖，和在先预付后取得价金的赊卖，以利于对财产权利的保护。在继承方面，同样重视权利的保护。宋代承认在室女具有部分继承权，并承认遗腹子与亲生子一样具有继承权。

宋代的司法机构设置也非常具有特色。大理寺仍是中央审判机关，刑部为中央复核机关。神宗以前，置审刑院作为详议机关，上奏案件先交审刑院备案，然后交大理寺复核，再返回审刑院详议后交由皇帝裁决。宋代非常重视案件的证据勘验，南宋时宋慈编著的证据科学著作《洗冤集录》，代表了当时法医学的世界领先水平。

（二）明清时期的法律

明代的立法思想，与前代相比发生了较大的变化。朱元璋取得政权后，一方面通过程朱理学当中对于"明刑弼教"的解读，将礼和法统一在理之内，这样就大大提高了法律的地位；另一方面使用周朝"刑罚世轻世重"的理论，强调元代就是因有法不依、法不能行、过于宽纵而灭亡，必须采用重刑重典。从这一指导思想出发，朱元璋大力进行制度和刑罚方面的建设，不仅以严刑峻法打击暴乱、强盗窃盗等犯罪，还严厉整饬吏治，打击贪污腐败。

与明代不同，清代统治者特别注重吸收汉文化当中的智慧，早在清入关之初，就提出了"参汉酌金，详译明律"的立法思想，及至康熙帝，更是深深认可儒家文化，认为治理国家首先应靠德政，而以法律为辅弼。这种谦虚的态度使清代的法律无论是在理论和技术方面，还是在操作和执行方面，都胜于明代。

虽然出发点各不相同，但明代和清代均对法典编纂采取了极为积极而审

---

① 《历代名臣奏议》。

慎的态度。从吴元年开始，朱元璋便下令开始编纂国家大法，直至洪武三十年（1397年），《大明律》才最终颁行，前后历经三十多年，体例内容数次大改，足见其谨慎态度。清朝自顺治二年（1645年）开始起草律典，起初仅是对明律的整修，但康熙、雍正、乾隆三朝以高度的热情和历史责任感反复对法典进行编辑、修改和增删，历经四朝努力，前后百年时间，最终完成了《大清律例》的编订工作，足见统治者对立法工作的极端谨慎。

明清两代，"例"成为重要的法律形式。明代的"例"主要指因"一时之权宜"而制定的单行性刑事法律。有《问刑条例》《充军条例》《真犯杂犯死罪条例》等，基本都属于为弥补法律的不足或者弥合法律与社会现实之间的差异而作。至清代，此种方法运用越发纯熟。皇帝御笔断罪形成的刑事补充条款被分类编纂在律文之后，形成了律例合编的体例。在法典颁行以后，对律文尽量不进行调整，而以修改、增补例文的方式，完成法律与社会现实的调适，正所谓"律垂邦法为不易之常经，例准民情因时以制宜"[1]。清代的部院则例，作为法律形式，相当于"令"。明清两代，均以"会典"的形式将法令、典章制度和国家机构的组织、官员职责等编纂在一起，成为当时政治制度和法律的"百科全书"式的全景介绍。

明清时期，司法机构的结构和运作程序发生了较大的变化。明代中央司法机构为刑部、大理寺、都察院，分别负责审判、复核和纠察，清代与此相同。明代的会审制度较为发达，不仅有六部尚书和司法官员共同参与的会审，还有在皇帝特派的太监主持下进行的审判。清代司法机关严格遵循审转制度，即案件层层审理最终上报。

第二节　近现代法律文明

20世纪初叶，随着西风东渐、东西方交流的加快，中国社会开始由古代的、传统的社会体制向近现代文明过渡，建立健全的、符合现代理性精神的法律文明体系，成为所有仁人志士的共同追求。在剧烈的社会动荡和战乱之时，包括法律人在内的所有中国人，都在黑暗中探索前进的方向。在反帝反

---

① 《刑案汇览》。

封建的斗争中，中国的法律文明不仅由古典法向着近代法律权利保障和民族解放的方向艰难迈进，也创造性地将西方的法律思想、法律制度，与中国深厚的法治历史和民族精神相结合，形成了独特的法律发展脉络与社会规范的样貌。下面，本书将分三个阶段来描述我国法制文明向着现代化方向过渡的历程。

一　清末变法修律

随着西方的军事入侵和法律制度、思想的传入，清朝立法者首先希望通过按西方之标准，对法律进行修改，来收回被攫取的司法权，维护国家的主权。清末的立法修律以"参酌各国法律，务期中外通行"为宗旨而展开。甲午战争失败后，以康有为、梁启超为代表的维新派认为，当前社会弱肉强食、适者生存，唯有通过变法才能救亡图存。在诸多的制度当中，最为关键的是"定宪法"，即适当限制君主权力，实行君主立宪，从而使君主、官吏和人民各安其位，享有应有的权利，履行相应的义务。

自 1901 年开始，清代统治者开始实施"新政"，进行政治、经济、法律、社会和教育等方面的系统改革。至 1905 年 7 月，慈禧派载泽、端方等五位大臣出访欧美、日本，考察各国宪政，同年 10 月设考察政治馆，研究各国政法，招揽人才。1906 年 7 月五位大臣回国后，面陈慈禧实行立宪有三大好处：一是"皇位永固"；二是"外患渐轻"；三是"内乱可弭"。[①] 同年 9 月 1 日，清廷颁发了"仿行立宪"的上谕，确立"预备立宪"为基本国策，预备期为九年。为了进行预备宪政，清政府仿照日本"明治维新"设立考察政治馆的先例，设立"宪政编查馆"，专责从事宪政准备工作。但是，预备立宪从一开始就以"预备"为出发点，即并不以制定宪法为目的，而是要用数年的时间对国外宪法进行学习，缓行年限，再立宪法。而且，预备立宪的精神是"大权统于朝廷，庶政公诸舆论"，这就意味着预备立宪与西方和国内思想家所倡导的君主立宪相去甚远。

在预备立宪的过程中，清政府于 1907 年开始，筹备设置了国家和地方两级"代议机构"，称为"资政院"和"咨议局"，并于 1908 年颁布了办事章

---

① 载泽:《奏请宣布立宪折》，载《宪政初纲》，商务印书馆，1906，第 4~7 页。

程。但是，这两个机构在议员选任、机构职责、议事规程等方面，均依托王公贵族、官僚和地方豪强，根本不是民选的代议机构。另外，清政府还对官制进行了改革。这次官制改革主要是"更定官制"以为立宪的基础。在改革中，刑部改为法部，作为全国专门司法行政机关。大理寺改为大理院，作为全国最高审判机关，在各级审判庭内设置对应的检察厅，并设置新式警察机构和新式监狱。为了适应司法制度的改革，近代法学职业体系和法学教育也建立了起来。《大清刑事民事诉讼法草案》对律师进行了专门规定，对法官在庭上的行为也有较为系统的规定。沈家本等法学家认为，当前法律变化，尤其需要培养法律人才，因此在京津等地开设了法律学堂。很多留学生在归国后也选择开设法律讲堂。

在立法方面，清政府也展开了大规模的法律修订活动。1907年清政府委任沈家本等人为修律大臣，设立修订法律馆，主持起草民刑法典。沈家本通过到日本考察的侍郎董康，邀请日本东京控诉院判事松冈义正、帝国大学刑法教授冈田朝太郎、司法省事务官小河滋次郎、帝国大学商法教授志田钾太郎来华，协助起草法典，并在京师法律学堂担任教习。1910年，清廷颁布实施了变法时期的过渡性法典——《大清现行刑律》。该法典共36卷，389条，律后附例，并将单行法再列于后。《大清现行刑律》取消了六部的六律总目，而是以名例一篇为总则，其他条款按性质分为30门，并加入了很多新形势下出现的新罪名。纯系民事性质的条款不再科刑，这就使律文的数量有所减少。1911年，清廷又颁布了《大清新刑律》。这部法典分为总则、分则两编，抛弃了以往旧律诸法合体的编撰体例，明确了刑法的内容为犯罪与刑罚；该法典还采用了崭新的刑罚系统，确立了以"死刑（绞刑一种）、无期徒刑、有期徒刑、拘留、罚金"为核心的现代刑罚体系，引入了褫夺公权和没收财产作为从刑，刑罚体系科学明确。《大清新刑律》当中，采用了大量西方先进的刑法原则和术语，确立了法律面前人人平等、罪刑法定、正当防卫、紧急避险、缓刑假释等多种原则和制度，堪称一部完整意义上的近代新式刑法典。[①]

在清末修律过程中，民商法修订也是沈家本、伍廷芳、俞廉三等人主持

---

① 参见《大清光绪新法令》（第十九册），商务印书馆，1910年编印，第26~28页。

的修订法律馆所着力进行的一项工作。具体的编纂工作准备较充分，一方面聘请时为法律学堂教习的日本法学家松冈正义等外国法律专家参与起草工作，另一方面则派员赴全国各省进行民事习惯的调查。经过相当长时间的准备和起草工作，修订法律馆于 1911 年 8 月完成全部草案。该《大清民律草案》分总则、债、物权、亲属、继承五编，共 1569 条。其中，总则、债、物权三编由松冈义正等人仿照德、日民法典的体例和内容草拟而成，吸收了大量的西方资产阶级民法的理论、制度和原则。而亲属、继承两编则由修订法律馆会同保守的礼学馆起草，其制度、风格带有浓厚的君主专制集权色彩，保留了许多传统法律的精神。同年修订法律大臣俞廉三在"奏进民律前三编草案折"中表示："此次编辑之旨，约分四端：（一）注重世界最普通之法则。（二）原本后出最精确之法理。（三）求最适于中国民情之法则。（四）期于改进上最有利益之法则。"[①]

1908 年，清政府还颁布了《钦定宪法大纲》，这是中国历史上第一个以"宪法"为名称的宪法性文件。《钦定宪法大纲》共有 23 条，其中第一部分"君上大权"就有 14 条，而将"臣民权利义务"列为附录，这样的结构几乎立刻遭到了社会的批评，也彻底让人认清了预备立宪的本质。武昌起义爆发以后，清朝统治摇摇欲坠，清政府被迫做出重大让步，颁布了《宪法重大信条十九条》（简称《十九信条》）。在这份宪法性文件中，皇帝权力被大大限缩，议会和政府总理的职权有所扩大。但是，《十九信条》并没有关注到人民的权利，因而也不可能逆转革命的大势。最终，清帝颁布了《清帝逊位诏书》，中国两千余年的君主制度就此宣告终结。清末的变法修律活动所形成的法律文本虽然大都因清朝覆亡而并未施行，但是，它们均成为后来立法机关的参考资料，在我国法制史上占有一席之地。

二　中华民国的法制建设

在改良派主导的社会变革宣告失败以后，资产阶级革命派继续领导中国法律的变革。资产阶级革命派更加鲜明地反封建，力图推翻君主专制，实施三民主义，将资产阶级的法治精神引入中国的法律制度框架内，使中国的法

---

① 参见《清末筹备立宪档案资料》下册，中华书局，1979，第 912 页。

治文明掀开了新的一页。然而，资产阶级革命派的法律思想也呈现出其阶级所决定的弱点和缺陷。随着政权滑入大地主、大官僚、大资产阶级手中，法律越来越关注保护他们的权益，牺牲民众利益，以"合法"的制度来粉饰独裁统治之实，故其法律也必然为中国共产党所领导制定的人民的法律所取代。

早在 1905 年，孙中山成立同盟会之时，就提出了包含民族、民权、民生在内的"三民主义"的法律主张。这一主张构成了资产阶级民主革命的法律思想基础。其中，民族主义主要关注民族国家的构成问题。"驱除鞑虏，恢复中华"的表述，明显具有大汉族主义的色彩，但同时也证明其对于"民族"的定义与当下存在比较大的区别。民权主义是三民主义的核心，主要关注推翻君主专制，建立民国。在这一过程中，人民享有政权，而政府享有治权。孙中山认为，要建立全民政治的国家，必须保障人民的选举权、创制权、复决权和罢免权，同时建立具有较大力量的政府。这种权能分治的理论，成为民国时期立宪、立法和国家机构设置的直接理论来源。孙中山还认为，三权分立有自身的缺陷，为增加其与中国的适应性，应该在三权的基础上加入中国特有的监察权和考试权，把控官吏的铨选和履职行为，依据此五权分立而定的宪法则为五权宪法，依据五权宪法创设的国家政体形式则为五院制。[①]三民主义和五权宪法的政治纲领虽然还尚显粗糙，但孙中山在提出这一政治纲领时不仅注意吸收西方法律思想法律制度的合理成分，而且还非常关注该纲领在中国的适应性。因此，该纲领对中国的法律近代化进程产生了划时代的影响。孙中山晚年时在中国共产党和资产阶级先进分子的帮助下，进一步弘扬了其法律思想中的革命性，出台了"联俄、联共、扶助农工"的三大政策。该政策代表了呼唤民主权利、呼唤平等自由、呼唤民族自强的时代先声。

在资产阶级革命派法律思想的领导下，民国时期的立法活动，尤其是立宪活动取得了较为卓著的成果。从《中华民国临时约法》开始，宪法基本都确立了国民在国家中的统治地位，赋予了民众广泛的政治权利和经济权利。《中华民国临时约法》将《中华民国临时政府组织大纲》规定的总统制改为责任内阁制，体现了对于独裁的防范。此后，由于袁世凯窃取了辛亥革命胜利的果实，以《中华民国约法》取代了《中华民国临时约法》，资产阶级革命

---

① 孙中山：《五权宪法》，载《孙中山选集》，中华书局，1981，第 533 页。

派希望通过立宪和议会政治限制总统权力的努力成为泡影。尽管如此，《中华民国临时约法》仍是中国法律史上的一个里程碑。它以根本大法的形式，废除了君主专制制度，确立了资产阶级民主共和国的国家形式，确立了人民的民主权利。南京临时政府在其存续的时期内，还颁布了一系列保护发展实业、保障人权、废除社会积弊和陋习、禁止刑讯、审判公开、司法官员铨选的法规，极大地提振了社会风气，改善了民族形象，显示了法律在促进社会文明化方面所具有的强大力量。

袁世凯就任大总统以后，重新倡导礼教和君主立宪，意图钳制人民思想。在袁世凯与资产阶级革命派的斗争中，资产阶级革命派以立宪为武器，制定了《中华民国宪法草案》，又称《天坛宪草》，肯定了资产阶级共和国的国家性质，还规定了责任内阁制。但是，袁世凯不仅将《天坛宪草》的制定机关解散，还通过《中华民国约法》《修正大总统选举法》等法律，确立个人独裁，为其复辟铺平道路。袁世凯死后，直系军阀控制北京，曹锟通过贿赂议员的方式，通过了《中华民国宪法》，这部宪法是中国首部正式颁行的宪法，内容当中虽然写明"中华民国永远为统一民主国"，且给予民众广泛的权利，但是实际上根本不可能实现。受高涨的民主活动影响，中华民国北京政府被迫废除了袁世凯时期增设的各种维护个人独裁的行政机构，实际上恢复了《中华民国临时约法》所规定的国家结构。刑法、民法等主要法规，则仍然沿用清末变法修律所形成的法律文本，并公布了为数不少的单行法规。尽管从形式上看，这些单行法规使国家的法律体系更为健全完备，但民国的法律体系实质上维护的是大地主、官僚买办阶级和帝国主义列强的利益。这一时期，由于政治秩序大体稳定，先前未建立的各级法院组织，逐步建立起来，初步形成了四级三审、审检合署、县知事兼理司法、行政军事特别审判的组织体制。在审判中，司法机关运用大量的判例和解释例。尽管民国的法制初具规模，但帝国主义列强仍以中国法律未臻完善为借口，坚持领事裁判权。领事裁判权不仅没有被取消，甚至有扩张的趋势，使中国的司法主权被进一步破坏。

1927 年 4 月，国民政府在南京建立后，其法律体系进一步发展：它不仅包括许多成文法、单行条例，还包括大量的判例和解释例。至 1949 年 4 月国民党政府崩溃时，民国政府已经形成了一套形式比较完备的法律体系。国民党法学家习惯上将国民党的法规分成宪法、民法、刑法、商法、诉讼法和法院组织法（有的分成宪法、民法、商法、刑法、民事诉讼法和刑事诉讼法）六类，仿照日本等国，将其汇编在一起，称为《六法全书》，亦称《六法大全》。在修订六法体系的过程中，有学者坚持行政法为六法之一，商法可纳入民法，法院组织法可纳入行政法，这种意见被采纳后，六法体系包括宪法、民商法、刑法、民事诉讼法、刑事诉讼法、行政法。《六法全书》是国民党政府六种法律的汇编，也是其成文法的总称，构成了国民党政府法律制度的基本框架。

三 革命根据地的法制建设

在 19 世纪末，梁启超、孙中山、廖仲恺、刘师培、朱执信等一批有识之士率先接触到马克思主义法学思想。他们将马克思主义视为西方最有影响力的思潮之一，并积极地将马克思、恩格斯的生平与著作介绍到国内，积极传播马克思主义法学思想。十月革命以后，李大钊、陈独秀、陈望道等人对马克思主义进行了系统的介绍，推动了马克思主义在中国的广泛传播，并为中国共产党的创建准备了思想条件。

1921 年 7 月，中国共产党第一次全国代表大会召开。1922 年，中国共产党在第二次全国代表大会确定了党在民主革命阶段的纲领：消除内乱，打倒军阀，建立国内和平；推翻国际帝国主义的压迫，达到中华民族完全独立；统一中国为真正的民主共和国。然后再进一步创造条件，以实现党的最高纲领。这一明确的反帝反封建的革命纲领，原则上为国民党所接受。1924 年，召开了中国国民党第一次全国代表大会，正式确定了第一次国共合作。在广州国民政府期间，一大批中国共产党人以国民党中央执行委员等身份，参与大政方针的制定和决策，对中国法律的现代化转型起到了巨大的影响和推动作用。在广州国民政府的立法和司法改革中，两党共同强调：政治上应注重集体领导；军队注重思想政治教育；经济上统一财政，弘扬国货；男女平等，保护妇女儿童；审判独立，保障人权；构建独立自主的外交，废除不平等条约。通过这种法律上的国共合作，中国共产党和国民党都积累了宝贵的立法经验，人民的权利也得到了一定程度的保障。

在大革命失败以后，中国共产党经过艰苦卓绝的斗争，最终找到了工农武装割据这条挽救中国、挽救革命的道路。1930 年 7 月，党中央成立"中国工农兵苏维埃第一次全国代表大会中央准备委员会"，负责草拟宪法。1931年 11 月 7 日第一次全国工农兵代表大会在江西瑞金召开，通过了《中华苏维埃共和国宪法大纲》。1934 年 1 月，中华苏维埃第二次全国代表大会对《中华苏维埃共和国宪法大纲》进行了修改。该宪法大纲遵循党中央提出的"制宪七大原则"，规定了苏维埃政权的性质、政治制度、公民权利义务、外交政策等内容，共 17 条。它规定了苏维埃国家性质"是工人和农民的民主专政国家"，规定了苏维埃国家政治制度是工农兵代表大会，实行民主集中制和议行合一原则。① 它还广泛而细致地规定了苏维埃国家公民在政治、经济、文化等各方面的权利和义务，并规定用政权的力量为工农劳动群众行使言论、出版、集会、结社等政治民主权利提供条件，"以保障他们取得这些自由的物质基础"。《中华苏维埃共和国宪法大纲》是第一部由劳动人民制定，确保人民民主制度的根本大法，是共产党领导人民反帝反封建的工农民主专政的伟大纲领。

在刑法方面，苏维埃政府主要依靠《惩治反革命条例》，对反革命案件进行审理和判决，凡危害革命利益及试图保持或者恢复地主阶级反动统治的，均构成此罪。此外，还有一般刑事犯罪。刑罚主要有死刑、监禁、褫夺公权和驱逐出境等，并创造了劳动感化的执行方式，使犯罪人改造后不再危害苏维埃政权。

这一时期，革命根据地针对土地改革以及相关立法经历了一个摸索的过程。从 1928 年的《井冈山土地法》到 1931 年的《中华苏维埃共和国土地法》，这些土改立法废除了革命根据地的封建半封建土地所有制，激发了农民的革命积极性。不过，土改进行的过程中也出现了没收地主阶级和富农全部土地的倾向，"左"倾错误比较明显。但是，在 1935 年，中共中央陆续发布了一系列政策，如《关于改变对富农策略的决定》，逐步纠正了错误，使立法步入正轨。

在日本帝国主义发动了对中国的全面侵略以后，抵抗侵略成为中国共产

---

① 韩延龙、常兆儒编《中国新民主主义革命时期根据地法制文献选编》（第一卷），中国社会科学出版社，1981，第 13 页。

党和国民党的共同诉求。1937 年，两党开展了第二次国共合作，中国共产党在敌后开辟了大量抗日根据地，建立起了一系列抗日民主政权。在这一时期，继承和发扬苏区法治传统，建立切合国情、实事求是的法律体系，成为中国共产党法治建设的主要思路。在抗日民主政权的组织方面，"三三制"成为保障民主的重要方式。"三三制"原则是毛泽东在《抗日根据地的政权问题》中提出来的。当时的表述是在政权组织的人员分配上，"应规定为共产党员占三分之一，非党的左派进步分子占三分之一，不左不右的中间派占三分之一"。在《陕甘宁边区施政纲领》中的表述为"共产党员占三分之一，其他抗日党派及无党派人士占三分之二"。在保障人权原则的指导下，各个主要抗日根据地都制定了《保障人权条例》，系统规定了人权的概念和范围、保障人权的措施，以及侵害人权的惩处办法。

在土地立法方面，陕甘宁边区从 1937 年 4 月开始发布土地政策布告，要求停止没收地主土地。1937 年 8 月颁布的《抗日救国十大纲领》确立了"减租减息"的原则。各根据地以此为指导制定本地区的土地法规。土地立法的主要内容：一是公有土地所有权归边区政府；二是私有土地所有权人在法定范围内可自由使用、收益、处分（买卖、典当、抵押、赠与、继承）。不论公、私土地所有权均受法律保护，强调保护农民土地所有权。陕甘宁边区地租有四种，即定租、活租、伙种、安庄稼。不同形式的地租，减租额也不相同。收租人应依法收取法定租额，不得多收、预收、收取押租及欠租作息；承租人不得短少租额。减租条例定有四项收回租地的条件，除此条件外出租人不得随意收回租地。此外，部分抗日根据地还规定有农民的优先承买、承典、承租权及永佃权。土地立法的意义在于减轻了剥削，激发了农民的抗日积极性，调整了农村阶级关系，加强了各革命阶级团结，为民族解放战争奠定了基础。在团结地主、富农抗日方面，也发挥了极为重要的作用。

在刑法方面，边区创造性地发展了新民主主义刑法原则，强调坚持镇压与宽大相结合，贯彻人权保障，力行感化教育。死刑仅适用于汉奸、敌特和反革命首要分子，打击破坏抗战的各种犯罪行为。边区设置了高等法院，作为根据地最高司法机关。审判中，坚持相信群众，依靠群众的原则，坚持法律面前人人平等。在审判中，中国共产党法律人将群众路线的工作方法，创造性地运用到审判工作中，创造了马锡五审判方式这一体现司法民主的崭新审判形式。马锡五审判方式的主要特征是：坚持深入农村，调查研究，实事求是地了解案情；坚持依靠群众，教育群众，尊重群众意见；方便群众诉讼，手续简便，不拘形式。这一审判方式是在巡回审判基础上成长起来的，是根据地司法工作的一面旗帜。它的出现和推广，培养了大批优秀司法干部，解决了积年疑难案件，减少争讼促进团结，利于生产保证抗日，使新民主主义司法制度落到实处。①

解放战争时期，解放区人民民主政权更加重视与人民的血肉联系。1945年，毛泽东提出了著名的"跳出历史周期率"论断，认为只有人民监督政府，政府才不敢松懈，人人起来负责，才不会人亡政息。② 具体而言，应该将"人民政府"作为政府和司法机构的名称，突出政权的人民性。应该建立系统完整的权力监督体系，建立一系列监察机构，对国家政治体系进行系统监察。在此思想的指导下，各大解放区成立了数级人民政府，并在政务工作中特别注意依法依规行政。权力的规范化行使不仅对支援前线、发展生产起到了极大的促进作用，也为建立全国性的政权积累了宝贵的经验。1947年10月，中共中央制定颁布了《中国土地法大纲》，该法规定废除封建半封建的土地剥削制度，实行耕者有其田制度，对保障革命的胜利起到了决定性的作用。1949年2月，中共中央发出了《关于废除国民党的六法全书与确定解放区的司法原则的指示》。该指示明确指出："人民的司法工作不能再以国民党的六法全书为依据，而应该以人民的新的法律作依据。在人民新的法律还没有系统地发布以前，应该以共产党政策以及人民政府与人民解放军所已发布的各种纲领、法律、条例、决议作依据。目前，在人民的法律还不完备的情况下，司法机关的办理原则应该是：有纲领、法律、命令、条例、决议规定者，从纲领、法律、命令、条例、决议之规定；无纲领、法律、命令、条例、决议规定者，从新民主主义的政策。"③ 这标志着中国法律开始正式向真正意义上的人民的法律迈进，拉开了中国特色

---

① 参见张希坡《马锡五审判方式》，法律出版社，1983，第29页。
② 《以自我革命破解历史周期率》，载求是网，http://www.qstheory.cn/llwx/2020-07/02/c_1126186224.htm，最后访问日期：2023年7月18日。
③ 韩延龙、常兆儒编《中国新民主主义革命时期根据地法制文献选编》（第一卷），中国社会科学出版社，1981，第87页。

社会主义法治道路的序幕。新民主主义革命时期人民民主政权的法制，是中国共产党领导中国人民长期艰苦奋斗的结果，也为建设中国特色社会主义法治事业积累了深厚的经验。

第三节　中国特色社会主义法治的形成与发展

在大规模的军事斗争胜利以后，中国共产党领导中国人民，在新中国的国家建设、民族复兴和人民幸福的道路上继续进行探索。中国共产党根据革命根据地积累的法治经验以及国统区法制实践的深刻教训，开辟了中国式法治现代化的道路。国家重视法治、人民呼唤法治、社会尊重法治，使这一时期的立法、执法、司法、法律监督和法律普及都呈现欣欣向荣的景象。此后，由于种种原因，法律虚无主义思潮开始蔓延，人民法治在"文革"期间遭到破坏。1978 年，党的十一届三中全会召开。中国特色社会主义法治发展进入了一个历史变革的新时代。以邓小平同志为主要代表的中国共产党人，面对防止"文化大革命"历史悲剧重演、保持国家长治久安的重大时代课题，坚定地实行社会主义法治的方针，推动从人治向法治转变的历史变革，开创了中国特色社会主义法治道路。[①] 在中国共产党的领导下，国家制定并修改了一大批法律法规，法律领域的理论建设、制度建设、组织建设和法治宣传呈现井喷式发展，法治与社会之间的适应性也进一步增强。党的十三届四中全会以来，以江泽民同志为主要代表的中国共产党人，提出"三个代表"重要思想，作出依法治国、建设社会主义法治国家的重大战略决策，继续推进中国特色社会主义法治发展。党的十六大以来，以胡锦涛同志为主要代表的中国共产党人坚持以科学发展观统领国家发展与现代化全局，把坚持依法执政确定为党治国理政的基本方式，进一步加强和发展了中国特色社会主义法治建设事业。

党的十八大以来，中国特色社会主义进入新时代。以习近平同志为核心的党中央从坚持和发展中国特色社会主义全局出发，将全面依法治国纳入

---

① 公丕祥:《中国特色社会主义法治道路的时代进程》,《中国法学》2015 年第 5 期, 第 32 页。

"四个全面"战略布局，加强党对全面依法治国的集中统一领导，全面推进科学立法、严格执法、公正司法、全民守法，开创了全面依法治国新局面，中国特色社会主义法治道路进入了一个新的历史阶段。

一　社会主义改造和建设时期的中国特色社会主义法治建设

1949 年 9 月，中国人民政治协商会议第一届全体会议制定了《中国人民政治协商会议共同纲领》（简称《共同纲领》），把党的七大通过的毛泽东同志在《论联合政府》报告中提出的政治纲领制度化、法律化。《共同纲领》第 17 条强调："废除国民党反动政府一切压迫人民的法律、法令和司法制度，制定保护人民的法律、法令，建立人民司法制度。"这实际上是将革命根据地的"废除六法"政令法律化，标志着人民的法治与反革命伪法治的彻底决裂。

1950 年 4 月，中央人民政府委员会通过了新中国第一部法律《婚姻法》，该法贯彻了男女平等、婚姻自由、保护妇女和子女合法权益的立法思想，为法治初创奠定了良好的基础。1950 年 6 月，中央人民政府委员会通过了《土地改革法》，废除了封建的土地制度，至 1952 年年底，土改工作基本完成。在刑事立法方面，主要有中央人民政府委员会于 1951 年 2 月通过的《惩治反革命条例》和 1952 年 4 月批准的《惩治贪污条例》。

总体而言，在中国共产党领导中国人民探索社会主义法治建设的初创阶段，立法活动的进行是非常审慎的。正如彭真在 1951 年 5 月 11 日政务院第八十四次政务会议上的工作报告《关于政法工作的情况和目前任务》所指出的那样：在立法方面，目前尚不宜于急求制定一些既不成熟又非急需的"完备""细密"的成套的法规，以致闭门造车或束缚群众的手足；应该按照当前的中心任务和人民急需解决的问题，根据可能与必要，把成熟的经验定型化，由通报典型经验并综合各地经验逐渐形成制度和法律条文，逐步地由简而繁，由通则而细则，由单行法规而形成整套的刑法、民法。[①]

自 1953 年 1 月 13 日中央人民政府委员会通过"关于召开全国人民代表大会及地方各级人民代表大会的决议"起，新中国的专门立法机关建设迅

[①] 《关于政法工作的情况和目前任务——一九五一年五月十一日政务院政治法律委员会彭真副主任向政务院第八十四次政务会议的报告，并经同次会议批准》，《江西政报》1951 年第 Z2 期。

速展开。同年 2 月，中央人民政府委员会为人民代表大会的顺利建设制定了《全国人民代表大会及地方各级人民代表大会选举法》。1953 年 9 月 16 日，彭真在中央人民政府委员会上的工作报告《政法工作的主要任务》中指出：逐步实行比较完备的人民民主的法制，来保护和促进社会生产力的进一步发展。应该加强全体国家工作人员和全体人民的守法教育，加强立法工作和司法工作。① 1954 年 9 月，我国在普选的基础上召开了第一届全国人民代表大会第一次会议，制定了新中国第一部宪法，并且制定了五部国家机构的组织法，包括全国人大、国务院、地方各级人大和人民委员会、人民法院和人民检察院的组织法。国家的根本制度、国家生活的基本原则、公民的基本权利和义务等以宪法和法律的形式初步确立。在中央人民政府委员会讨论我国第一部宪法草案时，毛泽东同志明确指出："一个团体要有一个章程，一个国家也要有一个章程，宪法就是一个总章程，是根本大法。""宪法草案……通过以后，全国人民每一个人都要实行，特别是国家机关工作人员要带头实行，首先是在座的各位要实行，不实行就是违反宪法。"② 1954 年 9 月，彭真在一届全国人大一次会议上作《公民在法律面前人人平等》的发言，明确提出，公民在法律面前人人平等。全国人大常委会还制定了逮捕、拘留条例，对逮捕、拘留的条件，执行逮捕、拘留的机关，逮捕、拘留的程序和拘留期限等，都作了规定。1955 年 6 月，全国人大常委会通过了"关于解释法律问题的决议"，明确凡关于法律、法令条文本身需要进一步明确界限或作补充规定的，由全国人民代表大会常务委员会分别进行解释或用法令加以规定。在经济、社会立法领域，第一届全国人民代表大会于 1956 年制定了《农业生产合作社示范章程》、1957 年通过了《治安管理处罚条例》、1957 年批准了国务院制定的《关于国家行政机关工作人员的奖惩暂行规定》、1958 年批准了国务院制定的《国家建设征用土地办法》。总体而言，在"文化大革命"前，中央人民政府、全国人大及其常委会共制定法律 130 多件，还起草了刑法、刑事诉讼法、民法、民事诉讼法等一批重要法律草案；国务院制

---

① 《彭真话立法》，载中国人大网，http://www.npc.gov.cn/npc/c16115/201109/e67da69bea8849c79378831db0d90958.shtml，最后访问日期：2023 年 1 月 5 日。

② 毛泽东：《关于中华人民共和国宪法草案》（1954 年 6 月 14 日），《毛泽东文集》（第六卷），人民出版社，1999，第 328 页。

定行政措施、发布决议或者命令（相当于国家法规）1500 多件。[①] 这些法律法规的制定，为中国特色社会主义法治建设开辟了道路。

然而，开局良好的法制建设在 20 世纪 60 年代陷入停滞、逆转和倒退状态。党领导人民拨乱反正之后，中国特色社会主义法治对于整个国家的基础性意义得到了凸显。随着改革开放的推进，我国社会已经形成了对法治的强烈信念：任何社会的变革和进步，都不应以牺牲法治为代价；任何人的个人意愿或者个人利益，都不应凌驾于法律之上；任何集体或个人，非经法律认可，都不得侵害他人的合法权益；任何社会的进步，都必须经过法律手段进行确认和保障。

二　改革开放时期的中国特色社会主义法治建设

1978 年 12 月，邓小平在十一届三中全会前召开的中央工作会议上发表了《解放思想，实事求是，团结一致向前看》的讲话。这一讲话明确指出："必须使民主制度化、法律化，使这种制度和法律不因领导人的改变而改变，不因领导人看法和注意力的改变而改变。"[②] 1978 年 12 月，十一届三中全会的决议指出："为了保障人民民主，必须加强社会主义法制，使民主制度化、法律化，使这种制度和法律具有稳定性、连续性和极大的权威，做到有法可依，有法必依，执法必严，违法必究。"[③] 同时会议提出："从现在起，应当把立法工作搬到全国人大及其常委会的重要议程上来。"[④] 十一届三中全会郑重地提出健全社会主义法制的伟大任务，确立了"有法可依，有法必依，执法必严，违法必究"的社会主义法制建设的十六字方针，为中国特色社会主义法治建设开辟了崭新征程。为了在治国理政中坚持法治，邓小平同志明确指出："现在的问题是法律很不完备，很多法律还没有制定出来。往往把领导人

---

① 《中国特色社会主义法律体系发展历程的全景回顾》，载中国人大网，http://www.npc.gov.cn/npc/c221/201102/918192491f0743f1b051a26fd3056c7b.shtml，最后访问日期：2023 年 1 月 9 日。

② 《邓小平文选》（第二卷），人民出版社，1994，第 146 页。

③ 《中共十一届三中全会（1978 年）》，载中国政府网，http://www.gov.cn/test/2009-10/13/content_1437675.htm，最后访问日期：2022 年 11 月 19 日。

④ 《改革开放以来中国法治建设探索的三阶段》，载人民网，http://theory.people.com.cn/n1/2016/0801/c217905-28601118.html，最后访问日期：2022 年 10 月 10 日。

说的话当做'法',不赞成领导人说的话就叫做'违法',领导人的话改变了,'法'也就跟着改变。所以,应该集中力量制定刑法、民法、诉讼法和其他各种必要的法律。"①

1979 年 2 月,五届全国人大常委会第六次会议决定设立五届全国人大常委会法制委员会,协助全国人大常委会加强法制工作。1979 年 3 月,法制委员会正式成立并召开了第一次会议。自此,法制委员会仅用 3 个多月即起草了选举法、地方组织法、刑法、刑事诉讼法、中外合资经营企业法、人民法院组织法、人民检察院组织法等 7 部法律草案。同年 7 月,五届全国人大二次会议审议通过了这 7 部法律,为改革开放时期的法治建设打开了良好的局面。全国人大通过的地方组织法规定,省级人大及其常委会享有制定和颁布地方性法规的权力。这改变了过去立法权集中在中央、地方没有立法权的状况,使我国的立法体制逐步向多层次的立法体制转变。1979 年下半年到 1980年上半年,各省、自治区、直辖市人大陆续设立常委会,并根据本行政区域的具体情况和实际需要,在同国家宪法、法律、政策、法令、政令不抵触的前提下,陆续开展了制订和颁布地方性法规的工作。1981 年 11 月,全国人大常委会通过关于授权广东省、福建省人大及其常委会制定所属经济特区的各项单行法规的决议,开启了改革开放后授权立法的先河。

与此同时,宪法的修订与法律的清理工作也深入开展起来。1980 年 9 月,五届全国人大三次会议接受中共中央建议,决定成立宪法修改委员会,开始宪法修改工作。同年 11 月,全国人大常委会通过决议,明确"建国以来全国人大及其常委会制定、批准的法律、法令,除了同五届全国人大制定的宪法、法律和五届全国人大常委会制定、批准的法令相抵触的以外,继续有效"。②1981 年 6 月,全国人大常委会通过关于加强法律解释工作的决议,重新确立了法律解释制度。

1981 年 6 月 27 日至 29 日,党的十一届六中全会审议通过了《关于建国以来党的若干历史问题的决议》,决议明确指出,必须巩固人民民主专政,

① 《邓小平文选》(第二卷),人民出版社,1994,第 146 页。
② 法言:《光辉的历程——话说中国特色社会主义法律体系的形成(一)》,载中国人大网,http://www.npc.gov.cn/zgrdw/npc/zgrdzz/2011-06/15/content_1670743.htm,最后访问日期:2023 年 1 月 9 日。

完善国家的宪法和法律并使之成为任何人都必须严格遵守的不可侵犯的力量。
1982年9月，党的十二大提出，我们党要领导人民继续制定和完备各种法律，要把更多的经济关系和经济活动的准则用法律的形式固定下来，使法律成为调节经济关系和经济活动的重要手段；要力争在"七五"期间建立起比较完备的经济法规体系，逐步使各项经济活动都能有法可依。在此思想指导下，这一时期，我国共制定和修改法律94件、行政法规598件。[①] 1982年12月4日，五届全国人大五次会议通过了现行宪法。20世纪70年代至90年代，刑法、刑事诉讼法、民法通则、民事诉讼法、行政诉讼法等基本法律相继出台。

1983年6月7日，六届全国人大一次会议成立民族委员会、法律委员会、财政经济委员会、教育科学文化卫生委员会、外事委员会、华侨委员会等6个专门委员会。根据宪法和相关法律规定，各专门委员会在全国人大及其常委会的领导下负有研究、审议和拟订法律案的职责。同年8月，六届全国人大常委会第二次会议决定将全国人大常委会法制委员会改为全国人大常委会法制工作委员会，作为全国人大常委会的立法工作机构，承担拟订有关法律案和为全国人大及其常委会审议法律案提供服务等职责。

1987年10月，党的十三大提出：法制建设必须贯穿于改革的全过程；法制建设必须保障建设和改革的秩序，使改革的成果得以巩固；应兴应革的事情，要尽可能用法律或制度的形式加以明确。贯彻党关于法制建设的方针政策，围绕改革开放的中心任务和总体部署，立法工作多领域展开、全方位推进，涵盖了我国经济、政治、文化、教育、军事、外交等各个领域。1992年，邓小平在武昌、深圳、珠海、上海等地视察时明确指出："要坚持两手抓，一手抓改革开放，一手抓打击各种犯罪活动。这两只手都要硬。……还是要靠法制，搞法制靠得住些。"[②] 这进一步推动了中国特色社会主义法治建设的进行。

顺应改革开放的时代需要，这一时期的法治建设对经济发展给予了更多

---

① 《新中国60年法治建设的探索与发展》，载中国人大网，http://www.npc.gov.cn/zgrdw/npc/xinwen/rdlt/fzjs/2009-07/16/content_1510946.htm，最后访问日期：2022年10月9日。

② 《邓小平文选》（第三卷），人民出版社，1993，第378~379页。

关注。万里同志在七届全国人大常委会第二十六次会议上指出："市场经济搞起来后，用什么样的手段来管理和控制？……如何用法律手段保障社会主义市场经济的顺利发展，这是全国人大及其常委会和地方人大及其常委会的重要任务。"[①] 党的十四大报告明确提出，加强立法工作，特别是抓紧制订与完善保障改革开放、加强宏观经济管理、规范微观经济行为的法律和法规，这是建立社会主义市场经济体制的迫切要求。1993 年 3 月，江泽民在八届全国人大一次会议、全国政协八届一次会议的党员负责人会议上讲话时指出："全国人大及其常委会要把加强经济立法作为第一位的任务，放在最重要的位置，……在本世纪内，努力把适应社会主义市场经济的法律体系初步建立起来。"[②] 乔石委员长在八届全国人大一次会议闭幕会上提出，要初步形成社会主义市场经济法律体系；以改革的精神加快立法步伐，特别是要把经济立法放在最重要的位置，要力争在本届全国人大任期内，初步形成社会主义市场经济法律体系，推动和保障社会主义市场经济的发展。[③] 1993 年 4 月 1 日，乔石同志进一步指出："本届全国人大常委会要把加快经济立法作为第一位的任务，尽快制定一批有关社会主义市场经济方面的法律。"[④] "在 90 年代，我们要初步建立起社会主义市场经济体制，就必须相应地逐步建立起社会主义市场经济的法律体系。"[⑤] 1993 年 11 月，党的十四届三中全会进一步提出，"社会主义市场经济体制的建立和完善，必须有完备的法制来规范和保障。要高度重视法制建设，做到改革开放与法制建设的统一，学会运用法律手段管理经济"；要"遵循宪法规定的原则，加快经济立法，进一步完善民商法律、刑事法律、有关国家机构和行政管理方面的法律，本世纪末初步建立适应社会主义市场经济的法律体系"。[⑥] 十四届三中全会通过了《中共中央关于建

---

① 《万里文选》，人民出版社，1995，第 618 页。
② 《依法治国基本方略的提出和发展》，载中国人大网，http://www.npc.gov.cn/npc/c221/201411/122fde6e141f4f1980afccfcb615b1b5.shtml，最后访问日期：2022 年 8 月 27 日。
③ 《市场经济在法治中走向繁荣》，载中国人大网，http://www.npc.gov.cn/npc/c25456/201409/e18ffd0e1ff94597b0fba90d16b213a2.shtml，最后访问日期：2022 年 12 月 17 日。
④ 中共中央文献研究室编《十四大以来重要文献选编》（上），中央文献出版社，1996，第 251 页。
⑤ 《乔石谈民主与法制》（下），人民出版社、中国长安出版社，2012，第 337 页。
⑥ 《中国特色社会主义法律体系的形成和完善》，载中国人大网，http://www.npc.gov.cn/npc/wgggkf40nlfcjgs/202108/d102b9ded7a04069a6cd4a4e5ee0b43f.shtml，最后访问日期：2022 年 11 月 11 日。

立社会主义市场经济体制若干问题的决定》。该决定强调要抓紧制定关于规范市场主体、维护市场秩序、加强宏观调控、完善社会保障、促进对外开放等方面的法律；同时，还要适时修改和废止与建立社会主义市场经济体制不相适应的法律和法规。1994年3月15日，全国人大常委会提出："要继续把经济立法放在第一位，逐步建立适应社会主义市场经济的法律体系。常委会已经制定了五年立法规划。……实现这个规划，就可以大体上形成社会主义市场经济法律体系的框架，进一步健全其他方面的法律制度。"① 1996年2月8日，江泽民同志在中共中央举办的法制讲座上明确提出，实行和坚持依法治国，就是使国家各项工作逐步走上法制化和规范化，实现国家政治生活、经济生活、社会生活的法制化、规范化；就是广大人民群众在党的领导下，依照宪法和法律的规定，通过各种途径和形式，管理国家事务，管理经济文化事业，管理社会事务；就是逐步实现社会主义民主的法制化、法律化。必须按照市场的一般规则和我们的国情，健全和完善法制，全面建立社会主义市场经济和集约型经济所必需的法律体系。②

从1993年开始，国务院反复强调，各级政府都要依法行政，严格依法办事。1997年9月，党的十五大召开。十五大报告指出，要进一步扩大社会主义民主，健全社会主义法制，依法治国，建设社会主义法治国家。加强立法工作，提高立法质量，到2010年形成有中国特色社会主义法律体系。1998年4月，李鹏指出，在有中国特色社会主义法律体系的框架已经初步形成的基础上，"全国人大已经确定要在本届任期内，初步形成有中国特色社会主义法律体系。为实现这一任务，必须加强立法工作，提高立法质量"。③ 全国人大及其常委会根据十四大、十五大精神，加强立法工作，围绕建立和完善社会主义市场经济体制的目标，制定了一系列重要法律。在市场主体方面，先后制定了公司法、合伙企业法、个人独资企业法。在维护市场经济秩序方面，制定了反不正当竞争法、产品质量法、招标投标法、会计法、审计法、价格

---

① 田纪云:《全国人民代表大会常务委员会工作报告》，载《中华人民共和国第八届全国人民代表大会第二次会议文件汇编》，人民出版社，1994，第135页。

② 中共中央文献研究室编《十五大以来重要文献选编》（上），人民出版社，2000，第30~31页。

③ 中共中央文献研究室编《十五大以来重要文献选编》（上），人民出版社，2000，第317页。

法、税收征收管理法等。在金融方面，先后制定了中国人民银行法、商业银行法、证券法、保险法、票据法、信托法等。为了加快农业发展，根据党在农村的方针、政策，先后制定或修改了农业法、农村土地承包法、农业技术推广法、种子法、水土保持法、防洪法、乡镇企业法等。全国人大及其常委会还制定或修改了有关保护和合理开发利用自然资源、振兴和发展基础产业等方面的法律。八届、九届全国人大及其常委会先后制定了 104 部法律，对 57 部法进行了修改，通过了 8 件法律解释，以宪法为核心的中国特色社会主义法律体系初步形成。[①]

在宪法方面，党的十五大报告将"依法治国，建设社会主义法治国家"确立为治国基本方略，将"建设社会主义法治国家"确定为社会主义现代化的重要目标。1999 年，九届全国人大二次会议对现行宪法进行了第三次修改，将"依法治国，建设社会主义法治国家"写进宪法。中国特色社会主义法治的建设，在国家根本大法的保障下进一步迸发出生命力。

从 2001 年开始，我国开始大规模清理、修订、废除与 WTO 规则相冲突的法律法规，相继修订了《中外合资企业法》《中外合作企业法》《外资企业法》及其实施细则；制定《反倾销条例》《反补贴条例》《保障措施条例》及相关司法解释等。2002 年 11 月，党的十六大系统总结了这一时期的立法成果，并提出了新的要求。十六大报告指出，发展社会主义民主政治，最根本的是要把坚持党的领导、人民当家作主和依法治国有机统一起来。党的领导是人民当家作主和依法治国的根本保证，人民当家作主是社会主义民主政治的本质要求，依法治国是党领导人民治理国家的基本方略。在法治工作领域，确立了科学执政、民主执政、依法执政的基本原则，积极推进科学立法、民主立法，不断提高立法质量。把"社会主义民主更加完善，社会主义法制更加完备，依法治国基本方略得到全面落实"作为全面建设小康社会的重要指标。适应社会主义市场经济发展、社会全面进步和加入世贸组织的新形势，加强立法工作，提高立法质量，到 2010 年形成中国特色社会主义法

---

① 《新中国的法制路》，载中国人大网，http://www.npc.gov.cn/npc/c234/200409/60eb61e23bed45cd8d5ccead91a83747.shtml，最后访问日期：2022 年 1 月 10 日。

律体系。[①]

2003 年，李鹏指出："在前几届工作的基础上，立法工作得到加强、立法质量明显提高，经过努力，构成中国特色社会主义法律体系的各个法律部门已经齐全，每个法律部门中主要的法律已经基本制定出来，加上国务院的行政法规和各地的地方性法规，以宪法为核心的中国特色社会主义法律体系已经初步形成。"[②]党中央进一步提出："按照依法治国的基本方略，着眼于确立制度、规范权责、保障权益，加强经济立法。"[③]并提出要完善市场主体和中介组织、产权、市场交易、预算、税收、金融和投资、劳动、就业和社会保障、社会领域和可持续发展等方面的法律制度。2004 年 4 月 26 日，胡锦涛同志在主持中共中央政治局集体学习时指出，要适应社会主义市场经济发展、社会全面进步的需要和我国加入世贸组织后的新形势，大力加强立法工作，提高立法质量，特别是要进一步建立健全市场主体和中介组织法律制度、产权法律制度、市场交易法律制度、信用法律制度，以及有关劳动、就业和社会保障等法律制度，加快形成中国特色社会主义法律体系。[④]

在此立法思想的指导下，根据党的十六大精神，十届全国人大二次会议第四次宪法修正案将"国家尊重和保障人权""国家对全体公民合法的私有财产给予保护"载入宪法。十六大以来，全国人大及其常委会制定和修改了《监督法》《反分裂国家法》《行政许可法》《物权法》《劳动合同法》等法律89 部，以及《信访条例》《政府信息公开条例》等行政法规 180 件。[⑤] 2004年 3 月，国务院印发了《全面推进依法行政实施纲要》，明确提出全面推进

---

① 《坚持和发展中国特色社会主义法治理论》，载中国政府网，http://www.gov.cn/zhengce/2015-08/28/content_2920973.htm，最后访问日期：2022 年 1 月 3 日。

② 《李鹏：人大要为发展民主政治建设政治文明作贡献》，载中国法院网，https://www.chinacourt.org/article/detail/2002/12/id/27330.shtml，最后访问日期：2023 年 1 月 8 日。

③ 《中国特色社会主义法律体系的提出和形成》，载中国人大网，http://www.npc.gov.cn/npc/c221/201012/32d6003aeb904395ae0255a54eb13dc5.shtml，最后访问日期：2023 年 1月 5 日。

④ 《胡锦涛强调依法治国依法执政》，载中国政府网，http://www.gov.cn/test/2007-10/10/content_773239.htm，最后访问日期：2023 年 2 月 2 日。

⑤ 《中国特色社会主义法治建设六十年》，载中国人大网，http://www.npc.gov.cn/npc/c221/200910/1f55c999c4ac454d9c85bdadae43e665.shtml，最后访问日期：2022 年 10月 25 日。

依法行政，经过十年左右坚持不懈的努力，基本实现建设法治政府的目标。同年9月，党的十六届四中全会提出："依法执政是新的历史条件下我们党执政的基本方式。"[1]

2004年9月，胡锦涛在首都各界纪念全国人民代表大会成立50周年大会上讲话时指出，"中国特色社会主义法律体系初步形成"，"以宪法为核心的中国特色社会主义法律体系初步形成，有力地推动和保障了改革开放和社会主义现代化建设的顺利进行"。[2]从2005年开始，我国的法治建设在中国特色社会主义法律体系内进一步向着细节化、系统化和深层次不断深入。党中央提出，要进一步制定市场经济方面的法律，"贯彻依法治国的基本方略，全面推进法制建设，形成中国特色社会主义法律体系。完善市场主体、市场交易、市场监管、社会管理、可持续发展等方面的法律法规"。[3]2006年10月，党中央提出要完善法律制度，夯实社会和谐的法治基础，"坚持科学立法、民主立法，完善发展民主政治、保障公民权利、推进社会事业、健全社会保障、规范社会组织、加强社会管理等方面的法律法规"。[4]

2007年，党的十七大明确要求全面落实依法治国基本方略，加快建设社会主义法治国家，并对加强社会主义法治建设作了全面部署。[5]

党的十七大以来，我国立法机关通过了《物权法》，明确了公民享有物权，规定了公民享有物权的范围和内容；通过了《劳动合同法》和《劳动合同法实施条例》，进一步为劳动者的权利和利益提供法律保障；修订了《残

---

① 《全面推进依法治国的总目标（学习贯彻党的十八届四中全会精神）》，载人民网，http://politics.people.com.cn/n/2014/1105/c1001-25975282.html，最后访问日期：2023年1月5日。

② 胡锦涛：《在首都各界纪念全国人民代表大会成立五十周年大会上讲话》，载中共中央文献研究室编《十六大以来重要文献选编》（中），中央文献出版社，2006，第222页。

③ 中共中央文献研究室编《十六大以来重要文献选编》（中），中央文献出版社，2006，第1082页。

④ 《中共中央关于构建社会主义和谐社会若干重大问题的决定》，载中国政府网，http://www.gov.cn/govweb/gongbao/content/2006/content_453176.htm，最后访问日期：2023年1月5日。

⑤ 胡锦涛：《高举中国特色社会主义伟大旗帜 为夺取全面建设小康社会新胜利而奋斗——在中国共产党第十七次全国代表大会上的报告》，《求是》2007年第21期，第13页。

疾人保障法》和《消防法》，将社会保障事业落到实处。2008 年，我国立法机关共审议宪法修正案、法律、法律解释和有关法律问题决定草案 106 件，通过了其中的 100 件。①

自 2008 年开始，法规清理工作被提上日程，全国人大常委会组织开展了大规模法律清理工作，以推动中国特色社会主义法律体系的完善。吴邦国同志在十一届全国人大常委会第二次会议闭幕会上讲话时指出：围绕确保到 2010 年形成中国特色社会主义法律体系这一目标任务，"我们一方面要抓紧制定在法律体系中起支架作用的法律，另一方面要着手清理现行法律。……这就是要组织开展对现行法律的清理工作，分轻重缓急，进行分类处理，使法律体系在形成的基础上尽快完善，以适应我国社会主义经济建设、政治建设、文化建设、社会建设的客观需要"。② 2009 年，吴邦国同志在十一届全国人大常委会第十次会议闭幕会上讲话时专门阐述了集中开展法律清理工作的重大意义和成果。"集中开展法律清理工作，是保证中国特色社会主义法律体系科学、统一、和谐，确保到 2010 年形成中国特色社会主义法律体系的一项重要举措，也是本届全国人大常委会立法工作的一个重点。这次会议通过的修改部分法律的决定，一揽子对 59 部法律的 141 个条文进行了修改，基本解决了现行法律规定中存在的与经济社会发展明显不适应、不协调的问题。这是继 6 月份常委会会议作出废止部分法律的决定后，法律清理工作取得的又一重要成果。"③

2011 年 3 月 10 日，吴邦国委员长在十一届全国人大四次会议第二次全体会议上宣布：中国特色社会主义法律体系已经形成。由此，中国已在根本上实现从无法可依到有法可依的历史性转变，各项事业发展步入法治化轨道。中国共产党领导的中国人民以实际行动证明了，"只有坚持依法治国基本方略

---

① 《改革开放 40 年全国人大及其常委会的立法工作》，载中国人大网，http://www.npc.gov.cn/npc/c183/201902/e8b25f6076eb4969b3d75b786778b0b6.shtml，最后访问日期：2022 年 12 月 1 日。

② 《吴邦国委员长在十一届全国人大常委会第二次会议闭幕会上的讲话（2008 年 4 月 24 日）》，载中国人大网，http://www.npc.gov.cn/npc/c12487/200804/cdb345f2681542738a6f0721fe5d5292.shtmll，最后访问日期：2023 年 7 月 18 日。

③ 《吴邦国委员长在十一届全国人大常委会第十次会议闭幕会上的讲话》，载中国人大网，http://www.npc.gov.cn/zgrdw/huiyi/cwh/1110/2009-08/27/content_1516116.htm，最后访问日期：2022 年 12 月 1 日。

不动摇，加快建设社会主义法治国家，我们国家才有光明前途，人民才有美好未来"。①

三 新时代中国特色社会主义法治建设

党的十八大以来，中国特色社会主义进入新时代，中国特色社会主义法治建设也迈入新的历史阶段。十八大报告通篇蕴含了法治精神、法治思想和法治要求，将"依法治国基本方略全面落实"作为全面建成小康社会和全面深化改革的重要目标，强调"法治是治国理政的基本方式"，要"全面推进依法治国"，"实现国家各项工作法治化"；要坚持党的领导、人民当家作主、依法治国有机统一，加快建设社会主义法治国家；要"更加注重发挥法治在国家治理和社会管理中的重要作用，维护国家法制统一、尊严、权威，保证人民依法享有广泛权利和自由"。②

2012 年 12 月，习近平在首都各界纪念现行宪法公布施行 30 周年大会上提出了"依法治国、依法执政、依法行政共同推进"和"法治国家、法治政府、法治社会一体建设"的重大论断。③ 2013 年，党的十八届三中全会提出了法治中国建设的总纲："建设法治中国，必须坚持依法治国、依法执政、依法行政共同推进，坚持法治国家、法治政府、法治社会一体建设。深化司法体制改革，加快建设公正高效权威的社会主义司法制度，维护人民权益，让人民群众在每一个司法案件中都感受到公平正义。"④ 2014 年 1 月，习近平在中央政法工作会议上的讲话指出："各级领导干部要带头依法办事，带头遵守法律，始终对宪法法律怀有敬畏之心，牢固确立法律红线不能触碰、法律底线不能逾越的观念，不要去行使依法不该由自己行使的权力，更不能以言代法、以权压法、徇私枉法。"⑤ 2014 年 2 月，习近平在省部级主要领导干部学

---

① 《中国特色社会主义法治建设六十年》，载中国人大网，http://www.npc.gov.cn/npc/c221/200910/1f55c999c4ac454d9c85bdadae43e665.shtml，最后访问日期：2023 年 2 月 1 日。
② 胡锦涛：《坚定不移沿着中国特色社会主义道路前进 为全面建成小康社会而奋斗——在中国共产党第十八次全国代表大会上的报告》，《求是》2022 年第 22 期。
③ 习近平：《论坚持全面依法治国》，中央文献出版社，2020，第 16 页。
④ 《中共中央关于全面深化改革若干重大问题的决定》，《人民日报》2013 年 11 月 16 日，第 1 版。
⑤ 习近平：《论坚持全面依法治国》，中央文献出版社，2020，第 50 页。

习贯彻十八届三中全会精神全面深化改革专题研讨班上的讲话中提出要建设法治中国。

2014 年 10 月，党的十八届四中全会通过了《中共中央关于全面推进依法治国若干重大问题的决定》（以下视情况简称《决定》）。《决定》共分七部分：第一，坚持走中国特色社会主义法治道路，建设中国特色社会主义法治体系；第二，完善以宪法为核心的中国特色社会主义法律体系，加强宪法实施；第三，深入推进依法行政，加快建设法治政府；第四，保证公正司法，提高司法公信力；第五，增强全民法治观念，推进法治社会建设；第六，加强法治工作队伍建设；第七，加强和改进党对全面推进依法治国的领导。《决定》要求各级党委全面准确贯彻本决定精神，健全党委统一领导和各方分工负责、齐抓共管的责任落实机制，确保各项部署落到实处。

《决定》指出，全面推进依法治国，必须贯彻落实党的十八大和十八届三中全会精神，高举中国特色社会主义伟大旗帜，以马克思列宁主义、毛泽东思想、邓小平理论、"三个代表"重要思想、科学发展观为指导，深入贯彻习近平总书记系列重要讲话精神，坚持党的领导、人民当家作主、依法治国有机统一，坚定不移走中国特色社会主义法治道路，坚决维护宪法法律权威，依法维护人民权益、维护社会公平正义、维护国家安全稳定，为实现"两个一百年"奋斗目标、实现中华民族伟大复兴的中国梦提供有力法治保障。

《决定》指出，全面推进依法治国，总目标是建设中国特色社会主义法治体系，建设社会主义法治国家。在中国共产党领导下，坚持中国特色社会主义制度，贯彻中国特色社会主义法治理论，形成完备的法律规范体系、高效的法治实施体系、严密的法治监督体系、有力的法治保障体系，形成完善的党内法规体系，坚持依法治国、依法执政、依法行政共同推进，坚持法治国家、法治政府、法治社会一体建设，实现科学立法、严格执法、公正司法、全民守法，促进国家治理体系和治理能力现代化。

《决定》强调，实现这个总目标，必须坚持中国共产党的领导，坚持人民主体地位，坚持法律面前人人平等，坚持依法治国和以德治国相结合，坚持从中国实际出发。

《决定》强调，全面推进依法治国是一个系统工程，是国家治理领域一场广泛而深刻的革命，需要付出长期的艰苦努力。全党同志必须更加自觉地坚持依法治国、更加扎实地推进依法治国，努力实现国家各项工作法治化，向着建设法治中国不断前进。[①]

习近平对《决定》的形成过程、总体框架、主要内容以及相关重要问题进行了细致的说明。说明指出："全会决定起草突出了5个方面的考虑。一是贯彻党的十八大和十八届三中全会精神，贯彻党的十八大以来党中央工作部署，体现全面建成小康社会、全面深化改革、全面推进依法治国这'三个全面'的逻辑联系。二是围绕中国特色社会主义事业总体布局，体现推进各领域改革发展对提高法治水平的要求，而不是就法治论法治。三是反映目前法治工作基本格局，从立法、执法、司法、守法4个方面作出工作部署。四是坚持改革方向、问题导向，适应推进国家治理体系和治理能力现代化要求，直面法治建设领域突出问题，回应人民群众期待，力争提出对依法治国具有重要意义的改革举措。五是立足我国国情，从实际出发，坚持走中国特色社会主义法治道路，既与时俱进、体现时代精神，又不照抄照搬别国模式。"说明还强调了党的领导和依法治国的关系、全面推进依法治国的总目标、健全宪法实施和监督制度、完善立法体制、加快建设法治政府、提高司法公信力、最高人民法院设立巡回法庭、探索设立跨行政区划的人民法院和人民检察院、探索建立检察机关提起公益诉讼制度、推进以审判为中心的诉讼制度改革等十个问题。[②]

党的十八大、十八届三中全会、十八届四中全会所形成的重大文件，为中国特色社会主义法治的发展指明了方向。十八大以来，以习近平为主要代表的中国共产党人，从历史和现实相贯通、国际和国内相关联、理论和实际相结合上，深刻回答了新时代坚持和发展什么样的中国特色社会主义、怎样坚持和发展中国特色社会主义，建设什么样的社会主义现代化强国、怎样建设社会主义现代化强国，建设什么样的长期执政的马克思主义政党、怎样建设长期执政的马克思主义政党等重大时代课题，提出了一系列原创性的治国理政新理念新思想新战略，创立了习近平新时代中国特色社会主义思想。这

---

① 《中共中央关于全面推进依法治国若干重大问题的决定》，《人民日报》2014年10月29日，第1版。

② 习近平：《关于〈中共中央关于全面推进依法治国若干重大问题的决定〉的说明》，《人民日报》2014年10月29日，第2版。

一伟大思想明确提出"全面依法治国"重大战略，论述了全面依法治国的重大意义、政治方向、工作布局、重点任务、重大关系、重要保障，创立了内涵丰富、论述深刻、逻辑严密、系统完备的习近平法治思想。在习近平法治思想指引下，党领导人民在新时代成功走出了一条中国式法治现代化新道路，使中国特色社会主义法治建设迈入新的历史阶段。①

中国特色社会主义法治迈入新的历史阶段，主要表现为以下几个方面。

第一，习近平法治思想提出了全面依法治国的新理念新思想新战略。这一新理念新思想新战略的具体内容就是坚持党对全面依法治国的领导，坚持以人民为中心，坚持中国特色社会主义法治道路，坚持依宪治国、依宪执政，坚持在法治轨道上推进国家治理体系和治理能力现代化，坚持建设中国特色社会主义法治体系，坚持依法治国、依法执政、依法行政共同推进，法治国家、法治政府、法治社会一体建设，坚持全面推进科学立法、严格执法、公正司法、全民守法，坚持统筹推进国内法治和涉外法治，坚持建设德才兼备的高素质法治工作队伍，坚持抓住领导干部这个"关键少数"。②

第二，在习近平法治思想的指导下，中国特色社会主义法治实践完成了波澜壮阔的法治转型，实现了一系列立法突破和法治改革。有学者对这些法治转型进行了全面的梳理与总结，包括：从依法治国到全面依法治国，从建设中国特色社会主义"法律体系"到建设中国特色社会主义"法治体系"，从"有法可依、有法必依、执法必严、违法必究"到"科学立法、严格执法、公正司法、全民守法"，从建设"法治国家"到建设"法治中国"，从着力推进"国内法治"到"统筹推进国内法治和涉外法治"，从确立"依法执政"到"坚持依法治国与制度治党、依规治党统筹推进、一体建设"，等等。立法方面的突破则具体体现在对现行宪法进行第五次修改，编纂民法典，制定外商投资法、国家安全法、监察法等法律，修改立法法、国防法、环境保护法等法律。③ 法治改革举措主要表现为，深化以司法责任制为重点的司法体制改革，推进政法领域全面深化改革，加强对执法司法活动的监督制约，开展政法队伍教育整顿，依法纠正冤错案件，严厉惩治执法司法腐败，组建中

---

① 张文显：《论中国式法治现代化新道路》，《中国法学》2022年第1期，第8页。
② 张文显：《论中国式法治现代化新道路》，《中国法学》2022年第1期，第9页。
③ 张文显：《论中国式法治现代化新道路》，《中国法学》2022年第1期，第8页。

央全面依法治国委员会等具有里程碑意义的法治事件。[①] 党的十九届六中全会将数不胜数的法治成就和变革概括为："中国特色社会主义法治体系不断健全，法治中国建设迈出坚实步伐，法治固根本、稳预期、利长远的保障作用进一步发挥，党运用法治方式领导和治理国家的能力显著增强。"[②]

2022年，党的二十大胜利召开。二十大报告深刻总结了中国现代化建设的成功经验，集中外现代化理论之大成，提出了科学化系统化的中国式现代化理论。有学者提出：作为中国式现代化理论中的重要组成部分，中国式法治现代化打破了西方中心主义的法治现代化神话，创造了一种全新版本的法治现代化样态，给世界法治现代化带来了革命性影响。中国式法治现代化呈现出鲜明中国特色、中国气派，是中国共产党领导、独立自主探索、以人民为中心、有组织有规划、价值目标高远、现代科技驱动、促进世界和平发展的法治现代化。中国式法治现代化的主体工程，是建设中国特色社会主义法治体系，构建人类法治文明新形态。中国式法治现代化的伟大使命，是在法治轨道上全面建设社会主义现代化国家，把法治贯穿于国家治理和国家建设各领域各方面各环节，以高质量法治保障社会主义现代化强国建设。[③] 中国特色社会主义法治建设将在中国式法治现代化道路上不断丰富和创新发展。

法治是人类文明进步的重要标志，是治国理政的基本方式，是中国共产党和中国人民的不懈追求。法治兴则国兴，法治强则国强。中国共产党和中国人民必将中国特色社会主义法治进一步推向新的高度，为国家长治久安、中华民族伟大复兴、人民安居乐业提供最强有力的保障。

本章小结

中国传统法律文化源远流长，在漫长的传统社会发展史中，形成了与政

---

① 习近平：《坚定不移走中国特色社会主义法治道路　为全面建设社会主义现代化国家提供有力法治保障》，《求是》2021年第5期，第4~6页。

② 《中共中央关于党的百年奋斗重大成就和历史经验的决议》，《人民日报》2021年11月17日，第1版。

③ 黄文艺：《推进中国式法治现代化　构建人类法治文明新形态——对党的二十大报告的法治要义阐释》，《中国法学》2022年第6期。

治社会样貌高度适应、密切互动的中华法系文本、实践和文化的聚合体，在法律思想、法律渊源、刑事法规、民事法规、行政及经济立法、司法制度等方面均有突出成就。在清末变法修律以后，中华法系受西方法律的冲击而解体，中国法律开始了艰难的近代化过程。中国共产党成立后，带领中国人民开展了革命斗争，同时进行了革命根据地红色法治建设，使我国法律的面貌焕然一新。在新中国成立后，我国社会主义法治建设速度较快、成果丰硕，尤其是在改革开放以后，在宪法、刑法、民法等方面取得了举世瞩目的成就，现已形成了中国特色社会主义法治体系。总体来看，中国特色社会主义法治体系传承了中华法系的智慧，发展了马克思主义法治理论。在党的领导下，中国特色社会主义法治建设将在中国式法治现代化道路上不断丰富和创新发展。

 问题与思考

1. 如何理解中国传统法中的"德主刑辅"？

2. 中华法系在清末变法修律的过程中是如何逐步解体并保留影响的？

3. 改革开放后，中国特色社会主义法治的发展过程中有哪些大事？

4. 中国特色社会主义法治迈入新的历史阶段的主要表现是什么？

第二章　中国特色社会主义法治的理论基础
与指导思想

第一节　中国特色社会主义法治的理论

一　中国特色社会主义法治理论的构成

一切伟大的实践，都需要科学理论的正确指引。亚里士多德将针对不可变事物的认识称为"理论"（theoria），他借此表明，理论本身就是人类为满足求知欲而展开的科学活动形式。① 作为一种在实践中不断展开的生活形式，中国特色社会主义法治本身亦有其相应的理论基础，"理论一经掌握群众，也会变成物质力量"，有了正确的、科学的理论为指导，中国特色社会主义法治就能满足相应的时代需要，转化为现实的生活之法，成为真正的良法之治。另外，理论的产生与形成是由实践中出现的问题而激发的，实践中的问题往往限定了理论的性质、内容、对象与功能。② 从这个角度看，所谓法治的理论，就是围绕什么是法治、为什么实行法治以及如何实现法治等核心问题而形成的知识系统。③ 而中国特色社会主义法治理论，则是针对当代中国的法治建设有何本质特征、为何进行法治建设以及如何进行法治建设等核心问题而形成的知识系统。

为了回应这些核心问题，中国共产党在领导人民进行国家建设的历程中形成了中国特色社会主义法治的理论体系。这一理论体系将马克思主义关于社会主义法治建设的基本原理与当代中国社会主义法治建设实际相结合，不断总结中国法治实践经验，汲取中国传统法治文化精华，借鉴国外

---

① 参见［古希腊］亚里士多德《形而上学》，吴寿彭译，商务印书馆，1995，第1~5页。
② 参见吴炫《什么是真正的理论？》，《文艺理论研究》2010 年第 4 期。
③ 付子堂、朱林方：《中国特色社会主义法治理论的基本构成》，《法制与社会发展》2015 年第 3 期。

法治合理元素，根据中国共产党治国安邦法治理念而展开，围绕如何建设社会主义法治国家这一核心问题而形成，在我国法治建设中发挥着重要的指引与导向功能。2014年10月，习近平在党的十八届四中全会上强调指出："中国特色社会主义法治理论是中国特色社会主义法治体系的理论指导和学理支撑，是全面推进依法治国的行动指南。"[1] 十八届四中全会通过的《中共中央关于全面推进依法治国若干重大问题的决定》对如何发展创新我国的法治理论作出了重要部署："必须从我国基本国情出发，同改革开放不断深化相适应，总结和运用党领导人民实行法治的成功经验，围绕社会主义法治建设重大理论和实践问题，推进法治理论创新，发展符合中国实际、具有中国特色、体现社会发展规律的社会主义法治理论，为依法治国提供理论指导和学理支撑。"[2]

为了更好地回应中国社会主义法治建设的实践问题，中国特色社会主义法治理论有着复杂的内在构成体系。有学者将中国特色社会主义法治理论的内在构成分为四个部分：一是中国特色社会主义法治哲学，包括法治价值理论和法治话语体系；二是中国特色社会主义法治实践论，包括法治过程理论和法治方式理论；三是中国特色社会主义法治文化论，包括对西方法治文化的取舍和对中国法治实践智慧的化用；四是中国特色社会主义法治保障论，包括法治职业理论与法治教育理论。[3] 有学者则根据中国特色社会主义法治体系的构成，将中国特色社会主义法治理论的内在构成分为法律规范理论、法治实施理论、法治监督理论、法治保障理论与党内法规理论。[4] 还有学者认为，作为一个理论体系，中国特色社会主义法治理论由基础或一般理论、部门法理论以及专门领域或专门问题理论构成。[5]

本书认为，最后一种观点更为全面地涵盖了中国特色社会主义法治理论

---

[1] 习近平：《论坚持全面依法治国》，中央文献出版社，2020，第92页。

[2] 《中共中央关于全面推进依法治国若干重大问题的决定》，《人民日报》2014年10月29日，第1版。

[3] 付子堂、朱林方：《中国特色社会主义法治理论的基本构成》，《法制与社会发展》2015年第3期。

[4] 喻中：《论中国特色社会主义法治理论的体系》，《法学论坛》2022年第3期。

[5] 《顾培东：中国特色社会主义法治理论建构的几个问题》，载中国法学会网站，https://www.chinalaw.org.cn/portal/article/index/id/21454.html，最后访问日期：2023年5月9日。

的整体构成与不同层次。中国特色社会主义法治理论的第一个层次为法治的基础理论，这一部分应当对法治的概念、法治的价值指向、法治的实践方法以及法治与德治的关系、法治与政治的关系、法治与文化的关系等主题作出理论上的分析与论证。中国特色社会主义法治理论的第二个层次为部门法理论，这一部分不仅应回应宪法及相关法部门、民商法部门、行政法部门、经济法部门、社会法部门、刑法部门、诉讼与程序法部门、军事法部门等国内法律部门的理论问题，还应对我国的涉外法治建设作出理论回应。中国特色社会主义法治理论的第三个层次为法治专门领域理论，由法治运行理论、法治监督理论、法治保障理论与党内法规理论等理论专题构成。

习近平指出："全面推进依法治国，法治理论是重要引领。没有正确的法治理论引领，就不可能有正确的法治实践。"[1] 中国特色社会主义法治理论是中国特色社会主义理论在法治建设问题上的逻辑延伸，是中国特色社会主义理论的重要组成部分。[2] 因此，在建构中国特色社会主义法治理论的不同层面时，必须坚持贯彻中国特色社会主义理论，坚持中国特色社会主义道路，不断实现中国特色社会主义法治理论创新与中国特色社会主义法治实践创新的良性互动。

二 中国特色社会主义法治理论的特点

中国特色社会主义法治理论有着自身的鲜明特性，具体表现在以下几个方面。

第一，中国特色社会主义法治理论具有强烈的现实针对性。中国特色社会主义法治理论赖以发生的现实条件首先是当代中国的国情与当代中国的法治实践。"中国特色社会主义法治理论回答的不是抽象的一般性法治问题，也不是别的什么国家的法治问题，而必须是当代中国的法治问题，其根本出发点必定也必须是中国国情，中国国情既是中国特色社会主义法治理论必须面对的复杂实际，也是创新发展中国特色社会主义法治理论可资凭借的丰富资

---

[1] 习近平：《论坚持全面依法治国》，中央文献出版社，2020，第175页。
[2] 参见中共中央文献研究室编《习近平关于全面依法治国论述摘编》，中央文献出版社，2015，第35页。

源。"[1] 有学者因此认为，从循名责实的角度看，中国特色社会主义法治理论的首要特性是中国性。所谓中国性，是相对于其他国家的法治理论而言的。譬如"遵循先例"作为一个法治原则，主要是英美法系国家的法治理论；"虚君共和"作为一个法治原则，主要是英国、日本这一类保留了"虚君"的资本主义国家的法治理论；"三权分立"作为一个法治原则，主要是美国的法治理论。这样一些法治理论，主要是在中国之外的某一个国家或某一类国家流行的法治理论。[2] 而中国特色社会主义法治理论与这些法治理论在内容要求上都有所不同，这种不同是由中国当下的国情与法治实践决定的。

有学者将我国当下的国情归纳为四个层面。（1）人口规模巨大。我国拥有 14 亿人口，规模超过现有发达国家人口的总和，巨大的人口规模使我国的法治建设面临着许多艰巨而复杂的局面。（2）文明历史悠久。中华文明是一个绵延 5000 年未曾中断的古老文明。在法治的现代化建设过程中，古老文明既提供了可资利用的优秀文化传统，也存在需要加以改造和摈弃的糟粕。（3）发展速度迅猛。改革开放 40 多年中国的经济增长速度是世界平均增速的 3 倍多，这种快速发展将西方国家数百年现代化进程中历时性、串联式地完成的诸多法治建设任务进行时空压缩，要求我们在数十年的时间里共时性、并联式地完成。（4）社会主义大国。中国作为当今世界上最大的社会主义国家，面临着两种社会制度、两种意识形态的激烈较量，面临着外部敌对势力的围堵遏制、极限施压。这也使我国的法治建设必须完成与外部敌对势力斗争，充分发展涉外法治，积极参与国际治理的艰巨任务。[3] 中国特色社会主义法治理论就是在这样的国情下形成的，需要就这一国情下的法治建设实际问题提供恰当的、有针对性的理论回应。

当然，强调中国特色社会主义法治理论的中国性，并不意味着要割裂中国特色社会主义法治理论与世界的关系。习近平曾指出："法治是人类文明的重要成果之一，法治的精髓和要旨对于各国国家治理和社会治理具有普遍意

---

① 付子堂、朱林方：《中国特色社会主义法治理论的基本构成》，《法制与社会发展》2015 年第 3 期，第 18 页。

② 喻中：《中国特色社会主义法治理论：思想根基、主要特性与学科定位》，《法学评论》2020 年第 1 期，第 43 页。

③ 参见黄文艺《推进中国式法治现代化　构建人类法治文明新形态——对党的二十大报告的法治要义阐释》，《中国法学》2022 年第 6 期，第 11~12 页。

义。"① 包括中国在内的世界各国的法治理论，存在一些代表最大公约数的共性。譬如，通过法律的治理、平等原则、民主原则、人权原则，等等，就是各种法治理论的最大公约数。② 同时，中华民族从来都有海纳百川的气度与胸怀，善于吸收外来文化的优秀因素，并将其转化为自身文化的一部分。"我们有符合国情的一套理论、一套制度，同时我们也抱着开放的态度，无论是传统的还是外来的，都要取其精华、去其糟粕。"③ 习近平指出，法治建设坚持从我国实际出发，不等于关起门来搞法治。"我们要学习借鉴世界上优秀的法治文明成果。"④

第二，中国特色社会主义法治理论具有鲜明的政治性。西方法治理论往往强调其理论的政治中立性。然而，正如习近平所指出的那样："法治当中有政治，没有脱离政治的法治……每一种法治形态背后都有一套政治理论，每一种法治模式当中都有一种政治逻辑，每一条法治道路底下都有一种政治立场。"⑤ 与西方法治理论不同，中国特色社会主义法治具有旗帜鲜明的政治性。"中国特色社会主义"是中国特色社会主义法治理论的政治性规定。我国的法治理论必须坚持中国特色社会主义道路，以中国特色社会主义制度为根本保障和出发点。这样才能使我国的法治建设不失去正确的方向，保障人民在国家治理和社会生活的主体地位。因此，中国特色社会主义法治理论既是一种法学理论，同时也是一种政治理论。就中国特色社会主义法治理论的内容来看，它既要阐述法治问题、法律问题、法学问题，同时也要阐述政治问题。譬如，党对法治的全面领导，依法执政与依宪执政，党的领导与依法治国的关系，依法治国与依规治党的关系，等等。这样一些关键性的问题，既是中国特色社会主义法治理论关注的重要问题，同时也是当代中国的政治问题。⑥

---

① 习近平：《加快建设社会主义法治国家》，《求是》2015 年第 1 期，第 5 页。

② 喻中：《中国特色社会主义法治理论：思想根基、主要特性与学科定位》，《法学评论》2020 年第 1 期，第 43 页。

③ 中共中央文献研究室编《习近平关于全面依法治国论述摘编》，中央文献出版社，2015，第 35 页。

④ 习近平：《加快建设社会主义法治国家》，《求是》2015 年第 1 期，第 5 页。

⑤ 中共中央文献研究室编《习近平关于全面依法治国论述摘编》，中央文献出版社，2015，第 34 页。

⑥ 喻中：《中国特色社会主义法治理论：思想根基、主要特性与学科定位》，《法学评论》2020 年第 1 期，第 43 页。

　　另外，中国特色社会主义法治理论也是我国社会主义意识形态的一部分。意识形态的定义有上百种之多，但诸种不同的意识形态基本上都可以从认知维度、价值维度和本体维度三个方面去解析。作为认知维度的意识形态是工具性的，它借助于人的理性能力，展现着人类对自身生活于其中的社会本质、规律、趋势、未来发展方向以及目标策略等实然性问题的探索。其中不仅有宏观历史的抽象性内容，更有目标策略层的可操作性内容。作为价值之维的意识形态体现着人们对于历史、现实及未来的评判、取舍和追求的内在尺度，体现了人类对应然状态的目的性需求，其本质是规范性的。价值也有不同的层次与类别归属，意识形态中的价值维度主要指政治价值，是贯穿在社会发展方向、道路、模式、制度、政策等政治纲领性中的政治信仰与政治规范。作为本体之维的意识形态，是指其存在的本体根基。意识形态的存在本体是不同的民族、阶级、阶层等社会集团以及他们背后的利益，其核心是利益问题。群体性主体及其利益是意识形态的本体和根据。这使得意识形态具有其阶级性、政治性、利益关联性。[①] 中国特色社会主义法治理论作为社会主义意识形态，在法治建设中发挥着提供认识工具、政治纲领以及凝聚社会群体共识的功能。与西方法治中蕴含的意识形态不同，中国特色社会主义法治理论作为一种意识形态，并不掩盖其政治性与利益关联性。同时，它也具有最广泛的公共性基础，"这个理论既体现了党的意志，也体现了国家的意志，还体现了人民的意志，具有广泛的群众基础"。[②]

　　第三，中国特色社会主义法治理论具有深刻的学术性。中国特色社会主义法治理论既具有强烈的政治性，同时也具有深刻而严谨的学术性。作为贯穿法治基础理论、部门法理论以及法治专题理论的中国特色社会主义法治理论体系，既重视对法治的基本原理的研究，也不忽略对法治的运行技术的研究。因此，它是一门兼顾"学"与"术"的理论体系。[③]

　　从"学"的角度看，中国特色社会主义法治理论要从理论上分析和归纳

　　① 张骥、程新英：《论马克思主义意识形态在我国面临的挑战与回应》，《马克思主义研究》2009 年第 2 期，第 67~68 页。

　　② 喻中：《中国特色社会主义法治理论：思想根基、主要特性与学科定位》，《法学评论》2020 年第 1 期，第 44 页。

　　③ 喻中：《中国特色社会主义法治理论：思想根基、主要特性与学科定位》，《法学评论》2020 年第 1 期，第 44 页。

中国特色社会主义法治建设的基本规律，论证建设法治中国、实现中国式法治现代化的基本法治价值取向，为中国特色社会主义法治事业的战略安排、发展壮大提供理论依据与基本准则。从"术"的角度看，中国特色社会主义法治理论应就法治的具体运行机制、运行方法等可操作性问题提供解决方案。中国法治建设丰富的实践为中国特色社会主义法治理论提供了源源不断的研究素材，以马克思主义为理论根基的学术体系为中国特色社会主义法治理论提供了博大深厚的智识资源，使中国特色社会主义法治理论具有与时俱进、持续不断的生命力。

第二节　中国特色社会主义法治的理论基础

中国特色社会主义法治理论吸收了古今中外优秀的法治理论，具有复杂而深厚的理论基础。从其理论基础的构成来看，既有来源于我国传统法律文明的学理与文化，也有来源于西方法律文明的理论与观念。中国特色社会主义法治在理论根基上结合了马克思主义理论与毛泽东思想、邓小平理论、"三个代表"重要思想、科学发展观、习近平新时代中国特色社会主义思想等当代中国马克思主义理论中的法治理论，同时也传承了中国法律文明的优秀传统，借鉴了世界一般法治理论的有益经验。

一　马克思主义法学理论

中国特色社会主义法治理论的首要理论基础是马克思、恩格斯创立的马克思主义法学理论。青年时代的马克思、恩格斯非常熟悉德国古典哲学的法哲学与政治哲学理论，对刑法、婚姻法等问题发表过许多著名的见解，形成了独具特色的新理性批判主义法律思想。比如，马克思对普鲁士《林木盗窃法》的讨论就初步触及了法律的本质问题。此后，在社会生活实践的推动下，马克思和恩格斯又逐渐摒弃了新理性批判主义法律观，而形成、创立了历史唯物主义法律思想体系。一般认为，1844—1848年马克思或他与恩格斯合著的一系列著作，如《神圣家族》（1845年）、《德意志意识形态》（1845—1846年）、《哲学的贫困》（1847年）、《共产党宣言》（1848年），是历史唯物主义法学理论产生的标志，《共产党宣言》的发表则标志着马克思主义法学体系的公开问世。社会存在决定社会意识是马克思主义法学的基本立场。在《神圣家族》中，马克思提出："那就不应当惩罚个别人的犯罪行为，而应当消灭产生犯罪行为的反社会的温床。"[①] 在 1859 年的《人口、犯罪率和赤贫现象》一文中，马克思明确表示："这种一方面扩大自己财富，但贫困现象又不见减少，而且犯罪率甚至增加得比人口数目还快的社会制度内部，一定有某种腐朽的东西。"[②] 他早在 6 年前发表的《死刑》一文最后提出了一个反问："这样，如果说大量的犯罪行为从其数量和种类就会揭示出像自然现象那样的规律性……那么，应不应该认真考虑一下改变产生这些罪行的制度，而不是去颂扬那些处死相当数目的罪犯来为新的罪犯腾出位置的刽子手呢？"[③] 1848—1870 年是马克思、恩格斯在无产阶级革命运动中验证、运用和发展历史唯物主义法律思想的时期。其中，马克思、恩格斯参加 1848 年群众革命斗争的时期，是他们平生事业的中心点。他们在这一阶段所撰写的论著，系统地对马克思主义法学的基本原理加以检验和补充，从而使它更为完善、更有生机。1852 年下半年到 1864 年上半年，则是马克思创作伟大科学巨著《资本论》的辉煌时期。《资本论》系统地分析了构成法律基础的社会经济关系，将马克思主义法学推向了高峰。1864 年上半年至 1870 年年初，马克思、恩格斯作为第一国际的精神领袖，为该组织起草了许多文件，这些文件直接武装了无产阶级的政党和群众；同时，他们又在批判普鲁东主义等几种典型的、具有很大影响的反马克思主义法律观的过程中确立了一系列重要的马克思主义法学基本原理。1871—1883 年，在总结国际共产主义运动新经验和抨击机会主义思潮中，马克思、恩格斯进一步深化了历史唯物主义法学。这一时期的代表作品是马克思于 1871 年撰写的《法兰西内战》以及马克思、恩格斯回应普鲁东主义、巴枯宁主义、拉萨尔主义挑战的一系列论著。在马克思生平的最后几年里，恩格斯作为主要执笔人，撰写了《反杜林论》（1876—1878 年）这部马克思主义的百科全书，系统地回答了法、自由与客观规律的相互关系等一些基本的法哲学问题。马克思逝世以后，恩格斯着手考察了国家和法的历史规律，并撰写了《家庭、私有制和国家的起源》（1884 年）以及其他一

① 《马克思恩格斯文集》（第一卷），人民出版社，2009，第 335 页。
② 《马克思恩格斯全集》（第十三卷），人民出版社，1962，第 551 页。
③ 《马克思恩格斯全集》（第八卷），人民出版社，1961，第 580 页。

系列谈论国家和法的问题的著作。1891—1895 年，恩格斯以书信的形式，全面地论述了经济基础与上层建筑之间的辩证关系，尤其着重阐明政治上层建筑诸因素的反作用，从而对历史唯物主义原理作了极其重要的补充和发展。通过这些极为丰富的论著，马克思主义法学理论在法学领域引起了一场伟大革命。它对整个世界法学格局的变化和发展的影响，是任何一个法学派别都不可比拟的。

继马克思、恩格斯之后，列宁进一步发展了马克思主义法学理论。同时，通过领导社会主义国家的建设，列宁有史以来第一次创造了社会主义的国家制度和法律制度，从而使历史唯物主义法律思想体系实践化。首先，列宁的法律思想揭露了资产阶级法学为少数剥削者服务的本质，指出一切旧范畴的法学标榜的超阶级"无党性""唯心主义不过是信仰主义的一种精巧圆滑的形态"。① 其次，列宁创造性地完成了帝国主义理论体系，他指出帝国主义是无产阶级革命的前夜。由于资本主义政治经济发展得极其不平衡，社会主义革命有可能在少数国家甚至单一国家首先取得胜利。而在苏联社会主义国家和法制建设的新条件下，列宁还对马克思主义法学思想进行了全新的阐发，指出无产阶级专政才是马克思主义的核心和实质。列宁深刻地洞察了现代西方资产阶级法制和法律思想的发展趋势，他指出，随着帝国主义时代的到来，资产阶级民主和法制已经破产，法西斯主义的法律思想甚嚣尘上，资产阶级法中个人自由、意志自由和法律平等也被"社会本位"取代，而在自由竞争向经济垄断发展的过程中，国家对经济和社会日益强大，自由资本主义时代的私法原则也受到了限制，而资产阶级社会的民主和法制思想也仍然在发展，出现了多元民主主义、繁多的法学派别和种种社会思潮。②

马克思主义法学对中国特色社会主义法治理论的形成有着深刻的影响。有学者对这一影响进行了具体的分析：中国特色社会主义法治理论中的人民主体地位思想，继承和发展了马克思关于"法律是人民意志的自觉表现"的思想；科学立法的思想，继承和发展了马克思关于"法是社会发展规律的表述""立法者应视自己为科学家"的思想；"法治国家的建设必须适应中国国

---

① 《列宁全集》（第二版增订版第十八卷），人民出版社，2017，第 375 页。
② 参见吕世伦主编《列宁法律思想史》，法律出版社，2000，第 55~60 页。

情、解决中国的现实问题"的思想，继承和发展了马克思关于"法是社会发展的产物""社会创造了法律"的思想；"坚持法律面前人人平等"的思想，继承和发展了马克思关于"工人阶级的解放斗争是要争取平等的权利和义务"的思想；"法必须追求社会的公平正义"的思想，继承和发展了马克思关于"法律必须为穷人争取权利"的思想；"建设社会主义的法律体系和法治体系"的思想，继承和发展了马克思关于"工人阶级的革命必须以无产阶级的法律来代替资产阶级的法律"的思想。①

二　马克思主义法学的中国化

习近平在党的二十大报告中指出："实践告诉我们，中国共产党为什么能，中国特色社会主义为什么好，归根到底是马克思主义行，是中国化时代化的马克思主义行。"②中国特色社会主义法治的理论是马克思主义中国化在法治思想领域的理论结晶。

毛泽东思想是马克思主义基本原理和中国革命与建设具体实际相结合的第一个重大成果，在中国革命和社会主义建设时期，毛泽东提出了一系列关于社会主义法治建设的思想。早在第一次国内革命战争时期，毛泽东就提出了"法律只管行为，不管意思"。③在《湖南农民运动考察报告》中，毛泽东谈到了革命与法律秩序的关系问题，他指出，改革是在法律范围内进行，而革命则是一个阶级推翻另一个阶级的暴烈行动。在抗日战争时期，毛泽东提出了一系列新民主主义的宪政思想。经过毛泽东加写、改写的《陕甘宁边区施政纲领》中"三三制"的民主政治原则、保障人民基本政治权利和人民自由的法律程序、改进司法制度等规定，集中体现了毛泽东民主宪政思想。在《新民主主义的宪政》中，毛泽东提出了宪政就是民主政治，宪法是对民主事实的确认。在《论联合政府》中，毛泽东提出要建立联合政府，改革现有政治体制和法律制度，"废止国民党一党专政，建立民主的联合政府"④，采

---

① 何勤华、周小凡：《"中国特色社会主义法治理论"考》，《中国社会科学》2022年第12期，第74页。
② 本书编写组编著《党的二十大报告辅导读本》，人民出版社，2022，第15页。
③ 参见吕世伦等《毛泽东邓小平法律思想史》，武汉大学出版社，2014，第40页。
④ 《毛泽东选集》（第三卷），人民出版社，1991，第1063页。

取民主集中制的政权组织。在接受路透社记者甘贝尔的采访时，毛泽东说："'自由民主的中国'将是这样一个国家，它的各级政府直至中央政府都由普遍、平等、无记名的选举所产生，并向选举它的人民负责。它将实现孙中山先生的三民主义，林肯的民有、民治、民享的原则与罗斯福的四大自由。它将保证国家的独立、团结、统一及与各民主强国的合作。"[1] 毛泽东还提出了一系列军队国家化、保障广大人民自由发展其在共同生活中的个性、自由发展有益于国民生计的私人资本主义经济、保障一切正当的私有财产等思想。毛泽东认为，法律上的自由就是法律允许的行为，"人民的言论、出版、集会、结社、思想、信仰和身体这几项自由，是最重要的自由"。[2] 在解放战争时期，毛泽东对新国家的政权性质、政治体制和法律原则进行了论述。他指出，在解放战争胜利后，要推翻国民党的旧法统，建立新的法律制度，成立民主联合政府，实行人民民主制度，保障人民基本政治权利，发展民族工商业，实行耕者有其田的制度。在他起草的《关于健全党委制》《军队内部的民主运动》中，毛泽东指出，要保证集体领导，防止领导干部专断。除涉及国家治理、人民民主的法治思想外，毛泽东对刑事法律问题也形成了对我国法制建设影响深远的理论观点。在"黄克功事件"中，毛泽东对定罪量刑的刑法问题进行了探讨，指出了法律不应有以功抵罪的规定，犯罪行为触犯了法律所保护的社会关系，所以刑法要严厉惩罚。他还形成了镇压与宽大相结合、惩罚与教育相结合的刑事策略思想。毛泽东认为，在审理刑事案件中，一定要严格注意宽严结合、轻重适度、罚当其罪。关于死刑问题"实行严格控制，务必谨慎从事，务必纠正一切草率从事的偏向。我们一定要镇压一切反革命，但是一定不可捕错杀错"。[3]

　　邓小平理论是马克思主义基本原理和中国具体实际相结合的第二个重大成果。作为党的第二代领导集体核心，邓小平从新中国成立以来正反两面的经验教训出发，全面客观地分析了新形势下加强民主法制建设的具体措施，从各个方面进一步充实和发展了社会主义民主法制思想。拨乱反正以来，邓小平发表了一系列重要讲话，系统论述了我国民主与法制建设的现实任务和

---

① 《毛泽东文集》（第四卷），人民出版社，1996，第27页。
② 《毛泽东选集》（第三卷），人民出版社，1991，第1070页。
③ 《毛泽东文集》（第六卷），人民出版社，1999，第120页。

56

长远目标，明确提出了坚持发展民主和法制是党和国家坚定不移的方针，从而确立了社会主义民主法制建设的战略地位。1978年，他在中共中央工作会议闭幕会上《解放思想，实事求是，团结一致向前看》的讲话中明确提出："为了保障人民民主，必须加强法制。必须使民主制度化、法律化，使这种制度和法律不因领导人的改变而改变，不因领导人的看法和注意力的改变而改变。"① 这个讲话实际上成为随后召开的十一届三中全会的主题报告。此后，邓小平一直强调："我们坚持发展民主和法制，这是我们党的坚定不移的方针。"② 邓小平指出，没有民主就没有社会主义，没有社会主义也不可能有真正的民主，民主是现代化建设的重要目标之一，"社会主义民主和社会主义法制是不可分的"③；"发扬社会主义民主，健全社会主义法制，两方面是统一的"④；"民主要坚持下去，法制要坚持下去。这好像两只手，任何一只手削弱都不行"。⑤ 邓小平强调，要实现社会主义民主，必须把民主的精神和原则具体化为国家的法律和制度，社会主义民主的制度化、法律化，就是将人民的民主权利，以及国家在政治、经济、文化、社会等方面的民主生活、民主结构、民主形式、民主程序，用系统的制度和法律规定下来，使之具有制度上、法律上的完备形态，以保障国家政治生活的民主性和人民的民主权利不受破坏和侵害。邓小平指出，无论领导人变更还是领导人改变了他的观点，都要确保制度和法律保持不变，制度是对个人专断和越权行为的有力制约，也是保障人民民主权利的有力手段。因此，我们必须建立健全社会主义法制，这是社会主义现代化建设的需要、经济建设的需要、执行改革开放政策的需要、实现社会稳定和国家长治久安的需要、推进精神文明建设的需要。在法制建设上，为保障社会主义民主政治和经济建设的顺利进行，必须严格贯彻并实现"有法可依，有法必依，执法必严，违法必究"的法治建设基本方针。另外，邓小平还精辟地分析了当代中国法治发展的国情条件。邓小平认为，在中国这样一个经济文化比较落后的东方大国建设社会主义法制，必须始终

---

① 《邓小平文选》（第二卷），人民出版社，1994，第146页。
② 《邓小平文选》（第二卷），人民出版社，1994，第256~257页。
③ 《邓小平文选》（第二卷），人民出版社，1994，第359页。
④ 《邓小平文选》（第二卷），人民出版社，1994，第276页。
⑤ 《邓小平文选》（第二卷），人民出版社，1994，第189页。

考虑中国的国情特点，探索出一个具有中国特色的法律发展模式。他精辟地指出："我们的现代化建设，必须从中国的实际出发。无论是革命还是建设，都要注意学习和借鉴外国经验。但是，照搬照抄别国经验、别国模式，从来不能得到成功。"[1] 邓小平理论中有关法治建设的内容，对于我国法治建设的各项工作具有广泛而深远的指导意义。

党的十四大以来，以江泽民同志为核心的党的第三代中央领导集体根据社会主义现代化建设和改革的实际需要，进一步推进了社会主义民主法制建设。在法治建设过程中，江泽民以新的理论观点和工作实践丰富和发展了中国特色社会主义法治思想。1997 年，江泽民在党的十五大上作了《高举邓小平理论伟大旗帜，把建设有中国特色社会主义事业全面推向二十一世纪》的报告，该报告在我国确立了依法治国的基本方略，提出了建设"社会主义法治国家"的目标。在十五大报告中，江泽民就我国的民主法治建设进行了深刻的阐述。首先，我国民主法治建设的基本原则是"在中国共产党领导下，在人民当家作主的基础上，依法治国，发展社会主义民主政治"。其次，在政治体制改革与民主法制建设方面，要在坚持四项基本原则的前提下，继续推进政治体制改革，进一步扩大社会主义民主，健全社会主义法制，依法治国，建设社会主义法治国家。其具体的工作部署包括：健全民主制度，实行民主选举、民主决策、民主管理和民主监督，保证人民依法享有的广泛权利和自由，尊重和保障人权；扩大基层民主，保证人民群众直接行使民主权利，依法管理自己的事情；加强法制建设，坚持有法可依、有法必依、执法必严、违法必究。[2] 2000 年，江泽民提出了"三个代表"重要思想，即中国共产党始终代表中国先进生产力的发展要求、中国先进文化的前进方向、中国最广大人民的根本利益。"三个代表"被视为中国共产党的立党之本、执政之基、力量之源，同时也指引了中国法治建设的目的和方向。2002 年，江泽民在党的十六大上所作的《全面建设小康社会，开创中国特色社会主义事业新局面》的报告中提出："发展社会主义民主政治，最根本的是要把坚持党的领导、人民当家作主和依法治国有机统一起来。党的领导是人民当家作主和依法治国

---

① 《邓小平文选》（第三卷），人民出版社，1993，第 2 页。

② 江泽民：《高举邓小平理论伟大旗帜，把建设有中国特色社会主义事业全面推向二十一世纪》，《求是》1997 年第 18 期。

的根本保证，人民当家作主是社会主义民主政治的本质要求，依法治国是党领导人民治理国家的基本方略。"① 江泽民"三个代表"重要思想及其法治理论，论述了政治文明与小康社会之间的内在联系，揭示了依法治国与党的领导之间密不可分的关系，阐发了依法治国与以德治国之间相辅相成的互动机理，进一步推动了中国特色社会主义法治的理论发展。

党的十六大以来，以胡锦涛同志为总书记的党中央在推动我国经济社会全面协调可持续发展的同时，继续推进依法治国。胡锦涛在新的历史条件下，进一步揭示了中国特色社会主义理论体系的科学内涵，提出和阐释了科学发展观这一重大的政治、法律思想。坚持以人为本的科学发展观，旨在"树立全面、协调、可持续的发展观，促进经济社会和人的全面发展"。② 胡锦涛强调，以人为本，就是要始终把最广大人民的根本利益放在第一位，把实现好、维护好、发展好最广大人民的根本利益作为推进改革开放和现代化建设的出发点和落脚点，不断满足人民群众的经济、政治和文化利益。③ "以人为本"的科学发展观，为中国特色社会主义法治建设指明了方向。另外，胡锦涛还提出了大量关于依法治国、依法执政的理论观点。他指出："依法治国，前提是有法可依，基础是提高全社会的法律意识和法制观念，关键是依法执政、依法行政、依法办事、公正司法。依法治国首先要依宪治国，依法执政首先要依宪执政。"④ 胡锦涛强调，法治是治国理政的基本方式；必须把坚持科学执政、民主执政、依法执政作为加强党的执政能力建设的努力方向和重要内容；以法治的理念、法治的体制、法治的程序保证党领导人民有效治理国家；坚持社会主义法治理念，就是要坚持依法治国、执法为民、公平正义、服务大局、党的领导；不断推进科学立法、严格执法、公正司法、全民守法，实现国家各项工作法治化。胡锦涛提出的这一系列法治思想和战略部署，深刻回答了在实现科学发展的进程中为什么要坚持依法治国、怎样运用法治方

---

① 江泽民：《全面建设小康社会，开创中国特色社会主义事业新局面》，《求是》2002 年第 22 期。

② 中共中央文献研究室编《十六大以来重要文献选编》（上），中央文献出版社，2005，第 465 页。

③ 胡锦涛：《把科学发展观贯穿于发展的整个过程》，《求是》2005 年第 1 期。

④ 中共中央文献研究室编《十六大以来重要文献选编》（中），中央文献出版社，2006，第 224~225 页。

式治理国家等重大问题，以新的理念发展了中国特色社会主义法治理论。

党的十八大以来，中国特色社会主义进入新时代。中国共产党开始实施全面深化改革的一系列重大举措，全面依法治国成为全面深化改革的重要组成部分，构成了"四个全面"战略布局。这一时期，习近平新时代中国特色社会主义思想逐步形成。在这一思想体系中，习近平关于全面依法治国的新理念新思想新战略逐渐发展成为"习近平法治思想"。习近平法治思想集中体现了我们党在法治领域的理论创新、制度创新和实践创新，是马克思主义法学原理与全面依法治国、建设法治中国实践相结合的重大理论成果。[①] 这一重大理论成果既构成了中国特色社会主义法治不可或缺的理论基础，也成为当下中国特色社会主义法治建设的指导思想。因此，有关习近平新时代中国特色社会主义思想的论述将在本章第三节展开。

三　我国传统法律文明

作为文明古国，我国古代发展出了发达的法制文明。习近平曾指出："我们的先人们早就开始探索如何驾驭人类自身这个重大课题，春秋战国时期就有了自成体系的成文法典，汉唐时期形成了比较完备的法典。我国古代法制蕴含着十分丰富的智慧和资源，中华法系在世界几大法系中独树一帜。"[②] 从制度层面看，中国古代法律制度的发展脉络清晰，内容丰富，特点鲜明。在中国古代的多种法律形式中，除了律典作为刑事法律之外，历朝的民事、行政、经济、军事等法律包含在令、敕、条例、条格等形式的法律文件之中。除了官方颁布的法律文件之外，中国古代的法律渊源还来自儒学经典和民间法律渊源。[③] 这些丰富严密的法律制度，不仅为世界法治文明作出了杰出贡献，为中华文明的延续和繁荣创造了条件，还为当下的国家与社会治理提供了宝贵的治理经验。

从思想层面看，中国古人提出了一系列丰富的法律理念与文化，至今仍具有很高的价值。春秋战国时期，法家便非常强调通过法律进行治国理政的

---

① 张文显：《中国特色社会主义法治理论的新飞跃》，《法制与社会发展》2017 年第 6 期。

② 《习近平谈治国理政》（第二卷），外文出版社，2017，第 118 页。

③ 参见钱弘道《中国特色社会主义法治理论的四个渊源》，《法治现代化研究》2021 年第 2 期，第 19 页。

重要性。"国无常强，无常弱。奉法者强则国强，奉法者弱则国弱。"① 另外，中国古代思想家还认为，法律应当具有普遍性和客观性，在治理国家时应依据法度而行，不能依凭国君的任意"心治"；在处理社会矛盾时官府应定分止争促民息讼，引导人民正心诚意，建立和谐有礼的社会秩序；刑罚要适中宽和，避免滥刑，援法断罪，罚当其罪，罪与罚要相适应，不枉不纵，刑无等级，法不阿贵，法律面前人人平等，一视同仁，无分贵贱，不能内外有别。

不过，在吸收中国传统法律文明的合理成分时，应注意克服其中一些与现代法治文明相冲突的部分。比如，有学者提出，中国传统法律文化中存在明显的法律工具主义倾向，这与现代法治主义是对立的。② 中国传统法律思想倾向于片面强调法律是维护君主专制的统治工具。如，"法者，编著之图籍，设之于官府，而布之于百姓者也"，③ "法令者，治之具也"。④ 仅仅将法治看作一种工具，会贬低法治所蕴含的价值理性，这与中国特色社会主义法治理论内在的现代化法治诉求不相一致。因此，中国特色社会主义法治理论在传承中国传统法律文明时，应注意将其中不符合现代化法治诉求的成分进行创造性转化。

四　人类法律文明成果

西方社会在探索法治之路的数百年历程中，产生了许多专注于法治理论研究的优秀学者。他们关于法治的必要性、法治的特征、法治的构成、法治形成的基本条件等问题的研究所形成的许多理论成果，具有人类共同文明成果的一般性特征。⑤ 比如，古希腊哲学家亚里士多德就已经指出，法治较之人治更为可取，法治是中道的体现。中世纪时期，在宗教的帷幕下发展的教父哲学和经院哲学为西方法治思想注入了新的思想内涵，法律的神圣性、权威性在理论层面越发巩固的同时，也随着宗教势力的传播根植于人们心中。

---

① 《韩非子·有度》。

② 钱弘道：《中国特色社会主义法治理论的四个渊源》，《法治现代化研究》2021 年第 2 期，第 22~24 页。

③ 《韩非子·难三》。

④ 《史记·酷吏列传》。

⑤ 张恒山：《中国特色社会主义法治建设的理论基础》，《法制与社会发展》2016 年第 1 期，第 21 页。

近代以来，随着欧洲资本主义的兴起、民族国家的形成、启蒙运动与宗教改革的开展，平等、自由等法治理念一道得以进一步弘扬。无论是英美法系的"法治"（rule of law）还是大陆法系的"法治国"（Rechtsstaat）概念，都强调所有公民和团体在法律面前一律平等。在一个政治共同体中，没有任何超越于法律之外的权力存在，法律本身是一切权力的渊源和归宿。另外，法治并不仅仅是一种事实状态描述，亦即，法治并不是简单的"依法而治"，甚至也不是"法律统治"，法治更是一种规范描述，它表明的是国家之中并没有任何肆意的权力，任何权力的行使都伴随着责任的担当，它的产生、行使和最终的过渡都必须受到监督和制衡，而一切的权力之依归是对权利的保障，而权利虽然指向的是公民在具体事务上的利益，但是这些利益背后实际上是每一个人不可侵犯、不可剥夺的人格和道德尊严。据此，法治并不仅仅意味着"通过法律的社会控制"，更是对人所应有的尊严的尊重。这些法治理念作为人类共同文明成果，对中国特色社会主义法治建设有重要的借鉴和启示作用，因此也构成了中国特色社会主义法治的理论基础之一。"走社会主义道路和搞社会主义建设必须继承、吸收人类既有的先进文明成果，唯有在此前提下，才能发展出比资本主义更高的文明形态。"①

第三节　中国特色社会主义法治的指导思想

党的第十九次全国代表大会把习近平新时代中国特色社会主义思想确立为党必须长期坚持的指导思想并庄严地写入党章，实现了党的指导思想的与时俱进；第十三届全国人民代表大会第一次会议通过的宪法修正案，郑重地把习近平新时代中国特色社会主义思想载入宪法，实现了国家指导思想的与时俱进，反映了全国各族人民共同意志和全社会共同意愿。习近平新时代中国特色社会主义思想，是新时代中国共产党的思想旗帜，是国家政治生活和社会生活的根本指针，是当代中国马克思主义、21 世纪马克思主义。② 在

---

① 张恒山：《中国特色社会主义法治建设的理论基础》，《法制与社会发展》2016 年第 1 期，第 21 页。

② 《习近平新时代中国特色社会主义思想是党和国家必须长期坚持的指导思想》，《人民日报》2019 年 7 月 22 日，第 6 版。

习近平新时代中国特色社会主义思想中，法治理论是其重要组成部分。2020年11月，中央全面依法治国工作会议正式提出"习近平法治思想"。这一法治思想是我国推进全面依法治国的根本指导思想，是党和人民处理新时代法治问题的根本立场、观点和方法，是法治中国建设的灵魂和旗帜，是全面依法治国的根本遵循和行动指南。①

一　习近平法治思想的形成

作为从基层一步一步成长起来的党和人民的领袖、伟大政治家、卓越思想家，习近平矢志不渝地追求法治、谋划法治、推进法治，始终思考探索为什么要实行法治、建设什么样的法治、如何建设法治等重大问题。"在长期的领导实践中，习近平总书记积累了依法治县、依法治市、依法治省、依法治国的丰富经验，提出了许多立时代之潮头、发时代之先声的法治新思想新论断，展现出深邃思考力、敏锐判断力、卓越领导力。"②

党的十八大后不久，习近平就提出全力推进法治中国建设。此后，党的十八届三中、四中全会以法治中国建设为导向，全面部署了法治领域的改革问题以及全面推进依法治国的重大问题。在此期间，习近平就法治问题作出了一系列立意深远、思想深刻、内涵丰富的重要论述。2015年，中共中央文献研究室编辑出版《习近平关于全面依法治国论述摘编》一书，将习近平关于全面依法治国重要论述整理归纳为八个方面，即"八大论述"。③ 2017年，党的十九大正式提出习近平新时代中国特色社会主义思想这一重大理论。为贯彻落实党的十九大精神，党中央成立了中央全面依法治国委员会。2018年，习近平总书记在中央全面依法治国委员会第一次会议上发表重要讲话，提出"全面依法治国新理念新思想新战略"重要命题，其内涵概括为"十个坚持"。④ 2020年11月，中央全面依法治国工作会议正式提出"习近平法治思

---

① 张文显:《习近平法治思想是全面依法治国的根本指导思想》,《法学》2021年第12期。

② 王晨:《坚持以习近平法治思想为指导谱写新时代全面依法治国新篇章》,《中国法学》2021年第1期。

③ 中共中央文献研究室编《习近平关于全面依法治国论述摘编》,中央文献出版社,2015,第1~28页。

④ 习近平:《论坚持全面依法治国》,中央文献出版社,2020,第228~231页。

想"，把习近平法治思想确立为全面依法治国的指导思想。会议上，习近平总书记总结了党的十八大以来法治建设取得的重大进展，用"十一个坚持"深刻阐述了新时代全面依法治国、建设法治中国的战略决策和总体部署，科学回答了我国法治建设的一系列重大理论和实践问题。[①] 在习近平法治思想的引领下，党领导人民在新时代成功走出了一条中国式法治现代化新道路。2021年，党的十九届六中全会对新时代全面依法治国的显著成就和基本经验作出了系统全面、高屋建瓴的科学总结。2022年，党的二十大报告回顾和总结了新时代十年党和国家事业所取得的历史性成就，明确指出"全面依法治国总体格局基本形成"的重要论断。

从习近平法治思想的形成历程上看，这一法治思想是在党领导人民探索、开辟和拓展中国特色社会主义法治道路的伟大实践进程中逐步形成的。习近平法治思想从历史和现实相贯通、国际和国内相关联、理论和实际相结合上，深刻回答了新时代为什么实行全面依法治国、怎样实行全面依法治国等一系列重大问题，提出了一系列全面依法治国新理念新思想新战略。这一法治思想为全面依法治国、全面建设社会主义现代化国家与实现中华民族伟大复兴提供了根本遵循和科学指南。

二　习近平法治思想的主要内容

在把握习近平法治思想的内容时，我国学者形成了不同的研究范式。其中有代表性的研究范式包括以下三种。第一，"三新"研究范式。有学者把习近平法治思想的理论体系概括为新理念、新思想、新战略"三新"理论范式。其中，新理念集中体现为坚持党的领导，坚持以人民为中心，坚持奉法强国、良法善治等；新思想集中体现为习近平在中央全面依法治国工作会议上阐述的"十一个坚持"；新战略则主要体现为一系列法治建设的战略部署转化，如，从依法治国到全面依法治国，从建设法治国家到建设法治中国，从健全社会主义法制到健全社会主义法治，从"有法可依、有法必依、执法必严、违法必究"到"科学立法、严格执法、公正司法、全民守法"，从形

---

① 《习近平法治思想概论》编写组编《习近平法治思想概论》，高等教育出版社，2021，第5页。

成中国特色社会主义法律体系到建设中国特色社会主义法治体系，从全面推进依法治国到统筹推进依法治国和依规治党，从完善国内法治到统筹推进国内法治与涉外法治等。① 第二，"三基本"研究范式。有学者将习近平法治思想所蕴含的理论体系概括为三个基本理论板块：法治基本原理、中国特色社会主义法治的基本理论、全面依法治国的基本观点。其中，法治基本原理主要包括法治概念论、法治关系论、法治发展论三个方面的内容。这部分的内容构成了习近平法治思想的理论基石。中国特色社会主义法治的基本理论是指中国法治的特殊理论，是结合新时代我国法治新实践对一般法治理论的创新发展，是习近平法治思想的理论内核，包括全面依法治国是坚持和发展中国特色社会主义的基本方略、坚持党的领导、人民当家作主、依法治国有机统一等十个方面。全面依法治国的基本观点是将前两者运用到法治具体实践中形成的基本观点，这些观点覆盖了法治建设各领域各方面各环节，是理论与实践的结合，是习近平法治思想的理论要素。② 第三，"六论"研究范式。2020年，王沪宁在中央全面依法治国工作会议总结讲话时指出："要全面准确学习领会习近平法治思想，牢牢把握全面依法治国政治方向、重要地位、工作布局、重点任务、重大关系、重要保障，切实在全面依法治国各项工作中加以贯彻落实。"③ 有学者因此提出，应从六个方面来把握习近平法治思想的核心要义，这六个方面包括全面依法治国政治方向、重要地位、工作布局、重点任务、重大关系、重要保障。④

　　以上不同的研究范式显示，习近平法治思想博大精深，深刻严谨，涉及法治建设与法治理论的各个层面并自成体系。根据这一思想理论所针对的当代中国法治实践问题，习近平法治思想的主要内容可分为以下几个部分。

　　第一，对于什么是全面依法治国的理论回应。习近平曾从规范、制度、

①　张文显：《法治"三新"的学理解读》，《光明日报》2018年11月29日，第15版；付子堂：《习近平总书记全面依法治国新理念新思想新战略：发展脉络、核心要义和时代意义》，《中国法学》2019年第6期。
②　张文显：《习近平法治思想的理论体系》，《法制与社会发展》2021年第1期。
③　《习近平在中央全面依法治国工作会议上强调　坚定不移走中国特色社会主义法治道路　为全面建设社会主义现代化国家提供有力法治保障　李克强主持　栗战书汪洋赵乐际韩正出席　王沪宁讲话》，《人民日报》2020年11月18日，第1版。
④　张文显：《习近平法治思想的基本精神和核心要义》，《东方法学》2021年第1期。

程序等多个角度对何谓法治进行了深刻而全面的界定，同时，他对法治的界定并没有停留在"法律之治"的形式法治层面，而是指向"良法善治"的实质法治层面。习近平在主持中共十八届中央政治局第三十七次集体学习时指出，"法律是治国之重器，良法是善治之前提"，要"以良法促进发展、保障善治"，"立法、执法、司法都要体现社会主义道德要求，都要把社会主义核心价值观贯穿其中，使社会主义法治成为良法善治"。① 为了实现良法善治的要求，就需要从各个层面、各个领域展开全面的依法治国建设。对此，习近平多次指出，"全面推进依法治国是一个系统工程，是国家治理领域一场广泛而深刻的革命"，② "全面推进依法治国是一项长期而重大的历史任务，也必然是一场深刻的社会变革和历史变迁"。③ "深刻革命""系统工程"意味着全面依法治国具有复杂性、长期性、艰巨性，不仅涉及经济建设、政治建设、文化建设、社会建设、生态文明建设、国防军队建设、党的建设等各领域，而且意味着全面依法治国是长期历史任务，因此在我国推进法治，必须"要整体谋划，更加注重系统性、整体性、协同性"。④

第二，对于新时代为什么要实行全面依法治国的理论回应。习近平法治思想从历史的层面总结了"法治兴则国兴、法治强则国强"的规律，为全面依法治国的推进提供了历史依据。这一法治思想还从现实的层面论述了全面依法治国的重要性："法律是治国之重器，法治是国家治理体系和治理能力的重要依托。全面推进依法治国，是解决党和国家事业发展面临的一系列重大问题，解放和增强社会活力、促进社会公平正义、维护社会和谐稳定、确保党和国家长治久安的根本要求。要推动我国经济社会持续健康发展，不断开拓中国特色社会主义事业更加广阔的发展前景，就必须全面推进社会主义法治国家建设，从法治上为解决这些问题提供制度化方案。"⑤ 进而，为全面依

---

① 习近平：《论坚持全面依法治国》，中央文献出版社，2020，第166页。
② 《中共中央关于全面推进依法治国若干重大问题的决定》，《人民日报》2014年10月29日，第1版。
③ 《习近平在中国政法大学考察时强调 立德树人德法兼修抓好法治人才培养 励志勤学刻苦磨炼促进青年成长进步》，《人民日报》2017年5月4日，第1版。
④ 习近平：《坚定不移走中国特色社会主义法治道路 为全面建设社会主义现代化国家提供有力法治保障》，《求是》2021年第5期，第11页。
⑤ 习近平：《论坚持全面依法治国》，中央文献出版社，2020，第85页。

法治国的现实必要性提供了充分的论证。习近平法治思想还从理论的层面论证了"一个现代化的国家必然是法治国家""全面依法治国是坚持和发展中国特色社会主义的本质要求和重要保障"的重大理论观点，为全面依法治国的重要意义提供了科学理论依据。

第三，对于新时代如何实行全面依法治国的理论回应。在这一方面，习近平法治思想形成了政治方向理论、工作布局理论、重点任务理论、重要保障理论、重大关系理论、规划引领理论等六大理论。[1] 就全面依法治国的政治方向理论而言，习近平用"三个坚持"回答了全面依法治国在推进过程中由谁领导、为了谁和依靠谁、走什么路等大是大非的问题。"三个坚持"指的是：坚持党对依法治国的领导，坚持以人民为中心，坚持中国特色社会主义法治道路。就全面依法治国的工作布局理论而言，习近平提出，要坚持在法治轨道上推进国家治理体系和治理能力现代化；坚持建设由完备的法律规范体系、高效的法治实施体系、严密的法治监督体系、有力的法治保障体系、完善的党内法规体系等要素构成的中国特色社会主义法治体系；坚持依法治国、依法执政、依法行政共同推进，坚持法治国家、法治政府、法治社会一体建设。就全面依法治国的重点任务理论而言，习近平提出，要坚持依宪治国、依宪执政；坚持全面推进科学立法、严格执法、公正司法、全民守法；坚持统筹推进国内法治和涉外法治；等等。就全面依法治国的重要保障理论而言，习近平提出，要坚持抓住领导干部这个"关键少数"，坚持建设德才兼备的高素质法治队伍。就全面依法治国的重大关系理论而言，习近平对如何处理政治与法治的关系、改革与法治的关系、依法治国与以德治国的关系、治国与治党的关系、发展与安全的关系等重大关系进行了深刻的论证。[2] 就全面依法治国的规划引领理论而言，习近平要求用规划来引领和落实党中央关于全面依法治国的决策和部署。在习近平法治思想的指引下，中共中央单独或与国务院共同发布了《法治中国建设规划（2020—2025年）》《法治社会建设实施纲要（2020—2025年）》《法治政府建设实施纲要（2021—2025

---

[1] 杨宗科：《习近平法治思想与法治学体系》，《法律科学（西北政法大学学报）》2022年第2期，第8页。

[2] 张文显：《习近平法治思想的基本精神和核心要义》，《东方法学》2021年第1期，第14~24页。

年)》,形成了一个系统周密的法治建设规划体系。[①]

除上述有关法治的一般理论、专门理论之外,习近平法治思想还蕴含着丰富的部门法理论。例如,维护宪法权威、保障宪法实施的理论,编纂民法典的理论,国家安全法治保障理论,法治政府建设理论,扫黑除恶的刑事法理论,司法制度改革理论,监察制度改革理论,生态文明与生态法治建设理论,等等。[②]可以说,习近平法治思想覆盖了中国特色社会主义法治理论体系的每一个组成部分,明确了中国特色社会主义法治的方向、原则、要求和任务,阐明了中国特色社会主义法治的基本内涵、价值目标、战略地位和内在构成,提出了加强和改进中国特色社会主义法治的总体要求和重要举措。习近平法治思想为中国特色社会主义法治的建设和发展提供了明确的理论指导,是全面依法治国的指导思想和根本遵循。

习近平法治思想是中国共产党人在法治建设长期探索中形成的经验积累和智慧结晶,是马克思主义法治理论中国化的新发展新飞跃。习近平法治思想是从统筹中华民族伟大复兴战略全局和世界百年未有之大变局、实现党和国家长治久安的战略高度,在推进伟大斗争、伟大工程、伟大事业、伟大梦想的实践中完善形成的,并会随着实践的发展而进一步丰富。习近平法治思想彰显出党领导法治的政治定力、以人民为中心的根本立场、奉法强国的坚定信念、求真务实的实践理性、统筹全局的系统观念、精准练达的辩证方法、尊法据理的法治思维、守正创新的理论品格,体现了新时代马克思主义法治理论中国化的鲜明特征。[③]

本章小结

中国共产党在领导人民进行国家建设的历程中形成了中国特色社会主义

---

① 杨宗科:《习近平法治思想与法治学体系》,《法律科学(西北政法大学学报)》2022年第2期,第10~11页。

② 杨宗科:《习近平法治思想与法治学体系》,《法律科学(西北政法大学学报)》2022年第2期,第11~12页。

③ 《习近平法治思想概论》编写组编《习近平法治思想概论》,高等教育出版社,2021,第9~15页。

法治的理论体系。这一理论体系将马克思主义关于社会主义法治建设的基本原理与当代中国社会主义法治建设实际相结合，不断总结中国法治实践经验，汲取中国传统法治文化精华，借鉴国外法治合理元素，根据中国共产党治国安邦法治理念而展开，围绕如何建设社会主义法治国家这一核心问题而形成，在我国法治建设中发挥着重要的指引与导向功能。中国特色社会主义法治在理论根基上结合了马克思主义理论与毛泽东思想、邓小平理论、"三个代表"重要思想、科学发展观、习近平新时代中国特色社会主义思想等当代中国马克思主义理论中的法治理论，同时也传承了中国法律文明的优秀传统，借鉴了世界一般法治理论的有益经验。习近平法治思想是我国推进全面依法治国的根本指导思想，是党和人民处理新时代法治问题的根本立场、观点和方法，是法治中国建设的灵魂和旗帜，是全面依法治国的根本遵循和行动指南。

 问题与思考

1. 什么是中国特色社会主义法治理论？

2. 中国特色社会主义法治理论体系有何内在构成？这一理论有何特点？

3. 中国特色社会主义法治的理论基础由哪些部分构成？

4. 为什么说习近平法治思想是全国依法治国的指导思想？

第三章 中国特色社会主义法治的基本范畴

第一节 法治的含义

一 法治的不同理念类型

亚里士多德曾对法治提出过一个经典的定义：已成立的法律获得普遍的服从，而大家所服从的法律又应该本身是制定得良好的法律。[①] 这一定义的经典之处在于，它清晰地揭示了"法治"中的"法"应具有两层意义：其一是法的有效性，其二是法的正当性。能够被称为"法治"的法不仅应具有使人服从的强制力，而且还应使这种强制具有足够的正当性。

然而，亚里士多德的定义虽然经典，却也有粗疏之处。它并没有对何谓法的正当性和有效性作出进一步的说明与阐释。其中，法的正当性更是一个众说纷纭的问题领域。在不同的时空环境下，人们对此有着不同的认识。有学者主张，"法治"的根源应追溯至9世纪盎格鲁－撒克逊国王阿尔弗雷德大帝所制定的法典《末日书》（the Doom Book）。他认为，同样的法律必须适用于所有人，无论是富人还是穷人，朋友还是敌人。这很可能是受到《利未记》第19章第15节的启发："你在审判中不可做不义之事。你不可偏袒卑贱的人，也不可偏袒富有的人。你要按公义审判你的同伴。"[②] 因此，法治的正当性指向在于法的平等适用。

除了平等以外，法治的正当性还在于法能够发挥限制统治者权力、维护人民之自由的功能。一般认为，英国法治的理念发端于对王权的限制，这一点在1215年的《大宪章》（Magna Charta）中有着清楚的体现。《大宪章》核心的第39条和第40条规定："任何自由民，非经其同级贵族之依法裁判，或

---

① ［古希腊］亚里士多德：《政治学》，吴寿彭译，商务印书馆，1965，第199页。

② 材料引自 https://wd.bible/lev.19.15.cnvs，最后访问日期：2023年2月28日。

本国法律审判，不得被逮捕或监禁、没收财产、剥夺法律保护、流放以及以任何方式遭受诋毁。""余等不得向任何人出售、拒绝，或延搁其应享之权利与公正裁判。"① 这些规定的核心意义在于，国王的权力开始受到法律的限制。受到《大宪章》的影响，英国法学家布拉克顿完成了《论英格兰的法律和习俗》，这本书中有关于法治的著名论断："王在他的王国内没有可相比拟之人（臣民不可能和统治者平等，因为这样他就失去了他的统治，因为平等者不能对平等者拥有权威）。他更加不是上级，因为这样他就会受制于那些服从他的人。王不必在人之下，但在上帝和法律之下，因为法律造就王（Ipse autem rex non debet esse sub homine sed sub deo et sub lege, quia lex facit regem）……是法律（lex）在统治，而非君王（rex）在统治（Non est enim rex ubi dominatur voluntas et non lex）。人们称他为王（rex），不是因为他在位，而是因为他统治得好，只要他统治得好，就是王，如果他用强权欺压那些委托于他照管的人民，就是暴君。因此，让法律来约束他的权力，因为法律是权力的缰绳，使他依照法律而生活，因为人类的法律命令他自己的法律来约束立法者，另外还有其他相同的说法，君主承认自己受法律约束，这是一句配享统治者威严的格言。没有什么比恪守法律更能与君主的身份相称的了，也没有什么是比依法治理更大的君权了，他应该适当地把法律赋予他的东西交还给法律，因为法律令其为王。"②

17 世纪以来，限制王权、保护个人自由更成为理解英国特色法治的关键之处。1628 年《权利请愿书》、1640 年《人身保护法》、1641 年《大抗议书》、1679 年《人身保护法修正案》、1689 年《权利宣言》和《权利法案》先后颁布。这些法律都规定了国王不能任意拘禁、逮捕公民，拘捕公民要说明理由，并尽快审判，以最大限度地保障公民的自由。另外，随着普通法的逐渐成形，英国的法律职业者日益成为一种独立的阶层，并成为维护英国法律传统、抗衡王权的一支重要力量。1885 年，英国著名法学家戴雪在其名著《英宪精义》

---

① 材料引自 https://www.parliament.uk/about/living-heritage/evolutionofparliament/originsof parliament/birthofparliament/overview/magnacarta/magnacartaclauses/，最后访问日期：2023 年 2 月 28 日。

② Henry de Bracton, *De Legibus et Consuetudinibus Angliae*, vol.2, ed. G. E. Woodbine, transl. S. E. Thorne, Publications of the Selden Society, London, 1968, pp.303-306.

中将英国的法治归纳为三个要素。其一,"常规"法的至高地位或支配地位,相对于政府的武断权力的支配和缺乏自由裁量权。任何人除非在普通法法院以普通法方式确立的明显违法行为,否则不得受到惩罚或合法地使其遭受身体或动产的伤害。其二,法律面前人人平等。所有人,无论高级官员还是普通公民,都受普通法法院实施的同一法律管辖。其三,宪法产生自由法官根据不同案件发展出的本国的普通法。[①] 基于戴雪的分析,后人往往将英国的法治理念总结为"自由法治"理念。

不过,这种自由法治主要偏重一种消极自由的法治(限制国家权力干预公民社会的自由)。18世纪末,功利自由主义法治思想在英国开始崛起。与将自由理解为消极自由的传统自由法治理论不同,功利自由主义法治更倾向于将自由理解为积极自由,"其潜台词是允许政府积极干预公民社会,享有极大的自由裁量权,议会权和行政权不受更多的限制。这正好与前者的主张:政府不应干预社会,不应享有自由裁量权,议会与政府应受司法制约背道而驰"。[②] 19世纪末20世纪初,积极自由的法治理念持续发展,自由主义法治慢慢地朝着个人主义逐渐减弱、集体主义日益增强这一方向发展。20世纪上半叶,为了应对世界大战、经济危机所带来的严重社会问题,大规模的福利制度在英国出现。积极法治理论与福利国家的现实相互呼应,自由法治理念开始向公正法治和善德法治转变。后者更强调实现社会公正与积极自由。[③]

除英国以外,德国是近代法治思想与制度的另一重要发源地。与英国不同,德国形成了独特的"法治国"(Rechtsstaat)理念。这一理念明确地将法与国家联系在一起,使人一目了然。法治国不是一般地表达一种社会应有的秩序,而是要特别揭示公民个人与作为公民个人集合的特殊政治共同体——国家之间的生活关系。与英国不同,德国的"法治国"原则重在"制约",即以"法"制约"国","国"仍是"主导","法"并未获得高于"国"的地位。[④] 在德国历史上,法治国理念最初的主张者基本上都是自由主义者。但

---

① [英]戴雪:《英国宪法研究导论》,何永红译,商务印书馆,2020,第222~229页。

② 郑永流:《英国法治思想和制度的起源与变迁》,载高鸿钧主编《清华法治论衡》(第二辑),清华大学出版社,2002,第321页。

③ 郑永流:《法治四章:英德渊源、国际标准和中国问题》,中国政法大学出版社,2002,第一章。

④ 刘刚:《德国"法治国"的历史由来》,《交大法学》2014年第4期。

是，随着 1848 年和 1849 年资产阶级革命失败之后，严酷的现实迫使学者放弃了理想化的自由法治国方案，采取了与政治现实相妥协的方式：扬其法律形式，抑其自由实质。形式法治国的基本特征是：以实证主义为理论工具，主张法律就是法律而不包含其他含义；法律与政治分离，强调法律优位，国家应依法律行政；通过建立行政法院，对行政行为加以控制与审查，并由此衍生出司法与法官独立的主张。由于形式法治国过于钟情法治国的形式与程序，远离法律的自由价值，特别是缺乏对如何限制立法者的立法权限的思考，容易使法治国因社会不公而被毁掉。20 世纪以来，德国的法治国理念转向公正法治国：强调人的自由、平等等基本权利优位，因此，国家权力的行使，要受到保障人权这一最高法原则及法价值之拘束。① 另外，这种公正法治国的理念还融合了旨在保障公民最低限度的生存条件、促进社会平等、彰显社会安全价值和社会补偿功能、推动社会财富的增加并提高社会分享的水平的社会国理念，并形成了受到广泛认同的社会法治国理念。②

　　然而，需要注意的是，不同历史阶段所产生的法治理论类型之间并不存在一种线性的进化关系。同时，围绕不同法治理论类型的争论也一直没有停止。这些争论的核心可以被归纳为"形式法治"与"实质法治"之争。

二　形式法治与实质法治

　　美国学者塔玛纳哈曾将法治的理论归纳为两种基本类型，即形式的和实质的两种类型，每一种都展现出从薄弱到浓厚的三种形式。其中，比较薄弱的形式法治理论即依法而治的法治观，其把法律当作政府的工具，而非约束政府作为的法律限制；主张形式合法性的法治观认为法律要具备普遍、面向未来、明晰、确定等形式要件，但忽视了考虑规则内容及其效果的道德意蕴；作为最为浓厚的形式法治理论除了认可形式合法性的要件之外，还主张需要加上民主程序的一些要件，才算是符合法治的要求，即唯有经由完善程序所

---

① 邵建东：《从形式法治到实质法治——德国"法治国家"的经验教训及启示》，《南京大学法律评论》2004 年秋季号；郑永流：《法治四章：英德渊源、国际标准和中国问题》，中国政法大学出版社，2002，第二章。

② 张志铭、李若兰：《迈向社会法治国：德国学说及启示》，《国家检察官学院学报》2015 年第 1 期。

制定的法律，才是好的法律。关于实质法治理论而言，也存在三种由薄弱到浓厚的类型。其一，最普遍的实质版本是在法治中纳入了个人权利的维度，法律作为限制或允许国家强制力之行使的正当性手段，其目的在于保障个人实质道德权利与政治权利。其二，较为浓厚的版本是德国的法治国理念，其深受康德权利哲学、纳粹历史经验以及《德国基本法》第1条规定的影响，特别强调维护人性尊严乃国家一切行动的最高指导原则，将个人权利的维护坚实地置于法治观念之内，超出立法机关伸手可及的范围，而且，甚至就尊严权而言，还超出宪法修改可及的范围。其三，最浓厚的实质法治理念认为，国家负有使人民过更好生活的积极义务，主张对社会福利权的承认与立法，是法治所应追求的实质理想。根据上述分类，形式法治理论与实质法治理论的分歧在于：后者主张法治建立在某种实质价值的基础之上，无论它们是个人权利、尊严权和／或正义还是社会福祉；而前者则认为，法之正当性、有效性，不在于其内容是否符合某种实质价值，而在于它的渊源、存在形式、制定程序等形式上的权威性因素。①

　　一般认为，形式法治论与实质法治论之所以存在上述理论分歧，主要原因在于二者所持有的两种不同价值判断立场。形式法治理论在价值判断问题上往往持不可知论的立场，其反对实质法治理论的理由主要是：在一个价值多元的社会中，究竟哪一个实质价值应作为实质法治观念所包含的内在价值，这是个无法进行合理解答的问题。另外，即使实质法治论者可能认为法治最能实现某种所选定之内在价值的要求，因此有合适的理由放弃其他价值，但是，这种看法已经分别将法治与该价值视作手段与目的的关系，反而更容易流变为法律工具主义；或者，实质法治论者可能认为这些内在价值之间形成某种"价值统合"（the unity of value）的关系，并且价值统合告诉我们到底哪一种更为具体的内在价值（无论是个人权利、尊严权和／或正义还是社会福祉）应当是内在于法治的实质价值。然而，这个做法的失败之处在于，是价值统合本身，而不是个人权利、尊严权和／或正义以及社会福祉这些具体的内在价值，来担当内在于法治的实质价值。这样的做法，反而否定了原有讨

① ［美］布雷恩·Z.塔玛纳哈：《论法治——历史、政治和理论》，李桂林译，武汉大学出版社，2010。

论中对于个人权利、尊严权和 / 或正义以及社会福祉的坚持。[①]

形式法治理论对实质法治理论的批评是非常深刻的。但是，为何法的形式性因素应当是法的正当性之根据？英国法学家哈特认为，道德的规范性根据在于其内容的实质正当，法律的规范性根据则与道德不同。我们不能用道德的规范性吸收法的规范性，因为这样做反而会使法律和道德均失去其独立的价值。首先，如果法律的要求在每一种情形下与道德的要求均是一致的，法律的存在对于社会成员而言就是不必要的。比如，我一直认为在公共场所吸烟是不道德的，即使不存在"禁止在公共场所吸烟"的规则，我也不会在公共场所吸烟，禁烟规则对我而言是多余的。其次，这种主张还暗含了一种危险，即它可能使人们错误地认为，一个有效的法律在道德上必然是正当的，"实在法可能会取代道德而成为行为的终极标准"，从而摆脱了道德批判的可能。最后，由于人们在道德观念上存在广泛的分歧，法律在很多问题上作出的决定，都必然会与社群成员的道德信念相冲突。如果法律的规范性来自我们对其内容的实质正当性的评价，就很难形成一个识别法律的公共标准。它必然会鼓励每个人都根据自己的最佳判断而行动，甚至会驱使人们利用良知去反对那些他们碰巧不喜欢的法律。[②]　因此，法治在道德上应当是中立的，在功能上应当是自主的。

我国有学者以此为根据论证了形式法治理论的正当性。在该学者看来，法律规则对人们的行为进行持续性指引的正当性基础在于它的存在为行为人提供了一个整体性的行动框架，从而有利于社会合作的形成。如果缺乏规则体系所带来的合法化框架，不用说一个好的社会，就连社会都将不复存在。[③]毕竟，无论是价值一元的同质社会还是价值多元的异质社会，价值分歧都是常态。而这种价值分歧如果不能得到有效解决，那么就会出现社会分裂。援引社会中既有的共识或者价值分歧的重叠部分，并不能有效地克服价值分歧的问题。因为更为严重的价值分歧原本就处于价值重叠的部分之外。为了在价值重叠部分之外解决价值分歧问题，首要的举措当然是，就特定的价值分

---

① 陈景辉：《法律的内在价值与法治》，《法制与社会发展》2012 年第 1 期，第 14~15 页。
② ［英］哈特：《实证主义与法律和道德的分离》，载［英］哈特《法理学与哲学论文集》，支振锋译，法律出版社，2005。
③ 陈景辉：《实践理由与法律推理》，北京大学出版社，2012，第三章。

歧树立公共判断的标准（the standards of public judgment），以便于统一公共政治判断和促进社会合作。法律便担当了提供公共判断的标准的使命。而为了满足"公共性"要求，这种公共判断标准需具有形式合法性。同时，作为判断标准，它应具备指引行动的能力。但是，这种公共判断标准并不是道德上无瑕疵的，它的存在只是为了避免价值分歧造成的分裂与矛盾。法治便担当了提供公共判断标准的功能。① 这就是形式法治所主张的"法律之治"的内在根据。

应当承认的是，形式法治理论有助于实现法的安定性、可预测性以及独立自治性。当下，随着我国各项改革举措的不断涌现，社会生活条件迅速变化。这本来就很容易引发形形色色的行为失范问题。对于这些社会问题，政府承担着规模巨大的治理责任。然而，由于种种原因，运动式的治理方式在政府的治理活动中仍有出现。② 在这种社会背景下，既有的法规范很容易被忽视、被规避或者被解构。有学者认为，甚至在最强调法之拘束力的司法活动中，都出现了规范意识淡薄的问题。③ 针对这种情况，不少学者由此主张：形式法治是法治的基础，也是法治建设初期阶段特别需要坚持和捍卫的理念。④

但是，将法治仅仅限定在"合法律之治"的层面，仍不能使法规范充分回应法律实施过程中需要解决的问题。无论何种法治理论，都不否认在法律实施过程中，法会表现出某种开放性。在法律所拘束的范围内，由于语言表述的不确定、规则与事实实质不对应等，很多问题无法借助一般性的法律标准或者规则给出明确的解答方案，或者即使给出这类方案也注定是无效的。哈特曾提出，当某些属于法律所应当拘束之范围内的问题无法借助规则的方式来加以拘束时，法律就处于开放结构的处境中。⑤ 此类问题往往需要裁

---

① 陈景辉：《法律的内在价值与法治》，《法制与社会发展》2012 年第 1 期，第 16~20 页。

② 张国军：《国家治理中的法治困境及其出路》，《西南政法大学学报》2015 年第 5 期，第 18~21 页。

③ 陈金钊：《法律人思维中的规范隐退》，《中国法学》2012 年第 1 期，第 5 页。

④ 孙海波：《"后果考量"与"法条主义"的较量——穿行于法律方法的噩梦与美梦之间》，《法制与社会发展》2015 年第 2 期，第 177 页；张翔：《形式法治与法教义学》，《法学研究》2012 年第 6 期，第 7 页。

⑤ H. L. A. Hart, *The Concept of Law*, 2nd ed., with a Postscript edited by P. A. Bulloch & J. Raz, Oxford University Press, 1994, pp.131-132.

决者诉诸法规则以外的其他理由（包括政治道德理由）并进行自由裁量才能解决。不过，坚持形式法治理论的学者认为，自由裁量并不会损害法治。原因在于，法规范本身不可能预知所有未发生的个案状况，因而法官在裁决个案争议时，保有一定程度的弹性裁量空间。法规范不可能，也不应被期待能为所有个案争议提供所谓"唯一正确答案"。因此，法规范至多只能为法官提供一个"框架秩序"，让法官在该框架之内，针对个案情境进行判决与选择。[①] 如此一来，个案正义才有实现的可能。从另一方面来说，一旦法规范提供的是一套"框架秩序"，法官通过裁量来实现个案正义的同时，也能满足受法拘束的要求。"框架秩序"的理念就在于让法规范发挥"为法官追求个案正义的自由提供底线"的约束功能。同时，法律的开放结构往往仅存在于规则的边缘地带。只有在这一领域之中，法院才有必要发挥裁量的权力来创制新的规则。换句话说，需要裁决者自由裁量的问题并不是法律实践的主体问题，因此，例外的裁量的存在，也不会损害整体的法治秩序。

然而，从经验上看，法律语言的模糊性、不确定性是一个常态问题。众所周知，除了诸如数字等少数法律概念外，组成法律命题的各种法律概念多少皆含有不确定性。由于法律欲规制的社会生活高度复杂，我们不可能通过简明、概况的法律规则来制定一个极其精确的明细表，列出所有法律禁止或允许的事情。同时，较之于前现代社会，现代社会的法律制度的运作过程充满了封闭与开放、内信与外迫、确定与无常、普适与特惠、规则与事实之间的冲突。[②] 在各种力量的挤压下，具有权威来源的法"秩序框架"时时需要调整。这对立法机关与法的执行机关的法律实践提出了更高的要求。因此，自由裁量往往不是现代法律运作活动中的例外情况，相反，它很可能占据了法律运作的主体内容。形式法治提供的行动框架如果不能对广泛存在的裁量进行拘束，其所依据的内在正当性将是难以为继的。

另外，将法的"正当性"转换成为"有效性""合法律性"的形式法治理论，其理论的出发点仍反映了某种实质正义的诉求：对法的安定性的诉

---

① 参见黄舒芃《正确之法或框架秩序？——一个对"法官受法拘束"意义的方法论反省》，载王鹏翔主编《2008 法律思想与社会变迁》，"中央研究院"法律学研究所筹备处，2008，第 311~312 页。

② 高鸿钧:《现代法治的困境及其出路》,《法学研究》2003 年第 2 期。

求。但是，如果将法的安定性置于价值序列的顶端，反而会损害多元价值之社会中法治的正当性基础。[①] 即使承认恪守既有规则的确具有避免社会分裂的内在价值，但是，正如批评者所言，强调安定性的法治尽管具有维护秩序之功能，由于坚持价值中立，"形式法治也可以服务于形形色色的实体目标或政权。夸张地说，法律可以设立奴隶制而不违背法治。一种根植于否定人权、普遍贫困、种族隔离、性别歧视以及宗教迫害的非民主性法律体系，在总体上可能更符合法治的要求"。[②]

最后，从具体的社会条件来看，尽管价值中立的形式法治在一定程度上适应了世界除魅后形成的价值多元局面，但是它却无法应对资本主义生产方式引发的社会基本结构不平等的问题。正是由于其对社会实质的不平等麻木不仁，形式法治的正当性才受到根本的挑战。[③] 较之于形式法治，实质法治更注重法律的道德担当，特别是重视通过法律促进社会实质公正的功能。但是，当价值分歧造成难以克服的选择困境时，我们应如何回应呢？一种可能的解决之道在于引进理性论证程序来保障法律决定（既包括一般性的法律决定即立法活动，也包括个别性的法律决定如司法裁决等）的实质正当。但是，保障各方适当参与的程序是否能够对决策者的自由裁量权形成充分的拘束？对此关键问题，却很难作出绝对肯定的回答。这是因为，其一，自由裁量的存在，使得即使在受约束时，决策者依然能够拥有某种形式得以自由选择的空间，除非完全排除自由裁量，以程序消灭自由选择；否则，无法实现依据程序限制自由裁量的目的。然而，这又将回到概念法学的尴尬境地。其二，决策者所处的权威地位将会使得他在特定情况下仍能掌握最终决定权，于是程序方面的约束力在特定情况下仍可能会降低到可以忽略不计的地步。正如有学者所述："尽管主张民主程序为法治必要条件的形式法治理论强调，具备形式合法性要件的法律规则，仍需以民意为基础，始有其正当性。然而，以多数决原则作为主要运作模式的民主程序，同样难以防范立法者可能利用多

---

① ［德］罗伯特·阿列克西：《法概念与法效力》，王鹏翔译，商务印书馆，2015，第55~57页。

② 陈林林：《法治的三度：形式、实质与程序》，《法学研究》2012年第6期。

③ 孙国东：《试论法治转型的社会理论逻辑——兼及转型中国的"社会主义法治"》，《法学评论》2012年第3期。

数优势遂行其个人私欲，进而制定出令人难以忍受的恶法。1939 年纳粹德国立法通过的纽伦堡法案（Nuremberg Act），便是在形式合法性与民主程序这两项形式法治要件的双重加持下，所制定出来的恶名昭彰的法律。"[①]

可见，实现法治的理想是非常困难的一项事业。为了保障法律实质内容的道德质量，除了需要在程序上完善并维护理性论证制度外，还需要在实体上确认法治之所以存在的核心价值，从而拘束形形色色的自由裁量行为，促进真正的"理性之治"（the rule of reason）的实现。尽管激进的价值相对主义者认为，不但极端与非极端不正义之间的界限难以辨认，而且所有的正义判断，包括关于极端不正义的判断，都是无法被理性证立或客观认识的，但是，正如阿列克西所反驳的那样，长期的历史经验、存在广泛共识的事实，都可以在一定程度上驳倒相对主义的论据。[②] 法治的实质价值是什么，在漫长的人类发展历史上的确有着各式各样的论述。但是，经由实践与理论阐释的交会，证立法治实质价值的、具有强说服力的论述并非不能建构出来。

第二节　中国特色社会主义法治的基本内涵与基本构成

一　中国特色社会主义法治的基本内涵

（一）良法善治

以习近平法治思想为指导的中国特色社会主义法治是形式法治与实质法治相结合的"良法善治"。什么是法治？习近平指出，法治表现为规范之治、制度之治、程序之治。"现代政治文明发展的一个重要成果就是法治，就是用法律来规范各个社会主体的行为。"[③] "法律是什么？最形象的说法就是准绳。用法律的准绳去衡量、规范、引导社会生活，这就是法治。"[④] 因此，法治

[①]　庄世同:《法治与人性尊严——从实践到理论的反思》,《法制与社会发展》2009 年第 1 期，第 43 页。

[②]　[德] 罗伯特·阿列克西:《法概念与法效力》,王鹏翔译，商务印书馆，2015，第 57~60 页。

[③]　习近平:《干在实处　走在前列——推进浙江新发展的思考与实践》,中共中央党校出版社，2006，第 65~66 页。

[④]　中共中央文献研究室编《习近平关于全面依法治国论述摘编》,中央文献出版社，2015，第 8~9 页。

首先意味着规范之治，即通过法律规范来调整社会关系，而不是按照"长官意志"任意干预社会生活。中国特色社会主义法治的基本要求就是反对"人治"，反对"以言代法、以权压法"的恣意行为。习近平强调："每个领导干部都要牢固树立宪法法律至上、法律面前人人平等、权由法定、权依法使等基本法治观念，彻底摒弃人治思想和长官意识，决不搞以言代法、以权压法。对各种危害法治、破坏法治、践踏法治的行为，领导干部要挺身而出、坚决斗争。"①

法治还表现为制度之治。只有通过体系化的制度形式，法治才能有效地发挥其功能。习近平高度重视制度在国家治理中的重要作用，他指出："制度是关系党和国家事业发展的根本性、全局性、稳定性、长期性问题。"②"真正实现社会和谐稳定、国家长治久安，还是要靠制度，靠我们在国家治理上的高超能力，靠高素质干部队伍。"③在中国特色社会主义法治的建设过程中，必须"加快形成系统完备、科学规范、运行有效的制度体系，推动中国特色社会主义制度更加成熟更加定型"，④进而不断发挥和增强制度优势，完善治理体系，提高治理水平。

法治亦表现为程序之治。在各种法规范与制度中，程序占据着非常特殊的地位。原因在于，现代社会是一个专业化分工越来越细、社会利益群体多元化程度不断加深的社会。在这样的社会中，要达成共识，解决分歧，需要一个开放的、保障社会成员平等参与的程序，使人们得以交换意见，整合认识，进而进行理性的决定。因此，现代社会的法律非常倚重程序的规制。习近平提出，领导干部提高法治思维和依法办事能力，"要守法律、重程序，这是法治的第一位要求"。⑤习近平同志在他关于法治的论述中，反复强调要增强程序意识、树立程序思维、切实按程序办事，多次提及法定程序、立

① 习近平:《论坚持全面依法治国》，中央文献出版社，2020，第 136 页。
② 习近平:《在庆祝改革开放 40 周年大会上的讲话》，《人民日报》2018 年 12 月 19 日，第 2 版。
③ 习近平:《切实把思想统一到党的十八届三中全会精神上来》，《求是》2014 年第 1 期，第 4 页。
④ 习近平:《在庆祝改革开放 40 周年大会上的讲话》，《人民日报》2018 年 12 月 19 日，第 2 版。
⑤ 习近平:《论坚持全面依法治国》，中央文献出版社，2020，第 141 页。

法程序、执法程序、司法程序、决策程序、议事程序、组织程序、工作程序、民主程序、协商程序、程序化、程序制度、制度化程序、程序合理等，形成了"程序泛在"的法治话语风格。①

第二，中国特色社会主义法治是指向"良法善治"的实质法治。规范之治、制度之治、程序之治主要体现了形式法治的内涵，即法治应具备普遍、清晰、确定的规范、内在无矛盾的制度与促进意见统合的程序等。不过，习近平法治思想中对于法治的界定，并没有停留在"法律之治"的形式法治层面，而是指向"良法善治"的实质法治。习近平在主持中共十八届中央政治局第三十七次集体学习时指出，"法律是治国之重器，良法是善治之前提"，要"以良法促进发展、保障善治"，"立法、执法、司法都要体现社会主义道德要求，都要把社会主义核心价值观贯穿其中，使社会主义法治成为良法善治"。②

"良法善治"是新时代我们党提出的新型法治模式，也是中国特色社会主义法治的内在要求。其具体要求又大致可以分为两个层面。其一，"良法善治"蕴含着"以人民为中心"的法治理念，即法治建设为了人民、法治发展依靠人民、法治成果由人民共享，满足人民对法治的美好需要。为了实现这一理念，就必须坚持科学立法、民主立法、依法立法，不断提高立法质量和效率，制定"良法"。③习近平指出："人民群众对立法的期盼，已经不是有没有，而是好不好、管用不管用、能不能解决实际问题；不是什么法都能治国，不是什么法都能治好国；越是强调法治，越是要提高立法质量。"④而提高立法质量，一方面要自觉遵守经济规律、自然规律、社会发展规律以及立法活动规律，"科学立法的核心在于尊重和体现客观规律"，⑤这样才能使制定出来的法律反映和体现规律的要求，符合客观实际；另一方面则要做到"每一项立法都符合宪法精神、反映人民意愿、得到人民拥护"，⑥即法律的实质

---

① 张文显:《习近平法治思想的理论体系》,《法制与社会发展》2021 年第 1 期, 第 8 页。
② 习近平:《论坚持全面依法治国》, 中央文献出版社, 2020, 第 166 页。
③ 张文显:《习近平法治思想的理论体系》,《法制与社会发展》2021 年第 1 期, 第 8 页。
④ 中共中央文献研究室编《习近平关于全面依法治国论述摘编》, 中央文献出版社, 2015, 第 43 页。
⑤ 习近平:《论坚持全面依法治国》, 中央文献出版社, 2020, 第 95 页。
⑥ 习近平:《论坚持全面依法治国》, 中央文献出版社, 2020, 第 74 页。

内容能够有效地解决社会问题，维护人民的权利和利益。《立法法》第 7 条规定："立法应当从实际出发，适应经济社会发展和全面深化改革的要求，科学合理地规定公民、法人和其他组织的权利与义务、国家机关的权力与责任。法律规范应当明确、具体，具有针对性和可执行性。"这一规定便体现了中国特色社会主义法治所含有的"良法"之精神。我国有学者还提出了"良法"的一些判断标准，如：法律所规定的行为标准适度、不强人所难，可遵守、可执行、可适用，权利、义务、责任衡平对等，公开透明，标准统一，普遍适用，连续稳定，非溯及既往，规则与规则、法律与法律、法律部门与法律部门、实体法与程序法之间协调一致，等等。①

其二，"良法善治"还蕴含着"以公正为生命线"的法治精神。公平正义是中国特色社会主义的内在要求，是中国特色社会主义法治的核心价值。为了保障公平正义的实现，应在立法中"加快完善体现权利公平、机会公平、规则公平的法律制度，保障公民人身权、财产权、基本政治权利等各项权利不受侵犯，保障公民经济、文化、社会等各方面权利得到落实"，② 同时加强民生保障，坚持和完善统筹城乡民生保障方面的法律制度；还应在法律实施的过程中"完善执法权力运行机制和管理监督制约体系，努力让人民群众在每一起案件办理、每一件事情处理中都能感受到公平正义"，③ "保证法官、检察官做到'以至公无私之心，行正大光明之事'，把司法权关进制度的笼子，让公平正义的阳光照进人民心田，让老百姓看到实实在在的改革成效"；④ 在社会生活中，"要形成有效的社会治理、良好的社会秩序，促进社会公平正义，让人民群众安居乐业，获得感、幸福感、安全感更加充实、更有保障、更可持续"。⑤ 总之，"全面依法治国，必须紧紧围绕保障和促进社会公平正义来进行"。⑥

---

① 张文显：《习近平法治思想的理论体系》，《法制与社会发展》2021 年第 1 期，第 8 页。
② 《中共中央关于全面推进依法治国若干重大问题的决定》，《人民日报》2014 年 10 月 29 日，第 1 版。
③ 习近平：《论坚持全面依法治国》，中央文献出版社，2020，第 259 页。
④ 习近平：《论坚持全面依法治国》，中央文献出版社，2020，第 148 页。
⑤ 《习近平李克强栗战书汪洋王沪宁赵乐际韩正分别参加全国人大会议一些代表团审议》，《人民日报》2018 年 3 月 8 日，第 1 版。
⑥ 《习近平谈治国理政》（第二卷），外文出版社，2017，第 129 页。

（二）全面法治

以习近平法治思想为指导的中国特色社会主义法治是涉及改革发展稳定、内政外交国防、治党治国治军等各个方面的"全面法治"。习近平曾指出："全面推进依法治国是一个系统工程，是国家治理领域一场广泛而深刻的革命。"[①] 这一论述显示：我国的法治建设必须以一种全面、系统的工作布局展开，这样才能解决法治建设中不协调不平衡、各自为政、争权诿责的问题，开创法治中国建设新局面。现代社会是一个多元、复杂的社会，其内部不同组成部分之间"功能协调问题"与"社会性整合问题"是现代社会治理必须面对的一个重要问题。对于这些问题，仅仅通过社会中某些组成部分之间的功能整合或简单的技术操作是难以解决的。在我国，只有发挥党总揽全局、协调各方、总体设计、统一布局的领导作用，才能完成全面依法治国这一"系统工程"的总规划，才有希望实现全面依法治国、建设法治中国的总目标。因此，中国特色社会主义法治在内涵上要求必须坚持党的领导。

"全面法治"在工作布局上表现为两个"坚持"：坚持依法治国、依法执政、依法行政共同推进，坚持法治国家、法治政府、法治社会一体建设。依法治国是我国宪法确定的治理国家的基本方略，而能不能做到依法治国，关键在于党能不能坚持依法执政，各级政府能不能坚持依法行政。依法治国是中国特色社会主义的本质要求和重要保障，是实现国家治理体系和治理能力现代化的必然要求。依法执政，要求党在执政过程中善于使党的主张通过法定程序成为国家意志，从制度上、法律上保证党的路线方针政策的贯彻执行。党要坚持依法执政，就要正确领导立法、保证执法、支持司法、带头守法；改进党的领导方式和执政方式，推进依法执政制度化、规范化、程序化。依法行政要求各级政府必须全面履行职能，坚持法定职责必须为，法无授权不可为，健全依法执政决策机制，完善执法程序，严格执法责任，做到严格规范公正文明执法。依法治国、依法执政、依法行政是有机联系的整体，三者本质一致、目标一体、成效相关，必须相互统一、共同推进、形成合力。

坚持法治国家、法治政府、法治社会一体建设，意味着在中国特色社会主义法治建设过程中，应从不同层面完善制度建设，推动良法善治。作为法

---

① 习近平:《论坚持全面依法治国》，中央文献出版社，2020，第 102 页。

治建设的目标,"法治国家"的内在要求非常丰富。从国家机构的角度看,"法治国家"的要求表现为国家的立法权、行政权、司法权等各项权力在法治轨道上运行,彼此之间保持协调有效的关系。国家立法机关要依照法定的职权和程序行使立法权,做到立法科学、民主、不越权、不抵触。国家行政机关要依照法定职权和程序行使行政执法权,做到执法严格、规范、文明、公正。国家司法机关要依照法定职权和程序独立行使司法权,做到司法公开、公正、及时、高效。从政治共同体的角度看,"法治国家"的要求则表现为政治共同体应当遵循的一系列规范价值体系,如保障人的尊严、自由和平等。[①] 法治政府建设是推进全面依法治国的重点任务和主体工程。法治政府从字面上讲就是"法律统治下的政府",即政府在法律限定的范围内行使权力。形式意义上的法治政府指依法行政,政府行为均应当受到法律的限制、规范和约束,政府权力的运行应体现法治的原则和精神。从实质法治观的角度来看,法治政府中对于行政权力加以约束的法律还必须是符合正义的良法,"善法"、"良法"或曰"公正的法律体系"被视为实现法治的前提。而这种良善与公正,与法治国家的价值指向是一致的。与"法治国家""法治政府"类似,"法治社会"也是一个既具有实质价值指向,也具有特定规范表现形式的概念。从实质价值指向上看,法治社会同样包含社会公平、安定有序和维护人民权益等价值在内的价值体系;从特定规范表现形式上看,法治社会是指全社会实现法的治理,社会生活受到完备而融贯的规范调整,社会各类组织、成员与国家各职能部门形成自治与统治分工协作,即跨越统治与自治之共治秩序。[②] "法治国家是法治建设的目标,法治政府是建设法治国家的重点,法治社会是构筑法治国家的基础。"[③] 三者各有侧重、相辅相成,共同构成建设法治中国的三根支柱,缺少任何一个方面,全面依法治国的总目标就无法实现。

"全面法治"的要求还表现为坚持统筹推进国内法治和涉外法治。当下,全球整合趋势大大增强,国内问题与国际问题之间的界限趋于模糊。因此,

[①] 韩大元:《中国宪法文本中"法治国家"规范分析》,《吉林大学社会科学学报》2014年第3期,第71~72页。

[②] 江必新、王红霞:《法治社会建设论纲》,《中国社会科学》2014年第1期,第141~142页。

[③] 习近平:《坚定不移走中国特色社会主义法治道路　为全面建设社会主义现代化国家提供有力法治保障》,《求是》2021年第5期,第11页。

中国特色社会主义法治建设不仅要加强国内的法治建设，还要大力发展涉外法治建设，更好地维护国家主权、安全、发展利益。我国"涉外法治短板比较明显"，[①] 因此，在统筹推进国内法治和涉外法治时，要加快涉外法治工作战略布局，强化法治思维，运用法治方式，综合利用立法、执法、司法等手段开展斗争，有效应对挑战、防范风险。同时，通过法治的方式积极参与国际规则的重塑，"推动全球治理变革，推动构建人类命运共同体"。[②]

正如党的二十大报告所指出的那样：全面依法治国是国家治理的一场深刻革命，关系党执政兴国，关系人民幸福安康，关系党和国家长治久安。必须更好发挥法治固根本、稳预期、利长远的保障作用，在法治轨道上全面建设社会主义现代化国家。我们要坚持走中国特色社会主义法治道路，建设中国特色社会主义法治体系、建设社会主义法治国家，围绕保障和促进社会公平正义，坚持依法治国、依法执政、依法行政共同推进，坚持法治国家、法治政府、法治社会一体建设，全面推进科学立法、严格执法、公正司法、全民守法，全面推进国家各方面工作法治化。[③]

二　中国特色社会主义法治的基本构成

中国特色社会主义法治是一个完整的体系，它包含立法、执法、司法等多个丰富的维度。根据党的十八届四中全会的总结，中国特色社会主义法治的基本构成包括五大体系，即完备的法律规范体系、高效的法治实施体系、严密的法治监督体系、有力的法治保障体系、完善的党内法规体系。

第一，中国特色社会主义法治需要完备的法律规范体系。科学完备、统一权威的法律规范体系，是建设中国特色社会主义法治体系的制度基础。[④]正如习近平所指出的，为了使国家生活的方方面面都在法治的轨道上运行，"要坚持立法先行，坚持立改废释并举，加快完善法律、行政法规、地方性法

①　习近平：《坚持走中国特色社会主义法治道路　更好推进中国特色社会主义法治体系建设》，《求是》2022 年第 4 期。

②　《习近平在中央全面依法治国工作会议上强调　坚定不移走中国特色社会主义法治道路　为全面建设社会主义现代化国家提供有力法治保障》，《人民日报》2020 年 11 月 18 日，第 1 版。

③　本书编写组编著《党的二十大报告辅导读本》，人民出版社，2022，第 36 页。

④　马怀德：《坚持建设中国特色社会主义法治体系》，《旗帜》2021 年第 1 期，第 44 页。

规体系，完善包括市民公约、乡规民约、行业规章、团体章程在内的社会规范体系，为全面推进依法治国提供基本遵循"。[1] 在改革开放初期，我国法治建设的主要任务是解决无法可依的问题。随着中国特色社会主义法律体系的形成，法治建设中立法活动的重心转变为通过提高立法质量与立法效率来进一步完善中国特色社会主义法律规范体系。提高立法质量，是以良法促进发展、保障善治的必然要求，是立法工作的永恒主题。提高立法效率是完成繁重立法任务、适应各项事业法治化需求、提供有效制度供给的应有举措。立法质量与效率是辩证统一的，效率要服从质量，没有质量的效率不仅无益，而且会产生负面后果，要在确保质量的前提下提高效率、加快立法。

为了提高立法质量，要加强党对立法工作的领导，进一步完善立法体制和立法程序，发挥人大在立法中的主导作用；深入推进科学立法、民主立法、依法立法，使立法反映客观规律，符合社会实际需要，符合宪法精神、反映人民意愿、得到人民拥护；在立法活动中强化价值引领，将社会主义核心价值观贯彻到立法的各个具体环节；加强重点领域立法，确保国家发展、重大改革于法有据；坚持问题导向，提高立法的针对性、及时性、系统性、可操作性，发挥立法的引领和推动作用。

新时代的立法工作要以习近平法治思想为指导，认真学习理解习近平法治思想的精神内涵，认真贯彻落实习近平法治思想的要求。首先，要通过制定科学合理的立法规划，确保立法工作有规律性和系统性，加强立法前研究和评估，保证立法的科学性和合理性，加强立法审查和评估，提高立法质量和法律效力。其次，通过完善立法程序，保障立法公正性和民主性，注重发挥民主立法的核心地位，增加人民群众参与立法的机会，加强立法监督，确保立法过程透明、公正和可持续，拓宽立法平台，充分听取民意和涉及的各方意见，保障人民知情权和参与权。最后，加强立法与实际相结合，注重立法对实际问题的解决，提高立法的科学性、完整性和系统性，以更好地满足社会发展需求。

第二，高效的法治实施体系是中国特色社会主义法治体系的应有之义。法令行则国治，法令弛则国乱。为了保证法律有效实施，必须建立高效的法

---

① 习近平:《加快建设社会主义法治国家》,《求是》2015 年第 1 期。

治实施体系。在法治实施体系建设中，首要的是完善宪法实施体系机制。习近平指出："宪法是国家的根本法。法治权威能不能树立起来，首先要看宪法有没有权威。必须把宣传和树立宪法权威作为全面推进依法治国的重大事项抓紧抓好，切实在宪法实施和监督上下功夫。"[①] 宪法实施的目标在于确保宪法所确立的社会主义基本经济制度、政治制度得到巩固和发展，确保宪法确定的中国共产党领导地位不动摇，确保宪法确定的人民民主专政的国体和人民代表大会制度的政体不动摇。目前，我国已经形成了合宪性审查、宪法解释、规范性文件备案审查、宪法宣传教育等机制，保障法律实施准确符合宪法规定、原则和精神。

在法治实施体系中，严格执法、公正司法是核心环节。"推进严格执法，重点是解决执法不规范、不严格、不透明、不文明以及不作为、乱作为等突出问题。"[②] 因此，在法治实施体系建设中，必须在党的领导下，推动各级政府依法全面履行政府职能，健全依法决策机制，深化行政执法体制改革，完善执法程序，推进严格规范公正文明执法，强化对行政权力的制约和监督，全面推进政务公开。通过完善权责清晰、运转顺畅、保障有力、廉洁高效的行政执法体制机制，大力提高执法执行力和公信力。在执法工作中，既要保证令在必信，法在必行，对违法行为统一执法尺度，依法处理；也要保证执法公正，不畸轻畸重、顾此失彼；还要做到公正文明执法，让执法既有力度又有温度，不要搞粗暴执法。同时，深化司法改革，完善确保依法独立公正行使审判权和检察权的制度。2013 年，习近平在十八届中央政治局第四次集体学习的讲话中指出："要从确保依法独立公正行使审判权检察权、健全司法权力运行机制、完善人权司法保障制度三个方面，着力解决影响司法公正、制约司法能力的深层次问题。"[③] 十八届四中全会通过的《中共中央关于全面推进依法治国若干重大问题的决定》要求：各级党政机关和领导干部要支持法院、检察院依法独立公正行使职权；优化司法职权配置，健全公安机关、检察机关、审判机关、司法行政机关各司其职，侦查权、检察权、审判

① 习近平：《论坚持全面依法治国》，中央文献出版社，2020，第 94 页。
② 习近平：《加快建设社会主义法治国家》，《求是》2015 年第 1 期，第 7 页。
③ 中共中央文献研究室编《习近平关于全面依法治国论述摘编》，中央文献出版社，2015，第 78 页。

权、执行权相互配合、相互制约的体制机制；推进严格司法；保障人民群众参与司法；加强人权司法保障；加强对司法活动的监督。① 通过这些改革举措，确保司法公正高效廉洁，切实有效地提高司法公信力。在法治实施体系建设中，要体现"严"字当头，严格依宪（依法）立法、严格执法、严格司法、严格监督，坚决纠正有法不依、执法不严、违法不究现象，坚决整治以权谋私、以权压法问题，严禁侵犯群众合法权益，维护社会主义法制的统一、尊严、权威。为了保证法律有效实施，必须建立高效的法律实施体系，最重要的是健全宪法实施体系机制。

第三，严密的法治监督体系是中国特色社会主义法治的必然要求。法治监督是指对法律运行全阶段的监督。习近平提出建立由党内监督、人大监督、民主监督、行政监督、司法监督、审计监督、统计监督、群众监督、舆论监督构成的更加严密的监督体系，形成强大的监督合力，同时要着力推进监督工作规范化、程序化、制度化，形成对法治运行全过程全方位的法治化监督体系，督促科学立法、严格执法、公正司法、全民守法的实现，确保党和国家机关及其工作人员按照法定权限和程序正确行使权力，真正做到法定职责必须为、法无授权不可为。② 《法治中国建设规划（2020—2025年）》对于如何建设严密的法治监督体系作出了规划：加强党对法治监督工作的集中统一领导，把法治监督作为党和国家监督体系的重要内容，保证行政权、监察权、审判权、检察权得到依法正确行使，保证公民、法人和其他组织合法权益得到切实保障；加强国家机关监督、民主监督、群众监督和舆论监督，形成法治监督合力，发挥整体监督效能；在立法工作监督方面，建立健全立法监督工作机制，完善监督程序，推进法律法规规章起草征求人大代表、政协委员意见工作；依法处理国家机关和社会团体、企业事业组织、公民对法规规章等书面提出的审查要求或者审查建议；加强备案审查制度和能力建设，实现有件必备、有备必审、有错必纠；在执法工作监督方面，加强省市县乡四级全覆盖的行政执法协调监督工作体系建设，强化全方位、全流程监督，提高

---

① 《中共中央关于全面推进依法治国若干重大问题的决定》，《人民日报》2014年10月29日，第1版。

② 张文显：《习近平法治思想的理论体系》，《法制与社会发展》2021年第1期，第34页。

执法质量；加强和改进行政复议工作，强化行政复议监督功能；在司法工作监督方面，健全对法官、检察官办案的制约和监督制度，促进司法公正；完善民事、行政检察监督和检察公益诉讼案件办理机制；完善刑事立案监督和侦查监督工作机制；加强人权司法保障。[①]

总之，在法治监督体系建设方面，应完善法治监督体系的法律制度，明确法治监督体系的组成部分、职责和权限，以保证监督体系的合法性和有效性，划分监督机构的职责，增强监督机构的法律地位和实际权威。加强监督机构的人才队伍建设，提高监督工作人员专业素质和道德修养，以保证监督工作的高效性和公正性。在党的领导下，增强社会监督力度，通过多种途径增强社会监督力度，使社会公众参与到监督工作中来，鼓励公民通过合法途径发现和报告法律违法行为，促进公民监督的发挥，加强监督的力度和效果。推动法治监督信息公开，让监督体系更加透明，以保证监督体系的公正性和有效性。加强对违法行为的惩戒，以增强监督体系的威慑力，促进法治的落实。

第四，中国特色社会主义法治要求建立有力的法治保障体系。"徒善不足以为政，徒法不能以自行。"如果没有一系列保障措施，法治就难以实现。法治保障体系既是法治体系的重要组成部分，又是支撑法治大厦的地基。它关乎法治各环节的有序运行，为法治总目标的实现提供不竭的力量源泉。全面依法治国的顺利推进，首先必须加强政治保障，坚持党对全面依法治国的领导。党的领导是全面推进依法治国的坚强政治保障。党的领导为全面依法治国提供了目标指向、根本遵循、战略规划和策略选择；党的组织资源与组织力量为法治建设提供了组织基础；党的人才选拔与干部培养制度为法治建设提供了人才队伍支撑。只有坚持党领导立法、保证执法、支持司法、带头守法，才能充分实现人民当家作主，真正把人民意志上升为国家意志，有序推进国家和社会生活法治化。习近平指出："'党大还是法大'是一个政治陷阱，是一个伪命题；对这个问题，我们不能含糊其辞、语焉不详，要明确予以回答。党的领导和依法治国不是对立的，而是统一的。我国法律充分体现了党和人民意志，我们党依法办事，这个关系是相互统一的关系。全党同志

---

① 《法治中国建设规划（2020—2025年）》，《人民日报》2021年1月11日，第2版。

必须牢记，党的领导是我国社会主义法治之魂，是我国法治同西方资本主义国家法治最大的区别。离开了党的领导，全面依法治国就难以有效推进，社会主义法治国家就建不起来。"[①]

中国特色社会主义法治体系的建设，还必须加强制度保障。中国特色社会主义制度是法治建设的根本基石，其所包含的社会主义根本政治制度、基本政治制度、基本经济制度以及各种具体制度，集中体现了中国特色社会主义的特点和优势，为全面依法治国的顺利推进提供了制度保障。另外，为了使全面依法治国各项任务得到细化和落实，还需要完善和加强社会主义法治运行机制保障。近年来，我国在制定和完善法治建设指标体系和考核标准、改革法律实施中的权力运行机制等方面进行了大量法治实践。这些法治实践有助于完善社会主义法治运行机制，保障法治建设顺利进行。

中国特色社会主义法治体系的建设，还需要加强法治人才队伍保障与物质保障。全面推进依法治国，需要适应现代化建设和法治发展需求的法治人才来完成具体工作。习近平指出："建设法治国家、法治政府、法治社会，实现科学立法、严格执法、公正司法、全民守法，都离不开一支高素质的法治工作队伍。法治人才培养上不去，法治领域不能人才辈出，全面依法治国就不可能做好。"[②] 建设法治工作队伍，首先需要建设高素质法治专门队伍。法治专门队伍中的工作人员主要包括人大和政府从事立法工作的人员、在行政机关从事执法工作的人员、在司法机关从事司法工作的人员、在监察机关从事监察工作的人员等。高素质的法治专门队伍应符合"革命化、正规化、专业化、职业化"的要求，确保做到忠于党、忠于国家、忠于人民、忠于法律。除建设高素质法治专门队伍外，还应加强法治服务队伍建设。通过健全职业道德准则、执业行为规范，完善职业道德评价机制，加快发展律师、公证、司法鉴定、仲裁、调解等法律服务队伍。为了使法治专门队伍与法治服务队伍有充实的后备力量，还应创新法治人才培养体系。深化高等法学教育改革，优化法学课程体系，强化法学实践教学，培养信念坚定、德法兼修、明法笃行的高素质法治人才。法治保障体系的建构离不开物质基础的支持。应通过

---

① 《习近平谈治国理政》（第四卷），外文出版社，2022，第 288 页。

② 习近平：《论坚持全面依法治国》，中央文献出版社，2020，第 174 页。

保障法治运行经费和科技等物质方面的投入，为我国的法律创制与法律实施活动提供条件，形成质量更优的法律产品，更好地保护人民的权益。

第五，中国特色社会主义法治还需要有完善的党内法规体系。党的领导是我国社会主义法治之魂，全面依法治国需要加强党的领导。加强党的全面领导，需要坚持党要管党、全面从严治党，以党章为根本，以民主集中制为核心，不断完善党的组织法规、党的领导法规、党的自身建设法规、党的监督保障法规，构建内容科学、程序严密、配套完备、运行有效的党内法规体系。习近平在庆祝中国共产党成立100周年大会上对党内法规的重要性进行了深刻的阐述："党的十八大以来，中国特色社会主义进入新时代，我们坚持和加强党的全面领导，统筹推进'五位一体'总体布局、协调推进'四个全面'战略布局，坚持和完善中国特色社会主义制度、推进国家治理体系和治理能力现代化，坚持依规治党、形成比较完善的党内法规体系，战胜一系列重大风险挑战，实现第一个百年奋斗目标，明确实现第二个百年奋斗目标的战略安排，党和国家事业取得历史性成就、发生历史性变革，为实现中华民族伟大复兴提供了更为完善的制度保证、更为坚实的物质基础、更为主动的精神力量。"①

在中国特色社会主义法治建设中，依规治党与依法治国之间具有有机统一、相辅相成的关系。党内法规和国家法律同属于中国特色社会主义法治体系，二者在本质上是一致的。依规治党有利于加强和改善党的领导，提高党的执政能力，也是依法治国的重要前提。正如习近平同志所说，治国必先治党，"纲纪不彰，党将不党，国将不国"。② "依规治党深入党心，依法治国才能深入民心。"③ 因此，"要健全党领导全面依法治国的制度和工作机制，推进党的领导制度化、法治化，通过法治保障党的路线方针政策有效实施。要坚持依法治国和依规治党有机统一，确保党既依据宪法法律治国理政，又依据党内法规管党治党、从严治党"。④ 在以习近平同志为核心的党中央坚强领

① 习近平：《在庆祝中国共产党成立100周年大会上的讲话（2021年7月1日）》，《人民日报》2021年7月2日，第2版。

② 中共中央文献研究室编《习近平关于全面依法治国论述摘编》，中央文献出版社，2015，第119页。

③ 习近平：《加强党对全面依法治国的领导》，《求是》2019年第4期，第5页。

④ 《习近平谈治国理政》（第四卷），外文出版社，2022，第288页。

导下，我们党已形成内容科学、程序严密、配套完备、运行有效的比较完善的党内法规体系，党内生活主要方面基本实现了有规可依，党内法规体系的"四梁八柱"基本立起来了。以此为起点，还需进一步补齐制度短板，加快形成完善的党内法规体系。同时，还要建立健全党规和国法在规划、制定、遵守、监督等方面互联互通、协同协调机制，促进党内法规同国家法律的衔接和协调，努力形成党内法规和国家法律相辅相成、相互促进、相互保障的格局，发挥依法治国和依规治党的互补性作用。

第三节 中国特色社会主义法治的特征

一 中国特色社会主义法治的本质特征

从本质上看，中国特色社会主义法治的特征表现为坚持党的领导、人民当家作主、依法治国有机统一。"三统一"是我国社会主义民主法治建设经验的理论升华，是对中国特色社会主义民主法治发展规律的本质把握，是社会主义政治文明的基本标志，也是中国特色社会主义法治理论的基本原理。[①]

首先，坚持党的领导是中国特色社会主义的最本质特征，是中国特色社会主义法治建设之魂。党的领导是中国共产党领导人民进行社会主义法治建设的最高指导原则。只有坚持党的领导，才能保证社会主义法治建设的正确方向和有力推进。党的领导在全面依法治国中具有统领性、全局性、决定性地位。在法治建设中坚持党的领导主要表现为这样几个方面的要求。一是坚持党总揽全局、协调各方的领导核心作用，统筹推进全面依法治国各领域工作，善于使党的主张通过法定程序成为国家意志、转化为法律法规，确保党的主张贯彻到全面依法治国工作中。二是加强党对全面依法治国的领导。健全党领导全面依法治国的制度和工作机制，把党的领导贯彻到全面依法治国全过程和各方面。三是改善党对全面依法治国的领导。进一步推进党的领导入法入规，推进党的领导制度化、法治化、规范化，提高党领导全面依法治国的能力水平。

---

① 张文显:《习近平法治思想的理论体系》,《法制与社会发展》2021年第1期，第24页。

其次，坚持以人民为中心，实现人民当家作主，是中国特色社会主义法治建设的根本出发点和落脚点。在我国，一切权力属于人民。人民的意志是法律形成的源泉，也是法律发挥效力的根据。中国特色社会主义法治必须以人民为中心，始终围绕人民核心利益和根本要求而展开建设。我国的法治建设应保障人民主体地位，使人民在党的领导下，依照法律规定，通过各种途径和形式管理国家事务，管理经济和文化事业，管理社会事务；要把体现人民利益、反映人民愿望、维护人民权益、增进人民福祉落实到全面依法治国各领域全过程；应依法维护社会公平正义，努力让人民群众在每一项法律制度、每一个执法决定、每一宗司法案件中都感受到公平正义。

最后，依法治国是党领导人民治理国家的基本方略。依法治国的本质是人民在党的领导下，依照宪法法律管理国家事务和公共事务，依法治权。国家和社会的各个领域和各种活动都必须服从宪法和法律的约束，立法权、行政权、司法权等权力均应在法治的轨道上运行，从而保障人民的基本权利和自由，促进社会的和谐稳定和长治久安。在我国，随着依法治国的深入推进，党的十六大报告首次正式提出"依法执政"概念。2006 年，胡锦涛对"依法执政"的内涵进行了界定："依法执政是新的历史条件下马克思主义政党执政的基本方式。依法执政，就是坚持依法治国、建设社会主义法治国家，领导立法，带头守法，保证执法，不断推进国家经济、政治、文化、社会生活法制化、规范化，以法治的理念、法治的体制、法治的程序保证党领导人民有效治理国家。要加强党对立法工作的领导，推进科学立法、民主立法，善于使党的主张通过法定程序成为国家意志，从制度上法律上保证党的路线方针政策贯彻实施，使这种制度和法律不因领导人的改变而改变，不因领导人看法和注意力的改变而改变。依法执政最根本的是依宪执政。要牢固树立法制观念，各级党组织都要在宪法法律范围内活动，全体党员都要模范遵守宪法法律，带头维护宪法法律权威。要督促和支持国家机关依法行使职权，做到依法行政，依法推动各项工作的开展，切实维护公民合法权益。"[1] 依法执政的确立，使得依法治国方略达到了一个新的境界。

---

[1]　《胡锦涛在中共中央政治局第三十二次集体学习时强调坚持科学执政、民主执政、依法执政扎实加强执政能力建设和先进性建设》，《人民日报》2006 年 7 月 4 日，第 1 版。

二 习近平法治思想关于"三统一"的理论创新

党的十八大以来，习近平以新论断新命题丰富和发展了"三统一"的理论，赋予其新的内涵和意义。根据学者的总结，习近平法治思想关于"三统一"的理论贡献主要表现在以下三个方面。

第一，首次把"三统一"凝练为我国社会主义民主法治建设的基本经验。习近平指出："把坚持党的领导、人民当家作主、依法治国有机统一起来是我国社会主义法治建设的一条基本经验。我国宪法以根本法的形式反映了党带领人民进行革命、建设、改革取得的成果，确立了在历史和人民选择中形成的中国共产党的领导地位。对这一点，要理直气壮讲、大张旗鼓讲。要向干部群众讲清楚我国社会主义法治的本质特征，做到正本清源、以正视听。"[1] 这条基本经验也是一百多年来中国人民探索政治发展道路的基本结论，是中国社会一百多年激越变革、激荡发展的历史结果，是中国人民翻身作主、掌握自己命运的必然选择。"三统一"意味着党的领导是解决中国社会主要矛盾的最终保证，人民当家作主是解决社会主要矛盾的根本出发点和落脚点，依法治国是解决和保障社会全面矛盾的根本途径。这三者相互促进、相互协调，构成了中国特色社会主义法治建设的有机整体。为此，要"紧紧围绕坚持党的领导、人民当家作主、依法治国有机统一深化政治体制改革，加快推进社会主义民主政治制度化、规范化、程序化，建设社会主义法治国家，发展更加广泛、更加充分、更加健全的人民民主"。[2]

第二，强调"三统一"的根本与核心是坚持党的领导。习近平指出："党和法治的关系是法治建设的核心问题。全面推进依法治国这件大事能不能办好，最关键的是方向是不是正确、政治保证是不是坚强有力，具体讲就是要坚持党的领导，坚持中国特色社会主义制度，贯彻中国特色社会主义法治理论。党的领导是中国特色社会主义最本质的特征，是社会主义法治最根本的保证。中国特色社会主义制度是中国特色社会主义法治体系的根本制度基础，是全面推进依法治国的根本制度保障。中国特色社会主义法治理论是中国特

---

[1] 习近平:《论坚持全面依法治国》，中央文献出版社，2020，第 92 页。
[2] 《中共中央关于全面深化改革若干重大问题的决定》，《人民日报》2013 年 11 月 16 日，第 1 版。

色社会主义法治体系的理论指导和学理支撑，是全面推进依法治国的行动指南。这三个方面实质上是中国特色社会主义法治道路的核心要义，规定和确保了中国特色社会主义法治体系的制度属性和前进方向。"①中国特色社会主义最本质的特征是中国共产党领导。建设中国特色社会主义法治，一切命题应基于这一最本质特征展开。从政治原则看，中国共产党是中国特色社会主义事业的领导核心，处在总揽全局、协调各方的地位。"坚持党的领导，是社会主义法治的根本要求，是党和国家的根本所在、命脉所在，是全国各族人民的利益所系、幸福所系，是全面推进依法治国的题中应有之义；党的领导和社会主义法治是一致的，社会主义法治必须坚持党的领导，党的领导必须依靠社会主义法治。"②从法治实践看，法治建设是一项系统工程，全面依法治国包括立法、执法、司法、守法各环节，涵盖法治国家、法治政府、法治社会建设各领域，涉及国家改革发展稳定各方面，只有充分发挥党的领导核心作用，全面依法治国才能沿着正确方向推进。

第三，提出人民代表大会制度是党的领导、人民当家作主、依法治国三者的汇合点、凝聚点和根本制度安排。习近平指出："人民代表大会制度是坚持党的领导、人民当家作主、依法治国有机统一的根本制度安排。"③这是对"三统一"理论的又一重大发展。人民代表大会制度之所以构成党的领导、人民当家作主、依法治国三者的汇合点，首先在于这一制度是实现党的领导权和执政权的制度载体，有利于发挥党在国家政治和公共事务中总揽全局、协调各方的领导核心作用，保证党的路线方针政策和决策部署在国家各项工作中得到全面贯彻和有效执行。其次，这一制度有利于实现社会主义民主政治的诉求。一方面，国家的一切权力属于人民，人民通过民主选举产生人大，即人民将自己的权力授予人大，由人大统一行使国家权力，对人民负责并接受人民的监督，这是人民主权的直接体现。另一方面，从中央到地方各级国家行政、监察、审判、检察机关都由人民代表大会产生，对人大负责，受人大监督。因此，各国家机关的产生都体现了人民的意志，并且接受人民和权力机关的监督，从而保证了人民当家作主。再次，人民代表大会制度是实现

① 习近平：《论坚持全面依法治国》，中央文献出版社，2020，第91~92页。
② 习近平：《论坚持全面依法治国》，中央文献出版社，2020，第92页。
③ 习近平：《论坚持全面依法治国》，中央文献出版社，2020，第71页。

依法治国的基础和前提。通过对民主的维护，人民代表大会制度为我国的实质法治提供了根本的制度保证。通过人民代表大会制度，法治精神得以弘扬，"依照人民代表大会及其常委会制定的法律法规来展开和推进国家各项事业和各项工作，保证人民平等参与、平等发展权利，维护社会公平正义，尊重和保障人权，实现国家各项工作法治化"。[①] 最后，人民代表大会制度是贯彻实行民主集中制的制度平台，有利于发挥民主集中制的政治优势。它保证党领导人民有效治理国家，切实防止出现群龙无首、一盘散沙的现象；保证人民依法实行民主选举、民主决策、民主管理、民主监督；促使各类国家机关提高能力和效率、增进协调和配合，形成治国理政的强大合力，切实防止出现相互掣肘、内耗严重的现象。[②]

习近平关于"三统一"的科学阐述和逻辑论证，深刻地阐述了中国特色社会主义法治的本质特征。这是对马克思主义国家与法的理论和中国特色社会主义民主法治理论的重大发展，是对中国共产党治国理政理论体系的独创性贡献，续写了马克思主义法治基本理论中国化、当代化的新篇章。[③]

本章小结

"法治"的法不仅应具有使人服从的强制力，而且还应使这种强制具有足够的正当性。围绕法的正当性根据问题，法治理念出现了"形式法治"与"实质法治"两种类型。以习近平法治思想为指导的中国特色社会主义法治是形式法治与实质法治相结合的"良法善治"，也是涉及改革发展稳定、内政外交国防、治党治国治军等各个方面的"全面法治"。建设中国特色社会主义法治体系、建设社会主义法治国家，围绕保障和促进社会公平正义，坚持依法治国、依法执政、依法行政共同推进，坚持法治国家、法治政府、法治社会一体建设，全面推进科学立法、严格执法、公正司法、全民守法，全面

---

① 习近平:《论坚持全面依法治国》，中央文献出版社，2020，第72页。
② 习近平:《论坚持全面依法治国》，中央文献出版社，2020，第82~83页。
③ 张文显:《习近平法治思想的理论体系》，《法制与社会发展》2021年第1期，第25页。

推进国家各方面工作法治化。中国特色社会主义法治的基本构成包括五大体系，即完备的法律规范体系、高效的法治实施体系、严密的法治监督体系、有力的法治保障体系、完善的党内法规体系。坚持党的领导、人民当家作主、依法治国有机统一，是中国特色社会主义法治的本质特征。

 问题与思考

1. 形式法治与实质法治理念有何不同？围绕形式法治与实质法治，出现了哪些争论？

2. 中国特色社会主义法治的基本内涵是什么？

3. 中国特色社会主义法治体系由哪些部分构成？

4. 为什么说"坚持党的领导、人民当家作主、依法治国有机统一，是中国特色社会主义法治的本质特征"？

第四章　中国特色社会主义法治的基本原则

第一节　坚持中国共产党的领导

一　党的领导是我国社会主义法治之魂

党的十八届四中全会通过的《中共中央关于全面推进依法治国若干重大问题的决定》指出：要实现全面推进依法治国的总目标，必须坚持一些基本原则。其中，坚持党的领导是我国法治建设的首要原则。《中共中央关于全面推进依法治国若干重大问题的决定》还强调指出："党的领导是中国特色社会主义最本质的特征，是社会主义法治最根本的保证。"[①]

中国特色社会主义法治建设之所以必须坚持党的领导，其根据主要在于以下几个方面。第一，党的领导是在长期的社会主义法治实践中形成的。习近平同志对于党领导法治建设的历史有过清晰而透彻的总结："土地革命时期，我们党在江西中央苏区建立了中华苏维埃共和国，开始了国家制度和法律制度建设的探索。"中华人民共和国成立后，"中国特色社会主义制度不断完善，中国特色社会主义法律体系也不断健全"。党的十八大以来，"中国特色社会主义制度日趋成熟定型，中国特色社会主义法治体系不断完善，为推动党和国家事业取得历史性成就、发生历史性变革发挥了重大作用"[②]。因此，"把坚持党的领导、人民当家作主、依法治国有机统一起来是我国社会主义法治建设的一条基本经验"[③]。

第二，党的领导是由宪法和法律所确立的根本原则。"我国宪法以根本法的形式反映了党带领人民进行革命、建设、改革取得的成果，确立了在历

---

① 《中共中央关于全面推进依法治国若干重大问题的决定》，《人民日报》2014年10月29日，第1版。
② 习近平:《论坚持全面依法治国》，中央文献出版社，2020，第262~263页。
③ 习近平:《论坚持全面依法治国》，中央文献出版社，2020，第92页。

98

史和人民选择中形成的中国共产党的领导地位。"①2018 年，第十三届全国人民代表大会第一次会议表决通过了《中华人民共和国宪法修正案》。此次修正案在《宪法》总纲中明确规定"中国共产党领导是中国特色社会主义最本质的特征"，强化了党总揽全局、协调各方的领导地位。坚持党的领导，是宪法的根本要求，是依宪治国、依宪执政的根本体现，是党和国家的根本所在、命脉所在，是全国各族人民的利益所系、幸福所系，是全面推进依法治国的题中应有之义。

第三，党的领导是社会主义法治最根本的保证。在全面依法治国的推进过程中，只有坚持党的领导，才能确保全面依法治国的正确方向；只有坚持党的领导，才能为全面依法治国提供科学理论指导；只有坚持党的领导，才能确保全面依法治国的顺利推进。"全面推进依法治国是一个系统工程，是国家治理领域一场广泛而深刻的革命。"②"深刻革命"意味着许多改革事项都是难啃的"硬骨头"，迫切需要从党中央层面加强顶层设计、统筹协调。"系统工程"意味着全面依法治国具有复杂性、长期性、艰巨性，不仅涉及改革发展稳定、内政外交国防、治党治国治军等各个方面，而且意味着全面依法治国是长期历史任务，只有发挥党总揽全局、协调各方、总体设计、统一布局的领导作用，才能完成全面依法治国这一"系统工程"的总规划，才有希望实现全面依法治国、建设法治中国的总目标。

第四，党的领导是中国特色社会主义法治的最大优势。中国特色社会主义国家制度和法律制度在实践中显示出巨大优势，居于首位的就是坚持党的领导的优势。"中国特色社会主义大厦需要四梁八柱来支撑，党是贯穿其中的总的骨架，党中央是顶梁柱。"③只有在党的领导下集中力量办大事，国家统一有效组织各项事业、开展各项工作，才能成功应对一系列重大风险挑战，始终沿着正确方向稳步前进。中国特色社会主义法治把党的领导、人民当家作主和依法治国统一起来，把党总揽全局、协调各方和人大、政府、政协、法院、检察院依法依章程履行职能、开展工作统一起来，在原理设计和制度

---

①　习近平:《论坚持全面依法治国》，中央文献出版社，2020，第 92 页。

②　习近平:《论坚持全面依法治国》，中央文献出版社，2020，第 102 页。

③　习近平:《论坚持党对一切工作的领导》，中央文献出版社，2019，第 11 页。

安排上都超越了西方法治。①

第五，党的领导是我国法治同西方资本主义国家法治最大的区别。党是中国工人阶级的先锋队和中国人民、中华民族的先锋队，除了工人阶级和最广大人民群众的利益，党没有自己的特殊利益。党的性质、宗旨和使命决定了我国法治同西方资本主义国家法治在性质上根本不同。同时，党的领导和社会主义法治具有一致性，这是我国法治坚持党的领导与西方资本主义国家法治标榜"超阶级""超政党""超国家"的本质区别。我国宪法确认了党的执政地位，这一点与西方资本主义国家法治有着根本的不同。②"我们必须牢记，党的领导是中国特色社会主义法治之魂，是我们的法治同西方资本主义国家的法治最大的区别。离开了中国共产党的领导，中国特色社会主义法治体系、社会主义法治国家就建不起来。"③

二 加强和改善党对全面依法治国的领导

在十八届四中全会第二次全体会议上，习近平同志指出："坚持中国特色社会主义法治道路，最根本的是坚持中国共产党的领导。依法治国是我们党提出来的，把依法治国上升为党领导人民治理国家的基本方略也是我们党提出来的，而且党一直带领人民在实践中推进依法治国。全面推进依法治国，要有利于加强和改善党的领导，有利于巩固党的执政地位、完成党的执政使命，决不是要削弱党的领导。"④

第一，加强党对全面依法治国的统一领导、统一部署、统筹协调。党对全面依法治国的领导首先是目标方向、发展道路、战略决策上的领导，即确立全面依法治国的总目标、总路线、总抓手。因此，党的统一领导首先表现为党中央对全面依法治国的集中统一领导。"党中央是大脑和中枢，党中央必

---

① 黄文艺：《坚持党对全面依法治国的领导》，《法治现代化研究》2021年第1期，第48~49页。

② 《习近平法治思想概论》编写组编《习近平法治思想概论》，高等教育出版社，2021，第78~81页。

③ 中共中央文献研究室编《习近平关于全面依法治国论述摘编》，中央文献出版社，2015，第35页。

④ 习近平：《论坚持全面依法治国》，中央文献出版社，2020，第106页。

须有定于一尊、一锤定音的权威。"①党中央的集中统一领导主要表现为以下几种形式：其一，通过党的全国代表大会讨论决定法治建设的重大问题；其二，以中央全会形式专门研究部署法治建设重大问题；其三，以中央工作会议形式专题研究决定法治建设重要工作；其四，以中央政治局、中央政治局常务委员会研究审议法治建设重大问题；其五，以中央全面依法治国委员会专门研究决定全面依法治国重大事项。②除了中央的统一领导之外，党的地方委员会在本地区法治建设中也发挥着领导核心作用。与中央相对应，县级及以上地方党委均成立了法治决策议事协调机构，即各地全面依法治省（市、县）委员会，负责地方法治建设的统一规划、统筹协调、整体推进、督促落实，重点推动解决部门、地方解决不了的重大事项，协调解决部门、地方之间存在分歧的重大问题。另外，党的工作机关、国家机关党组、基层党组织以及党委主要负责人都要在其工作领域履行推进依法治国建设的领导职责。③

第二，把党的领导贯彻到全面依法治国全过程和各方面。《中共中央关于全面推进依法治国若干重大问题的决定》在阐述坚持党的领导这一基本原则时指出："必须坚持党领导立法、保证执法、支持司法、带头守法，把依法治国基本方略同依法执政基本方式统一起来，把党总揽全局、协调各方同人大、政府、政协、审判机关、检察机关依法依章程履行职能、开展工作统一起来，把党领导人民制定和实施宪法法律同党坚持在宪法法律范围内活动统一起来，善于使党的主张通过法定程序成为国家意志，善于使党组织推荐的人选通过法定程序成为国家政权机关的领导人员，善于通过国家政权机关实施党对国家和社会的领导，善于运用民主集中制原则维护中央权威、维护全党全国团结统一。"④

第三，推进党的领导制度化、法治化。习近平指出："推进党的领导制度化、法治化，既是加强党的领导的应有之义，也是法治建设的重要任务。"⑤

---

① 《习近平谈治国理政》（第三卷），外文出版社，2020，第 86 页。

② 习近平：《论坚持全面依法治国》，中央文献出版社，2020，第 82~84 页。

③ 《习近平法治思想概论》编写组编《习近平法治思想概论》，高等教育出版社，2021，第 50~51 页。

④ 《中共中央关于全面推进依法治国若干重大问题的决定》，《人民日报》2014 年 10 月 29 日，第 1 版。

⑤ 习近平：《论坚持全面依法治国》，中央文献出版社，2020，第 223 页。

一方面，要进一步推进党的领导入法入规，使党的主张通过法定程序成为国家意志、转化为法律法规，推进党的领导制度化、法治化、规范化；另一方面，还要加快形成覆盖党的领导和党的建设各方面的党内法规制度体系。党内法规既是管党治党的重要依据，也是建设社会主义法治国家的有力保障。形成完善的党内法规体系是建设中国特色社会主义法治体系的重要任务。通过坚持依法治国和依规治党的有机统一，提高党的执政能力和领导水平，形成依法治国和依规治党相辅相成、相得益彰的格局。

三 党的领导和社会主义法治是一致的

在党的领导和社会主义法治的关系方面，不能将二者割裂开来、对立起来。习近平同志指出："不能把坚持党的领导同人民当家作主、依法治国对立起来，更不能用人民当家作主、依法治国来动摇和否定党的领导。那样做在思想上是错误的，在政治上是十分危险的。"[①] 党的领导和社会主义法治是一致的：社会主义法治必须坚持党的领导，党的领导必须依靠社会主义法治。[②]

第一，办好中国的事情，关键在党。当代中国法治建设所走过的道路，充分表明中国共产党的坚强有力的领导是法治建设得以顺利推进并取得重大进展的根本保障。"依法治国是我们党提出来的，把依法治国上升为党领导人民治理国家的基本方略也是我们党提出来的，而且党一直带领人民在实践中推进依法治国。"[③] 只有坚持党的领导，社会主义法治建设才能确保正确的政治方向，才能获得科学的理论指导，才能实现全面依法治国的顺利推进。同时，中国共产党是执政党，党的执政地位需要宪法来确认，党的主张需要通过法定程序转化为国家意志，党的路线方针政策有效实施需要通过法治来保障。全面依法治国绝不是削弱党的领导，而是要加强和改善党的领导，不断提高党领导依法治国的能力和水平，巩固党的执政地位。

第二，坚持党的领导，要正确处理党的政策和国家法律的关系，正确处理党的领导和确保司法机关依法独立公正行使职权的关系。从党的政策和国家法律的关系上看，党的政策和国家法律都是人民根本意志的反映，在本质

---

① 习近平：《论坚持全面依法治国》，中央文献出版社，2020，第42页。
② 习近平：《论坚持全面依法治国》，中央文献出版社，2020，第92页。
③ 习近平：《论坚持全面依法治国》，中央文献出版社，2020，第106页。

上是一致的。党的政策是国家法律的先导和指引，是立法的依据和执法司法的重要指导。党领导人民制定宪法法律，也领导人民执行宪法法律，党自身必须在宪法法律的范围内活动。如果党的政策和国家法律之间出现矛盾，就要努力做好统一正确实施工作。从坚持党的领导和确保司法机关依法独立公正行使职权的关系上看，保证司法机关依法独立公正行使职权是党的明确主张。党对政法工作的领导是管方向、管政策、管原则、管干部，不是包办具体事务。领导干部不能借党对政法工作的领导之名对司法机关工作进行不当干预。①

第三，"党大还是法大"是一个伪命题。党的领导和社会主义法治是相互统一的。"党大还是法大"这个命题通过把党的领导和法治割裂开来，最终达到否定、取消党的领导的目的。习近平同志指出："我们说不存在'党大还是法大'的问题，是把党作为一个执政整体、就党的执政地位和领导地位而言的，具体到每个党政组织、每个领导干部，就必须服从和遵守宪法法律。有些事情要提交党委把握，但这种把握不是私情插手，不是包庇性的干预，而是一种政治性、程序性、职责性的把握。这个界线一定要划分清楚。"②

第二节　坚持人民主体地位

一　人民是依法治国的主体和力量源泉

在马克思主义的理论话语中，"人民"其实就是指现实的"人"和"人类"。"人"和"人类"是一个无限的系列，包括过去、现在和将来的所有人；而"人民"则是参与并承担着人类现实生活的所有人。"人民"概念所强调的，不是现实中人们之间各种身份（人种、等级、分工、品德等）的差别，而是作为社会生活和历史发展主体的整体性。这个古往今来一直延续着的整体，是"人"和"人类"的真实存在形态。作为人类现实生活实际承担者的全体人民，承担着人类和命运，起着推动社会进步的根本作用，所以是历史的真正主体。以马克思主义为旗帜的中国共产党人，正式将"为人民服务"

---

① 习近平：《论坚持全面依法治国》，中央文献出版社，2020，第43~44页。
② 习近平：《坚定不移走中国特色社会主义法治道路　为全面建设社会主义现代化国家提供有力法治保障》，《求是》2021年第5期，第6页。

确立为自己的宗旨，自觉地定位并承诺，要把坚持人民主体地位作为自己始终不渝的根本立场和最高价值原则。坚持"人民主体"，是与中国共产党的性质和宗旨、与社会主义政治的本质紧密联结并不可分离的根本原则，也是体现党的领导、实现党的奋斗目标的题中应有之义。[①] 因此，《中共中央关于全面推进依法治国若干重大问题的决定》将"坚持人民主体地位"列为实现全面依法治国总目标所要遵守的基本原则之一，并特别强调"人民是依法治国的主体和力量源泉"。坚持以人民为中心，坚持人民主体地位，是中国特色社会主义的制度优势，是中国特色社会主义法治的本质要求。

在我国的法治建设事业中，人民的主体地位首先是由宪法所规定的国体和政体来保障的。我国《宪法》总纲第 1 条第 1 款规定："中华人民共和国是工人阶级领导的、以工农联盟为基础的人民民主专政的社会主义国家。"这一关于"人民民主专政"的规定阐明了我国的国体。第 2 条第 1、2 款规定："中华人民共和国的一切权力属于人民。人民行使国家权力的机关是全国人民代表大会和地方各级人民代表大会。"这一规定阐明了我国的政体。人民代表大会制度是保证人民当家作主的根本政治制度，是人民实现当家作主的重要途径和最高实现形式。人民代表大会由人民选举产生，对人民负责，受人民监督。通过人民代表大会制度，人民把国家和自身的命运牢牢地掌握在自己的手中。除了人民代表大会制度之外，中国共产党领导的多党合作和政治协商制度、民族区域自治制度、基层群众自治制度等基本政治制度，也是保障人民有效政治参与的重要途径。《中共中央关于全面推进依法治国若干重大问题的决定》还部署了人民参与立法、执法、司法与社会治理的制度、机制，来保障人民群众参与法治建设的主体地位。党的二十大进一步提出："坚持和完善我国根本政治制度、基本政治制度、重要政治制度，拓展民主渠道，丰富民主形式，确保人民依法通过各种途径和形式管理国家事务，管理经济和文化事业，管理社会事务。"[②] 通过健全和完善保障人民当家作主的法律制度体系，发挥人民群众的积极性、主动性、创造性。

人民是依法治国的主体，人民的意志是法律形成的源泉，也是法律发挥

---

① 李德顺、王金霞：《论当代中国的"人民主体"理念》，《哲学研究》2016 年第 6 期，第 104~105 页。

② 本书编写组编著《党的二十大报告辅导读本》，人民出版社，2022，第 34 页。

效力的根据。《中共中央关于全面推进依法治国若干重大问题的决定》强调：
"法律的权威源自人民的内心拥护和真诚信仰。"① 习近平同志在中央全面依
法治国工作会议上指出："全面依法治国最广泛、最深厚的基础是人民，必须
坚持为了人民、依靠人民。"② 全面依法治国是顺应历史潮流和人民意愿作出
的必然选择，人民群众对法治建设的参与和支持程度，直接决定着法治发展
的进程及其广度和深度。只有国家制定的法律制度反映人民的意志，人民才
能形成办事依法、遇事找法、解决问题用法、化解矛盾靠法的行为习惯，成
为社会主义法治的忠实崇尚者、自觉遵守者、坚定捍卫者。同时，人民对于
法律所发挥的功能与效果的评价，也决定着法治建设是否拥有持续发展的社
会基础。正如习近平同志所说的那样："时代是出卷人，我们是答卷人，人民
是阅卷人。"③ 中国共产党在治国理政中，始终把"人民拥护不拥护""人民赞
成不赞成""人民答应不答应"作为制定各项方针政策的出发点和落脚点。中
国特色社会主义法治的建设运用，也遵循这一评价标准。

二　坚持以依法保障人民权益为全面依法治国的根本目的

推进全面依法治国，根本目的是依法保障人民权益。党的十九大报告特
别指出："党的一切工作必须以最广大人民根本利益为最高标准。"④ 党领导
人民进行的法治建设也要以此为最高标准。依法保障人民权益的原则贯穿于
立法、执法、司法等法律运行的各个环节。从立法上看，"以民为本，立法为
民"是我国立法工作的基本理念。为了保障人民的根本利益，我国立法工作
坚持贯彻群众路线，坚持开门立法，通过多种途径保证人民有序参与立法，
使立法更好地体现民情。为了促进立法反映民意，十八届四中全会还要求建
立基层立法联系点制度，健全立法机关和社会公众沟通机制，开展立法协商
制度，探索立法中涉及的重大利益调整论证咨询机制，健全法律法规规章草
案公开征求意见和公众意见采纳情况反馈机制，等等。另外，根据我国《立

---

① 《中共中央关于全面推进依法治国若干重大问题的决定》，《人民日报》2014年10月
29日，第1版。
② 《习近平谈治国理政》（第四卷），外文出版社，2022，第288页。
③ 《习近平法治思想概论》编写组编《习近平法治思想概论》，高等教育出版社，2021，
第70页。
④ 本书编写组编著《党的十九大报告辅导读本》，人民出版社，2017，第49页。

法法》第 110 条第 2 款的规定，公民如果认为行政法规、地方性法规、自治条例和单行条例同宪法或者法律相抵触，还可以向全国人民代表大会常务委员会提出书面审查建议，由常务委员会工作机构进行研究，必要时，送有关的专门委员会进行审查、提出意见。这一制度设计将民意纳入了法的完善阶段，有利于人民根据法的实施情况提出意见。从执法上看，执法为民是我国行政机关的活动宗旨。全心全意为人民服务是各级政府的神圣职责和公职人员的行为准则。建设职能科学、权责法定、执法严明、公开公正、廉洁高效、守法诚信的法治政府，是为了规范和制约行政权力，最大程度地保护人民的权益。从司法上看，公正司法、司法为民是我国司法活动的信条。《中共中央关于全面推进依法治国若干重大问题的决定》指出："必须完善司法管理体制和司法权力运行机制，规范司法行为，加强对司法活动的监督，努力让人民群众在每一个司法案件中感受到公平正义。"① 只有司法有效维护人民的合法权益，司法活动才具有公信力。

依法保障人民权益还表现为依法保障全体公民享有广泛的权利。理解人民主体地位，应当与以人为本结合起来，对于法律来说，这要求法律必须承认和尊重人的尊严、地位与价值，体现和保障人的权利、自由、利益。② 2004 年，第十届全国人民代表大会第二次会议通过了我国现行宪法第 4 个修正案，将"国家尊重和保障人权"载入了宪法。在我国的人权保障制度建设中，始终把生存权、发展权作为首要的基本人权。同时，"依法保障全体公民享有广泛的权利，保障公民的人身权、财产权、基本政治权利等各项权利不受侵犯，保证公民的经济、文化、社会等各方面权利得到落实，努力维护最广大人民根本利益，保障人民群众对美好生活的向往和追求"。③《中共中央关于全面推进依法治国若干重大问题的决定》要求通过"加强重点领域立法"，来"保障公民人身权、财产权、基本政治权利等各项权利不受侵犯，保障公民经济、文化、社会等各方面权利得到落实，实现公民权利保障法治化。增强全社会尊重和保障人权意识，健全公民权利救济渠道和方式"。另

---

① 《中共中央关于全面推进依法治国若干重大问题的决定》，《人民日报》2014 年 10 月 29 日，第 1 版。
② 胡玉鸿：《人民主体地位与法治国家建设》，《学习论坛》2015 年第 1 期，第 73 页。
③ 习近平：《论坚持全面依法治国》，中央文献出版社，2020，第 14 页。

外，还要"加快保障和改善民生、推进社会治理体制创新法律制度建设。依法加强和规范公共服务，完善教育、就业、收入分配、社会保障、医疗卫生、食品安全、扶贫、慈善、社会救助和妇女儿童、老年人、残疾人合法权益保护等方面的法律法规"。[①] 通过完善社会保障、社会福利方面的制度，更好地建设有效的社会安全机制，保障人民的生活水平逐步提高。

三　维护社会公平正义，促进共同富裕

坚持人民的主体地位，增强人民对中国特色社会主义法治的信念，就必须通过法治维护社会公平正义。社会公平正义是社会主义法治的核心价值追求，维护公平正义的法律制度才能够最终增进人民的福祉。这是因为，"正义"意味着秩序、自由、平等、公平、公正、效益等多个价值目标相互均衡而达到的最佳协调状态，是"良法的最高价值形态"。[②] 只有在良法的治理之下，人民的权利和自由才能得到充分的保障。公平正义是中国特色社会主义的内在要求，是社会主义法治的核心价值。习近平同志指出："公正是法治的生命线。公平正义是我们党追求的一个非常崇高的价值，全心全意为人民服务的宗旨决定了我们必须追求公平正义，保护人民权益、伸张正义。全面依法治国，必须紧紧围绕保障和促进社会公平正义来进行。"[③] 2019 年，党的十九届四中全会通过的《中共中央关于坚持和完善中国特色社会主义制度　推进国家治理体系和治理能力现代化若干重大问题的决定》专门将社会公平正义和人民权利联结在一起，提出"坚持全面依法治国，建设社会主义法治国家，切实保障社会公平正义和人民权利"是中国特色社会主义制度和国家治理体系的十三个显著优势之一。该决定还在"坚持和完善中国特色社会主义法治体系，提高党依法治国、依法执政能力"部分首次提出"健全社会公平正义法治保障制度"的重大命题。[④] 因此，在中国特色社会主义法治

---

① 《中共中央关于全面推进依法治国若干重大问题的决定》，《人民日报》2014 年 10 月 29 日，第 1 版。

② 李龙主编《良法论》，武汉大学出版社，2005，第 78 页。

③ 中共中央文献研究室编《习近平关于全面依法治国论述摘编》，中央文献出版社，2015，第 38 页。

④ 《中共中央关于坚持和完善中国特色社会主义制度　推进国家治理体系和治理能力现代化若干重大问题的决定》，《人民日报》2019 年 11 月 6 日，第 1 版。

建设过程中，维护公平正义与坚持人民的主体地位具有不可分割的内在关联。

公平正义作为一种价值理念，并不仅仅停留在观念形态。改革开放以来，我国经济社会发展取得了巨大成就，为促进社会的公平正义提供了坚实的物质基础和有利条件。但是，新的发展也带来了新的矛盾和问题。例如，发展不均衡、不协调、不可持续的问题；民生保障存在不少薄弱环节的问题；等等。这些问题都需要通过法治在制度上提出解决方案。习近平同志指出："不论处在什么发展水平上，制度都是社会公平正义的重要保证。"[1] 中国特色社会主义法治首先可以通过规范和制约权力的制度架构，防止权力过度限制或违法侵害公民个人权利，进而维护社会公平正义。其次，通过完善体现权利公平、机会公平、规则公平的法律制度，努力营造公平的社会环境，保证人民平等参与、平等发展的权利。最后，通过坚持和完善统筹城乡民生保障方面的法律制度，也能够提高就业、教育、医疗保险等方面的公共供给，增进人民福祉，促进人的全面发展。

在我国，社会公平正义的一个核心内容在于实现共同富裕。作为社会主义国家，我国的现代化之路必须确保社会主义的内在价值。社会主义的内在价值是什么呢？答案就是"共同富裕"。邓小平同志曾反复强调这一点。他说："共同致富，我们从改革一开始就讲，将来总有一天要成为中心课题。……社会主义最大的优越性就是共同富裕，这是体现社会主义本质的一个东西。"[2] "社会主义的本质，是解放生产力，发展生产力，消灭剥削，消除两极分化，最终达到共同富裕。"[3] 我国法治发展的目标，不仅仅在于促进社会的现代化，实现国家的富强，更在于促进全体中国人民对于现代化建设成果的分享。2017年，党的十九大报告指出："中国特色社会主义进入新时代，我国社会主要矛盾已经转化为人民日益增长的美好生活需要和不平衡不充分的发展之间的矛盾。"[4] 2020年，党的十九届五中全会对全面建成小康社会之后全面建设社会主义现代化国家新征程作出了重大部署，并提出到2035

---

[1] 中共中央文献研究室编《十八大以来重要文献选编》（上），中央文献出版社，2014，第553页。

[2] 《邓小平文选》（第三卷），人民出版社，1993，第364页。

[3] 《邓小平文选》（第三卷），人民出版社，1993，第373页。

[4] 本书编写组编著《党的十九大报告辅导读本》，人民出版社，2017，第11页。

年"全体人民共同富裕取得更为明显的实质性进展"的目标。2022 年，党的二十大报告再次强调了人民的主体地位，"一切脱离人民的理论都是苍白无力的，一切不为人民造福的理论都是没有生命力的"。[①]"江山就是人民，人民就是江山。中国共产党领导人民打江山、守江山，守的是人民的心。治国有常，利民为本。为民造福是立党为公、执政为民的本质要求。必须坚持在发展中保障和改善民生，鼓励共同奋斗创造美好生活，不断实现人民对美好生活的向往。"[②] 同时，二十大报告明确了"中国式现代化"的特定内涵之一就是"全体人民共同富裕的现代化"，"共同富裕是中国特色社会主义的本质要求，也是一个长期的历史过程。我们坚持把实现人民对美好生活的向往作为现代化建设的出发点和落脚点，着力维护和促进社会公平正义，着力促进全体人民共同富裕，坚决防止两极分化"。[③] 二十大报告还部署了推进共同富裕的工作任务，包括完善分配制度，实施就业优先战略，健全社会保障体系，推进健康中国建设。[④] 这些工作任务也构成了中国特色社会主义法治的重要内容。只有通过法治的保障，才能不断扎实推进共同富裕，不断增强人民群众的获得感、幸福感、安全感。

第三节　坚持法律面前人人平等

一　平等是社会主义法律的基本属性

从形式上看，平等首先是一种道德原则，它针对人类社会提出了"应当如何"的行动指引。作为一种道德形态，平等的诉求首先来源于人类本质上的尊严感和朴素的情感要求。"平等是人在实践领域中对自身的意识，也就是人意识到别人是和自己平等的人，人把别人当作和自己平等的人来对待。"[⑤]对平等的追求，是人类社会永恒的主题。但是，直到近代，法律上的平等原则才逐渐确立下来。经过长期的历史发展，法律上的平等原则在内容上大致

---

①　本书编写组编著《党的二十大报告辅导读本》，人民出版社，2022，第 17 页。

②　本书编写组编著《党的二十大报告辅导读本》，人民出版社，2022，第 41~42 页。

③　本书编写组编著《党的二十大报告辅导读本》，人民出版社，2022，第 20 页。

④　本书编写组编著《党的二十大报告辅导读本》，人民出版社，2022，第 42~44 页。

⑤　马克思、恩格斯:《神圣家族》，载列宁《哲学笔记》，人民出版社，1993，第 11 页。

包括以下三个方面：第一，法律主体地位的平等，即不同主体在各种法律关系中都具有平等的人格和地位；第二，权利义务分配的合理，主要表现为全体社会成员之间合理而平等地分配权利、义务、责任；第三，法律的平等保护，主要表现为执法与司法的无偏私。

坚持法律面前人人平等原则，是由社会主义国家的社会主义性质和人民内部组成人员作为国家主人的平等地位所决定的。社会主义国家的性质在于：通过改变弱肉强食、贫富泾渭分明的社会结构，同等地保护和尊重一切个体，促进人们相互关切、相互认同，形成真正持久的利益共同体和稳定的现代国家，推进民主政治和经济社会的高质量发展。社会主义民主政治和经济社会的高质量发展，又会为每一个个人的能力得到充分的发挥、每一个个人的人格得到全面和自由的发展提供条件。因此，社会主义国家的法律制度与平等原则有着天然的契合性，平等是社会主义法律的基本属性。

新中国成立之后，随着社会主义改造的逐渐完成，"法律面前人人平等"原则在宪法和法律中被确认下来。1954年《宪法》第85条便确认了"中华人民共和国公民在法律上一律平等"这一法律原则。同年通过的《人民法院组织法》第5条规定："人民法院审判案件，对于一切公民，不分民族、种族、性别、职业、社会出身、宗教信仰、教育程度、财产状况、居住期限，在适用法律上一律平等。"改革开放以后，随着法制的逐渐完备，平等原则在我国宪法以及法律法规中有着鲜明的体现。比如，现行《宪法》第5条第5款规定："任何组织或者个人都不得有超越宪法和法律的特权。"第33条第2款规定："中华人民共和国公民在法律面前一律平等。"我国1986年通过的《民法通则》和2020年通过的《民法典》不仅规定了民事主体在民事活动中的法律地位平等，还规定了公民（自然人）的"民事权利能力"一律平等。为了防止《刑法》适用中出现超越法律的特权，全国人民代表大会于1997年修订《刑法》时，专门增加了"对任何人犯罪，在适用法律上一律平等。不允许任何人有超越法律的特权"这一法律原则。[①]

"法律面前人人平等原则"要得到切实的维护，不能仅仅停留在法律规

---

① 马克昌：《论我国刑法的基本原则》，载丁慕英、李淳、胡云腾主编《刑法实施中的重点难点问题研究》，法律出版社，1998，第125页。

范层面，还应落实到实践层面。中国共产党作为工人阶级、中国人民和中华民族的先锋队，带领人民坚持和完善中国特色社会主义制度，完成脱贫攻坚、全面建成小康社会的历史任务，为实现平等原则创造了良好的社会结构、物质基础与制度条件。正如有学者所说的那样："党是全国人民、全体公民自己组织社会、管理生活的积极探索者、自觉引导者和坚定实践者，而不是凌驾于人民之上的特殊的利益集团。"① 在党的领导下，中国政府也表现出"中性政府"的特征。所谓"中性政府"，是不与任何社会利益集团结盟且不被任何利益集团俘获的政府。在经济学家看来，中国平等的社会结构与中性政府之间有着密切的相关性。与被特殊利益集团控制且为特殊利益集团服务的有偏政府相比，中性政府更倾向于追求整个社会的长远经济增长。近年来中国经济高速发展的原因之一就在于此。② 随着中国式现代化的进一步推进，法律上的平等原则将得到更全面的发展、更充分的实现。

二　在社会主义法治的全过程贯彻平等原则

《中共中央关于全面推进依法治国若干重大问题的决定》将"坚持法律面前人人平等原则"的要求表述为："任何组织和个人都必须尊重宪法法律权威，都必须在宪法法律范围内活动，都必须依照宪法法律行使权力或权利、履行职责或义务，都不得有超越宪法法律的特权。必须维护国家法制统一、尊严、权威，切实保证宪法法律有效实施，绝不允许任何人以任何借口任何形式以言代法、以权压法、徇私枉法。必须以规范和约束公权力为重点，加大监督力度，做到有权必有责、用权受监督、违法必追究，坚决纠正有法不依、执法不严、违法不究行为。"③ 这一要求显示，在中国特色社会主义法治的建设过程中，应将平等原则贯彻于法治的全过程之中。习近平同志明确指出："坚持法律面前人人平等，必须体现在立法、执法、司法、守法各个

---

① 李德顺、王金霞：《论当代中国的"人民主体"理念》，《哲学研究》2016 年第 6 期，第 107 页。

② 贺大兴、姚洋：《平等与中性政府：对中国三十年经济增长的一个解释》，《世界经济文汇》2009 年第 1 期。

③ 《中共中央关于全面推进依法治国若干重大问题的决定》，《人民日报》2014 年 10 月 29 日，第 1 版。

方面。"①

第一，平等原则应在立法活动中得到贯彻，实现立法平等。立法平等主要是指法律应当确认法律主体之间的平等地位，合理地分配权利义务，不使一部分人的权利或利益被不当歧视、限制乃至剥夺。在权利、义务以及公共资源的分配问题上，如何分配才符合平等原则的要求是一个复杂的问题，因此，更需要立法机关依法立法、民主立法、科学立法，提高立法质量，使法律的规定既维护每一个个体的人格尊严，又使不同个体所享有的权益与所承受的负担合乎比例，而不至于出现不合理的差别待遇。事实上，立法平等是平等原则的核心和起点。正如马克思所作的经典表述那样："如果认为在立法者偏私的情况下可以有公正的法官，那简直是愚蠢而不切实际的幻想！既然法律是自私自利的，那么大公无私的判决还有什么用处呢？法官只能一丝不苟地表达法律的自私自利，只能无所顾忌地运用它。在这种情况下，公正是判决的形式，但不是判决的内容。内容已被法律预先规定了。如果诉讼无非是一种毫无内容的形式，那么这种形式上的琐事就没有任何独立的价值了。"② 在我国，立法必须以宪法为依据，一切法律、法规和其他规范性文件都不得与宪法相抵触。"中华人民共和国公民在法律面前一律平等"是宪法所规定的原则，立法以宪法为依据意味着宪法规定的平等原则直接影响立法活动。"立法权是法治社会中的第一项权力，是管理社会的第一道防线"，这一权力的行使要受到"中华人民共和国公民在法律面前一律平等"原则的约束，才能在规范上确认和保障平等。③

第二，平等原则应在执法活动中得到贯彻。在行政执法中贯彻平等原则，意味着行政机关在执行法律时，对所有公民的合法权益都应当平等地予以保护，对所有公民的违法或犯罪行为，一律平等地依法追究法律责任。行政法上适用平等原则对于保障行政相对人合法权益、促进行政机关依法行政具有十分重要的意义。一般认为，从平等原则可以导出"行政自我拘束原则"

---

① 习近平：《论坚持全面依法治国》，中央文献出版社，2020，第 108 页。

② 马克思：《第六届莱茵省议会的辩论（第三篇论文）》，载《马克思恩格斯全集》（第一卷），人民出版社，1995，第 287 页。

③ 焦洪昌：《关于"公民在法律面前一律平等"的再认识》，《中国法学》2002 年第 6 期，第 15~16 页。

与"禁止恣意原则"。所谓行政自我拘束原则，是指行政机关作出行政行为时，如无正当理由，应受其行政惯例或行政先例的拘束，否则违反平等原则。所谓禁止恣意原则，即禁止行政机关欠缺适当充分的理由而作出行政行为。[①]比如，无适当理由进行"选择性执法"，就很容易构成侵害平等原则、滥用权力的恣意执法行为。[②] 除了以上原则以外，民众对行政执法活动的参与、行政执法信息的公开等制度也都有利于贯彻实现平等原则。

第三，平等原则应在司法活动得到贯彻。2018 年修订的《人民法院组织法》第 5 条规定："人民法院审判案件在适用法律上一律平等，不允许任何组织和个人有超越法律的特权，禁止任何形式的歧视。"第 6 条规定："人民法院坚持司法公正，以事实为根据，以法律为准绳，遵守法定程序，依法保护个人和组织的诉讼权利和其他合法权益，尊重和保障人权。"这两个法律条款充分体现了平等原则在司法活动中的要求。司法活动贯彻平等原则首先表现为程序上的平等，即司法机关在审理案件时，不得偏袒也不得歧视任何一方当事人。"兼听则明、偏听则暗"，只有在程序上平等对待当事人，才能最大可能地恢复事实真相、确保法律的正确适用。其次，司法活动贯彻平等原则还表现为实体上的公正，即司法机关应当以事实为根据，以法律为准绳，同样情况同样处理，针对个案作出公正裁判。这样可以提高法律的可预测性、限制司法机关的裁量权，进而给予当事人的合法权益以实质上的平等保护。

第四，平等原则还应在守法中得到贯彻。要在全社会牢固树立宪法法律权威，弘扬法治精神，任何组织和个人都必须在宪法和法律的范围内活动，都不得有超越宪法法律的特权。对此，习近平同志特别指出："各级领导干部在推进依法治国方面肩负着重要责任。"[③] 领导干部如果以言代法、以权压法，依法治国就难以真正落实。"必须抓住领导干部这个'关键少数'"，"各级领导干部要对法律怀有敬畏之心，带头依法办事，带头遵守法律，不断提高运用法治思维和法治方式深化改革、推动发展、化解矛盾、维护稳定能力。

---

① 周佑勇、伍劲松：《行政法上的平等原则研究》，《武汉大学学报》（哲学社会科学版）2007 年第 4 期，第 521~522 页。

② 张德瑞：《行政法的平等原则与行政机关的选择性执法》，《河南社会科学》2007 年第 6 期，第 41 页；章剑生：《"选择性执法"与平等原则的可适用性》，《苏州大学学报》（法学版）2014 年第 4 期，第 112~121 页。

③ 习近平：《论坚持全面依法治国》，中央文献出版社，2020，第 108 页。

如果在抓法治建设上喊口号、练虚功、摆花架，只是叶公好龙，并不真抓实干，短时间内可能看不出什么大的危害，一旦问题到了积重难返的地步，后果就是灾难性的"。[①]

第四节　坚持依法治国和以德治国相结合

一　法律是成文的道德，道德是内心的法律

作为人类社会的产物，法律与道德有许多共性，也有明显的不同。如何认识和协调二者的关系，进而使二者的规范功能得到良好的发挥，是一个难题。从历史上看，西方学者对法律与道德的关系有许多不同观点。中世纪之前，在自然法思想和神学世界观的影响下，西方学者往往认为，法律与道德在本质上是同一的。近代以来，随着神学世界观的逐渐瓦解，法律日益世俗化。这意味着法律越来越与道德分离，道德越来越成为主要归属于宗教的领域，而法律则越来越去道德化，转变为具有形式合理性的独特规范。在这一历史背景下，西方出现了主张道德与法律无必然关联的分析实证主义法学。但这一法学流派的主张也受到了诸如历史法学、法律实用主义、法律现实主义、批判法学等法学理论的质疑。这些法学理论在不同程度上都认为，在法律现有条文和文本之外，还需要考虑到法律实践、社会和历史实际，以及对未来的社会与文化的"应然"理念。在一定程度上，它们都坚持在形式逻辑之上，还要考虑到或者更多地考虑到关乎应然的道德价值。[②] 在中国传统文化和思想中，道德与法律一直有着密切的关联。根据"德主刑辅""以德去刑"的古代儒家观点，法律与道德之间有一定的分别，道德具有制约刑罚的意义。到了封建社会后期，二者之间已经不存在界限。"同一规范，在利用社会制裁时为礼，附有法律制裁时便成为法律。"[③]

当下中国对于法律与道德的认识既不同于西方的分析实证主义法学所主张的"法律与道德相分离"，也不同于中国封建社会时期所流行的法律与道

[①]　习近平：《论坚持全面依法治国》，中央文献出版社，2020，第108~109页。

[②]　黄宗智：《道德与法律：中国的过去和现在》，《开放时代》2015年第1期，第76~77页。

[③]　瞿同祖：《中国法律与中国社会》，中华书局，1981，第221页。

德合一。法律和道德都有着复杂的结构，是价值、规范与行动秩序的结合体。作为规范的法律和道德都发挥着给人们提供行动理由的功能，都以道义助动词来表达其规范内容。但是，二者的规范表现形式存在明显的差异：法律通常是成文的规范形态，而道德通常是不成文的规范形态。二者的规范内容也有显著不同：法律所提供的行动理由较之于道德具有更高的确定性。二者的规范体系也有着突出的差别：在一个主权国家之内，法律的规范体系是一元的。法律的统一、普遍适用是其规范体系的特性，而道德的规范体系往往具有多元性，一个主权国家之内，往往存在主流道德与形形色色的非主流道德。从调整对象上看，现代社会的法律规范所调整的对象是外在的行为，即使对行为人的主观状态进行评价，也不能脱离行为人的外在行为而直接评价行为人的内在主观状态。道德则首先关注内在动机，不仅侧重通过内在信念影响外在行为，且评价和谴责主要针对动机。一个具有道德外观的行为，只有在出自善的动机时，才会赢得道德上的肯认，否则就是伪善，而伪善是反道德的。[①] 从规范的运作方式上看，法律的运作需要通过国家这一政治共同体以特定的组织和程序进行，其规范效力以国家强制力来保障。而道德的运作不需要通过特定的组织和程序进行，其规范效力来自行为人对道德规范的内在认同。因此，道德与法律作为规范而运作时，不应将二者混淆。

　　然而，道德和法律在价值根据上往往交织在一起，它们都关注"什么是正确的""应该如何行为"的问题。尽管法律规范一般只是直接作出行为指引，而不直接显示规范的内在价值根据，但是，美国法哲学家德沃金认为，脱离了法律规范的内在价值根据，将无法对法律规范进行准确的理解。因此，法律与道德有着必然的联系。"法律的复杂性、功能和效果都取决于法律结构的一个特殊特征。法律不同于许多其他社会现象，法律是'论证性的'（argumentative）。每个法律实践的参与者都明白，法律实践允许什么或要求什么，都取决于某些命题的正确性。"[②] 与法律规范不同，道德主要依赖规范的内在价值来发挥效力，因此其规范内容与其揭示该内容正确性的价值根据直接联结在一起。在理解法规范的指引方向时，道德——特别是被普遍接受

[①]　孙莉：《德治与法治正当性分析——兼及中国与东亚法文化传统之检省》，《中国社会科学》2002 年第 6 期。

[②]　［美］德沃金：《法律帝国》，徐杨勇译，上海三联书店，2016，第 10 页。

的、有关公共生活的道德准则往往成为重要的法律论证资源，可以彰显法律规范的内在价值根据。从这个意义上看，我们不能将法律与道德截然分割开来。在社会主义法治建设的过程中，法律与道德在价值指向上有着强烈的一致性。通过人民民主的政治制度，社会生活中凝聚普遍共识的重要道德观念成为法律规范的价值基础。尽管道德和法律在规范形态与运作机制上仍存在差异，二者的内在联结仍非常明显。正如习近平同志反复强调的那样："法律是成文的道德，道德是内心的法律。"①

二 法治和德治相辅相成、相得益彰

当法律和道德发挥社会治理的功能时，二者具有彼此所不具备的优势，因此具有功能的互补性。法律规范与道德规范调整的对象与方法不尽相同，法律难以规范的领域，道德可以发挥作用；道德难以约束的行为，法律可以惩戒。通过特定组织以外在强制方法调整社会生活的法律体系有着很高的运行成本，而依靠内在认同运行的道德体系则不需要这样的运行成本。对于二者的功能互补性，习近平同志精辟地指出："一个靠国家机器的强制和威严，一个靠人们的内心信念和社会舆论，各自起着不可替代而相辅相成、相得益彰的作用，其目的都是要达到调节社会关系、维护社会稳定的作用，保障社会的健康和正常运行。"②

除了功能的互补性之外，二者还有着相互支撑、缺一不可的内在联系。一方面，法治所形成的治理是"良法之治"，如果没有道德所提供的价值基础，"良法之治"将缺少基本的立足点。同时，由于法律运行需要很高的成本，如果没有道德文化的支持，法律运行的成本不仅更高，其运行效率还会进一步降低。比如，如果一个社会普遍不讲诚信，打击失信行为的法律机制就可能由于禁止所有的违法行为成本太高而不得不"选择性执法"。但"选择性执法"又会损害执法机关的公信力，反而使得社会中的失信行为更加泛滥。因此，法治国家的实现需要公民对法律的尊重与自愿服从。没有道德的治理作为支持，法律的治理也就成为不可实现的幻想。

---

① 习近平：《论坚持全面依法治国》，中央文献出版社，2020，第109页。
② 习近平：《之江新语》，浙江人民出版社，2007，第206页。

另一方面，道德对社会生活的治理也需要法治的支持与保障。现代社会是一个利益多元的社会，公共生活所需要的政治道德共识，需要法治所提供的制度来凝聚和维系。仅仅依赖社会成员的道德自律，很难形成稳定的社会秩序。特别是由于道德规范的多元性，不同社会成员所遵循的道德规范可能会相互冲突，此时就需要法律规范给予协调、指引，以化解特定的伦理困境。当然，由于调整对象、调整领域、运作机制不同，道德规范所要求的规范内容往往不应主要通过法律强制这种"他律"方式来实现，相反，这些规范内容应当主要通过"自律"内化为自己内心的意志与自主的选择来实现。但是这一内化的过程并不是不假外力的。风俗的涵养、舆论的压力、法律的规制，这些他律的因素都能转化为"内化"的自律的推手，只是不能取代内化的自律在道德评价上的根本地位而已。在法治国家建设过程中，法律不仅可以成为道德内化的推手，还应该通过法治的谦抑精神，为人们自愿生成的新道德规范提供发展空间。因此，二者的紧密关系还可以表述为："法律是底线的道德，也是道德的保障。"①

"法安天下，德润人心。"在中国特色社会主义法治的建设与运行过程中，"法律有效实施有赖于道德支持，道德践行也离不开法律约束"。② 二者不可分离、不可偏废，需要相互支撑、协同发力。"中国特色社会主义法治道路的一个鲜明特点，就是坚持依法治国和以德治国相结合，强调法治和德治两手抓、两手都要硬。"③

三　把社会主义核心价值观融入法治建设

习近平同志指出："发挥好道德的教化作用，必须以道德滋养法治精神、强化道德对法治文化的支撑作用。再多再好的法律，必须转化为人们内心自觉才能真正为人们所遵行。'不知耻者，无所不为。'没有道德滋养，法治文化就缺乏源头活水，法律实施就缺乏坚实社会基础。在推进依法治国过程中，必须大力弘扬社会主义核心价值观，弘扬中华传统美德，培育社会公德、职业道德、家庭美德、个人品德，提高全民族思想道德水平，为依法治国创造

---

①　习近平:《论坚持全面依法治国》，中央文献出版社，2020，第166页。
②　习近平:《论坚持全面依法治国》，中央文献出版社，2020，第165页。
③　习近平:《论坚持全面依法治国》，中央文献出版社，2020，第179页。

良好人文环境。"[①] 因此，把社会主义核心价值观融入法治建设具有重要意义，这是依法治国和以德治国相结合的必然要求。2016 年中共中央办公厅、国务院办公厅印发了《关于进一步把社会主义核心价值观融入法治建设的指导意见》，2021 年最高人民法院印发了《关于深入推进社会主义核心价值观融入裁判文书释法说理的指导意见》，为社会主义核心价值观融入法治建设提供了思想和政策指引。

坚持把社会主义核心价值观融入法治建设，一要在立法中推动社会主义核心价值观入法入规，把社会主义核心价值观融入国家法律法规立改废释的各环节，使中国特色社会主义法律体系与社会主义核心价值观有机结合，以良法促善治。二要在执法、司法中体现社会主义核心价值观的基本要求，注重执法和司法行为同社会主义核心价值观相互协调、相互补充。三要在守法中积极培育社会主义法治文化作为社会主义核心价值体系建设的重要内容，"引导广大人民群众自觉践行社会主义核心价值观"。[②]

国家和社会治理需要法律和道德共同发挥作用。必须坚持一手抓法治、一手抓德治，大力弘扬社会主义核心价值观，弘扬中华传统美德，培育社会公德、职业道德、家庭美德、个人品德，既重视发挥法律的规范作用，又重视发挥道德的教化作用，以法治体现道德理念、强化法律对道德建设的促进作用，以道德滋养法治精神、强化道德对法治文化的支撑作用，实现法律和道德相辅相成、法治和德治相得益彰。

第五节　坚持从中国实际出发

一　坚持走中国特色社会主义法治道路

法治道路选择问题具有全局性、统领性、方向性的意义，直接决定法治建设的成败得失。二战以来，在法治成为全球普遍共识的背景下，世界各国特别是发展中国家都面临着如何走向法治、怎样建设法治的道路选择问题。

---

① 习近平:《加快建设社会主义法治国家》,《求是》2015 年第 1 期, 第 5 页。
② 《习近平在中共中央政治局第三十七次集体学习时强调 坚持依法治国和以德治国相结合 推进国家治理体系和治理能力现代化》,《人民日报》2016 年 12 月 11 日, 第 1 版。

总体上看，西方法学界运用现代化理论、依附理论、世界体系理论、新自由主义理论等讨论发展中国家法治道路选择问题，形成了西方中心主义的法治道路理论。改革开放以来，中国法学界运用现代化、本土化、国际化、全球化等理论，讨论了中国法治建设的模式和道路选择问题。[①] 习近平同志在总结中外法治道路选择经验教训的基础之上，指明了中国法治建设的前进方向："全面推进依法治国，必须走对路。如果路走错了，南辕北辙了，那再提什么要求和举措也都没有意义了。……中国特色社会主义法治道路是一个管总的东西。具体讲我国法治建设的成就，大大小小可以列举出十几条、几十条，但归结起来就是开辟了中国特色社会主义法治道路这一条。"[②] "中国特色社会主义法治道路，是社会主义法治建设成就和经验的集中体现，是建设社会主义法治国家的唯一正确道路。"[③]

习近平同志还深刻揭示了中国特色社会主义法治道路的要义精髓，即坚持党的领导，坚持中国特色社会主义制度，贯彻中国特色社会主义法治理论。其中，党的领导是中国特色社会主义最本质的特征，是社会主义法治最根本的保证。中国特色社会主义制度是中国特色社会主义法治体系的根本制度基础，是全面推进依法治国的根本制度保障。中国特色社会主义法治理论是中国特色社会主义法治体系的理论指导和学理支撑，是全面推进依法治国的行动指南。[④] 这三个要点分别回答了中国法治建设由谁来领导、以什么制度为基础、以何种理论为指导等根本性问题，规定和确保了中国特色社会主义法治体系的制度属性和前进方向。

中国特色社会主义法治道路是中国特色社会主义道路在法治领域的具体体现。中国特色社会主义是实现社会主义现代化、创造人民美好生活的必由之路。"这条道路来之不易，它是在改革开放30多年的伟大实践中走出来的，是在中华人民共和国成立60多年的持续探索中走出来的，是在对近代以来170多年中华民族发展历程的深刻总结中走出来的，是在对中华民族5000多

---

① 黄文艺:《习近平法治思想原创性贡献论纲》,《交大法学》2022 年第 4 期, 第 8 页。
② 习近平:《论坚持全面依法治国》, 中央文献出版社, 2020, 第 105 页。
③ 习近平:《论坚持全面依法治国》, 中央文献出版社, 2020, 第 93 页。
④ 习近平:《论坚持全面依法治国》, 中央文献出版社, 2020, 第 91~92 页。

年悠久文明的传承中走出来的。"① 中国特色社会主义是植根于中国大地、反映中国人民意愿、适应中国和时代发展进步要求的科学社会主义；坚持中国特色社会主义道路，意味着"我们既不走封闭僵化的老路，也不走改旗易帜的邪路"。坚持走中国特色社会主义法治道路，就是在法治建设过程中坚持把社会主义根本政治制度、基本政治制度、基本经济制度和其他各方面的重要制度、机制体制有机结合起来，坚持把党的领导、人民当家作主、依法治国有机结合起来，为社会主义现代化事业提供长期性的制度保障。

二 坚持发展中国式法治现代化

"现代化"通常指从以自给自足的自然经济为基础的传统社会向以现代大工业生产与商品经济为基础的现代社会转变的历史过程与状态。在这一历史过程中，社会结构发生了革命性变化。一方面，为了更有效率地组织生产和使用生产资源，出现了高度的社会分化，各种行业日益增多，社会机体中各种性质不同的成分也日益增多；另一方面，社会整合的程度也大大提高。正是由于分化现象的存在，社会机体的各种子单元之间具有高度的相互依赖性，任何一个层面如脱离其他层面便无法生存。错综复杂的分化与整合既需要一种权威的社会控制系统，也需要一套理性的管理手段。此时，民族国家作为政治共同体的最高权威开始崛起，并以自己的权威为法律的推行提供效力基础；同时，由于社会的分化、经济生活日趋理性化等因素的存在，国家权力的运作方式也趋于理性化。现代化的法律制度因而表现出独特的内容与运作方式，比如：在政治生活领域反对封建等级制度与人身依附关系；在经济生活领域承认交易主体的平等地位与契约精神；在运作方式上以主权权威为根据获得了具有普遍性、排他性、确定性的适用方式；等等。

中国的社会现代化与法律制度的现代化均发轫于清末民初。尽管这一时期正是西方列强以暴力开辟"世界市场"、野蛮侵略中国的历史时期，"现代化"作为一种目标对于中国国民而言仍有很强的吸引力。由于目睹了资本主义大工业生产所开启的现代化带来的国家实力变化，自鸦片战争以来，无论

---

① 习近平：《在第十二届全国人民代表大会第一次会议上的讲话》，《人民日报》2013年3月18日，第1版。

中国的政治派别之间有多少纷争，追求以"富强"概念为表征的现代化都是一种被普遍接受的观念。然而，资本主义大工业生产引发的现代化在给人类社会带来史无前例的巨大进步的同时，也给人类社会带来前所未有的巨大灾难，使阶级与阶级之间的矛盾、国家与国家之间的矛盾、民族与民族之间的矛盾、人与人之间的矛盾、人与社会之间的矛盾、社会与其生存的自然环境之间的矛盾愈演愈烈。因此，在资本主义世界现代化发展的一定阶段，作为制度的社会主义的选择必将出现在世界现代化发展的进程中。[1] 新中国诞生后，开启了具有中国特色的社会主义现代化征程。在党的十八届三中全会以前，"现代化"概念主要指农业、工业、国防、科技等物质层面的现代化；党的十八大以来，习近平同志把国家治理体系和治理能力现代化纳入现代化的范畴，成功推进和拓展了中国式现代化。党的二十大报告全面总结了中国式现代化的特征："中国式现代化，是中国共产党领导的社会主义现代化，既有各国现代化的共同特征，更有基于自己国情的中国特色。"[2] 中国式现代化表现为以下几个方面：中国式现代化是人口规模巨大的现代化；中国式现代化是全体人民共同富裕的现代化；中国式现代化是物质文明和精神文明相协调的现代化；中国式现代化是人与自然和谐共生的现代化；中国式现代化是走和平发展道路的现代化。[3] 总之，"中国式现代化的本质要求是：坚持中国共产党领导，坚持中国特色社会主义，实现高质量发展，发展全过程人民民主，丰富人民精神世界，实现全体人民共同富裕，促进人与自然和谐共生，推动构建人类命运共同体，创造人类文明新形态"。[4]

世界上不存在定于一尊的法治模式，也不存在放之四海而皆准的法治现代化道路。[5] 中国式法治现代化是中国式现代化在法治领域的具体体现，是中国式现代化的重要组成部分。中国式法治现代化同样以中国特色的国情为根据，因此其道路选择决不能照搬别国的模式和做法。中国既是发展中国家，又是社会主义大国，其所面临的许多问题，都没有可以照搬的解决方案。特

---

[1]　叶险明：《马克思关于资本主义现代化及其发展趋势的理论初探》，《马克思主义研究》2001 年第 2 期，第 23 页。

[2]　本书编写组编著《党的二十大报告辅导读本》，人民出版社，2022，第 20 页。

[3]　本书编写组编著《党的二十大报告辅导读本》，人民出版社，2022，第 20~21 页。

[4]　本书编写组编著《党的二十大报告辅导读本》，人民出版社，2022，第 21 页。

[5]　张文显：《论中国式法治现代化新道路》，《中国法学》2022 年第 1 期，第 11 页。

别是在"世界百年未有之大变局加速演进"的国际环境下，中国面临着外部敌对势力的围堵遏制、极限施压。在这样的情形下实现法治现代化，其正确的道路书本上抄不来，别人送不来，只能靠自己走出来。"当代中国的伟大社会变革，不是简单延续我国历史文化的母版，不是简单套用马克思主义经典作家设想的模板，不是其他国家社会主义实践的再版，也不是国外现代化发展的翻版，不可能找到现成的教科书。"①

中国式法治现代化正是以我国的国情为根据，由党领导人民通过革命、建设和改革独立自主开辟、拓展而形成的法治发展路径。因此，中国式法治现代化是坚持党的领导的法治现代化，也是以人民为中心的法治现代化。中国共产党领导是中国式法治现代化的根本保证。党的领导是中国特色社会主义最本质的特征，是社会主义法治之魂，是中国式法治现代化与西方式法治现代化的最大区别。② 以人民为中心，是中国式法治现代化的根本价值，也是社会主义法治的核心逻辑。中国式法治现代化的目标在于促进高质量发展，发展全过程人民民主，丰富人民精神世界，实现全体人民共同富裕，促进人与自然和谐共生。中国式法治现代化是促进世界和平发展道路的法治现代化。中国式法治现代化坚决反对法律殖民主义、霸权主义，既不能照搬照抄其他国家法律制度，也不能强行输出本国法律制度。③ 同时，中国式法治现代化坚持推进开放、发展与国际合作，在国际社会致力于构建人类命运共同体，推动建设持久和平、共同繁荣的和谐世界。

本章小结

要实现全面推进依法治国的总目标，必须坚持一些基本原则。根据《中共中央关于全面推进依法治国若干重大问题的决定》，这些基本原则包括以

---

① 习近平：《在哲学社会科学工作座谈会上的讲话（2016 年 5 月 17 日）》，《人民日报》2016 年 5 月 19 日，第 2 版。

② 张文显：《论中国式法治现代化新道路》，《中国法学》2022 年第 1 期，第 10 页。

③ 黄文艺：《推进中国式法治现代化 构建人类法治文明新形态——对党的二十大报告的法治要义阐释》，《中国法学》2022 年第 6 期，第 14 页。

下五个方面。第一，坚持中国共产党的领导。党的领导是中国特色社会主义最本质的特征，是社会主义法治最根本的保证。把党的领导贯彻到依法治国全过程和各方面，是我国社会主义法治建设的一条基本经验。第二，坚持人民主体地位。人民是依法治国的主体和力量源泉。坚持以依法保障人民权益为全面依法治国的根本目的。第三，坚持法律面前人人平等。平等是社会主义法律的基本属性。坚持法律面前人人平等，必须体现在立法、执法、司法、守法各个方面。第四，坚持依法治国和以德治国相结合。国家和社会治理需要法律和道德共同发挥作用。第五，坚持从中国实际出发。中国特色社会主义道路、理论体系、制度是全面推进依法治国的根本遵循。坚持走中国特色社会主义法治道路，坚持发展中国式法治现代化。

 问题与思考

1. 如何理解"党的领导是我国社会主义法治之魂"？

2. 如何通过全面推进依法治国，来加强和改善党的领导、巩固党的执政地位、完成党的执政使命？

3. 为什么说"党大还是法大"是一个伪命题？

4. 如何理解"人民是依法治国的主体和力量源泉"？

5. 如何通过全面推进依法治国，实现对人民权益的保障？

6. "坚持人民主体地位"与"维护社会公平正义，促进共同富裕"有何关联？

7. 为什么说"平等是社会主义法律的基本属性"？

8. 如何在社会主义法治的全过程贯彻平等原则？

9. 如何理解法律与道德的内在联结？如何理解德治与法治的关系？

10. 中国特色社会主义法治道路的要义是什么？如何理解"中国式法治现代化"的含义？

第五章　中国特色社会主义法治建设的目标与价值追求

第一节　中国特色社会主义法治建设的目标

一　中国特色社会主义法治建设目标的形成

中国特色社会主义法治建设的目标是在党领导中国人民进行社会主义现代化建设的过程中逐步确立下来的。党的十一届三中全会提出了"发扬社会主义民主，健全社会主义法制"的制度建设目标，以及"有法可依，有法必依，执法必严，违法必究"的十六字方针，为中国式法治现代化指明了方向。1996年3月，八届全国人大四次会议批准的《国民经济和社会发展"九五"计划和2010年远景目标纲要》提出了"依法治国，建设社会主义法制国家"的法治奋斗目标和指导方针。1997年9月，党的第十五次全国代表大会基于我国在民主法制建设方面已经取得的巨大成就和今后社会发展的需要，将"依法治国，建设社会主义法治国家"确立为党领导人民治理国家的基本方略和建设有中国特色社会主义的一个基本目标。同时，十五大报告在阐述"政治体制改革和民主法制建设"问题时，明确提出要"尊重和保障人权"，这在中国共产党历来的执政纲领中也尚属首次。[1] 其重大意义之一，就是把"依法治国，建设社会主义法治国家"同民主政治建设和人权保障有机地结合起来，从而在价值层面上回答了中国法治化进程的基本取向和根本目的这一重大问题：中国要建设的社会主义"法治国家"，是尊重和保障人权的"法治国家"，是民主的"法治国家"。[2] 1999年3月，九届全国人大二次会议通过

---

[1]　江泽民：《高举邓小平理论伟大旗帜，把建设有中国特色社会主义事业全面推向二十一世纪》，《求是》1997年第18期，第14~15页。

[2]　李步云、张志铭：《跨世纪的目标：依法治国，建设社会主义法治国家》，《中国法学》1997年第6期。

宪法修正案，将"依法治国，建设社会主义法治国家"纳入宪法。这标志着我国迈向了社会主义法治建设新阶段。此后，2002年，党的十六大进一步把"依法治国，建设社会主义法治国家"上升到政治文明的范畴。2004年，根据党中央提出的宪法修改建议，十届全国人大二次会议将"国家尊重和保障人权"确认为宪法原则。2007年，党的十七大号召"全面落实依法治国基本方略，加快建设社会主义法治国家"。[①] 2012年，党的十八大报告提出"全面推进依法治国"，"推进科学立法、严格执法、公正司法、全民守法"。[②] 法学界称之为"法治新十六字方针"。十八大之后，习近平在完善"五位一体"总体布局之后提出了"四个全面"的战略布局，并把依法治国放在总体战略布局之中统筹安排。

2014年，党的十八届四中全会召开。这是中国共产党执政历史上首次以法治为主题召开的中央全会。全会通过的《中共中央关于全面推进依法治国若干重大问题的决定》是中国社会主义法治建设史上第一部就法治建设的根本性、全局性、长远性和前瞻性问题作出全面部署的纲领性文献。该决定的最大亮点是提出了全面依法治国的总目标，即建设中国特色社会主义法治体系，建设社会主义法治国家。具体来说，全面依法治国的总目标就是，在中国共产党的领导下，坚持中国特色社会主义制度，贯彻中国特色社会主义法治理论，形成完备的法律规范体系、高效的法治实施体系、严密的法治监督体系、有力的法治保障体系，形成完善的党内法规体系，坚持依法治国、依法执政、依法行政共同推进，坚持法治国家、法治政府、法治社会一体建设，实现科学立法、严格执法、公正司法、全民守法，促进国家治理体系和治理能力现代化。[③] 习近平指出："提出这个总目标，既明确了全面推进依法治国的性质和方向，又突出了全面推进依法治国的工作重点和总抓手。"[④]

2017年，党的第十九次全国代表大会把坚持全面依法治国上升为新时

---

①　胡锦涛：《高举中国特色社会主义伟大旗帜　为夺取全面建设小康社会新胜利而奋斗》，《求是》2007年第21期，第13页。

②　胡锦涛：《坚定不移沿着中国特色社会主义道路前进　为全面建成小康社会而奋斗》，《求是》2012年第22期，第13页。

③　《中共中央关于全面推进依法治国若干重大问题的决定》，《人民日报》2014年10月29日，第1版。

④　习近平：《论坚持全面依法治国》，中央文献出版社，2020，第93页。

代坚持和发展中国特色社会主义的基本方略。同时,围绕全面依法治国的总目标,十九大分阶段确立了法治建设的具体奋斗目标。其中,从 2020 年到 2035 年,人民平等参与、平等发展权利得到充分保障,法治国家、法治政府、法治社会基本建成,各方面制度更加完善,国家治理体系和治理能力现代化基本实现。党的十九大报告将"人民平等参与、平等发展权利""国家治理体系和治理能力现代化"与法治建设的目标紧密联系在一起,显示了中国特色社会主义法治建设的前进方向与价值指向。[1] 2021 年,党的十九届六中全会在总结党的百年奋斗重大成就和历史经验时,将"明确中国特色社会主义事业总体布局是经济建设、政治建设、文化建设、社会建设、生态文明建设五位一体,战略布局是全面建设社会主义现代化国家、全面深化改革、全面依法治国、全面从严治党四个全面""明确全面推进依法治国总目标是建设中国特色社会主义法治体系、建设社会主义法治国家"作为习近平新时代中国特色社会主义思想的组成部分,为中国特色社会主义法治建设明确了思想引领。十九届六中全会还指出,"权力是一把'双刃剑',依法依规行使可以造福人民,违法违规行使必然祸害国家和人民","法治兴则国家兴,法治衰则国家乱;全面依法治国是中国特色社会主义的本质要求和重要保障",进而深刻阐明了中国特色社会主义法治建设的社会主义性质和造福人民、振兴国家的根本目标。[2] 2021 年 12 月,中共中央政治局就建设中国特色社会主义法治体系进行第三十五次集体学习,习近平在主持学习时进一步强调:中国特色社会主义法治体系是中国特色社会制度的重要组成部分,必须牢牢把握中国特色社会主义这个定性,要坚定不移走中国特色社会主义法治道路,以解决法治领域突出问题为着力点,更好推进中国特色社会主义法治体系建设。全面依法治国总目标、总抓手的确定,对法治体系的中国特色社会主义定性,使全党全国人民进一步明确方向、保持定力、坚定步伐,更加科学有序地推进社会主义法治国家建设,推进法治现代化和国家治理现代化。[3]

2022 年,党的第二十次全国代表大会胜利召开。二十大报告深刻总结了

---

[1] 本书编写组编著《党的十九大报告辅导读本》,人民出版社,2017,第 28 页。

[2] 《中共中央关于党的百年奋斗重大成就和历史经验的决议》,《人民日报》2021 年 11 月 17 日,第 1 版。

[3] 转引自张文显《论中国式法治现代化新道路》,《中国法学》2022 年第 1 期,第 22 页。

中国现代化建设的历史性成就。其中，法治建设方面的成就表现为："社会主义法治国家建设深入推进，全面依法治国总体格局基本形成，中国特色社会主义法治体系加快建设，司法体制改革取得重大进展，社会公平正义保障更为坚实，法治中国建设开创新局面。"[①] 同时，报告将法治建设方面的成就与民主政治发展、人权保障方面的成就放在同一个段落中，显示了法治建设与民主政治发展、人权保障之间的紧密联系。二十大报告还明确了中国特色社会主义法治的伟大使命："全面依法治国是国家治理的一场深刻革命，关系党执政兴国，关系人民幸福安康，关系党和国家长治久安。必须更好发挥法治固根本、稳预期、利长远的保障作用，在法治轨道上全面建设社会主义现代化国家。"[②]

根据以上党的文件，中国特色社会主义法治建设的总目标是建设中国特色社会主义法治体系，建设社会主义法治国家。树立这一总目标，旨在保障社会主义现代化强国建设，保障人民的幸福安康，实现中华民族伟大复兴。

二　中国特色社会主义法治建设总目标的重要意义

全面依法治国的总目标，是党清醒认识我国发展所处的历史阶段，深刻分析国内外形势的新变化，回应广大人民群众的新期待，站在党和国家工作全局的高度提出来的，具有重大战略意义。有学者提出，"中国特色社会主义法治体系"是习近平提出的最具原创性和标志性的概念之一，明确提出"法治体系"概念和建设中国特色社会主义法治体系命题，具有重大的理论创新、制度创新和实践创新意义。[③] 中国特色社会主义法治建设总目标的重要意义主要表现在以下几个方面。

第一，中国特色社会主义法治建设总目标明确了全面推进依法治国的正确方向。全面依法治国是中国特色社会主义事业的重要内容。法治建设总目标的确立，明确了全面推进依法治国的正确方向，有利于增强法治意识、提升法治素养、改善法治环境，促进社会的和谐稳定和国家的持久稳定，使人

---

① 本书编写组编著《党的二十大报告辅导读本》，人民出版社，2022，第9页。
② 本书编写组编著《党的二十大报告辅导读本》，人民出版社，2022，第36页。
③ 张文显：《中国法治40年：历程、轨迹和经验》，《吉林大学社会科学学报》2018年第5期，第11页。

民群众在更加公正、透明、有序的法治环境中享受更高水平的人权和民主，使国家的发展和人民的福祉得到更好的保障。当今世界，由于各国历史、文化和发展道路的不同，存在不同的法律制度模式和法治体系。党和国家领导人提出这个总目标，就是要明确宣示，我们全面推进依法治国，坚定不移建设中国特色社会主义法治体系、建设社会主义法治国家，就是要沿着中国特色社会主义法治道路前进，坚持我国法治的社会主义性质。坚持法治建设的社会主义性质，最根本的是要坚持党的领导、坚持中国特色社会主义制度、坚持中国特色社会主义理论体系指导。明确这一根本性问题，有利于明确全面推进依法治国的根本目的和历史任务，有利于统一思想、凝聚全党全国各族人民在法治上的共识，排除和澄清各种模糊认识，保障依法治国沿着正确的方向推进。[1]

第二，中国特色社会主义法治建设总目标规划了全面推进依法治国的总体布局。习近平强调："全面依法治国是一个系统工程，要整体谋划，更加注重系统性、整体性、协同性。依法治国、依法执政、依法行政是一个有机整体，关键在于党要坚持依法执政、各级政府要坚持依法行政。法治国家、法治政府、法治社会相辅相成，法治国家是法治建设的目标，法治政府是建设法治国家的重点，法治社会是构筑法治国家的基础。"[2] 作为一个系统工程，全面依法治国重在"全面"，涉及治国理政方方面面，贯穿社会生活各个领域，包含多个方面的工作、任务、要素和环节，这些部分相互关联、相互影响，构成一个完整而复杂的有机整体。这就要求实施全面依法治国战略时要统筹兼顾各领域、把握重点、整体谋划，努力落实各项措施，保证法治建设各个环节的有机衔接、协同配合。在推进法治建设的过程中，必须站在系统性的工作部署层面，紧紧围绕总目标总抓手做好整体谋划，准确把握全面依法治国的工作布局和重点任务，系统整合依法治国的各个要素，全面畅通法治建设的各个环节，真正形成全面依法治国、建设法治中国的系统工程，切实使依法治国各项工作在实践中得以全面展开和具体落实。

第三，中国特色社会主义法治建设总目标反映了我们党治国理政思想的

① 李建国：《中国依法治国总目标》，《决策与信息》2014年第11~12期，第164页。
② 《习近平谈治国理政》（第四卷），外文出版社，2022，第293~294页。

重大创新。这一总目标明确了我国社会主要矛盾的新特点和新要求，明确了我国社会主要矛盾解决的总体方向，体现了中国特色社会主义法治建设的战略方向和总体布局。随着党和国家事业不断发展，我们党对法治地位和作用的认识也在不断深化。"十年动乱"结束后，邓小平同志就深刻指出，制度问题更带有根本性、全局性、稳定性和长期性，为了保障人民民主，必须加强法制。为适应这一要求，党的十一届三中全会开启了民主法制建设的新征程。党的十五大确立了依法治国基本方略；党的十六大、十七大重申了这一方略，党的十六届四中全会将依法执政确立为新的历史条件下我们党执政的一个基本方式。党的十八大明确提出法治是治国理政的基本方式，党的十八届三中全会进一步强调建设法治中国。在这些历史性成就的基础上，党的十八届四中全会又根据新的实践和时代发展，与时俱进地提出了全面推进依法治国的总目标。总目标的提出，特别是中国特色社会主义法治体系的提出，是党的治国理政思想的重大创新，标志着我们党对法治发展规律、社会主义建设规律和共产党执政规律的认识达到了一个新的高度。①

　　第四，中国特色社会主义法治建设总目标体现了法治建设与国家治理体系和治理能力现代化的内在联系。党的十八届三中全会确定了全面深化改革的总目标，即完善和发展中国特色社会主义制度、推进国家治理体系和治理能力现代化。而"推进国家治理体系和治理能力现代化，必须坚持依法治国，为党和国家事业发展提供根本性、全局性、长期性的制度保障"。② 在全面深化改革总体框架内全面推进依法治国各项工作，在法治轨道上不断深化改革，更好地发挥法治的引领和规范作用。建设中国特色社会主义法治体系，加快建设社会主义法治国家，本身就是全面深化改革的重要内容，而依法治国的全面推进，必将使中国特色社会主义制度更加完善、更加有效地推进国家治理体系和治理能力现代化。③ 因此，党的十八届四中全会通过的决议才会在阐述全面依法治国的总目标的含义时，将"促进国家治理体系和治理能力现代化"作为落脚点。

---

①　李建国：《中国依法治国总目标》，《决策与信息》2014 年第 11~12 期，第 164~165 页。

②　中共中央文献研究室编《习近平关于全面依法治国论述摘编》，中央文献出版社，2015，第 12 页。

③　李建国：《中国依法治国总目标》，《决策与信息》2014 年第 11~12 期，第 165 页。

从中国特色社会主义法治建设总目标的形成过程与其所具有的重大意义上看，这一总目标清晰地指明了我国法治建设的实质价值指向：一方面，通过全面依法治国推进良法善治，以提升国家治理能力，促进国家治理体系和治理能力现代化；另一方面，通过全面依法治国推进良法善治，实现党全心全意为人民服务的根本宗旨，保障人民权益，满足人民日益增长的美好生活需要。

第二节　通过良法善治提升国家治理能力

有效的国家治理，是法治最直接的价值追求。当谈到法治时，人们常常首先想到限制和控制权力，保障权利。毫无疑问，通过限制权力来保障权利、维护人民的根本利益，应当是法治的终极追求。但是，当人们反复强调法治的限权力、保权利的价值追求时，不能忽略法治作为一种国家治理方式，其首要价值追求是有效的国家治理。人民组织国家，以法治方式进行治理，首先要确保国家组织能够发挥作用。如果仅谈限制权力而不让其发挥作用，那么人民组织国家的意义即不存在。因此，有效的国家治理，是法治的基本价值追求。

一　法治与价值的关系

因为对法治含义存在不同认识，人们对法治与价值的关系亦有不同认识。法治是几乎所有国家所声称和主张的，它甚至是一种普遍价值或理想（ideal），但含义却不甚清晰。[①]"法治……任何努力都无法厘清使用这个概念的人关于它的疑问和含义的区别。"[②] 有人将人们对法治含义的不同认识，总结为形式法治与实质法治。形式法治强调政府应按照一定的权限和程序所颁

---

① 夏恿：《法治是什么——渊源、规诫与价值》，《中国社会科学》1999年第4期，第117页；陈景辉：《法治必然承诺特定价值吗？》，《清华法学》2017年第1期，第5~6页；Richard H. Jr. Fallon, "The Rule of Law as a Concept in Constitutional Discourse", *Colum. L. Rev.*, Vol.97（1），1997, pp.1,7.

② Martin Krygier, Rule of Law, in Michel, Rosenfeld and Andras Sajo (eds.), *The Oxford Handbook of Comparative Constitutional Law*, Oxford University Press, Reprinted in 2013, p. 233.

布确定的法律进行统治，并不问法律本身正义与否。实质法治则以某些特定的实质权利（substantive rights）判断良法与恶法，只有良法才是实质法治的"法"。① 在这两种不同认识下，法治与价值的关系相应存在区别。

在实质法治观念下，法治与价值是捆绑在一起的。一方面，民主、自由、公正、人权等价值是法治是否存在的必要条件。如西方不少人认为，法治是一个权力制衡的机制加上由司法独立保护个人权利的体制。② 更极端的观点认为，法治并不是一种理想，它只是权力分立与制衡的结果。③ 另一方面，法治的正当性或价值来源于这些特定价值，缺乏这些特定价值，压根儿就不是法治。如西方有人认为："今天的法治完全是从自由主义的角度理解的。"④ 有人对法治历史梳理后，落脚于"法治对维护人的尊严和自由的意义"。⑤ 还有人认为："道和仁体现为一些具有普遍性的基本价值，包括：人权、公民尊严、自由、平等、公正及主权在民为前提的民主。这些基本价值既是法治所需要体现的核心价值，也是法治的基本价值支撑；它既是法治的目的，也是法治的规范性来源，良法之根本。"⑥

在形式法治观念下，价值独立于法治，并不是法治的一部分。英国法学家拉兹认为，要使"法治"具有独立价值，只有坚持形式主义的法治观，而将任何自由、平等、人权等实质价值另行讨论。⑦ 我国学者认为，实质法治概念所主张的"良法之治"将个人权利、尊严权和/或正义以及社会福祉等特定实质价值纳入法治概念，实质上使法治作为一种理想没有意义，因此法

① Paul P. Craig, "Formal and Substantive Conceptions of the Rule of Law: An Analytical Framework", *Public Law*, 1997, pp. 467–487.

② Roberto Gargarella, "The Majoritarian Reading of the Rule of Law", in Jose Maria Maravall, Adam Przeworski (eds.), *Democracy and the Rule of Law*, Cambridge University Press, 2003, p. 147.

③ Jose Maria Maravall, Adam Preworski, *Democracy and the Rule of Law*, Cambridge University Press, 2003, pp. 1–15.

④ ［美］布雷恩·Z. 塔玛纳哈:《论法治：历史、政治和理论》，李桂林译，武汉大学出版社，2010，第41页。

⑤ 夏恿:《法治是什么——渊源、规诫与价值》,《中国社会科学》1999年第4期，第136~140页。

⑥ 张骐:《法治的"魂"与"形"——兼谈法治与德治的区别与关联》,《华东政法大学学报》2018年第2期，第52页。

⑦ Joseph Raz, *The Authority of Law*, 2nd edn., Oxford University Press, 2009, p. 211.

治并不必然承诺特定价值；法治作为一种理想应坚持形式法治的概念。[①]

总的来说，实质法治观认为，特定价值应当融入法治概念，只有符合特定价值的法治才是法治；而形式法治观认为，法治本身具有独立价值，其他特定价值有存在的必要，但应当在法治之外讨论。应当说，两种观点都是有道理的，只是所采纳的学术方法不同。从现实社会运行来说，没有任何一个社会是按照严格的逻辑划分运行的，不同的学科、不同的主题、不同的价值、不同的方式必然纠缠在一起。人们无法单纯只讨论法治而抛开法律和法治应当体现的价值。以真实世界的运行为基础，探讨法治的逻辑和规律，并提出规范要求，才更加符合现实社会的运行逻辑。在这个意义上，实质法治观是与现实社会运行接轨的。

虽然人们对价值是否应当内化在法治概念内讨论存在分歧，但人们对价值的存在和意义并没有分歧。任何一个观点下，人们并不否认人类社会应当存在某种应当追求的价值，只是对价值的内容存在疑义。有人认为民主是法治的价值追求，有人认为自由是法治的价值追求，有人认为人权是法治的价值追求，可能还有人认为秩序和安全才是法治的价值追求。西方更加强调权力分立、自由主义等西式价值。中国特色社会主义法治，有其区别于西方法治概念下的价值追求。如前所述，中国特色社会主义法治是形式法治与实质法治相结合的"良法善治"，是在法治轨道上全面建设社会主义现代化国家的"全面法治"。因此，我国的法治建设有两大核心价值追求：一是有效的国家治理；二是保障人民权益。

二 法治是最有效的国家治理方式

就像法治与价值的关系一样，有人将价值融入有效的国家治理之中，有人则认为应当在有效的国家治理外讨论价值。前者将民主、法治、平等、自由、公正、公平等价值视为有效的国家治理的一部分。这种处理方式之下，有效的国家治理，在很大程度上等于善治（good governance），强调的是国家治理的实际效果。不过，也有人在狭义上使用"有效的国家治理"概念，它仅指国家应具有的有效解决各类现实问题进而维持其存续的职能。"任何一个

[①] 陈景辉：《法治必然承诺特定价值吗？》，《清华法学》2017年第1期，第5~21页。

国家政权都面临着竞争生存的压力，面临着所属疆域内经济与社会发展的挑战。不同国家因其面临环境生态、统辖规模和治理模式的差异，所面临的困难和挑战也每每不同。"① 有效的国家治理，就是指国家能够通过各种方式来有效地处理和应对这些压力、困难和挑战。更具体地说："有效治理指政府在不同领域或属地管理中处理解决问题的可行性、有效性，尤其体现在基层政府解决实际问题的能力，例如完成自上而下的资源动员任务、公共产品提供、解决地方性冲突等。"② 它又具体体现在两个方面，一个是"自上而下的有效性，即国家意志和政策得以准确、迅速地贯彻和执行；另一个可以说是自下而上的有效性，即国家意志和政策的执行是否真的带来了国家发展、社会平等与秩序"。③

法治是法律之治的表达，是最好的治国理政手段。"法治的首要含义便是在国家治理意义上使用和存在的，是指国家的法律之治。以法治作为治国方式，法律在国家及其社会生活中就应当具有至高无上的地位。"④ 法治之所以是最好的治国理政手段，是因为法律具有其他任何社会规范都不具有的公开性、规范性等基本属性。"公开性是法律的基本属性。所有的法律都应当是事前存在的，都必须是公开地、通过法定方式昭告天下的。由于法律具有公开性，也就便于全体社会成员知悉、了解、掌握、遵行、运用。""规范性是法律的又一重要属性。法律作为人们的行为规则，以其明确的规范要求，指引人们的行为。由于法律具有规范性，也就便于人们依法自律、自觉遵守，以其作为行为准则来约束自我和要求他人。"⑤ 法律的公开性和规范性特征，有利于社会形成稳定的预期，有利于人们主动服从，减少国家暴力的动用，从而提升国家治理的有效性。

有人认为，有效的国家治理与法治之间可能存在冲突。"任何国家治理

---

① 周雪光：《权威体制与有效治理：当代中国国家治理的制度逻辑》，《开放时代》2011年第 10 期，第 69 页。

② 周雪光：《权威体制与有效治理：当代中国国家治理的制度逻辑》，《开放时代》2011年第 10 期，第 69 页。

③ 蔡禾：《国家治理的有效性与合法性——对周雪光、冯仕政二文的再思考》，《开放时代》2012 年第 2 期，第 141 页。

④ 卓泽渊：《国家治理现代化的法治解读》，《现代法学》2020 年第 1 期，第 7 页。

⑤ 卓泽渊：《国家治理现代化的法治解读》，《现代法学》2020 年第 1 期，第 8 页。

都面临有效性与合法性问题，虽然每个执政者可能都追求有效性与合法性的共赢，但在现实的治理实践中，二者并非完全一致，甚至存在紧张。"① 法治要求以事先确定的规则处理具体问题，它有着刚性要求。但事先确定的规则，即法律，不可能考虑到现实社会的各种情况，总会存在滞后或与现实不适应之处，如此必然影响国家组织解决现实问题的能力，对有效的国家治理构成挑战。相反，有效的国家治理，可能往往意味着灵活性，意味着国家组织面对具体问题能够灵活地处理，可以采取权宜之计。法治的事先性和刚性，与有效的国家治理要求的灵活性，在中央集权与地方灵活治理之间的矛盾方面体现得较为明显。"权威体制的集中程度越高，越刚性，必然以削弱地方治理权代价，其有效治理的能力就会相应减弱；反之，有效治理能力的增强意味着地方政府治理权的增强，常常表现在——或被解读为——各自为政，又会对权威体制产生巨大的威胁。"②

有效的国家治理所需要的灵活性和法律的滞后性和刚性之间，确实可能存在冲突，但这不足以改变法治作为最有效的国家治理方式的地位。灵活性和刚性之间的矛盾，可以通过法律体系中的相应机制解决，如合理的立法权限分配。③ 因此，总的来说，有效的国家治理所要求的灵活性与法律的滞后性和刚性之间的矛盾只是表象。"在人类的国家治理中唯有法治是最为有效的手段，这已经为历史和现实所反复证明。法治之所以是最为有效的国家治理方式，最首要的是由法律的政治性、权威性、强制性等属性所决定的。法律的这些基本而重要的属性是法律有效性的保证，也使得法治成为国家的有效之治。"④

法律是政治性的规则。自从国家出现以来，国家都是政治的舞台，法律都是国家意志的体现。国家是由统治者所主导的。不同时代的统治者不同，有的是君主，有的是特殊少数人，有的则是社会的绝大多数——广大人民。法律是由国家统治者所制定的，法律是统治者利益的反映和意志的体现。如

---

① 蔡禾:《国家治理的有效性与合法性——对周雪光、冯仕政二文的再思考》,《开放时代》2012 年第 2 期, 第 139 页。

② 周雪光:《权威体制与有效治理：当代中国国家治理的制度逻辑》,《开放时代》2011 年第 10 期, 第 69 页。

③ 参见本书后文第八章。

④ 卓泽渊:《国家治理现代化的法治解读》,《现代法学》2020 年第 1 期, 第 9 页。

果将法律与道德、习惯、宗教教规等社会规范相比较，它总是相对最具有政治性的规则。法律的政治性决定了它是国家治理最不可缺少的工具，是治国理政必要的手段。法律是权威性的规则。在所有的政治权威中，国家权威一定是最高权威，国家制定的所有规则中最有权威的无疑是法律。在政治上，国家的名义具有最高的权威性，国家权威就是最大权威。法律总是以国家名义制定和发布的。国家意志性标明了法律的国家权威性。法律的权威性与国家的权威性既是相互联系的，又是相互依赖和借重的。两者的结合能使国家治理具有神圣的性质。法律是强制性的规则。凡规则都会有一定的强制性，而唯有法律的强制性来自国家，具有最大的强制性。世界各国法律无不是以国家强制力保证实施的。"法是由国家强制力保证实施的，对违法、犯罪行为，国家将通过一定的程序对违反者进行强制制裁。"这里所说的国家强制力包含着警察、法庭、监狱等暴力机器及其使用所产生的压迫力量。所有的违法犯罪者，从逻辑上讲都应该也都会受到法律的制裁，受到国家暴力的强制。法律制裁来自国家暴力，无疑是保证法律得到有效实施的强大力量。法律总体上都是被人们自觉遵守的，但是谁也不能否认国家强制力的保障意义。在国家治理中，法律与国家强制力的结合为治国理政提供了最有力的手段。[①]

三　通过法治提升国家治理能力

全面推进依法治国，建设中国特色社会主义法治，是实现有效的国家治理的最好方式。在国家治理体系和治理能力现代化的大背景下，应当通过法治不断提升国家治理能力。通过法治提升国家治理能力，主要表现在以下几个方面。

第一，全面贯彻实施宪法，坚定维护宪法尊严和权威。坚持依法治国首先要坚持依宪治国，坚持依法执政首先要坚持依宪执政。宪法以根本法的形式，确立了中国特色社会主义道路、理论体系和制度体系，规定了国家的根本制度和根本任务、国家的领导核心和指导思想、国家的基本制度和相关体制、爱国统一战线、依法治国基本方略、民主集中制原则、尊重

---

① 卓泽渊：《国家治理现代化的法治解读》，《现代法学》2020 年第 1 期，第 9 页。

和保障人权原则等。宪法是治国安邦的总章程，具有最高的法律地位、法律权威、法律效力，具有根本性、全局性、稳定性、长期性。全面贯彻实施宪法，最广泛地动员和组织人民依照宪法和法律规定，通过各级人民代表大会行使国家权力，通过各种途径和形式管理国家和社会事务，管理经济和文化事业，共同治理，共同建设，共同享有，共同发展，保证人民成为国家、社会和自己命运的主人，有利于最大限度地调动人民群众的积极性和主动性，充分发挥人民群众在国家治理和依法治国中的主体作用。[1] 应当坚持把宪法作为根本活动准则。全国各族人民、一切国家机关和武装力量、各政党和各社会团体、各企业事业组织，都负有维护宪法尊严、保证宪法实施的职责，都不得有超越宪法法律的特权。坚持宪法法律至上，维护国家法制统一、尊严、权威，一切法律法规规章规范性文件都不得同宪法相抵触，一切违反宪法法律的行为都必须予以追究。党带头尊崇和执行宪法，把党领导人民制定和实施宪法法律同党坚持在宪法法律范围内活动统一起来，保障宪法法律的有效实施。应当加强宪法实施和监督，落实宪法解释程序机制，推进合宪性审查工作，加强备案审查制度和能力建设，依法撤销和纠正违宪违法的规范性文件。

第二，在领导干部中树立法治化的国家治理理念，使其善于运用法治思维和法治方式履行工作职责。法治是现代国家治理的基本方式，是国家治理现代化的重要标志。必须坚决反对人治、倡导法治、厉行法治。人治在中国根深蒂固，人治文化的影响不容低估。反对人治首先就要解决观念问题。只有树立法治理念，才能反对和否定人治观念，防止人治观念和人治思潮死灰复燃。[2] 应当提升法治意识。法治意识对于法治具有认识前提的意义。没有良好的法治意识，就无法摒除人治观念，更难以有效地推进法治建设。要培养法治思维。人们的思维方式是多种多样的，法治思维只有被培养起来了，才可能被自觉运用。没有法治思维的培养，就不可能有自觉的法治实践。法治作为一种治国方略与方式从来都是在自觉的基础上推动的。还要树立法治精神，只有树立起法治精神并抵制反法治思维，法治才能具有必要的认识

---

[1]　李林:《依法治国与推进国家治理现代化》,《法学研究》2014 年第 5 期,第 8 页。

[2]　卓泽渊:《国家治理现代化的法治解读》,《现代法学》2020 年第 1 期,第 4 页。

基础和思想前提，法治才能被坚持，才能在实践中获得进益。①"在现代中国，国家治理方式法治化已经成为历史潮流和必然趋势。国家治理方式法治化是治国理政方式的重大变革，一种革命性的变革，是一场深刻的革命。推动并适应这一变革是全面深化改革的重要内容，也是推动法治发展的重要任务。"② 在改革攻坚期、发展机遇期、社会风险期叠加的今天，我们比以往任何时候都更加需要运用法治思维和法治方式解决发展前进中的问题。能否运用法治思维和法治方式，关系到法治中国建设，关系到全面深化改革的推进，关系到国家治理体系和治理能力现代化的实现。善于运用法治思维和法治方式，要求将法治思维和法治方式更多地运用到促进经济社会发展中，运用到社会矛盾化解中去，养成办事依法、遇事找法、解决问题用法、化解矛盾靠法的思维习惯。严格依照法定权限、程序行使权力，有法律规定的，遵循法律规定。没有法律规定的，遵循法治原则。越是问题复杂，越是情况紧急，越要用法治思维去思考、处理。只有这样，办事情、处理问题才会更稳妥，更经得起历史的检验。法治建设需要全社会共同参与，只有全体人民信仰法治、厉行法治，国家和社会生活才能真正实现在法治轨道上运行。

第三，充分发挥法治的规范功能，实现有效的国家治理，提升国家治理能力。法律是治国之重器，是调整社会关系的行为规范。马克思说过："法律不是压制自由的措施，正如重力定律不是阻止运动的措施一样……恰恰相反，法律是肯定的、明确的、普遍的规范……法典就是人民自由的圣经。"③ 规范性是法治的基本特征，它通过允许性规范、授权性规范、禁止性规范等形式，要求法律关系主体应当做什么、不应当做什么和应当怎样做，达到调整社会关系、规范社会行为、维护社会秩序的目的。在保障和促进国家治理现代化的过程中，法治的规范功能从以下方面发挥作用。一是通过合宪性、合法性等程序和制度的实施，保证国家治理制度体系建设和治理能力提升，在宪法框架下、法治轨道上进行，防止违宪违法行为和现象发生。例如，我国法律体系中有宪法、民族区域自治法、立法法、村民委员会组织法、工会法、全

---

① 卓泽渊：《国家治理现代化的法治解读》，《现代法学》2020年第1期，第5页。
② 卓泽渊：《国家治理现代化的法治解读》，《现代法学》2020年第1期，第7页。
③ 《马克思恩格斯全集》（第一卷），人民出版社，1995，第176页。

民所有制工业企业法等，明确规定了中国共产党的领导地位和领导作用，执政党可以依据这些法律规定，健全和完善依法执政的有关制度体系，推进依法执政的现代化。二是通过规定权利与义务、权力与责任、行为模式与行为后果以及实体法规范和程序法规范等形式，将国家治理的制度要素和制度创新确认固定下来，使之逻辑更加严谨、内容更加科学、形式更加完备、体系更加协调。三是通过科学立法、严格执法、公正司法、全民守法和依法办事、依法治理、综合治理等多种途径和形式，推进宪法和法律规范的全面实施，不断提升国家治理制度体系的权威性和执行力。例如，党的十八届三中全会提出"把涉法涉诉信访纳入法治轨道解决，建立涉法涉诉信访依法终结制度"，①就体现了运用法治方式从根本机制上治理涉法涉诉信访问题的思路。四是发挥法治的纠偏和矫正作用，一旦国家治理制度的某些创新偏离正确轨道，国家治理体制机制之间出现某种冲突抵触，国家治理制度体系的贯彻执行遇到某种破坏或障碍，由国家有权机关依法作出应对和处置，保证国家治理现代化更加有序、顺利地推进。②

第三节　通过良法善治保护人民权益

通过法治来提升国家治理能力，是中国特色社会主义法治的重要价值追求。而提升国家治理能力、建设社会主义现代化强国的根本原因与最终目的，是满足人民的权益。习近平指出："国家建设是全体人民共同的事业，国家发展过程也是全体人民共享成果的过程。"③ 在中国特色社会主义法治的历史进程中，保障人民权益始终是党领导人民进行革命和建设的根本目的，也是我国法治建设的最终价值追求。"人民至上""以人民为主体"，是社会主义法治最核心的价值，是中国特色社会主义法治价值体系的基石。

---

① 《中共中央关于全面深化改革若干重大问题的决定》，《人民日报》2013 年 11 月 16 日，第 1 版。

② 李林:《依法治国与推进国家治理现代化》，《法学研究》2014 年第 5 期，第 9~10 页。

③ 习近平:《在庆祝"五一"国际劳动节暨表彰全国劳动模范和先进工作者大会上的讲话（2015 年 4 月 28 日）》，人民出版社，2015，第 7 页。

一　法治建设以人民为主体

历史是由人民创造的，人民是历史和社会进步的主体力量，这是历史唯物主义的一条基本原理，也是马克思主义的核心主题和根本内容。中国共产党自创立以来，始终坚持以马克思主义人民主体思想为基础理念，坚持全心全意为人民服务的宗旨，紧紧依靠人民，经过一代又一代的接续努力，实现了中国人民从站起来到富起来、强起来的伟大飞跃。改革开放初期，为了增强保障人民权益所必需的物质基础，党的十一届三中全会把党和国家的工作重心从以阶级斗争为纲转向以经济建设为中心。为经济发展"保驾护航"、不断解放和发展社会生产力，成为法治建设的核心价值取向。随着我国经济发展取得了越来越多的成就，党的十七大之后，党中央明确提出要坚持以人为本的新发展方式，强调绝不能以牺牲环境和浪费资源、扩大社会矛盾、增加历史欠账为代价求得快速发展。党的十八大之后，党中央更加明确地提出"以人民为中心"的发展思想。在法治建设中，"坚持人民主体地位"成为中国特色社会主义法治建设的基本原则。对此，十八届四中全会通过的《中共中央关于全面推进依法治国若干重大问题的决定》明确指出："坚持人民主体地位。人民是依法治国的主体和力量源泉，人民代表大会制度是保证人民当家作主的根本政治制度。必须坚持法治建设为了人民、依靠人民、造福人民、保护人民，以保障人民根本权益为出发点和落脚点，保证人民依法享有广泛的权利和自由、承担应尽的义务，维护社会公平正义，促进共同富裕。"①

坚持人民主体地位这一价值指向，在中国特色社会主义法治体系之中得到了充分的体现。中国特色社会主义法治建设确立了全过程人民民主制度，使人民得以行使各项民主决策、民主管理、民主监督的权力，进而实现人民当家作主的地位。我国的根本政治制度、基本政治制度、重要政治制度确保了人民依法通过各种途径和形式管理国家事务、管理经济和文化事业，管理社会事务。一方面，选举是人民参与管理国家事务等各项事务的重要途径。习近平指出："古今中外的实践都表明，保证和支持人民当家作主，通过依

---

① 《中共中央关于全面推进依法治国若干重大问题的决定》，《人民日报》2014年10月29日，第1版。

法选举、让人民的代表来参与国家生活和社会生活的管理是十分重要的。"[①] 只有让人民拥有通过选票选出或罢免国家机关工作人员的可能，才能真正保证国家权力为人民所有并造福于人民。[②] 另一方面，人民握有选举权固然重要，但是，"通过选举以外的制度和方式让人民参与国家生活和社会生活的管理也是十分重要的。人民只有投票的权利而没有广泛参与的权利，人民只有在投票时被唤醒、投票后就进入休眠期，这样的民主是形式主义的"。[③] 人民积极进行民主管理和民主监督，才能"切实防止出现选举时漫天许诺、选举后无人过问的现象"和"切实防止出现人民形式上有权、实际上无权的现象"。[④] 因此，"人民是否享有民主权利，要看人民是否在选举时有投票的权利，也要看人民在日常政治生活中是否有持续参与的权利；要看人民有没有进行民主选举的权利，也要看人民有没有进行民主决策、民主管理、民主监督的权利"。[⑤]

在民主决策方面，我国法治建设通过各种制度来切实保障人民参与立法决策、行政决策的权利。中国特色社会主义法治建设在立法上坚持民主立法原则，扩大人民群众有序参与立法是民主立法原则的实质性要求之一。我国目前已经形成了法律草案向社会公开征求意见、立法中涉及重大利益调整需召开专家论证会、听证会、立法咨询、立法座谈、立法论证、问卷调查、公民旁听等民主参与立法决策的法律制度。这些制度既有利于人民监督立法机关的活动，实现人民主体地位，也有利于在高度民主的基础上尽可能把正确的意见集中起来，使立法真正代表最广大人民的最大利益。除了参与立法决策，人民的民主参与还反映在参与行政决策的活动中。相对于立法，行政机关的决策更灵活、快捷、直接，对于人民生活有着显著的影响。因此，也需要通过人民的民主参与来规范行政决策行为。我国正在建立健全重大行政决策的公众参与制度，以保证政府的行政决策符合"良法善治"的要求，真正维护人民的利益。

---

① 《习近平谈治国理政》（第二卷），外文出版社，2017，第293页。

② 胡玉鸿：《"以人民为中心"的法理解读》，《东方法学》2021年第2期，第20页。

③ 《习近平谈治国理政》（第二卷），外文出版社，2017，第293页。

④ 《习近平谈治国理政》（第二卷），外文出版社，2017，第290页。

⑤ 《习近平谈治国理政》（第二卷），外文出版社，2017，第292页。

在民主管理方面，我国通过积极发展基层民主制度，增强城乡社区群众自我管理、自我服务、自我教育、自我监督的实效。我国领土广袤，各地发展情况千差万别，再加上现代化大生产带来的复杂分工，许多涉及人民切身利益的问题需要一个个具体的企事业单位、城乡社区等基层组织给予有针对性的处理和解决。因此，基层民主是否得到了有效的实现，与人民群众的主体地位、切身利益有最直接的关联。近年来，我国拓宽了基层群体有序参与基层治理的渠道，保障人民依法管理基层的各项公共事务和公益事业；健全以职工代表大会为基本形式的企事业单位民主管理制度，维护职工合法权益。

在民主监督方面，我国法治建设通过各种制度，切实保证人民拥有监督一切国家机关和工作人员是否依法履职的权利。为了使这一权利的行使能够落到实处，必须通过法治建设"推进权力运行公开化、规范化，完善党务公开、政务公开、司法公开和各领域办事公开制度，让人民监督权力，让权力在阳光下运行"。① 国家机关公开其权力运行状况，既是为了满足人民的知情权，也是为了便于人民有针对性地行使批评、建议、申诉、控告或者检举的权利，保证人民在全面推进依法治国中的主体地位。

除全过程人民民主制度外，党中央还通过完善党内法规推动全面从严治党，来保证人民的主体地位。中国共产党是中国特色社会主义法治建设的领导核心，办好中国事情，关键在党。没有党总揽全局、协调各方的核心领导作用，人民主体性也必将一盘散沙、失去方向，难以发挥其应有的作用。历史反复证明，党的领导作用发挥得越好，人民主体作用自然也就发挥得越好。② 党的二十大报告指出："我们党作为世界上最大的马克思主义执政党，要始终赢得人民拥护、巩固长期执政地位，必须时刻保持解决大党独有难题的清醒和坚定。"③ 要解决大党独有难题，完善党的自我革命制度规范体系是不可或缺的。因此，二十大报告要求："坚持制度治党、依规治党，以党章为根本，以民主集中制为核心，完善党内法规制度体系，增强党内法规权威性

---

① 《习近平谈治国理政》（第二卷），外文出版社，2017，第298页。
② 陶日贵、田启波：《习近平人民主体思想研究：主体地位、主体作用、主体利益》，《贵州社会科学》2017年第7期，第8页。
③ 本书编写组编著《党的二十大报告辅导读本》，人民出版社，2022，第57页。

和执行力，形成坚持真理、修正错误，发现问题、纠正偏差的机制。"① 在中国特色社会主义法治体系中，完善的党内法规体系是其内在构成的一部分。建设完善的党内法规体系，有利于全面推进党的自我完善、自我革命，有利于形成干部清正、政府清廉、政治清明的良好政治生态，有利于保持党与人民群众的血肉联系，使人民的主体地位真正得到巩固。

坚持人民主体地位，是发挥其主体作用和实现主体利益的前提和条件。人民只有取得主体地位，才能从事创造历史的活动以谋求自身的利益。② 在法治建设中，坚持人民主体地位能够为法治建设确定方向，促使人民释放活力、发挥主体作用，进而使人们实现共享发展成果、获得身心全面发展的主体利益。中国特色社会主义法治体系中的各种规范制度都显示，中国特色社会主义法治建设的追求是让人民充分参与社会管理，让人民的根本利益得到保障的法治体系。

二　法治建设以保障人民权益为出发点和落脚点

习近平反复强调，法治的根本目的在于保护人民权益。需要注意的是，"人民权益"中的"人民"，不仅是集合概念，还是辩证概念。在形式逻辑中，"人民"是集合概念，集合概念是以事物的群体为反映对象的概念。但是在历史唯物主义的视域中，对于"人民"这一概念不能仅仅从形式逻辑的角度来规定，还必须从密切结合思维内容研究思维形式的辩证逻辑来理解。人民总与人联系在一起，而每一个人都是活生生的和独一无二的"在者"。"以人为本"中的"人"必须与现实的一个个具体的个人联系起来理解，"为人民服务"中的"人民"也必须与现实的一个个具体的个人联系起来理解。③ 同样，"保障人民权益"中的"人民"也应与现实的一个个具体的个人联系起来理解。正如习近平所指出的那样："人民不是抽象的符号，而是一个一个具体的人，有血有肉，有情感，有爱恨，有梦想，也有内心的冲突和挣扎。"④ 人民

---

① 本书编写组编著《党的二十大报告辅导读本》，人民出版社，2022，第 59 页。
② 陶日贵、田启波：《习近平人民主体思想研究：主体地位、主体作用、主体利益》，《贵州社会科学》2017 年第 7 期，第 6 页。
③ 陈新汉：《论社会主义核心价值体系的人民主体性》，《哲学研究》2011 年第 1 期，第 11 页。
④ 《习近平谈治国理政》（第二卷），外文出版社，2017，第 317 页。

利益与人民福祉，都需要落实到具体的个体之上，"归根结底就是让全体中国人都过上更好的日子"。① 另外，人民虽然主要是指现世存在的个人，但从制度安排与代际公平的角度而言，人民也包括我们的子孙后代。② "我们要为当代人着想，还要为子孙后代负责。"③ 只有这样理解"人民"的含义，才能准确把握中国特色社会主义法治的价值指向。

在我国的法治建设中，人民的主体地位与人民的权益是密不可分的。人民的主体地位，意味着人民是"为我而存在的"价值主体。因此，坚持人民主体地位的法治建设，就需要始终围绕着"人民要怎么样"来完成，即体现人民对于自身权益的诉求。从人民权益的具体类型方面来看，人民权益表现为个人所享有的广泛的权利。在这些权利中，"生存权和发展权是首要的基本人权"。生存权是中国人民长期争取的首要人权。从新中国成立初期到改革开放前期，面对一穷二白、人口众多、生产力低下、物质匮乏、贫困人数巨大的艰苦局面，确保每一个个人的生存生活是我国人权事业的重中之重。改革开放以来，特别是党的十八大以来，我国历史性地解决了绝对贫困问题，成为世界上减贫人口最多的国家，为全球减贫事业作出了重大贡献。尽管如此，生存权和发展权仍然是法治建设必须关注的首要人权问题。这是因为生存权的内涵和指数是持续变动和不断提升的。正如习近平所言："以前我们要解决'有没有'的问题，现在则要解决'好不好'的问题。"④ 一方面，生存权不仅要保障人民基本生存，而且要让所有人都向着共同富裕的目标迈进。"脱贫摘帽不是终点，而是新生活、新奋斗的起点。"⑤ 另一方面，新时代生存权更强调生存品质，要更安全、更健康、更长久、更可持续的生存和生活。包括"让老百姓呼吸上新鲜的空气，喝上干净的水、吃上放心的食

① 《习近平谈治国理政》（第三卷），外文出版社，2020，第134页。
② 胡玉鸿：《"以人民为中心"的法理解读》，《东方法学》2021年第2期，第18页。
③ 《习近平谈治国理政》（第二卷），外文出版社，2017，第538页。
④ 中共中央党史和文献研究院、中央"不忘初心、牢记使命"主题教育领导小组办公室《习近平关于"不忘初心、牢记使命"论述摘编》，党建读物出版社、中央文献出版社，2019，第36页。
⑤ 习近平：《在决战决胜脱贫攻坚座谈会上的讲话（2020年3月6日）》，人民出版社，2020，第12页。

物"，[①] "让人民享有更宜居的生活环境、更好的医疗卫生服务、更放心的食品药品"[②] 等。健康权、饮水权、居住权、出行权、通信权、获得救助权等都充实进新时代生存权之中。而就人类社会而言，还远没有消除威胁人类生存的危险和风险，生存权问题仍将是且永远是第一位的人权问题。[③]

解决生存权问题的关键在于发展，联合国《发展权利宣言》将发展权利确认为一项不可剥夺的人权。习近平指出："对各国人民而言，发展寄托着生存和希望，象征着尊严和权利。"[④] "多年来，中国坚持以人民为中心的发展思想，把增进人民福祉、保障人民当家作主、促进人的全面发展作为发展的出发点和落脚点，有效保障了人民发展权益。"[⑤] 进入新时代，人们不仅对物质文化生活提出了更高要求，而且在民主、法治、公平、正义、安全、环境等方面的要求日益增长。新时代全面发展权的目标是着力提升发展质量和效益、让人民共享经济、政治、文化、社会、生态等各方面发展成果，其鲜明特征是人的全面发展和社会全面进步相统一，而且社会全面进步必须以人的全面发展为价值目的和归宿。生存权和发展权是一个过程的两个阶段，生存是发展的基础，发展是为了更高水平、更有意义的生存。[⑥]

我国的法治建设从各个方面为人民所享有的包含生存权、发展权在内的广泛权利类型提供了保障。首先，我国的根本政治制度确保了党的领导、人民当家作主和依法治国的有机统一，为人民享有的政治权利提供了坚实的制度保障，在保障人权发展、提高人权效能方面发挥着决定性作用。其次，我国基本政治制度、基本经济制度扩展了生存权、发展权等基本权利

① 习近平：《在省部级主要领导干部学习贯彻党的十八届五中全会精神专题研讨班上的讲话（2016年1月18日）》，人民出版社，2016，第20页。

② 习近平：《为建设世界科技强国而奋斗——在全国科技创新大会、两院院士大会、中国科协第九次全国代表大会上的讲话（2016年5月30日）》，人民出版社，2016，第13页。

③ 郭晔：《新时代美好生活的人权之道——习近平法治思想的人权理论》，《华东政法大学学报》2021年第5期，第95页。

④ 中共中央党史和文献研究院编《习近平扶贫论述摘编》，中央文献出版社，2018，第148页。

⑤ 中共中央文献研究室编《习近平关于社会主义经济建设论述摘编》，中央文献出版社，2017，第14页。

⑥ 郭晔：《新时代美好生活的人权之道——习近平法治思想的人权理论》，《华东政法大学学报》2021年第5期，第95页。

的实现空间。例如，社会主义基本经济制度有利于激发市场活力，为人民的生存权和发展权提供物质保障；社会主义基本政治制度有利于激励各党派、各阶层、各民族、各界别和城乡基层群众参与国家和社会治理，为公民行使基本政治权利、享有"全过程人民民主"创造制度性条件。最后，泛在于经济建设、政治建设、文化建设、社会建设、生态文明建设之中的各项重要制度和具体制度则进一步为人民所享有的各类、各项权利提供了不可或缺的制度支持。[①]

在我国，通过法治保障人民的各项权利得以落实的根本目的，在于"努力维护最广大人民根本利益，保障人民群众对美好生活的向往和追求"。[②]法治建设的终极价值指向，是人民的幸福指数，提升其福祉水平。2018 年，习近平致纪念《世界人权宣言》发表 70 周年的贺信中，又提出了"人民幸福生活是最大的人权"的重要论断。[③]"幸福生活权"或"美好生活权"成为中国特色社会主义新时代背景下出现的新兴人权概念。这一人权概念含义非常丰富，既有物质层面的指向，又有精神生活的指向，还有社会生活的指向；既可以涵盖生存权、发展权以及相关基本权利，也可以涵盖一系列新兴人权。有学者认为，这一权利类型是一个具有基础性、综合性、复合性特征的人权束。[④]还有学者认为，这一权利是第四代人权类型。如果说第一代人权指的是公民和政治权利，第二代人权指的是经济、社会、文化权利，第三代人权指的是发展权、和平权、环境权等社会连带性权利，那么作为第四代人权的"幸福生活权"或"美好生活权"指的是政治的、经济的、社会的、文化的、环境的等各项人权的全面实现。因此，它涵括了前三代人权之全部权利内容，并具有极大的包容性与开放性，它不仅可以容纳几乎所有的具体人权内容，而且始终对未来保持一种开放性，能够吸纳未来社会可能出现的一切新兴权利。它还承担着前三代人权所难以负担的功能，即凝聚共识，促进全球团结与合作。第一代人权的功能在于帮助人们从传统、专制的束缚中

---

① 郭晔:《新时代美好生活的人权之道——习近平法治思想的人权理论》,《华东政法大学学报》2021 年第 5 期, 第 101 页。

② 习近平:《论坚持全面依法治国》, 中央文献出版社, 2020, 第 14 页。

③ 《习近平谈治国理政》(第三卷), 外文出版社, 2017, 第 288 页。

④ 刘志强、闫乃鑫:《论作为人权的幸福生活权》,《人权》2020 年第 6 期。

解放出来。它以"自由"权利为本位，对抗一切国家权力的干预与介入。然而，它无法解决平等的实质性保护问题。第二代人权的功能在于解决平等的自由问题，它通过召唤国家与政府的出场，以积极干预社会与经济生活的方式满足个人的社会生存所必需的经济、社会与文化需要。第三代人权的功能在于引导人们从国际社会的角度寻求消除冲突的途径，促进国家、民族与个人的发展。然而，以发展权为本位的第三代人权在实现过程中，对于如何解决全球性挑战与人权文明之悖论问题却束手无策、无能为力。针对第三代人权的困境，习近平在世界经济论坛"达沃斯议程"对话会上的致辞中指出："人类面临的所有全球性问题，任何一国想单打独斗都无法解决，必须开展全球行动、全球应对、全球合作。"[1] 习近平提出的"幸福生活权"或"美好生活权"与其所提出的构建人类命运共同体的理念与实践有机联系在一起。构建人类命运共同体背景下的"幸福生活权"或"美好生活权"能够凝聚全人类对幸福、美好生活追求之共识及共同价值理念，唤起世界各国及其人民为实现共同美好生活而团结起来并采取一致行动的共同体意识。[2] 因此，"幸福生活权"或"美好生活权"不仅需要国内法治来保障，而且还需要通过涉外法治与国际法治来保障。中国特色社会主义法治的建设本身就涵盖了国内法治、涉外法治与国际法治的内容，力图通过一种全面法治的方式，为人民谋幸福。

总之，坚持人民主体地位、保障人民权益，是中国特色社会主义法治建设的根本价值指向。以此价值为导向的法治建设，才能得到人民发自内心的拥护，才能成为人民真诚的信仰。习近平在首都各界纪念现行宪法公布施行30周年大会上的讲话中指出："只有保证公民在法律面前一律平等，尊重和保障人权，保证人民依法享有广泛的权利和自由，宪法才能深入人心，走入人民群众，宪法实施才能真正成为全体人民的自觉行动。"[3] 同样，法治建设整体上也必须以保障人民根本权益为出发点和落脚点，这样才能获得实质上的正当性与持续不衰的生命力。

---

[1] 《习近平谈治国理政》（第四卷），外文出版社，2022，第461页。

[2] 范进学：《习近平"人类命运共同体"思想下的美好生活权论》，《法学》2021年第5期。

[3] 习近平：《论坚持全面依法治国》，中央文献出版社，2020，第14页。

本章小结

　　中国特色社会主义法治建设的目标是在党领导中国人民进行社会主义现代化建设的过程中逐步确立下来的。根据《中共中央关于全面推进依法治国若干重大问题的决定》，全面推进依法治国的总目标是建设中国特色社会主义法治体系，建设社会主义法治国家。从中国特色社会主义法治建设总目标的形成过程与其所具有的重大意义上看，这一总目标清晰地指明了我国法治建设的实质价值指向：一方面，通过推进全面依法治国，把国家和社会生活纳入制度化、规范化、程序化的法治轨道之中，夯实治国理政的制度基础，在法治轨道上深化改革、推动发展、化解风险、维护安全，以提升国家治理能力，促进国家治理体系和治理能力现代化；另一方面，通过推进全面依法治国，实现党全心全意为人民服务的根本宗旨，坚持人民主体地位，保障人民权益，满足人民日益增长的美好生活需要。提升国家治理能力的根本原因与最终目的，是满足人民的权益。

 问题与思考

　　1. 中国特色社会主义法治建设的目标是如何形成的？这一建设目标的确立有何重要意义？

　　2. 人权、民主、自由等，是法治必不可少的构成部分还是法治之外应当追求的价值？

　　3. 为什么说法治是最有效的国家治理方式？

　　4. 有效的国家治理与维护人民权益之间有什么关系？

　　5. 法治是一种工具还是价值？

　　6. 如何理解"幸福生活权"的内涵与功能？

　　7. 以下材料反映了何种法治的价值指向？

　　为了使各种社会主体在社会治理中充分发挥其积极性和能动性，近年来，各地政府都在采取措施，推进社会治理的创新。有学者将地方政府推进的社会治理创新模式归纳为四种类型。（1）改造政府型。主要表现为服务型政府建设／行政审批改革／行政层级扁平化等。如：①上海市、北京市"社区共治"创新；②铜陵市变城市街道为社区；③佛山市顺德区的大部门体制改革；④海口市实施的行政审批"三制"创新。（2）公共产品民营化型。主要表现为政府购买公共服务／社会组织培育／民营资本进入公共服务等。如：①上海市浦东新区公益服务园；②成都市社会组织孵化园；③深圳市公用事业市场化改革和社会组织管理改革；④宁波市购买居家养老服务。（3）改革社区治理型。主要表现为社区管理体制改革／社区自治组织建设。如：①上海市浦东新区社区矛盾调解中心；②深圳市盐伍区社区管理体制改革；③上海市城郊镇管社区改革；④北京市鲁谷社区街道管理体制创新。（4）公众参与型。主要表现为公众参与立法／公众参与政策制定实施和评估／公众参与官员考核／公众参与城市社区治理／公众参与城市规划等。如：①上海市、广州市、大连市、昆明市等实行的政府重大行政决策听证制度；②上海市城郊镇管社区模式；③杭州市开放式决策；④青岛市多样化民考官机制；⑤安阳市政协思辨堂。

第六章 中国特色社会主义法治在国家建设与发展大局中的地位

第一节 "四个全面"战略布局的关键环节

"全面依法治国"是中国特色社会主义的本质要求和重要保障，也是中国特色社会主义法治的基本内容。在我国国家建设与发展大局中，"全面依法治国"是"四个全面"战略布局的关键环节。

一 "四个全面"战略布局的形成

党的十八大以来，以习近平同志为核心的新一届中央领导集体站在历史和时代的高度，确立了协调推进全面建成小康社会、全面深化改革、全面依法治国、全面从严治党的战略布局和战略思想。在全面建成小康社会实践取得伟大成就的基础上，党的十九届五中全会乘势而上，将"全面建成小康社会"这一战略目标递进提升为"全面建设社会主义现代化国家"。"四个全面"战略布局的形成与发展，为实现中华民族伟大复兴的中国梦提供了理论指导与实践指南。

"四个全面"战略布局中，全面建成小康社会是战略目标。"小康社会"原本是中国古代思想史上的一个概念，党在谋划社会主义现代化战略时，恰当地借用了这一概念，并赋予其新的含义。1979 年，邓小平在会见日本首相大平正芳时，第一次用"小康之家"四个字来描述我国现代化的阶段性目标。邓小平同志还指出："这个目标对发达国家来说是微不足道的，但对中国来说，是一个雄心壮志，是一个宏伟的目标。"[1] 1982 年 9 月，党的十二大正式提出到 20 世纪末要使人民生活达到小康水平。1987 年 10 月，党的十三大

---

[1] 《邓小平文选》（第三卷），人民出版社，1993，第 77 页。

正式提出我国经济建设的战略部署大体分三步走：第一步，实现国民生产总值比 1980 年翻一番，解决人民的温饱问题；第二步，到 20 世纪末，使国民生产总值再增长一倍，人民生活达到小康水平；第三步，到 21 世纪中叶人均国民生产总值达到中等发达国家水平，人民生活比较富裕，基本实现现代化。然后在这个基础上继续前进。

2000 年，我国通过改革开放基本实现了"三步走"战略的前两步，即人民生活总体上达到了小康水平。当时，中国的人均国民生产总值超过了 800 美元。但是，这一小康水平仍存在很大的提升空间。2002 年 11 月，党的十六大明确指出，目前达到的小康仍是"低水平的、不全面的、发展很不平衡的小康"。因此，应在 21 世纪的头 20 年，集中力量，"全面建设惠及十几亿人口的更高水平的小康社会"。"全面"二字，体现了社会发展的整体性与均衡性要求。十六大报告特别指出，"这次大会确立的全面建设小康社会的目标，是中国特色社会主义经济、政治、文化全面发展的目标"，基本要求是"使经济更加发展、民主更加健全、科教更加进步、文化更加繁荣、社会更加和谐、人民生活更加殷实"。[①] 同时，十六大报告也阐述了"全面建设小康社会"与社会主义现代化建设之间的关联："全面建设小康社会"是我国"实现现代化建设第三步战略目标必经的承上启下的发展阶段"，"是与加快推进现代化相统一的目标"。[②] 2007 年，根据我国各领域改革发展的新形势，党的十七大报告提出，要确保到 2020 年实现全面建成小康社会的奋斗目标。同时，十七大报告在十六大确立的全面建设小康社会目标的基础上对我国的发展提出了"新的更高要求"。[③] 例如，增强发展协调性，努力实现经济又好又快发展；扩大社会主义民主，更好保障人民权益和社会公平正义；加快发展社会事业，全面改善人民生活；建设生态文明；等等。

2012 年，党的十八大报告指出，过去十年取得的新的历史性成就，为全面建成小康社会打下了坚实基础。"全面建成小康社会"这一战略目标在党的

①　中共中央文献研究室编《十六大以来重要文献选编》（上），中央文献出版社，2005，第 14~15 页。

②　中共中央文献研究室编《十六大以来重要文献选编》（上），中央文献出版社，2005，第 14~15 页。

③　中共中央文献研究室编《十七大以来重要文献选编》（上），中央文献出版社，2009，第 15 页。

十八大报告中又得到了进一步阐释。"小康社会"的要求除了经济持续健康发展、人民民主不断扩大、人民生活水平全面提高以外，还增加了文化软实力显著增强，资源节约型、环境友好型社会建设取得重大进展等要求。[①] 在此基础之上，党的十八大进一步明确了"两个一百年"奋斗目标，即在中国共产党成立一百年时全面建成小康社会，在新中国成立一百年时建成富强民主文明和谐的社会主义现代化国家。2015 年 10 月，在党的十八届五中全会上，习近平总书记从宏观上进一步界定了"全面小康"的内涵："全面小康，覆盖的领域要全面，是五位一体全面进步。全面小康社会要求经济更加发展、民主更加健全、科教更加进步、文化更加繁荣、社会更加和谐、人民生活更加殷实。"[②] 为了实现这一宏伟的建设目标，党的十八届五中全会通过了"十三五"规划建议。2016 年 3 月，十二届全国人大四次会议通过"十三五"规划纲要，形成了全面建成小康社会的纲领与行动规划。

2017 年 10 月，党的十九大召开。十九大报告指出，从现在起到 2020 年，是"全面建成小康社会决胜期"，要坚持不懈地作出努力，确保全面建成小康社会作为第一个百年奋斗目标如期实现。在此基础上，"乘势而上开启全面建设社会主义现代化国家新征程，向第二个百年奋斗目标进军"。十九大报告还提出，从 2020 年到本世纪中叶可分两个阶段进行安排：第一个阶段，从 2020 年到 2035 年，在全面建成小康社会的基础上，基本实现社会主义现代化；第二个阶段，从 2035 年到本世纪中叶，在基本实现现代化的基础上，再奋斗 15 年，把我国建成富强民主文明和谐美丽的社会主义现代化强国。就"小康社会"目标而言，党的十九大继续强调了十八大所提出的目标要求，并提出"突出抓重点、补短板、强弱项"，将各领域发展的战略目标进一步落实到位，"使全面建成小康社会得到人民认可、经得起历史检验"。[③]

2020 年，"十三五"规划目标任务即将完成，全面建成小康社会胜利在望。同年 10 月，党的十九届五中全会针对全面建成小康社会后如何沿着"两步走"战略谋划全面建成社会主义现代化强国这一重大问题，通过了《中共

[①] 中共中央文献研究室编《十八大以来重要文献选编》（上），中央文献出版社，2014，第 13~14 页。

[②] 《习近平谈治国理政》（第二卷），外文出版社，2017，第 78 页。

[③] 本书编写组编著《党的十九大报告辅导读本》，人民出版社，2017，第 74 页。

中央关于制定国民经济和社会发展第十四个五年规划和二〇三五年远景目标的建议》。在这一重要文件中，"全面建成小康社会"这一战略目标被递进提升为"全面建设社会主义现代化国家"。2021年3月，十三届全国人大四次会议表决通过了关于国民经济和社会发展第十四个五年规划和2035年远景目标纲要的决议，开启了"全面建设社会主义现代化国家"的新征程。

全面建成小康社会是实现中华民族伟大复兴中国梦的关键一步，也为全面开启社会主义现代化国家建设奠定了坚实基础。"全面建成小康社会"与"全面建设社会主义现代化国家"这两个战略目标之间具有连续性和统一性，也符合我国社会主义现代化建设的理论逻辑、历史逻辑与实践逻辑。十八大以来，为了实现"全面建成小康社会""全面建设社会主义现代化国家"的战略目标，以习近平同志为核心的党中央提出了"全面深化改革""全面依法治国""全面从严治党"三大战略举措。其中，党的十八届三中、四中全会，分别提出全面深化改革、全面依法治国两大战略主张。对于这两个"全面"的战略举措的重要性，习近平总书记曾作过这样的表述："让全面深化改革、全面推进依法治国如鸟之两翼、车之双轮，推动全面建成小康社会的目标如期实现。"[1] 另外，党的十八大报告还提出"以改革创新精神全面推进党的建设新的伟大工程"和"全面提高党的建设科学化水平"的要求。[2] 与十六大、十七大报告就加强和改进党的建设所阐述的主题相比，十八大报告在这一方面所阐述的主题是最多的，而且还在所阐述的主题中专列了"严明党的纪律"主题。2014年10月，在党的群众路线教育实践活动总结大会上，习近平对教育实践活动所取得的成效、获得的经验、形成的成果进行了概括和总结，进一步提出全面推进从严治党的要求。同年12月14日，习近平在江苏调研时提出："要全面贯彻党的十八大和十八届三中、四中全会精神，落实中央经济工作会议精神，主动把握和积极适应经济发展新常态，协调推进全面建成小康社会、全面深化改革、全面依法治国、全面从严治党，推动改革开放和社会主义现代化建设迈上新台阶。"[3] 这是习近平总书记第一次提出"四个

---

[1] 《习近平主席新年贺词（2014—2018）》，人民出版社，2018，第16页。

[2] 胡锦涛：《坚定不移沿着中国特色社会主义道路前进　为全面建成小康社会而奋斗》，《求是》2012年第22期，第22页。

[3] 《习近平谈治国理政》（第二卷），外文出版社，2017，第22页。

全面"的战略布局。2015年2月，习近平总书记在省部级主要领导干部学习贯彻党的十八届四中全会精神全面推进依法治国专题研讨班开班式上作重要讲话，又对"四个全面"的定位和相互关系进行了深刻阐发。他指出，党的十八大以来，党中央从坚持和发展中国特色社会主义全局出发，提出并形成了全面建成小康社会、全面深化改革、全面依法治国、全面从严治党的战略布局。这个战略布局，既有战略目标，也有战略举措，每一个"全面"都具有重大战略意义。全面建成小康社会是我们的战略目标，全面深化改革、全面依法治国、全面从严治党是三大战略举措。[①] 2016年1月，习近平总书记在主持中共十八届中央政治局第三十次集体学习时，强调指出："四个全面"战略布局是"我们党在新形势下治国理政的总方略，是事关党和国家长远发展的总战略。推进'十三五'时期经济社会发展，一定要紧紧扭住全面建成小康社会这个战略目标不动摇，紧紧扭住全面深化改革、全面依法治国、全面从严治党三个战略举措不放松，努力做到'四个全面'相辅相成、相互促进、相得益彰"。[②]

2020年，在"两个一百年"奋斗目标的历史交汇期，党的十九届五中全会将"四个全面"的战略布局调整为"协调推进全面建设社会主义现代化国家、全面深化改革、全面依法治国、全面从严治党的战略布局"。[③] 自此，"全面建成小康社会"这一战略目标被递进提升为"全面建设社会主义现代化国家"。"全面建设社会主义现代化国家"这一目标，涵盖了基本实现现代化和全面建成现代化强国两个阶段性目标，需要长期奋斗才能变成现实。在社会主义现代化建设的新时期，"全面深化改革、全面依法治国、全面从严治党"三大战略举措仍将为这一战略目标的实现提供前进动力、制度保障和组织保证。同时，在新的战略目标的引领下，"全面深化改革、全面依法治国、全面从严治党"三大战略举措也被赋予了新的内涵与新的要求，在社会主义建设事业中持续发挥"总方略""总战略"的作用。

---

① 《习近平谈治国理政》（第二卷），外文出版社，2017，第23~24页。
② 《习近平谈治国理政》（第二卷），外文出版社，2017，第27~28页。
③ 《中国共产党第十九届中央委员会第五次全体会议文件汇编》，人民出版社，2020，第8、24页。

二 "全面依法治国"在"四个全面"战略布局中的地位与作用

（一）"全面依法治国"是"四个全面"战略布局的关键环节

"四个全面"战略布局从基本架构上看，由一个战略目标和三大战略举措构成。作为三大战略举措之一，"全面依法治国"呼应着"全面建成小康社会""全面建设社会主义现代化国家"战略目标的要求。同时，"全面依法治国"与"全面深化改革"、"全面从严治党"也有着深刻的关联。习近平总书记在论述"全面依法治国"时，一直强调把其放在总体战略布局之中统筹安排。"从这个战略布局看，做好全面依法治国各项工作意义十分重大。没有全面依法治国，我们就治不好国、理不好政，我们的战略布局就会落空。要把全面依法治国放在'四个全面'的战略布局中来把握，深刻认识全面依法治国同其他三个'全面'的关系，努力做到'四个全面'相辅相成、相互促进、相得益彰。"[1] 这一重要论述显示，"全面依法治国"是"四个全面"战略布局中的关键环节。

第一，"全面依法治国"是"全面建成小康社会"和"全面建设社会主义现代化国家"不可或缺的重要内容之一。"全面建成小康社会"所具有的"全面性"，本身就不仅仅指经济建设的单一维度，而是指"改革发展成果真正惠及人民，经济、政治、文化、社会、生态文明全面发展的小康社会"。[2] 同样，"全面建设社会主义现代化国家"中的"社会主义现代化"也是"以人民为中心"，涉及社会各领域的全方位、多维度的现代化。1982 年，党的十二大报告提出"把我国建设成为高度文明、高度民主的社会主义国家"。[3] 社会主义现代化的内涵已经从物质文明拓展到精神文明、政治文明的广度。党的十三届四中全会以来，我国社会主义现代化的目标确定为到 21 世纪中叶"基本实现现代化，建成富强民主文明的社会主义国家"。[4] 进入 21 世纪，

---

① 习近平:《论坚持全面依法治国》，中央文献出版社，2020，第 145 页。

② 《习近平谈治国理政》（第二卷），外文出版社，2017，第 26 页。

③ 中共中央文献研究室编《十二大以来重要文献选编》（上），人民出版社，1986，第 13 页。

④ 《江泽民文选》（第二卷），人民出版社，2006，第 4 页。

党的十七大又提出"建设富强民主文明和谐的社会主义现代化国家"的总目标。① 社会主义现代化的广度和深度进一步拓展。2017年，党的十九大将"建设成为富强民主文明和谐的社会主义现代化国家"的建设目标提升为"建成富强民主文明和谐美丽的社会主义现代化强国"。② 社会主义现代化建设目标的不断递进，体现了党对社会主义现代化本质把握的深化与拓展：社会主义现代化绝不仅仅追求生产力的高度发达，更追求政治文明、精神文明、社会文明、生态文明的全面发展，是生产发达、政治民主、文化丰富、环境美丽、社会治理十分健全的全面发展的社会。在向着这一目标奋进的道路上，党的十八届三中全会特别提出了国家治理体系和治理能力现代化的新命题。③ 党的十九届四中全会从党和国家事业发展的全局出发，对国家制度和国家治理体系现代化作出了全面部署、提出了明确要求，为中国式现代化道路的持续推进奠定了重要的制度基础。"坚持和完善中国特色社会主义法治体系，提高党依法治国、依法执政能力"成为国家治理体系和治理能力现代化的重要一环。作为治国理政的基本方略，全面依法治国解决的是国家治理和社会治理的根本问题，因此也是"全面建设社会主义现代化国家"不可或缺的重要内容之一。

第二，"全面依法治国"贯穿于"全面深化改革""全面从严治党"之中，为这些战略举措的实现提供制度依托。2013年，十八届三中全会指出，全面深化改革的总目标是完善和发展中国特色社会主义制度，推进国家治理体系和治理能力现代化。在经济体制改革、政治体制改革、文化体制改革、社会体制改革、生态文明体制改革、党的建设制度改革等全方位改革中，"建设社会主义法治国家"也属于"全面深化改革"的一个重要内容。习近平总书记还特别指出："在整个改革过程中，都要高度重视运用法治思维和法治方式，发挥法治的引领和推动作用，加强对相关立法工作的协调，确保在法治轨道

---

① 中共中央文献研究室编《十七大以来重要文献选编》（上），中央文献出版社，2009，第9页。

② 习近平:《决胜全面建成小康社会　夺取新时代中国特色社会主义伟大胜利》,《人民日报》2017年10月18日，第1版。

③ 中共中央文献研究室编《十八大以来重要文献选编》（上），中央文献出版社，2014，第512页。

上推进改革。"① 法治不仅与改革有着密不可分的关联，也与"从严治党"有着一致的指向。一方面，坚持党的领导是全面依法治国的根本要求，是推进全面依法治国的题中应有之义；另一方面，从严治党也要求将党的活动规范在宪法和法律范围之内，党依据宪法和法律进行治国理政，推进治国理政活动的制度化、法律化，实现党与国家的长治久安。2012 年，习近平总书记在首都各界纪念现行宪法公布施行 30 周年大会上的讲话中指出："新形势下，我们党要履行好执政兴国的重大职责，必须依据党章从严治党、依据宪法治国理政。党领导人民制定宪法和法律，党领导人民执行宪法和法律，党自身必须在宪法和法律范围内活动，真正做到党领导立法、保证执法、带头守法。"②

由于"全面依法治国"在"四个全面"战略布局中具有重要地位，其对于"四个全面"战略布局的协同推进具有极为重要的作用。正如《中共中央关于全面推进依法治国若干重大问题的决定》所特别指出的那样："全面建成小康社会、实现中华民族伟大复兴的中国梦，全面深化改革、完善和发展中国特色社会主义制度，提高党的执政能力和执政水平，必须全面推进依法治国。"③

（二）"全面依法治国"在"四个全面战略"布局中的作用

从战略举措的角度出发，"全面依法治国"在"四个全面"战略布局中具有重要的支撑与推动作用。这些作用主要表现在以下三个方面。

第一，"全面依法治国"是实现"全面建成小康社会""全面建设社会主义现代化国家"的重要制度支撑。习近平总书记在诠释"全面建成小康社会"时指出，"全面小康，覆盖的人口要全面，是惠及全体人民的小康"；"全面小康，覆盖的区域要全面，是城乡区域共同的小康"；"全面小康，覆盖的领域要全面，是五位一体全面进步"。④ 而"全面依法治国"的推进，有利

---

① 习近平：《论坚持全面依法治国》，中央文献出版社，2020，第 35 页。
② 习近平：《论坚持全面依法治国》，中央文献出版社，2020，第 15 页。
③ 《中共中央关于全面推进依法治国若干重大问题的决定》，《人民日报》2014 年 10 月 29 日，第 1 版。
④ 中共中央文献研究室编《十八大以来重要文献选编》（中），中央文献出版社，2016，第 831、833 页。

于健全人民当家作主制度体系，发展社会主义民主政治；也有利于强化公民的主体权利，提高保障和改善民生水平，促进社会公平正义，从而使改革发展成果更多更公平地惠及全体人民，实现"全面建成小康社会"的战略目标。2020年，"全面建成小康社会"这一战略目标被递进提升为"全面建设社会主义现代化国家"。"全面现代化"覆盖发展全局，涵盖经济、政治、文化、生态、社会、党的建设等各个领域、各个方面，表现为一种全局性的"一揽子"现代化。"全面依法治国"通过完善中国特色社会主义法治体系，为社会治理现代化的方方面面提供坚实的国家制度支撑，为新的战略目标的实现保驾护航。党的二十大报告指出："全面依法治国是国家治理的一场深刻革命，关系党执政兴国，关系人民幸福安康，关系党和国家长治久安。必须更好发挥法治固根本、稳预期、利长远的保障作用，在法治轨道上全面建设社会主义现代化国家。"[①]

第二，"全面依法治国"是全面深化改革的强大后盾、可靠保障。一方面，"全面依法治国"有利于规范改革进程。习近平总书记提出："在整个改革过程中，都要高度重视运用法治思维和法治方式，发挥法治的引领和推动作用，加强对相关立法工作的协调，确保在法治轨道上推进改革。"[②]坚持改革决策和立法决策相统一、相衔接，立法主动适应改革需要，积极发挥引导、推动、规范、保障改革的作用，做到重大改革于法有据，改革和法治同步推进，增强改革的穿透力。另一方面，"全面依法治国"也有利于固化改革成果。无论是经济体制、政治体制改革，还是社会体制、文化体制、生态文明体制改革，这些改革所取得的成果，都需要法治体系及时确认下来，使其具有稳定性和可持续性。

第三，"全面依法治国"是全面从严治党的推动力量。全面依法治国必须坚持党的领导，党的领导必须依靠全面依法治国。我们党是一个具有崇高使命的政治组织，它将带领中国人民实现中华民族伟大复兴的中国梦。党肩负的伟大使命决定党一定要从严治理，以确保自己的使命得以实现。治国必先

---

① 本书编写组编著《党的二十大报告辅导读本》，人民出版社，2022，第36页。
② 习近平：《论坚持全面依法治国》，中央文献出版社，2020，第35页。

治党，治党务必从严，从严必依法度。[①] 全面依法治国，建设社会主义法治国家，能够促进社会主义法治理念、法治精神在全社会的弘扬，为从严治党提供法治文化环境。党员干部受到法治精神、理念的熏陶，能够提高规则意识、责任意识，提升运用法治思维和法治方式履行职责的能力。全面依法治国，还可以为全面从严治党提供制度支持，使党治国理政的权力在法治的轨道上行使。因此，"全面推进依法治国，要有利于加强和改善党的领导，有利于巩固党的执政地位、完成党的执政使命，决不是要削弱党的领导"。[②] 党的十八大以来，以习近平同志为核心的党中央在坚持依法治国的同时，更加注重运用法治思维和法治方式推进全面从严治党，进一步提出坚持依规治党，从而加快了党内法规制度建设进程。习近平总书记指出："我们党要履行好执政兴国的重大历史使命、赢得具有许多新的历史特点的伟大斗争胜利、实现党和国家的长治久安，必须坚持依法治国与制度治党、依规治党统筹推进、一体建设。"[③] 近年来，依规治党进展迅速，并且取得了显著的制度建设成效，也都离不开依法治国提供的经验支持。比如，参照法律规范的系统性、完备性要求，党中央提出到建党 100 周年时形成以党章为根本，以民主集中制为核心，以准则、条例等中央法规为主干，由各领域各层级党内法规制度组成的具有内在逻辑的比较完善的党内法规制度体系；借鉴立法工作模式，为提高党内法规质量，党中央以改进党内法规制定工作为抓手，完善党内法规制定规划、计划，统筹安排党内法规制定、修订（改）、解释、备案审查、评估、清理等工作，实现党内法规与时俱进、不断完善；充分汲取法律实施过程中的经验教训，依规治党更加重视维护党内法规的严肃性和权威性，强调制度面前人人平等、执行制度没有例外，坚决纠正有令不行、有禁不止的行为，使制度成为硬约束而不是"橡皮筋"，并从制度、教育、监督、执纪、问责等多方面加强党内法规执行力建设，有力地推动党内法规制度优势转化为党建治理效能，等等。可以说，依规治党正是基于"后发优势"，既借鉴吸收了依法治国实践中的有效做法，同时也规避了依法治国曾有过的弯路、

---

① 《习近平法治思想概论》编写组编《习近平法治思想概论》，高等教育出版社，2021，第 313 页。

② 《习近平关于全面依法治国论述摘编》，中央文献出版社，2015，第 27 页。

③ 习近平：《论坚持全面依法治国》，中央文献出版社，2020，第 169 页。

失误和教训，进而能在短短的六年时间便基本实现"有规可依"，[1] 把全面从严治党提高到了一个新的水平。[2]

第二节　国家治理体系与治理能力现代化的核心

党的十八届三中全会明确提出推进国家治理体系和治理能力现代化的总目标之后，国家治理现代化战略就在中国特色社会主义制度框架内正式确立。国家治理现代化是立足于我国基本国情提出的，具有鲜明的中国特色。

一　国家治理体系与治理能力现代化的含义

早在 20 世纪中期前后，中国共产党就逐步形成了"工业、农业、国防和科学技术的现代化"这一理念。2013 年 11 月，党的十八届三中全会通过的《中共中央关于全面深化改革若干重大问题的决定》提出："全面深化改革的总目标是完善和发展中国特色社会主义制度，推进国家治理体系和治理能力现代化。"这是第一次以中央文件的形式把国家治理体系和治理能力与国家现代化联系在一起，并将"完善和发展中国特色社会主义制度，推进国家治理体系和治理能力现代化"作为全面深化改革的总目标。2017 年，党的十九大再次明确"全面深化改革总目标是完善和发展中国特色社会主义制度、推进国家治理体系和治理能力现代化"，并强调指出"必须坚持和完善中国特色社会主义制度，不断推进国家治理体系和治理能力现代化，坚决破除一切不合时宜的思想观念和体制机制弊端"。党的十九大还具体确定了实现国家治理现代化的阶段性目标，即到 2035 年"国家治理体系和治理能力现代化基本实现"，到 2050 年"实现国家治理体系和治理能力现代化"。2018 年，党的十九届三中全会指出："我们党要更好领导人民进行伟大斗争、建设伟大工程、推进伟大事业、实现伟大梦想，必须加快推进国家治理体系和治理能力现代化，努力形成更加成熟更加定型的中国特色社会主义制度。这是摆在我

---

① 习近平：《加强党对全面依法治国的领导》，《求是》2019 年第 4 期。

② 周叶中：《论习近平关于依法治国和依规治党相互关系的重要论述》，《政法论丛》2021 年第 4 期。

们党面前的一项重大任务。"[①] 2019 年，十九届四中全会通过的《中共中央关于坚持和完善中国特色社会主义制度　推进国家治理体系和治理能力现代化若干重大问题的决定》则进一步细化了党的十九大确立的推进国家治理体系和治理能力现代化的阶段性目标："到我们党成立一百年时，在各方面制度更加成熟更加定型上取得明显成效；到二〇三五年，各方面制度更加完善，基本实现国家治理体系和治理能力现代化；到新中国成立一百年时，全面实现国家治理体系和治理能力现代化，使中国特色社会主义制度更加巩固、优越性充分展现。"

国家治理体系和治理能力现代化，是一种全新的政治理念，表明中国共产党对社会政治发展规律有了新的认识，是马克思主义国家理论的重要创新，也是中国共产党成为成熟的执政党的重要理论标志。国家治理体系和治理能力现代化的核心范畴是"国家治理"，无论从理论上还是从实践上看，这一核心范畴都带有鲜明的中国特色。从治理主体的角度看，我国的国家治理就是中国共产党及其领导的所有国家机构的公共管理活动。[②] 在我国，中国共产党是我国公共治理事务的权力核心，因此，我国的国家治理体系是指"在党领导下管理国家的制度体系，……也就是一整套紧密相连、相互协调的国家制度"。[③] 从治理体系的内容看，国家治理体系就是规范社会权力运行和维护公共秩序的一系列制度和程序。

而国家治理能力就是执行这一制度的能力。习近平总书记指出："国家治理能力则是运用国家制度管理社会各方面事务的能力，包括改革发展稳定、内政外交国防、治党治国治军等各个方面。"[④] "国家治理体系和治理能力是一个国家的制度和制度执行能力的集中体现。"[⑤] 国家治理体系和治理能力是一个有机整体，推进国家治理体系现代化与增强国家治理能力，是同一政治过程中相辅相成的两个方面。有了良好的国家治理体系，才能提高国家治理能力；反之，只有提高国家治理能力，才能充分发挥国家治理

[①] 《中共中央关于深化党和国家机构改革的决定》，人民出版社，2018，第 14 页。

[②] 俞可平：《国家治理的中国特色和普遍趋势》，《公共管理评论》2019 年第 3 期，第 26 页。

[③] 《习近平谈治国理政》，外文出版社，2014，第 91 页。

[④] 《习近平谈治国理政》，外文出版社，2014，第 91 页。

[⑤] 《习近平谈治国理政》，外文出版社，2014，第 105 页。

体系的效能。不过，除了制度因素外，还有一些其他重要因素会影响国家治理效能。因此，国家治理体系和国家治理能力之间有时并不同步。正如习近平总书记指出的那样："国家治理体系和国家治理能力虽然有紧密联系，但又不是一码事，不是国家治理体系越完善，国家治理能力自然而然就越强。纵观世界，各国各有其治理体系，而各国治理能力由于客观情况和主观努力的差异又有或大或小的差距，甚至同一个国家在同一种治理体系下不同历史时期的治理能力也有很大差距。"[①]在影响国家治理能力的各种因素中，极其重要的因素之一是具体治理主体的素质因素。如何通过遴选考核、教育培训机制保障和提升具体治理者的素质，是提升国家治理能力水平的重要课题。

国家治理体系和治理能力现代化有着非常丰富的含义。学界一般将其概括为国家治理现代化，并从多个角度阐述国家治理现代化的内涵。例如，有学者将国家治理现代化理解为国家治理的范式更新，认为国家治理体系现代化的核心要旨在于以现代治理理念重构公共权力，实现国家治理的范式转换，中心内容则是行政体系的自我再造，直接目标则是提升政府的治理能力，打造民主、法治、高效的现代行政体系，为国家的"善治"创造条件。[②]也有学者将国家治理现代化理解为国家治理的结构变迁，认为国家治理体系现代化是指国家治理体系从传统到现代的结构性变迁，这种变迁包括结构、功能、体制机制、规则、方式方法和观念文化等各个方面。[③]还有学者认为，衡量一个国家的治理体系是否现代化，其标准至少包括五个方面：其一是公共权力运行的制度化和规范化；其二是民主化，即公共治理和制度安排都必须保障主权在民或人民当家作主，所有公共政策要从根本上体现人民的意志和人民的主体地位；其三是法治，即宪法和法律成为公共治理的最高权威，法律面前人人平等，不允许任何组织和个人有超越法律的权力；其四是效率，即国家治理体系应当有效维护社会稳定和社会秩序，有利于提高行政效率和经

---

①　中共中央文献研究室编《习近平关于全面深化改革论述摘编》，中央文献出版社，2014，第28页。

②　魏治勋：《"善治"视野中的国家治理能力及其现代化》，《法学论坛》2014年第2期。

③　徐邦友：《国家治理体系：概念、结构、方式与现代化》，《当代社科视野》2014年第1期。

济效益；其五是协调，现代国家治理体系是一个有机的制度系统，从中央到地方各个层级，从政府治理到社会治理，各种制度安排作为一个统一的整体相互协调，密不可分。[①]

在统筹推进"五位一体"总体布局、协调推进"四个全面"战略布局的新时代，国家治理现代化的任务涉及多个层面。《中共中央关于坚持和完善中国特色社会主义制度　推进国家治理体系和治理能力现代化若干重大问题的决定》从13个方面系统部署了坚持和完善中国特色社会主义制度、推进国家治理体系和治理能力现代化的重点任务，包括：坚持和完善党的领导制度体系，提高党科学执政、民主执政、依法执政水平；坚持和完善人民当家作主制度体系，发展社会主义民主政治；坚持和完善中国特色社会主义法治体系，提高党依法治国、依法执政能力；坚持和完善中国特色社会主义行政体制，构建职责明确、依法行政的政府治理体系；坚持和完善社会主义基本经济制度，推动经济高质量发展；坚持和完善繁荣发展社会主义先进文化的制度，巩固全体人民团结奋斗的共同思想基础；坚持和完善统筹城乡的民生保障制度，满足人民日益增长的美好生活需要；坚持和完善共建共治共享的社会治理制度，保持社会稳定、维护国家安全；坚持和完善生态文明制度体系，促进人与自然和谐共生；坚持和完善党对人民军队的绝对领导制度，确保人民军队忠实履行新时代使命任务；坚持和完善"一国两制"制度体系，推进祖国和平统一；坚持和完善独立自主的和平外交政策，推动构建人类命运共同体；坚持和完善党和国家监督体系，强化对权力运行的制约和监督。根据上述决定的内容，国家治理体系和治理能力现代化主要表现为：在坚持、巩固和完善我国政治经济根本制度和基本制度的前提下，在中国共产党总揽全局、协调各方的格局下，推进国家治理活动的系统化、理性化、规范化，实现"以人民为中心""和谐善治"的治理目标。如果说中国共产党在十八届三中全会前提出的工业现代化、农业现代化、国防现代化、科学技术现代化等"四个现代化"主要从生产力和物质基础的层面探索现代化的"硬实力"，"国家治理现代化"所要解决的就是"国家软实力"建设问题，旨在最大程度上激发社会主义制度的潜在优势。

---

① 俞可平:《推进国家治理体系和治理能力现代化》,《前线》2014 年第 1 期。

二　国家治理体系与治理能力现代化与全面推进依法治国的目标具有一致性

作为社会主义现代化的新层次，国家治理现代化的核心目标在于构建系统性整体性协同性制度体系，处理好内外关系，让各种要素能够优化协同、有效整合，从而实现国家稳定有序、不断发展，为人们美好生活需要的满足提供重要的保障。在我国，经过40多年的改革开放，中国特色社会主义现代化进入了一个新的发展阶段。一方面，社会主义现代化建设取得了令人瞩目的成就，为满足人民美好生活需要打下了坚实的物质基础；另一方面，改革进入攻坚期和深水区，国家治理面临着巨大的挑战。正如党的二十大报告所指出的："一些地方和部门形式主义、官僚主义、享乐主义和奢靡之风屡禁不止，特权思想和特权现象较为严重，一些贪腐问题触目惊心；经济结构性体制性矛盾突出，发展不平衡、不协调、不可持续，传统发展模式难以为继，一些深层次体制机制问题和利益固化藩篱日益显现；一些人对中国特色社会主义政治制度自信不足，有法不依、执法不严等问题严重存在；拜金主义、享乐主义、极端个人主义和历史虚无主义等错误思潮不时出现，网络舆论乱象丛生，严重影响人们思想和社会舆论环境；民生保障存在不少薄弱环节；资源环境约束趋紧、环境污染等问题突出；维护国家安全制度不完善、应对各种重大风险能力不强，国防和军队现代化存在不少短板弱项；香港、澳门落实'一国两制'的体制机制不健全；国家安全受到严峻挑战，等等。"[1]"我国发展进入战略机遇和风险挑战并存、不确定难预料因素增多的时期，各种'黑天鹅'、'灰犀牛'事件随时可能发生。我们必须增强忧患意识，坚持底线思维，做到居安思危、未雨绸缪，准备经受风高浪急甚至惊涛骇浪的重大考验。"[2]当前，我国正处于"两个一百年"奋斗目标的历史交汇点，为了有效应对这些风险与挑战，更加需要坚持和完善中国特色社会主义制度，实现国家治理体系和治理能力现代化。这种治理的现代化是一种中国式的现代化，中国式现代化的本质要求是："坚持中国共产党领导，坚持中国特色社会

---

[1]　本书编写组编著《党的二十大报告辅导读本》，人民出版社，2022，第13页。

[2]　本书编写组编著《党的二十大报告辅导读本》，人民出版社，2022，第24页。

主义，实现高质量发展，发展全过程人民民主，丰富人民精神世界，实现全体人民共同富裕，促进人与自然和谐共生，推动构建人类命运共同体，创造人类文明新形态。"①

如上所述，我国国家治理现代化的目标在于通过坚持党的领导，坚持中国特色社会主义来实现国家和社会的善治，进而丰富人民精神世界与物质世界，并创造人类文明新形态。这也是全面推进依法治国、建设社会主义法治国家的目标。习近平总书记在《关于〈中共中央关于全面推进依法治国若干重大问题的决定〉的说明》中，明确了全面依法治国的总目标："全会决定提出，全面推进依法治国，总目标是建设中国特色社会主义法治体系，建设社会主义法治国家，并对这个总目标作出了阐释：在中国共产党领导下，坚持中国特色社会主义制度，贯彻中国特色社会主义法治理论，形成完善的法律规范体系、高效的法治实施体系、严密的法治监督体系、有力的法治保障体系，形成完善的党内法规体系，坚持依法治国、依法执政、依法行政共同推进，坚持法治国家、法治政府、法治社会一体建设，实现科学立法、严格执法、公正司法、全民守法，促进国家治理体系和治理能力现代化。"另外，习近平总书记在主持中共中央政治局第三十七次集体学习时还提出了"良法善治"是中国特色社会主义法治体系的价值指向："法律是治国之重器，良法是善治之前提"，要"以良法促进发展、保障善治"，"立法、执法、司法都要体现社会主义道德要求，都要把社会主义核心价值观贯穿其中，使社会主义法治成为良法善治"。② 作为中国特色社会主义法治的价值指向，"良法善治"的具体要求可以表现为以下几点。其一，保障人民权益。法治建设为了人民、法治发展依靠人民、法治成果由人民共享，满足人民对法治的美好需要。习近平总书记在中央全面依法治国工作会议上明确指出："全面依法治国最广泛、最深厚的基础是人民，必须坚持为了人民、依靠人民……推进全面依法治国，根本目的是依法保障人民权益。"③ 其二，实现公平正义。习近平总书记在 2015 年省部级主要领导干部学习贯彻十八届四中全会精神全面推进依法治国专题研讨班上提出："全面依法治国，必须紧紧围绕保障

① 本书编写组编著《党的二十大报告辅导读本》，人民出版社，2022，第 21 页。
② 习近平：《论坚持全面依法治国》，中央文献出版社，2020，第 166 页。
③ 习近平：《论坚持全面依法治国》，中央文献出版社，2020，第 2 页。

和促进社会公平正义来进行。公平正义是我们党追求的一个非常崇高的价值，全心全意为人民服务的宗旨决定了我们必须追求公平正义，保护人民权益、伸张正义。"① 为了实现社会公平正义，在立法工作中应"加快完善体现权利公平、机会公平、规则公平的法律制度，保障公民人身权、财产权、基本政治权利等各项权利不受侵犯，保障公民经济、文化、社会等各方面权利得到落实"。② 在法律实施过程中，"要形成有效的社会治理、良好的社会秩序，促进社会公平正义，让人民群众安居乐业，获得感、幸福感、安全感更加充实、更有保障、更可持续"。③ 正如十八届四中全会所指出的那样，"公正是法治的生命线"。④ 在法治建设的每一个环节，都"必须牢牢把握社会公平正义这一法治价值追求，努力让人民群众在每一项法律制度、每一个执法决定、每一宗司法案件中都感受到公平正义"。⑤ 因此，从全面依法治国的总目标及其所蕴含的价值指向上看，其内容都与国家治理现代化的目标有高度的一致性。

三　建设社会主义法治国家是实现国家治理体系和治理能力现代化的必然要求

正如习近平总书记所指出的那样，法治是人类文明的重要成果。一个现代化国家必然是法治国家。国家治理体系和治理能力现代化也需要在法治的轨道上推进。这是因为，法治在现代国家治理中能够发挥如下三种不可替代的重要作用。

第一，维持社会秩序与和平。面对复杂的国内与国际环境，现代社会的法律运行机制可以通过提供社会治安制度及国防、外交制度来保障一个民族国家内部与外部的基本安全；通过提供统一的金融制度、税收制度、中央银行制度和劳动市场制度等经济制度来保障经济的稳定与有序；通过教育制度、

---

① 《习近平谈治国理政》(第二卷)，外文出版社，2017，第129页。
② 《中共中央关于全面推进依法治国若干重大问题的决定》，《求是》2014年第21期，第6页。
③ 《习近平李克强栗战书汪洋王沪宁赵乐际韩正分别参加全国人大会议一些代表团审议》，《人民日报》2018年3月8日，第1版。
④ 习近平：《论坚持全面依法治国》，中央文献出版社，2020，第98页。
⑤ 习近平：《论坚持全面依法治国》，中央文献出版社，2020，第229页。

医疗与社会保障制度来保障社会成员的社会福利；通过宪法监督制度来保障政治生活的清明。从而，全面维持社会秩序与和平。

第二，推进社会变革。现代社会不同于传统社会，不会保持一种静止不变、高度一致的超稳定状态。在变革不断出现、社会分工日益复杂、各种社会关系与社会利益交叠冲突的背景下，法律机制对于社会生活的贡献就不仅仅在于维持现状，并为人们提供现成的行为标准了。而且，理性的法律运行机制还能够帮助人们推知、预测、想象、设计甚至规定未来的社会情况。法律不仅是一种保守的力量，而且也可以是一种变革的力量和推进社会变迁的重要工具。

第三，整合社会价值目标。在现代社会，人们的社会经济地位、生活方式、价值观念都多样化了。强调表达不同意见、重视说理和沟通过程的现代法律机制还能够为人们提供一种和平的公共选择机制和引导性的矛盾解决方法。无论是平等、秘密的投票程序，还是吸引利害关系人充分参与的行政程序，都给人们提供了以一种和平方式来表达、整合不同价值目标和思想观点的渠道与机会，也为社会生活的多样性和均衡性提供了联结的可能。"只要人们不断地依法诉求和抗争，那么各种社会矛盾就有可能纳入体制之内，通过政治的良性互动、明智的妥协以及修改法律的方式来解决。"①

在我国的国家治理现代化进程中，法治发挥的功能也是非常显著的。"新中国成立 70 多年来，我国之所以创造出经济快速发展、社会长期稳定'两大奇迹'，同我们不断推进社会主义法治建设有着十分紧密的关系。"② 当下，我国国家治理体系与治理能力现代化面临着高度复杂多变的环境，更需要法治发挥引领、规范和保障的作用。

第一，中国特色社会主义法治对国家治理体系与治理能力现代化有着重要的引领作用。中国特色社会主义法治道路的本质在于"三个核心要义"，即坚持中国共产党的领导、坚持中国特色社会主义制度、贯彻中国特色社会主义法治理论；这既是推进中国特色社会主义法治体系建设和法治改革的根本遵循，也是推进国家治理现代化的根本遵循，是不可偏离的轨道，也是不

---

① 季卫东：《中国：通过法治迈向民主》，《战略与管理》1998 年第 4 期，第 1 页。
② 习近平：《坚定不移走中国特色社会主义法治道路　为全面建设社会主义现代化国家提供有力法治保障》，《求是》2021 年第 5 期。

能逾越的红线。另外，中国特色社会主义法治的价值指向在于实现"良法善治"，这也能够引领国家治理体系与治理能力现代化，符合中国式现代化的本质要求。

第二，中国特色社会主义法治对国家治理体系与治理能力现代化具有重要的规范作用。法律是治国理政最大、最重要的规矩。"小智治事，中智治人，大智立法。治理一个国家、一个社会，关键是要立规矩、讲规矩、守规矩。法律是治国理政最大最重要的规矩。"[①] 法律制度是中国特色社会主义制度的重要内容和法律体现，它以法律规范的形式凝聚民意共识、确认国家制度、维护社会秩序，并以国家强制力保障中国特色社会主义制度有效运转实施，在国家治理领域为人们的行为提供规范理由。

第三，中国特色社会主义法治对国家治理体系与治理能力现代化具有重要的保障功能。法治为党和国家事业发展提供根本性、全局性、长期性的制度保障。"推进国家治理体系和治理能力现代化，必须坚持依法治国，为党和国家事业发展提供根本性、全局性、长期性的制度保障。"[②] 我国宪法和法律确认了中国共产党的执政地位，确认了党在国家政权结构中总揽全局、协调各方的核心地位，规定了人民当家作主的根本政治制度，规定了以马克思主义为指导的意识形态根本制度，规定了中国特色社会主义各项基本制度和重要制度，为党和国家事业发展以及国家治理提供了最基本最稳定最可靠的制度保障。同时，法治还能够保障国家治理体系的系统性、协调性和安定性。法治提供了作为治理依据的系统完备、科学规范、统一有序、稳定权威的法律规范体系，并拥有一套关于不同位阶法律规范适用的法律实施技术，保障法律实施与规范权力运行的法治实施体系、法治保障体系和法治监督体系，以及系统完备的党内法规体系。作为国家治理体系的重要组成部分，法治体系自身的系统性、协调性、稳定性凸显了国家治理体系的系统性、协调性、稳定性。

习近平总书记强调："建设中国特色社会主义法治体系、建设社会主义

---

①　中共中央文献研究室编《习近平关于全面依法治国论述摘编》，中央文献出版社，2015，第 12 页。

②　中共中央文献研究室编《习近平关于全面依法治国论述摘编》，中央文献出版社，2015，第 12 页。

法治国家是实现国家治理体系和治理能力现代化的必然要求，也是全面深化改革的必然要求，有利于在法治轨道上推进国家治理体系和治理能力现代化，有利于在全面深化改革总体框架内全面推进依法治国各项工作，有利于在法治轨道上不断深化改革。"① 无论是国家治理体系的完善，还是国家治理能力的提升，法治都扮演着必不可少的"轨道"角色。法治是国家治理体系的依托，是国家治理能力的体现，是国家治理效能的保证。作为一种制度安排体系创新发展的产物，国家治理现代化总是与法治现代化相联系而存在的。只有在法治现代化成为国家治理现代化基础的情况下，才有可能谈得上建构现代国家治理体系、实现国家治理现代化的问题。

四　中国特色社会主义法治体系是国家治理体系的骨干工程

习近平总书记强调："法治体系是国家治理体系的骨干工程。必须加快形成完备的法律规范体系、高效的法治实施体系、严密的法治监督体系、有力的法治保障体系，形成完善的党内法规体系。"② 法治体系蕴含国家治理体系的所有要素，是国家治理体系成熟定型的重要标志，也在国家治理体系中发挥主要作用。法治体系构成国家治理体系的骨干工程。

国家治理体系是由治理国家的各项制度执行的主体、方式、程序、效果等要素构成的系统。中国特色社会主义法治体系包含五个部分：一是完备的法律规范体系，二是高效的法治实施体系，三是严密的法治监督体系，四是有力的法治保障体系，五是完善的党内法规体系。这五个方面涉及制度执行的主体、方式、程序、效果等内容，蕴含国家治理体系的所有要素，是法治体系在国家治理体系中发挥主要作用的逻辑前提。要素不全的体系无法发挥主要作用，更不可能成为国家治理体系的骨干工程。

法治体系是国家治理体系成熟定型的重要标志。习近平总书记指出："今天，摆在我们面前的一项重大历史任务，就是推动中国特色社会主

---

① 《中共中央关于全面推进依法治国若干重大问题的决定》，《人民日报》2014 年 10 月 29 日，第 1 版。

② 中共中央文献研究室编《十八大以来重要文献选编》（中），中央文献出版社，2016，第 187 页。

义制度更加成熟更加定型，为党和国家事业发展、为人民幸福安康、为社会和谐稳定、为国家长治久安提供一整套更完备、更稳定、更管用的制度体系。"①党的十九大报告指出，从2020年到2035年，法治国家、法治政府、法治社会基本建成，各方面制度更加完善，国家治理体系和治理能力现代化基本实现。从2035年到21世纪中叶，在基本实现现代化的基础上，再奋斗15年，把我国建设成为富强民主文明和谐美丽的社会主义现代化强国。到那时，就能全面实现国家治理体系和治理能力现代化。从制度特性来看，法治体系是国家治理体系走向成熟定型的重要标志。中国特色社会主义法治体系是中国特色社会主义制度的法律表现形式。法治体系通过成熟定型的制度体系，为国家治理体系现代化提供更完备、更稳定、更管用的根本保障。

法治体系在国家治理体系中发挥主要作用。"实践证明，通过宪法法律确认和巩固国家根本制度、基本制度、重要制度，并运用国家强制力保证实施，保障了国家治理体系的系统性、规范性、协调性、稳定性。"②法治体系是中国特色社会主义制度的重要内容，作为制度之治的根本保障，也对其他国家制度发挥规范、引领和保障作用，在国家治理体系中起着固根本、稳预期、利长远的重要作用，为中国特色社会主义制度行稳致远保驾护航，为推进国家治理体系和治理能力现代化强本固基。特别是我国宪法作为国家的根本法，作为治国安邦的总章程，规定了中国特色社会主义各项根本制度、基本制度和重要制度，为国家治理提供了最基本最稳定最可靠的制度保障。新征程上，要深入贯彻习近平法治思想，坚持在法治轨道上推进国家治理体系和治理能力现代化，充分发挥法治的规范、引领和保障作用，不断完善国家治理体系，提升国家治理能力，为坚持和发展中国特色社会主义制度，实现"两个一百年"奋斗目标、实现中华民族伟大复兴的中国梦提供有力法治保障。

---

① 《习近平谈治国理政》，外文出版社，2014，第104~105页。

② 中共中央文献研究室编《十九大以来重要文献选编》（中），中央文献出版社，2021，第417页。

第三节 法治与经济、政治、文化、社会、生态文明 之间的协调发展

社会主义经济建设、政治建设、文化建设、社会建设以及生态文明建设"五位一体"总体布局的思想，是习近平新时代中国特色社会主义思想的重要组成部分，对于推动我国社会主义事业发展具有重要的指导意义。法治建设在"五位一体"总体布局中具有特殊地位和作用。法治建设属于政治建设的重要组成部分，并渗透于、贯穿在经济建设、政治建设、文化建设、社会建设、生态文明建设之中。五个领域的建设是法治建设的强大动力，以它们对法治的强劲需求而持续推动着法治建设和法治现代化发展；同时，法治建设又服务于和保障着五大建设，为总体布局中的重大改革创造"于法有据"的法治环境。

一 法治与经济建设

根据马克思主义原理，法与经济之间有着密切的联系：经济基础对法的性质、内容、发展变化规律以及实施效果有决定性作用；法对经济有能动的反作用，良好的法律能够维护经济制度、规范经济生活、保障经济关系，进而促进生产力的发展。[①] 我国的法治建设与经济建设历程也符合这一原理。一方面，社会主义市场经济的建设成为法律发展的重要动力，不仅推动了民商法相关规范与制度的增长，而且还进一步推动了宪法、行政法、诉讼法等法律制度的丰富；另一方面，现代市场经济有效运作的体制条件就是法治。如果缺乏法治规范和约束政府权力、确认市场经济的法律形式、维护市场竞争秩序，现代的市场经济是不可能自我维持而独立存在的。[②] 可以说，法治是社会主义市场经济的内在要求，经济发展离不开法治的有力保障。因此，党中央屡次提出和重申"社会主义市场经济本质上是法治经济"，并对如何通过法治建设来推动经济发展作出了大量的战略安排。

---

① 《法理学》编写组编《法理学》，人民出版社、高等教育出版社，2020，第255~256页。

② 钱颖一：《市场与法治》，《经济社会体制比较》2000年第3期。

当前，我国经济发展已经从高速增长阶段转向高质量发展阶段，经济发展态势总体向好。不仅实现了全面建成小康社会的战略目标，完成了消除绝对贫困的历史任务，而且国家的经济实力也实现了历史性跃升。为了进一步推动经济的高质量发展，党的二十大报告第四部分对"加快构建新发展格局，着力推动高质量发展"作出了系统部署，为我国经济的高质量发展提供了风向标。而这些战略部署都需要法治的引领、规范与保障。

根据二十大报告，将法治要求落实到经济建设，应当注意以下五个方面。第一，在构建高水平社会主义市场经济体制方面，要通过法治坚持和完善社会主义基本经济制度，毫不动摇巩固和发展公有制经济，毫不动摇鼓励、支持、引导非公有制经济发展，充分发挥市场在资源配置中的决定性作用，更好发挥政府作用。优化民营企业发展环境，依法保护民营企业产权和企业家权益，完善中国特色现代企业制度。深化简政放权、放管结合、优化服务改革。完善产权保护、市场准入、公平竞争、社会信用等市场经济基础制度，优化营商环境。健全现代预算制度，优化税制结构，完善财政转移支付体系。深化金融体制改革，建设现代中央银行制度，加强和完善现代金融监管，强化金融稳定保障体系，依法将各类金融活动全部纳入监管。加强反垄断和反不正当竞争，破除地方保护和行政性垄断，依法规范和引导资本健康发展。第二，在建设现代化产业体系方面，要通过法治推进实体经济的发展，推动制造业高端化、智能化、绿色化发展。巩固优势产业领先地位，在关系安全发展的领域加快补齐短板，提升战略性资源供应保障能力。推动战略性新兴产业融合集群发展，构建新一代信息技术、人工智能、生物技术、新能源、新材料、高端装备、绿色环保等一批新的增长引擎。构建优质高效的服务业新体系，推动现代服务业同先进制造业、现代农业深度融合。加快发展物联网，建设高效顺畅的流通体系，降低物流成本。加快发展数字经济，促进数字经济和实体经济深度融合，打造具有国际竞争力的数字产业集群。优化基础设施布局、结构、功能和系统集成，构建现代化基础设施体系。第三，在全面推进乡村振兴方面，要通过法治健全种粮农民收益保障机制和主产区利益补偿机制，巩固和完善农村基本经营制度。深化农村土地制度改革，赋予农民更加充分的财产权益。保障进城落户农民合法土地权益，鼓励依法自愿有偿转让。完善农业支持保护制度，健全农村金融服务体系。第四，在促进区域协调发展方面，要通过法治深入实施区域协调发展战略、区域重大战略、主体功能区战略、新型城镇化战略，优化重大生产力布局，构建优势互补、高质量发展的区域经济布局和国土空间体系。第五，在推进高水平对外开放方面，要稳步扩大规则、规制、管理、标准等制度型开放。创新服务贸易发展机制。合理缩减外资准入负面清单，依法保护外商投资权益，营造市场化、法治化、国际化一流营商环境。①

二 法治与政治建设

马克思主义法政治观坚持法律与政治的国家特性。法律的本质在于物质制约性、阶级意志性、国家强制性，因而法律服务于政治，政治具有目的价值，法律相对而言具有工具价值。② 法治与政治的一般关系表现为：政治决定法治，法治服务于政治。对此，习近平曾指出："法治当中有政治，没有脱离政治的法治……每一种法治形态背后都有一套政治理论，每一种法治模式当中都有一种政治逻辑，每一条法治道路底下都有一种政治立场。"③ 在政治决定法治的前提下，法治服务于政治，它表达着政治意志，调整着政治关系，规范着政治行为，维护着政治秩序，制约着政治发展。④

新中国成立以来，中国特色社会主义政治建设取得了巨大的成就。半殖民地半封建的政治格局被推翻，被压迫被奴役的中国人民翻身解放，成为国家和社会的主人，成为自己命运的主人。随着革命的胜利和政治建设的推进，社会主义法治也逐步完善起来，并进一步巩固了政治建设的成果。通过法治，我国确立并不断完善中华人民共和国的根本政治制度与人民民主的政治发展模式，开创了生动活泼、安定团结的政治局面。自党的十八届三中全会提出"国家治理体系和治理能力现代化"的改革目标以来，法治作为国家治理体系与治理能力现代化的骨干与依托，对于以"国家治理体系和治理能力现代化"

---

① 本书编写组编著《党的二十大报告辅导读本》，人民出版社，2022，第26~30页。
② 王立峰：《基于"法律与政治关系"的中国法政治学的前提性问题批判》，《江海学刊》2015年第3期，第124页。
③ 中共中央文献研究室编《习近平关于全面依法治国论述摘编》，中央文献出版社，2015，第34页。
④ 卓泽渊：《法政治学》，法律出版社，2005，第34页。

为表现形式的政治现代化，产生了重要的保障与推进作用。[①]

"我国是工人阶级领导的、以工农联盟为基础的人民民主专政的社会主义国家，国家一切权力属于人民。人民民主是社会主义的生命，是全面建设社会主义现代化国家的应有之义。"[②] 党的二十大报告第六部分对"发展全过程人民民主，保障人民当家作主"作出了系统部署，丰富和扩展了人民民主的内涵，为保障人民当家作主提供了坚实保障。根据二十大报告，将法治要求落实到政治建设，应当注意以下四个方面。第一，在加强人民当家作主制度保障方面，要坚持和完善我国根本政治制度、基本政治制度、重要政治制度，拓展民主渠道，丰富民主形式，确保人民依法通过各种途径和形式管理国家事务，管理经济和文化事业，管理社会事务。支持和保证人民通过人民代表大会行使国家权力，保证各级人大都由民主选举产生、对人民负责、受人民监督。支持和保证人大及其常委会依法行使立法权、监督权、决定权、任免权，健全人大对行政机关、监察机关、审判机关、检察机关监督制度，维护国家法治统一、尊严、权威。健全吸纳民意、汇集民智工作机制，建设好基层立法联系点。第二，在全面发展协商民主方面，要健全各种制度化协商平台，推进协商民主广泛多层制度化发展。坚持和完善中国共产党领导的多党合作和政治协商制度，发挥人民政协作为专门协商机构的作用，加强制度化、规范化、程序化等功能建设，完善人民政协民主监督和委员联系界别群众制度机制。第三，在积极发展基层民主方面，要健全基层党组织领导的基层群众自治机制，完善基层直接民主制度体系和工作体系。完善办事公开制度，拓宽基层各类群体有序参与基层治理渠道，保障人民依法管理基层公共事务和公益事业。健全以职工代表大会为基本形式的企事业单位民主管理制度，维护职工合法权益。第四，在巩固和发展最广泛的爱国统一战线方面，要发挥我国社会主义新型政党制度优势。坚持和完善民族区域自治制度，加强和改进党的民族工作，全面推进民族团结进步事业。[③]

[①]　参见秦前红《从市场经济法律体系到民主政治法律体系：中国现代化进程中的法治命题》，《深圳大学学报》（人文社会科学版）2019年第1期，第91~92页。

[②]　本书编写组编著《党的二十大报告辅导读本》，人民出版社，2022，第33页。

[③]　本书编写组编著《党的二十大报告辅导读本》，人民出版社，2022，第34~36页。

三　法治与文化建设

从广义上看，文化一般指各种人类后天形成之物。如，英国人类学家马林诺夫斯基曾对文化所作出这样的界定："文化是指那一群传统的器物、货品、技术、思想、习惯及价值而言的，这概念包容着及调节着一切社会科学。"[1] 这一定义实际上是将一切物质上的、制度上的、精神上的等所有人类实践行动都囊括其中了。广义上的文化强调文化的整体性和复杂性，但缺点在于过于笼统。狭义上的文化主要是指反映人类生活方式主观独特性的行为模式、价值观念等。法的文化研究论者认为，法律不仅仅是一种解决社会问题或满足社会需要的工具，也是表达或传递人们对世界、社会、秩序、正义等问题的看法、态度、情感、信仰、理想的符号。发自人心的法律同时表达了特定的文化选择和意向，这种特定的文化选择和意向又从总体上限制了法律的成长，决定着法律发展的方向。[2] 因此，文化对法律有着深刻的影响。另外，法律的存在与运行，也会维系甚至增强特定社会的文化模式。

在我国，社会主义现代化建设不仅要注重物质文明，而且要发展精神文明。法治建设可以通过支持文化事业的发展、保障文化与科学研究的自由、贯彻社会主义核心价值观等途径，来推进社会主义文化建设，发展精神文明。2020年12月，中共中央印发《法治社会建设实施纲要（2020—2025年）》，对如何建设社会主义法治文化进行了工作部署。[3] 2022年，党的二十大报告第八部分对"推进文化自信自强，铸就社会主义文化新辉煌"作出了系统部署，明确了精神文明建设的重点方向。根据二十大报告，将法治要求落实到文化建设，应当注意以下几个方面。第一，在建设具有强大凝聚力和引领力的社会主义意识形态方面，要通过法治全面落实意识形态工作责任制。加快构建中国特色哲学社会科学学科体系、学术体系、话语体系。加强全媒体传播体系建设，健全网络综合治理体系。第二，在广泛践行社会主义核心价值

---

[1] ［英］马林诺夫斯基：《文化论》，费孝通等译，中国民间文艺出版社，1987，第2页。

[2] 梁治平：《法律的文化解释》，生活·读书·新知三联书店，1994，第54页。

[3] 《中共中央印发〈法治社会建设实施纲要（2020—2025年）〉》，载中国政府网，http://www.gov.cn/zhengce/2020-12/07/content_5567791.htm，最后访问日期：2022年12月30日。

观方面，要推动理想信念教育常态化制度化。坚持依法治国和以德治国相结合，把社会主义核心价值观融入法治建设、融入社会发展、融入日常生活。第三，在提高全社会文明程度方面，要完善志愿服务制度和工作体系，健全诚信建设长效机制。第四，在繁荣发展文化事业和文化产业方面，要深化文化体制改革，完善文化经济政策。健全现代公共文化服务体系，健全现代文化产业体系和市场体系。[①]

四　法治与社会建设

在我国，"社会建设"中的"社会"是狭义上的社会，是与经济、文化等相对应的社会治理和社会建设意义上的概念，这一概念以民生为主要内容。[②]在社会主义国家，法治与社会治理、社会建设有着密切的关联。一方面，法治需要社会成员的支持才能够得到顺利的推行；另一方面，"良法善治"这一法治建设的目标，需要在社会建设中得到落实。以人民为主体的中国特色社会主义法治，坚持通过法律制度来保障权利、促进社会公平正义，同时不断加大就业、教育、医疗保险等方面的公共供给，增进人民福祉、促进人的全面发展。

《法治社会建设实施纲要（2020—2025 年）》对如何通过法治建设充满活力、和谐有序的社会进行了全面的部署。该实施纲要一方面提出"完善社会重要领域立法""促进社会规范建设""切实保障公民基本权利，有效维护各类社会主体合法权益"，以健全社会领域制度规范，为全体社会成员提供一个可以信任、依赖、诉诸的规范体系；另一方面提出"完善社会治理体制机制"、创新社会治理模式，通过制度建设推动各种社会主体在社会治理中充分发挥其积极性和能动性，进而全面提升社会治理法治化水平。[③]

2022 年，党的二十大报告第九部分对"增进民生福祉，提高人民生活品质"进一步作出了战略部署，为新发展阶段的社会建设提供了方向指引。根

---

① 本书编写组编著《党的二十大报告辅导读本》，人民出版社，2022，第 39~41 页。

② 《法理学》编写组编《法理学》，人民出版社、高等教育出版社，2020，第 284 页。

③ 《中共中央印发〈法治社会建设实施纲要（2020—2025 年）〉》，载中国政府网，http://www.gov.cn/zhengce/2020-12/07/content_5567791.htm，最后访问日期：2022 年 12 月 30 日。

据二十大报告，将法治要求落实到社会建设，应当注意以下四个方面。第一，在完善分配制度方面，要坚持按劳分配为主体、多种分配方式并存，构建初次分配、再分配、第三次分配协调配套的制度体系。完善按要素分配政策制度。完善个人所得税制度，规范收入分配秩序，规范财富积累机制，保护合法收入，调节过高收入，取缔非法收入。第二，在实施就业优先战略方面，要强化就业优先政策，健全就业促进机制。健全就业公共服务体系，完善重点群体就业支持体系。统筹城乡就业政策体系，破除妨碍劳动力、人才流动的体制和政策弊端，消除影响平等就业的不合理限制和就业歧视。健全终身职业技能培训制度，完善促进创业带动就业的保障制度。健全劳动法律法规，完善劳动关系协商协调机制。完善劳动者权益保障制度，加强灵活就业和新就业形态劳动者权益保障。第三，在健全社会保障体系方面，要健全覆盖全民、统筹城乡、公平统一、安全规范、可持续的多层次社会保障体系。完善基本养老保险全国统筹制度，发展多层次、多支柱养老保险体系。健全基本养老、基本医疗保险筹资和待遇调整机制，完善大病保险和医疗救助制度，建立长期护理保险制度。健全社保基金保值增值和安全监管体系。健全分层分类的社会救助体系。坚持男女平等基本国策，保障妇女儿童合法权益。完善残疾人社会保障制度和关爱服务体系。加快建立多主体供给、多渠道保障、租购并举的住房制度。第四，在推进健康中国建设方面，要建立生育支持政策体系。深化医药卫生体制改革，创新医防协同、医防融合机制，健全公共卫生体系，加强重大疫情防控救治体系和应急能力建设。①

五 法治与生态文明建设

生态环境是人类生存和发展的根基，生态环境变化直接影响着文明兴衰演替。生态文明建设事关中华民族永续发展的根本大计。在我国，经过不懈努力，生态环境保护法治建设取得了巨大的成就。但是，生态系统脆弱、环境容量有限，污染严重、资源枯竭、生态风险和健康风险加大的生态环境状况没有根本好转；加之独特的地理环境和自然资源条件加剧了地区间经济社会的不充分不平衡发展，形成了东部"生态环境压力巨大"、西部"生态系

① 本书编写组编著《党的二十大报告辅导读本》，人民出版社，2022，第42~44页。

统非常脆弱"的具体国情。针对这种现状,党的十八大以来,生态文明建设成为统筹推进"五位一体"总体布局和"四个全面"战略布局的重要内容。为了推进生态文明建设,我国在立法方面已初步形成了以宪法为依据、以环境保护法为龙头、以污染防治与生态保护单行法为骨干的环境法律规范体系,以民法典绿色化、刑法生态化、诉讼法协同化的生态文明建设法律规范体系;在执法方面明晰了适合中国国情的环境保护执法道路和执法方式;在党内法规建设方面,2012 年《中国共产党章程》修改,"中国共产党领导人民建设社会主义生态文明"被载入党章;同时,党中央还建立了生态文明建设目标评价考核、领导干部离任环境审计、中央环保督察、环境保护党政同责以及终身责任制等多项党规制度。[①] 生态环境保护法治体系已成为我国法治体系不可或缺的组成部分。习近平同志曾提出:"要深化生态文明体制改革,尽快把生态文明制度的'四梁八柱'建立起来,把生态文明建设纳入制度化、法治化轨道。"[②] 此后,他又特别强调要"用最严格制度最严密法治保护生态环境","保护生态环境必须依靠制度、依靠法治"。[③]

党的二十大报告第十部分对"推动绿色发展,促进人与自然和谐共生"进一步作出了系统部署,勾画了生态文明建设的未来图景。将法治要求落实到生态文明建设,应当注意以下四个方面。第一,在加快发展方式绿色转型方面,要通过法治加快构建废弃物循环利用体系,完善支持绿色发展的财税、金融、投资、价格政策和标准体系,健全资源环境要素市场化配置体系。第二,在深入推进环境污染防治方面,要坚持精准治污、科学治污、依法治污。全面实行排污许可制,健全现代环境治理体系。深入推进中央生态环境保护督察。第三,在提升生态系统多样性、稳定性、持续性方面,要推进以国家公园为主体的自然保护地体系建设。推进以国家公园为主体的自然保护地体系建设。健全耕地休耕轮作制度。建立生态产品价值实现机制,完善生态保护补偿制度。第四,在积极稳妥推进碳达峰碳中和方面,要加快规划建设新型能源体系,加强能源产供储销体系建设。完善碳排放统计核算制度,健全

---

① 吕忠梅:《习近平法治思想的生态文明观法治理论》,《中国法学》2021 年第 1 期。

② 《习近平谈治国理政》(第二卷),外文出版社,2017,第 393 页。

③ 《习近平谈治国理政》(第三卷),外文出版社,2020,第 363 页。

碳排放权市场交易制度。[①]

　　总之，"五位一体"总体布局是立足于我国基本国情，特别是新时代我国社会主要矛盾变化制定的战略部署，具有强烈的现实指向性。随着社会主义现代化建设事业的不断推进，人民对美好生活的需求日益增长，日益多样化，各层次、各领域中的矛盾与问题也大量涌现。政治、经济、文化、社会、生态诸领域协调发展的内在要求不断凸显。针对这一现实情况，需要朝着落实以人为本的方向协调不同层面的发展要求，"一体"推进，而不能相互矛盾。"我们要牢牢抓好党执政兴国的第一要务，始终代表中国先进生产力的发展要求，坚持以经济建设为中心，在经济不断发展的基础上，协调推进政治建设、文化建设、社会建设、生态文明建设以及其他各方面建设。"[②] 习近平同志反复强调，贯彻落实"五位一体"，必须更加注重改革的系统性、整体性、协同性，统筹推进重要领域和关键环节改革。要对经济体制、政治体制、文化体制、社会体制、生态体制作出统筹设计，加强对各项改革关联性的研判，努力做到全局和局部相配套、治本和治标相结合、渐进和突破相促进。[③] 而法治建设的推进，有助于党领导人民在把握全局的基础上，着重抓好重点领域、重点部位、关键环节和薄弱环节，防止系统失衡，实现系统的和谐运行和资源的合理配置，最终实现社会主义的全面发展。

本章小结

　　本章从三个方面讨论了中国特色社会主义法治在国家建设与发展大局中的地位。第一，"全面依法治国"是"四个全面"战略布局的关键环节，在"四个全面"战略布局中具有重要的支撑与推动作用。作为三大战略举措之一，"全面依法治国"呼应着"全面建成小康社会""全面建设社会主义现代

---

① 本书编写组编著《党的二十大报告辅导读本》，人民出版社，2022，第45~47页。

② 习近平：《紧紧围绕坚持和发展中国特色社会主义　学习宣传贯彻党的十八大精神》，《人民日报》2012年11月7日，第2版。

③ 中共中央文献研究室编《习近平关于全面深化改革论述摘编》，中央文献出版社，2014，第30~33页。

化国家"战略目标的要求。同时,"全面依法治国"与"全面深化改革"、"全面从严治党"也有着深刻的关联。第二,依法治国是我国国家治理体系与治理能力现代化的核心。国家治理体系和治理能力现代化与全面推进依法治国的目标具有一致性,建设社会主义法治国家是实现国家治理体系和治理能力现代化的必然要求,中国特色社会社会主义法治体系是国家治理体系的骨干工程。第三,法治建设在"五位一体"总体布局中具有特殊地位和作用。法治建设属于政治建设的重要组成部分,并渗透于、贯穿在经济建设、政治建设、文化建设、社会建设、生态文明建设之中。五个领域的建设是法治建设的强大动力,以它们对法治的强劲需求而持续推动着法治建设和法治现代化发展;同时,法治建设又服务于和保障着五大建设,为总体布局中的重大改革创造了"于法有据"的法治环境。

 问题与思考

1. 如何理解"全面依法治国"在"四个全面"战略布局中的地位与作用?

2. 如何理解国家治理体系与治理能力现代化的含义?

3. 为什么要坚持在法治轨道上推进国家治理体系和治理能力现代化?

4. 在我国,法治建设如何服务于和保障社会主义经济建设、政治建设、文化建设、社会建设以及生态文明建设?

第七章　中国特色社会主义法治建设的
具体战略举措

第一节　依法治国、依法执政、依法行政共同推进

一　"依法治国、依法执政、依法行政共同推进"的核心要义

1997 年，党的十五大确立了依法治国、建设社会主义法治国家的基本方略。1999 年，九届全国人大二次会议将这一基本方略载入了宪法。同年，国务院发布《国务院关于全面推进依法行政的决定》，明确"依法行政"是"依法治国的重要组成部分"。2002 年，党的十六大提出了把"坚持依法执政"作为改革和完善党的领导方式和执政方式的重要内容。2004 年，党的十六届四中全会把"科学执政、民主执政、依法执政"作为加强党的执政能力建设的一项重要内容。同年，国务院颁布了《全面推进依法行政实施纲要》，把依法行政作为各级行政机关应当遵循的基本准则。2007 年，党的十七大报告再次强调坚持依法治国基本方略，树立社会主义法治理念，实现国家各项工作法治化，保障公民合法权益。党的十七大还将"科学执政、民主执政、依法执政"写入《中国共产党章程》，使其成为由党内最高法规所规定的党的执政原则和方式。2012 年，习近平总书记在首都各界纪念现行宪法公布施行 30 周年大会上提出"坚持依法治国、依法执政、依法行政共同推进"的论断。① 2013 年，党的十八届三中全会提出了法治中国建设的总纲："建设法治中国，必须坚持依法治国、依法执政、依法行政共同推进，坚持法治国家、法治政府、法治社会一体建设。深化司法体制改革，加快建设公正高效权威的社会主义司法制度，维护人民权益，让人民群众在每一个司法案件中都感

---

① 习近平：《论坚持全面依法治国》，中央文献出版社，2020，第 16 页。

受到公平正义。"① 2014 年，党的十八届四中全会在"全面推进依法治国"战略部署中进一步明确了"依法治国、依法执政、依法行政"的内涵和意义，擘画了全面依法治国的工作布局。②

依法治国是党领导人民治理国家的基本方略，其要义是人民在党的领导下，依照法治原则和法律规定，通过各种途径和形式管理国家事务，管理经济文化事业，管理社会事务，使国家各项工作法治化，使社会主义民主制度和法律不因领导人的改变而改变，不因领导人的看法和注意力的改变而改变。依法执政，要求党在执政过程中善于使党的主张通过法定程序成为国家意志，从制度上、法律上保证党的路线方针政策的贯彻执行。党要坚持依法执政，就要正确领导立法、保证执法、支持司法、带头守法；改进党的领导方式和执政方式，推进依法执政制度化、规范化、程序化。依法执政是中国共产党执政的基本方式，全面推进依法治国，建设法治中国，关键在于党科学而又有效地依法执政。依法行政就是各级政府在党的领导下、在法治轨道上开展工作，创新执法体制，完善执法程序，推进综合执法，严格执法责任，建立权责统一、权威高效的依法行政体制。特别是要牢固树立权力来自人民、权力源于法律授予的政府理念，坚持职权法定原则，做到法定职责必须为、法无授权不可为。

依法治国、依法执政、依法行政三者构成了有机联系的整体，三者本质一致、目标一体、成效相关，必须相互统一、共同推进、形成合力。作为我国宪法所确定的治理国家的基本方略，依法治国要求治理国家的活动均依法进行，它自身反映着法治所具有的高度统合性与包容性，是一个系统工程。全面推进依法治国涉及改革发展稳定、治党治国治军、内政外交国防等各个领域。在这个系统工程中，"依法执政和依法行政这两个方面构筑了全面依法治国的支点"。③ 这是因为，依法治国蕴含了对所有治理主体的规范要求，而党和政府在治国理政的体系中又处于关键位置。从治国理政的主体上看，

① 《中共中央关于全面深化改革若干重大问题的决定》，《人民日报》2013 年 11 月 16 日，第 1 版。
② 《中共中央关于全面推进依法治国若干重大问题的决定》，《人民日报》2014 年 10 月 29 日，第 1 版。
③ 卓泽渊：《依法执政：政党政治法治化的表现与实现路径》，《国家检察官学院学报》2011 年第 6 期。

人民是我国主权意义上的治理主体，执政党和国家机关是治权意义上的治理主体。[①] 中国共产党是我国的执政党，中国特色社会主义现代化事业是在党的领导下进行的，党在治国理政的体系中处于总揽全局、协调各方的核心领导地位。"形象地说是'众星捧月'，这个'月'就是中国共产党。在国家治理体系的大棋局中，党中央是坐镇中军帐的'帅'，车马炮各展其长，一盘棋大局分明。"[②] 这一核心领导地位既是由我国的国家性质所决定的，也是由我国宪法所确立的，更是被中国革命、建设、改革的伟大实践所证明的。习近平总书记指出："我们党是执政党，坚持依法执政，对全面推进依法治国具有重大作用。"[③] 中国共产党的依法执政，是中国法治建设的政治保障和最关键因素。另外，作为法律法规最主要的执行机关，政府行使着广泛而积极的国家权力，对公民权利的影响最为直接，也最为深远。因此，各级政府严格依法行政是落实依法治国基本方略的基础和关键。习近平总书记明确指出："依法治国、依法执政、依法行政是一个有机整体，关键在于党要坚持依法执政、各级政府要坚持依法行政。"[④] 依法治国蕴含了对依法执政和依法行政的基本要求，而依法执政和依法行政其实是党和政府两个关键主体践行依法治国基本要求的具体体现。下面，本书将分别就"依法执政"和"依法行政"两个关键要素的内涵与实现途径展开论证。

二　依法执政的内涵与基本要求

（一）依法执政的内涵

在我国，中国共产党的依法执政在法治建设中有着极其重大的意义。中国共产党的执政方式不同于国外多党制国家执政党的执政方式。在多党制国家，执政党执政的方式通常是派本党领袖或精英到国家机关担任领导职务，执掌国家机关的权力。这种执政方式可称为内部执政。中国共产党也采取到国家机关内部执政的方式，但内部执政方式与国外的做法有不同之处，主要

[①]　范进学:《"法治中国"：世界意义与理论逻辑》,《法学》2018 年第 3 期, 第 9 页。

[②]　中共中央文献研究室编《习近平关于全面从严治党论述摘编》, 中央文献出版社, 2021, 第 59 页。

[③]　《习近平谈治国理政》（第一卷）, 外文出版社, 2018, 第 146 页。

[④]　《习近平谈治国理政》（第三卷）, 外文出版社, 2020, 第 285 页。

体现为中国共产党在国家机关内部设立党组，由党组对该机关重大事务进行领导。除了内部执政方式之外，中国共产党还采取外部领导方式，即由党委在国家机关之外对同级国家机关进行统一领导。因此，中国共产党的执政活动既包括国家机关内设党组的内部执政活动，也包括各级党委对国家机关的外部领导活动。这种双重执政方式导致党与国家机关的关系十分紧密，党的活动直接影响着国家机关的行为和全体公民的利益。按照现代法治政治的基本原则，凡是直接影响公民基本利益的政治权力，都必须由国家法律加以规范和约束，以保证公民正当利益不受非法侵犯，或者在受到侵犯时获得法律的救济。党的领导权和执政权更不能例外，也应当纳入国家法律调整范围，接受国家法律的约束和限制。[①] 所以，无论是执政党的内部执政活动，还是执政党的外部领导活动，都要严格遵守国家法律，在法治轨道上实施。中国共产党的依法执政，是中国法治建设的重要组成部分，甚至是决定中国法治建设成败的关键性因素。

　　在正式提出"依法执政"这一概念之前，"依法执政"的理念已经在党中央形成。1982 年 9 月，党的十二大通过的《中国共产党章程》规定："党必须在宪法和法律的范围内活动。"1986 年 7 月 10 日，中共中央发布《关于全党必须坚决维护社会主义法制的通知》，要求各级党委正确认识和处理与国家权力机关、行政机关、司法机关的关系，支持国家机关依法行使职权；从中央到基层，所有党组织和党员的活动都不能同国家的宪法、法律相抵触，都只有模范地遵守宪法和法律的义务，而没有任何超越宪法和法律的特权。2002 年，党的十六大报告正式提出"依法执政"这一概念。2004 年 9 月 19 日，党的十六届四中全会通过了《中共中央关于加强党的执政能力建设的决定》，把加强依法执政的能力作为加强党的执政能力建设的总体目标之一，并明确了"依法执政"的基本要求："要坚持依法治国，领导立法，带头守法，保证执法，不断推进国家经济、政治、文化、社会生活的法制化、规范化。"[②]2007 年，党的十七大报告在论述"坚定不移发展社会主义民主政治"这一主题时，强调"要坚持党总揽全局、协调各方的领导核心作用，提高党科学执

---

①　黄文艺:《论依法执政基本内涵的更新》,《法制与社会发展》2014 年第 5 期，第78 页。

②　《中共中央关于加强党的执政能力建设的决定》,《求是》2004 年第 19 期，第 5 页。

政、民主执政、依法执政水平，保证党领导人民有效治理国家"。[①] 2012 年，党的十八大报告再次确认了"坚持党总揽全局、协调各方的领导核心作用，保持党的先进性和纯洁性，增强党的创造力、凝聚力、战斗力，提高党科学执政、民主执政、依法执政水平"。[②]

党的十八大以来，以习近平同志为核心的党中央厉行法治，将法治思维和法治方式贯穿于治国理政和管党治党全过程和各方面，发展和丰富了"依法执政"的含义。2014 年，党的十八届四中全会全面地阐释了依法执政的内涵和意义："依法执政"既要求党依据宪法法律治国理政，也要求党依据党内法规管党治党。必须坚持党领导立法、保证执法、支持司法、带头守法，把依法治国基本方略同依法执政基本方式统一起来，把党总揽全局、协调各方同人大、政府、政协、审判机关、检察机关依法依章程履行职能、开展工作统一起来，把党领导人民制定和实施宪法法律同党坚持在宪法法律范围内活动统一起来，善于使党的主张通过法定程序成为国家意志，善于使党组织推荐的人选通过法定程序成为国家政权机关的领导人员，善于通过国家政权机关实施党对国家和社会的领导，善于运用民主集中制原则维护中央权威、维护全党全国团结统一。[③] 可以说，"依法执政"是中国共产党执政历史上正反两个方面经验总结的必然结论，是坚持和改善党的领导的现实选择，是新的历史条件下执政党治国理政方式的重大转变，是推进党和国家治理体系和治理能力现代化的基本要求，是我国民主法治建设的一项重大进步。

（二）依法执政的基本要求

党的十八届四中全会报告强调："依法执政是依法治国的关键。"当下，党的"依法执政"原则要落实到实践中去，将转化为以下几个方面的基本要求。

第一，坚持依宪治国，依宪执政。2004 年 9 月，在纪念全国人民代表大会成立 50 周年大会上，胡锦涛同志强调："依法治国首先要依宪治国，依法

[①] 胡锦涛：《高举中国特色社会主义伟大旗帜　为夺取全面建设小康社会新胜利而奋斗》，《求是》2007 年第 21 期，第 13 页。

[②] 胡锦涛：《坚定不移沿着中国特色社会主义道路前进　为全面建成小康社会而奋斗》，《求是》2012 年第 22 期，第 9 页。

[③] 《中共中央关于全面推进依法治国若干重大问题的决定》，《人民日报》2014 年 10 月 29 日，第 1 版。

执政首先要依宪执政。"[1] 2012 年 12 月，习近平总书记在首都各界纪念现行宪法公布施行 30 周年大会上发表重要讲话，继续阐述了这一要求："依法治国，首先是依宪治国；依法执政，关键是依宪执政。"[2] 依宪执政是指，执政党依据宪法精神、原则与规范治国理政，按照宪法的逻辑思考和解决各种社会问题。执政党还应高度重视宪法的实施，完善宪法监督机制与程序，正确认识违宪审查制度的功能，采取有效措施纠正各种违宪现象。[3] 依宪执政的提出，既是中国法治建设不断深入发展、宪法问题日益凸显的结果，也是历史性的新形势下执政党客观认识执政规律、转变执政方式与提高执政能力的必然选择。

第二，通过"三统一""四善于"，全面实现党的治国主张。坚持把党的领导、人民当家作主、依法治国有机统一起来，是我国社会主义法治建设的一条基本经验。[4] 由于人民代表大会制度是实现三者有机统一的根本制度安排，因此依法执政要求改革与完善党和人大的关系，既要充分体现党的领导、确保中国共产党执政，又要确保各级人大及其常委会自主、独立地行使宪法法律规定的权力、履行法定的职能。[5] 同时，依法执政还要求，执政党要"善于使党的主张通过法定程序成为国家意志，善于使党组织推荐的人选通过法定程序成为国家政权机关的领导人员，善于通过国家政权机关实施党对国家和社会的领导，善于运用民主集中制原则维护中央权威、维护全党全国团结统一"。[6] 也就是说，党要善于通过组织领导、宣传教育等方式，将其政策和主张通过人大立法而上升为国家意志、变成全体人民的共识和共同行动；善于使用提名权与对选举活动的组织、监督权，将党组织推荐的人选通过法定程序成为国家机关的领导干部；善于通过组织领导与监督，推动"一府两

① 中共中央文献研究室编《十六大以来重要文献选编》（中），中央文献出版社，2006，第 225 页。

② 习近平：《论坚持全面依法治国》，中央文献出版社，2020，第 15 页。

③ 韩大元：《中国共产党依宪执政论析》，《中共中央党校学报》2014 年第 6 期，第 6 页。

④ 习近平：《关于〈中共中央关于全面推进依法治国若干重大问题的决定〉的说明》，《人民日报》2014 年 10 月 29 日，第 2 版。

⑤ 封丽霞：《依法执政原理下执政党与人大关系的实践与思考》，《人大研究》2011 年第 11 期，第 30 页。

⑥ 《中共中央关于全面推进依法治国若干重大问题的决定》，《人民日报》2014 年 10 月 29 日，第 1 版。

院"贯彻落实党的重大决策部署；坚持党的民主集中制与国家的民主集中制，在党内与国家政权机关内集思广益，形成统一、理性的决策。

第三，支持和保障国家机关严格依法办事。从党的十六大以来，有关依法执政基本要求的权威性解释一直包括党支持和保障国家机关严格依法办事，具体表现为党领导立法、保证执法、带头守法。党的十八大以来，依法执政的要求又增加了支持司法的内容。习近平强调："我们要坚持党总揽全局、协调各方的领导核心作用"，"支持国家权力机关、行政机关、审判机关、检察机关依照宪法和法律独立负责、协调一致地开展工作。"① 具体而言，要加强党对立法工作的领导，完善党对立法工作中重大问题进行决策的程序。《中共中央关于全面推进依法治国若干重大问题的决定》对党领导立法的程序机制作出了顶层设计："凡立法涉及重大体制和重大政策调整的，必须报党中央讨论决定。党中央向全国人大提出宪法修改建议，依照宪法规定的程序进行宪法修改。法律制定和修改的重大问题由全国人大常委会党组向党中央报告。"② 保证执法，就是党的各级组织要督促和支持国家机关依法行使职权，依法推动各项工作的开展，切实维护公民的合法权益。对国家机关依法行使职权、处理事务的行为，党组织要给予支持，不得以其他理由、依据进行干涉；国家机关未能依法行使职权时，中国共产党的自身各级组织要加以督促，对违法行使职权的要进行纠正。③ 党的十八届四中全会决定特别强调："各级人大、政府、政协、审判机关、检察机关的党组织要领导和监督本单位模范遵守宪法法律，坚决查处执法犯法、违法用权等行为。"④ 支持司法，就是党的各级组织要支持人民法院、人民检察院依法独立公正地行使审判权、检察权，排除对司法活动的各种干预和干扰，为独立公正司法创造良好的制度环境和社会环境。为此，《中共中央关于全面推进依法治国若干重大问题的决定》提出了一项改革举措，即建立领导干部干预司法活动、插手具体案件处

---

① 《习近平谈治国理政》（第一卷），外文出版社，2018，第142页。

② 《中共中央关于全面推进依法治国若干重大问题的决定》，《人民日报》2014年10月29日，第1版。

③ 张恒山：《共产党依法执政是依法治国的关键》，《理论与改革》2014年第6期，第7页。

④ 《中共中央关于全面推进依法治国若干重大问题的决定》，《人民日报》2014年10月29日，第1版。

理的记录、通报和责任追究制度。带头守法，就是各级党组织都要在宪法和法律范围内活动，全体党员都要模范遵守宪法和法律，引导和带动全社会形成办事依法、遇事找法、解决问题用法、化解矛盾靠法的良好法治环境，特别是各级人大、政府、政协、审判机关、检察机关的党组织要领导和监督本单位模范遵守宪法法律，坚决查处知法犯法、违法用权等行为。

第四，加强党内法治建设。促进依法执政，必须推进依法治党，这就需要加强党内法治建设，尤其需要加快构建完整的党内法规体系。党的十八大之后，党内法治建设全面启动。2013 年 5 月，中共中央发布了《中国共产党党内法规制定条例》和《中国共产党党内法规和规范性文件备案规定》。这两部文件被称为党内"立法法"，为党内法治建设尤其是党内法规建设确立了基本规范。《中共中央关于全面推进依法治国若干重大问题的决定》进一步指出："党内法规既是管党治党的重要依据，也是建设社会主义法治国家的有力保障。"[1] 因此，依法执政要求执政党要健全和完善党内立法体系和党内法规体系，不断提升党内制度建设民主化、科学化、规范化程度，确保党内制度建设质量，使党内政治生活有规可依、有章可循。同时，还要强化和协调党内法规体系与国家法律体系的关系，逐步形成由党内法规和国家法律相衔接和相统一的制度体系，形成党内法规和国家法律的合力，为依法治党奠定坚实的制度基础。

三　依法行政的内涵与基本要求

（一）依法行政的内涵

在现代社会，国家的行政权是一种非常重大、活跃的国家权力。各级政府是否能够做到依法行政，也是影响国家法治建设的一个重要因素。1993 年，八届全国人大一次会议通过的政府工作报告指出："各级政府都要依法行政，严格依法办事。一切公职人员都要带头学法懂法，做执法守法的模范。"在政府正式文件中确定了"依法行政"原则。1999 年《国务院关于全面推进依法行政的决定》作为对 1997 年党的十五大报告提出"依法治国，建设社会主义法治国家"重要论断以及 1999 年宪法修正案将其纳入宪法的直接回应，强调

---

[1] 《中共中央关于全面推进依法治国若干重大问题的决定》，《人民日报》2014 年 10 月 29 日，第 1 版。

了"依法行政"的重要意义。随着 2004 年《全面推进依法行政实施纲要》、2008 年《国务院关于加强市县政府依法行政的决定》、2010 年《国务院关于加强法治政府建设的意见》、2014 年《中共中央关于全面推进依法治国若干重大问题的决定》、2015 年《法治政府建设实施纲要（2015—2020 年）》、2021 年《法治政府建设实施纲要（2021—2025 年）》等法治政府建设纲领性文件的出台，依法行政、法治政府的目标、任务及措施日渐清晰与明确。党的十九届四中全会决定提出"坚持和完善中国特色社会主义行政体制，构建职责明确、依法行政的政府治理体系"，依法行政在国家治理体系和治理能力现代化中的功能更加凸显。

20 世纪 90 年代，我国行政法学界开始普遍认为"依法行政"是行政法的基本原则与精神理念，并将其视作"行政法体系的一块基石"。[①] 在概括"依法行政"原则的内涵时，学界一般将"依法行政"界定为：执法主体的设立和执法活动要有法可依，行使行政职能必须由法律授权并依据法律规定。在执法过程中，执法的主体要合法（执法主体的设立及其职能都必须由法律授权、有法律根据）、执法的内容要合法（执法的方式、法律后果都要有法律根据、符合立法目的）、执法的程序也要合法（执法要符合法定步骤、顺序，不能任意简化、改变、调换和省略程序，也不能超过法定时限）。由于行政权活动范围广泛，涉事庞杂，人们很难通过立法活动对所有的行政活动预先规制，因而，"依法行政"原则又表现为两项内容。其一为法律优位原则，即行政机关在进行公务活动时要优先考虑立法者的意图。一切行政活动，均不得与法律相抵触。其二为法律保留原则，即并非所有的行政活动都必须有法律根据，只有行政活动涉及一定领域，才需要法律保留。除依法行政原则之外，行政活动的基本原则还包括合理原则、正当程序原则、效率原则、信赖利益保护原则等。从党与国家的有关文件上看，"依法行政"的范围更为广泛。比如，2004 年国务院发布的《全面推进依法行政实施纲要》就将依法行政原则作为行政法的总括性原则，在行政法基本原则中具有最高的位阶，其内容包括合法行政、合理行政、程序正当、诚实守信、高效便民、权

---

① 应松年、马怀德：《建立市场经济体制离不开行政法》，《中国法学》1994 年第 1 期，第 21 页。

责统一等。① 党的十八大以来，以习近平同志为核心的党中央高度重视推进依法行政、建设法治政府，就依法行政进行了战略部署和战略安排，延续并深化了依法行政的广义界定，提出"依法治国、依法执政、依法行政共同推进"的工作布局。根据党的十八届四中全会决定的规定，"依法行政"指各级政府在党的领导下、在法治轨道上开展工作，创新执法体制，完善执法程序，推进综合执法，严格执法责任，建立权责统一、权威高效的依法行政体制，特别是要牢固树立权力来自人民、权力源于法律授予的政府理念，坚持法定职责必须为、法无授权不可为，做到严格规范公正文明执法。因此，依法行政的内涵不仅涵盖了法律优位和法律保留原则，而且还强化了依法行政的实质正当要求——行政权力的行使应当以人民为中心。同时，"依法治国、依法执政、依法行政共同推进"的提出，也改变了行政系统自我驱动、自我建设的内驱型法治政府建设模式。这种内驱型法治政府建设模式的主要不足表现为："在行政权力的运行实践中，一些党的机构对某些行政权力的直接、实质性影响无法通过法治化、制度化、规范化的渠道进行吸纳，部分政治权力的不当外溢容易侵蚀法治政府的根基，进而导致依法行政和依法执政的功能失序。"② 而通过"依法执政"和"依法行政"的共同推进、协同发力，可以克服内驱型法治政府建设模式的不足，加强和改善党的领导，使党的领导成为依法行政的政治保障和强大动力。在党的十八大之后，党中央成立中央全面依法治国领导小组（党的十九大后改为中央全面依法治国委员会），以"行政主导、内部运行、单兵推进"为特征的内驱型法治政府建设模式逐渐转向了以"党的领导、系统运行、多头推进"为机理的党领导法治政府建设模式。在这种模式下，复杂多样的行政权力均被纳入法治的轨道，从而实现依法执政与依法行政的统一，通过依法执政实现依法行政。③

（二）依法行政的基本要求

习近平总书记指出："行政执法工作面广量大，一头连着政府，一头连着

---

① 《全面推进依法行政实施纲要》，《人民日报》2004年4月21日，要闻版。
② 林华：《通过依法执政实现依法行政的制度逻辑》，《政法论坛》2020年第6期，第60页。
③ 林华：《通过依法执政实现依法行政的制度逻辑》，《政法论坛》2020年第6期，第65页。

群众，直接关系群众对党和政府的信任、对法治的信心。"① 通过法治规范行政权力，落实依法行政的要求，主要表现在以下六个方面。

第一，依法全面履行政府职能。完善行政组织和行政程序法律制度，推进机构、职能、权限、程序、责任法定化，推进各级政府事权规范化、法律化。行政机关不得法外设定权力，没有法律法规依据不得作出减损公民、法人和其他组织合法权益或增加其义务的决定。推行政府权力清单制度，坚决消除权力设租寻租空间。推进各级政府事权规范化、法律化，完善不同层级政府特别是中央和地方政府事权法律制度。

由于我国政府机关属于重要的立法主体，因此依法全面履行政府职能还要求严格规范行政立法行为。根据《法治政府建设实施纲要（2021—2025年）》的规定，在行政立法领域，要坚持科学立法、民主立法、依法立法，着力实现政府立法质量和效率并重并进，增强针对性、及时性、系统性、可操作性。加强重要领域立法，积极推进国家安全、科技创新、公共卫生、文化教育、民族宗教、生物安全、生态文明、防范风险、反垄断、涉外法治等重要领域立法。加强规范共同行政行为立法，推进机构、职能、权限、程序、责任法定化。完善立法工作机制，增强政府立法与人大立法的协同性，统筹安排相关联相配套的法律法规规章的立改废释工作。聚焦实践问题和立法需求，提高立法精细化精准化水平。完善立法论证评估制度，加大立法前评估力度，认真论证评估立法项目必要性、可行性。建立健全立法风险防范机制，将风险评估贯穿立法全过程。丰富立法形式，注重解决实际问题。积极运用新媒体新技术拓宽立法公众参与渠道，完善立法听证、民意调查机制。修改法规规章备案条例，推进政府规章层级监督，强化省级政府备案审查职责。推进区域协同立法，强化计划安排衔接、信息资源共享、联合调研论证、同步制定修改。除规范行政立法以外,《法治政府建设实施纲要（2021—2025年）》还要求加强行政规范性文件制定监督管理。依法制定行政规范性文件，严禁越权发文、严控发文数量、严格制发程序。建立健全行政规范性文件制定协调机制，防止政出多门、政策效应相互抵消。健全行政规范性文件动态清理工作机制。加强对行政规范性文件制定和管理工作的指导监督，推动管

---

① 《习近平谈治国理政》（第四卷），外文出版社，2022，第 294 页。

理制度化规范化。全面落实行政规范性文件合法性审核机制，明确审核范围，统一审核标准。严格落实行政规范性文件备案审查制度。[①]

第二，规范行政决策程序。把公众参与、专家论证、风险评估、合法性审查、集体讨论决定确定为重大行政决策法定程序，确保决策制度科学、程序正当、过程公开、责任明确。在行政活动中，严格落实重大行政决策程序制度。全面推行行政规范性文件合法性审核机制，凡涉及公民、法人或其他组织权利和义务的行政规范性文件均应经过合法性审查。积极推行政府法律顾问制度，充分发挥法律顾问、公职律师在重大行政决策中的作用。建立健全重大行政决策跟踪反馈和评估制度。建立重大决策终身责任追究制度及责任倒查机制，对决策严重失误或者依法应该及时作出决策但久拖不决造成重大损失、恶劣影响的，严格追究行政首长、负有责任的其他领导人员和相关责任人员的法律责任。

第三，深化行政体制改革，加快转变政府职能。一方面，根据不同层级政府的事权和职能，按照减少层次、整合队伍、提高效率的原则，合理配置执法力量；坚持优化政府组织结构与促进政府职能转变、理顺部门职责关系统筹结合，使机构设置更加科学、职能更加优化、权责更加协同。另一方面，理顺政府与市场的关系、政府和社会关系，推动有效市场和有为政府更好结合，减少政府干预过多和监管不到位的情况。

第四，坚持严格规范公正文明执法。依法惩处各类违法行为，加大关系群众切身利益的重点领域执法力度。全面实行行政执法公示制度、执法全过程记录制度、重大执法决定法制审核制度，针对行政执法过程中执法权力来源、执法过程以及执法结果三个关键环节来规范执法行为。严格规范行政自由裁量权，建立健全行政裁量权基准制度，细化、量化行政裁量标准，规范裁量范围、种类、幅度。加强行政执法信息化建设和信息共享，提高执法效率和规范化水平。全面落实行政执法责任制，严格确定不同部门及机构、岗位执法人员执法责任和责任追究机制。坚决排除对执法活动的干预，防止和克服地方和部门保护主义，惩治执法腐败现象。

第五，强化对行政权力的制约和监督。加强党内监督、人大监督、民主

---

① 《法治政府建设实施纲要（2021—2025年）》，《人民日报》2021年8月12日，第1版。

监督、行政监督、司法监督、审计监督、社会监督、舆论监督制度建设，努力形成科学有效的权力运行制约和监督体系，增强监督合力和实效。加强对政府内部权力的制约，是强化对行政权力制约的重点。对财政资金分配使用、国有资产监管、政府投资、政府采购、公共资源转让、公共工程建设等权力集中的部门和岗位实行分事行权、分岗设权、分级授权，定期轮岗，强化内部流程控制，防止权力滥用。完善政府内部层级监督和专门监督，改进上级机关对下级机关的监督，建立常态化监督制度。完善纠错问责机制，健全责令公开道歉、停职检查、引咎辞职、责令辞职、罢免等问责方式和程序。完善审计制度，保障依法独立行使审计监督权。

第六，全面推进政务公开。坚持以公开为常态、不公开为例外的原则，推进决策公开、执行公开、管理公开、服务公开、结果公开。各级政府及其工作部门依据权力清单，向社会全面公开政府职能、法律依据、实施主体、职责权限、管理流程、监督方式等事项。重点推进财政预算、公共资源配置、重大建设项目批准和实施、社会公益事业建设等领域的政府信息公开。涉及公民、法人或其他组织权利和义务的规范性文件，按照政府信息公开要求和程序予以公布。推行行政执法公示制度。推进政务公开信息化，加强互联网政务信息数据服务平台和便民服务平台建设。

第二节　法治国家、法治政府、法治社会一体建设

一　"法治国家、法治政府、法治社会一体建设"的核心要义

1997 年 9 月，党的十五大报告将"建设社会主义法制国家"改为"建设社会主义法治国家"，并将其作为社会主义民主政治发展的目标，从党的政治主张的角度确认了"法治国家"的政治基础，同时确立法治在社会治理中的作用。1999 年，"依法治国，建设社会主义法治国家"进入我国宪法的文本之中。在依法治国方略被党和国家确认之后，"法治政府""法治社会"的理念在我国也逐渐成形并丰富起来。2004 年国务院印发的《全面推进依法行政实施纲要》较早提出了"法治政府"概念，确立了"经过十年左右坚持不懈的努力，基本实现建设法治政府的目标"。从党的十七大开始，法治政府的建设开始被纳入小康社会建设的奋斗目标之中。2010 年，国务院发布了《国

务院关于加强法治政府建设的意见》，对全面推进依法行政、进一步加强法治政府建设做出了工作部署。2012 年，习近平总书记在首都各界纪念现行宪法公布施行 30 周年的大会上提出"法治国家、法治政府、法治社会一体建设"的重大论断。① 这一论断不仅在"法治国家""法治政府"的概念之外，明确界定了"法治社会"的外延，而且强调了法治国家、法治政府、法治社会的"一体建设"的工作布局，揭示了法治中国的核心要义。此后，在党的十八届三中全会、十八届四中全会、十九大、十九届二中全会、中央全面依法治国委员会第一次会议、二十大等重要会议中均承继了这一论断。党的十九大报告描绘了法治中国建设的时间表与宏伟蓝图：从二〇二〇年到二〇三五年，"人民平等参与、平等发展权利得到充分保障，法治国家、法治政府、法治社会基本建成，各方面制度更加完善，国家治理体系和治理能力现代化基本实现"。② 党的二十大报告则就"法治国家、法治政府、法治社会一体建设"作出了进一步的工作部署。③

在我国，"法治国家"的含义非常丰富。从规范价值体系来说，我国宪法文本所确认的"法治国家"是政治共同体依照法律治理国家生活的原则、规则与具有未来指向性的价值体系。从形态上来说，"法治国家"的实质要素包括人的尊严、自由和平等，形式要素包括法律至上、人权保障与权力制约。④法治政府从字面上讲就是"法律统治下的政府"，即政府在法律限定的范围内行使权力。形式意义上的法治政府指依法行政，政府行为均应当受到法律的限制、规范和约束，政府权力的运行应体现法治的原则和精神。从实质法治观的角度来看，法治政府中对于行政权力加以约束的法律必须是符合正义的良法，"善法"、"良法"或曰"公正的法律体系"被视为实现法治的前提。而这种良善与公正，与法治国家的价值指向是一致的。与"法治国家""法治政府"类似，"法治社会"也是一个既具有实质价值指向，也具有特定规范表现形式的概念。从实质价值指向上看，法治社会同样包含社会公平、安定有

---

① 习近平：《论坚持全面依法治国》，中央文献出版社，2020，第 16 页。
② 习近平：《决胜全面建成小康社会　夺取新时代中国特色社会主义伟大胜利》，《人民日报》2017 年 10 月 28 日，第 1 版。
③ 本书编写组编著《党的二十大报告辅导读本》，人民出版社，2022，第 36~38 页。
④ 韩大元：《中国宪法文本中"法治国家"规范分析》，《吉林大学社会科学学报》2014年第 3 期，第 71~72 页。

序和维护人民权益等价值在内的价值体系；从特定规范表现形式上看，法治社会是指全社会实现法的治理，社会生活受到完备而融贯的规范调整，社会各类组织、成员与国家各职能部门形成自治与统治分工协作，即跨越统治与自治之共治秩序。①

从法治国家、法治政府、法治社会三者的关系上看，它们各有侧重、相辅相成，三者共同构成建设法治中国的三根支柱，缺少任何一个方面，全面依法治国的总目标就无法实现。正如习近平总书记所指出的那样，"法治国家、法治政府、法治社会相辅相成，法治国家是法治建设的目标，法治政府是建设法治国家的重点，法治社会是构筑法治国家的基础"。② 第一，法治国家作为法治建设的目标，本身就蕴含着法治政府、法治社会的实质价值与规范内容要求。第二，法治政府建设是重点任务和主体工程，要率先突破。在现代社会，政府往往是规模最大、公职人员最多、职权最复杂多样的国家机关，其行为与人民的联系也最为密切。可以说，政府的运作状况直接决定了国家法律治理的总体水平。因此，法治政府建设构成了依法治国的重点任务和主体工程。第三，法治社会是构筑法治国家的基础。从发生学意义上说，社会是国家的母体和原生体，"社会决定国家"是国家和社会关系的主要方面，因而也是理解和建设现代法治的根本点。另外，在我国，建设法治社会也是破解公权力控制乏力等法治瓶颈的有效路径。③ 社会主体积极参与法治建设，不仅能够减少法治运行的成本，而且还可以形成对国家立法、执法、司法行为的监督、反馈和修正，从而促进法治趋向于实质的良善。因此，法治社会在法治国家建设中具有基础性地位。

二　法治国家是法治建设的目标

法治是人类文明的重要成果。法治兴则国兴，法治强则国强。在现代社会，法治更是发挥着不可替代的重要作用。党的十八大以来，党中央高度重

---

① 江必新、王红霞:《法治社会建设论纲》,《中国社会科学》2014 年第 1 期，第 141~142 页。

② 习近平:《坚定不移走中国特色社会主义法治道路　为全面建设社会主义现代化国家提供有力法治保障》,《求是》2021 年第 5 期，第 11 页。

③ 江必新、王红霞:《法治社会建设论纲》,《中国社会科学》2014 年第 1 期，第 145~146 页。

视依法治国，强调落实依法治国基本方略，加快建设社会主义法治国家。党的十八届四中全会决定提出，全面推进依法治国，总目标是建设中国特色社会主义法治体系，建设社会主义法治国家。这个总目标的提出，既明确了全面推进依法治国的性质和方向，又突出了全面推进依法治国的工作重点和总抓手，对全面推进依法治国具有纲举目张的意义。党的十九大把建设社会主义法治国家纳入全面建设社会主义现代化国家的总目标、总任务之中。党的二十大进一步要求："我们要坚持走中国特色社会主义法治道路，建设中国特色社会主义法治体系、建设社会主义法治国家，围绕保障和促进社会公平正义，坚持依法治国、依法执政、依法行政共同推进，坚持法治国家、法治政府、法治社会一体建设，全面推进科学立法、严格执法、公正司法、全民守法，全面推进国家各方面工作法治化。"[①]

为了落实建设社会主义法治国家这一总目标，党的十八届四中全会进行了全面的工作部署。其中包括以下四个方面的建设任务。

第一，坚持依宪治国、依宪执政，确保宪法全面实施，不断提高宪法实施水平。宪法作为根本法，在法治国家建设中发挥着秩序维护、利益协调、价值塑造、人权保障的基准作用，宪法为法治国家建设的基本领域、完整环节和各个层次提供了根本保障。[②] 习近平总书记从统筹推进"五位一体"总体布局和协调推进"四个全面"战略布局的高度定位法治、厉行法治、布局法治，明确提出"宪法是全面依法治国的根本依据"。[③] 党的二十大报告在"坚持全面依法治国，推进法治中国建设"部分的首要要求就是"完善以宪法为核心的中国特色社会主义法律体系"。因此在法治国家建设中，首先要坚持依宪治国，依宪执政，"加强宪法实施和监督，健全保证宪法全面实施的制度体系，更好发挥宪法在治国理政中的重要作用，维护宪法权威"。[④] 第二，建设中国特色社会主义法治体系。中国特色社会主义法治体系是推进全面依法治国的总抓手，其内部包括五个组成部分，即完备的法律规范体系、高效

---

① 本书编写组编著《党的二十大报告辅导读本》，人民出版社，2022，第 36 页。
② 王旭：《论习近平法治思想中的坚持依宪治国、依宪执政》，《法学论坛》2023 年第1 期。
③ 习近平：《论坚持全面依法治国》，中央文献出版社，2020，第 201 页。
④ 本书编写组编著《党的二十大报告辅导读本》，人民出版社，2022，第 37 页。

的法治实施体系、严密的法治监督体系、有力的法治保障体系、完善的党内法规体系。在法治国家建设中，完备的法律规范体系可以提供良法、促进发展、保障善治；高效的法治实施体系可以通过制度效果，增强人民群众的获得感、幸福感、安全感；严密的法治监督体系有助于规范权力的行使，树立法的权威，促进法的有效实施；有力的法治保障体系可以通过提供政治、组织、队伍、人才、科技、信息等方面的必要保障，为法治国家建设筑牢坚实后盾；完善的党内法规体系不仅有利于建构政党的合法性基础、增强政党的可持续发展，而且能够引导执政党更好地领导立法、保证执法、支持司法、带头守法，促进法治国家建设。第三，全面推进科学立法、严格执法、公正司法、全民守法。其中，科学立法是全面推进依法治国的前提，严格执法是全面推进依法治国的关键，公正司法是全面推进依法治国的重点，全民守法是全面推进依法治国的基础。第四，坚持依法治国、依法执政、依法行政共同推进，坚持法治国家、法治政府、法治社会一体建设，在法治轨道上推进国家治理体系和治理能力现代化，为加快建设法治中国而奋斗。法治国家建设是一项庞大的系统工程，各环节、各领域彼此关联、相互影响，牵一发而动全身。因此，"必须统筹兼顾、把握重点、整体谋划，在共同推进上着力，在一体建设上用劲"。①

三　法治政府是建设法治国家的重点

20世纪以来，许多国家为了解决政治、经济、社会生活中出现的许多新问题，不得不将其立法活动扩张到一个巨大且至今仍无法限定的活动领域。与之相应的一个现象是，越来越复杂的行政机构正在形成，以实施、监控和补充立法对社会生活的干预。不仅如此，由于社会对立法干预需求的急剧增长，立法者不堪重负已成为现代国家的一项特征。为了减少负担，立法者在立法时不仅设立行为规则，而且还建立公共机构，授权这些机构裁决个案，或者授权行政机构制定规则。这就使得政府在现代国家中逐渐拥有了创立规范、执行规范、依据规范裁决纠纷等复杂而全面的国家权力。随着公共行政权的扩张，政府能够按照法治原则运行，成为现代国家政治文明程度的重要

---

① 习近平：《论坚持全面依法治国》，中央文献出版社，2020，第113页。

标志。

在我国改革开放前，由于采用社会主义计划经济体制，国家权力空前深入社会的每个角落，政府的控制力渗透到了社会生活的方方面面，具有强大的支配性地位。尽管这种体制在集中资源加快独立工业体系的建立方面发挥了重要作用，并基本保持了高积累下的社会稳定，但是它最大的缺陷是不能长久实现社会主义所追求的高效率。[①] 在这种体制下，人们处于自上而下的金字塔形的权力等级中，不仅自主的权力很小，企业和个人能力也很难充分发挥。改革开放以后，我国政府自身也进行了多方面的改革，精简政府机构，转变政府职能，以解决官僚主义、职能交叉、效率低下、权责脱节、政企不分、社会缺乏活力等治理弊端。不过，政府作为政治统治工具和公共管理机关的统一体，仍然承担着巨大的、其他国家机关与社会组织所无法承担的职能。"新世纪以来，社会所凸显的问题，大部分与公共服务相关。公共服务不到位造成的问题，直接阻滞了现代化建设的整体步伐。事实上，社会发展的滞后已经开始影响到经济的发展和现代化的整体进程。改革三十年来积累下来的问题如果不通过政府实行有效的社会政策予以缓解和解决，进一步的发展就要受到威胁。"[②] 政府所承担的重要职能使得其在国家治理体系中居于主体位置。因此，政府在法治轨道上运行，便成为全面依法治国的关键之处。没有法治政府，就无法落实依法治国各项要求，也不可能建成法治国家和法治社会，更谈不上国家治理体系和治理能力现代化。"推进全面依法治国，法治政府建设是重点任务和主体工程，对法治国家、法治社会建设具有示范带动作用，要率先突破。"[③]

2004 年，国务院发布了《全面推进依法行政实施纲要》，首次提出了法治政府建设的顶层设计。党的十八届四中全会提出"加快建设职能科学、权责法定、执法严明、公开公正、廉洁高效、守法诚信的法治政府"。为了落实党中央的要求，2015 年中共中央、国务院印发《法治政府建设实施纲要

①　武力：《中国计划经济的重新审视与评价》，《当代中国史研究》2003 年第 4 期，第37~38 页。

②　朱光磊：《中国政府职能转变问题研究论纲》，《中国高校社会科学》2013 年第 1 期，第 147 页。

③　习近平：《坚定不移走中国特色社会主义法治道路　为全面建设社会主义现代化国家提供有力法治保障》，《求是》2021 年第 5 期，第 10 页。

（2015—2020年）》，首次以党政联合发文的形式，确立了法治政府建设的主要任务与具体措施。2017年，党的十九大报告确立了法治政府建设的时间表。2021年，中共中央、国务院印发了《法治政府建设实施纲要（2021—2025年）》，确立了法治政府建设的新的阶段性目标。2022年，党的二十大就扎实推进依法行政、进行法治政府建设作出新的工作部署。近年来，行政组织、行政行为、行政责任等方面的法律日益完备，我国的行政体制不断优化，行政决策的科学化、民主化和法治化程度日益提高，行政执法体制向着权责统一、权威高效的方向持续迈进。

正如习近平总书记所指出的那样，当下，"法治政府建设还有一些难啃的硬骨头，依法行政观念不牢固、行政决策合法性审查走形式等问题还没有根本解决"。[①]我国正处于经济快速发展和社会转型期，社会矛盾急剧增多，对政府治理提出了许多新的挑战。对于这些挑战，《法治政府建设实施纲要（2021—2025年）》确立了法治政府的建设原则，即"坚持党的全面领导，确保法治政府建设正确方向；坚持以人民为中心，一切行政机关必须为人民服务、对人民负责、受人民监督；坚持问题导向，用法治给行政权力定规矩、划界限，切实解决制约法治政府建设的突出问题；坚持改革创新，积极探索具有中国特色的法治政府建设模式和路径；坚持统筹推进，强化法治政府建设的整体推动、协同发展"。[②]这一实施纲要还就法治政府建设部署了多方面的具体举措。

四　法治社会是构筑法治国家的基础

社会与国家是人类创造并生存于其中的两类相互区别又密切联系的组织体、共同体与行动体。二者既有相互包容的面向，也有相对独立的面向。从包容的面向看，国家的建构不能脱离社会而在真空之中完成，社会的存续也离不开国家所提供的公共产品的支持与保障。从独立的面向看，国家的运作主要依靠政权机关、职能部门来进行，而社会的运作主要依靠非政权机关的

[①] 习近平：《坚定不移走中国特色社会主义法治道路　为全面建设社会主义现代化国家提供有力法治保障》，《求是》2021年第5期，第10页。

[②]《法治政府建设实施纲要（2021—2025年）》，《人民日报》2021年8月12日，第1版。

社会组织、企业以及个人来进行；国家能够通过其所控制的国家机器来统治和管理社会，社会也能够通过社会资本、舆论与自治机制来监督和批评国家。在理想的状况下，二者能够保持良性的互动，进而使公共利益最大化，并使共同体内部的所有成员获益。但是，由于二者在主体上的差别，其行为动机与利益诉求不会完全重合，国家对社会的管控经常会出现过度干预、低效迟延等弊端；而社会内部也会出现结构分化、矛盾多发的复杂社会格局，既无法形成理性的公共舆论监督国家，也无法保持自身的有序发展。为了协调不同主体之间的关系，需要一种稳定的机制来维护不同主体的正当利益，并促成不同主体之间进行理性沟通与团结合作。在现代社会，这一机制主要表现为法治机制。

改革开放以来，我国在探索新形势下的治理路径时，首先开启了政府治理体制与治理方式的改革。针对政府系统存在严重的"机构臃肿，层次重叠，手续繁杂，效率极低"问题，邓小平同志指出，"如果现在再不实行改革，我们的现代化事业和社会主义事业就会被葬送"。[①] 后来他又多次讲过，"精简机构是一场革命"。[②] 随着政府自身的治理体制改革的深入，政府治理权能开始分化和转移，并在简政放权的基础上吸纳社会主体参与到公共事务的治理活动中来。2007 年，党的十七大报告提出"加快推进以改善民生为重点的社会建设"，并明确了"健全党委领导、政府负责、社会协同、公众参与的社会管理格局"的具体要求。[③] 在多元共治的社会建设中，法治问题逐渐开始受到重视。2012 年，习近平同志正式提出"法治社会"这一概念与"法治国家、法治政府、法治社会一体建设"的论断。2013 年，党的十八届三中全会正式将"坚持依法治国、依法执政、依法行政共同推进，坚持法治国家、法治政府、法治社会一体建设"确定为建设法治中国的推进方略，同时在"创新社会治理体系"部分强调要"坚持依法治理，加强法治保障，运用法治思维和法治方式化解社会矛盾"。[④] 2020 年 12 月，中共中央印发了《法治

① 《邓小平文选》（第二卷），人民出版社，1994，第 150 页。
② 《邓小平文选》（第二卷），人民出版社，1994，第 396 页。
③ 胡锦涛：《高举中国特色社会主义伟大旗帜　为夺取全面建设小康社会新胜利而奋斗》，《求是》2007 年第 21 期，第 18 页。
④ 《中共中央关于全面深化改革若干重大问题的决定》，《人民日报》2013 年 11 月 16 日，第 1 版。

社会建设实施纲要（2020—2025 年）》，要求建设一个信仰法治、公平正义、保障权利、守法诚信、充满活力、和谐有序的社会主义法治社会。

在我国，法治社会在全面依法治国事业中具有基础性地位。这主要是由中国法治建设的基本背景所决定的。第一，在市场经济时代，国家直接行政管理和大规模社会动员减少，过去社会动员所依赖的基础条件不断变化乃至消失，国家动员能力相对弱化。但是，以政府为指向的诉求并未减少，包括生活的基本条件、利益的保护和扩张、公正稳定的社会秩序等，甚至是不同社会主体之间的冲突，也可能把诉求转向政府。而政府正由"全能型政府"转向"有限政府"，对复杂多样的诉求往往力所不逮。① 第二，既有的法律体系在适应现实社会问题时仍存在许多瓶颈，过度立法与立法匮乏的情况并存。② 立法需要更多地吸纳和整理来自社会民众的意见，以发现其所欲规制的问题症结之所在，并增强其法规范自身的正当性与合理性。正式法律制度也需要社会所生成的自治规则和非正式制度来减少运行成本，提升运行效果。第三，我国社会的治理基础仍存在薄弱之处，需要通过多方面的努力培育和完善社会治理机制。当下，我国的市场机制发育仍不尽完善，公共服务不够自由，社会保障体系不够健全，公共理性与规则意识仍有所不足，这些不利因素都制约了社会对法治建设的参与能力和承接能力。第四，社会矛盾和非传统安全态势严峻，对法治建设构成了严峻挑战。③

针对上述现实问题，《法治社会建设实施纲要（2020—2025 年）》在多方面提出了解决方案。第一，在制度层面提供一个社会成员可以信任、依赖、诉诸的规范体系。因此应加快建立健全社会领域法律制度，完善多层次多领域社会规范，强化道德规范建设，深入推进诚信建设制度化，以良法促进社会建设、保障社会善治。在健全社会领域法律制度方面，应完善教育、劳动就业、收入分配、社会保障、医疗卫生、食品药品等重要领域立法，不断保障和改善民生；健全社会组织、城乡社区、社会工作等方面的法律制度，进

---

① 陈柏峰：《中国法治社会的结构及其运行机制》，《中国社会科学》2019 年第 1 期，第71 页。

② 江必新、王红霞：《法治社会建设论纲》，《中国社会科学》2014 年第 1 期，第 146 页。

③ 陈柏峰：《中国法治社会的结构及其运行机制》，《中国社会科学》2019 年第 1 期，第74~75 页。

一步加强和创新社会治理。在国家正式法律制度之外，还应促进居民公约、村规民约、行业规章、社会组织章程等社会规范建设，推动社会成员自我约束、自我管理、自我规范。为了保证规范体系趋于良善，在立法活动以及社会规范生成过程中应切实保障公民基本权利，有效维护各类社会主体合法权益；制定与人民生产生活和现实利益密切相关的经济社会政策和出台重大改革措施，充分体现公平正义和社会责任，畅通公众参与重大公共决策的渠道，采取多种形式广泛听取群众意见。第二，通过多种类、多层次的治理方式，辅助正式法律制度的运行。在执法、司法过程中，通过人民群众监督评价机制、产权保护统筹协调工作机制、政府信息公开机制、消费者权益保护集体诉讼制度、诉讼参与人诉讼权利保障制度、案件纠错机制、执行工作长效机制、人民陪审员制度、人民监督员制度、现代化诉讼服务体系等制度，保障严格执法、公正司法的实现。第三，加快对社会安全体系的整体设计和战略规划，增强社会安全感；完善社会矛盾纠纷多元预防调处化解综合机制，依法有效化解社会矛盾纠纷，促进社会成员之间的利益协调。第四，加强基层治理能力。基层是社会和谐稳定的基础，必须更加重视基层基础工作，充分发挥共建共治共享在基层的作用。加强和创新基层社会治理，推动更多法治力量向引导和疏导端用力，将矛盾纠纷化解在基层，将和谐稳定创建在基层。第五，树立宪法法律至上、法律面前人人平等的法治理念，培育全社会法治信仰，增强法治宣传教育针对性和实效性，引导全体人民做社会主义法治的忠实崇尚者、自觉遵守者、坚定捍卫者，使法治成为社会共识和基本原则。第六，推动社会治理从现实社会向网络空间覆盖，建立健全网络综合治理体系，加强依法管网、依法办网、依法上网，全面推进网络空间法治化，营造清朗的网络空间。

第三节　统筹推进国内法治与涉外法治

一　"统筹推进国内法治与涉外法治"的核心要义

自近代民族国家产生以来相当长的一段时间内，从法律上说，一国的国内事务与对外事务在很大程度上是分离的。换言之，一国的国内治理纯粹是本国的内部事务，不会对他国产生明显的溢出效应；类似地，一国的对外事务也不会明显地影响一国的国内治理。① 然而，随着全球远距离互动程度的加深，国内问题与国际问题之间的界限趋于模糊。20 世纪 90 年代，冷战结束后，各个层面的全球整合趋势大大增强。在经济一体化的基础上，世界各国之间产生一种内在的不可分离和日益加强的相互联系。一国法律制度的形成与运作，往往与其他国家、国际组织的法律实践保持着一种复杂的互动与联结。

我国自改革开放以来，开始主动参与世界市场，并逐渐迈进全球治理格局之中。这不仅推动我国制定了许多具有涉外因素的法律制度，而且也在很大程度上推动了国内事务的法治建设进程。② 近年来，随着我国经济持续发展和综合国力的不断提升，我国的法治建设在全球治理中也开始发挥越来越重要的作用。2019 年 2 月，习近平同志在中央全面依法治国委员会第二次会议中强调，改革开放 40 年的经验告诉我们，做好改革发展稳定各项工作离不开法治，改革开放越深入越要强调法治。要完善法治建设规划，提高立法工作质量和效率，保障和服务改革发展，营造和谐稳定社会环境，加强涉外法治建设，为推进改革发展稳定工作营造良好法治环境。③ 同年 10 月，党的十九届四中全会通过的《中共中央关于坚持和完善中国特色社会主义制度 推进国家治理体系和治理能力现代化若干重大问题的决定》在"坚持和完善独立自主的和平外交政策，推动构建人类命运共同体"部分提出"必须统筹国内国际两个大局""加强涉外法治工作"的要求。在 2020 年召开的中央依法治国工作会议上，习近平总书记又提出了"要坚持统筹推进国内法治和涉外法治"的论断，主张要加快涉外法治工作战略布局，协调推进国内治理和国际治理，更好维护国家主权、安全、发展利益；要强化法治思维，运用法治方式，有效应对挑战、防范风险，综合利用立法、执法、司法等手段开展斗争，坚决维护国家主权、尊严和核心利益；要推动全球治理变革，推

---

① 蔡从燕：《统筹推进国内法治和涉外法治中的"统筹"问题》，《武大国际法评论》2022 年第 4 期，第 5 页。

② 何志鹏：《国内法治与涉外法治的统筹与互动》，《行政法学研究》2022 年第 5 期，第 6 页。

③ 习近平：《论坚持全面依法治国》，中央文献出版社，2020，第 253~258 页。

动构建人类命运共同体。[①]

　　在理解"统筹推进国内法治和涉外法治"这一命题的核心要义时,重点应明确"涉外法治"这一概念的所指。"涉外法治"是中国特色社会主义法治理论与时俱进不断发展的产物,是马克思主义法治理论中国化的最新成果之一。从性质上看,我国的"涉外法治"区别于国内法治和国际法治,是一种介于国内法治与国际法治之间的双向互动的法治形态。从规范法学的角度看,"涉外法治"可以定义为:一国为了维护自身正当利益、推动构建更加公平公正的国际法律秩序等目标,以本国为主体制定或参与制定法律或法律方案,并跨国家适用与执行的一系列法律活动。另外,由于国际社会的法治仍处于起步状态,国际法律秩序的形成裹挟着各种政治、经济权力的角逐。因此,从政治法学的角度看,"涉外法治"除了国家参与全球法律治理的积极内涵之外,还包含"以其人之道还治其人之身"的防御和反制的消极意涵。站在百年未有之大变局的历史分水岭上,我国涉外法治的体系建设要兼顾积极和消极两个层面。消极层面与国内法治密切相关,要求国家对外来干涉具有防御和反制的能力,对霸权主义要"以其人之道还治其人之身",捍卫国家的主权、尊严和利益。积极层面则是国内法治理念的延伸与拓展,国家以"积极参与者"的身份推动国际法治的建构,改革现有国际法中不公平合理的部分。[②]

　　国内法治与涉外法治的"统筹推进",强调的是应通过通盘筹划、统一部署的方式来促进二者的协同发展,[③] 但这并不意味着二者的推进完全缺乏重点。习近平同志特别强调的是要重视和推进涉外法治,这是因为我国"涉外法治短板比较明显"。[④] 因此,在"统筹推进国内法治和涉外法治"时,要加快涉外法治工作战略布局,强化法治思维,运用法治方式,综合利用立法、

①　《习近平在中央全面依法治国工作会议上强调坚定不移走中国特色社会主义法治道路　为全面建设社会主义现代化国家提供有力法治保障》,《人民日报》2020 年 11 月 18日,第 1 版。

②　张骐:《涉外法治的概念与体系》,《中国法学》2022 年第 2 期。

③　黄进:《论统筹推进国内法治和涉外法治》,《中国社会科学》2022 年第 12 期,第86 页。

④　习近平:《坚持走中国特色社会主义法治道路　更好推进中国特色社会主义法治体系建设》,《求是》2022 年第 4 期。

执法、司法等手段开展斗争，有效应对挑战、防范风险。统筹推进国内法治和涉外法治，还要秉持共商共建共享的全球治理观，推进国际关系民主化法治化公正化。[①] 这样才能高质量地完成新时代统筹推进国内法治和涉外法治的历史使命。

二 "统筹推进国内法治与涉外法治"的内容要求

（一）完善法律体系

从法治的规范前提而言，统筹推进国内法治与涉外法治首先需要从制度上完善相关的法律规范体系。近年来，国际法律秩序的发展、中国发展的自身条件以及国际关系发生了重大变化，以往以审慎参与国际法律体系以及作为国际法律规则接受者和遵循者为基本特征的涉外法治思路，越来越不能适应更高水平地参与国际法律体系，提高中国在国际法律事务中的话语权与影响力以及维护中国国家主权、安全与发展利益的需要。《法治中国建设规划（2020—2025 年）》指出，为了适应高水平对外开放工作要求，中国要"完善涉外法律和规则体系"，特别要"补齐短板"。[②] 习近平同志在谈道"坚持统筹推进国内法治和涉外法治"时，也特别强调要"加强涉外领域立法，推动我国法域外适用的法律体系建设"。[③]

涉外法律规范数量繁多，调整的领域具有多样性，但是同国内法治体系一样,《宪法》是涉外法律规范的最高效力基础，涉外法治的基本理念在《宪法》序言中有着鲜明的体现。我国现行《宪法》序言中规定:"坚持互相尊重主权和领土完整、互不侵犯、互不干涉内政、平等互利、和平共处的五项原则，……推动构建人类命运共同体。"在"构建人类命运共同体"的宪法理念指引下，我国涉外法律规范体系的建设重点主要包括两个方面。其一，促进开放、发展与国际合作方面的法律规范体系建设。这一规范体系属于积极建构型涉外立法，既反映我国建设社会主义现代化国家的需要，也是推动构建

---

① 张文显:《习近平法治思想的理论体系》,《法制与社会发展》2021 年第 1 期，第 51 页。

② 《法治中国建设规划（2020—2025 年）》,《人民日报》2021 年 1 月 11 日，第 2 版。

③ 《习近平在中共中央政治局第三十五次集体学习时强调　坚定不移走中国特色社会主义法治道路　更好推进中国特色社会主义法治体系建设》,《人民日报》2021 年 12 月 8 日，第 1 版。

人类命运共同体理念的体现。涉外法治的目标首先是服务于中国继续深化改革开放、建设社会主义现代化国家的大局。"对外开放不仅是当前中国经济社会发展的一个重要现象，而且对中国未来的发展至关重要。"[1]因此，国家的开放发展是涉外法治的初心和使命，相关的立法活动要围绕这一目标而展开。同时，作为社会主义国家，中国在不断借鉴其他国家先进治理经验的法治建设过程中，始终坚持具有中国特色社会主义的国家治理理论、制度与道路，主张不得以国家制度和意识形态为由阻挠国际合作，更不能以此为由干涉他国内政。另外，从国际社会层面看，当下的全球化进程进入新一轮规则重塑与创设期。由于国家实力快速提高，中国逐步成为国际规则重塑与创设中的关键性国家。在参与国际治理的过程时，中国主张树立公平正义与平等发展的规范体制。因此，积极建构型涉外立法还应围绕构建人类命运共同体的理念展开，认真总结中国经验，提出合作共赢，惠益分享的涉外规范系统。"不搞歧视性、排他性标准、规则、体系，不搞割裂贸易、投资、技术的高墙壁垒。"[2]其二，推动对霸权主义外国法律活动进行防御和反制的法律规范体系建设。这一规范体系属于消极防御型涉外立法。

在百年未有之大变局的当下，世界各国之间的斗争与竞争十分激烈。一些发达国家以"法治"为名对中国进行打压、遏制、围堵，推行霸权主义。如，滥用优势地位与国际司法协作机制而推行"长臂管辖"，侵害中国民族企业和公民的利益；无视WTO争端解决机构的裁定，对中国发起国际贸易史上最大规模的贸易制裁；等等。为了维护国家的主权、安全与发展利益，我国也要加快建设消极防御型涉外法律规范体系。要"按照急用先行原则，加强涉外领域立法，进一步完善反制裁、反干涉、反制'长臂管辖'法律法规，推动我国法域外适用的法律体系建设"。[3]

（二）充分使用各种法律实施手段

涉外法治体系建设不仅需要完备的涉外立法，也离不开执法、司法以及法律服务等法律实施方面的制度保障。首先，在涉外法治的执法层面，应当

---

[1]　何志鹏：《涉外法治：开放发展的规范导向》，《政法论坛》2021年第5期，第186页。

[2]　习近平：《让多边主义的火炬照亮人类前行之路——在世界经济论坛"达沃斯议程"对话会上的特别致辞》，《人民日报》2020年1月26日，第2版。

[3]　《习近平谈治国理政》（第四卷），外文出版社，2022，第303~304页。

完善涉外执法体系，强化涉外执法合作，提升涉外执法效能，尤其要增强对外经贸领域的执法能力。由于对外事务在各国主要是行政机关开展的，行政机关在涉外法治方面承担的职能非常多样，其角色也非常积极。比如，我国行政机关依法享有缔结条约与协定的职权、创立行政法规和部门规章的职权和执行国际法与国内法的职权。行政机关应通过多样化的职权行使活动，创新涉外法治的方式。同时，在执行我国批准生效的国际法、我国制定的涉外法与我国的国内法时，既应严格执法，还需要注意实现涉外法与国际法以及国内法的有机衔接，使得国内法治与涉外法治相互助力，实现规范目的。

其次，在涉外法治的司法层面，应当完善涉外司法体系，提高涉外司法审判能力，拓展涉外司法合作，提升涉外司法效能。涉外法治建设离不开公正的司法，法治的信誉在很大程度上取决于一国司法的权威与公信力。在涉外司法活动中，既要深化国际司法交流合作，完善我国司法协助体制机制，推进引渡、遣返犯罪嫌疑人和被判刑人移管等司法协助领域的国际合作，还要注意通过司法解释等方法保障国内法与涉外法的衔接，在维护本国国家利益与公民合法权益的基础上妥当处理与他国及其公民之间的纠纷。比如，2021 年 1 月，我国商务部经国务院批准公布并施行《阻断外国法律与措施不当域外适用办法》。根据该办法第 9 条第 2 款的规定，根据被中国主管部门认定构成不当域外适用的外国法律所作出的判决或裁定致使中国公民、法人或者其他组织遭受损失的，中国公民、法人或者其他组织可以依法向人民法院提起诉讼，要求在该判决、裁定中获益的当事人赔偿损失。然而，我国公民或组织在提起诉讼时可能会面临一些特殊的问题，比如如何认定"受益人"，如何认定相关"受益"和"损失"，以及如何认定相关"受益"与相关判决或裁定之间的因果关系。这些法律适用的难题都需要司法机关根据我国民事诉讼法与相关涉外法的规定进行方法论上的解决。如果司法机关无法适当地进行法律解释与法律论证，该办法第 9 条第 2 款就很可能无法发挥预期的规范作用。

最后，培育高素质的法律职业共同体，提升法律服务的品质。涉外法治建设离不开高素质的法律职业共同体。党的十八届四中全会决定在"创新法治人才培养机制"部分要求"建设通晓国际法律规则、善于处理涉外法律事务的涉外法治人才队伍"。涉外法治的建设是一个长期系统的工程，只有培养一批专业性强、素质高的涉外法治人才，才能确保优质的法律服务，切实维护我国公民、法人在海外的正当权益，依法维护海外侨胞权益。目前，涉外法律服务的范围非常广泛，包括涉外诉讼业务，也包括涉外非诉业务，既包括国际贸易、国际金融、国际投资、涉外婚姻继承等民商经济领域业务，也包括涉外刑事、行政等领域业务。随着中国全方位对外开放的不断推进和"一带一路"倡议的深入实施，中国企业和公民"走出去"步伐加快，维护国家安全和发展利益、加强企业和公民权益保护的任务越来越繁重，中国对涉外法律服务的需求越来越多。但相关的法律职业人员与涉外法律服务快速增长的需求并不匹配，特别是后备人才储备严重不足、对涉外法治人才的统筹统管严重不足。[1] 因此，当下需要着力加强涉外法治服务人才，尤其是"双反双保"（反倾销、反补贴、保障措施和特别保障措施）专门人才的培养和储备，搭建全球共建"一带一路"国家的法律服务联盟机构，建立常态化、国际化的协作机制，以及在后续的纠纷解决方面建立快速有效的合作机制。同时，要为发展中国家提供良好的法律培训和法律服务。

第四节　建设德才兼备的高素质法治工作队伍

一　建设德才兼备的高素质法治工作队伍是全面依法治国的基础性工作

（一）法治工作队伍的构成

中国共产党从中央苏区和革命根据地时期开始，就很重视法治工作队伍建设，持续不断探索建设新型的高素质法治工作队伍，但在很长时期内并未使用"法治工作队伍"概念，而是使用"法律工作者""法制工作者"等提法。2014年，党的十八届四中全会决定首次正式提出"法治工作队伍"概念。法治工作队伍是一个具有鲜明中国特色、实践特征的范畴，其内涵比法学界通常所使用的"法律职业者"的范畴丰富得多。"传统上，法律职业是指包括法官、检察官、律师在内的，受过系统的法律专业训练，具有娴熟的法律技

---

[1] 黄惠康：《从战略高度推进高素质涉外法律人才队伍建设》，《国际法研究》2020年第3期，第15页。

能与专业的法律伦理的法律人所构成的职业共同体。"① 而根据十八届四中全会的决定，法治工作队伍包括从事立法、执法、司法、法律服务、法学教育和研究工作的所有人员。依其所从事的法治工作的类型之不同，法治工作队伍可分为法治专门队伍、法律服务队伍、法学专家队伍。

其中，法治专门队伍主要由在人大和政府从事立法工作的人员、在行政机关从事执法工作的人员、在司法机关从事司法工作的人员，以及在监察机关从事监察工作的人员组成。随着依规治党工作和党内法规建设的深入推进，党的机关中从事党内法规工作的人员也属于法治专门队伍范畴。② 由于法治专门队伍的工作人员的职务行为与法治的生成、运行有着直接的关联，因此他们构成了全面推进依法治国建设事业中最核心的一支队伍。法律服务队伍主要由律师、公证员、司法鉴定人、仲裁员、人民调解员、基层法律服务工作者、法律服务志愿者等人员构成。他们在保障当事人合法权益、维护社会公平正义、开展法治宣传教育、化解社会矛盾、促进社会和谐稳定等方面发挥着重要作用。法学专家队伍主要由从事法学教育和法学研究工作的人员构成。这一队伍对于法学理论的丰富和创新、法治人才培养发挥着关键作用。

"法治工作队伍"涵盖了法治建设工作中发挥作用的所有人员，而这一工作队伍所应具备的"德才兼备"品质，确立了我国法治工作人员的培养机制、选拔机制、工作机制建设的标准和要求。"德才兼备"的"德"表现为法治工作队伍应具备高标准的政治素质、高觉悟的道德修养，在工作中能够做到忠于党、忠于国家、忠于人民、忠于法律。"德才兼备"的"才"表现为法治工作队伍应具有高层次的法治素质、高效率的知行合一能力，拥有全面系统的法律知识、扎实的法律理论功底、丰富的法治理论知识、坚定的法治信仰、逻辑严密的法律表达能力、完整熟练的法治实践能力。建设德才兼备的高素质法治工作队伍，对于推进法治工作队伍专业化职业化建设，加强法治工作队伍统一管理，提高法治工作队伍的素质能力，建设更高水平的法治中国，具有重大理论和实践意义。

---

① 张文显主编《法理学》（第五版），高等教育出版社，2018，第 274 页。
② 黄文艺:《论习近平法治思想中的法治工作队伍建设理论》,《法学》2021 年第 3 期，第 4 页。

（二）建设德才兼备的高素质法治工作队伍是全面依法治国的基础性工作

"徒善不足以为政，徒法不足以自行。"法治建设总要通过具体的人的工作才能启动和运转。一切工作，首要问题是人才问题，是队伍问题。[①] 因此，在全面依法治国的伟大事业中，建设德才兼备的高素质法治工作队伍具有基础的支撑作用。习近平同志一直十分重视法治工作队伍建设，把"着力加强法治工作队伍建设"列为落实十八届四中全会部署的五项重大任务之一。他指出："全面推进依法治国，建设一支德才兼备的高素质法治队伍至关重要。"[②] 他还多次引用"得其人而不得其法，则事必不能行；得其法而不得其人，则法必不能济。人法兼资，而天下之治成""纵有良法美意，非其人而行之，反成弊政"等古训，来论证高素质法治工作队伍的重要性。无论是在2018年中央全面依法治国委员会第一次会议上提出的"十个坚持"，还是在2020年中央全面依法治国工作会议上提出的"十一个坚持"，习近平同志都一以贯之地强调"坚持建设德才兼备的高素质法治工作队伍"的重要性。

建设德才兼备的高素质法治工作队伍在全面依法治国事业中具有基础性地位，主要表现在以下三个方面。第一，全面依法治国战略部署和各项任务的落实，都需要依赖高素质法治工作队伍。无论是"依法治国、依法执政、依法行政"的共同推进，"法治国家、法治政府、法治社会"的一体建设，还是"国内法治与涉外法治"的统筹推进，都需要党和国家的工作人员、法律服务人员、法学教育与法学研究人员以工作队伍的组织方式去实现这些战略部署的具体要求。建立一支政治素质过硬、业务能力极强、廉洁自律的法治工作队伍，能够在源头上形成符合法治理念、促进公平正义的良法，还能够在法律的实施过程中将良法转化为善治，保障法治体系有序运转和可持续发展。第二，高素质的法治工作队伍能够保障各项制度顺利运行，从而将社会主义制度的制度优势转化为制度效能，推进国家治理体系与治理能力的现代化。法治工作队伍是全面推进依法治国、提升依法治国现代化能力的中坚力量，这一队伍坚定不移走中国特色社会主义法治道路，有利于推动全体社会成员形成对中国特色社会主义法治理念的认同，并在行动和生活中自觉服从

---

① 钱弘道、解明月：《习近平法治思想中的法治队伍建设论》，《法治现代化研究》2022年第2期，第17页。

② 习近平：《论坚持全面依法治国》，中央文献出版社，2020，第115页。

和践行法治的要求，从而减少法治运行的成本，提升法治运行的制度效能。第三，建设高素质法治工作队伍，是解决法治工作队伍自身问题的需要，具有强烈的现实针对性。当下，我国的法治工作队伍建设取得了巨大的成绩，但是仍存在许多不足。正如党的二十大报告所指出的那样："一些人对中国特色社会主义政治制度自信不足，有法不依、执法不严等问题严重存在。"① 这些问题严重破坏法治的权威和尊严，严重影响人民对社会公平正义的信心，严重损害党的形象。建设高素质法治工作队伍，有助于形成切实有效的问题解决措施。

二 法治专门队伍建设是法治工作队伍建设的重点

法治专门队伍在党政机关中负责法律的生成与运作，其工作状况直接决定国家法治建设的质量和水平。因此，这支队伍的建设是法治工作队伍建设的重中之重。法治专门队伍中，政法队伍是人员规模最为庞大、掌握权力复杂多样的队伍。政法队伍主要由法院、检察院、公安机关、国家安全机关、司法行政机关工作人员构成，是建设法治中国和平安中国的重要力量。② 2014 年 1 月，习近平同志在中央政法工作会议上指出："近几年来，政法干警违纪违法问题也是比较突出的。对这样一支三百多万人、手中掌握着很大权力、面临的考验诱惑多的大队伍，从严治警一刻也不能松懈。"③ 针对法治专门队伍中存在的现实问题，习近平同志提出了队伍建设的总要求："推进法治专门队伍革命化、正规化、专业化、职业化，确保做到忠于党，忠于国家，忠于人民，忠于法律。"④ 同年 10 月，党的十八届四中全会又在"加强法治工作队伍建设"部分对法治专门队伍建设提出了要求：法治专门队伍既要"把思想政治建设摆在首位，加强理想信念教育"，又要"推进法治专门队伍正规化、专业化、职业化，提高职业素养和专业水平"。⑤ 此后，中共中央发

---

① 本书编写组编著《党的二十大报告辅导读本》，人民出版社，2022，第 5 页。
② 黄文艺：《论习近平法治思想中的法治工作队伍建设理论》，《法学》2021 年第 3 期，第 5 页。
③ 习近平：《论坚持全面依法治国》，中央文献出版社，2020，第 54 页。
④ 习近平：《论坚持全面依法治国》，中央文献出版社，2020，第 5 页。
⑤ 《中共中央关于全面推进依法治国若干重大问题的决定》，《人民日报》2014 年 10 月 29 日，第 1 版。

布的《法治中国建设规划（2020—2025年）》在"建设有力的法治保障体系，筑牢法治中国建设的坚实后盾"部分，围绕如何建设革命化、正规化、专业化、职业化的法治专门队伍进行了具体的工作部署。①

在新形势下，习近平同志还对加强法治专门队伍的建设提出了一系列明确要求。第一，在建设法治专门队伍时，要把思想政治建设摆在首位。2014年在中央政法工作会议上，习近平同志指出："坚定的理想信念是政法队伍的政治灵魂。""必须把理想信念教育摆在政法队伍建设第一位，不断打牢高举旗帜、听党指挥、忠诚使命的思想基础，坚持党的事业至上、人民利益至上、宪法法律至上，铸就'金刚不坏之身'，永葆忠于党、忠于国家、忠于人民、忠于法律的政治本色。"②思想政治建设的目标就是打造一支忠于党、忠于国家、忠于人民、忠于法律的法治专门队伍。只有具备这样的理想信念，才能成为中国特色社会主义事业的建设者、捍卫者。第二，法治专门队伍应具备担当精神。法治专门队伍不仅要面对复杂的法律问题，而且往往会面临重大的政治考验。"面对重大政治考验，必须旗帜鲜明、挺身而出，绝不能当'骑墙派'；面对歪风邪气，必须敢于亮剑、坚决斗争，绝不能听之任之；面对急难险重任务，必须豁得出来、顶得上去，绝不能畏缩不前。要敢于在对敌斗争最前沿、维护稳定第一线去迎接挑战，到条件艰苦、情况复杂、矛盾集中的地方去破解难题，在奋斗和奉献中实现人生价值，赢得人民群众信任和支持。"③第三，法治专门队伍必须严明纪律。严明的纪律是坚定理想的外在表现，也是确保法治专门队伍能够面对考验，在法治实践中切实担当的重要保证。这里的纪律既包括政治纪律，也包括工作纪律。"政法队伍必须始终坚守政治纪律的底线。广大干警要做维护和遵守各项纪律的模范和表率。"④第四，法治专门队伍要把能力建设作为一项重要任务。同面临的形势和任务相比，法治专门队伍的业务能力水平仍存在不适应之处。"'追不上、打不赢、说不过、判不明'等问题还没有完全解决，面临着'本领恐慌'问题，必须

①　《法治中国建设规划（2020—2025年）》，《人民日报》2021年1月11日，第2版。
②　习近平：《论坚持全面依法治国》，中央文献出版社，2020，第55页。
③　习近平：《论坚持全面依法治国》，中央文献出版社，2020，第55页。
④　习近平：《论坚持全面依法治国》，中央文献出版社，2020，第56页。

大力提高业务能力。"① 当下,法治专门队伍建设的一个重要任务就是,通过理论学习、职业培训等专业化建设,全面提升队伍成员的法律和政策运用能力、防控风险能力、群众工作能力、科技应用能力、舆论引导能力。

三 加强法律服务队伍建设

法律服务队伍也是依法治国的重要力量。一方面,法律服务队伍可以通过专业服务,使服务对象得以接近和参与法律活动,保障服务对象的合法权益;另一方面,法律服务队伍还能够为法治专门队伍提供法律意见,支持和监督法治专门队伍依法行使职权,进而发挥维护法律正确实施、维护社会公平正义的作用。党的十八届四中全会决定在"增强全民法治观念,推进法治社会建设"部分要求"建设完备的法律服务体系。推进覆盖城乡居民的公共法律服务体系建设,加强民生领域法律服务。完善法律援助制度,扩大援助范围,健全司法救助体系,保证人民群众在遇到法律问题或者权利受到侵害时获得及时有效法律帮助"。这一决定还在"加强法治工作队伍建设"部分对如何加强法律服务队伍建设作出了工作部署。《法治中国建设规划(2020—2025年)》也要求"加快发展律师、公证、司法鉴定、仲裁、调解等法律服务队伍"。

在法律服务队伍的建设方面,首先需要加强律师队伍建设。律师制度是中国特色社会主义司法制度的重要组成部分。2015年,习近平同志主持召开中央全面深化改革领导小组第十六次会议,会议审议通过了《关于深化律师制度改革的意见》。该意见指出,深化律师制度改革,必须坚持党的领导,坚持正确的政治方向,坚持执业为民,坚持依法执业,坚持从中国实际出发。深化律师制度改革的发展目标是:建设健全的中国特色社会主义律师制度,律师执业保障有力,执业环境切实改善;律师执业违法违规惩戒制度健全完善,律师依法执业能力显著增强;律师队伍建设全面加强,队伍整体素质明显提升;律师服务领域进一步拓展,在全面建成小康社会、全面深化改革、全面依法治国、全面从严治党中的职能作用得到充分发挥。② 除了加强律师

---

① 习近平:《论坚持全面依法治国》,中央文献出版社,2020,第56页。

② 《中办国办印发〈关于深化律师制度改革的意见〉》,《中国律师》2016年第6期,第7页。

队伍思想政治建设、加强律师执业权利保障、规范律师执业行为、提高律师业务素质之外，加强律师队伍建设还需要优化律师队伍结构。党的十八届四中全会决定明确提出："构建社会律师、公职律师、公司律师等优势互补、结构合理的律师队伍。"[①] 2016 年，中共中央办公厅、国务院办公厅印发《关于推行法律顾问制度和公职律师公司律师制度的意见》，明确了我国公职律师和公司律师制度的基本框架。为了统筹推进国内法治与涉外法治，律师队伍建设中还要加强涉外律师队伍建设，更好发挥律师在涉外法治工作中的重要作用。[②]

除了律师以外，加强法律服务队伍建设还需要加快发展公证、司法鉴定、仲裁、调解、基层法律服务方面的队伍建设，从而形成一个"全业务、全时空的法律服务网络"。习近平同志在 2019 年 1 月召开的中央政法工作会议上谈到公共法律服务时要求："要深化公共法律服务体系建设，加快整合律师、公证、司法鉴定、仲裁、司法所、人民调解等法律服务资源，尽快建成覆盖全业务、全时空的法律服务网络。"[③] 这里，"'全业务'就是要求公共法律服务网络体系实现法律服务项目和法律服务产品的全覆盖；'全时空'就是在任何时间和地域都可以为老百姓提供其所需要的法律服务"。[④] 2019 年 7 月，中共中央办公厅、国务院办公厅印发了《关于加快推进公共法律服务体系建设的意见》，明确提出公共法律服务体系的主要建设目标，即到 2022 年，基本形成覆盖城乡、便捷高效、均等普惠的现代公共法律服务体系。公共法律服务体制机制不断完善，服务平台功能有效发挥，服务网络设施全面覆盖、互联互通，公共法律服务标准化规范化体系基本形成，城乡基本公共法律服务均等化持续推进，人民群众享有的基本公共法律服务质量和水平日益提升；到 2035 年，基本形成与法治国家、法治政府、法治社会基本建成目标相适应

---

① 《中共中央关于全面推进依法治国若干重大问题的决定》，《人民日报》2014 年 10 月 29 日，第 1 版。

② 《中共中央办公厅、国务院办公厅印发〈关于推行法律顾问制度和公职律师公司律师制度的意见〉》，载中国政府网，http://www.gov.cn/zhengce/2016-06/16/content_5082884.htm，最后访问日期：2022 年 12 月 30 日。

③ 习近平：《论坚持全面依法治国》，中央文献出版社，2020，第 249 页。

④ 杨凯：《尽快建成"全业务""全时空"的公共法律服务网络》，《检察日报》2019 年 5 月 16 日，第 3 版。

的公共法律服务体系。公共法律服务网络全面覆盖、服务机制更加健全、服务供给优质高效、服务保障坚实有力，基本公共法律服务均衡发展基本实现，法律服务的群众满意度和社会公信力显著提升，人民群众共享公共法律服务成果基本实现。①

四　加强法学专家队伍建设

法学专家队伍主要是从事法学研究和教育工作的队伍，对法学理论创新和法治人才培养至关重要。比如，法学专家通过教义学方法解释法规范与法概念，将这些抽象的概念、规范和制度错落有致地联结起来，形成一个融贯的知识体系。这既有利于法学的教导与学习，也使得法学研究的成果能更有效地传递，引导从事法律实务工作人员进行法律实践。为了加强法学专家队伍建设，党的十八届四中全会决定特别要求"重点打造一支政治立场坚定、理论功底深厚、熟悉中国国情的高水平法学家和专家团队，建设高素质学术带头人、骨干教师、专兼职教师队伍"。②

2017 年，习近平同志在中国政法大学座谈会上针对法学教育和法治人才培养中存在的问题，为法学专家队伍建设确立了方向。第一，法治专家队伍应政治立场坚定。在法学研究和法学教育工作中，法学专家要坚持中国特色社会主义法治道路，坚持从中国国情和实际出发，"法学专业教师要坚定理想信念，成为马克思主义法学思想和中国特色社会主义法治理论的坚定信仰者、积极传播者、模范实践者"。③"不能做西方理论的'搬运工'，而要做中国学术的创造者、世界学术的贡献者。"④第二，法治专家队伍应具有深厚的理论功底，不仅能够系统掌握中国特色社会主义法治理论，而且能够进一步发展中国特色社会主义法治理论。习近平还对如何发展中国特色社会主义法治理论提出了明确要求："要充分利用学科齐全、人才密集的优势，加强法

---

① 《中共中央办公厅　国务院办公厅印发〈关于加快推进公共法律服务体系建设的意见〉》，载中国政府网，http://www.gov.cn/zhengce/2019-07/10/content_5408010.htm，最后访问日期：2022 年 12 月 30 日。
② 《中共中央关于全面推进依法治国若干重大问题的决定》，《人民日报》2014 年 10 月 29 日，第 1 版。
③ 习近平:《论坚持全面依法治国》，中央文献出版社，2020，第 178 页。
④ 习近平:《论坚持全面依法治国》，中央文献出版社，2020，第 176 页。

治及其相关领域基础性问题的研究，对复杂现实进行深入分析、作出科学总结，提炼规律性认识，为完善中国特色社会主义法治体系、建设社会主义法治国家提供理论支撑。"[1] 第三，法治专家队伍应熟悉中国国情，以构建中国特色法学学科体系、理论体系和话语体系为使命。习近平指出："我们要坚持从我国国情和实际出发，正确解读中国现实、回答中国问题，提炼标识性学术概念，打造具有中国特色和国际视野的学术话语体系，尽快把我国法学学科体系和教材体系建立起来。"[2] 习近平强调，加强中国特色法学学科体系建设，要以我为主、兼收并蓄、突出特色。"我们有我们的历史文化，有我们的体制机制，有我们的国情，我们的国家治理有其他国家不可比拟的特殊性和复杂性，也有我们自己长期积累的经验和优势，不能妄自菲薄，也不能数典忘祖。"[3]"我们要有底气、有自信，要努力以中国智慧、中国实践为世界法治文明建设作出贡献。"[4]

五　创新法治人才培养机制

在我国，法治人才培养体系是一个由普通高等法学教育、成人法学教育、法律职业教育构成的多渠道、多形式、多层次的教育体系。近年来，我国的法学教育取得了巨大的发展成就，法律人才严重匮乏的时代正在逐渐离我们而去。但是，法学教育在迅速发展过程中，一些硬件、软件条件并不能跟上时代的需求，从而对法学教育质量构成了威胁。针对这一现实问题，习近平同志指出，要"坚持立德树人、德法兼修，创新法治人才培养机制，努力培养造就一大批高素质法治人才及后备力量"。[5]

创新法治人才培养机制，第一，应当在法学教育中确立"立德树人、德法兼修、明法笃行"的人才培养目标。正如习近平同志所指出的那样，法学教育要深入研究和解决"为谁教、教什么、教给谁、怎样教的问题"。[6] 在教什么、怎样教的问题上，他提出了立德树人、德法兼修、明法笃行的法治

①　习近平:《论坚持全面依法治国》，中央文献出版社，2020，第 175 页。
②　习近平:《论坚持全面依法治国》，中央文献出版社，2020，第 176 页。
③　习近平:《论坚持全面依法治国》，中央文献出版社，2020，第 176 页。
④　习近平:《论坚持全面依法治国》，中央文献出版社，2020，第 177 页。
⑤　习近平:《论坚持全面依法治国》，中央文献出版社，2020，第 231 页。
⑥　习近平:《论坚持全面依法治国》，中央文献出版社，2020，第 176 页。

人才培养目标。"希望我们的法学教育要坚持立德树人，不仅要提高学生的法学知识水平，而且要培养学生的思想道德素养。"①"希望法学专业广大学生德法兼修、明法笃行，打牢法学知识功底，加强道德养成，培养法治精神，而且一辈子都坚守，努力用一生来追求自己的理想。"②坚持明法与笃行相结合，意味着法治人才培养机制应将学生教育成为既具有法治思维，又具有知行合一、刚健有为的品质的人。第二，从制度上进一步深化高等法学教育改革。实现上述人才培养目标，需要推进高等法学教育改革。《法治中国建设规划（2020—2025年）》提出了具体的改革方向，即优化法学课程体系；强化法学实践教学；推进教师队伍法治教育培训；加强法学专业教师队伍建设；完善高等学校涉外法学专业学科设置；加大涉外法治人才培养力度，创新涉外法治人才培养模式；建立健全法学教育、法学研究工作者和法治实践工作者之间双向交流机制。③

第五节　实行法治要抓住"关键少数"

一　领导干部是全面依法治国的关键

中国共产党历来重视加强领导干部队伍特别是高级干部队伍的建设。毛泽东同志曾指出："政治路线确定之后，干部就是决定的因素。"④邓小平同志认为："中国问题的关键在于共产党要有一个好的政治局，特别是好的政治局常委会。只要这个环节不发生问题，中国就稳如泰山。"⑤党的十八大以来，在以习近平同志为核心的党中央的坚强领导下，党和人民事业取得了历史性成就。但是，"行百里者半九十"，要最终实现"人民对美好生活的向往"必须付出更大努力。领导干部这个"关键少数"是否过硬，直接关系到党和国家大政方针的贯彻落实，关系到党和国家的前途命运。2014年6月，习近平同志在中央政治局第十六次集体学习会上指出："加强党的建设，必须营造一

---

① 习近平:《论坚持全面依法治国》，中央文献出版社，2020，第179页。
② 习近平:《论坚持全面依法治国》，中央文献出版社，2020，第180页。
③ 《法治中国建设规划（2020—2025年）》，《人民日报》2021年1月11日，第2版。
④ 《毛泽东选集》（第二卷），人民出版社，1991，第526页。
⑤ 《邓小平文选》（第三卷），人民出版社，1993，第365页。

个良好从政环境，也就是要有一个好的政治生态。营造良好从政环境，要从各级领导干部首先是高级干部做起。"[①] 2014年10月，党的十八届四中全会决定强调"党员干部是全面推进依法治国的重要组织者、推动者、实践者"，并对如何提高党员干部法治思维和依法办事能力进行了工作部署。2015年，在省部级主要领导干部学习贯彻十八届四中全会精神全面推进依法治国专题研讨班开班式上，习近平同志提出了"关键少数"这一概念来指称各级领导干部。他指出：各级领导干部在推进依法治国方面肩负着重要责任，全面依法治国必须抓住领导干部这个"关键少数"。[②] 这一论断对于中国特色社会主义法治建设具有重大的意义。

结合习近平同志的相关论述和党的文件来看，作为"关键少数"的领导干部指各级党政领导干部。根据中共中央《党政领导干部选拔任用工作条例》第4条的规定，党政领导干部主要是指"中共中央、全国人大常委会、国务院、全国政协、中央纪律检查委员会工作部门领导成员或者机关内设机构担任领导职务的人员，国家监察委员会、最高人民法院、最高人民检察院领导成员（不含正职）和内设机构担任领导职务的人员；县级以上地方各级党委、人大常委会、政府、政协、纪委监委、法院、检察院及其工作部门领导成员或者机关内设机构担任领导职务的人员；上列工作部门内设机构担任领导职务的人员"。同时，在各级党政领导干部内，还有一个"关键少数"属于"关键中的关键"，即党的十八届六中全会所强调的党内监督的"重点"——党的领导机关和领导干部特别是主要领导干部。党的十八届六中全会还审议通过了《关于新形势下党内政治生活的若干准则》和《中国共产党党内监督条例》两部党内法规，来加强和规范党内政治生活，加强党内监督。在对这两部党内法规的审议稿进行说明时，习近平同志特别强调："准则稿、条例稿都强调以高级干部为重点，主要考虑是……抓好中央委员会、中央政治局、中央政治局常委会的组成人员是关键。把这部分人抓好了，能够在全党作出表

---

① 习近平:《坚持从严治党落实管党治党责任　把作风建设要求融入党的制度建设》，《人民日报》2014年7月1日，第1版。

② 《抓住"关键少数"　带动依法治国》，《人民日报》2015年2月3日，第1版。

率，很多事情就好办了。"①审议通过的《关于新形势下党内政治生活的若干准则》在序言部分便指出："新形势下加强和规范党内政治生活，重点是各级领导机关和领导干部，关键是高级干部特别是中央委员会、中央政治局、中央政治局常务委员会的组成人员。"

在我国法治建设中，领导干部数量虽少却占据着关键地位。这是因为以下几点。第一，我国的法治建设路径是"自下而上、自上而下双向推进法治化"，领导干部在"自上而下推进法治化"的过程中，发挥着重要的推动作用。第二，领导干部具体行使党的执政权和国家立法权、行政权、监察权、司法权，是全面依法治国的关键，在很大程度上决定着全面依法治国的方向、道路和进度。党领导立法、保证执法、支持司法、带头守法，主要是通过各级领导干部的具体行动和工作来体现、来实现。②第三，领导干部在全面依法治国中起着表率与示范作用，其尊法学法守法用法的行动，能够带领人民群众自觉地遵守法律，维护法律秩序。"领导干部尊不尊法、学不学法、守不守法、用不用法，人民群众看在眼里、记在心上，并且会在自己的行动中效法。领导干部尊法学法守法用法，老百姓就会去尊法学法守法用法。领导干部装腔作势、装模作样，当面是人、背后是鬼，老百姓就不可能信你那一套……"③"如果领导干部都不遵守法律，怎么叫群众遵守法律？"④

要抓住领导干部这一"关键少数"，具体举措主要有两个方面：一是充分发挥好领导干部在法治发展中的模范带头作用；二是从制度上制约和规范领导干部的权力，使其能够不滥用权力而破坏法治。

二 充分发挥领导干部在法治发展中的模范带头作用

（一）领导干部要做尊法、学法、守法、用法的模范

领导干部增强法治意识、提高法治素养，第一，必须解决好尊法问题。

---

① 习近平：《关于〈关于新形势下党内政治生活的若干准则〉和〈中国共产党党内监督条例〉的说明》，《人民日报》2016年11月3日，第1版。
② 中共中央文献研究室编《习近平关于全面依法治国论述摘编》，中央文献出版社，2015，第120页。
③ 习近平：《论坚持全面依法治国》，中央文献出版社，2020，第141~142页。
④ 习近平：《论坚持全面依法治国》，中央文献出版社，2020，第25页。

习近平总书记强调:"只有内心尊崇法治,才能行为遵守法律。只有铭刻在人们心中的法治,才是真正牢不可破的法治。"① 尊崇法治、敬畏法律,是领导干部必须具备的基本素质。每个领导干部都要深刻认识到,维护宪法法律权威就是维护党和人民共同意志的权威,捍卫宪法法律尊严就是捍卫党和人民共同意志的尊严,保证宪法法律实施就是保证党和人民共同意志的实现。第二,领导干部要做学法的模范,带头了解法律、掌握法律。坚持把领导干部带头学法、模范守法作为全面依法治国的关键。为了更好地学习和掌握法律知识,还应推动领导干部学法经常化、制度化。如,通过制度化的法治培训与日常学法要求,加强领导干部依法办事的理论基础和知识基础。第三,领导干部要做守法的模范,带头遵纪守法、捍卫法治。领导干部必须牢记法律红线不可逾越、法律底线不可触碰,带头遵守法律、执行法律,带头营造办事依法、遇事找法、解决问题用法、化解矛盾靠法的法治环境。领导干部做守法模范时,还应注意严格遵守党内法规。党内法规是我们党的党内规矩,是党的各级组织和全体党员必须遵守的行为规范和规则。党的十八届四中全会决定特别指出,"党规党纪严于国家法律","党的各级组织和广大党员干部不仅要模范遵守国家法律,而且要按照党规党纪以更高标准严格要求自己","对违反党规党纪的行为必须严肃处理,对苗头性倾向性问题必须抓早抓小,防止小错酿成大错、违纪走向违法"。② 第四,领导干部要做用法的模范,带头厉行法治、依法办事。领导干部用法的关键,在于提高运用法治思维和法治方式的能力,把对法治的尊崇、对法律的敬畏转化成思维方式和行为方式,做到在法治之下,而不是法治之外,更不是法治之上想问题、作决策、办事情。习近平同志指出:"当前,一些领导干部还不善于运用法治思维和法治方式推进工作,领导干部心中无法、以言代法、以权压法是法治建设的大敌。"③ 而在广大干部群众的民主意识、法治意识、权利意识普遍强烈,全社会对公平正义的渴望比以往任何时候都更加强烈的当下,"如

---

① 中共中央文献研究室编《习近平关于全面依法治国论述摘编》,中央文献出版社,2015,第121页。

② 《中共中央关于全面推进依法治国若干重大问题的决定》,《人民日报》2014年10月29日,第1版。

③ 习近平:《论坚持全面依法治国》,中央文献出版社,2020,第275~276页。

果领导干部仍然习惯于人治思维、迷恋于以权代法，那十个有十个要栽大跟头"。[①]

（二）领导干部要提高运用法治思维和法治方式的能力

法治是治国理政的基本方式。法治思维是与人治思维对立的思想方法，是基于对法律的尊崇和对法治的信念判断是非、权衡利弊、解决问题的思维方式，其关键是守规则、重程序、谋平等、护人权、受监督。领导干部要在治国理政中发挥"关键少数"的作用，必须提高运用法治思维和法治方式深化改革、推动发展、化解矛盾、维护稳定、应对风险的能力。第一，领导干部必须强化规则意识。法治就是规则之治。法治思维首先是规则思维。规则作为凝聚众人意志并为众人认可的行为规矩，具有确定性、可预期、可执行等特点，有利于建立连续的、稳定的秩序。人类社会发展的事实证明，依法治理是最可靠、最稳定的治理。领导干部提高运用法治思维和法治方式的能力，必须着力强化规则思维。其中，宪法法律是治国理政最大最重要的规矩。强化规则思维首先要牢固树立宪法法律至上的观念。领导干部必须带头在宪法和法律的范围内活动，严格依照法定权限、规则、程序行使权力、履行职责，不要去行使依法不该由自己行使的权力，也不要去干预依法自己不能干预的事情，更不能以言代法、以权压法、徇私枉法，做到法律面前不为私心所扰、不为人情所困、不为关系所累、不为利益所惑。第二，领导干部必须重程序，强化程序思维。守法律、重程序，这是法治的第一位要求。领导干部提高运用法治思维和法治方式的能力，必须牢固树立重程序的基本法治理念，强化程序思维。在决策时，领导干部特别是主要负责同志要掌握法治思维和法治方式，完善决策制度，规范决策程序。严格落实重大行政决策程序制度，把公众参与、专家论证、风险评估、合法性审查、集体讨论决定作为重大行政决策法定程序，确保决策制度科学、程序正当、过程公开、责任明确。第三，领导干部必须牢记法律面前人人平等，强化公平思维。平等是社会主义法律的基本属性，是社会主义法治的基本要求。领导干部不论职务多高、资历多深、贡献多大，都要严格按法规制度办事，坚持法规制度面前人人平等、遵守法规制度没有特权、执行法规制度没有例外。领导干部在行使

---

① 习近平：《论坚持全面依法治国》，中央文献出版社，2020，第141页。

职权时，必须坚持平等保护原则。要以促进社会公平正义、增进人民福祉为出发点和落脚点。第四，领导干部必须保护人民权益，强化人权保障思维。保护人民权益，这是法治的根本目的。领导干部必须在法治建设的各个环节为人民用权、为人民履职、为人民服务，保护人民权益，强化人权保障思维，切实尊重和保障人权。第五，领导干部必须牢记法定职责必须为、法无授权不可为，强化权力制约监督思维。掌握公权力者，往往具有不断扩张权力、极力规避权力限制的倾向。因此，只要公权力存在，就必须有制约和监督。领导干部必须强化权力制约监督思维，依法履行职责，坚持法定职责必须为、法无授权不可为。

三　从制度上制约和规范领导干部的权力

（一）通过责任制度制约和规范领导干部的权力

1998 年 11 月，党中央、国务院颁布实施《关于实行党风廉政建设责任制的规定》。该规定初步回答了党风廉政建设和反腐败工作由谁抓、怎么抓、抓不好怎么办的问题，明确了"一把手总负责，分管领导各负其责"的总体要求。2010 年 11 月，新修订的《关于实行党风廉政建设责任制的规定》颁布实行。修订后的规定对"一把手"作为党风廉政建设责任制"第一责任人"的角色予以明确，在责任制的监督与检查等方面进一步细化，从制度上约束领导干部的职权行为。为了进一步落实这一责任制的要求，解决新形势下的新问题，党的十八大报告明确提出"严格执行党风廉政建设责任制"。党的十八届三中全会进一步明确了"落实党风廉政建设责任制，党委负主体责任，纪委负监督责任"。"两个责任"的提出，完善了党风廉政建设和反腐败工作格局，为严格落实党风廉政建设责任制提供了根本遵循。党的十八届四中全会一方面提出"党政主要负责人要履行推进法治建设第一责任人职责"，另一方面要求"深入开展党风廉政建设和反腐败斗争，严格落实党风廉政建设党委主体责任和纪委监督责任，对任何腐败行为和腐败分子，必须依纪依法予以坚决惩处，决不手软"。2016 年，中共中央政治局审议通过《中国共产党问责条例》，其中第 4 条至第 7 条分别对问责的责任配置、问责的情形、问责的方式、问责的程序等作出了规定。该条例特别确立了严重失职问题"终身问责"制度，进一步完善了问责体系。同年 10 月，党的十八届六中全会审议通过《关于新形势下党内政治生活的若干准则》和《中国共产党党内监督条例》。其中,《中国共产党党内监督条例》第15条至第25条对各级党委(党组)的监督职责和监督方式等作出了具体规定,进一步明确了各级党组织及其负责人不仅是党风廉政建设责任主体,而且是全面从严治党责任主体。同年,中共中央办公厅、国务院办公厅发布了《党政主要负责人履行推进法治建设第一责任人职责规定》,对党政负责人在推进法治建设过程中作为第一责任人的职责要求进行了细化。根据中央的部署,各级党委出台了许多关于落实党风廉政建设党委主体责任和纪委监督责任的意见以及责任追究办法,掀起党风廉政建设"党委负主体责任,纪委负监督责任"的制度建设高潮。一旦党政领导干部违反了党风廉政建设制度,未能履行相应的职责与义务,就会受到严肃查处。"法治之下,任何人都不能心存侥幸,都不能指望法外施恩,没有免罪的'丹书铁券',也没有'铁帽子王'。"[1]

以上责任制度的建设实施,规范和制约了各级党政领导干部的权力,明确了各级党政领导干部在法治建设工作与专职工作中的职责,有利于推动各项国家权力得到依法正确行使,使党和国家的各项工作纳入法治化轨道。

(二)通过问责与激励相结合的人事管理机制,引导领导干部依法办事

除侧重于行为约束与责任追究的党风廉政制度以外,选拔任免、考核管理的干部人事制度对于抓住领导干部这个"关键少数"也具有重要的意义。改革开放以来,中国在经济发展上取得了惊人的成绩。有学者认为,其中一个重要原因就是中国的官员选拔和激励机制发挥了非常重要的作用。[2] 在法治国家建设中,问责与激励相结合的人事管理机制同样有着不可替代的重要功能。党的十八大以来,随着党风廉政建设的深入,领导干部的行为受到越来越多的约束。这种制度约束有助于遏制领导干部不良"政绩冲动",压缩可能存在的腐败空间,但随着责任范围的扩大、追责压力的增强,领导干部(特别是基层领导干部)"为官不为""懒政"等行为逐渐出现。有学者总结,近年来,干部行为出现了由"邀功"到"避责"的变化。"避责"导致官员不

---

① 习近平:《论坚持全面依法治国》,中央文献出版社,2020,第141页。
② 周黎安:《中国地方官员的晋升锦标赛模式研究》,《经济研究》2007年第7期。

作为、慢作为。①

　　针对这一新问题，学界提出了一些有针对性的解决方案。如：通过制定专业的官员队伍新标准，打通"为官不为"到"做官有为"之道；从强化政府绩效管理的价值和法制化角度完善公务员考核制度，维护和激发公务员敢于担当、干事创业的动力；从解决"不敢为"、容忍"不可避免之错"角度，建立"容错机制"，消除公务员勇于干事的后顾之忧；等等。② 党中央也出台了一些有关领导干部选拔任免、考核管理的文件，来发挥考核的激励作用、任免选拔的导向作用。2015 年 7 月，中共中央办公厅印发了《推进领导干部能上能下若干规定（试行）》。该规定按照全面从严治党、从严管理干部的要求，从制度层面对干部能上不能下作出了具体规定，推动形成能者上、庸者下、劣者汰的用人导向和从政环境。2018 年，中共中央办公厅印发了《关于进一步激励广大干部新时代新担当新作为的意见》。该意见要求"鲜明树立重实干重实绩的用人导向"，同时还应"充分发挥干部考核评价的激励鞭策作用"，"构建完整的干部考核工作制度体系"，"强化考核结果分析运用，将其作为干部选拔任用、评先奖优、问责追责的重要依据，使政治坚定、奋发有为的干部得到褒奖和鼓励，使慢作为、不作为、乱作为的干部受到警醒和惩戒。加强考核结果反馈，引导干部发扬成绩、改进不足，更好忠于职守、担当奉献"。在考核与问责的过程中，"建立健全容错纠错机制，宽容干部在改革创新中的失误错误，把干部在推进改革中因缺乏经验、先行先试出现的失误错误，同明知故犯的违纪违法行为区分开来；把尚无明确限制的探索性试验中的失误错误，同明令禁止后依然我行我素的违纪违法行为区分开来；把为推动发展的无意过失，同为谋取私利的违纪违法行为区分开来"。在人事管理与待遇保障方面，"坚持严格管理和关心信任相统一，政治上激励、工作上支持、待遇上保障、心理上关怀，增强干部的荣誉感、归属感、

---

①　倪星、王锐：《从邀功到避责：基层政府官员行为变化研究》，《政治学研究》2017 年第 2 期。

②　郭剑鸣：《廉能激励相容：完善干部考评机制的理论向度与实施进路》，《社会科学战线》2018 年第 11 期，第 204 页。

获得感"。①

为了更好地激励领导干部在各项工作中殚精竭虑、恪尽职守，推进法治中国建设这一宏大的系统工程，需要进一步将选拔任免、考核管理领导干部的机制法治化、规范化；在权责对等的条件下，建立公平、科学的政绩考核制度。同时，把法治素养和依法履职情况纳入考核评价干部的重要内容，把普法责任制落实情况作为法治建设的重要内容，纳入国家机关工作目标考核和领导干部政绩考核。从而正向激励"关键少数"更好地发挥组织、领导、保障、监督法律运行过程中各个方面工作的作用。

本章小结

建设法治中国，必须坚持依法治国、依法执政、依法行政共同推进，坚持法治国家、法治政府、法治社会一体建设。在这一全面依法治国的工作布局之中，法治国家是法治建设的目标，法治政府是建设法治国家的重点，法治社会是构筑法治国家的基础。另外，全面依法治国的战略举措还包括：统筹推进国内法治与涉外法治，加快涉外法治工作战略布局，更好维护国家主权、安全、发展利益，进而推动全球治理变革，推动构建人类命运共同体；建设德才兼备的高素质法治工作队伍，推进法治专门队伍革命化、正规化、专业化、职业化。同时，构建中国特色法治人才培养体系；抓住领导干部这个"关键少数"，一方面要充分发挥好领导干部在法治发展中的模范带头作用，另一方面要从制度上制约和规范领导干部的权力，科学配置权力、加强监督、建立问责与激励相结合的人事管理机制，进而保证各项国家权力得到依法正确行使。

---

① 新华社:《中共中央办公厅印发〈关于进一步激励广大干部新时代新担当新作为的意见〉》，载中国政府网，https://www.gov.cn/zhengce/2018-05/20/content_5292263.htm，最后访问日期：2023 年 1 月 15 日。

问题与思考

1. 如何理解"依法治国、依法执政、依法行政"的含义？三者之间的关系是怎样的？

2. "依法执政"有哪些基本要求？

3. "依法行政"有哪些基本要求？

4. 如何理解"法治国家、法治政府、法治社会"的含义？三者之间的关系是怎样的？

5. 如何理解"法治政府是建设法治国家的重点"？

6. 如何理解"法治社会是构筑法治国家的基础"？

7. 什么是"涉外法治"？"统筹推进国内法治与涉外法治"的内容要求有哪些？

8. 如何理解"建设德才兼备的高素质法治工作队伍是全面依法治国的基础性工作"？

9. 要抓住领导干部这一"关键少数"，具体举措主要有哪些？

分论编

第八章　中国特色社会主义立法

第一节　立法体制及其完善

立法体制是关于立法主体和立法权限划分的制度，是国家法律制度的重要组成部分。[①]立法体制的核心，是立法权限的横向和纵向划分。一个国家采取什么样的立法体制，由国体、国家结构形式、历史传统等客观因素决定。我国是一个统一的、多民族的、单一制的人民民主专政的社会主义国家，人民代表大会制度是我国的根本政治制度，中国共产党是我们国家的领导核心，这些因素决定了我国的立法体制。自 1949 年中华人民共和国成立后，我国的立法体制，大体经历了三个不同阶段。这三个阶段的共同特点，是强调立法权限集中统一于中央政府的权力机关；但每个阶段在集中统一立法权限的基础上，对行政机关和地方的立法权限的规定，存在显著差异。

一　《共同纲领》时期的立法体制

1949 年 9 月 27 日，中国人民政治协商会议第一届全体会议通过了《中国人民政治协商会议组织法》。该法第 7 条规定："中国人民政协全体会议的职权如左：一、制定或修改中国人民政治协商会议组织法；二、制定或修改由参加中国人民政协的各民主党派及人民团体共同遵守的新民主主义的纲领即中国人民政治协商会议共同纲领；三、在普选的全国人民代表大会召开以前，执行全国人民代表大会的职权：甲、制定或修改中华人民共和国中央人民政府组织法……"据此，中国人民政治协商会议的全体会议享有以下立法权限：第一，制定或修改中国人民政治协商会议组织法；第二，制定《共同

[①]　法言：《符合中国国情和实际的立法体制——话说中国特色社会主义法律体系的形成（六）》，《中国人大》2011 年第 16 期，第 19 页。

纲领》；第三，制定《中央人民政府组织法》。[①] 中国人民政治协商会议第一届全体会议于 1949 年 9 月 27 日通过了《中央人民政府组织法》，并于 1949 年 9 月 29 日通过了具有临时宪法性质的《共同纲领》。

《中央人民政府组织法》对《共同纲领》时期的立法体制作了进一步的规定，该法第 7 条规定："中央人民政府委员会，依据中国人民政治协商会议全体会议制定的共同纲领，行使下列的职权：一、制定并解释国家的法律，颁布法令……"中央人民政府委员会据此制定了大量法律、法令。例如，1950 年 4 月 13 日中央人民政府委员会第七次会议通过了《婚姻法》；1950 年 6 月 28 日中央人民政府委员会第八次会议通过了《土地改革法》；1951 年 2 月 20 日中央人民政府委员会第十一次会议批准了《惩治反革命条例》；1952 年 4 月 18 日中央人民政府委员会第十四次会议批准了《惩治贪污条例》。

《共同纲领》和《中央人民政府组织法》没有明确规定政务院享有立法权。不过，《中央人民政府组织法》在第 15 条、第 18 条和第 19 条分别规定

---

① 有人认为，依据《中国人民政治协商会议组织法》第 7 条及《共同纲领》第 13 条第 2 款（"在普选的全国人民代表大会召开以前，由中国人民政治协商会议的全体会议执行全国人民代表大会的职权，制定中华人民共和国中央人民政府组织法，选举中华人民共和国中央人民政府委员会，并付之以行使国家权力的职权"），中国人民政治协商会议的全体会议享有全国人民代表大会的各项职权。但这种观点是错误的。中国人民政治协商会议的全体会议在历史上仅召开一次，第一届政协的全体会议仅代行全国人民代表大会制定《中央人民政府组织法》和选举产生中央人民政府委员会等职权。在《中央人民政府组织法》制定后和中央人民政府委员会选举产生后，即由中央人民政府委员会作为最高国家权力机关行使包括立法权在内的各项职权。中国人民政治协商会议的全体会议不再代行全国人民代表大会的职权，而只能依据《中国人民政治协商会议组织法》和《共同纲领》行使"就有关全国人民民主革命事业或国家建设事业的根本大计或重要措施，向中华人民共和国中央人民政府委员会提出决议案。四、在普选的全国人民代表大会召开以后，就有关国家建设事业的根本大计或重要措施，向全国人民代表大会或中央人民政府委员会提出建议案"的权力。在这个意义上，有学者正确地指出："在全国人民代表大会召开以前，以第一届政协的全体会议代行全国人民代表大会的职能，但是，在制定了中央人民政府组织法，选举出中央人民政府委员会以后，就将国家最高权力移交给了后者。董必武曾对此作过说明：'在普选的全国人民代表大会召开以前，由中国人民政治协商会议的全体会议执行全国人民代表大会的职能，选举出中华人民共和国中央人民政府委员会，并付之以行使国家权力的职权。'又说：'中国人民政治协商会议的全体会议虽然选举出中央人民政府委员会，但在中央人民政府委员会选出之后，后者即为行使全国最高权力的机关。'"（李格：《关于 1949—1954 年中央人民政府的若干问题》，《党的文献》1996 年第 4 期，第 77~78 页。）

了政务院及其组成部门有权颁布"决议或命令"。例如，第 15 条规定："政务院根据并为执行中国人民政治协商会议共同纲领、国家的法律、法令和中央人民政府委员会规定的施政方针，行使下列职权：一、颁发决议和命令，并审查其执行……"因为决议和命令是人民法院裁判案件的依据，^①行政机关和人民群众也应当遵守这些决议和命令，所以颁布决议和命令可以视为行使立法权。政务院及其组成部门在 1949 年至 1954 年颁发了大量决议和命令，并实际行使立法权制定了大量法令。"据不完全统计，会议通过和公布的重要法令和决定共有 381 项。"^②例如，1951 年 2 月，政务院颁布《劳动保险条例》；1952 年 2 月，政务院颁布《关于地方民族民主联合政府实施办法的决定》；1954 年 9 月，政务院颁布《关于改进中等专业教育的决定》。政务院的组成部门亦颁布了大量决议和命令。

中央人民政府委员会通过的《省各界人民代表会议组织通则》《市各界人民代表会议组织通则》《县各界人民代表会议组织通则》，规定各级人民代表会议代行各级人民代表大会职权时，有权作出"决议"。这些决议是具有法律效力且应被执行和适用的决议。因此，作出"决议"也是某种立法权限。更为明确地规定地方立法权限的文件则见于政务院通过的大行政区、省、市、县人民政府组织通则。^③1949 年 12 月政务院通过《大行政区人民政府委员会组织通则》，规定各大行政区人民政府委员会根据并为执行《共同纲领》，国家的法律、法令，中央人民政府委员会规定的施政方针和政务院颁发的决议和命令，有权对所属各省市转发政务院的决议和命令，并在其

---

① 根据 1951 年 9 月 3 日中央人民政府委员会第十二次会议通过的《人民法院暂行组织条例》第 4 条，人民政府颁发的决议和命令构成人民法院审判案件的依据，属于法的一种形式。

② 李格：《关于 1949—1954 年中央人民政府的若干问题》，《党的文献》1996 年第 4 期，第 79 页。

③ 需要注意的是，根据当时的体制，地方人民代表会议闭会期间，地方人民政府是行使政权的机关。因此，地方人民政府在某种程度上也有类似地方人民代表会议的代议机关身份。不过，有人认为："这种地方制定暂行法令、条例或单行法规的活动，与我们今天所讲的地方立法相比较，并非严格意义上的地方立法，更多属于特定历史条件下的行政权的张扬，但已具有地方立法的萌芽性质。"（全国人大常委会法制工作委员会研究室编《我国改革开放 40 年立法成就概述》，法律出版社，2019，第 58 页。）

职权范围内发布办法决议和命令，并审查其执行；有权拟定与地方政务有关的暂行法令条例，但需要报告政务院批准或备案。1950年，政务院通过的《省人民政府组织通则》规定，省人民政府委员会在中央人民政府政务院或大行政区人民政府委员会的直接领导下，有权拟定与本省政务有关的暂行法令条例，报告主管大行政区人民政府转请中央人民政府政务院批准或备案；《市人民政府组织通则》和《县人民政府组织通则》有类似规定。此外，中央人民政府委员会于1952年通过的《民族区域自治实施纲要》第23条第1款规定："各民族自治区自治机关在中央政府和上级人民政府法令所规定的范围内，依其自治权限，得制定本自治区单行法规，层报上两级人民政府核准。"

赋予县一级人民政府以一定的立法权限，与当前的立法体制存在很大差异。有人认为，当时的做法属于权宜之计。"新中国成立初期形成这种分散立法的格局，主要是基于政权初建时期的实际需要。1949年新中国成立，百废待兴，我国面临着组建和巩固新生政权、恢复和发展国民经济、实现和保障人民当家作主的艰巨任务。由于彻底废除了国民党的伪法统，单纯依靠中央立法来迅速制定出新政权所需的大量法律法令，确立秩序，无疑是不可能的。当时全国还未全部解放，新老解放区情况十分不同，各大区需要有一定的自主立法权。尤其是新解放的地区，不论其为省级或县级，也都需要被给予这样的立法权限，以便因地制宜地实行各项改革。"[1]

二 1954年至1979年高度集中的立法体制

1954年9月20日，第一届全国人民代表大会第一次会议通过《宪法》，即"五四宪法"。"五四宪法"第22条规定："全国人民代表大会是行使国家立法权的唯一机关。"据此，学者们一般认为，"五四宪法"确立的立法体制改变了之前分散立法的状况，确立了立法权高度集中的立法体制。[2]

---

[1] 全国人大常委会法制工作委员会研究室编《我国改革开放40年立法成就概述》，法律出版社，2019，第58页。

[2] 周尚君：《中国立法体制的组织生成与制度逻辑》，《学术月刊》2020年第11期，第99~100页；刘鹤挺：《新中国立法体制的嬗变及发展》，《攀登》2003年第3期，第97~98页。

不过，"五四宪法"第22条规定"全国人民代表大会是行使国家立法权的唯一机关"中的"唯一"一直令人十分费解。一方面，官方似认为这里的"唯一"是认真的，明确了只有全国人大才能行使国家立法权。因此，1982年修改宪法的说明，明确要扩大立法权的行使主体，规定全国人大常委会亦有权行使国家立法权，同时取消"唯一"的表述。另一方面，"五四宪法"第31条规定全国人大常委会有权制定法令；第49条规定国务院有权规定行政措施，发布决议和命令。按照"五四宪法"以前的实践，法令、决议和命令都具有法的性质，制定法令、颁布决议和命令均构成立法权的行使。而且从实践来看，全国人大常委会于1954年制定的一些法令，如《逮捕拘留条例》《城市居民委员会组织条例》《城市街道办事处组织条例》《公安派出所组织条例》，以及1955年发布的《中国人民解放军军官服役条例》《授予中国人民解放军在中国人民革命战争时期有功人员的勋章奖章条例》等，均具有明显的法的性质和特点，属于立法权的行使。

因此，即使"五四宪法"第22条规定"全国人民代表大会是行使国家立法权的唯一机关"，也很难认为立法权被高度集中在全国人大这一唯一的机关身上。实际上，随着社会主义改造和建设的需要，亟须制定各种法律，完全依赖一年仅召开一次会议的全国人大制定立法显然不现实。因此，1955年7月，第一届全国人大第二次会议通过了《关于授权常务委员会制定单行法规的决议》，授权全国人大常委会依据宪法的精神，根据实际需要适时地制定部分性质的法律，即单行法规。再后来，因为客观情况发生变化，1959年第二届全国人民代表大会第一次会议在《关于全国人民代表大会常务委员会工作报告的决议》中明确，"为了适应社会主义改造和社会主义建设事业发展的需要，大会授权常务委员会，在全国人民代表大会闭会期间，根据情况的发展和工作的需要，对现行法律中一些已经不适用的条文，适时地加以修改，作出新的规定"。不过，据考证，全国人大常委会实际并未行使该决议中的权力对全国人大制定的任何法律予以修改。[1]

---

[1]　全国人大常委会法制工作委员会研究室编《我国改革开放40年立法成就概述》，法律出版社，2019，第59页。

同时，国务院因为享有规定行政措施和发布决议和命令的权力，亦在很大程度上享有一定的立法权。从现实情况来看，国务院也确实以决定和命令等形式制定了调整特定领域的一些具有法性质的规范。比如，1955 年，国务院发布了《关于市镇粮食定量供应暂行办法的命令》；1955 年，国务院发布了《关于设置市、镇建制的决定》；1956 年，国务院发布了《关于工资改革的决定》；等等。

就这一时期的地方立法权而言，除了民族区域自治地方有权制定自治条例和单行条例外，宪法和法律并没有规定地方享有立法权。不过，值得注意的是，1954 年《地方各级人民代表大会和地方各级人民委员会组织法》沿袭《共同纲领》时期的规定，明确地方各级人民代表大会有权"在职权范围内通过和发布决议"。同时规定，在性质上为"地方各级人民政府，是地方各级人民代表大会的执行机关，是地方各级国家行政机关"的地方人民委员会，除乡级人民委员会外，有权"根据法律、法令、本级人民代表大会的决议和上级国家行政机关的决议和命令，规定行政措施，发布决议和命令"。地方各级人民代表大会发布的决议，地方人民委员会规定的行政措施和发布的决定和命令，有相当一部分也有法的性质。比如，1957 年 5 月 23 日，北京市人民委员会颁布《关于小口径步枪的管理办法》。该管理办法在 1982 年《宪法》后被视为地方政府规章。1997 年 12 月 31 日，北京市人民政府公布《关于公布本市政府规章清理结果的通知》（京政〔1997〕第 43 号），将《关于小口径步枪的管理办法》作为规章予以废止。因此，不宜简单地认为 1954 年至 1979 年地方不享有立法权。

三　现行立法体制

1979 年《地方各级人民代表大会和地方各级人民政府组织法》的制定，揭开了我国立法体制改革的序幕。该法规定，省、自治区、直辖市的人民代表大会根据本行政区域的具体情况和实际需要，在不同国家的宪法、法律、政策、法令、政令相抵触的前提下，可以制定和颁布地方性法规，并报全国人大常委会和国务院备案。该法第 27 条同时规定省、自治区、直辖市的人大常委会有权制定地方性法规。该法在法律上正式明确规定省级地方权力机关有权制定地方性法规，是我国立法体制上的重大突破。

真正奠定现行立法体制基础的法律文件是 1982 年《宪法》,该法对国家机关横向与纵向立法权限的划分作了明确的规定。经过十几年的实践完善后,2000 年《立法法》中统一作了明确规定,2015 年《立法法》修改时作了进一步的完善。现行立法体制的核心内容和特点,可以概括为统一而又分层次。在权力机关与行政机关的关系上,既坚持人大制度,以全国人大及其常委会为立法核心,保证立法权掌握在由人民选举产生的、更有利于直接反映群众意愿和要求的国家权力机关手里,以保证立法的民主性;同时,又注意发挥国家行政机关在立法工作中的优势,保障各个国家机关有足够的权力对社会进行有效管理,提高整个国家的管理效率。在中央与地方的关系上,既坚持中央必要的集中统一,又注意适当分权,充分发挥地方的主动性、积极性,照顾民族自治地方、经济特区、特别行政区的特殊情况。① 以下将从各立法主体的立法权限角度,介绍现行立法体制的具体内容。

(一)全国人大及其常委会的立法权限

1982 年《宪法》第 58 条规定:"全国人民代表大会和全国人民代表大会常务委员会行使国家立法权。"第 62 条规定:"全国人民代表大会行使下列职权:(一)修改宪法;(二)监督宪法的实施;(三)制定和修改刑事、民事、国家机构的和其他的基本法律……"第 67 条规定:"全国人民代表大会常务委员会行使下列职权:(一)解释宪法,监督宪法的实施;(二)制定和修改除应当由全国人民代表大会制定的法律以外的其他法律;(三)在全国人民代表大会闭会期间,对全国人民代表大会制定的法律进行部分补充和修改,但是不得同该法律的基本原则相抵触;(四)解释法律……"

据此,法律由全国人大及其常委会制定。以此为基础,结合相关实践和现实需要,《立法法》第 11 条规定了专属于全国人大及其常委会的立法权限。该条规定:"下列事项只能制定法律:(一)国家主权的事项;(二)各级人民代表大会、人民政府、监察委员会、人民法院和人民检察院的产生、组织和职权;(三)民族区域自治制度、特别行政区制度、基层群众自治制

---

① 尹中卿:《我国现行立法体制的基本特征》,《吉林人大》2001 年第 11 期,第 36~37 页。

度;(四)犯罪和刑罚;(五)对公民政治权利的剥夺、限制人身自由的强制措施和处罚;(六)税种的设立、税率的确定和税收征收管理等税收基本制度;(七)对非国有财产的征收、征用;(八)民事基本制度;(九)基本经济制度以及财政、海关、金融和外贸的基本制度;(十)诉讼制度和仲裁基本制度;(十一)必须由全国人民代表大会及其常务委员会制定法律的其他事项。"宪法的规定是划分全国人大及其常委会专属立法权限的主要依据。我国宪法虽然没有明确、系统地规定全国人大及其常委会的专属立法权限,但宪法中各个方面相关的原则和分散的规定,仍然为确定专属立法权提供了依据。这十一项专属于全国人大及其常委会的立法权限,大体可以分为几个方面:一是宪法明确规定了应当由法律规定的事项;二是《宪法》第 67 条关于全国人大常委会职权的规定明确了由全国人大常委会规定的事项;三是宪法虽未规定由全国人大及其常委会制定法律或者予以规定,但属于全国人大及其常委会职权范围内应当用法律调整的事项。

同时,宪法对全国人大和全国人大常委会的立法权限也作了划分。全国人大有权制定刑事、民事、国家机构的和其他的基本法律;全国人大常委会有权制定除应当由全国人大制定的法律以外的其他法律。"从法理上讲,全国人大作为最高国家权力机关,除不得与宪法相抵触以外,不应对其立法权作其他限制。实践中,除宪法明确规定的刑法、民法和有关国家机构组织方面的法律属基本法律外,凡属于某一部门法的基本规范的法律,应作为基本法律提交全国人大审议通过。此外,涉及全国人大权限的法律,如预算法、全国人大议事规则等,也应由全国人大审议通过。所以,全国人大除制定基本法律外,也可以制定其他法律,但主要是制定基本法律。除应当由全国人大制定的法律外,其他法律都可以由全国人大常委会制定。"① 即便有这样的立法权限划分,考虑到全国人大并不经常开会,宪法同时规定,全国人大常委会在大会闭会期间,可以对全国人大制定的法律进行部分补充和修改,但不得同该法律的基本原则相抵触。按照这一规定,全国人大常委会可以补充和修改全国人大制定的法律,不过在权限上受到两个方面的限制:一是原则上

---

① 法言:《符合中国国情和实际的立法体制——话说中国特色社会主义法律体系的形成(六)》,《中国人大》2011 年第 8 期,第 23~24 页。

的限制，即补充和修改不得同该法律的基本原则相抵触；二是数量上的限制，即只能是部分的补充和修改。①

（二）国务院的立法权限

区别于 1954 年、1975 年、1978 年《宪法》仅规定国务院有权规定行政措施，发布决定和命令，1982 年《宪法》明确规定国务院可以制定行政法规。因此，有人认为国务院存在所谓的"职权立法权"，即可以在没有法律明确授权的情况下行使立法权。②后来，全国人大及其常委会又两次对国务院进行授权。第一次是 1984 年 9 月，六届全国人大常委会第七次会议"授权国务院在实施国营企业利改税和改革工商税制的过程中，拟定有关税收条例，以草案形式发布试行，再根据试行的经验加以修订，提请全国人民代表大会常务委员会审议"。第二次是 1985 年 4 月，六届全国人大三次会议"授权国务院对于有关经济体制改革和对外开放方面的问题，必要时可以根据宪法，在同有关法律和全国人民代表大会及其常务委员会的有关决定的基本原则不相抵触的前提下，制定暂行的规定或者条例，颁布实施，并报全国人民代表大会常务委员会备案。经过实践检验，条件成熟时由全国人民代表大会或者全国人民代表大会常务委员会制定法律"。

《立法法》结合相关实践和已有授权决定，对国务院的行政法规制定权作了细化，第 72 条第 1 款、第 2 款规定："国务院根据宪法和法律，制定行政法规。行政法规可以就下列事项作出规定：（一）为执行法律的规定需要制定行政法规的事项；（二）宪法第八十九条规定的国务院行政管理职权的事项。"

同时，《立法法》还根据实践需要，明确在一定条件下可以将专属于全国人大及其常委会的立法权限授予国务院行使。根据《立法法》第 12 条的规定，对于全国人大及其常委会专属立法权限范围内的事项，尚未制定法律的，全国人民代表大会及其常务委员会有权作出决定，授权国务院可以根据实际需要，对其中的部分事项先制定行政法规，但是有关犯罪和刑罚、对公民政治权利的剥夺和限制人身自由的强制措施和处罚、司法制度等事项除外。授

---

① 法言：《符合中国国情和实际的立法体制——话说中国特色社会主义法律体系的形成（六）》，《中国人大》2011 年第 8 期，第 24 页。

② 谢立斌：《论国务院的职权立法权》，《政法论坛》2018 年第 6 期，第 100~109 页。

权决定应当明确授权的目的、事项、范围、期限以及被授权机关实施授权决定应当遵循的原则等。授权的期限不得超过五年，但是授权决定另有规定的除外。被授权机关应当在授权期限届满的六个月以前，向授权机关报告授权决定实施的情况，并提出是否需要制定有关法律的意见；需要继续授权的，可以提出相关意见，由全国人民代表大会及其常务委员会决定。授权立法事项，经过实践检验，制定法律的条件成熟时，由全国人民代表大会及其常务委员会及时制定法律。法律制定后，相应立法事项的授权终止。被授权机关应当严格按照授权决定行使被授予的权力。被授权机关不得将被授予的权力转授给其他机关。

（三）地方立法权限

地方的立法权限可以分为一般地方立法权限和特殊地方立法权限。

1. 一般地方立法权限

1982 年《宪法》规定，省、自治区、直辖市的人大及其常委会，根据本行政区域的具体情况和实际需要，在不同宪法、法律、行政法规相抵触的前提下，可以制定地方性法规，报全国人大常委会备案。根据这一规定，省级地方人大及其常委会有权制定地方性法规，并且只需要遵循不抵触原则，并没有事项上的限制。但是《立法法》除通过规定全国人大及其常务委员会的专属立法权限对省级地方人大及其常务委员会的立法权限予以反面限制外，还从正面规定了省级地方人大及其常务委员会的立法权限于"（一）为执行法律、行政法规的规定，需要根据本行政区域的实际情况作具体规定的事项;（二）属于地方性事务需要制定地方性法规的事项"。

确认 2015 年修改《立法法》后的体制，2018 年修改后的《宪法》第 100 条第 2 款规定，设区的市的人民代表大会和它们的常务委员会，在不同宪法、法律、行政法规和本省、自治区的地方性法规相抵触的前提下，可以依照法律规定制定地方性法规，报本省、自治区人民代表大会常务委员会批准后施行。而 2015 年修改后的《立法法》规定，设区的市的人民代表大会及其常务委员会根据本市的具体情况和实际需要，在不同宪法、法律、行政法规和本省、自治区的地方性法规相抵触的前提下，可以对城乡建设与管理、环境保护、历史文化保护等方面的事项制定地方性法规，法律对设区的市制定地方性法规的事项另有规定的，从其规定。设区的市的地方性法规须报省、自治区的人民代表大会常务委员会批准后施行。省、自治区的人民代表大会常务委员会对报请批准的地方性法规，应当对其合法性进行审查，认为同宪法、法律、行政法规和本省、自治区的地方性法规不抵触的，应当在四个月内予以批准。

2. 特殊地方立法权限

除了省级地方人大及其常委会和设区的市级人大及其常委会享有一定的立法权外，宪法和法律还规定了一些特殊地方的立法权限，主要包括四类：一是民族自治地方制定自治条例和单行条例的权限；二是全国人大特别授予经济特区制定单行经济法规的权限；三是制定海南自由贸易港法规和上海浦东新区法规的权限；四是特别行政区的立法权。

第一，民族自治地方制定自治条例和单行条例的权限。宪法、民族区域自治法和立法法都规定，民族自治地方的人民代表大会有权依照当地民族的政治、经济和文化的特点，制定自治条例和单行条例。自治区、自治州、自治县的自治条例和单行条例，须报上一级人民代表大会常务委员会批准后方能生效。自治条例和单行条例可以依照当地民族的特点，对法律和行政法规的规定作出变通规定，但是不得违背法律或者行政法规的基本原则，不得对宪法和民族区域自治法的规定以及其他有关法律、行政法规专门就民族自治地方所作的规定作出变通规定。

第二，全国人大特别授予经济特区制定单行经济法规的权限。1981年，全国人大常委会授权广东省、福建省人大及其常委会，根据有关的法律、法令、政策规定的原则，按照各该省经济特区的具体情况和实际需要，制定经济特区的各项单行经济法规，并报全国人大常委会和国务院备案。1988年、1992年、1994年和1996年，全国人大先后四次分别授权海南省、深圳市、厦门市、汕头市、珠海市人大及其常委会根据经济特区的具体情况和实际需要，遵循宪法的规定以及法律和行政法规的基本原则，制定法规，在各自的经济特区实施，并报全国人大常委会、国务院和所在省的人大常委会备案。《立法法》第84条第1款规定："经济特区所在地的省、市的人民代表大会及其常务委员会根据全国人民代表大会的授权决定，制定法规，在经济特区范围内实施。"

第三，制定海南自由贸易港法规和上海浦东新区法规的权限。《海南自由贸易港法》第10条规定，海南省人民代表大会及其常务委员会可以根据本法，结合海南自由贸易港建设的具体情况和实际需要，遵循宪法规定和法律、行政法规的基本原则，就贸易、投资及相关管理活动制定法规，在海南自由贸易港范围内实施。海南自由贸易港法规应当报送全国人民代表大会常务委员会和国务院备案；对法律或者行政法规的规定作变通规定的，应当说明变通的情况和理由。海南自由贸易港法规涉及依法应当由全国人民代表大会及其常务委员会制定法律或者由国务院制定行政法规事项的，应当分别报全国人民代表大会常务委员会或者国务院批准后生效。《立法法》第84条第3款规定："海南省人民代表大会及其常务委员会根据法律规定，制定海南自由贸易港法规，在海南自由贸易港范围内实施。"

为建立完善与支持浦东大胆试、大胆闯、自主改相适应的法治保障体系，推动浦东新区高水平改革开放，打造社会主义现代化建设引领区，第十三届全国人民代表大会常务委员会第二十九次会议通过《关于授权上海市人民代表大会及其常务委员会制定浦东新区法规的决定》。该决定规定："一、授权上海市人民代表大会及其常务委员会根据浦东改革创新实践需要，遵循宪法规定以及法律和行政法规基本原则，制定浦东新区法规，在浦东新区实施。二、根据本决定制定的浦东新区法规，应当依照《中华人民共和国立法法》的有关规定分别报全国人民代表大会常务委员会和国务院备案。浦东新区法规报送备案时，应当说明对法律、行政法规、部门规章作出变通规定的情况……"《立法法》第84条第2款规定："上海市人民代表大会及其常务委员会根据全国人民代表大会常务委员会的授权决定，制定浦东新区法规，在浦东新区实施。"

第四，特别行政区的立法权。根据"一国两制"方针，香港、澳门特别行政区基本法规定，香港和澳门两个特别行政区的立法会有权制定法律，报全国人大常委会备案。香港、澳门特区有权对特区高度自治范围内的一切事务立法。两个特区的立法权是全国人大通过基本法授予的，特区行使此项权力是否符合基本法的规定、是否超越国家的授权，应当由中央监督，必须报全国人大常委会备案。

（四）其他立法权限

宪法和法律等还规定了中央军事委员会制定军事法规的权力；中央军事

委员会各总部、军兵种、军区、中国人民武装警察部队制定军事规章的权力；国家监察委员会制定监察法规的权力；国务院各部、委员会、中国人民银行、审计署和具有行政管理职能的直属机构制定部门规章的权力；省级人民政府及设区的市级人民政府制定地方政府规章的权力。其中，军事法规、监察法规具有与行政法规类似的性质和效力，立法权限范围的确定原理亦与行政法规类似。军事规章、部门规章、地方政府规章均是典型的从属立法，立法权限范围的确定原理相似，总体上应当有明确的上位法依据才可制定。

第二节　中国特色社会主义法律体系的形成与完善

依法治国，建设社会主义法治国家，是中国共产党领导人民治理国家的基本方略。形成中国特色社会主义法律体系，保证国家和社会生活各方面有法可依，是全面落实依法治国基本方略的前提和基础，是中国发展进步的制度保障。在党的领导下，经过各方面坚持不懈的共同努力，一个立足中国国情和实际、适应改革开放和社会主义现代化建设需要、集中体现中国共产党和中国人民意志，以宪法为统帅，以宪法相关法、民法商法、行政法、经济法、社会法、刑法、诉讼与非诉讼程序法等多个部门的法律为主干，由法律、行政法规、地方性法规等多个层次的法律规范构成的中国特色社会主义法律体系已经形成并在不断完善。国家经济建设、政治建设、文化建设、社会建设以及生态文明建设的各个方面实现有法可依。中国特色社会主义法律体系的形成，具有重大的现实意义和深远的历史意义。中国特色社会主义法律体系是中国特色社会主义永葆本色的法制根基；是中国特色社会主义创新实践的法制体现和保障；是中国特色社会主义兴旺发达的法制保障。①

一　中国特色社会主义法律体系的形成历程

中国特色社会主义法律体系是在中国共产党领导下，适应中国特色社会

---

① 中华人民共和国国务院新闻办公室：《中国特色社会主义法律体系白皮书》，《人民日报》2011年10月28日，第14版。（本节内容以该白皮书为基础，并根据2011年以来的实践发展作了相应调整。）

主义建设事业的历史进程而逐步形成的。

新中国成立初期，中华人民共和国面临着组建和巩固新生政权、恢复和发展国民经济、实现和保障人民当家作主的艰巨任务。根据政权建设的需要，从1949年到1954年第一届全国人民代表大会召开前，我国颁布实施了具有临时宪法性质的《共同纲领》，制定了中央人民政府组织法、工会法、婚姻法、土地改革法、人民法院暂行组织条例、最高人民检察署暂行组织条例、惩治反革命条例、妨害国家货币治罪暂行条例、惩治贪污条例、全国人民代表大会和地方各级人民代表大会选举法，以及有关地方各级人民政府和司法机关的组织、民族区域自治和公私企业管理、劳动保护等一系列法律、法令，开启了新中国民主法制建设的历史进程。

1954年，第一届全国人民代表大会第一次会议召开，通过了新中国第一部宪法，确立了人民民主和社会主义原则，确立了人民代表大会的根本政治制度，规定了公民的基本权利和义务，同时制定了全国人民代表大会组织法、国务院组织法、地方各级人民代表大会和地方各级人民委员会组织法、人民法院组织法、人民检察院组织法，确立了国家生活的基本原则。1956年，中国共产党第八次全国代表大会提出，"国家必须根据需要，逐步地系统地制定完备的法律"。此后至1966年"文化大革命"前，全国人大及其常委会共制定法律、法令130多部。这个时期的民主法制建设，为建设中国特色社会主义法律体系提供了宝贵经验。"文化大革命"期间，中国的民主法制建设遭到严重破坏，立法工作几乎陷于停顿。

1978年，中国共产党十一届三中全会深刻总结新中国成立以来正反两方面的经验教训，作出了把党和国家工作中心转移到经济建设上来、实行改革开放的历史性决策，并提出"为了保障人民民主，必须加强社会主义法制，使民主制度化、法律化，使这种制度和法律具有稳定性、连续性和极大的权威，做到有法可依、有法必依、执法必严、违法必究"。[①] 这次会议开启了中国改革开放和社会主义民主法制建设的历史新时期。这个时期立法工作的重点是，恢复和重建国家秩序，实行和推进改革开放。1979年，第五届全国人民代表大会第二次会议通过了修改宪法若干规定的决议，规定县和县以上的

---

① 中共中央文献研究室编《三中全会以来重要文献选编》（上），人民出版社，1982，第11页。

地方各级人民代表大会设立常务委员会，将县级人民代表大会代表改为由选民直接选举等，同时制定了全国人民代表大会和地方各级人民代表大会选举法、地方各级人民代表大会和地方各级人民政府组织法、人民法院组织法、人民检察院组织法、刑法、刑事诉讼法、中外合资经营企业法等7部法律，拉开了新时期中国大规模立法工作的序幕。

1982年，为适应国家经济、政治、文化、社会生活等各方面发生的巨大变化，第五届全国人民代表大会第五次会议通过了现行宪法，确立了国家的根本制度、根本任务和国家生活的基本原则，为新时期改革开放和社会主义现代化建设提供了根本保障，标志着中国民主法制建设进入新的历史阶段。随着改革开放的深入推进和经济社会的深刻变化，中国先后于1988年、1993年、1999年和2004年对宪法的部分内容进行修改，确认了非公有制经济在国家经济中的重要地位，将国家"实行社会主义市场经济"、"实行依法治国，建设社会主义法治国家"、"尊重和保障人权"、"公民的合法的私有财产不受侵犯"以及"中国共产党领导的多党合作和政治协商制度将长期存在和发展"等内容写入宪法，推动了中国经济、政治、文化和社会等各方面的发展和进步。这个时期，为适应以经济建设为中心、推进改革开放的需要，制定了民法通则、全民所有制工业企业法、中外合作经营企业法、外资企业法、专利法、商标法、著作权法、经济合同法、企业破产法等法律；为贯彻落实"一国两制"方针，制定了香港特别行政区基本法、澳门特别行政区基本法；为加强民族团结，发展社会主义民主，维护公民合法权益，制定了民族区域自治法、村民委员会组织法、刑事诉讼法、民事诉讼法、行政诉讼法等法律；为保护和改善生活环境与生态环境，制定了环境保护法、水污染防治法、大气污染防治法等法律；为促进教育和文化事业发展，制定了义务教育法、文物保护法等法律。这个时期立法工作取得的突出成就，为中国特色社会主义法律体系的形成奠定了重要基础。

1992年，中国共产党第十四次全国代表大会作出了建立社会主义市场经济体制的重大战略决策，明确提出社会主义市场经济体制的建立和完善必须有完备的法制来规范和保障。按照建立社会主义市场经济体制的要求，全国人大及其常委会加快经济立法，在规范市场主体、维护市场秩序、加强宏观调控、促进对外开放等方面，制定了公司法、合伙企业法、商业银行法、乡镇企业法、反不正当竞争法、消费者权益保护法、产品质量法、拍卖法、担保法、海商法、保险法、票据法、城市房地产管理法、广告法、注册会计师法、仲裁法、审计法、预算法、中国人民银行法、对外贸易法、劳动法等法律。为完善刑事法律，修订刑法，形成了一部统一的、比较完备的刑法；修改刑事诉讼法，完善了刑事诉讼程序。为规范和监督权力的行使，制定了行政处罚法、国家赔偿法、法官法、检察官法、律师法等法律。为进一步加强对环境和资源的保护，制定了固体废物污染环境防治法等法律，修改了矿产资源法等法律。

1997 年，随着社会主义市场经济体制的逐步建立、对外开放水平的不断提高、民主法制建设的深入推进和各项事业的全面发展，为把中国特色社会主义事业全面推向 21 世纪，中国共产党第十五次全国代表大会提出了 21 世纪第一个十年国民经济和社会发展的远景目标，确立了"依法治国，建设社会主义法治国家"的基本方略，明确提出到 2010 年形成中国特色社会主义法律体系。按照这一目标要求，为保障和促进社会主义市场经济的发展，适应加入世界贸易组织的需要，中国继续抓紧开展经济领域立法，制定了证券法、合同法、招标投标法、信托法、个人独资企业法、农村土地承包法、政府采购法等法律，修改了对外贸易法、中外合资经营企业法、中外合作经营企业法、外资企业法、专利法、商标法、著作权法等法律；为规范国家立法活动，健全立法制度，制定了立法法，把实践证明行之有效的立法原则、立法体制、立法权限、立法程序以及法律解释、法律适用和备案等制度系统化、法律化；为发展社会主义民主、繁荣社会主义文化、保护生态环境、发展社会事业，制定了行政复议法、高等教育法、职业病防治法等法律，修改了工会法、文物保护法、海洋环境保护法、药品管理法等法律；为保证法律有效实施，全国人大常委会还对刑法、香港特别行政区基本法等法律的有关规定作出法律解释。经过这个阶段的努力，中国特色社会主义法律体系初步形成。

进入 21 世纪，根据中国共产党第十六次、第十七次全国代表大会确定的在 21 世纪头二十年全面建设惠及十几亿人口的更高水平的小康社会这一目标，为了使社会主义民主更加完善，社会主义法制更加完备，依法治国基本方略得到全面落实，更好保障人民权益和社会公平正义，促进社会和谐，全国人大及其常委会进一步加强立法工作，不断提高立法质量。为维护国家主权和领土完整，促进国家和平统一，制定了反分裂国家法；为发展社会主义民主政治，制定了各级人民代表大会常务委员会监督法、行政许可法、行政强制法等法律；为保护公民、法人和其他组织的合法权益，保障和促进社会主义市场经济的健康发展，制定了物权法、侵权责任法、企业破产法、反垄断法、反洗钱法、企业所得税法、车船税法、企业国有资产法、银行业监督管理法等法律；为完善社会保障制度，保障和改善民生，制定了社会保险法、劳动合同法、就业促进法、人民调解法、劳动争议调解仲裁法、食品安全法等法律；为节约资源，保护环境，建设资源节约型、环境友好型社会，制定了可再生能源法、循环经济促进法、环境影响评价法等法律。此外，还制定和修改了一批加强社会管理、维护社会秩序等方面的法律。

中国特色社会主义法律体系形成后，全国人大及其常委会的立法工作重心转向加强重点领域立法，不断完善以宪法为核心的中国特色社会主义法律体系，特别是党的十八大以来，在以习近平同志为核心的党中央坚强领导下，围绕贯彻落实党中央决策部署，坚持立法先行，发挥立法的引领和推动作用，紧紧抓住事关改革发展稳定的重大立法项目，加快立法步伐，一批重要法律相继出台。一是健全保证宪法实施的法律制度，设立国家宪法日，建立宪法宣誓制度，实施宪法规定的特赦制度，制定国家勋章和国家荣誉称号法、国歌法等。二是国家安全立法取得重要进展，先后制定国家安全法、反间谍法、反恐怖主义法、网络安全法、数据安全法、国防交通法、深海海底区域资源勘探开发法、核安全法等。三是制定了民法典，一部具有中国特色、体现时代精神、反映人民意愿的民法典成功编纂。四是生态环境保护立法不断推进，修改了环境保护法等相关法律，建立了环境和资源保护公益诉讼制度。五是其他领域的立法也加速推进，制定了公共文化服务保障法、电影产业促进法、公共图书馆法、慈善法、反家庭暴力法、特种设备安全法、中医药法等。六是为改革保驾护航，对于需要先行先试的，及时通过授权决定等形式保障改革有法可依。

与全国人大及其常委会制定各项法律相适应，根据宪法和法律规定的立法权限，国务院、地方人大及其常委会还制定了大量行政法规和地方性法规，对促进中国社会主义民主法制建设、推动中国特色社会主义法律体系形成发挥了重要作用。

二 中国特色社会主义法律体系的构成

从层次上来说，中国特色社会主义法律体系以宪法为统帅，以法律为主干，以行政法规、地方性法规等为重要组成部分。与我国的立法体制相对应，不同的国家机构根据相应的立法权限制定法律规范，构成一个多层次的中国特色社会主义法律体系。

从法律部门上来说，中国特色社会主义法律体系是由以宪法为统帅的宪法相关法、民法商法、行政法、经济法、社会法、刑法、诉讼与非诉讼程序法等多个法律部门组成的有机统一整体。多年来，法学界和立法工作部门对法律体系的法律部门划分进行了广泛研究和探讨，提出了多种方案。这些方案的分类标准略有不同，有的划分得粗一点，有的划分得细一点。九届全国人大常委会经组织专题研究，按照基本上达成的共识，认为将我国的法律体系划分为宪法及宪法相关法、民法商法、行政法、经济法、社会法、刑法、诉讼与非诉讼程序法七个部门比较合适。2010年，在中国特色社会主义法律体系即将形成之际，十一届全国人大常委会再次组织对法律体系进行了专题研究，认为九届全国人大常委会提出的法律部门划分较好地概括了我国现有法律规范，基本上符合我国现行的立法体制以及法律自身的内在规律，也大体上符合我国的国情以及改革开放和现代化建设的实际需要。同时指出，这种划分主要是为了立法工作的方便，不是固定不变的，可以随着经济社会的发展、立法工作的变化以及人们认识的深入进行相应调整，以体现与时俱进的精神。根据这一精神，在保持法律体系结构相对稳定的基础上，对法律体系的层次和部门划分也作出了调整：为体现宪法在整个中国特色社会主义法律体系中的核心地位和统帅作用，将宪法从"宪法和法律"这个层次中分离出来，居于法律、行政法规、地方性法规等层次之上。与此相适应，不宜将作为根本法的宪法作为部门法对待，将"宪法及宪法相关法"部门调整为"宪法相关法"部门，即在宪法之下，将全部现行法律规范划分为七个法律部门，即宪法相关法、民法商法、行政法、经济法、社会法、刑法、诉讼与非诉讼程序法。[1]

---

[1] 法言：《符合实际需要的法律部门——话说中国特色社会主义法律体系的形成（九）》，《中国人大》2011年第19期，第28页。

宪法相关法是与宪法相配套、直接保障宪法实施的宪法性法律规范的总和。主要包括有关国家机构的产生、组织、职权和基本工作制度的法律，有关民族区域自治制度、特别行政区制度、基层群众自治制度的法律，有关维护国家主权、领土完整、国家安全以及国家标志象征的法律，以及有关保障公民基本政治权利的法律。

民法商法包含民事活动的一般规范和市场经济的基本准则。主要由民事基本制度、婚姻家庭法律制度、财产权法律制度、侵权责任法律制度、知识产权法律制度、涉外民事关系法律适用制度、商事主体法律制度、商事行为法律制度等构成。核心法律有《民法典》等。

行政法是关于行政权的授予、行使以及对行政权的监督的法律规范总和，也是调整国家行政管理活动的法律规范的总和，包括有关行政管理主体、行政行为、行政程序以及行政监督等方面的法律规范。具体由行政行为法律制度、环境保护法律制度、教育法律制度、卫生法律制度、社会管理法律制度、国防法律制度、行政监督法律制度、国家公务员法律制度等构成。

经济法是调整因国家从社会整体利益出发对经济活动实行干预、管理或调控所产生的社会经济关系的法律规范的总和。市场经济发展的基本规律表明，只有充分发挥市场配置资源的基础性作用，才能提高效率，充分竞争，经济才富有活力。与此同时，市场本身也存在自发性、滞后性、盲目性，并不是万能的。改善宏观经济环境，合理利用公共资源，建立公平、公正的竞争秩序，维护有效竞争，保持合理的经济结构，促进经济协调发展，单靠市场是难以解决的，还需要国家通过必要的法律手段进行适度调节。改革开放以来，根据市场经济发展的需要，不断总结经验，我国制定和完善了经济方面的法律制度。主要有税收法律制度、宏观调控和经济管理法律制度、维护市场秩序的法律制度、行业管理和产业促进法律制度、农业法律制度、自然资源法律制度、能源法律制度、企业国有资产法律制度、产品质量法律制度、金融监管法律制度、对外贸易和经济合作法律制度等。

社会法是在国家干预社会生活过程中逐渐发展起来的一个法律门类，所调整的是政府与社会之间、社会不同部分之间的法律关系。社会法是调整劳动关系、社会保障、社会福利和特殊群体权益保障等方面关系的法律规范，其目的在于，从社会整体利益出发，对劳动者、失业者、丧失劳动能力的人和其他需要扶助的人的权益实行必需的、切实的保障，包括劳动用工、工资福利、职业安全卫生、社会保险、社会救济、特殊保障等方面的法律。

刑法是规定犯罪与刑罚的法律。我国的刑法是国家的基本法律之一，既是中国特色社会主义法律体系中重要的法律部门，也是其中起支架作用的法律。

诉讼与非诉讼程序法是规范解决社会纠纷的诉讼活动与非诉讼活动的法律规范。我国的诉讼制度分为刑事诉讼、民事诉讼、行政诉讼三种。解决纠纷，除通过诉讼制度"打官司"外，还可以通过仲裁、调解等非诉讼途径。

三　中国特色社会主义法律体系的特征

中国特色社会主义法律体系，是中国特色社会主义伟大事业的重要组成部分，是全面实施依法治国基本方略、建设社会主义法治国家的基础，是新中国成立六十多年特别是改革开放三十多年来经济社会发展实践经验制度化、法律化的集中体现。中国特色社会主义法律体系与中国社会主义初级阶段基本国情相适应，与改革开放和社会主义现代化建设进程相适应，与法律体系自身发展规律相适应，具有十分显著的特征。

第一，中国特色社会主义法律体系体现了中国特色社会主义的本质要求。一个国家法律体系的本质，由这个国家的法律确立的社会制度的本质所决定。中国是工人阶级领导的、以工农联盟为基础的人民民主专政的社会主义国家。在社会主义初级阶段，中国实行公有制为主体、多种所有制经济共同发展的基本经济制度，这就决定了中国的法律制度必然是社会主义的法律制度，所构建的法律体系必然是中国特色社会主义性质的法律体系。中国特色社会主义法律体系所包括的全部法律规范、所确立的各项法律制度，有利于巩固和发展社会主义制度，充分体现了人民的共同意志，维护了人民的根本利益，保障了人民当家作主。中国制定哪些法律、具体法律制度的内容如何规定，都坚持从中国特色社会主义的本质要求出发，从人民群众的根本意志和长远利益出发，将实现好、维护好、发展好最广大人民的根本利益作为根本出发点和落脚点。

第二，中国特色社会主义法律体系体现了改革开放和社会主义现代化建设的时代要求。中国新时期最鲜明的特点是改革开放。改革开放作为当代中国的伟大社会实践，为法律体系的建立和完善提供了波澜壮阔的舞台。中国特色社会主义法律体系不是立法者们凭空造出来的，而是在中国特色社会主义的伟大实践中生长起来的。这个法律体系充分反映了当代中国改革开放和现代化建设的进程，具有适应并服务于改革开放和现代化建设需求的时代特征。改革开放和现代化建设为中国特色社会主义法律体系的构建提供了内在需求和动力，提供了实践基础和经验。中国特色社会主义法律体系的构建为改革开放和现代化建设提供法制环境，积极发挥促进、规范、引导和保障作用。中国特色社会主义法律体系妥善处理了立法与改革的关系。对于实践经验成熟的，就加以深化、细化，及时肯定已有的成功做法、巩固已有的改革开放成果，在法律中作出具体规定；对于实践经验尚不成熟，又需要作出规定的，就规定得原则一些，为进一步改革发展留下空间；对于缺乏实践经验，各方面意见又不一致的，就暂不作规定，待条件成熟时再作补充完善，或者先制定行政法规或地方性法规，先行先试，待取得经验、条件成熟时再将具体内容上升为法律。

第三，中国特色社会主义法律体系体现了结构内在统一而又多层次的科学要求。一国的法律体系由哪些不同效力层次的法律规范构成，一般取决于该国的法律传统、政治制度及立法体制等因素，其中立法体制的影响最为突出。我国逐步确立了统一而又分层次的立法体制。与此相适应，中国特色社会主义法律体系在层次上表现为：全国人大及其常委会制定的法律，国务院制定的行政法规，地方人大及其常委会依据法定权限制定的地方性法规等多个层次的法律规范。在这个法律体系中，宪法是统帅，法律是主干，行政法规和地方性法规是对国家法律的细化和补充。中国特色社会主义法律体系的各个部分构成一个有机的统一整体。

第四，中国特色社会主义法律体系体现了继承中国法制文化优秀传统和借鉴人类法制文明成果的文化要求。中国特色社会主义法律体系的形成和进一步完善，在立足于中国的基本国情、从中国的实际出发的同时，始终坚持将传承历史传统、借鉴文明成果和进行制度创新有机地结合起来，做到古为今用、洋为中用、兼收并蓄。因此，中国特色社会主义法律体系不仅具有鲜明的民族特点，而且具有文化上的先进性、包容性和广泛性。合理继承中华法制文化中的优秀传统，并适应改革开放和现代化建设需要进行制度创新。充分吸收人类法律文明的既有成果，借鉴国外的有益经验，但又不是简单地照搬照抄，而是根据中国国情和实际，吸收有益之处，为我所用。

第五，中国特色社会主义法律体系体现了动态、开放、与时俱进的发展要求。社会实践是法律的基础，法律是实践经验的总结，并随着社会实践的发展而不断完善。实践没有止境，法律体系也就需要不断丰富、不断创新，它必然是动态的、开放的、发展的，而不是静止的、封闭的、固定的。中国特色社会主义法律体系不是在书斋里造出来的，也不是从别的国家照搬来的，它始终适应发展并服务于改革开放和现代化建设大局的需求，始终体现着中国特色社会主义的创新实践。因此，中国特色社会主义法律体系具有稳定性与变动性、阶段性与连续性、现实性与前瞻性相统一的特点。

第三节　立法活动的基本原则

在中国特色社会主义法律体系形成和完善过程中，我国立法工作在党的领导下，一直坚持以宪法为依据，坚持从实际出发，尊重社会发展的客观规律，坚持科学立法、民主立法和依法立法相结合，走出了一条具有中国特色的立法路子，在理论和实践上都取得了突出成就。党的领导、科学立法、民主立法和依法立法，是我们党领导全国人民在建立、巩固、发展和完善社会主义制度的过程中，逐步深化对共产党执政规律、社会主义建设规律和人类社会发展规律认识的基础上，从不同的视角总结出的立法工作应当长期坚持的有益做法，并在立法工作实践中使之不断规范化、制度化，成为立法活动的基本原则。[①]

一　党的领导

在我国《立法法》第二次修正之前，一般认为，我国立法活动所遵循和应当遵循的基本原则，是科学立法、民主立法和依法立法。党的领导，作为中国特色社会主义最本质的特征，一般不再单独强调和阐述为立法活

---

① 任才峰：《科学立法、民主立法、依法立法的理论与实践》，《人大研究》2019 年第 1 期，第 17 页。

动遵循的基本原则。我们认为，坚持党对立法工作的领导，是我国立法发展的一条基本经验，是立法工作取得伟大历史性成就的政治保证，也是实现党对国家生活领导的基本形式，属于立法活动所遵循及应当遵循的基本原则。2023年，第二次修正的《立法法》第3条规定："立法应当坚持中国共产党的领导，坚持以马克思列宁主义、毛泽东思想、邓小平理论、'三个代表'重要思想、科学发展观、习近平新时代中国特色社会主义思想为指导，推进中国特色社会主义法治体系建设，保障在法治轨道上全面建设社会主义现代化国家。"坚持党的领导成为我国《立法法》所明确规定的原则。

（一）党领导立法的意义和内涵

坚持党的领导，是立法活动应当遵循的政治原则和根本原则。坚持党的领导、人民当家作主、依法治国有机统一，是我国政治制度区别于资本主义国家政治制度的本质特征，集中体现了我国社会主义政治制度的优越性。在立法活动中坚持党的领导，是党支持和保证人民当家作主、实行依法治国的具体体现，是坚持党的领导、人民当家作主、依法治国有机统一的具体要求，也是社会主义民主政治的特点和优势。党的主张同人民的意志是高度统一的，党没有自己的特殊利益，党始终代表中国最广大人民的根本利益。坚持党的领导，实现党的主张，就是保证人民当家作主，就是维护人民根本利益。习近平总书记指出："坚决摒弃立法就是管理老百姓的错误观念，坚决克服和防止部门利益法制化的倾向，牢固树立立法要维护人民根本利益，体现人民共同意志的思想。"[①] 只有把党的主张与人民意愿很好地统一起来，使每一项立法都符合宪法精神、反映人民意志、得到人民拥护，做到党领导立法、保证执法、支持司法、带头守法，依法治国才有可靠的政治保证。历史经验和教训使我们党深刻认识到，法治是治国理政不可或缺的重要手段，是实现国家治理现代化的重要依托。依法执政，首先就意味着要加强党对立法工作的领导，推进科学立法、民主立法和依法立法，善于使党的主张通过法定程序成为国家意志，从制度上、法律上保证党的路线方针政策贯彻实施，实现党

---

① 习近平:《干在实处走在前列——推进浙江新发展的思考与实践》，中共中央党校出版社，2016，第364页。

领导国家和社会事务的制度化、规范化、程序化。各级党组织和全体党员都要模范地遵守宪法和法律。以此为基础，才能把党的主张与人民的意志统一起来，把党的决策与人大立法权的行使统一起来，把党领导人民制定和实施宪法法律同党坚持在宪法法律范围内活动统一起来，真正实现党的领导、人民当家作主、依法治国三者的统一。

党领导立法的内涵在不断深化和发展。坚持和改善党的领导一直是我们党高度重视、实践探索的重大课题，如何在立法活动中坚持和加强党的领导是其中的重要方面。20世纪80年代，党的十二大报告提出，党的领导主要是思想政治和方针政策的领导，要"集中精力研究制定重要的政策，检查政策的执行，加强对党内外干部和群众的思想政治工作"。党的十三大报告提出，"党的领导是政治领导，即政治原则、政治方向、重大决策的领导和向国家政权机关推荐重要干部。党对国家事务实行政治领导的主要方式是：使党的主张经过法定程序变成国家意志，通过党组织的活动和党员的模范作用带动广大人民群众，实现党的路线、方针、政策"。党的十六大报告提出"党的领导主要是政治、思想和组织领导，通过制定大政方针，提出立法建议，推荐重要干部，进行思想宣传，发挥党组织和党员的作用，坚持依法执政，实施党对国家和社会的领导"。2004年，党的十六届四中全会作出《中共中央关于加强党的执政能力建设的决定》，专门指出"提出和运用正确的理论、路线、方针、政策和策略，领导制定和实施宪法和法律"是加强党的执政能力建设的重要内容。党的十八大以来，提出把党的领导贯彻到依法治国的全过程和各方面，要健全党领导依法治国的制度和工作机制。党的十九大报告提出，"党是最高政治领导力量"，"坚持和加强党的全面领导"。将党章原来规定的"党的领导主要是政治、思想、组织的领导"修改为"中国共产党的领导是中国特色社会主义最本质的特征，是中国特色社会主义制度的最大优势。党政军民学，东西南北中，党是领导一切的"。因此，党领导立法的内涵发生了重大转变。党领导立法，要求坚持党对立法的全面领导。①

---

① 全国人大常委会法制工作委员会研究室编《我国改革开放40年立法成就概述》，法律出版社，2019，第14~15页。

（二）党领导立法的方式

沿袭历史，党的十八大以来不断发展和创新党领导立法的方式，形成了党全面领导立法的相关制度和工作机制。以下以党中央对全国人大及其常委会的立法进行领导为例，介绍党领导立法的主要方式。①

第一，党中央直接交办立法任务。党的十八大以来，习近平总书记和党中央就某一立法事项直接作出指示，要求全国人大常委会党组和工作机构研究如何通过立法来解决问题，由全国人大专门委员会或者工作委员会直接起草或牵头组织起草法律草案，并向党中央报告具体方案和内容。如制定国歌法、英雄烈士保护法等。

第二，党的会议决议、文件等部署立法工作。中国共产党的全国代表大会、中央委员会全体会议、中央政治局会议、中央政治局常委会会议、中央全面依法治国委员会等重要会议的决议、报告、文件，党中央关于某方面工作作出具体部署的文件，常常涉及对立法工作的部署。比如，党的十五大提出"到二零一零年形成有中国特色社会主义法律体系"，这就成为之后若干年我国立法工作的目标任务和基本方针。再如，十九届五中全会通过的《中共中央关于制定国民经济和社会发展第十四个五年规划和二〇三五年远景目标的建议》专门强调"完善以宪法为核心的中国特色社会主义法律体系，加强重点领域、新兴领域、涉外领域立法"。这相应意味着在整个"十四五"时期和 2035 年之前，我国立法工作的主要目标和任务是围绕贯彻新发展理念，加强国家安全、科技创新、网络信息、涉外法治体系建设等重点领域开展。

第三，党中央直接提出修宪建议和立法建议。宪法作为国家根本大法，其修改和解释是国家最重要的立法活动。自新中国成立以来，每次宪法制定和修改都是由中共中央组织起草并向全国人大提出制定、修改建议。例如，2018 年，中共中央作出修改宪法的重大决策，党的十九届二中全会审议通过了中共中央关于修改宪法部分内容的建议。十二届全国人大常委会严格依照

---

① 参见全国人大常委会法制工作委员会研究室编《我国改革开放 40 年立法成就概述》，法律出版社，2019，第 19~21 页；封丽霞《中国共产党领导立法的历史进程与基本经验——十八大以来党领导立法的制度创新》，《中国法律评论》2021 年第 3 期，第 18~31 页。

法定程序推进宪法修改工作，形成宪法修正案草案并提请十三届全国人大一次会议审议通过。

第四，审定批准全国人大常委会立法规划、批准重要立法项目。批准立法规划是党中央加强对立法工作领导的重要抓手和实施平台。八届全国人大常委会以来，在每届任期之初都要根据特定阶段的经济社会发展目标编制立法规划，确定五年任期内立法工作的具体指导思想和重点项目，并报中共中央批准后执行。比如，2013 年 9 月，中共中央批准并转发《中共全国人大常委会党组关于〈十二届全国人大常委会立法规划〉的请示》（中发〔2013〕7号）。如果党中央对工作有新的部署，则全国人大常委会将主动调整立法规划报请党中央批准。党的十八届三中、四中全会决定对全面深化改革、全面依法治国提出许多重大改革举措。为保证这些重大举措贯彻落实，2015 年，全国人大常委会党组及时提出关于调整五年立法规划的意见报党中央批准，使立法规划在原有 68 件立法项目基础上增加 34 件。2015 年 6 月，中共中央再次批准并转发《中共全国人大常委会党组关于调整〈十二届全国人大常委会立法规划〉的请示》（中发〔2015〕15 号）。

第五，党中央听取有关方面关于重要立法事项的请示报告，包括党中央听取全国人大常委会党组工作报告、重要法律案请示报告、重要立法工作请示报告。一直以来，立法工作均坚持向党中央请示报告制度。党的十八大以来，全国人大常委会、国务院等党组向党中央报告工作；中央政治局常委会会议经常研究立法工作中的重大问题和重要事项，审议全国人大常委会党组关于重要法律草案和立法工作的请示汇报，就立法工作一系列重要问题作出决策部署。例如，《立法法》修改过程中，2015 年 2 月，习近平主持召开中央政治局常委会会议，听取全国人大常委会党组《关于〈中华人民共和国立法法修正案（草案）〉几个主要问题的请示》的汇报，就立法法修改的主要问题作出重要指示。又如，习近平专门就中共中央领导《民法典》的立法过程指出："党的十八大以来，我们顺应实践发展要求和人民群众期待，把编纂民法典摆上重要日程。党的十八届四中全会作出关于全面推进依法治国若干重大问题的决定，其中对编纂民法典作出部署。之后，我主持三次中央政治局常委会会议，分别审议民法总则、民法典各分编、民法典三个草案。在各方面共同努力下，经过五年多工作，民法典终于颁布实施，实现了几代人的夙愿。"①

第六，制定党内规范性文件对党领导立法工作作出规范。1979年，彭真同志向党中央提出关于草拟或修改法律、法规应先将问题和意见报经中央批准的请示报告，后印发中央国家机关执行，这是党领导立法工作制度化、规范化的开端。1991年，党中央制定党领导国家立法的文件，主要是加强对国家立法的领导。2016年，党中央出台关于加强党领导立法工作的文件，则从党中央领导全国立法工作，扩展到有地方立法权的党委领导本地区立法工作，为新时代更好地把党的领导贯彻到立法工作的全过程和各方面提供了坚实基础和基本规矩。

第七，党中央加强对立法工作的组织领导和督察落实。党的十八大以来，党中央将党的十八届三中、四中、五中全会决定和十九大报告中提出的立法任务进行分解，确定牵头单位和参加单位，明确时间表，对落实情况进行督办。中央全面依法治国委员会成立后，加强了对宪法实施、立法任务落实等方面的督察。对习近平重要指示落实情况进行督办督察。

第八，加强党对中央对立法工作的组织领导和队伍建设。首先，设立中央全面依法治国委员会，加强对全面依法治国的集中统一领导，统筹推进全面依法治国。就立法工作而言，中央全面依法治国委员会统筹协调立法规划，督促立法项目落实和审议具体法律草案。2018年，人民法院组织法修订草案、人民检察院组织法修订草案报经中央全面依法治国委员会第一次会议进行了书面审议。其次，加强党组建设和领导。2015年中央政治局会议审议通过《中国共产党党组工作条例（试行）》。据此，经批准，2016年10月全国人大常委会党组决定在全国人大各专门委员会设立分党组，担负着在立法工作中"把方向、管大局、促落实"的重要职责。再次，加强对人大常委会组成人员、专门委员会组成人员的优化调配。根据党的十九届三中全会《深化党和国家机构改革方案》，组建全国人大社会建设委员会，将全国人大"法律委员会"更名为"宪法和法律委员会"，将全国人大"内务司法委员会"更名为"监察和司法委员会"，完善了人大专门委员会设置；选配9名全国人大常委会专职委员，优化人大常委会和专门委员会的组成人员结构。最后，加

---

① 习近平：《论坚持全面依法治国》，中央文献出版社，2020，第278页。

强法治工作队伍建设。党的十八届四中全会决定强调，着力建设一支忠于党、忠于国家、忠于人民、忠于法律的社会主义法治工作队伍。这为新时代立法工作队伍建设指明了方向。

二　科学立法

2000 年《立法法》第 6 条规定："立法应当从实际出发，科学合理地规定公民、法人和其他组织的权利与义务、国家机关的权力与责任。"这被认为是科学立法原则的法定化。2007 年 10 月，党的十七大报告正式提出，要坚持科学立法、民主立法，完善中国特色社会主义法律体系。2015 年修正后的《立法法》第 6 条规定："立法应当从实际出发，适应经济社会发展和全面深化改革的要求，科学合理地规定公民、法人和其他组织的权利与义务、国家机关的权力与责任。法律规范应当明确、具体，具有针对性和可执行性。"[1] 2017 年党的十九大报告在"深化依法治国实践"方面特别提出，推进科学立法、民主立法、依法立法，以良法促进发展、保障善治。习近平总书记指出，科学立法的核心在于尊重和体现客观规律。遵循和把握立法规律，就要自觉遵循经济规律、自然规律、社会发展规律以及立法活动规律，使制定出来的法律能够反映和体现规律的要求，符合客观实际。科学立法具体有三个方面的要求：一是立法项目的选择要科学；二是立法的方式方法要科学；三是立法的内容要科学。[2]

（一）立法项目的选择要科学

社会实践是法律的基础。社会是不断发展的，社会实践是不断变化的。变化了的实践，对法律这一社会规则不断提出立、改、废、释的要求。立法者需要根据社会实践的要求，作出是否立法和采用何种立法方案的选择。因此，立法项目的选择要科学，具体地说，包括以下几个方面。

第一，立法项目的选择要符合中国的国情和实际。在改革开放之初，对于"无法可依"的局面，"有比没有好""快比慢好""宜粗不宜细"是对立法工作的要求；1993 年十四届三中全会通过了《中共中央关于建立社会主义市

---

① 《立法法》于 2023 年 3 月 13 日第二次修正后，该法条已变成第 7 条。
② 张伟：《科学立法初探》，《人大研究》2016 年第 10 期，第 38 页。

场经济体制若干问题的决定》，"加强经济立法""建立社会主义市场经济法律体系"是对立法工作的要求；世纪之交我国申请加入世贸组织，完善与WTO规则相衔接的法律制度是对立法工作的要求；进入21世纪以来，围绕社会主义现代化建设，统筹推进"五位一体"总体布局、协调推进"四个全面"战略布局，是对立法工作的要求。中国特色社会主义进入新时代，立法工作要紧紧围绕人民对美好生活的向往，满足人民对民主、法治、公平、正义、安全、环境、文化、旅游等更高层次的需求。

第二，立法项目的选择要符合中央精神。国内发展日新月异，国际局势风云变幻。党中央根据形势的变化，适时制定出台新的政策，引领当前和今后一个时期经济社会的发展方向。立法作为国家政治生活的重要组成部分，要围绕中央政策开展工作，将中央政策贯彻落实下去，体现中央政策的新精神。立法项目的选择是立法工作的第一步，理所当然要体现中央政策，贯彻中央精神。

第三，立法项目的选择要符合社会需求。法律应该是社会需求的表现，社会需求是立法的基础。实践中，社会需求是多层次、多方面的，有国家层次、社会层次、公民个人层次的需求，有经济方面、政治方面、文化方面、社会方面、生态方面的需求。同时，社会需求还具有阶段性特征，不同的社会阶段、不同的历史时期，社会需求也是不同的。选择立法项目，要综合考虑这些需求，按照需求的主次和轻重缓急，作出适当安排。立项的先后顺序要与社会需求的结构和对法律需求的轻重缓急相吻合，根据社会需求的不同程度进行统一协调，防止出现社会需求程度低的法律超前出台，需求程度高的法律却迟迟不能出台的现象。

（二）立法的方式方法要科学

立法是一项庄严的政治活动，不仅要求立项科学、立法结果科学，而且要求立法的方式方法科学。具体包括两部分：一是科学的立法程序；二是科学的立法技术。第一，立法程序要科学合理。科学合理的立法程序，可以有效规范立法权的合理运行，摒弃议而不决、效率低下等弊端，保证权力机关组成人员平等有效地参与立法活动，从而提高立法质量，使通过的法律立得住、行得通、切实管用。第二，应当设立并遵守科学合理的立法技术。立法技术是指如何表达规范性法律文件规定的知识、经验、规则、方法和技巧等，包括法律文件的内部结构、外部形式、概念、术语、语言、文体等方面的技术，其核心内容是立法结构技术和立法语言技术。制定出的法律科学不科学，立法技术是关键一环。科学合理的立法技术，要求法律的整体结构完整、规范、有序；法律内容明确具体；法律结构与内容要符合逻辑；制定出的法律语言要准确，表述要规范，并符合修辞要求。

（三）立法的内容要科学

科学立法，要求立法的内容科学合理，具体地说，包括以下几个方面。

第一，立法内容要符合社会普遍的价值追求。社会普遍的价值追求是人们在社会发展过程中经过长期交往形成的共同的基本价值取向，代表着人类文明和社会进步的终极目标。人们普遍认可这些价值追求。立法内容一定要符合并体现这些普遍的价值追求。当前，我国社会普遍的价值追求归结为三类：一是自由、平等、公正、法治；二是富强、民主、文明、和谐；三是爱国、敬业、诚信、友善。它们集中反映了政治、经济、文化、社会生活的基本价值取向。制定法律应符合这些价值追求。法律制定出来，要适用于全体公民，如果立法内容不符合社会大部分成员的价值追求，所制定的法律就得不到社会的普遍认可，就不能得到很好的遵守和实行，法律的实施效果就无从谈起。

第二，立法内容要符合社会普遍认可的客观规律。人类社会经过几千年的发展，已经逐渐积累了许多关于自然界、人类社会和思维的正确认识，掌握了一些在这些领域起支配作用的客观规律。制定法律时，立法者要研究与立法相关的各种客观规律，加深对规律的认识，正确理解和运用规律。对规律认识得越清楚，把握得越准确，制定出的法律越有可行性。就某一具体领域而言，客观规律可能有多种，甚至可能存在有争议的情况。立法者要选择社会普遍认可的客观规律，以这些规律为依托，指导立法内容的制定，确保制定出的法律符合客观规律的要求。当然，社会关系存在和发展的规律，既有全局性规律，又有局部性规律。全国性立法重在解决全局性、根本性的问题，反映的是某一领域全局性的规律。地方性立法应根据本地实际情况和客观需要，有针对性地解决本地改革发展中出现的问题，反映的是某一领域局部性的规律。

第三，要科学合理地规定公民、法人和其他组织的权利与义务，以及国家机关的权力与责任。关于权利与义务的设定，必须坚持平等原则，任何组织、任何个人都不能有任何特权；权利和义务必须对等，有义务必有权利；必须统筹兼顾好不同社会群体、不同阶层之间的利益诉求。应当遵守宪法有关公民基本权利和义务的规定，法律既是保障公民权利的有力武器，也是必须遵守的行为规范；对宪法规定的公民基本权利，法律法规规章及其他规范性文件不得任意加以限制和剥夺。关于权力与责任的设定，要避免"立法就是政府管老百姓"的错误认知，应明确立法是为了实现国家权力的法治化。在规定国家机关的权力和职责时，要坚持两者相统一的原则，不能通过立法使行政部门利益法制化，应避免行政部门争权诿责；也要赋予其必要的权力，满足社会治理的需要。

此外，立法内容合法也属于科学立法的要求，但更多属于依法立法的范畴，将在后文详细介绍。

三　民主立法

2000年《立法法》第5条确立了民主立法的基本原则："立法应当体现人民的意志，发扬社会主义民主，保障人民通过多种途径参与立法活动。"2015年修正《立法法》时，该法条增加规定了"坚持立法公开"。这构成了民主立法原则的核心内容。2023年，《立法法》第二次修正。此次修正中，民主立法原则的要求又增加了"立法应当坚持和发展全过程人民民主，尊重和保障人权，保障和促进社会公平正义"的内容。

我国的法律是人民根本利益和共同意志的集中体现，是对人民民主的确认和保障。民主立法构成形式和内容的统一。从形式上讲，民主立法就是立法的民主化，即决策过程和立法工作要采取民主形式。从内容上讲，民主立法就是民主化的立法，即立法贯彻实现人民民主、保障公民权利、保护群众权益的内容，体现人民意志。只有按照民主立法的要求规范立法体制、立法权限、立法程序、立法行为，切实推进民主立法，才能避免和减少越权立法、重复立法、秘密立法等无序现象，维护法制的统一，使法律充分体现人民的意志，切实维护人民的利益。而一般认为，民主立法主要有三方面的要求：一是立法机关组成民主；二是立法过程民主；三是立法内容民主。[①]

第一，立法机关组成民主。立法权源于人民的授权，立法机关代表人民行使权力。按照宪法规定："中华人民共和国的一切权力属于人民。人民行使国家权力的机关是全国人民代表大会和地方各级人民代表大会。"全国人大及其常委会作为国家的立法机关，代表人民行使国家立法权。立法机关组成民主，意味着代表选举更加普遍、平等、真实，真正体现了人民群众的意志；选出的代表达到了作为立法机关组成人员的要求，具有代表性特征和功能性内涵。[②]

第二，立法过程民主。民主立法主要的和实质性的要求，是立法机关这个主体行使立法权的民主化，包括立法程序民主化、立法过程公开化和扩大公众有序参与。民主立法离不开立法程序的民主化。没有立法程序的民主化，就会使立法民主没有保证。立法程序民主化涉及许多方面，在立法准备、立法起草、立法提案、立法讨论、立法审议、立法表决、公布法律等各个阶段，都要充分发扬民主。完善民主立法程序，有利于在高度民主的基础上尽可能把正确的意见集中起来，使立法真正代表最广大人民的最大利益。

立法过程公开化是民主立法的重要组成部分。作为立法机关议事公开的重要组成部分，立法公开本身就是民主制度的一个重大发展，也是衡量一个国家的立法民主化程度的重要指标。没有立法的公开性，就不会有立法的民主性。为了防止人民代表的蜕变，保证立法能够始终站在人民的立场，立法机关的立法应当具有最大限度的公开性。立法过程公开化的基本含义，就是将立法程序的各个阶段及其阶段性成果向社会公开，如公开有关规范性文件的各种草案、说明、背景资料、会议记录等。立法过程公开化可以吸引除立法主体之外的其他机关、单位、组织、社会团体和广大人民群众参与立法活动。[③]

扩大公众有序参与，是立法过程民主化的重要方面。立法是国家重要的

---

① 尹中卿：《民主立法的功能和实现形式——民主立法问题研究之一》，《新疆人大》（汉文版）2007 年第 5 期，第 29~32 页。

② 尹中卿：《民主立法的功能和实现形式——民主立法问题研究之一》，《新疆人大》（汉文版）2007 年第 5 期，第 30~31 页。

③ 尹中卿：《民主立法的功能和实现形式——民主立法问题研究之一》，《新疆人大》（汉文版）2007 年第 5 期，第 31 页。

政治活动，公众参与立法是公民政治参与的重要组成部分，对健全民主政治、提高立法质量、推进法律实施有重要作用。首先，法律的制定过程本身是一种重要的政治实践，充分而有序的立法参与有助于增强公众对国家活动的政治认同。其次，公众参与可以增进立法决策的合法性和公正性。在现代法治国家，公众参与立法不仅在内容上影响立法决策的质量，参与过程本身也被赋予独立的价值——程序正义，决策的合理性更多地由程序的公正性来保障。最后，公开透明、规范有序的立法参与还有助于引导和教育社会公众用法治思维和法治方式思考问题、行使权利、合理表达诉求，有助于提升公众守法的积极性，降低法律实施的成本，增强法律实施效果。当然，公众有序参与立法应根据不同立法环节的需求和目的，选用合理的参与形式，比如，法律草案向社会公开征求意见、立法中涉及重大利益调整需召开专家论证会、听证会、立法咨询、立法座谈、立法论证、问卷调查、公民旁听等。同时要细化参与程序，包括参与主体选定，参与期限，议事规则，意见收集、整理和分析，意见采纳与反馈，组织保障，等等。党的十八届三中、四中全会提出要健全立法机关主导、社会各方有序参与立法的途径和方式，拓宽公民有序参与立法途径，健全法律法规规章草案公开征求意见和公众意见采纳反馈机制，把公开原则贯穿立法全过程。2015 年修改《立法法》，对立法发扬民主、保障人民通过多种途径参与立法作了几个方面的补充和修改，完善立法论证、听证、法律草案公开征求意见、书面征求意见的制度，增加吸收专家起草法律草案的规定，发挥人大代表参与起草和修改法律的作用，健全法律草案公开征求意见和公众意见采纳情况反馈机制。[①]

第三，立法内容民主。立法内容民主化是民主立法的核心，也是民主立法的结果。立法内容民主化是由社会主义的性质决定的。立法内容的民主化有几个向度：一是在范围上通过民主立法确认公民的权利与自由；二是在保护方式上通过立法确立保护公民权利与自由的有效方式；三是在实现程度上保障公民权利与自由得到实现。[②] 从根本上来说，立法内容民主化，就是要

① 任才峰：《科学立法、民主立法、依法立法的理论与实践》，《人大研究》2019 年第 1 期，第 20~21 页。

② 尹中卿：《民主立法的功能和实现形式——民主立法问题研究之一》，《新疆人大》（汉文版）2007 年第 5 期，第 31 页。

求立法应当体现人民意志，真正反映广大人民群众的共同意志和利益。这是立法工作的出发点和落脚点。

四 依法立法

2015 年第一次修正的《立法法》第 3 条和第 4 条明确规定了依法立法原则。2015 年 9 月，在第二十一次全国地方立法研讨会上，十二届全国人大常委会委员长张德江提出："要牢固树立依法立法、为民立法、科学立法理念，尊重改革发展客观规律和法治建设内在规律，加强重点领域立法，做到立法主动适应改革和经济社会发展需要。"2017 年，党的十九大报告提出："推进科学立法、民主立法、依法立法，以良法促进发展、保障善治。"此后，在各类关于立法工作的文件和报告中，"科学立法、民主立法、依法立法"的立法原则得以确立。① 2023 年，《立法法》第二次修正后，有关依法立法的原则体现在该法第 5 条之中。该法第 5 条规定："立法应当符合宪法的规定、原则和精神，依照法定的权限和程序，从国家整体利益出发，维护社会主义法制的统一、尊严、权威。"

确立依法立法的基本原则，丰富和完善了我国立法的基本原则，使得立法基本原则更加系统化、更加完善，具有积极意义。有助于树立宪法、法律的权威，从而更好地保障法治中国建设。有助于保障依法执政、依法行政、公正司法，提升依法执政、依法行政、公正司法的能力与水平，从而更好地服务全面依法治国。有助于保障改革开放继续推进并在新的历史起点上再创辉煌，有助于坚持全面深化改革并推进改革开放沿着于法有据的轨道有序前进。有助于提升立法质量并推进立法工作朝着更高质量的方向和目标迈进。依法立法是形成良法善治的必要条件。没有依法立法作为保障，良法善治可能难以达到预期目标。依法立法，对于促进良法的产生并用以指引、规范社会关系的有序运转、和谐发展，对于提升立法质量并更好地调整社会关系，保障经济社会发展更有质量，都具有十分重要的时代价值。②

依法立法的核心要义在于，立法应当依照法定的权限和程序，从国家整

---

① 全国人大常委会法制工作委员会研究室编《我国改革开放 40 年立法成就概述》，法律出版社，2019，第 348~349 页。

② 陈俊：《依法立法的理念与制度设计》，《政治与法律》2018 年第 12 期，第 88~89 页。

体利益出发，维护社会主义法制的统一和尊严。它的具体内容包括以下四个方面。

第一，依宪立法。宪法是根本法，是治国安邦的总章程，具有最高的法律效力。《立法法》第 5 条明确规定立法应当符合宪法的规定、原则和精神。坚持依宪立法的原则，其要求表现为以下几个方面。从正面而言，立法在权限和程序上应当遵循宪法的规定。但需要注意的是，全国人大及其常委会作为最高国家权力机关，并不需要宪法有明确授权才能制定法律。我国作为单一制国家，全国人大及其常委会享有原生性的立法权。即便宪法没有规定，全国人大及其常委会仍然可以制定法律。这与像美国等国家的联邦国会的立法权必须以宪法明确列举的事项为限具有重大区别。从反面而言，各类立法在内容上不得与宪法相抵触。这是宪法具有最高法律效力的题中之义。最后，依宪立法原则还要求，立法必须贯彻党的方针政策。《宪法》序言部分规定建设中国特色社会主义，必须坚持中国共产党的领导。2018 年通过的《宪法修正案》在《宪法》第 1 条增写"中国共产党领导是中国特色社会主义最本质的特征"，通过人民代表大会制度依法履行立法职能，使党的主张通过法定程序上升为国家意志，形成全社会一体遵循的行为准则，是党的主张和人民根本利益有机统一的集中体现，也是我国立法工作的基本经验。

第二，依法定权限立法。《宪法》、《立法法》、有关法律，就中央与地方、权力机关与行政机关的立法权限作了明确规定。2015 年，修改后的《立法法》进一步完善了法律保留事项，加强了对授权立法的规范和限制，并赋予了设区的市三个方面事项的立法权限。各立法主体应准确把握各层次立法的权限安排和功能定位，处理好宪法、法律、行政法规、地方性法规与规章的关系，处理好创制性立法与实施性立法的关系。在维护国家法制统一的前提下，充分发挥各层次立法的作用，依法行使好立法权。2023 年，《立法法》第二次修正。修正后的《立法法》将设区的市的立法事项限定在"城乡建设与管理、生态文明建设、历史文化保护、基层治理"等方面。设区的市的立法应严格遵守《立法法》的规定，不得超越权限立法。

第三，依法定程序立法。立法程序是立法机关在规范性法律文件创制过程中所遵循的协调利益冲突、配置立法资源的路径。在法律的起草、审议、公布等立法过程中，立法程序都起着桥梁与支撑作用，确保立法活动在法定轨道上运行。立法法、人大组织法、全国人大议事规则、全国人大常委会议事规则、国务院组织法等法律法规规定了制定法律、行政法规、地方性法规的程序，包括编制立法规划和计划、立项、起草、审议、表决等。这些程序性规定对防止和克服立法工作的随意性，提高立法的规范化、制度化水平具有重要意义。

第四，加强合宪性审查和备案审查工作。依宪立法、依法定权限和程序立法，是依法立法对立法活动的事先要求。而要真正保证这些要求得到落实，除了加强党的领导、立法工作机构履行相应职责外，还需要完善制度并形成机制，确保出现偏差与不一致时能够纠正。为此，加强合宪性审查和备案审查工作，确保法制统一，是依法立法的延伸性要求。

本章小结

本章主要介绍了我国的立法体制及其完善过程、中国特色社会主义法律体系的形成和完善、立法活动应当遵循的基本原则。其中立法体制及其完善过程部分，应当核心掌握我国立法体制的历史沿革与现行统一而分层次的立法体制的具体内容；中国特色社会主义法律体系的形成和完善部分，应当核心掌握中国特色社会主义法律体系的历程、构成和特点；立法活动应当遵循的基本原则部分，应当重要掌握我国立法活动应当遵循的党的领导、科学立法、民主立法和依法立法四项基本原则及其内容。

▶ 问题与思考

1. 我国历部宪法规定的人民政府可以发布"决议（定）和命令"的性质是什么，发布决议或命令属于立法吗？

2. "法令"作为历史性概念，它的含义是什么？

3. 省级地方人大及其常委会立法是只需要遵循不抵触原则还是必须遵循"有依据"原则？

4. 中国特色社会主义七大法律部门的分类标准合理吗？与法理学上公法和私法的划分标准有何关联？

5. 如何在法律法规中的条文设计中体现党的领导？

6. 科学立法与民主立法是何关系？如何在科学立法与民主立法之间取得平衡？

7. 我国民主立法与西方民主立法有何区别和联系？票决与民主立法有何关系？

8. 各立法主体在行使立法权时，都需要遵循"法无授权不可为"吗？

第九章　中国特色社会主义执法

按照党的二十大报告,"法治政府建设是全面依法治国的重点任务和主体工程","依法行政""严格执法"是法治政府建设的基本要求。中国特色社会主义执法不仅要求行政权依法行使,还要求坚持改革创新,强调"法治政府建设的整体推动、协同发展",同时涵盖"转变政府职能""深化行政执法体制改革""创新行政执法方式"等重要内容。① 因而,应当将中国特色社会主义执法置于法治政府建设的整体语境中进行考察。

第一节　法治政府建设的要求、内涵与路径

一　法治政府建设的要求

党的十一届三中全会公报提出加强社会主义法制以及"有法可依,有法必依,执法必严,违法必究"的十六字方针,为行政权纳入法治化轨道奠定了基础。以《行政诉讼法》为代表的一系列法律出台,法治政府建设所依赖的法制体系日趋完善。1999 年国务院出台了首个专门性文件《国务院关于全面推进依法行政的决定》,不仅要求政府"依法办事",还提出"理顺行政执法体制,转变政府职能"。政府法制建设开始向法治政府建设转变,2004 年国务院发布了《全面推进依法行政实施纲要》,首次提出了法治政府建设的顶层设计,并确立了 7 项法治政府建设目标,更是构建了法治政府建设对形式法治与实质法治的双重价值追求。

2014 年党的十八届四中全会强调法治国家、法治政府、法治社会一体建设,强调"加快建设职能科学、权责法定、执法严明、公开公正、廉洁高效、

---

① 参见《法治政府建设实施纲要(2021—2025 年)》,《人民日报》2021 年 8 月 12 日,第 1 版。

守法诚信的法治政府"。2015 年中共中央、国务院印发《法治政府建设实施纲要（2015—2020 年）》，首次以党政联合发文的形式，确立了法治政府建设的主要任务与具体措施。党的十九大报告再次提出"坚持法治国家、法治政府、法治社会一体建设"，并树立了至 2035 年"法治国家、法治政府、法治社会基本建成"的时间表。2019 年颁布的《法治政府建设与责任落实督察工作规定》中设专章规定法治政府建设年度报告，是法治政府建设实践中形成的一种行之有效的督察方式和手段，旨在进一步推进法治政府建设年度报告制度的法定化、常态化、长期化。《法治政府建设实施纲要（2021—2025 年）》除了将法治政府建设定位为"全面依法治国的重点任务和主体工程"，还对法治政府建设提出了更高的要求，包括"职能科学、权责法定、执法严明、公开公正、智能高效、廉洁诚信、人民满意"。这些行政执法目标也被 2022 年修订的《地方各级人民代表大会和地方各级人民政府组织法》第 62 条所确认。

可见，对行政执法的基本要求经历了从"有法可依"到"法治政府"的转变。亦因此，中国特色社会主义执法建设是一项从追求形式法治到实质法治的系统工程，也是国家治理体系与治理能力现代化的重要内容。

二　法治政府建设的内涵

基于实质法治观，行政执法除了要依法行政，还应当追求职能科学、智能高效、人民满意等实质法治目标。从 2004 年颁布的《全面推进依法行政实施纲要》、《法治政府建设实施纲要（2015—2020 年）》到《法治政府建设实施纲要（2021—2025 年）》，不仅体现了更多的实质法治约束，更是提出了目标与内涵上的更深层次要求。《全面推进依法行政实施纲要》提出了依法行政的六项要求，包括合法行政、合理行政、程序正当、高效便民、诚实守信与权责统一。《法治政府建设实施纲要（2015—2020 年）》则将法治政府建设的总体目标进一步概括为"职能科学、权责法定、执法严明、公开公正、廉洁高效、守法诚信"。相较于《全面推进依法行政实施纲要》与《法治政府建设实施纲要（2015—2020 年）》，《法治政府建设实施纲要（2021—2025 年）》在法治政府的内涵界定上有新的变化，所设定的"职能科学、权责法定、执法严明、公开公正、智能高效、廉洁诚信、人民满意"目标，突出了依法行政要求之外的深层次变革，进一步凸显了实质合法性的价值追求，包括高效、人民满意，以及"全面建设数字法治政府"，优化革新政府治理流程和方式。法治政府的内涵由此可以概括为有限政府、服务政府、守法政府、诚信政府、透明政府、高效政府、责任政府与廉洁政府。

（一）有限政府

法治政府建设的首要任务在于厘清政府与市场、政府与社会的关系，合理地界定行政干预的边界。党的十八届三中全会通过的《中共中央关于全面深化改革若干重大问题的决定》将"市场在资源配置中起决定性作用"作为经济体制改革的重要目标，《国务院关于促进市场公平竞争维护市场正常秩序的若干意见》（国发〔2014〕20号）进一步强调放宽市场准入，确立"准入为原则，不准入为例外"，要求"凡是市场主体基于自愿的投资经营和民商事行为，只要不属于法律法规禁止进入的领域，不损害第三方利益、社会公共利益和国家安全，政府不得限制进入"。简政放权、"放管服"处于持续改革进程之中，核心宗旨便是有限政府。"有限政府"的理念已在立法中有所体现，如《行政许可法》第13条中明确了可以不设定行政许可的情形，包括"公民、法人或者其他组织能够自主决定的"、"市场竞争机制能够有效调节的"、"行业组织或者中介机构能够自律管理的"以及"行政机关采用事后监督等其他行政管理方式能够解决的"。有限政府要求政府职能的设定遵循"辅助原则（Subsidiaritätsprinzip）"，即"较大的共同体只能执行较小的社会共同体不能执行的职能和任务"。具体而言，在处理国家、社会、公民的关系方面，国家的介入是社会的补充，限于公民、市场、社会不能自行处理的事务。①

（二）服务政府

"服务政府"的概念在20世纪初已经生成，2006年颁布的《国民经济和社会发展第十一个五年规划纲要》提出"加快建设服务政府、责任政府、法治政府"。《地方各级人民代表大会和地方各级人民政府组织法》第63条明确提出了"建设服务型政府"。建设服务政府是坚持人民主体地位的体现，

---

① ［德］汉斯·J.沃尔夫、奥托·巴霍夫、罗尔夫·施托贝尔:《行政法》（第一卷），高家伟译，商务印书馆，2002，第5页。

党的十九大报告特别提出了"建设人民满意的服务型政府"目标，党的二十大报告要求"健全基本公共服务体系，提高公共服务水平"。有限政府强调行政权不得恣意地侵入个人、市场、社会的私领域，服务政府则要求政府积极作为，为个人、社会、市场提供给付，进而更好地促进社会公共福祉。服务政府的建设主要通过给付行政与引导行政实现，前者旨在为个人提供特定目的的支持与建设公共设施，保障和改善公民的生活条件，后者是对社会、经济和文化生活的全部领域进行广泛、适时的促进或者引导。[①]

（三）守法政府

守法政府的要义是依法行政，是法治政府的基本要求。行政活动应当在法律的框架内运行，尊重法律规范的权威与效力。依法行政包含两方面的要求，分别是法律优先与法律保留。法律优先是指行政权的行使应当受现行有效法律的拘束，不得采取违反法律的措施。所有的行政活动都应当遵循法律优先原则，必须适用且不得偏离现行有效的法律规范。法律优先仅消极地禁止行政活动违反法律，因而被称为"消极的依法行政"。相较于法律优先，法律保留的要求更高，要求行政权的行使必须具有法律的授权和依据，因而又被称为"积极的依法行政"。干涉行政都应当满足法律保留原则，我国《立法法》第10条对法律保留事项的列举，以及要求规章没有上位法的依据"不得设定减损公民、法人和其他组织权利或者增加其义务的规范"，就是法律保留的体现。

（四）诚信政府

诚信政府建设是法治政府建设的重要一环。《地方各级人民代表大会和地方各级人民政府组织法》第65条明确提出了"建设诚信政府"。加强政务诚信建设，是落实"四个全面"战略布局的关键环节，是深化简政放权、放管结合、优化服务改革和加快转变政府职能、提高政府效能的必然要求，是社会信用体系建设的重要组成部分。[②]诚信政府要求行政机关不得恣意撤销、变更或撤回已经作出的行政行为、行政允诺、行政合同，确需废除或变更时，要按法定权限和程序进行，并对相对人的损失给予赔偿或补偿。

---

① 参见［德］毛雷尔《行政法学总论》，高家伟译，法律出版社，2000，第8~9页。

② 《国务院关于加强政务诚信建设的指导意见》（国发〔2016〕76号）。

（五）透明政府

透明政府旨在通过信息公开、政务公开与正当法律程序，保障公民的知情权与监督权，推动行政机关依法行政，增强民众对行政机关的信赖，实现公众参与以及良好的政府治理。2008年《政府信息公开条例》的实施是我国法治政府建设过程中具有里程碑意义的事件之一。党的十八届三中全会提出"完善党务、政务和各领域办事公开制度，推进决策公开、管理公开、服务公开、结果公开"，十八届四中全会再次强调"全面推进政务公开。坚持以公开为常态、不公开为例外原则，推进决策公开、执行公开、管理公开、服务公开、结果公开"，党的二十大报告要求"完善办事公开制度"，充分说明了信息公开在国家治理与法治建设中的重要性。《政府信息公开条例》于2019年的修改更是从立法上确立了"以公开为常态、不公开为例外"的基本方针，同时删去了原条例第13条关于公民、法人或者其他组织申请获取相关政府信息需"根据自身生产、生活、科研等特殊需要"的条件。这有利于进一步增强透明政府的建设，方便社会公众依法申请获取相关政府信息。

（六）高效政府

行政机关不仅要依法行政，还应当追求行政效率与便民。"通过注重行政权的高效行使，可以在制度建构上作出更有利于公民集体权益的抉择，在个案处理上也可以使高效行政对处于利益冲突或竞争态势中的一方公民个体权益提供更好的保护，也可以使行政资源得到更有效配置、促进其背后隐含的公民集体权益。"[1] 高效政府要求行政执法不仅应当遵循法定时限，还应当提升办事效率，进而更好地保障相对人权益。同时，高效政府还要求改革行政执法方式，着眼于优化营商环境、激发市场活力以及为公众提供更好的服务，数字化行政、相对集中行使行政许可权、容缺受理、告知承诺等就是高效政府建设的体现。

《法治政府建设实施纲要（2021—2025年）》提出"坚持运用互联网、大数据、人工智能等技术手段促进依法行政，着力实现政府治理信息化与法治化深度融合，优化革新政府治理流程和方式，大力提升法治政府建设数字化水平"。智能登记、"容缺办理"在一些地方得到采用，较大地提高了商事登

---

[1] 沈岿：《论行政法上的效能原则》，《清华法学》2019年第4期，第25页。

记的效率。如山东省青岛市自 2019 年 12 月起正式上线智能登记系统，企业和个体工商户开业登记全面实现智能登记，开启无人工干预自动"秒批"时代，审批时限由原来的一天压缩至几十秒。[①]

（七）责任政府

责任政府是法治政府的必然要求与保障，是现代民主政治的体现，是落实人民代表大会制度与人民当家作主的重要举措。权责统一强调行政机关及其人员违法、不当行使职权，必须依法承担相应的责任（如基于公共利益进行征收需要给予补偿）。我国已经建立了包括纪律责任、道德责任、政治责任、法律责任在内的四维责任制度体系。[②] 纪律责任，是指公职人员因违反纪律规定而须承担的不利后果。如《中共中央政治局贯彻落实中央八项规定的实施细则》要求调查研究"不安排宴请"，若有违反便须承担相关纪律责任。道德责任是指行政机关或公职人员违反社会道德和政治道德所须承担的不利后果。不同于纪律与法律规范，政治道德要求行政机关对公众负责，维持良好的公信力与形象。如有官员因自己的座驾司机在慢车道上抢行而公开道歉，就是承担道德责任的体现。[③] 这种不利后果主要就是社会评价降低以及社会评价降低所带来的其他不利影响。政治责任是党政领导干部制定或者执行重大决策应当承担的领导责任，是"政治官员制定符合民意的公共政策并推动其实施的职责及没有履行好职责时应承担的谴责和制裁"[④]。法律责任则是指行政机关或公职人员依法需要承担的责任。

（八）廉洁政府

依法行政更多是从行政机关与相对人的外部关系来约束行政权的行使，廉洁政府的建设则更多地从内部制约来规范和控制行政权。《地方各级人民代表大会和地方各级人民政府组织法》第 64 条明确提出了"建设廉洁政府"。

[①] 参见《"秒批"拿照，办公司就这么简单！》，《青岛晚报》2019 年 12 月 3 日，第 A02 版。

[②] 曹鎏：《论我国法治政府建设的目标演进与发展转型》，《行政法学研究》2020 年第 4 期，第 127 页。

[③] 《"仇和式道歉"是向行政伦理敬了一个礼》，《现代快报》2011 年 12 月 6 日，第 F3 版。

[④] 张贤明：《政治责任与法律责任的比较分析》，《政治学研究》2000 年第 1 期，第 15 页。

2018 年出台的《监察法》旨在加强对所有行使公权力的公职人员的监督，不仅规范职务违法与职务犯罪的处理，还强调"构建不敢腐、不能腐、不想腐的长效机制"。廉洁政府建设的目标在个别地方性法规、地方规章中得以明确规定，如《深圳经济特区质量条例》（2019 年修正）第 63 条、《湖北省行政问责办法》第 1 条。一些地方还出台了专门的加强廉洁政府建设的规范性文件，涉及的举措包括政风建设、转变政府职能、强化财政性资金的管理监督、深入实施"阳光工程"、注重廉政制度建设以及强化纪律监督。[①] 由此可见，廉洁政府建设具有全方位性，不仅与有限政府、透明政府等法治政府建设的其他维度具有密切相关性，还强化了内部的监督机制。

三 法治政府建设的推动

党的十九届四中全会决定提出"构建职责明确、依法行政的政府治理体系"，法治政府建设评估是实现该目标及推动国家治理现代化的一环，是贯彻习近平法治思想的重要路径。法治政府建设的评估包括年度考核、法治政府建设示范评估、法治政府建设督查等形式。根据法治政府建设评估中决定与组织主体的不同，法治评估可分为政府评估与第三方评估两种类型，前者"由政府主导，出资和组织实施"，后者"由第三方发动、组织和实施"。[②] 这两种主体的评估皆受到不少指摘。对于前者来说，地方政府难以把握我国民主与法治建设的全局，"牵涉到自身利益"而导致评估指数偏颇，以及评估指数"不具备横向的可比较性"；[③] 后者虽能保障"评估结果的客观公正性"，[④] 但评估功能的实现有赖于政府系统的配合、评估方法本身的科学性以及政府信息公开制度的完善等因素。

（一）政府评估

法治政府建设评估是我国《宪法》第 27 条对行政机关工作人员考核规定、第 89 条与第 108 条确立的行政科层制的具体体现。正式提出"行政机关对行政机关"考核的是《全面推进依法行政实施纲要》，即"上级行政机关

---

① 参见《金华市人民政府关于加强廉洁政府建设的实施意见》（金政发〔2014〕19 号）。
② 参见钱弘道《法治评估的实验——余杭案例》，法律出版社，2013，第 329 页。
③ 参见占红沣、李蕾《初论构建中国的民主、法治指数》，《法律科学》2010 年第 2 期。
④ 汪全胜：《法治指数的中国引入：问题及可能进路》，《政治与法律》2015 年第 5 期。

应当加强对下级行政机关贯彻本纲要情况的监督检查"，为政府作为法治评估主体提供了依据。自 2007 年深圳在全国率先提出法治政府的评估方案后，各地的法治政府建设评估已经制度化与常态化。依法行政考核纳入目标考核、实绩考核指标体系在《国务院关于加强市县政府依法行政的决定》（国发〔2008〕17 号）、《国务院关于加强法治政府建设的意见》（国发〔2010〕33 号）以及党的十八届四中全会通过的《中共中央关于全面推进依法治国若干重大问题的决定》中得以确认，且"依法行政考核结果要与奖励惩处、干部任免挂钩"。由此，政府评估模式获得了实效性，成为政绩考核、奖励惩处与人事任命的重要依据。

我国政府评估模式具有评估权力的法定性、评估性质的内部性、评估目标的建设性、评估内容的特定性与评估方式的政府主导性五个方面的特征。

其一，评估权力的法定性。评估权隶属于官僚系统内上下级的领导权与监督权，在宪法与法律中能获得正当性依据。政府评估属于自上而下的内部绩效考核活动，通过将法治政府建设评估纳入绩效考核、依法行政考核等考核体系以及利用行政问责、干部管理等手段增强其评估效果。

其二，评估性质的内部性。评估的性质属于内部监督，其评估大多依据中央或省级有关法治政府建设指标体系展开，主要考察法定职能执行效果，局限于法定权限之内事项的监督。由于这种评估模式具有自身的利益攸关性，受到"既是运动员又是裁判员式的内部考核"[①]的批评便在所难免。

其三，评估目标的建设性。评估目的着眼于法治政府目标的实现。法治政府建设的评估目的在一些文件中得以宣示。如《江西省法治政府建设考核评价办法》还提及"推动政府及其部门整体提升法治能力和依法行政水平"。

其四，评估内容的特定性。评估内容聚焦于《法治政府建设实施纲要（2015—2020 年）》的规定，各地的评价标准大致包括依法履职、制度建设、行政决策、行政执法、行政监督、化解矛盾与工作保障等 7 个方面。迄今为止，各地政府组织的法治政府建设评估指标都由政府自行制定。大部分

---

① 杨小军、陈庆云：《法治政府第三方评估问题研究》，《学习论坛》2014 年第 12 期，第 51 页。

地区的评估指标包括公众满意度评价，但占评估总分值的比例一般不高于20%。

其五，评估方式的政府主导性。政府评估模式可以细分为两种类型，一种是完全由政府组织并实施，另一种是由政府部分或全部委托第三方机构实施，但在评估经费、评估指标设计、评估信息获取与评估结果运用等方面，政府具有主导与组织作用。

（二）第三方评估

从世界范围来看，"世界正义工程［The World Justice Project (WJP)］"每年发布多个国家的"法治指数"，堪称第三方法治评估的样本。其评估对象覆盖128个国家与地区（2020年），依靠对13万个家庭与4000名专家的调查，获得他们对法治的体验与观察的相关资料。[①] 世界正义工程的"法治指数"着重考察的是专家与社会公众对法治运行状况的感知。此外，世界银行从1996年开始连续推出年度《全球治理指数报告》，将"法治"视为其治理的6个子指标之一，其评估依赖30多个调查组织、智库、非政府组织、国际组织以及商业公司的数据源。[②]

在我国，2007年至今，华南理工大学公共管理学院课题组对广东省21个地级以上市和121个县（市、区）进行年度整体政府绩效评价并得出绩效指数，开创无委托第三方评价地方政府整体绩效的先河。[③] 在我国政府评估模式占主导地位的背景下，非政府组织的法治政府评估呈现出日渐扩大的趋势。如中国政法大学法治政府研究院自2013年起对全国一些城市的法治政府建设状况进行评估、2014年湖南省程序法学研究会独立开展了"湖南省县级政府法治形象评议"活动。香港于2005年推出香港法治指数，其评估主体是作为非政府组织机构的香港社会服务联会。由上可见，我国法治政府建设评估的第三方实践已经比较成熟，但承担评估的第三方机构数量较少，且未成为常态。

---

① 参见"世界正义工程"官网，https://worldjusticeproject.org/about-us/overview/our-approach，最后访问日期：2021年6月28日。

② 参见世界银行全球治理指数官网，http://info.worldbank.org/governance/wgi/index. aspx#doc-methodology，最后访问日期：2021年6月28日。

③ 参见杨小军、陈庆云《法治政府第三方评估问题研究》，《学习论坛》2014年第12期，第51页。

第三方评估模式的依据可见诸一些规范性文件，如 2014 年《中共中央关于全面推进依法治国若干重大问题的决定》强调"发挥人民团体和社会组织在法治社会建设中的积极作用"。从应然的角度来看，第三方评估固然具有中立性、专业性与公信力等优势，并能通过评估结果在一定程度上向政府传递压力，但面临着评估的合法性质疑。"作为评估者的第三方机构既不是被评估者的上级，也不是法定的监督机关，凭什么设定这样的标准并借助社会舆论影响政府的法治建设进程呢？"① 固然，第三方机构自发的评估属于一种市场行为，但若冀望选择一种有效的评估模式推动法治政府建设，则无法回避其合法性与正当性的追问。概括起来，第三方评估模式的正当性基础存在"公众参与"、"外部制衡机制"与"法治政府建设的内在要求"三种主要观点。其一，民众参与法治评估意在"培育公民参与法治和民主建设的意识和能力，促进管理过程的民主化"。② 相较于"管理型评估"强调"对法定权责内容的再表达"，"治理型法治评估"并不"追求绝对正确和统一的理性构建"。③ 概括起来，公众参与在法治政府建设的评估中具有两种不同的功能，分别是增加评估的科学性功能与作为法治政府建设动力机制的功能。其二，第三方评估乃弥补传统的政府自我评估的外部制衡机制，这种评估方式具有"评估的中立性能够获得保障"、"评估的公信力更容易得到说明"、"评估结果具有更强的可检验性和可比性"以及"更容易向被评估者传递良性压力"的特点。④ 这种外部制衡机制源于第三方机构的中立性，可以避免法治评估"公信力差、政府官员瓜田李下的尴尬"。⑤ 亦因此，第三方评估的存在有利于避免政府评估沦为一场"法治政府的时装秀"，并在一些相同的评估指标方面与政府评估形成对比。其三，相较于政府评估，第三方评估的优势主要体现在评估的科学性上，即评估主体的中立性与公信力、评估结果的可比性与评估过程的透明性。有学者甚至认为，独立第三方的评估最大的价值倾向就是

① 林鸿潮：《第三方评估政府法治绩效的优势、难点与实现途径——以对社会矛盾化解和行政纠纷解决的评估为例》，《中国政法大学学报》2014 年第 4 期，第 29 页。

② 钱弘道：《法治评估的实验——余杭案例》，法律出版社，2013，第 21 页。

③ 钱弘道、杜维超：《法治评估模式辨异》，《法学研究》2015 年第 6 期，第 45~46 页。

④ 林鸿潮：《第三方评估政府法治绩效的优势、难点与实现途径——以对社会矛盾化解和行政纠纷解决的评估为例》，《中国政法大学学报》2014 年第 4 期，第 26~28 页。

⑤ 田禾：《法治指数及其研究方法》，《中国社会科学院研究生院学报》2015 年第 3 期。

评估结果的客观公正性。[①]

（三）综合性评估

无论是单向度监督的政府评估模式，还是第三方评估模式，都存在自身难以克服的局限性。第三方评估由于缺乏有效的评估手段，且评估结果的运用及其效果有限，不能也不应取代行政科层制下的管理型评估。而政府评估虽具有信息与体制优势，但存在固有的结构性缺陷，"法治评估在这一体系下的运行面临着基于'人治'逻辑展开并走向'人治'的自我解构风险"[②]。由于不可相互替代，两者相结合便成为一种折中方案，典型的观点主张"官方委托第三方独立开展评估，可以解决第三方评估权威性"[③]，冀望克服政府自身评估公信力的不足，这种观点没有注意到评估本身就是一场法治政府建设利益相关方的对话与交流过程。在政府主导与组织评估的基础上，法治政府建设评估的主体建构应当对法治政府建设评估的多元功能予以充分关照，并积极融合评估机关、被评估对象、公众与专家（包括第三方机构）的有机参与，以全面发挥其评估功能。

我国的法治政府建设评估应当具有开放性，追求不同评估功能的统一，彰显法治政府建设评估的效果导向。亦因此，政府评估应着眼于建设性、全面性、对话性与动态性的建构。建设性要求法治政府建设评估不仅关注考核指标的落实情况，还应对法治政府建设不足的原因与障碍给予充分关照，进一步发挥"认识功能"。全面性要求法治政府建设评估不局限于合法性监督，还须对良好行政的建构与动力机制的完善进行积极回应，弥补立法监督与司法监督的局限。对话性要求法治政府建设评估改善专家与公众在"管理型评估"中的辅助角色，将评估视为相关利益主体的对话与共治过程，发挥评估的"发展功能"。动态性强调评估的实践性与法治政府建设的开放性，积极吸纳地方法治政府建设的经验，后者在"管理型评估"中未得到普遍承认，在指标体系中所占比例低，且缺乏有效的评估方法。

---

① 汪全胜：《法治指数的中国引入：问题及可能进路》，《政治与法律》2015年第5期。

② 姜永伟：《法治评估的科层式运作及其检视——一个组织社会学的分析》，《法学》2020年第2期。

③ 王敬波：《"全面推进依法治国"笔谈之六——法治政府的评估主体、指标与方法》，《改革》2014年第9期。

在重新厘定我国政府评估功能的基础上，我国实践中表现出来的"管理型评估"应当向"合作治理型评估"转换，后者不拘泥于形式化地考察行政机关对法律的执行状况，还意图建构政府评估的建设性、全面性、对话性与动态性。《法治政府建设实施纲要（2021—2025年）》确立的总体目标"职能科学""公开公正""智能高效""人民满意"及衡量标准中的"全面提升政务服务水平""持续优化法治化营商环境""全面建设数字法治政府""着眼提高人民群众满意度"等要求，都表明我国法治政府建设不局限于依法行政层面的形式主义法治，还旨在追求良好行政以达到实质主义法治。良好行政意图通过实践逐步发展出一套保障行政效率和亲民性的"软法规范"，其概念具有开放性，包括保障实体正义的程序、通过公众参与实现亲民性、行政管理的效率、礼貌原则等。[1] 其不局限于成文法与法官法，还可从行政的实践与一般原则中衍生出行政对公民的行为义务，如"行政效率""简政放权""优化服务"等。与有学者将治理型评估界定为非法律授权的独立第三方评估不同，[2] 评估功能的多元性与评估目标的动态性意味着政府评估应当突破行政内部的单向考核形态，使得评估不拘泥于内部监督，强化政府与公众、上下级政府、政府与社会合作治理的面向。

第二节　优化政府职责体系

健全政府机构职能体系，厘清政府权力的边界，在《法治政府建设实施纲要（2021—2025年）》提出的目标中排在首位，是中国特色社会主义执法的重要基础。

一　优化政府职责体系的意义

十九届四中全会通过的《中共中央关于坚持和完善中国特色社会主义制度　推进国家治理体系和治理能力现代化若干重大问题的决定》在转变政府职能、建设人民满意的服务型政府的框架下，明确提出要"优化政府职责体

---

[1]　Bourquain, Die Förderung guten Verwaltungshandelns durch Kodizes-Zugleich ein Beitrag zum Europäischen Kodex für gute Verwaltungspraxis, DVBl 2008, S.1226.

[2]　参见钱弘道、杜维超《法治评估模式辨异》,《法学研究》2015年第6期。

系"。党的二十大报告再次强调"转变政府职能，优化政府职责体系和组织结构"。与行政执法体制侧重行政执法权限的配置不同，政府职责体系指向政府与市场、社会的关系，涉及政府职能的边界界定。与依法行政强调法律对行政权的约束不同，优化政府职责体系则不拘泥于现行立法的规定，而是从实质法治的角度对行政体制进行更深层次的变革。这对于把国家治理水平提高到新的历史阶段乃至对于整体经济社会发展，都将具有深远的意义。[①]

优化政府职责体系具有宪法、法律与政策等多元基础。

首先是宪法基础，《宪法》第 15 条强调"国家实行社会主义市场经济"，与以往的计划经济相对应，旨在突出市场的作用并减少政府对市场的干预。党的十八届三中全会通过的《中共中央关于全面深化改革若干重大问题的决定》将"市场在资源配置中起决定性作用"作为经济体制改革的重要目标，《国务院关于促进市场公平竞争维护市场正常秩序的若干意见》（国发〔2014〕20 号）将"放宽市场准入"作为改革的重要目标之一，确立"准入为原则，不准入为例外"，要求"凡是市场主体基于自愿的投资经营和民商事行为，只要不属于法律法规禁止进入的领域，不损害第三方利益、社会公共利益和国家安全，政府不得限制进入"。

其次是法律基础，《行政许可法》实质上确立了"辅助性原则"，只有出现市场失灵与通过事后监督等其他行政管理方式无法解决的事项，才允许设定行政许可。再如《无照无证经营查处办法》的出台，目标之一便在于按照推进"放管服"改革的要求，限定无证无照经营的查处范围，做到"该管的管住，该放的放开"，为大众创业、万众创新营造更加宽松的制度环境。[②]

最后是政策基础，简政放权是经济与社会政策的要求。党的二十大报告提出"深化简政放权、放管结合、优化服务改革"。对此，国务院通过上海市开展"证照分离"改革试点方案的批复予以强调，旨在"加快政府职能转变，充分激发市场主体创新创业活力"[③]。放宽市场准入还蕴含了保障就业

① 朱光磊：《转变政府职能，优化政府职责体系》，《探索》2021 年第 1 期，第 49 页。

② 参见《国务院法制办、工商总局负责人就〈无证无照经营查处办法〉答记者问》，载中国政府网，http://www.gov.cn/zhengce/2017-08/24/content_5219967.htm，最后访问日期：2021 年 7 月 4 日。

③ 参见《国务院关于上海市开展"证照分离"改革试点总体方案的批复》（国函〔2015〕222 号）。

的要求，如《关于应对新冠肺炎疫情影响强化稳就业举措的实施意见》强调"支持多渠道灵活就业。合理设定无固定经营场所摊贩管理模式"。

二　优化职责体系的路径

优化政府职责体系是坚持和完善中国特色社会主义行政体制的必然要求，是构建职责明确、依法行政的政府治理体系的重要内容。

（一）深化简政放权

深化"放管服"改革是加快转变政府职能、推进国家治理体系和治理能力现代化的重要内容，是加快建设服务型政府的必由之路。简政放权要求科学合理地确定政府职能的边界，减少对市场、社会与个人的干预，"有所为，有所不为"。一方面，政府要有所为，保障公共安全与公共秩序，为个人、社会提供公共设施（如学校、医院、公园）与特定目的的支持（如提供救助、养老金），对社会、经济和文化生活予以引导，促进良好的公共治理（如提升执法效率、提供便民服务、引入数字技术改善执法方式）。另一方面，政府要有所不为，凡是市场机制可以有效调节的事项以及社会组织可以自律的事项、公民法人在法律范围内能够自主决定的事项，政府不应干预或者减少介入。权力清单制度的建立与动态调整，有利于政府职责边界的再明确与政府职能的转变。

随着经济与社会的发展、生活方式的变革以及互联网科技的进一步利用，一些新的行业得以催生，个别领域的经营模式也发生了深刻的变化，遵循审慎监管是简政放权的必然要求。如何对新业态、新模式进行监管，是否需要通过行政许可的方式进行干预，应当由相关法律的制定机关通过制定或修改法律予以明确。立法的制定与出台也并非一蹴而就，如公安部于2017年2月公布《旅馆业治安管理条例（征求意见稿）》，意图将民宿短租纳入旅馆业监管范畴，并要求获得特种行业许可证，但该条例迟迟未能出台。在立法未有定论前，下级行政机关在执法实践中应当恪守审慎监管原则，不宜将现行法律所未调整的经营活动视为无证经营。

如果经营的新业态、新模式难以归入现行法律设定许可的经营类型，行政执法就应当保持包容审查的态度，不得将其归入无证经营的类型。这也符合公权力介入"法无明文规定不可为"、而民事活动"法无禁止即可为"的监管理念，与国务院常务会议提出的"清理和调整不适应分享经济发展的行政许可、商事登记等事项及相关制度，避免用旧办法管制新业态"精神相一致。[①] 如若将学生托管机构视为法律规定的"民办教育机构"，进而要求经营者办理办学许可证，将会导致实践中已存在的大量学生托管机构被取缔，与鼓励新业态、新模式的政策背道而驰。[②]

（二）建设服务型政府

简政放权旨在减少政府对市场与社会的干预，建设服务型政府则要求政府职责从管理向服务转变。《法治政府建设实施纲要（2021—2025 年）》提出"加快建设服务型政府，提高政务服务效能"。优化政府职责体系不仅要求做好简政放权的"减法"，还要求做好优化服务的"加法"。

"放管服"中的"服"可以理解为优化服务，也可以是增加创新服务和提供服务，可以包含政务服务、公共服务和管理服务等，核心是在"放"与"管"的全面深刻变化基础上形成的治理理念、治理机制、治理体系，是治理能力现代化。"服"既是改革举措，也是改革目标，目的是建设人民满意的服务型政府。[③]

优化政务服务的核心在于提高行政服务的效率，优化行政资源和行政程序，在监管方式上进行改革，诸如"最多跑一次""一网、一门、一次""不见面审批""互联网＋政务服务""双随机、一公开"监管，推动跨地区、跨部门、跨层级信息数据开放共享，满足企业民众和地方政府普遍性政务服务需求。

公共服务着眼于增进人民福祉、促进人的全面发展。依据《中华人民共和国国民经济和社会发展第十四个五年规划纲要和 2035 年远景目标纲要》，

---

① 参见《速读｜网约车、共享单车……促进分享经济发展，国务院准备这样干》，载中国政府网，http://www.gov.cn/xinwen/2017-06/22/content_5204446.htm，最后访问日期：2021 年 7 月 15 日。

② 一些地方对此持肯定意见（如广东省市场监督管理局），也有如南昌市人民政府则主张，不从事教育培训和有偿学习辅导等业务的校外托管机构办理营业执照即可，无须获得办学许可。参见《广东省市场监督管理局关于省政协第十二届二次会议第20190066 号、20190076 号提案会办意见的函》（粤市监注函〔2019〕577 号）、《南昌市人民政府办公厅关于规范我市中小学生校外托管机构管理工作的通知》。

③ 中国行政管理学会课题组：《深化"放管服"改革 建设人民满意的服务型政府》，《中国行政管理》2019 年第 3 期，第 11 页。

公共服务主要涵盖幼有所育、学有所教、劳有所得、病有所医、老有所养、住有所居、弱有所扶、优军服务保障和文体服务保障等领域的公共服务。从服务供给的权责分类来看，公共服务包括基本公共服务、普惠性非基本公共服务两大类，前者是保障全体人民生存和发展基本需要、与经济社会发展水平相适应的公共服务，后者是为满足公民更高层次需求、保障社会整体福利水平所必需但市场自发供给不足的公共服务。

　　管理服务是指通过提供条件与指导为市场与社会提供便利，减少违法行为的发生。如针对摊贩管理，应当强化疏导职责，合理设置流动摊贩经营场所是减少无照经营的重要手段。行政机关应当遵循以人为本、服务民生、科学设定的理念，在防止影响交通、噪声扰民、环境污染的基础上，实现流动摊贩设置管理规范，尽可能为摊贩的经营在场所上提供条件与服务。

第三节　改革和完善执法体制

　　《法治政府建设实施纲要（2021—2025年）》提出"深化行政执法体制改革"。行政执法体制是行政执法权限的配置，其完善以"权责清晰、运转顺畅、保障有力、廉洁高效"为目标。

一　完善行政执法体制的意义

　　不同学者对行政执法体制的界定略有差异。汪永清指出，行政执法体制是指"行政执法机关的设立，职责的界定，权力的取得、分配和运作"[1]；青锋则将之界定为"由行政执法主体结构、法定执法职权和义务、执法程序和运行机制等构成的有机体系及其相关法律制度"[2]；马怀德主张"行政执法体制就是行政执法机关各自的权限以及相互关系"[3]。也有学者采取较为广义的界定，如常有有教授认为，行政执法体制除了静态的组成部件外，还需要增

---

[1]　汪永清：《对改革现行行政执法体制的几点思考》，《中国法学》2000年第1期，第66页。

[2]　青锋：《行政执法体制改革的图景与理论分析》，《法治论丛》（上海政法学院学报）2007年第1期，第74页。

[3]　马怀德：《健全综合权威规范的行政执法体制》，《中国党政干部论坛》2013年第12期，第28页。

加动态运作的制度元素，即行政执法体制是"行政执法机关的组织体系、权力运作体系、监督体系等诸要素共同构成的具有联动功能的制度系统"。[①] 无论如何，行政执法体制的核心要义是指行政执法权限的配置以及相关关系。

完善行政执法体制是法治政府建设与国家治理现代化的重要内容。2004 年颁布的《全面推进依法行政实施纲要》提出深化行政管理体制改革，并要求"合理划分和依法规范各级行政机关的职能和权限"。党的十八届三中全会审议通过的《中共中央关于全面深化改革若干重大问题的决定》明确强调把"深化行政执法体制改革"作为法治中国建设的一项重要任务，并提出"整合执法主体，相对集中执法权，推进综合执法，着力解决权责交叉、多头执法问题，建立权责统一、权威高效的行政执法体制"。2014 年，党中央首次召开以依法治国为主题的党的十八届四中全会，要求"各级政府必须坚持在党的领导下、在法治轨道上开展工作，创新执法体制，完善执法程序，推进综合执法，严格执法责任，建立权责统一、权威高效的依法行政体制"。2015 年颁发的《法治政府建设实施纲要（2015—2020 年）》再次强调"改革行政执法体制"。2019 年十九届中央委员会第四次全体会议作出的《中共中央关于坚持和完善中国特色社会主义制度 推进国家治理体系和治理能力现代化若干重大问题的决定》进一步要求"深化行政执法体制改革，最大限度减少不必要的行政执法事项。进一步整合行政执法队伍，继续探索实行跨领域跨部门综合执法，推动执法重心下移，提高行政执法能力水平。落实行政执法责任制和责任追究制度"，将行政执法体制改革纳入推进国家治理体系和治理能力现代化的重要一环。党的二十大报告再次强调"深化行政执法体制改革"。

深化行政执法体制旨在确保行政执法权限的科学合理配置，实现权责统一与权威高效。对于行政执法体制改革尚存的问题与反思，学术界与实务界给予了较多关注。有学者将行政执法体制存在的突出问题归纳为以下三个方面：一是分级执法、权责脱节、基层虚弱；二是各自为政、界限不清、权责交叉；三是利益驱动、监督不到位、责任缺失。[②] 首先，行政执法权限的不

---

① 常有有：《行政执法体制改革的逻辑进路研究》，《行政与法》2016 年第 1 期，第 28 页。

② 马怀德：《健全综合权威规范的行政执法体制》，《中国党政干部论坛》2003 年第 12 期，第 28 页。

当配置会导致权责脱节。举例而言，我国《行政处罚法》第20条按照违法行为发生地来确定管辖权的规则，面对网络交易的跨区域性和虚拟空间特点，已难以保证监管和执法的有效性及效率。[①] 假货的生产、贮存、销售、流通等往往分散于不同区域，即便《网络交易管理办法》第41条确定了平台经营者所在地行政机关的管辖权，对此挑战进行了一定的回应，但仍有赖于与相关地方的主管机关建立协作机制。其次，行政执法权限的不当配置会产生权限冲突或权限真空。例如，未办理营业执照，显然属于无照经营的情形，但在"先照后证""先证后照""多证后照"等情形下既无照也无证，如果缺乏法律、法规的明确规定，市场监管部门与其他行政许可的主管部门便可能产生"都想管"或"都不管"的问题，严重损害执法的权威性与公信力。最后，行政执法权限的不当配置会产生选择性执法或地方保护主义。地方执法与地方利益之间往往存在紧张关系，一些地方盛行地方保护主义之风，过分看重经济效益，而忽略了执法对其他公共利益的保护。

二　行政执法体制的横向配置

综合执法改革在多个中央文件中提及，如《中共中央　国务院关于新时代加快完善社会主义市场经济体制的意见》（2020年5月11日）要求"深化行政执法体制改革，最大限度减少不必要的行政执法事项，规范行政执法行为，进一步明确具体操作流程。根据不同层级政府的事权和职能，优化配置执法力量，加快推进综合执法"。[②] 综合执法的法律依据可见诸《行政处罚法》与《行政许可法》等规范。首先是相对集中行使行政处罚权的规定，国务院或者经国务院授权的省、自治区、直辖市人民政府可以决定一个行政机关行使有关行政机关的行政处罚权。其次是相对集中行使行政许可权的规定，经国务院批准，省、自治区、直辖市人民政府根据精简、统一、效能的原则，可以决定一个行政机关行使有关行政机关的行政许可权。最后是根据《行政强制法》，依据《行政处罚法》的规定行使相对集中

---

① 王锡锌:《网络交易监管的管辖权配置研究》,《东方法学》2018年第1期,第143页。
② 还可参见《国务院关于加强和规范事中事后监管的指导意见》(国发〔2019〕18号)、《国务院办公厅关于生态环境保护综合行政执法有关事项的通知》(国办函〔2020〕18号)等。

行政处罚权的行政机关，可以实施法律、法规规定的与行政处罚权有关的行政强制措施。

行政执法权的横向配置应当遵循现行立法的设定。如《国务院关于"先照后证"改革后加强事中事后监管的意见》（国发〔2015〕62号）提出的"谁审批、谁监管，谁主管、谁监管"原则，固然可为行政执法职责划分提供引领，但仍需受到依法行政原则的约束，以遵循现有法律对无照无证查处职责的规定为前提。根据制定机关的解读，《无证无照经营查处办法》有关职责的分配意在"构建权责明确、透明高效的事中事后监管体制"，[1] 蕴含了对明确与效率追求的双重价值。此外，国发〔2015〕62号文还提出了"协同监管"的原则，形成市场监管部门、行政许可部门以及行业主管部门互联互通、齐抓共管的监管格局，进而凸显了合作的重要性。

高效地完成行政任务、充分履行行政职能，是现代行政组织在合法性之外应当追求的另一目标。查处责任必须依赖具体的权力与人员配置，忽视这些因素可能会导致实施的效果不彰。除此之外，行政执法的职责分配还需对查处的手段与能力给予足够关注。"'功能最适宜的机关结构'是组织建构的基本原则，即由具有最佳的构成、结构、功能、程序等条件的组织来担当特定的公共任务，这一原则要求应以组织任务为出发点，确保政府职能的正当、有效履行。"[2] 功能法正当原则为行政执法的职责分配提供了一种分析框架，通过对机关的组织、人员组成、功能以及作出决定的程序进行比较与权衡，来决定由拥有更佳条件的国家机关来行使监管权力。[3] 因此，行政执法职责的分配应当受到依法行政与功能法正当原则的双重约束，并优先适用依法行政原则。

三　行政执法体制的纵向配置

行政执法权限的纵向配置是行政执法体制改革的另一重要方面。《法

---

① 参见《国务院法制办、工商总局负责人就〈无证无照经营查处办法〉答记者问》，载中国政府网，http://www.gov.cn/zhengce/2017-08/24/content_5219967.htm，最后访问日期：2021年7月4日。

② 李昕：《当前我国行政组织法研究的现状与展望》，《安徽大学学报》（哲学社会科学版）2020年第3期。

③ 参见伏创宇《核能规制与行政法体系的变革》，北京大学出版社，2017。

治政府建设实施纲要（2021—2025 年）》提出"稳步将基层管理迫切需要且能有效承接的行政执法事项下放给基层，坚持依法下放、试点先行，坚持权随事转、编随事转、钱随事转，确保放得下、接得住、管得好、有监督"。根据 2015 年中共中央、国务院《关于深入推进城市执法体制改革改进城市管理工作的指导意见》，区级城市管理部门可以向街道派驻执法机构，推动执法事项属地化管理。2019 年《关于推进基层整合审批服务执法力量的实施意见》则要求除党中央明确要求实行派驻体制的机构外，部门设在乡镇和街道的机构原则上实行属地管理。2021 年修订的《行政处罚法》第 24 条则为行政处罚权的下移提供了法律依据。省、自治区、直辖市根据当地实际情况，可以决定将基层管理迫切需要的县级人民政府部门的行政处罚权交由能够有效承接的乡镇人民政府、街道办事处行使，并定期组织评估。

相关的学理观点认为，行政执法权的配置应当遵循"权力分解原则"，在纵向上要有权能内涵上的分解、划分，"在同一系统内，级别较高的行政执法机关的职能主要是法律适用，级别较低的行政执法机关的职能主要是发现、纠正违法行为并认定违法行为的事实"。[1] 执法重心下移解决的是"看得见的管不着、管得着的看不见"的问题，[2] 以及行政执法体制的横向配置着眼于职能划分、纵向配置着眼于级别管辖划分的问题。执法效果的提升不能只依赖执法重心的下移，基层政府具有足够的执法能力承接县级人民政府职能部门移交的执法权限，仍然需要进一步评估。这也是《行政处罚法》第 24 条规定了执法权的下移应当考虑"当地实际情况"，并"定期组织评估"，加强基层政府的"执法能力建设"的原因。"在减少行政执法层级，充实基层执法力量时，要注意保障执法机关的执法独立性，打造高效权威的行政执法机构，避免行政执法机关沦为地方政府维护地方利益、实施地方保护的工具。"[3]

---

① 汪永清：《对改革现行行政执法体制的几点思考》，《中国法学》2000 年第 1 期，第 2 页。

② 金国坤：《基层执法体制改革与〈行政处罚法〉的修改》，《行政法学研究》2020 年第 2 期，第 68 页。

③ 马怀德：《健全综合权威规范的行政执法体制》，《中国党政干部论坛》2003 年第 12 期，第 30 页。

因此，行政执法体制的纵向配置并非一味地追求执法权限的下移，而是需要考虑基层执法的必要性、可行性与独立性。有学者即指出，"对于那些综合性强、专业性强、执法技术要求较高的事项，在基层执法能力还没有达到规范执法的要求时，不宜一揽子都下放到基层执法队，应由市区专业行政执法部门承担"。① 而且，针对牵扯地方利益且可能严重影响地方执法独立性的事项则应当避免下放。例如环境监测监察执法实行省以下环保机构垂直管理，旨在解决地方保护主义、干预环保执法等问题，增强的独立性、统一性、权威性和有效性。就此而言，环境监测监察执法权的上收，更有利于保障执法的独立性、有效性。②

第四节　创新行政执法方式

国家在现代社会中承担了越来越多的给付行政与风险行政职能，行政法的手段与程序体系随之呈现出多元化发展的趋势，体现行政权力强度、广度与深度减弱的柔性手段得以广泛运用，如行政合同、行政指导、行政规划等。公民不仅是行政的客体，还更多地参与到行政过程中来。意思自治、民主协商、科学发展等理念日渐渗透到国家与社会的治理中，从而更好地实现行政目的。

《法治政府建设实施纲要（2021—2025年）》提出"创新行政执法方式"，2004年国务院发布《全面推进依法行政实施纲要》提及行政管理方式改革时即要求"充分发挥行政规划、行政指导、行政合同等方式的作用"，将这些行政活动与行政处理行为相并列。与经典意义上的行政行为不同，这些行政活动受到法律约束的方式与程度存在较大差异。行政法理论与体系应当对此作出回应，针对风格各异的行政活动类型构建相适应的行政程序制度。

---

① 金国坤：《基层执法体制改革与〈行政处罚法〉的修改》，《行政法学研究》2020年第2期，第72页。

② 参见中共中央办公厅、国务院办公厅印发的《关于省以下环保机构监测监察执法垂直管理制度改革试点工作的指导意见》。

一　行政合同

（一）行政合同的界定

行政合同是现代政府职能扩张背景下行政手段多元化与柔性化的体现，指行政机关为了实现行政管理目的，与公民、法人或者其他组织之间，经双方意思表示一致所达成的具有行政法上权利义务内容的协议。新修订的《行政诉讼法》未采取"行政合同"的概念，而是采用列举方式将行政协议纳入行政诉讼的受案范围，从而涵括"政府特许经营协议、土地房屋征收补偿协议等协议"。《最高人民法院关于审理行政协议案件若干问题的规定》除了界定"行政协议"，还更为详细地列举了其他行政协议类型，更具有包容性。就此而言，行政合同与行政协议两者之间只是用语上的差别，在实质含义上并无不同。

将行政合同纳入行政法的调整范围，是因为行政合同相较于民事合同在纠纷解决机制与适用规则上的特殊性。行政合同的内涵争议并未因纳入行政诉讼的受案范围而止息。尽管《最高人民法院关于审理行政协议案件若干问题的规定》将行政协议界定为"行政机关为了实现行政管理或者公共服务目标，与公民、法人或者其他组织协商订立的具有行政法上权利义务内容的协议"，但在内涵上仍然不够明确，仍须从行政法理论与制度的层面予以澄清。在行政合同具体内涵的界定上，学界对此存在不同的认识。

一是行政优益权说。此种观点主张行政机关在行政合同的履行过程中享有行政优益权。如最高人民法院原法官蔡小雪认为，行政机关对协议履行拥有监督权、指挥权、单方变更权和解除权，双方在法律地位上不平等，因履行合同发生纠纷须适用行政法律规范。[1]换言之，只要行政机关在合同的履行过程中享有行政优益权，则该合同属于行政合同。

二是行政职责说。依此观点，行政合同的界定应以职能履行或行政管理目的为标准。如果合同中约定授予相对人行使职权，或者签约本身就是行政主体的职责，即可判别为行政合同。[2]此种观点着眼于合同的目的，若合同

---

[1]　参见蔡小雪《行政机关依职权改变行政合同的行为具有可诉性》,《人民司法》2013年第4期。

[2]　乐宇歆:《对行政合同诉讼的探讨》,《人民司法》2009年第21期。

服务于行政职责或职能的履行，则该合同属于行政合同。湖南、汕头、西安的行政程序规定亦从行政管理目的出发来界定行政合同。

三是行政合同的内容说。日本学者南博方将由行政主体缔结的契约都称为广义上的行政契约，其认为应当根据契约内容的各条款进行归类，将那些只有具备行政权能的行政主体才能实现的条款解释为公法性质的条款，而将那些私人也能实现的条款解释为私法性质的条款。① 孙笑侠教授也持此种观点，其认为不同的行政合同有不同的条款内容，关键看它的"根本性条款"是公法性质的条款还是私法性质的条款。② 此种观点主张从合同涉及的权利义务关系角度来界定行政合同，若双方当事人之间存在不平等性，则应当视为行政合同。

行政优益权说突出了行政合同履行的权力要素，行政职责说则体现了行政合同所追求的目的，这两种观点体现了对行政合同内涵认识的视角差异，并不存在根本冲突。至于行政合同公法性质的判断，无非从这两个方面予以展开分析。有的司法实践即从"合同的目的、内容、订立和履行等方面"对合同性质进行综合考察。③《最高人民法院关于审理行政协议案件若干问题的规定》对行政协议的界定即突出了"实现行政管理或者公共服务目标"与"具有行政法上权利义务内容"两个要素。行政合同以行政职能的履行为目的，将行政优益权的运用作为履行方式，本质上体现了契约性要素与权力性要素的融合，且以权力性要素为主要体现。

（二）行政合同的特征

1. 行政合同法律关系的主体特定

不同于平等主体的自然人、法人、其他组织之间设立、变更、终止民事权利义务关系的协议，行政合同法律关系的主体一方必定为行政机关。当然，即便协议的一方为行政机关，协议亦可能被排除在行政合同的范围之外。第一，作为民事主体的行政机关与其他主体缔结的协议。该种协议属于民事法律关系的范畴，如行政机关购买办公用品或者订立办公场所的建造合

---

① ［日］南博方:《行政法》，杨建顺译，中国人民大学出版社，2009，第81页。

② 参见孙笑侠《契约下的行政——从行政合同本质到现代行政法功能的再解释》,《比较法研究》1997年第3期。

③ 参见李洪堂《行政合同与民事合同的区分与司法救济》,《人民司法》2011年第2期。

同，其不以公共职能的履行为直接目的，因而应当受私法的调整。第二，行政机关与行政机关签订的协议。日本学者南博方主张广义上的行政合同指行政主体缔结的契约，因而既有行政主体与私人缔结的契约，也包括行政主体相互间缔结的契约。[①] 此种形式上的归类并不能掩盖两者之间实质上的差异。这种合同无法适用"行政优益权"原则，而且这种不涉及相对人的纯粹行政事项内容的合同，也不宜由人民法院主管。[②] 尽管行政机关之间缔结的协议是否应当排除司法审查还有待商榷，但在合同签订的容许性（涉及行政管辖权的安排与分配）、履行方式（未体现行政优益权）、适用法律规则（合同的解释、执行、救济途径等）方面具有独特性，故不宜将此类协议纳入行政合同的范围。

2. 行政合同的目的在于履行公共职能

行政机关在履行公共职能时，可以与公民、法人或其他组织签订行政合同，但法律、法规禁止或者因拟建立的行政法律关系的性质不得订立行政合同的除外。公共职能会随着时间推移与情势发展导致的公共利益变化而变化。例如法国公共服务外包的公用事业领域，以前民众只接受政府提供的电信通信服务，因此用户与运营商是行政合同关系。后来在市场化允许自由竞争与公平准入的大背景下，出现了各种运营商，类似的公共服务合同被重新定义为私法合同。[③]

行政合同的目的不可与行政合同中行政相对人缔结合同的目的等同。行政相对人缔结合同的首要目的在于个人利益的实现，如特许经营协议中对经济利益的追求、教育委托培养合同中对个人职业发展的考量，对公共利益的促进只是相对人行为的附随效果。行政合同的目的是指行政机关冀望通过缔结行政合同实现行政管理或者履行公共职能。有法官提出应当区分行政机关缔结行政合同的目的与行政本身的目的，以投资开发马尾岛高级海滨旅游度假区的合同为例，行政机关缔结合同的目的乃基于对外招商引资的经济职能，"深化旅游产业改革，提升海陵岛旅游档次和品位"，而行政合同本身的目的

---

① 〔日〕南博方:《行政法》，杨建顺译，中国人民大学出版社，2009，第 79 页。

② 刘莘:《行政合同刍议》，《中国法学》1995 年第 5 期。

③ 乐宇歆:《对行政合同诉讼的探讨》，《人民司法》2009 年第 21 期。

则是投资开发马尾岛高级旅游度假区项目。[①] 这种观点有待商榷，如特许经营合同的目的一般是投资公共基础设施或公共服务项目（如高速公路建设、垃圾处理场项目、公交民营化等），行政相对人亦以获得合理回报为目的，但不能依此否认合同本身对公共职能的履行。因此，行政合同目的的考察应当从行政主体的角度进行，即行政机关是否意在通过行政合同履行公共职能，实现公共利益的追求与保障。

但公共职能的履行本身不能成为行政合同的核心要素，更何况公共职能、公共利益的含义不甚清晰。若从行政合同的目的出发，购买办公用品、租赁或建造办公场所都可以追溯到行政职能的履行与公共利益的维护。这种合同意在保障公共服务并间接保障行政职能的履行，但通过合同法足以调整。同时，尽管诸如行政机关办公场所的建造合同履行原则上可以通过私法进行调整，但若工期拖延或者产生其他纠纷，则有可能对政府公务的连续性造成损害，此时行政机关可以依据法律规范或合同约定采取措施督促当事人积极履行合同，由此产生的争议应当属于行政法调整的范围。此外，行政机关与行政机关之间基于行政管理签订的行政契约亦服务于公共职能的履行，但因缺乏行政优益权的要素，不可与行政合同同日而语。因而行政合同性质的判断，还须结合行政合同履行的方式，即行政机关是否在行政合同履行过程中享有行政优益权。

3. 行政优益权

行政合同的本质在于权力性要素与契约性要素的融合。[②] 民事合同所追求与遵循的意思自治、平等原则在行政合同中得到了修正与限制，权力性要素在行政合同中占据着重要地位，这正是行政合同区别于民事合同的独特性所在。如依据《城市房地产管理法》第 26 条，超过出让合同约定的动工开发日期满一年未动工开发的，可以征收相当于土地使用权出让金百分之二十以下的土地闲置费；满二年未动工开发的，可以无偿收回土地使用权。行政优益权这一要件可以将行政机关之间签订的行政协议排除在行政合同的范围之外，行政协议固然属于公法性质的协议，但在主体、缔结程序、具体内容、

---

① 参见李洪堂《行政合同与民事合同的区分与司法救济》，《人民司法》2011 年第 2 期。

② 参见孙笑侠《契约下的行政——从行政合同本质到现代行政法功能的再解释》，《比较法研究》1997 年第 3 期。

履行方式与法律责任的承担等方面都有别于行政合同。这类协议旨在实现行政管理并保障公共利益，但行政机关对此不享有优益权，必然在适用规则上与行政合同存在差异。[①]

二　行政指导

《法治政府建设实施纲要（2021—2025 年）》要求"广泛运用说服教育、劝导示范、警示告诫、指导约谈等方式"，旨在倡导行政指导在行政执法中的运用。行政指导属于一种柔性的行政活动方式，意图通过劝告、建议、声明等非强制力的方式实现行政目的，以相对人的配合与自主接受指导为基础。尽管如此，当事人的权益仍然可能受到侵害，因而有必要受到法律的约束，但在法约束方式上与典型的行政行为存在差异。

（一）行政指导的含义

行政指导是指行政机关在其职责范围内为实现一定行政目的，依职权或依申请而对社会公众或特定行政相对人作出的符合法律精神、原则和相关政策的指导、建议、提示、劝告等不具有国家强制力的建议，引导其作出或不作出一定行为的手段。行政指导冀望通过非权力性手段，通过取得相对人的同意，以便实现特定的行政目的。因而有必要通过法律制度设计确保私人在行政指导中享有主体地位，并使得行政目的得以顺利且有效实现。《最高人民法院关于执行〈中华人民共和国行政诉讼法〉若干问题的解释》（法释〔2000〕8 号）第 1 条第 2 款第 4 项首次正式采用了"行政指导"的概念。湖南省、山东省、广东省汕头市、陕西省西安市等地的行政程序法都对行政指导作出了规定。

以行政指导的功能为标准，行政指导大致可以分为以下三种主要类型。

---

① 有观点认为，行政合同是以合同的形式形成行政法上的权利义务关系，自然可以涵括行政协议（或称为行政协定）。行政优益权是部分（而非全部）行政合同所具有的特征，不能反过来作为识别行政合同的标尺，参见江必新《中国行政合同法律制度：体系、内容及其构建》，《中外法学》2012 年第 6 期。有学者主张行政协议不同于行政合同，应在行政程序法中独立设立一章来专门规定行政协议制度，参见何渊《行政协议：行政程序法的新疆域》，《华东政法大学学报》2008 年第 1 期。有关行政机关之间签订的行政协议纠纷是否适宜通过司法审查解决，在理论上仍然具有争议，参见李煜兴《行政合同制度的比较、反思与重构》，《南京社会科学》2003 年第 7 期。

一是助成性的行政指导，以帮助和促进相对人的利益与事业发展为目标，如行政机关制定矿山关停鼓励政策，通过适当的奖励补助方式，鼓励矿山提前关停，以促进整合工作的顺利实施。[①] 二是规制性的行政指导，对违法或者违反公共利益的行为加以预防或抑制，如行政机关针对影响征收活动且属于法律禁止行为的活动进行风险提示，声明以后不会对行政相对人以及租用该房屋的商户给予补偿。[②] 三是调停性的行政指导，主要目的在于调停当事人之间的利害关系，如市场监管部门针对交易纠纷展开调解、劝告。

相较于行政法上经典的行政行为概念，行政指导的核心内涵在于缺乏处分性要素。行政指导不包含有设定、变更或者消灭行政法上权利义务关系的内容，强调行政相对人选择的自主性，因而不具有处分性与强制性。诸如行政奖励行为、依申请的政府信息公开行为等都具有处分性，应当排除在行政指导的范围之外。有一些信息发布行为，如食品安全的风险警示，意在引导特定人作出或不作出一定行为，因而符合行政指导行为的特征。

（二）行政指导的约束

行政法面对行政指导这种新兴的行政活动方式，首先需要处理行政指导与依法行政之间的紧张关系。"在历来被视为一般权力关系的领域中，允许不依据法律的行政渗透，行政指导因而在很大程度上存在着使法治行政的原理空洞化并逐渐崩溃的危险性。"[③] 法律优先原则适用于所有的行政领域，但法律保留原则的适用却充满弹性，应当考虑具体事务"对共同体和公民个人的意义、分量、基础性、深远性及其强度等"。[④] 行政指导不以追求法律效果的发生为目的，在性质上应当归入事实行为的范畴，在合法性要件上相较行政处理行为较为宽松。行政指导本身不具有强制性与处分性，对行政相对人的权利侵害可能性较小，因而无须苛求其具有法律依据。

这并不意味着行政指导可以脱离法律约束。有学者主张："行政机关只要在组织法规定的职权和所管辖的事务范围内均有权采用行政指导的方法进行

---

① 参见浙江省高级人民法院（2014）浙行终字第 239 号行政判决书。
② 参见广东省中山市中级人民法院（2015）中中法行终字第 94 号行政赔偿判决书。
③ 〔日〕南博方：《行政法》，杨建顺译，中国人民大学出版社，2009，第 85 页。
④ 〔德〕毛雷尔：《行政法学总论》，高家伟译，法律出版社，2000，第 109~110 页。

有关事项的管理。"①　这显然不足以充分规范与控制行政指导行为。除了具有管辖权依据外，行政指导应当遵循法律优先原则，受到法律原则的约束，特定的行政指导类型还应符合法律保留原则。首先，行政指导应当遵循法律优先原则，不能与现行法律秩序相冲突。这里的法律规范应当包括所有合法、有效的法律规范、司法解释与规范性文件。如在王星火诉深圳市市场监督管理局行政指导行为纠纷案②　中，被告指引行政相对人可以在深圳市四家报纸的任意一家报纸上刊登清算公告，该行为属于提供信息帮助的行政指导行为，法律、法规均未对公司注销时在何种报纸上进行公告作出明确要求，但该行政指导的内容与最高人民法院司法解释确立的清算公告方式相冲突，显然属于违法。③　其次，行政指导应当具有行政管辖权依据。日本行政程序法规定行政指导满足管辖权依据即可，行政指导实施者不得超越行政机关的任务或者所管辖事务范围，同时行政指导内容只有在行政相对人的协助下方能得以实现。我国司法实践有法院即秉持对行政指导合法性审查的立场，针对行政机关的声明将房屋认定为抢建、改建，不予征收补偿及对房屋现状的认定等内容，法院对该行政声明是否超越职权进行了审查。④　行政指导的管辖权依据较为广泛，包括组织法依据、行政职责规定⑤、行政监督职权规定⑥以及直接的行政指导行为依据⑦。再次，行政指导应当受到法律原则的约束，如自愿原则、平等原则、公开原则、正当法律程序原则与信赖保护原则。行政机关不得在行政指导上形成对特定群体的不平等对待，撤回行政指导应当保护当

---

① 杨海坤、黄学贤:《行政指导比较研究新探》,《中国法学》1999 年第 3 期。

② 广东省深圳市福田区人民法院（2011）深福法行初字第 497 号行政裁定书。

③ 《最高人民法院关于适用〈中华人民共和国公司法〉若干问题的规定（二）》第 11 条第 1 款规定，公司清算时，清算组应当按照公司法第 185 条的规定，将公司解散清算事宜书面通知全体已知债权人，并根据公司规模和营业地域范围在全国或者公司注册登记地省级有影响的报纸上进行公告。

④ 广东省中山市中级人民法院（2015）中中法行终字第 94 号行政赔偿判决书。

⑤ 如《国有土地上房屋征收与补偿条例》第 4 条第 2 款规定，市、县级人民政府确定的房屋征收部门组织实施本行政区区域的房屋征收与补偿工作。

⑥ 如《国有土地上房屋征收与补偿条例》第 24 条第 1 款规定，市、县级人民政府及其有关部门应当依法加强对建设活动的监督管理，对违反城乡规划进行建设的，依法予以处理。

⑦ 如《草原法》第 28 条第 1 款规定，县级以上人民政府应当支持、鼓励和引导农牧民开展草原围栏、饲草饲料储备、牲畜圈舍、牧民定居点等生产生活设施的建设。

事人的信赖利益。最后，行政指导行为虽然不具有强制力，但可能涉及不同的利益主体，从而对特定主体的利益产生侵害。如行政机关有关食品有害的公告意在引导不特定人的购买与使用行为，实际上蕴含了行政机关对食品是否损害公众健康的认定，对食品生产与销售主体可能产生不利影响，因而应当受到较为严格的法律约束。

（三）行政指导的适用

1. 遵循自愿原则

行政指导作为一种柔性执法方式，其本质在于通过行政机关的政策引导、劝告建议、风险提示、调解斡旋等实现特定的行政目的。行政指导并非强迫相对人服从实现公共目的，而是发挥政府在宏观调控、信息掌握、专业判断等各方面的优势，实现行政机关与相对人的合作。因而，遵循自愿原则是行政指导实施的前提。

2. 平等原则

行政机关实施行政指导应为各方行政相对人提供平等机会。平等原则属于宪法与行政法的基本原则，尽管行政指导不具有处分性与强制性，但应当受到平等原则的约束。基于行政相对人的意志自由，行政指导一般不会对行政相对人的权益造成侵害，但可能被行政机关当作其他行政行为的基础。如在通山县鹏润机动车驾驶员培训有限公司诉通山县道路运输管理所许可案中，行政机关依据当地发展规划拒绝颁发行政许可，理由在于该地发展规划提出，"对现已许可 12 家驾校，本着只规范、提高、不新增的原则"，法院认定该行政指导违反了平等与正当竞争原则。①

3. 公开原则

行政指导不具有强制性，而是借助行政机关的信息和专业优势影响行政相对人，相对人是否遵从行政指导会影响行政目的实现的有效性。若要保障行政指导的有效性，就要减少相对人在行政指导事项上的信息不对称，行政机关应当公开与行政指导的内容以及有关的背景资料。

4. 正当法律程序原则

从我国各层次法律文件中有关行政指导的具体规定来看，几乎所有的规

---

① 湖北省通山县人民法院（2015）鄂通山行初字第 16 号行政判决书。

定都未对行政指导加以程序约束。行政指导不具有强制性，赋予了被指导人行为选择的自由，看似不会侵害当事人的合法权益，但基于行政指导着眼于公共利益的保障、强调说服与引导效果的实现以及可能对第三人权益造成侵害，因此应当受到正当程序约束。行政指导应当遵循的正当程序包括调查评估、专家论证、告知并听取行政相对人与利害关系人意见、对行政指导进行理由说明等。

三　其他行政执法方式创新

除了行政合同、行政指导等比较柔性的行政手段，信用监管、智能监管、包容审慎监管、合作监管等是近年来行政执法实践中的重大创新。

（一）信用监管

信用监管包括事前环节信用监管、事中环节信用监管与事后环节信用监管。[①]

事前环节信用监管主要体现为信用承诺制度，2019 年颁布的《优化营商环境条例》第 19 条将"告知承诺"作为涉企经营许可优化的重要方式之一，旨在提高行政许可的效率与便民性。这也是迄今为止告知承诺制实施的最高位阶的法律依据。告知承诺制肇始于 1999 年上海市浦东新区针对部分行政许可事项的实施探索，实质上将行政许可内容的审查调整至许可决定作出之后，并意图通过后续审查与信用监管来保障行政许可决定的合法性。

事中环节信用监管主要体现为信用分级分类监管，在充分掌握信用信息、综合研判信用状况的基础上，以公共信用综合评价结果、行业信用评价结果等为依据，对监管对象进行分级分类，根据信用等级高低采取差异化的监管措施。

事后环节信用监管包括失信联合惩戒对象名单制度、约谈与失信联合惩戒等。有关部门依据在事前、事中监管环节获取并认定的失信记录进行信用评价，督促失信市场主体限期整改，构建跨地区、跨行业、跨领域的失信联合惩戒机制。

---

① 参见《国务院办公厅关于加快推进社会信用体系建设构建以信用为基础的新型监管机制的指导意见》（国办发〔2019〕35 号）。

（二）智能监管

互联网技术、大数据与人工智能的运用推动了公共管理的数字化与自动化，国务院于 2017 年印发的《新一代人工智能发展规划》便提及了人工智能在行政管理与政务服务方面的适用必要。"数字政府不是简单通过将传统政府移植到线上就能实现，数据治理更不是把数据归集到政务云就能共享，而是需要在全面提升政府职能的基础上，加强部门间的协同，彻底地重塑行政的作业单元。"[1] 智能监管的具体方式包括线上审批（"线上受理、人机交互、智能审批"）、预警防控（如健康码）、非现场执法（如交通执法）、完全自动化行政决定（如通过 App 纳税）等。

例如，实践中"证照联办"是指营业执照和后置经营许可证两个分开的业务合并成一次业务办理，实行关联审批事项一次告知、同步受理、资料共享、精简流程、统一发证的联审联办新模式。申请人通过登录平台提出"证照联办"申请，系统自动实现数据推送，并联审批，审批状态共享，审批结果互认，实现"一网申报、同步受理、一次办结"。这大大提高了证照办理的效率，有利于减少无证无照经营的违法行为。

（三）包容审慎监管

《法治政府建设实施纲要（2021—2025 年）》提出"完善与创新创造相适应的包容审慎监管方式"。《优化营商环境条例》第 55 条也采用了"包容审慎监管"的概念，规定"政府及其有关部门应当按照鼓励创新的原则，对新技术、新产业、新业态、新模式等实行包容审慎监管……"《网络交易监督管理办法》第 4 条明确规定，网络交易监管应"坚持鼓励创新、包容审慎"原则。一些地方对包容审慎监管存在更为广义的界定，不局限鼓励创新目的，如《广东省人民政府办公厅关于推进包容审慎监管的指导意见》（粤府办〔2022〕7 号）还包括"行政执法减免责清单制度""信用监管""非现场监管"等。相较于信用监管、非现场监管，包容审慎监管的内涵较为狭义，"是监管领域对政府与市场关系的最新理论表达，其要求政府以包容之心对待新经济，给予其必要的发展时间与试错空间，并根据公共风险的大小进行适时适度干

---

[1] 叶战备、王璐、田昊：《政府职责体系建设视角中的数字政府和数据治理》，《中国行政管理》2018 年第 7 期，第 57 页。

预，从而有效破解传统监管所面临的困局"。[1]

包容审慎监管倡导"查处与引导相结合、处罚与教育相结合"的原则，坚持疏堵结合、惩教并举，区别不同情况，采取宣传引导、信用承诺、行政提示、行政约谈、行政告诫等柔性监管方式，避免一概给予行政处罚的简单化执法。包容审慎监管意图在行政执法的合法性与灵活性之间维持平衡，更好地兼顾法治与发展。实践中，"包容性监管执法"的概念在成都等地的有关无证无照经营查处的规范性文件中得以提出。在查处过程中，对具备办理证照法定条件且有继续经营意愿的无证无照经营者，督促、引导其限期办理相关证照；对国家规定无须取得许可或注册登记的经营行为，不作为无证无照经营行为查处；对拒不改正或社会危害严重的无证无照经营依法予以查处。[2]除了对无照经营行为要实行包容性执法外，还有地方要求对新业态、新模式是否属于无证无照经营进行审慎认定。湖北省通过发文要求："认真评估分析辖区无证无照经营的影响和危害，根据不同情况，有针对性地制定查处措施，对经济社会发展中出现的新业态、改革创新中出现的新问题以及创业群众轻微的违法违规行为，以指导规范为主、惩处为辅，支持鼓励大众创业、万众创新。对不涉及食品安全、生产安全等情况的无照经营行为，限时整改到位的，没有造成危害后果的，可以不予行政处罚，为社会公众创业创新营造宽松包容的发展环境。"[3]

（四）合作监管

合作监管又可以称为"合作治理"，是通过"多元主体的合作与参与，以更为合作、互动性更强的方式，形成相对更为持续、更为稳定的关系，通过不同主体来共享、动员和聚合分散的资源，协调利益和行动，进而实现行政任务"。[4]合作监管既能克服政府单向度治理在立场、信息、专业、资源与能力上的局限性，又能激发非政府主体参与公共治理的积极性。合作监管具

---

[1]　参见刘权《数字经济视域下包容审慎监管的法治逻辑》，《法学研究》2022年第4期，第38页。

[2]　参见《江苏省政府办公厅关于贯彻落实〈无证无照经营查处办法〉的实施意见》（苏政办发〔2018〕57号）。

[3]　参见《湖北省人民政府办公厅关于加强无证无照经营行为综合治理的实施意见》（鄂政办发〔2018〕56号）。

[4]　宋华琳：《论政府规制中的合作治理》，《政治与法律》2016年第8期，第16页。

有以下特征。其一，由多元主体共同合作来完成行政任务。传统的政府治理以行政机关为治理主体，而合作规制在政府之外引入私人、企业、行业协会等不同主体，共同参与公共任务的履行。其二，监管手段具有灵活性。合作监管既包括了许可、处罚等经典的监管工具，又突出了契约、信息披露、经济激励、声誉机制等新兴治理方式，公私法手段融合是合作监管的重要体现。其三，监管规则的多元化。法律、政策、国家标准等在合作监管中仍发挥作用，此外，平台规则、行业标准、市场公约等非正式规则实施的自我规制不容小觑。

电子商务平台的多元共治就是合作监管运用的典型领域。《电子商务法》第 7 条提出对电子商务市场的治理应"符合电子商务特点"且遵循"协同管理"的原则，实际上意味着将行政机关以外的行业组织、电子商务平台经营者纳入治理体系中来。涉及网络食品交易平台经营者公法义务的《食品安全法》在第 3 条将"社会共治"作为食品安全监管的基本原则。这意味着在电子商务发展的背景下，公共治理的模式将从政府的单向度监管向政府与相关主体（包括行业组织、社会个体、电子商务平台经营者等）的合作治理转变，而其中电子商务平台经营者承担部分的交易秩序保障职能，有利于弥补行政单向度监管不能因应电子商务发展的局限性。电子商务实现了经营场所的集中，且交易方式从线下转移到线上，而平台经营者是交易场所与交易信息的提供者，其对交易的身份资质、交易的内容、交易的过程等能形成一定程度的控制，引入平台经营者共同参与平台治理，既是电子商务发展模式的要求，也是社会共治的重要体现。

本章小结

中国特色社会主义执法应当置于法治政府建设的整体语境中进行执法内涵设定、执法权力配置与执法方式变革。法治政府的内涵可以概括为有限政府、服务政府、守法政府、诚信政府、透明政府、高效政府、责任政府与廉洁政府。我国法治政府建设不局限于依法行政层面的形式主义法治，还旨在追求良好行政以达到实质主义法治。法治政府建设评估应当突破行政内部的单向考核形态，使评估不拘泥于内部监督，强化政府与公众、上下级政府、政府与社会合作治理的面向。优化政府职责体系是中国特色社会主义执法的重要基础，应当深化简政放权并建设服务型政府。完善执法体制是中国特色社会主义执法的重要保障，应当合理高效地对行政执法权进行纵向与横向配置。创新行政执法方式是中国特色社会主义执法的发展动力，有利于推动良好行政，应当充分发挥行政合同、行政指导、信用监管、智能监管、包容审慎监管、合作监管等手段的作用。

 问题与思考

1. 如何理解法治政府建设的要求与内涵？

2. 结合实例，评析我国法治政府评估的特征。

3. 优化政府职责体系的路径有哪些？

4. 根据《法治政府建设实施纲要（2021—2025年）》，简要分析完善行政执法体制的主要举措。

5. 行政合同的特征有哪些？

6. 行政指导的原则有哪些？

7. 针对以下事例回答相关问题。

"大庆市网约车许可改备案"事例：按照交通运输部等7个部门出台的《网络预约出租汽车经营服务管理暂行办法》，网约车经营应该办理《网络预约出租车汽车运输证》和《网络预约出租车汽车驾驶证》。大庆市交通运输局客运管理部门自2018年5月开始对网约车办理双证以来，累计办理"人证"8700多本，但仅办理"车证"510辆，不足2%。2019年以来，办理"车证"的数量骤降至0。网约车的许可必须以变更车辆属性为前提，后者将导致保险费率上升、适用8年强制报废年限以及车辆交易贬值。

2019年6月，黑龙江省大庆市成为首个变申请许可为备案的城市。"许可改备案"后，网约车无须变更营运车辆性质，且没有任何车型限制和数量限制。网约车司机应当在上路前，先把车辆资料通过大庆市自主研发的网约车管理平台上传登记，监管机关在安全监测、强制报废、强制退出等方面加强事中事后管理。

　　问题：该事例中，大庆市网约车许可改备案的模式是否符合依法行政的基本要求？这一模式是否具有实质合法性？

第十章　中国特色社会主义司法

第一节　实现司法公正

一　司法公正的概念和标准

公正是人类文明不懈追求的基本价值，司法公正则是法治的核心与灵魂。我国社会主义司法制度的建构将"保障全社会实现公平正义"作为核心目标和终极追求。改革开放后三十年间，司法改革围绕着实现司法公正、提高司法效率、维护社会公平正义的目标逐步展开。在全面推进依法治国的新时代，司法公正的重要地位得到进一步强调。习近平明确指出，全面推进依法治国，必须坚持公正司法。公正司法是维护社会公平正义的最后一道防线。[1] 因此，司法公正最朴素的要求是依法公正对待人民群众的诉求，努力让人民群众在每一个司法案件中都能感受到公平正义，决不能让不公正的审判伤害人民群众感情、损害人民群众权益。[2] 为了让老百姓对于公正的期待能真正实现，法学的学习者与研究者需要对司法公正的内涵与价值形成系统认知，为理论研究和司法实践树立标杆。

（一）司法公正的概念

"公正"是一个古老的概念。在中国古代，"公正"意为公平、正直、不偏私，指向个体的道德修养而非制度、规则的价值取向；在西方文化中，"公正（Justice）"一词以"法（Jus）"为词根，来源于衡平正义分配善物的正义女神（Justitia）之名，主要指涉制度层面的价值评价。但是，也存在许多不同的理解，例如公正是给予每个人应得的东西、公正是对等的回报、公正是指形式上的平等、公正是调整和安排人们行为的一种系统等。而要准确定义

---

[1]　习近平：《论坚持全面依法治国》，中央文献出版社，2020，第22页。

[2]　中共中央文献研究室编《十八大以来重要文献选编》（上），中央文献出版社，2014，第91页。

我国语境下的司法公正，则需要结合司法、司法机关与司法权的内涵加以界定。

在文明社会中，当出现争端时，人们往往不诉诸武力，而是在国家机关提供的平台遵循法定程序、应用法律来解决问题，这就是司法的本义。在我国，司法涵盖侦查、检察、审判、执行等国家活动，相应地，司法机关则涵盖公安机关、检察机关、审判机关、司法行政机关等，司法权则被界定为"对案件事实和法律的判断权和裁决权"，[①]这既说明了司法系统是一个整体的职权，又突出了裁判权的决定地位。裁判权集中体现在法官根据法律进行审判的过程，侦查、检察等前序工作最终指向裁判，而司法行政机关则旨在执行和保障判决结果。因此，司法公正的核心是裁判的公正，即定分止争和定罪量刑过程的公正。习近平同志明确提出了司法公正的中国话语："所谓公正司法，就是受到侵害的权利一定会得到保护和救济，违法犯罪活动一定要受到制裁和惩罚。如果人民群众通过司法程序不能保证自己的合法权利，那司法就没有公信力，人民群众也不会相信司法。法律本来应该具有定分止争的功能，司法审判本来应该具有终局性的作用，如果司法不公、人心不服，这些功能就难以实现。"[②]

为了深化对司法公正概念的认识，需要辨析司法公正与相关概念的关系。首先，司法公正并不等同于个案公正和实体公正，程序公正、行为公正甚至形象公正都是其中重要的一部分，司法程序既是实现实体公正的手段和要求，又具有其自身的独立价值。其次，司法公正与司法效率紧密相连：司法公正是司法效率的目标，司法效率是推进司法公正的保障。因此，司法公正要求司法机关及时高效地对每一起案件进行公正合法的审判。再次，司法公正离不开审判公开。"公开是正义的灵魂"，司法公正需要以人们看得见的方式实现，让民众在司法运行的过程中增强对法律和公平的信赖。最后，司法公正并不意味着舆论司法，虽然裁判结果是否公正在很大程度上依赖于人民群众的认可，但也不能因此放任群体非理性情绪影响司法权的独立行使。因此，司法公正不仅追求公平正义，还要求树立司法权威，处理好依法裁判

---

① 习近平：《论坚持全面依法治国》，中央文献出版社，2020，第102页。

② 中共中央文献研究室编《习近平关于全面依法治国论述摘编》，中央文献出版社，2015，第67页。

和社会舆论的关系。

（二）司法公正的标准

司法公正不仅是司法制度所蕴含的价值，也是一种社会评价，这种评价反映了一般社会主体对于司法机关、司法机关行使职权行为的认识，这便涉及司法公正的评价标准问题。

1. 法律标准

所谓法律标准，是指针对人民法院的裁判，以"是否符合程序法与实体法规范"为标准的一种评价方式。既定规范的约束为裁判结果提供了较强的确定性和可预测性，公正的判决必须首先是在实体法所允许的范围内严格适用正当程序作出的判决。但除此之外，审判者适用法律的过程还包括理解法律、解释法律和推理论证的过程。相应地，法律标准的评价方式并不仅限于遵循成文法律规范，还需要考虑裁判是否符合立法精神和法理价值，并考虑裁判推理过程是否符合逻辑规则。

公正司法需要符合立法精神与立法目的。立法精神来自社会核心价值观和共同信念，立法目的则是立法者制定法律所要促进的目标，是进行价值衡量的结果。根据社会契约论的观点，立法者是人民代表，而立法精神和立法目的则是人民意志的体现，那么，司法维护立法目的和立法精神，就具有民主和法治上的正当性。

公正司法需要符合逻辑规则。除了满足制度的要求外，司法裁判必须基于逻辑规则阐明裁判结论的形成过程和正当性理由。法律论证能否被重构为逻辑上的有效论证是该裁判具备可接受性的必要条件，因为只有符合逻辑的法律推论才能保证结论是从法律内部的前提中推导得出的，才能确保法官是在"依法裁判"。

2. 社会标准

司法公正的社会标准是将公众以及司法案件可能影响到的潜在当事人对司法决策的态度作为考量因素的评价方式。由于立场和价值观念的多元，公众对于具体司法行为的评价往往众说纷纭，加上新闻传播过程中的失真，舆论裹挟下的民意可能并不客观。因此，司法公正的社会标准往往具有较强的不确定性和主观性，为实现公正司法，须理性对待舆论和民意，应当基于公平正义的价值理念，参考舆情民意，真正确立"以人民为中心的社会标准"。

司法公正必须以社会公正为基础。习近平同志指出："公平正义是我们党追求的一个非常崇高的价值，全心全意为人民服务的宗旨决定了我们必须追求公平正义，保护人民权益、伸张正义。全面依法治国，必须紧紧围绕保障和促进社会公平正义来进行。"① 因此，公平正义的普遍价值理念是法律运行的社会基础，在司法实践中需要考虑公众的朴素正义观念。

在这个意义上，司法决策的公正与否需要考虑那些在法律之外的源于社会生活的公序良俗标准。在公序良俗的概念中，公共秩序是在人民的社会生活中自发产生并被法价值体系所内化的价值，表现为包含国家利益、社会经济秩序和社会公共利益在内的社会一般利益；善良风俗则往往不被法律成文规定，而作为社会生活中最低限度的伦理道德标准被人民广泛接纳。将公序良俗作为裁判标准，能够最大限度地克服成文法的僵化性，达到实质性的司法公正。

因此，司法公正的社会标准要"以人民为中心"，坚持人民在法治中的主体价值和中心地位，尊重人民的意见和朴素的情感价值，综合考量公序良俗，最大程度上作出法理、情理、事理相结合的公正判决，真正使人民感受到公平正义。

3. 量化标准

对于司法是否公正的评价，除了法律标准和社会标准之外还有量化标准。近年来，作为综合标准的量化法治指标悄然兴起。法院系统在改革工作中推出了"司法公正指数"，将其作为量化法治的一项重要指数。对于司法公正的指标设计正式出现于最高人民法院在 2011 年出台的《关于开展案件质量评估工作的指导意见》中，由立案变更率、一审陪审率、一审上诉改判率、一审上诉发回重审率、生效案件改判率、生效案件发回重审率、二审开庭率、执行中止终结率、违法审判率、违法执行率、裁判文书质量等 11 个指标组成。2013 年，最高人民法院印发了《人民法院案件质量评估指数编制办法（试行）》，用以指导各级人民法院进一步加强人民法院案件质量评估工作。②

---

① 中共中央文献研究室编《习近平关于全面依法治国论述摘编》，中央文献出版社，2015，第 38 页。

② 郑智航:《中国量化法治实践中的指数设计——以法治政府指数与司法公正指数的比较为中心》,《法学家》2014 年第 6 期。

这些指标固然为衡量司法公正水平提供了可操作性、数据化、可视化的标准，但在落实过程中却存在以下问题。第一，量化指标导致司法管理方式以及法院之间关系的异化，数目字管理强化了法院内部以及上下级法院之间的科层制逻辑，而使不同级别法院之间的监督关系异化为管理与被管理的行政关系，这不利于司法机关依法独立行使职权。第二，在司法过程中，因出现新的证据而改判或者因上下级法院对法律的不同理解而改判，这是事实认定、法律适用过程中的正常现象，也是法官依法独立行使职权的应有之义。而将改判率、发回重审率和服判息诉率一律等同于错案率，可能会造成错案追究"倒逼错案"的现象，导致司法裁判的功利化取向以致严重影响法官依法独立行使裁判权。第三，司法公正指数过于强调个案公众满意度、当事人满意度的审判效果指标，使得这一标准在一定程度上背离了司法公正的真正内涵。因此，司法公正的量化标准在后续设计中还需要进一步调整。

二　司法公正的基本内容

要在中国特色社会主义法治理论中提炼和阐明司法公正的具体内容，必须坚持从中国实际出发，走适合自己的道路，不能简单照搬别国的理论和做法。针对我国现阶段司法实践中遇到的问题，实现司法公正可以被理解为处理好实体公正与程序公正、形式公正与实质公正、个案公正与普遍公正三对辩证关系。

（一）实体公正与程序公正

实体公正，又称结果公正，是司法裁判的实际效果中蕴含的公正。实体公正的含义包含两个层面：在立法层面，实体公正是一般意义上的公正，指法律制定时对实体权利义务的分配，它反映了实体法的价值目标，是实现裁判结果公正的前提；在司法层面，实体公正则更多关乎实体的个别公正，是司法机关根据法律的要求，正确适用规范，形成公正的法律决策，其效果直观体现在对当事人权利义务的分配上。

程序公正，又称过程公正，是严格遵循诉讼程序的公正。在立法层面，程序公正要求程序法本身应具有科学性与合理性。在司法层面，程序公正则表现为在诉讼中对正当程序的充分尊重和严格遵循，包括文明取证、公开审理、保障辩护权等。

在处理实体公正与程序公正的关系时，我国司法实践中不乏"重实体轻程序""重结果轻过程""程序违法不算违法"等观念。因此，在我国的语境下强调程序公正具有重要意义。首先，程序公正具有其内在价值，这种价值独立于实体公正而发挥作用。程序公正的独立价值体现在其自身蕴含的法律理性和法治思维。司法权的运行过程实际上是一个制度化解决问题的程序，可以说，法治的核心是"依程序而治"。其次，程序公正实际上以诉讼法的形式平衡了国家权力与公民权利。司法程序公正、公开、民主，严禁刑讯逼供和非法调查取证，遵循诉讼法中办案结案的法定程序和期限，平等保护诉讼双方的诉讼权利等，这些诉讼程序限制了司法权力的过度扩张和裁判的恣意性，能够保障当事人的诉讼权利不受侵犯，实现"看得见的正义"。再次，简洁优美的程序设置能够提高司法效率，保障裁判的终局效力。如果效率低下，案件久拖不结，受损害的法律秩序不能及时恢复，遑论司法公正的实现。最后，程序公正是实体公正的基础和保障。如果程序的设计和实施是公正的，那么大多数情况下处理结果都能实现实体公正。相反，未经正当程序审判得出的结论即使事实上是正确的，当事人仍然会对结果是否公允产生怀疑，长此以往必将降低司法的公信力。

当然，程序公正也并非至高无上。在西方国家，程序公正很多时候沦为维护统治集团利益的口号，我国的法治环境也不能仅仅依靠程序公正来吸纳民众的不满，而更需要保障人民群众在每一个案件中获得实质公正，在法律运行中不懈追求实质公正的终极目标。因此，程序公正和实体公正二者密不可分，共同构成了中国特色社会主义法治理论下"司法公正"的基本内涵。当实体和程序出现矛盾时，需要进行具体衡量：在涉及非法证据排除规则、程序的终局性问题时，采取程序优先的原则；在涉及不合理取证的自由裁量和纠正冤案错案时，采取实体优先的原则。总而言之，在推进司法公正的进程中需要恰当处理实体公正与程序公正的关系。

（二）形式公正与实质公正

马克思在对资本主义制度公正观的批判中区别了形式公正与实质公正。在司法的语境中，所谓形式公正，是指裁判者按照既定的规则和原则进行司法决策的过程，它强调形式和手段的公正性。实质公正则立足于公正理想，根据实践需要来调整裁判结果，强调内容和目的的公正性。

形式公正的司法观以逻辑判断为最主要的裁判方法。在形式主义的司法观看来，法律的适用过程是法律规则涵摄案件事实的三段论推理过程，法官"以事实为依据"对案件中发生的具体事实进行认定后，再"以法律为准绳"将其涵摄于相应的法律规范之下，这样推理得出的判决结果具有形式上的正确性。在其看来，逻辑判断是法律推理技术的核心，也是法律运行稳定性和结果可预测性的来源。然而，形式公正的观念实际上隐含了对成文法体系的完美假设：只有当作为前提的法律规则与原则自身完美无缺，才能保证在此基础上进行的逻辑判断具有形式合理性。但由于立法者能力的局限性和法律相对于社会发展的滞后性，成文法体系永远无法做到毫无漏洞，因此，单一的逻辑判断方法无法解决疑难案件。

而实质公正的司法观则注重使用价值判断方法对法律所保护的法益进行衡量。在实质主义的司法观看来，法律体系是价值评价体系，司法裁判的本质是在法律体系内部实现价值判断的正当化。当法律内部的价值相冲突时，法官有义务对冲突的价值进行权衡和取舍，作出适应社会变化和符合现实需要的公正判决，因此，法官应运用价值判断的方法在个案中实现实质公正。但是，由于价值判断依赖于裁判者的主观判断，没有统一的标准，在司法审判中贸然引入价值因素容易带来法官裁判的恣意和司法权力的滥用，这就有必要为法官提供具有可操作性的价值评价方法，从而约束法官的自由裁量。

因此，社会主义司法的公正观应当是形式公正与实质公正对立统一的公正观。在我国的司法实践中，追求形式与实体的统一意味着正确处理司法克制与司法能动、依文义解释与依立法者原意解释裁判、依法裁判与法律续造、合法性与正当性、裁判稳定性终局性与有错必纠这几对关系。具体而言，在大部分案件中，立法者在制定法律的过程中已预先进行了价值判断并将之成文化，裁判者只需要严格依照法律进行逻辑推理即可得出形式公正与实质公正相统一的结果。在对法律规范出现冲突、缺漏或模糊的疑难案件进行裁判时，才需要在逻辑判断的基础上进行相应的价值判断，通过价值判断的方法追求实质正义。

（三）个案公正与普遍公正

个案公正与普遍公正是特殊与普遍、个别与一般的关系。其中，个案公正是具体案件判决结果的公正性，而普遍公正则是指法律制度和法律体系中的各类规范在广泛情况下的合理性和正当性。

在我国法治的发展历程中，许霆案、赵春华案等刑事个案的裁判结果都曾引发公众的不满情绪。这是由于法律条文是针对一般情况的普遍规范，在面对千差万别的个案情况时难以保证每次都导向完全公正的裁判结果，从而导致个案公正和普遍公正的冲突。也就是说，个案公正需要法官对法律规范进行具体化，作出符合案件情况的理解，而非仅仅追求普遍公正所要求的法律规范稳定适用。

当面对个案公正和普遍公正冲突的情况时，应当如何处理二者的关系呢？需要明确的是，普遍公正是基础性、第一性的公正，这是因为，每个个体、每个个案都存在于社会整体结构之中，只有以普遍公正为指导，维持法秩序的稳定性和可预测性，全体公民才能根据司法判决调控自身行为。在普遍公正的基础上，也要维护个案公正，努力做到"让人民群众在每一个司法案件中感受到公平正义"。在审判中，法官可以在自由裁量权的范围内合理进行法律解释与法律续造，在立法滞后的情况下结合个案特殊情况作出符合个案公正的判决；在制度框架内，可以通过有权机关的司法解释和指导性案例将个案的裁判规则纳入法秩序体系内，促进个案公正向普遍公正的融汇与转化。

三 司法公正的实现障碍

"天下之事，不难于立法，而难于法之必行。对执法司法状况，人民群众意见还比较多，社会各界反映还比较大，主要是不作为、乱作为特别是执法不严、司法不公、司法腐败问题比较突出。"[①] 综观我国司法实践现状，司法不公问题仍然在某些阴暗角落滋生，距离"让人民群众在每一个司法案件中感受到公平正义"的目标还有一定差距，在司法改革中不断促进司法公正仍具有必要性和必然性。

（一）司法机关行使职权独立性受损

司法权依法独立公正行使是司法权运行的根本规律。我国《宪法》明确

---

① 中共中央文献研究室编《十八大以来重要文献选编》（上），中央文献出版社，2014，第717页。

规定，人民法院依照法律规定独立行使审判权，不受行政机关、社会团体和个人的干涉。但我国目前保障司法权依法独立公正行使的制度和机制尚不健全，司法权地方化和司法权行政化的弊病仍然威胁着司法机关行使职权的独立性。

司法权的地方化体现在三个方面：首先，由于司法机关由同级人大产生并对其负责，司法机关在处理利益分配问题时不得不优先考虑地方利益；其次，我国司法机关辖区与行政区划完全重合，其经费依赖政府的预算拨款，造成司法机关无法完全脱离地方行政机关的根系；最后，地方法院的许多人员的任命须经地方党委、组织部门考核，这除了使法院的人事依附于地方，还会造成地方对司法个案处理的直接干预。

司法权的行政化体现在两个方面。第一个方面是法院内部对法官的行政化管理。法官的薪资保障、职务晋升、纪律惩戒等方面比照行政职员进行设置，部分采取行政级别的科层化管理模式，在审判管理中，实际上形成了审判员服从庭长，庭长服从院长的科层模式，这使得庭长、院长的权力过度膨胀以致走向腐败，也促使主审法官在面临疑难案件时倾向于向上"请示"，逃避裁判责任。第二个方面是法院之间行政化的权力运作模式。法院的行政化体制使得上下级法院之间除了审级差别之外还具备实质的管理关系，在实践中出现了下级法院寻求上级指示的不正之风，裁判结果并非由审判得出而是由协商得出。这严重破坏了基层法院审判的独立性，导致审级制度流于表面。

（二）司法公信力亟待提高

"提高司法公信力，让司法真正发挥维护社会公平正义最后一道防线的作用。"[①] 司法公信力与司法公正是相辅相成的关系。只有在裁判过程和裁判结果充分体现司法公正的情况下，司法才能得到公众的信赖、尊重与认同；而公众对于司法的信赖又能够增强全民法治观念，使守法成为全体人民的共同追求和自觉行动，助推司法公正的深化。因此，需要着力解决我国司法权运行中的疏漏之处，切实提升司法公信力。

---

① 中共中央文献研究室编《习近平关于全面依法治国论述摘编》，中央文献出版社，2015，第78页。

1. 冤假错案造成持续影响

20 世纪末 21 世纪初期，部分刑事案件在侦办、审判环节中出现的不当处置，造成了佘祥林案、赵作海案、聂树斌案、呼格吉勒图案等一批冤假错案。这些错案反映了我国司法实践中存在的问题：在侦查环节，存在侦查不力使真凶逃脱的情况以及侦查质量不高或手段不当的情况；在批捕起诉环节，对事实不清证据不足的案件进行草率公诉的情况也有出现；在裁判环节，由于考评制度、错案追究和刑事赔偿制度的压力，刑事案件的流程开始后，即使现有证据不能满足入罪条件，也往往追求有罪判决。这就造成了在审判过程中不但不能及时纠错，还可能迁就指控，勉强裁判。错案既成，推翻就十分困难，在没有颠覆性证据的情况下，刑事再审纠错程序难以启动。尽管在此后的数十年间人民法院多次针对这一问题进行改革，民众对于裁判的公正性仍存怀疑。

2. 司法腐败现象仍有存量

司法腐败是指谋求不正当利益而滥用司法权力的行为。司法腐败会导致司法不公，破坏国家法治建设，损害公民合法权益。习近平指出，要"以最坚决的意志、最坚决的行动扫除政法领域的腐败现象。要健全政法部门分工负责、互相配合、互相制约机制，通过完善的监督管理机制、有效的权力制衡机制、严肃的责任追究机制，加强对执法司法权的监督制约，最大限度减少权力出轨、个人寻租的机会。对司法腐败，要零容忍，坚持'老虎'、'苍蝇'一起打，坚决清除害群之马"。[①]党的十八大以后国家加强了反腐败行动，大力遏制司法腐败现象。但由于前些年的腐败现象逐渐曝光，司法腐败的存量因素仍然在持续危害司法公信力，其消解了法律的神圣性、摧毁了人民对法律的信赖，对于司法公正的伤害尤为严重。

3. 办案质量和效率有待提高

由于司法资源的不足，实践中有时出现诉讼拖延、超审限及隐性超审限的情况。某些民事案件涉及各方利益，一直拖延难以结案；刑事疑难案件需经反复请示与汇报、协调有关部门，既降低了效率，又容易造成超期羁押，

---

① 中共中央文献研究室编《习近平关于全面依法治国论述摘编》，中央文献出版社，2015，第 76 页。

不利于维护当事人权利。在案件质量方面，虽然我国法官队伍的整体素质正在逐步提高，案件质量与裁判说理水平整体有所提升，但仍存在司法技术能力较弱、审判行为不规范、裁判文书说理不充分的情况，导致裁判质量不高，社会反映不佳，影响了公众对裁判的理解以及司法公正性的评价。

4.司法缺乏权威性

司法权威是指司法权所具有的使人服从的力量和威望。它一方面表现为司法机关依法将判决结果施加于当事人和社会公众的强制力，另一方面表现为当事人和公众对于司法机关所代表的国家意志的服从性。司法权威为象征司法公正的判决得以生效提供保障，缺乏司法权威也会影响司法公正的实现。我国民众对司法权威的认可度较低，体现在裁判终局性的实现难题和较低的执行率上，民众选择"信访而不信法"，不选择诉讼作为救济手段，而诉诸"信访"等不正常渠道来维权。要转变这种观念，需要进一步改革和完善我国的司法体制。

第二节 改革和完善司法体制

一 司法体制改革概述

（一）司法体制的概念

司法体制是指一个国家完整的司法体系，是以司法为职能而诞生的组织体系与制度体系。换句话说，司法体制包括司法机构组织和制度体系。司法机构组织体系包含审判机关、法律监督机关、司法行政机关以及其他相关社会团体；司法制度包含审判制度、检察制度、监狱制度、律师制度、行政管理制度等。而司法体制改革意为在宪法这一根本法的框架下，实现国家司法机构组织体系和制度体系的自我创新、自我完善和自我发展，建设中国特色社会主义司法制度，为实现中国依法治国的宏伟目标提供有力的司法支撑。

从广义上来理解"司法体制"，其范围不仅包括人民法院、人民检察院，而且包括公安机关、国家安全机关和司法行政机关，其内容不仅包括职权配置、领导体制和管理制度，而且包括一些具体的工作制度。[①] 由于篇幅有限，

---

① 张智辉主编《司法体制改革研究》，湖南大学出版社，2015，第2~4页。

本章节将聚焦于审判机关和检察机关，对于行政系统中相关司法职能机关不作过多论述。

（二）目标和原则

为改革和完善司法体制，必须坚持以习近平新时代中国特色社会主义思想为根本指导，以公平正义为价值追求，以高效为目标导向，继续完善司法体制和工作机制，推进国家法治体系建设。此外，改革和完善司法体制应该坚持下列基本原则。首先，要坚持政治正确和以人为本。司法体制是国家机器中的最核心零件之一，必须始终坚持党对司法改革的绝对领导，确保司法改革始终依靠人民、服务人民。其次，要遵循司法运行的规律。根据审判权作为判断权的本质属性，完善相应的监督、保障机制；根据检察权作为监督权的本质属性，健全检察体制。再次，既要发挥出顶层设计的统筹功能，也要发挥出基层地方的探索功能，对各个地方问题加以统筹，进行差别化探索，以推动顶层制度设计与基层地方创新实践的相互促进。重视并保障基层地方改革创新的积极性，进一步实施和完善容错机制，激励基层地方的探索实践，推动短期有效的改革经验转化为长期的制度设计，确保改革的稳定性和可持续性。最后，要强化科技驱动，顺利搭乘新一轮技术革命的快车。充分利用大数据、人工智能等前沿科学技术破解改革中的技术难题，提高司法权运行的效率，推动司法体制改革和智能化司法建设齐头并进，为推进司法体制改革和完善以及司法现代化提供有力的技术支撑。[1]

（三）主要任务

以党的十八大以来的改革措施为基础，进一步深化改革和完善司法体制，通过健全已有的相关配套举措，来解决导致改革实效"内卷化"的瓶颈问题，以求大力提升改革整体效能。

一是深化改革司法权运行新机制。习近平指出："法官、检察官要有审案判案的权力，也要加强对他们的监督制约，把对司法权的法律监督、社会监督、舆论监督等落实到位，保证法官、检察官做到'以至公无私之心，

---

[1] 《最高人民法院关于深化人民法院司法体制综合配套改革的意见——人民法院第五个五年改革纲要（2019—2023）》，载最高人民法院网，https://www.court.gov.cn/zixun-xiangqing-144202.html，最后访问日期：2022 年 12 月 25 日。

行正大光明之事'，把司法权关进制度的笼子。"[①] 既要做到有序放权，着重显现司法业务人员在办案过程中的主体地位，又要加强对权力的监督制约，做到有序放权与权力制约相统一，规范权力运行机制，明确追责程序，做到"有权有责，用权监督，失职问责，违法追究"，确保司法权的公正行使。

二是继续推动高素质司法队伍建设。提升司法专业队伍素质，推动法官与检察官正规化、专业化、职业化建设，是深化司法体制改革各项具体措施的基石。目前，虽然司法业务人员与各相关领域司法行政人员分类管理规范已经初现雏形，但是在法官、检察官人员分类遴选、等级晋升评价改革等制度重点环节中，法官、检察官等一线工作相关人员岗位的专业资格等级考核、职业生活服务保障、人员定期交流与年度考核管理等方面的各项配套政策举措还亟须在实践中逐步完善，同时法官和检察官职业行为规范、职业道德能力建设以及评价奖惩工作机制等方面的问题仍需要研究，以巩固司法体制改革成果。

三是要继续切实有效地提高司法公信力，维护基层司法权威。司法机关民事审判活动最基本且最主要的核心社会功能是定分止争，没有司法权威，司法机关难以全面发挥其保障公正这一重要功能。"司法裁判的终局性是司法权威的关键性标志，只有司法裁判具有终局性，社会公众才能把诉讼作为维护自己合法权益的有效手段和最后途径，才能信从于司法的权威。"[②] 因此，一方面，务必始终贯彻公正裁判的既判力，维护依法作出的裁判的法律终局性，确保生效裁判能够及时有效地被执行，从而提升司法执行力。另一方面，务必大力优化人民舆论监督司法案件的客观环境，全面深化司法公开，构建并形成和新型办案机制相适应的亲民便民、公开透明的"阳光司法"机制，让人民能够感受到公平正义。同时需要注意，在这一过程中，要逐步明确各种新闻媒体传播和直接介入司法的权责界限，防止媒体不当报道引发舆论危机和新闻干扰司法的现象，依法规范完善媒体的司法报道规则，切实有效维护司法权威。

---

① 2015 年 3 月 24 日，习近平在主持中共中央政治局第二十一次集体学习时提出把司法权关进"制度的笼子"。

② 陈光中、肖沛权：《关于司法权威问题之探讨》，《政法论坛》2011 年第 1 期。

二 我国司法体制改革的历程

伴随改革开放的历史进程，依法治国方略不断得到推进，法治观念正逐渐深入人心，人民群众的司法需求日益增长，司法体系和制度也同样面临着不断改革、完善和发展的问题。[①] 纵观 40 年来人民法院、人民检察院的改革历程，我国司法体制改革可分为三个阶段。

（一）司法改革初步阶段（1979 年—党的十五大前夕）

自我国实行改革开放至党的十五大前夕，这一阶段为我国的法制重建时期。1979 年，我国颁布了《法院组织法》，同年，又颁布了《检察院组织法》，1995 年又颁布《法官法》和《检察官法》。这一时期制定和修订了一系列基本法律，旨在恢复和重建司法制度。20 世纪 80 年代中后期，以强化审判职能、扩大审判公开、重视律师辩护等为内容的改革，以及 1990 年至 1999 年的民事、刑事审判方式的改革，标志着我国司法体制改革迈出了第一步。

（二）司法改革修补阶段（党的十五大—十八大前夕）

恢复重建的司法体制在审判组织、审判责任、审判效率等方面存在诸多不足，因而在党的十五大之后，司法改革的内容主要集中在深化审判方式和审判组织形式改革、全面建立检察官办案责任制、深化司法人员管理制度改革、完善组织内部机构、提高司法效率等方面。

1999 年，最高人民法院正式发布"一五改革纲要"，推进完善了立与审、审与执、审与监职能分立的内部管理改革，赋予了合议庭更多的审判和庭审职能，建立健全了以诉讼繁简程序分流为原则的诉讼程序；2000 年，最高人民检察院发布第一个"三年实施意见"，推进开展了全国检察组织体系建设改革，强化上级院对下级院的领导，建立并实施了检察官办案责任制，开始探索如何对检察人员分类管理的新机制改革等；2005 年，最高人民法院发布"二五改革纲要"，最高人民检察院发布第二个"三年实施意见"；2008 年，中央政法委发布《关于深化司法体制和工作机制改革若干

[①] 参见徐汉明等《深化司法体制改革的理念、制度与方法》,《法学评论》2014 年第 4 期。

问题的意见》；隔年，最高人民法院发布"三五改革纲要"，最高人民检察院亦发布了《关于深化检察改革2009—2012年工作规划》，改革主要着重在完善优化国家司法权力配置、落实宽严适度刑事法律政策、加强专业化司法人才队伍专业化建设、加强基层司法办案经费保障措施四个方面深入展开。

（三）司法改革完善阶段（党的十八大至今）

2013年至2018年，基础性司法体制改革工作稳步推进。党的十八大明确提出："进一步深化司法体制改革，坚持和完善中国特色社会主义司法制度，确保审判机关、检察机关依法独立公正行使审判权、检察权。"[①]党的十八届三中、四中全会分别通过了《中共中央关于全面深化改革若干重大问题的决定》《中共中央关于全面推进依法治国若干重大问题的决定》，对进一步深化司法体制改革作出了全面部署。其中包括四项改革措施：建立司法责任制；完善司法人员分类管理；完善司法人员职业保障制度；推进省以下地方法院、检察院人、财、物统一管理。党的十八届三中、四中次全会围绕推进构建社会主义和法治建设，部署了新一轮国家司法体制全面改革试验的重要主体工程，推出了129项具体领域的重要改革攻坚举措。[②]

我国从2019年起逐步推进综合配套的深层次司法体制改革。深化司法体制的综合配套改革，是对过往司法体制全面改革已经取得的成果的有效巩固和调整完善。[③]综合配套措施可以起到"查漏补缺"的效果，在巩固已有经验和已取得成果的同时，弥补自身改革探索中的缺憾和不足。因此，当前司法体制改革与发展的重心应落足在深化司法体制综合配套改革上。我国人民法院以及人民检察院改革历程如图10-1、图10-2所示。

---

① 胡锦涛：《坚定不移沿着中国特色社会主义道路前进　为全面建成小康社会而奋斗——在中国共产党第十八次全国代表大会上的报告》，《求是》2012年第22期，第13~14页。

② 郭志远：《司法体制综合配套改革：回顾、反思与完善》，《法学杂志》2020年第2期。

③ 蒋惠岭：《司法改革进入新时代　六大配套工程应当成为改革重点》，《人民法治》2018年第1期。

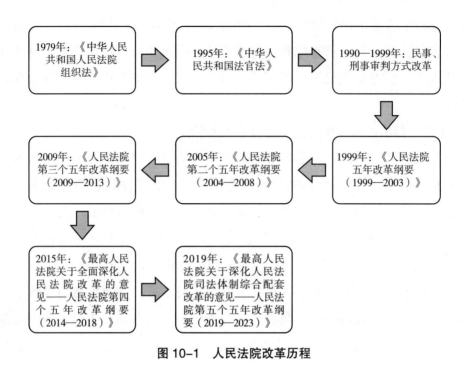

图 10-1　人民法院改革历程

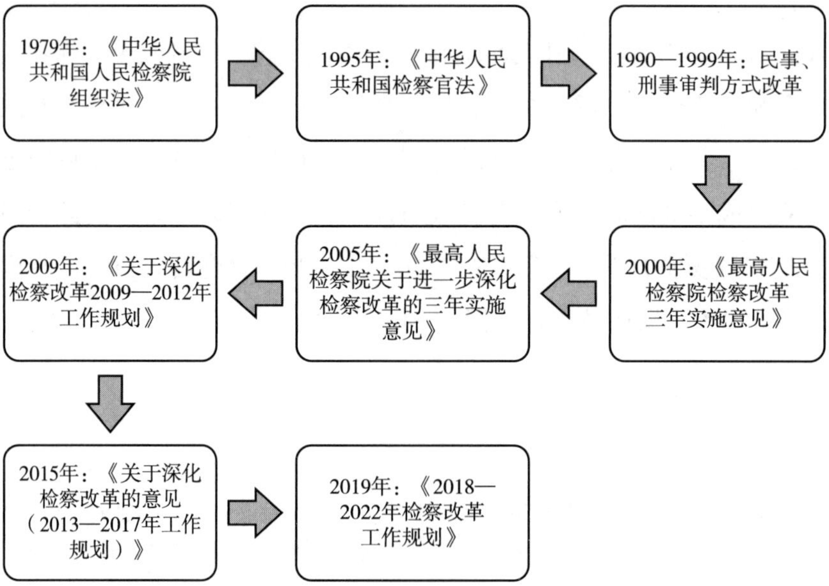

图 10-2　人民检察院改革历程

三　深化司法体制改革的路径

党的十八大以来开展的一系列改革举措，构建形成了适合本轮试点司法体系改革目标的法制总体框架，其属于基础性改革，但相应的综合配套措施改革尚待完善。[①] 相关配套措施是对既有制度的巩固以及对制度之间空白的衔接，是继续深化司法体制改革的重点。已实施的司法体制基础性改革措施主要从管理体制、司法权运行、监督机制建设等方面进行，而综合配套改革也应围绕这些方面进行。[②]

（一）改革司法管理体制

1. 改革司法组织管理制度

司法组织管理改革主要解决我国司法地方化和行政化的问题。一方面，为解决我国司法地方化问题，当前的改革通过实行跨行政区划试点，削弱地方的影响，使在跨行政区划案件中的司法权得以独立高效运行。另一方面，要解决我国司法系统内部组织管理中存在的行政问题，需要从司法系统内部和外部两个方面进行联合治理。在司法机关内部，应建立司法责任制，让审判、检察活动回归其真正面目，通过去除行政化，让真正办案的法官、检察官依法享有独立办案的权力。同时，要治理好司法权运行的外部环境，建立领导干部干预司法、干涉案件审理的记录、通报和问责制度，确保法官、检察官在良好的法治环境中行使审判权、检察权。[③]

2. 完善司法人员管理制度

完善司法人员管理制度主要包括两大方面：其一，完善司法人员选任制度；其二，完善司法人员职业保障制度。

（1）完善司法人员选任制度

为了科学化、系统化地选拔出德才兼备的优秀司法人员，可以同时从公务员录取、选拔、评估、退出四个重要层面分别对法官选任制度改革进行系

---

① 参见郭志远《司法体制综合配套改革：回顾、反思与完善》，《法学杂志》2020 年第 2 期。

② 参见郭志远《司法体制综合配套改革：回顾、反思与完善》，《法学杂志》2020 年第 2 期。

③ 参见冀祥德《全面深化司法体制改革的两个支点》，《北京联合大学学报》（人文社会科学版）2015 年第 3 期。

统设计，保障司法队伍水平。[①]

首先，建立健全司法准入制度。准入制度用以解决司法人员的法定任职资格问题。司法人员作为代表司法机关行使司法权的重要主体，是本轮我国司法机构改革过程的关键核心要素，各项基本制度体系都应围绕完善其功能展开，因此如何建立健全的司法人员基本准入制度也是改革整个现行司法组织管理运作流程体系的根本起点和成败关键，不容小觑。[②]目前司法人员的准入途径主要有两个：一是参加国家级公务员考试或者省级公务员考试；二是直接从法律职业人员中选拔。这两种准入途径都存在一些问题。一是司法人员公务员选拔考试的专业性不强。尽管在国家或省级公务员考试报考条件中对报考专业进行了限制，但考试内容与其他公务员考试内容并无差别。几乎很少有地方司法机关统一组织法律知识的专业考试，考试内容缺乏对司法的专业性考核。对此，应当在考试科目的设计上体现法律的专业性特征，将专业性作为司法人员准入的最主要因素。二是当前我国明确规定律师以及从事法学教学的人员可以通过公开选拔的方式进入司法队伍，但仍缺乏如何进行选拔的详细规定。在实践中，以上两类人群也很少以此种方式进入司法队伍，司法人员的选拔途径主要集中于第一种准入途径。对此，应当对第二种准入途径进行一些细化的变革，明确其选拔的程序、标准和要求。

其次，完善司法人员逐级遴选制度。当前从基层遴选司法人员不仅为基层人员的晋升提供了通道，也增强了遴选机关司法队伍的专业素养，[③]同时，这也能在很大程度上调动基层司法人员不断积累专业素养的积极性。从基层遴选司法人员，一是需保证遴选程序的公正，二是遴选的标准要明确，三是遴选的考核内容要体现专业性，以保证通过遴选的司法人员具备更高的专业素质，从而保障逐级遴选制度选拔更优秀、更专业的司法人员的目的得以实现。

再次，改革司法人员评价、考核制度。对司法人员进行全面考察，能够

---

① 参见郭志远《司法体制综合配套改革：回顾、反思与完善》，《法学杂志》2020年第2期。

② 郭志远：《司法体制综合配套改革：回顾、反思与完善》，《法学杂志》2020年第2期，第109~110页。

③ 参见郭志远《司法体制综合配套改革：回顾、反思与完善》，《法学杂志》2020年第2期。

激发司法人员队伍的内生动力，提高司法人员职业素养。具体来说，应当摒弃"唯数据论""唯结果论"，着眼于司法工作的过程，使定量考评与定性考评相互配合，既不能走向唯数据论的极端，又要保证司法人员绩效考评的可行性和效率问题，还要允许考评对象对考评结果提出质疑意见。

最后，确立司法人员退出机制。我国现行程序对于职务免除程序的规定较少，可操作性不强。对此，应当明确完善员额制法官、司法辅助人员等司法人员的退出机制，对于不具备司法素质、违反司法职业道德的人员须及时将其清除出司法队伍。

（2）完善司法人员职业保障制度

当下我国专门出台了规范性法律文件为司法人员依法履行法定职责提供保障，但是，司法人员的职业保障仍存在诸多问题。比如，在实践中，司法职业单独序列制度在很多地方没有得到真正落实；在省级统一人财物管理后，司法人员的待遇不增反减等。鉴于此，要继续完善司法人员职业保障，保障司法人员无后顾之忧地依法行使职权。

（二）健全司法权力运行机制

健全司法权力运行机制，需要健全审判权力运行体系。首先，要确保法官在不受其他因素干预的前提下依法独立行使审判权，真正做到"法官独立"。若只有法院独立，没有法官独立，则会为他人干涉法官独立办案提供借口。[①]其次，需要全面实现"让审理者裁判，由裁判者负责"。由此，必须处理好独任法官、合议庭、庭长以及审判委员会之间的关系，实行审判合一，确保独任法官或者合议庭对案件既有审理的权力，又有裁判的权力，对于不参与案件审理的人，不得允许其对案件的审理和裁判施加任何影响。[②]再次，要注重理顺审判机构、组织以及团队内部的关系，优化审判组织内部架构与审判资源配置。最后，为保障审判权公正行使，还需健全"随机分案为主，指定分案为辅"的案件分配制度，从案件源头上减少其他因素对审判的干扰。

健全司法权力运行机制，需要健全检察权运行体系。检察权的本质是一种监督权，因而首先要树立"在办案中监督，在监督中办案"的理念。这一理念系统地体现在"捕诉一体"的办案机制改革上，由同一部门、同一办案

---

①　刘敏:《论程序自治与审判权运行机制改革》,《政法论丛》2017年第3期。

②　刘敏:《论程序自治与审判权运行机制改革》,《政法论丛》2017年第3期。

组履行公诉和侦查监督职能，兼顾公诉和侦查监督职能，从而实现法律监督权本位的科学回归。[①] 其次，要科学设置办案组织和队伍，明确作为办案主导的检察官的内涵和要求，建立办案主导检察官定期报告制度。再次，要明确并规范检察委员会、检察长、检察官在办案中分别负责和决定的事项，明确并规范检察助理的职责权限。最后，依据"随机分案为主、指定分案为辅"的案件分配制度来确定检察官所需承办的案件，除特殊情形不应随机分案、由检察长指定分案以外，其余案件一律通过业务系统随机确定案件的承办检察官。

（三）加强司法监督

首先，应坚持司法权监督机制改革。加强司法监督，除加强组织内部的相互制约与监督，还应加强外部监督。第一，我们需要坚持并完善党的领导制度，加强人大和政协的监督，维护党中央权威和集中统一领导，严格执行政治、法律机关党组织在重大问题上请示党委的规定。第二，规范社会监督，特别是媒体监督。社会监督具有双面性，缺乏制约或使用不当都极有可能会对司法公正造成负面效果，会阻碍甚至破坏司法公正的实现。由此，探索建立合理的媒体监督模式，将社会媒体监督机制纳入法治化的轨道也就变得极为必要。[②] 第三，贯彻落实人民陪审员制度和人民监督员制度。人民陪审员只参与审理案件的事实认定问题，不再审理案件有关的法律适用问题。

其次，应健全完善司法公开工作机制。坚持"以公开为原则，以不公开为例外"，深化审判流程信息公开，使诉讼活动的过程更加透明；深化庭审活动公开，主动接受社会监督，在进一步提升法官司法能力的同时，也有助于在公开过程中开展法治教育；深化司法裁判文书的公开，为规范诉讼活动、统一裁判标准提供有力支持；深化执行信息公开，推动并完善"一处失信、处处受限"的信用惩戒机制，有力地威慑失信被执行人，最终提高司法执行效率。

（四）建设现代化智能司法体系

随着智能技术的飞速发展，我国各地司法机关纷纷建立了各自的人工智

[①] 周新：《论我国检察权的新发展》，《中国社会科学》2020年第8期。

[②] 张陆庆：《论我国司法监督机制的完善》，《山东社会科学》2013年第4期。

能办案系统，智能司法在我国已初具雏形，这极大地提高了办案质量和效率，有效解决"案多人少"这一普遍性难题。当下智能司法体系建设具体体现为：推动科技创新驱动案件处理效率，比如利用讯飞语音识别技术实现庭审语音到庭审笔录的实时同步转换，通过使用视频庭审、视频提讯等技术手段，减少办案时间成本和嫌疑人转移成本；继续扩大电子诉讼覆盖范围，减少诉讼参与人时间成本的同时也能提高办案效率；完善电子卷宗制作机制，将司法人员从繁杂的卷宗制作与整理中解放出来，用更多的时间思考案件本身存在的法律问题；完善司法大数据库的管理与应用，确保数据库中数据的真实性、可靠性以及全面性，不断提升数据汇聚、分析、应用水平等。[1]

第三节 健全司法责任制

一 司法责任制概述

（一）司法责任制的概念界定

在汉语中，"责任"有两层含义：第一，分内应做的事；第二，没有做好应做的事而应当承担的过失。[2] 在这个意义上，"司法责任"应指司法责任主体基于其所承担的司法职责，因在履行职责时存在违法违纪的行为而应承担的法律上的不利后果。[3]

关于司法责任的定义，国内目前存在狭义说和广义说。狭义说认为，司法责任是指国家特定机关或特定主体根据法律的规定，通过必要的程序，确认司法官的行为是否应承担法律责任以及承担何种法律责任的制度总和。[4] 该定义主要强调司法人员实施违法的司法行为该如何承担责任。广义说则认为，司法责任制不仅包括对违背司法职守的责任追究，还包括与责任相统一

① 《最高人民法院关于深化人民法院司法体制综合配套改革的意见——人民法院第五个五年改革纲要（2019—2023）》，载最高人民法院网，https://www.court.gov.cn/zixun-xiangqing-144202.html，最后访问日期：2022年12月25日。
② 周永坤：《法律责任论》，《法学研究》1991年第3期，第9页。
③ 陈光中、王迎龙：《司法责任制若干问题之探讨》，《中国政法大学学报》2016年第2期，第31~41页。
④ 金泽刚：《司法改革背景下的司法责任制》，《东方法学》2015年第6期，第126~137页。

的司法权力配置因素与责任担当意识。司法人员如何履行职责，与其违法之后如何追责，同是司法责任应有之义。这样，司法责任制就是以"让审理者裁判，由裁判者负责"为目标的权责明晰、权责统一、管理有序的责任体系。狭义说只强调司法人员的责任在于对裁判结果负责，而忽略了对司法权力的保障。相比于狭义说，广义说因相对全面而得到广泛认同。

（二）司法责任制的理论基础

1. 人民主权理论

所谓人民主权，即国家的主权是人民的。正如卢梭在《社会契约论》中所言："主权既然不外是公意的运用，所以就永远不能转让，并且主权者既然只不过是一个集体的生命，所以就只能由他自己来代表自己。"[1] 国家权力的产生是为了保障人民的权利，人民主权表明权力来自人民的权利让渡，因此权力必须为权利服务，因为"在终极意义上，权利是权力的基础"。[2] 司法权由国家主权派生，在行使司法权时应当对人民负责、受人民监督。司法权的产生标志着人民权利向司法机关的转移，为了保障人民的权利必须依法行使司法权。

2. 权责统一理论

权责统一，即享有权力则必须承担责任，没有权力就没有责任和义务。其理论依据在于权力的矛盾性：一方面，公民为了维护国家统一与社会稳定而将自己的部分权利让渡给国家，从而形成强大的国家权力，进而维持国家与社会秩序；另一方面，在某些情况下，公民从根本上并不信任权力，虽然公民希望公权力可以维护秩序，但由于权力容易被滥用，侵犯公民的私权，因此公民对公权力存在怀疑。在这个意义上，司法权作为公共权力的重要组成部分，与公民的自由、生命和财产权密切相关。但是，司法权的运用不当同样会造成对公民权利的侵害甚至会滋生"司法暴政"。因此，司法权就处于同时受到人民的信任与怀疑的矛盾之中。基于对司法权的信任，司法权因获得人民的授权而具有正当性；基于对司法权的怀疑，司法权须受到"权责相统一"的制约。因此，应当结合司法权的本身特点和运行规律来设计具体

---

[1] ［法］卢梭:《社会契约论》，何兆武译，商务印书馆，1980，第 35 页。

[2] 卓泽渊:《法治国家论》，中国方正出版社，2001，第 69 页。

的责任承担机制，构建不同于立法权、行政权的责任追究制度。[①]

3. 司法廉洁理论

权力的存在是一个国家的象征，如果运用得当，就能造福人民；如果过度滥用，将会给人民带来灾难。但是，基于人性固有的缺陷，权力很容易被滥用。司法机关及司法人员所行使的宪法赋予的司法权力，是维护社会正义的根本保障和最后一道防线。但是，司法人员也可能因各种利益的驱使而滥用权力。监督制约司法人员可以促进司法人员的廉洁性，因此，很有必要建立司法责任制，形成对司法人员的有效监督和制约，这样可以使司法人员依法行使权力，从而维护司法公正，提高司法公信力。

二　司法责任制的基本内容

（一）基本原则

首先，坚持主客观相结合的归责原则。一般来说，世界各国采用的归责原则可分为主观归责原则和客观归责原则。主观归责原则认为，行为人的行为是否要承担法律责任，必须以主观过错为必要条件，并以此为依据确定行为人承担责任的范围和方式，它倾向于关注行为人的主观心理状态；相反，主观上没有过错就意味着没有责任。客观归责原则认为应该关注行为人的客观行为，不论行为人是否有主观过错，只要其行为是违法的，就应该承担责任。片面实行主观归责原则或者客观归责原则都会不恰当地扩大司法责任的范围，不利于落实司法责任制度，也限制了司法工作人员的主观能动性。因此，对于司法责任的确定应坚持主客观相结合的归责原则，既要考察行为人的主观过错，又要考察客观行为带来的危害后果。

其次，遵循司法规律，坚持"行为中心主义"原则。在司法过程中，面对事实与规范之间的"缝隙"，司法人员必然要行使自由裁量权，因而司法的过程充满了创造性。司法人员对法律出现不同理解是不可避免的，在特定时空下司法人员对事实和证据的认知能力是有限的。在这个意义上，对于"错案"的认定就不能以司法人员的认知为判断标准，而应以行为为判断标

[①]　孙笑侠：《司法权的本质是判断权——司法权与行政权的十大区别》，《法学》1998 年第 8 期，第 34~36 页。

准。也就是说，司法责任制的实施应遵循"行为中心主义"原则，即司法人员是否负责任，取决于其行为是否失范。如果没有不当行为，而是存在认识分歧，则不能将其作为错案追究的理由。如果司法人员对法律适用或事实认定的认识有偏差，或者与上级机构的认识存在差异，而导致案件结果与上级机构认定的结果不一致，在这种情况下司法人员不应承担责任。

最后，坚持责任与保障并重、责任与惩罚相适应的原则。司法责任追究应以保障司法权依法独立行使，不损害司法人员的工作积极性和创造性为前提，因此必须坚持责任与保障并重的原则。建立司法人员的工作保障机制：一是完善司法人员的身份保障机制；二是保障司法人员的工资待遇；三是改革法官、检察官任用机制，建立有别于普通公务员的司法人员选拔委员会，根据司法职业特点选拔司法人员。为防止责任追究的随意性，还应遵循责罚相适应的原则，根据司法人员违法违纪行为的危害性，实现分级责任追究。[①]

（二）追责主体

长期以来，我国司法惩戒的追责主体主要是司法机关外部的国家权力机关以及司法机关内部的监察部门。但这两个追责主体在实践中都没有达到预期成效，各级人大及其常委会并未实际承担惩戒主体的角色，内部的惩戒主体也缺乏应有的中立性和权威性。对于这一问题，学界的主流观点是设立一个相对独立于法院和检察院的司法惩戒委员会，这也是当今域外法治国家的普遍做法。[②] 在我国，《关于完善人民法院司法责任制的若干意见》第36条第1款规定，经人民法院监察部门调查，应当追究法官违法审判的责任的，报院长决定，并报送省（区、市）法官惩戒委员会审议。《关于完善人民检察院司法责任制的若干意见》第43条第2款规定，检察官故意违反法律法规或者有重大过失责任的，移送检察官惩戒委员会审议。2016年，最高人民法院和最高人民检察院发布《关于建立法官、检察官惩戒制度的意见（试行）》，初步确立了司法惩戒委员会制度，追责主体为惩戒委员会。截至目前，全国

---

① 参见王迎龙《司法责任制理论问题探析——基于"两高"关于完善司法责任制的两份意见》，《社会科学家》2016年第6期，第129~132页。

② 参见陈卫东《合法性、民主性与受制性：司法改革应当关注的三个"关键词"》，《法学杂志》2014年第10期；谭世贵、骆梅英《法院司法问责若干问题研究》，《浙江工商大学学报》2015年第2期。

31 个省（自治区、直辖市）已按照改革部署，全部设立了法官惩戒委员会，最高人民法院法官惩戒委员会筹建工作业已接近完成，为维护司法权威、提高司法公信力提供了强有力的保障。2019 年修订的《法官法》规定了法官惩戒的范围、惩戒委员会的职责以及当事法官的权利义务。2021 年最高人民法院发布了《法官惩戒工作程序规定（试行）》，有助于司法责任制的落实，促进法官依法行使职权，规范法官惩戒工作。法官、检察官惩戒工作由人民法院、人民检察院与法官、检察官惩戒委员会分工负责。在省（自治区、直辖市）一级设立法官、检察官惩戒委员会。惩戒委员会由政治素质高、专业能力强、职业操守好的人员组成，包括来自人大代表、政协委员、法律专家、律师的代表以及法官、检察官代表。法官、检察官代表应不低于全体委员的50%。惩戒委员会主任由惩戒委员会全体委员从实践经验丰富、德高望重的资深法律界人士中推选，经省（自治区、直辖市）党委对人选把关后产生。

（三）追责程序

追责程序是落实法官责任制的程序保障。根据联合国《关于司法机关独立的基本原则》，对司法专业人员提出的指控，必须依据程序正当原则，迅速公正地处理，司法人员应有权获得公正的申诉机会，对于纪律处分等决定必须接受独立审查。因此，司法惩戒委员会在对司法人员进行审查时，应当遵循程序正当原则，不得对其进行行政干预。从接受司法责任审查，到相关司法人员的审查，再到司法责任决定后的救济，都应当充分贯彻程序参与原则，体现司法性。在我国，随着司法体制改革的不断深入和司法人员惩戒制度的建立和完善，司法人员惩戒程序也逐步建立，在确保法官的违纪违法行为及时得到应有惩戒的同时，也保障其辩解、举证、申请复议和申诉的权利。[①]《关于完善人民法院司法责任制的若干意见》第 35 条规定，法官享有知情权、辩解权和举证权。第 36 条规定当事法官有陈述、举证、辩解、申请复议和申诉的权利。《关于完善人民检察院司法责任制的若干意见》第 43 条第 2 款规定，当事检察官有陈述、辩解、申请复议的权利。《关于建立法官、检察官惩戒制度的意见（试行）》第 11 条规定法官、检察官有申请复议、申

---

① 王迎龙：《司法责任语境下法官责任制的完善》，《政法论坛》2016 年第 5 期，第136~146 页。

诉的权利。《法官惩戒工作程序规定（试行）》第 36 条规定法官有申请复核、提出申诉的权利。这些规定均体现了正当程序的原则和精神。

（四）责任承担方式

结合目前我国相关法律法规的规定，对于应当承担司法责任的法官、检察官的处罚主要有三种：一是刑事处罚，法官、检察官构成犯罪的，由司法机关、纪检监察机关将犯罪线索移送司法机关，依法追究刑事责任；二是行政处罚，主要是根据《法官法》和《检察官法》所作的处罚；三是党纪处罚，是根据党的纪律和规章对党员的一些违纪行为进行的纪律处分。另外，法官、检察官等司法人员不同于国家行政工作人员，因此在司法责任的承担形式上也应当有所区别。对此，《关于完善人民法院司法责任制的若干意见》和《关于完善人民检察院司法责任制的若干意见》两个规范性法律文件对司法人员责任形式进行了专门规定，对应当承担司法责任的人员给予停职、延期晋升、调离工作岗位等纪律处分，从而区别于国家行政工作人员的行政处分。[①] 此外，《国家赔偿法》对司法人员的民事责任作了相应规定。根据该法第 17 条、第 31 条的规定，法官、检察官存在某些违法行为时，在履行了国家赔偿后，相关责任人员应当承担相应的民事责任，这也是一种司法责任的具体责任承担形式。[②]

（五）责任豁免

法官责任豁免制度起源于国外的司法豁免理论，是指法官在司法审判过程中受到法律保护，对自己在履职过程中依法实施的行为、言论和判决享有不受法律指控和追究的权利。从制度功能与目的的角度看，完善法官责任豁免机制有助于保障法官独立性和中立性地位，没有法官的独立性，就没有司法公正的保障，更没有法官责任。[③] 因此，英美国家普遍实行"司法豁免权"

---

① 陈光中、王迎龙：《司法责任制若干问题之探讨》，《中国政法大学学报》2016 年第 2 期。
② 参见《国家赔偿法》第 17 条、第 31 条，因刑讯逼供或者以殴打、虐待等行为或者唆使、放纵他人以殴打、虐待等行为造成公民身体伤害或者死亡、违法使用武器、警械造成公民身体伤害或者死亡的或者在处理案件中有贪污受贿、徇私舞弊、枉法裁判行为的，赔偿义务机关在履行赔偿义务后，应当向相关责任人员追偿部分或者全部赔偿费用。
③ 谭世贵、孙玲：《法官责任豁免制度研究》，《政法论丛》2009 年第 5 期。

制度，即法官无论是主观故意或过失，都不应为自己的过错承担民事赔偿责任。[①] 在我国，关于法官责任豁免制度的规定散见于法律、最高人民法院司法文件和其他机关的政策性文件，没有统一规定。[②]《法官法》第 11 条第 2项对法官责任的追究作了概括性规定："非因法定事由、非经法定程序，不被调离、免职、降职辞退或者处分。"《最高人民法院关于完善人民法院司法责任制的若干意见》第 3 条规定，非因法定事由，非经法定程序，法官依法履职行为不受追究。相较于《法官法》，根据该意见的规定，法官的依法履职行为可以获得各种形式的豁免，不再限于《法官法》中规定的四种，豁免范围扩大。2015 年颁布的《司法责任制的若干意见》第 28 条、1998 年颁布的《人民法院审判人员违法审判责任追究办法（试行）》第 22 条对法官不负责任的情形作了具体规定。[③] 这些规定赋予了法官一定范围内的责任豁免，但是在实践中并没有被严格落实。原因在于，我国法官责任豁免制度仍存在一定缺陷，虽然在法律层面有规定，但规定得十分笼统，立法层级相对较低；我国当前对法官责任豁免的规定整体上属于有限豁免，容易导致实践中的执行弹性过大，从而不利于保障法官依法履职；更重要的是，法律没有规定具体的程序保障机制以保证责任豁免在实践中的实施。[④]

---

① 金泽刚：《司法改革背景下的司法责任制》，《东方法学》2015 年第 6 期。

② 陆幸福：《我国法官责任豁免制度之改进——从错案责任到司法裁判行为》，《浙江社会科学》2021 年第 1 期，第 54~64 页。

③ 《人民法院审判人员违法审判责任追究办法（试行）》第 22 条规定："有下列情形之一的，审判人员不承担责任：（一）因对法律、法规理解和认识上的偏差而导致裁判错误的；（二）因对案件事实和证据认识上的偏差而导致裁判错误的；（三）因出现新的证据而改变裁判的；（四）因国家法律的修订或者政策调整而改变裁判的；（五）其他不应当承担责任的情形。"《最高人民法院关于完善人民法院司法责任制的若干意见》第 28 条规定："因下列情形之一，导致案件按照审判监督程序提起再审后被改判的，不得作为错案进行责任追究：（1）对法律、法规、规章、司法解释具体条文的理解和认识不一致，在专业认知范围内能够予以合理说明的；（2）对案件基本事实的判断存在争议或者疑问，根据证据规则能够予以合理说明的；（3）当事人放弃或者部分放弃权利主张的；（4）因当事人过错或者客观原因致使案件事实认定发生变化的；（5）因出现新证据而改变裁判的；（6）法律修订或者政策调整的；（7）裁判所依据的其他法律文书被撤销或者变更的；（8）其他依法履行审判职责不应当承担责任的情形。"

④ 王迎龙：《司法责任语境下法官责任制的完善》，《政法论坛》2016 年第 5 期，第 136~146 页。

三 司法责任制综合配套改革

随着司法责任制改革的全面推开，地方法院审判权运行机制改革逐渐暴露出一些问题：一是一些地方司法队伍缺少辅助人员，司法人员职责不清，内部机构改革不协调，导致司法队伍徒有虚名、机制空转；二是放权后，与新的司法权运行机制相配套的监督管理机制不完善不健全；三是放权后"同类案件不同判决"问题更加突出，统一法律适用的保障机制不完善；四是法官处罚制度机制实施细则缺失，违法审判责任追究机制有待完善，部分地方司法人员绩效考核制度不规范。① 因此，建立和完善适应司法责任制运行的司法体制迫在眉睫。

（一）完善独任庭、合议庭办案机制

落实司法责任制的首要任务是明确权责主体，这首先需要明确办案主体。当前的司法改革更注重司法人力资源的优化配置和司法事务的分工协作，并没有改变独任庭和合议庭作为审判组织的基本形式。为此，各级法院要根据审判级别、案件数量、案件类型、困难程度和法院人员结构，适应独任制和合议制的不同需求，有针对性地组建审判队伍，强化独任庭和合议庭的办案主体地位，强化审判团队作为办案单位和自我管理单位的职能。②

（二）完善配套审判监督管理机制

司法责任制改革的核心在于对司法权的有效监督和管理，特别是在保证司法人员依法独立行使司法权的前提下对其进行监督和管理。因此，审判监督管理不能再沿用过去的行政审批制度，而应实现司法责任追究与司法权力保障相统一，将审判监督管理与审判质量效益评价相结合。在落实司法责任制的过程中，要充分发挥大数据、人工智能等现代技术的作用，将立案、分案、交付、庭审、合议、量刑、执行、立案等各个节点纳入审判监督管理范围，完善办案业务系统，实现司法活动全过程跟踪、非法操作自动拦截、办

---

① 胡仕浩：《关于全面落实司法责任制综合配套改革的若干思考》，《中国应用法学》2019年第4期，第18~37页。

② 参见周强《全面落实司法责任制，切实提升审判质效和司法公信力》，《人民司法》2019年第19期，第4~11页。

案风险实时提示[①]。同时，要充分利用司法大数据，建立审判运行情况分析系统，加强对审判质效的评价，准确掌握审判运行的情况、特点和规律，及时发现并报告需要注意的问题，确保审判质效稳步提高。

（三）完善保障法律统一适用机制

"同案不同判"一直是司法实践受到重点关注的问题之一。司法责任制实施之后，审判标准不统一问题更为凸显。它既与法官审判独立性的增强有关，也同司法公开的深化和智能检索技术的发展密切相关。在信息化、大数据时代，案件检索更加便捷，这对审判尺度与法律适用的统一提出了严峻挑战。因此，除了继续坚持发挥司法解释和指导案例的功能，还应创新其他制度和机制，确保法律适用的统一：一方面建立专业法官会议制度，专业法官会议除为法官办案提供咨询外，还应发挥促进专业交流、统一审判标准的功能；另一方面建立相似案件和相关案件的检索机制，依托智能审判辅助平台，强制对类似案件和相关案件进行检索，尤其是当案件需要提交专业法官会议和审判委员会讨论时。[②]

（四）完善司法人员业绩考核和司法惩戒机制

司法人员绩效考核制度和法官惩戒制度的完善是落实司法责任制的重中之重。一方面，要科学制定司法人员绩效考核办法，这包括：研究制定分类明确、权重科学的绩效考核实施办法，积极借鉴将信息手段嵌入绩效管理的成熟经验，注重增强实践的可操作性；科学评估法官办案工作，用大数据评估质量、效率和效果，促进形成良好的激励导向，发挥大数据和人工智能促进公正高效审判、合理配置资源、严格规范管理的价值功能；建立法官、合议庭、审判团队业绩档案制度，探索法官与辅助人员的联动考核，赋予法官对辅助人员考核奖惩建议权。另一方面，完善落实法官惩戒制度，应建立健全以错案评价为核心的司法责任认定与追究机制，明确违法审判责任与一般工作缺陷的界限。此外，为了适应国家监察体制改革的要求，应使法官处罚相对独立于党纪政纪处分，实现完善法官违法审判责任处罚程序与监督程序的完美衔接，实现依法严格问责与加强履职保障的统一。

---

① 《最高人民法院印发〈关于进一步全面落实司法责任制的实施意见〉的通知》（法发〔2018〕23号）。

② 胡仕浩：《关于全面落实司法责任制综合配套改革的若干思考》，《中国应用法学》2019年第4期，第18~37页。

第四节　优化司法裁判方法

司法是解决社会纠纷、化解社会矛盾的技术性、专业化活动，司法裁判则是一个平衡价值冲突、利益冲突，并实现定分止争的过程。[①] 在司法过程中，司法主体实际上面临着复杂交错的利益关系、不可追溯的案件事实、含混不清的法律规范等一系列难题，这时候选取恰当的裁判方法进行事实构建、法律适用尤为重要。因此，法律适用的过程并非法律与事实的自动结合，而需要司法官掌握一定的裁判方法，才能实现个案公正。

所谓司法裁判方法，是指司法主体在司法权运行过程中认识、判断、处理和解决法律问题的专门性的方法。[②] 司法理念为司法裁判方法运用指明了方向，而司法理念离不开社会主义核心价值观的指引。因此，自党的十八大以来，最高人民法院积极践行和弘扬社会主义核心价值观，先后印发了《关于在人民法院工作中培育和践行社会主义核心价值观的若干意见》《关于在司法解释中全面贯彻社会主义核心价值观的工作规划》《关于深入推进社会主义核心价值观融入裁判文书释法说理的指导意见》等规范性文件，并发布了三批"弘扬社会主义核心价值观典型案例"。[③] 可见，社会主义核心价值观的提出，为司法裁判方法注入了灵魂。

在社会主义核心价值观的指导下，如何实现司法裁判方法的全方位升级，是当下司法体制改革关注的重点。解决这一问题，要着眼于审判的全过程，对司法裁判方法进行全方位的探讨：首先，法律发现要遵循一定的规则，结合案件事实，在法律渊源中寻找裁判规范；其次，在适用法律时法官不可避免地要对法律规范进行解释，法律条文的内涵阐释由多种解释方法共同作用；再次，当法律存在漏洞时，类推适用、目的性限缩与扩张、利益衡量等

[①] 参见杨长泉、张艾清《习惯法之为裁判文书积极修辞资源研究》，《法学杂志》2012年第9期。

[②] 焦宝乾：《我国司法方法论：学理研究、实践应用及展望》，《法制与社会发展》2018年第2期。

[③] 代小佩：《最高法：正确运用社会主义核心价值观释法说理》，载中国科技网，http://www.stdaily.com/index/kejixinwen/2021-02/19/content_1081653.shtml，最后访问日期：2023年11月6日。

方法辅助法官实现法的续造；最后，说理论证实现案件判决结果的证成，加强裁判文书的说理论证，从而实现法律效果与社会效果的统一。

一　法律发现

在司法语境下，法律发现是指在一定的法源体系中，法官在司法过程中寻找并确定符合具体案件的裁判规范的活动。[①] 这一过程是法律适用的前提步骤，它为裁判提供了法律依据。此外，法律发现过程中产生了许多独立的裁判方法，虽然与法律解释、法律推理、法律论证等法律方法经常交织在一起，但它们绝不能相互替代，法律发现也不能涵盖整个司法裁判过程，而是作为一种方法与其他裁判方法并存。[②]

（一）法律发现的场所

法律发现的首要目的是确定法律适用的大前提，而法律渊源成为裁判者寻找和确定法律规范的场所。[③] 在立法意义上，法律渊源指法律效力的客观表现形式，它解决了法律规范的存在形式、表现形式以及哪些规范条款具有约束力的问题。在司法立场下，法官的视野聚焦于法律渊源，它是由国家权力机关认可或被社会普遍接受的，能够被法官在司法过程中适用的，并且能够约束法官审判的具有不同效力等级的各种规则和原则。法官在审判过程中发现和搜寻适合具体案件的裁判规范源于这一场所。[④]

由于司法立场上的法律渊源与立法层面的法律形式有机结合起来，形成了确定个案中裁判规则的主要阵地，那么，法官发现这一特定规则并非漫天撒网，毫无头绪，而是在各种形式的"规范之法"中进行，这些形式之法是个案规则之源头。[⑤] 这些规范集合体可被划分为成文法源和不成文法源、主要法源和次要法源等。其中，被绝大多数法律人所广泛接受的是将法源分为正式法源和非正式法源，这一划分有助于司法裁判者明确法律规范的发现范围以及发现的次序和法律位阶。前者是指那些由国家权力机关明文规定具有法律效力的、可直接为法官在司法审理中所适用的规范来源，这主要包括宪

---

① 陈金钊主编《法律方法教程》，华中科技大学出版社，2014，第56页。
② 陈金钊主编《法律方法教程》，华中科技大学出版社，2014，第56页。
③ 参见陈金钊主编《法律方法教程》，华中科技大学出版社，2014，第56页。
④ 舒国滢等：《法学方法论问题研究》，中国政法大学出版社，2007，第245页。
⑤ 陈金钊主编《法律方法教程》，华中科技大学出版社，2014，第61页。

法、法律、行政法规、地方性法规、经济特区法规、民族自治法规、特别行政区的规范性文件、国际条约等；后者是指那些没有明文规定的法律渊源，但由于其具有适用的普遍性仍可能成为法官审理案件之依据的规范来源，具体包括习惯、判例、法理、政策等内容。[①]

（二）法律发现的过程

从动态过程来看，法律发现是一个在个案和可能裁判规范之间往返流转的过程。司法的目的就是要解决具体个案中存在的规范和事实之间的对称性问题，从而实现纠纷的解决。[②] 法官发现法律的过程，一方面既要考虑具体案件事实的性质与特征，另一方面要不断思考规范的可适用性。在复杂案件的审理中，法官根据案件事实寻找的法律规范可能是多层次、多方面的，需要从不同法律规则、法律部门、法律文件甚至是不同国家地区的法规中搜寻最符合解决具体案件的法律规范，同时协调法律规范与社会规范之间的关系，这就是法律发现活动所需要解决的问题。[③] 法律渊源的类别和阶层为法律发现活动设定了一般的方法和规则，除非有特殊的情况，法官不得违反。通常来说，法律发现必须遵循以下原则。

其一，正式法源的优先级比非正式法源的优先级高。法官首先从正式法源中搜寻裁判规则，当在正式法源中找不到符合解决个案的法律规则时，或者虽然找到该法律，但与社会所遵奉的价值观严重违背时，才能从非正式法源中去寻找准则。可见，法官在司法审理过程中寻找法律渊源遵循严格的先后顺序。[④]

其二，从纵向效力角度看，下位法优于上位法。法官在司法裁判中应适用相关低位阶的规范作为裁判依据，这是因为下位法是在上位法确定的范围和框架下的具体化，是针对在执行或实施上位法过程中出现的现实问题而制定的。因此，低位阶法律的抽象化程度更低，外延更小，规定更为具体明确，在下位法不抵触上位法的情形下理应优先适用。

[①] 舒国滢主编《法理学》，中国人民大学出版社，2005，第 70、78 页。

[②] 彭中礼：《论法律渊源与法律发现》，载肖洪泳、蒋海松主编《岳麓法学评论》第 10 卷，中国检察出版社，2016，第 183 页。

[③] 张文显主编《法理学》（第四版），高等教育出版社、北京大学出版社，2011，第 231 页。

[④] 陈金钊主编《法律方法教程》，华中科技大学出版社，2014，第 65~66 页。

其三，在规则、原则二元结构下，法官通常优先在规则中发现法律。在成文法国家中，规则相较于原则具有更为明确的概念和严谨的逻辑结构形式，规则优先目的的原因在于限制法官的自由裁量权，有利于实现法治、实现公正。[①]

此外，当同一案件法律关系的调整存在两个或两个以上的法律渊源且其相互冲突时，在原则上法律适用应当遵循"上位法优于下位法、新法优于旧法、特别法优于一般法"的规则。具体而言，当处于不同位阶的法律渊源出现冲突时，适用"上位法优先于下位法"的规则；当同一位阶的法律渊源之间出现冲突时，适用"新法优于旧法、特别法优于一般法"的规则。

二　法律解释

（一）法律解释的概念

在中国特色社会主义法律体系形成的初期，如何落实法律、依法办事就成了法治建设的重点。[②]围绕法律文本进行裁判是司法过程的一个基本要素，司法机关负有有效实施法律文本的重任，是法律文本的守护者。然而，法律文本不会与事实自动结合，法官在运用、实施法律文本时，应该在具体案件适用中不断完善、理解法律文本，将现实社会中复杂多变的事实纳入法律文本当中。由于法律规范是具有高度概括性的语言，其表达的含义往往因主体、语境的不同而异，因此，对法律的解释和理解就成为一个不可回避的问题。[③]所谓法律解释，是指在未决案件已有法律规定的情形下，法官在规范文义的范围内作出的解释。出于对法律安定性和权威性的维护，我们反对法官通过法律解释变相造法，因此，法律解释活动被限定于在法律的可能文义范围之内进行。[④]

（二）法律解释的具体方法

2020 年最高人民法院制定发布了《关于深入推进社会主义核心价值观融入裁判文书释法说理的指导意见》。该指导意见中总结归纳了学界和司法实

① 陈金钊主编《法律方法教程》，华中科技大学出版社，2014，第69页。
② 陈金钊主编《法律方法教程》，华中科技大学出版社，2014，第109页。
③ 张斌峰主编《法学方法论教程》，武汉大学出版社，2013，第260页。
④ 张斌峰主编《法学方法论教程》，武汉大学出版社，2013，第266页。

践中普遍认可的四种解释方式，即文本解释、体系解释、目的解释和历史解释，要求法官坚守法律文本，重视表达法律本义，不能违背立法者的初衷，且针对不同案件具体情形对文本选取恰当的解释方法，实现对法律的正确解读。

首先，文义解释是指从法律文本所表达的字面含义展开说明法律规定的内容。适用文义解释的方法就是对法律本身和立法者的尊重，也是按照法律的基本用语含义来确定法律以及事实的规范意义。在司法实践中，大多数案件都能凭借适用文义解释方法来实现法律语词的含义以及事实的规范意义的合理阐释，这也是文义解释在解释方法中处于优先地位的原因之一。[①]具体而言，获取法律文义的方法一般有以下思路：第一，以日常语言对法律规范中的文字进行阐述；第二，从法律专业特殊要求对规范运用的特定含义进行解释；第三，通过具体语境来确定要解释的法律规范的文字含义。[②]

其次，体系解释是将被解释的法条置于整个法律体系或是某个法律领域内，通过对整体规范之间的相互关系来理解和解释具体法条。由于法条是整个法律规范或法律体系的一部分，法条能够发挥作用是同其他法律规范相互配合的结果，因此，对单一法条的理解和解释无法将其与整体完全地割裂开，而是同其他规范关联起来，从而更好地理解其真实含义与内容。[③]体系解释是超越字面含义所展开的法律解释活动，它要求以全面整体的视角理解和解释法律含义，这是克服机械司法的有效方法。[④]通过这种解释方法，借助对法律条文相互关系的挖掘来明确法律条文的适用范围。既然对条文之间的相互关系有了深入理解，就便于消除法条之间的矛盾和冲突，有助于寻找可供适用的裁判依据。[⑤]

再次，目的解释是指根据制定法律的目的来阐释法律含义。这里目的不仅包括制定法律时的立法初衷，也包括在法律当前状态下所应实现的客观目的：它既可以是整部法律的目的，也可以是个别制度、个别规范的目的。[⑥]

---

① 陈金钊主编《法律方法教程》，华中科技大学出版社，2014，第130页。
② 舒国滢主编《法理学导论》，北京大学出版社，2006，第236页。
③ 参见舒国滢主编《法理学导论》，北京大学出版社，2006，第237页。
④ 陈金钊主编《法律方法教程》，华中科技大学出版社，2014，第134页。
⑤ 张斌峰主编《法学方法论教程》，武汉大学出版社，2013，第272页。
⑥ 舒国滢主编《法理学导论》，北京大学出版社，2006，第237~238页。

最后，历史解释即根据各种立法相关的文献资料或根据历史沿革对法律的含义作出解释。研究的内容包括制定法律时的提案说明，关于讨论、通过法律草案的记录和其他有关文献等。[①] 历史解释不限于法律文本本身的字句，而是求助于历史文献，推知立法者当时的立法原意，最终服务于法律文本含义的阐释。

上述法律解释方法各有优劣，在使用时功用也各不相同。司法人员往往对一些具体争议采取多种方法进行解释。对于方法之间是否存在一定的次序，学界尚未得出结论。但司法实践中，法官会根据自己的办案经验和判断以一定的顺序使用这些方法，通常来说，最先使用的方法是文义解释。

三　漏洞补充

（一）漏洞补充的概念

法律解释方法仅仅限于法律文本内容的阐释，但在司法实践中，当法律不足以圆满地调整法律关系、解决法律问题时，法官无法通过法律解释方法解决问题，此时出现了"法律漏洞"且亟须填补。法律漏洞的情形有多种，"法网"不够大，该有"网"处却无"网"，该规范而未予规范，即属于"法外空间"或"法律空白"；"法眼"的疏密不合适，即法律规范不周密、不具体、不清晰。法律语言的修辞错误，属于"法内漏洞"；"法绳"断裂，即存在法律冲突，则属于"法间漏洞"。[②]

（二）漏洞补充的具体方法

法律漏洞通常是在司法实践中发现的问题，但最终是通过立法的方式解决的。由于立法历时较长，许多问题往往无法及时得到回应并解决，为了弥合社会变动与立法滞后之间的缝隙，应当在实践中授予法官一定的自由裁量权和法律漏洞的填补权，通过一定司法裁判方法予以指导。这种法律填补的手段包括类推适用、目的性扩张、目的性限缩、利益衡量等。

首先，类推适用是进行漏洞补充的首要方法。类推是一种从特殊到特殊的方法，其基本原理是针对当下需要裁判的案件，基于其与另一案件在

---

① 舒国滢主编《法理学导论》，北京大学出版社，2006，第 237 页。

② 李秀芬：《法律漏洞的特征与填补路径》，《华东政法大学学报》2019 年第 6 期，第 115 页。

特定性质上的相似性而类似地作出裁判。[①] 类推适用遵循"相同情况相同对待，类似情形类似处理"的原则，主要是针对"开放"漏洞情形，即当法律对具体案件没有作出规定时进行适用。同时，该方法并非法官的造法活动，它是在遵守基本法精神的前提下进行的法律续造，是一种创造性的法律适用活动。

其次，在漏洞填补的手段中，目的性限缩和目的性扩张是一对关联概念。目的性限缩是指法官在法律适用过程中，基于法律目的的要求，发现有关法律规范不能恰当地适用于某个特定的待决案件，因此缩小待解释法律规范的适用范围，使得这一特定案件排除于此法律的适用范围之外。与之相对应地，目的性扩张则是指某些规范所规定的内容过于狭窄，使得本应该包括在内的情形没有包括其中。针对这种明显的法律漏洞，法官应基于法律目的作出适当的扩张性解释，使具体案件涵盖于法条的调整范围之内。[②]

最后，利益衡量是法官在司法过程中对法律未作周延规定的利益冲突问题进行权衡和选择。[③] 在法律漏洞情形下，法官主动就案件中的相关利益进行比较和权衡，然后基于一定的价值判断对法律进行解释，最终确定合理的规范以解决利益冲突。[④] 需要注意的是，在进行利益衡量时应以社会主义核心价值观作为最终的价值指引，考虑占支配地位的社会主流价值。另外，社会效果与法律效果相统一是我国司法秉持的重要原则。这要求法官在利益衡量时不能简单考虑当事人双方利益，也要考虑社会效果、公众期望等要素，谨慎地变通法律的适用，填补法律漏洞。

四 论证说理

法律的论证说理是贯彻整个司法过程的方法与思维，它是对案件判决结果的证成，追求以理服人。上述法律发现、法律解释等方法的运用最终都是为了追求特定结论的合理化、正当化证明，使得裁判获得广泛的可接受性。

---

① 陈金钊、孙光宁：《司法方法论》，人民出版社，2016，第 317 页。

② 张斌峰主编《法学方法论教程》，武汉大学出版社，2013，第 280~281 页。

③ 陈金钊主编《法律方法教程》，华中科技大学出版社，2014，第 254 页；参见胡玉鸿《关于"利益衡量"的几个法理问题》，《现代法学》2001 年第 4 期。

④ 焦宝乾：《利益衡量司法应用的场合、领域及步骤》，《人大法律评论》2012 年第 1 期。

因此，法律论证作为释法说理的技术在司法过程中被广泛应用。

（一）法律论证的结构

"以事实为根据、以法律为准绳"解决的是事实和法律之间如何连接及"三段论"中大前提和小前提如何应对的问题。[①] 事实和法律的连接过程实则是构建逻辑上有效的论证的过程，这属于法律论证的内部证成，三段论推理在内部证成中往往发挥着重要作用。但是，法律推论中的大小前提并非必然成立的，前提本身也需要进行证立，而这就需要进行外部证成。所谓外部证成，就是对法律推论大小前提进行证立的过程。因此，一般来说，法律论证的结构包含内部证成和外部证成两个部分。

在外部证成的过程中，法官的目光在事实与规范之间来回穿梭，一方面寻找法律框架下与案件最密切联系的规则，另一方面根据规则将证据事实裁剪为符合法律要件的法律规则，最终确定支持判决论据的裁判规范和法律事实。这样，法官对法律事实的建构、裁判规范的确定都需要提出进一步的理由，这些理由不仅包括法律理由，往往也结合了各种经验、习俗、道德等非法律理由。这样，法律论证就将普遍实践论证（政治、经济、道德等不受法律教义约束的论证）纳入进来，为了实现依法裁判和正当裁判的统一，裁判者需要建构一定的论证程序和论证规则将"法外理由"转化为"法内理由"，从而实现规范性命题的深度证成。

（二）释法说理的维度

法律论证重点在于强化法官的说理成分，旨在赢得或增进人们对某一论断的认同。为了实现这一目的，应当注重法官在裁判文书中的释法说理能力。为此，最高人民法院先后制定并印发了《关于加强和规范裁判文书释法说理的指导意见》《关于深入推进社会主义核心价值观融入裁判文书释法说理的指导意见》等规范性文件，对裁判文书说理作出了纲领性规范和系统性指导。

根据这些规范性法律文件，阐明事理、释明法理、讲明情理、讲究文理是裁判文书释法说理的四个维度要求。首先，阐明事理，即要求说明裁判所认定的案件事实及其根据和理由，展示案件事实认定的客观性、公正性和准

---

① 　王利明：《裁判方法研究：依法公正裁判的源泉》，《光明日报》2012 年 4 月 19 日。

确性，即要求对裁判中事实认定的理由和根据进行说明，充分展示事实认定中的合法性、客观性和准确性；其次，释明法理要求对裁判中适用的法律规范及其适用理由进行阐述；再次，讲明情理要求法官对涉及价值判断的问题做到法理与情理相协调，符合社会主流的价值判断；最后，讲究文理，也就是要求以文字为表达载体，做到语言规范、表达准确，合理运用各种说理技巧，从而增强说理效果。①

释法说理是一门艺术，但是裁判方法则使之成为可言说的技术。一份格式规范、表述清晰、逻辑严谨的裁判文书是提高裁判的可接受性、增强裁判的可预测性、更好地实现司法公正的有效途径，这不仅仅是为了实现解决具体案件纠纷的目标，更具有超越个案本身的目的价值。② 因此，优化裁判方法、提升说理水平，对于促进司法公正、提升司法公信力意义非凡。

本章小结

司法公正的核心是定分止争和定罪量刑过程的公正。司法公正的基本内容包括实体公正与程序公正、形式公正与实质公正、个案公正与普遍公正。目前，我国正在积极推进司法体制改革、健全司法责任制以维护司法公正。在司法体制改革中，深化改革司法权运行新机制，坚持高素质司法队伍建设，提高司法公信力，维护司法权威。通过健全司法责任制，让审理者裁判，让裁判者负责。在司法活动中，要在社会主义核心价值观的指导下，实现司法裁判方法的全方位升级，综合运用法律发现、法律解释、漏洞补充、说理论证的方法，实现司法公正。

---

① 雷磊:《从"看得见的正义"到"说得出的正义"——基于最高人民法院〈关于加强和规范裁判文书释法说理的指导意见〉的解读与反思》,《法学》2019 年第 1 期。
② 雷磊:《从"看得见的正义"到"说得出的正义"——基于最高人民法院〈关于加强和规范裁判文书释法说理的指导意见〉的解读与反思》,《法学》2019 年第 1 期。

> **问题与思考**

1. 如何理解司法的"法律效果与社会效果相统一"？

2. 智能司法如何推动我国司法体制改革？

3. 法律论证的基本方法有哪些？

4. 结合以下案例，分析相关问题。

（1）案件经过

2017 年 5 月 2 日，郑州医生杨某因在电梯内劝阻段某某抽烟，两人发生争执。十多分钟后，69 岁的段某某发心脏病死亡。监控视频显示，2017 年 5 月 2 日 9 时 24 分 03 秒，段某某在电梯间内吸烟，4 秒钟后，杨某进入电梯，按了负一楼电梯键。随后，双方开始有语言交流。电梯到达一楼，杨某按了开门键，段某某未走出电梯。电梯到达负一楼，二人继续对话。杨某走到电梯门外，段某某在电梯门内，双方仍有争执。随后，杨某重新进入电梯，按了一楼的按钮。2017 年 5 月 2 日 9 时 26 分 24 秒，两人走出电梯。两分钟后，他们走到单元门口。段某某情绪相对较为激动，杨某比较冷静。2017 年 5 月 2 日 9 时 29 分 06 秒，两人走向物业办公室，至此时为止，段某某的香烟一直未熄灭。物业办公室门口监控视频显示，段某某比较激动，物业工作人员从办公室出来后，其情绪更加激动，边说话边向杨某靠近。两分钟后，杨某被劝离，段某某则被劝至物业办公室。没多久，段某某突然倒地。急救中心出具的证明显示，急救人员到达时，段某某意识丧失，经抢救病情无变化，心电图示全心停搏，宣布临床死亡。段某某子女向法院提起诉讼，要求杨某承担 40 多万元的赔偿责任。2017 年 9 月，一审人民法院判定杨某按公平责任原则向死者家属补偿 1.5 万元。受害人家属不服向法院提出上诉。2018 年 1 月，二审法院对此案作出终审判决：撤销一审判决，驳回上诉人的诉讼请求，案件受理费由上诉人承担。

（2）一审二审判决

2017 年 9 月 4 日，郑州市金水区人民法院认定杨某的劝阻吸烟行为与段某某的死亡结果之间并无必然因果关系，但段某某确实是在与杨某发生言语争执后猝死，故依照《侵权责任法》第 24 条公平责任原则的规定，一审判决杨某补偿田某某 15000 元，驳回田某某的其他诉讼请求。田某某不服一审判决，上诉至河南省郑州市中级人民法院。郑州市中级人民法院认为，虽然杨某没有上诉，但一审判决适用法律错误，损害了社会公共利益，故判决撤销一审判决，驳回田某某的诉讼请求。一审判决后，此案案情受到广泛关注，当事人杨某劝烟行为的正当性问题引起热议，人们对一审判决结果表现出普遍质疑。

2018 年 1 月 23 日，河南省郑州市中级人民法院二审公开宣判：一审判决认定事实正确，但适用法律错误，撤销一审民事判决，驳回原告田某某的诉讼请求。相比于本案一审判决结果引起的舆论哗然，二审判决赢得了社会公众的普遍赞誉。在 2018 年最高人民法院工作报告中，本案被认为起到了弘扬社会主义核心价值观、引领社会风尚的积极作用："让维护法律和公共利益的行为受到鼓励，让违反法律和社会公德的行为受到惩戒，让见义勇为者敢为。"

（3）问题

第一，一审判决后，此案案情受到广泛关注，当事人杨某劝烟行为的正当性问题引起热议，人们普遍对一审判决结果提出质疑。请结合本章内容，思考质疑一审判决的理由。

第二，二审判决在实体上与程序上是否符合司法公正原则？该判决是否在法律之内实现了法律效果和社会效果的统一？为什么？

第三，二审法院采用了何种法律解释方法？二审法院判决撤销原判，驳回原告诉讼请求，是否违反了"禁止不利益变更原则"？在被告没有上诉的前提下，改判被告无须承担任何责任，是否违反了处分原则？《民事诉讼法》司法解释第 323 条第 2 款所规定的"社会公共利益"的例外条件能否适用于本案？对此，二审法院是否展开了充分的论证？

第四，通过该案，我们应如何理解司法的功能？

第十一章 中国特色社会主义法治监督体系

第一节 法治监督体系概说

中国特色社会主义法治体系是由诸多反映社会主义属性和中国国情的法治要素有机结合的统一整体，既包括法律规范体系、法治实施体系、法治保障体系，还包括法治监督体系。2014年10月23日，中共十八届四中全会通过的《中共中央关于全面推进依法治国若干重大问题的决定》中，将建设中国特色社会主义法治体系、建设社会主义法治国家作为全面推进依法治国的总目标，并且首次完整提出要建立严密的法治监督体系。可见，法治监督体系已经成为中国特色社会主义法治体系的重要组成部分。

一 中国特色社会主义法治监督的内涵

（一）法治监督的概念

"法治监督"在党的十八届四中全会文件中才首次作为独立法律术语而出现。因此，厘清法治监督的内涵和外延是准确把握中国特色社会主义法治监督体系的前提。我们认为，法治监督是为了促进社会主义法治建设，尤其是为了依据国家法律法规对权力进行监督制约而开展的针对宪法和法律实施全过程的监督。它具有以下内涵特征。

1. 法治监督是社会主义法治体系中的一部分

社会主义性质的法治监督是中国共产党依靠广大人民群众，坚持把马克思主义基本原理同我国社会主义现代化建设的实际相结合，在中国特色社会主义的伟大实践中所形成的。西方资产阶级国家虽然也经常运用宪法和法律实现国家权力的分立和制衡，但是它是建立在资产阶级利益最大化基础上的法治，不能代表人民的根本利益。我国的法治监督与资产阶级的分权制衡的区别在于以下几点。首先，法治监督是为了让党的旨在保障人民利益的政策方针借助法治方法和法治思维得以有效贯彻，而不是让各种政治力量利用法律相互倾轧或钩心斗角。其次，法治监督不仅将权力关进笼子里，还督促权力行使者适度用权，让权力有规可依、有序可循，让权力运行更为顺畅，国家和社会秩序长期稳定、人民安居乐业。最后，法治监督体现为党的监督与国家监督的良好衔接，党和国家领导机关及其工作人员都必须按照法定权限和程序行使权力。

2. 法治监督的根本目的是对权力进行制约和监督

根据形成法治监督概念的现实背景和时代特征，制约和监督权力是法治监督的核心任务和目的，法治监督本质上就是为了权力监督。法治监督是党中央着眼中国当下权力运行状态中党要管党、从严治党任务的紧迫性而就权力制约和监督提出的创新模式。之所以运用法治监督权力，首先是因为法治天然蕴含公平正义的价值，必然要求权力运行的后果与公平正义的目标相契合；其次，法律具有可预见性，故可以让用权者提前预测自己行为的后果；再次，法律的强制性与惩戒性可以起到警示用权者的作用；最后，法律的程序性与秩序性有助于养成依规用权办事的良好习惯，进而为良好社会秩序的形成奠定基础。

3. 法治监督的对象包括从法的制定到法的实施的各个环节

法治监督是法律良性运行的保障机制。法治监督不仅包括对法律实施进行的监督，还包括对宪法实施的监督，并且宪法监督是法治监督体系的核心。党的十八届四中全会的决定也强调，要健全宪法监督，明确立法边界及民主立法。所以，法治监督贯穿法治的整个过程，具有完整的内涵，需要从法的制定到法的实施的整体过程予以界定。

（二）法治监督与其他概念的区别

党的十八届四中全会以前，在法律运行监督领域的重要概念是法律监督、法制监督以及司法监督等，这些概念与法治监督之间有何差别，有何逻辑关系，对于理解中国特色社会主义法治监督体系具有重要意义。兹分别论述如下。

1. 法治监督与法律监督

法律监督有广义和狭义之分，广义的法律监督是指一切国家机关及社会力量对各种法律活动，尤其是司法和执法的合法性所进行的监察和督促。它既包括国家机关，例如人民检察院进行的监督活动，也包括社会团体和人民群众所进行的监督。狭义的法律监督通常专指人民检察院的监督。1982年《宪法》第129条、1979年《人民检察院组织法》第1条以及2021年6月《中共中央关于加强新时代检察机关法律监督工作的意见》均明确规定人民检察院是国家的法律监督机关，因此在规范层面，人民检察院行使的检察权被定性为法律监督权。

法治监督与狭义的法律监督的区别有以下三点。一是内涵不同：狭义的法律监督特指人民检察院刑事、民事、行政和公益诉讼等四大检察职能确保国家权力的正确行使，保障国家法律在一国范围内统一、正确实施，最终实现社会公平正义的活动；而法治监督有着比法律监督更广泛的内涵，其监督主体多元，监督的内容也非常丰富，它考虑更多的是为何监督、谁来监督、监督谁、怎样监督、监督责任等问题，其内涵和外延远超狭义的法律监督。二是体系程度不同：狭义的法律监督是指国家专门机关开展的监督，其体系化更多着眼于检察业务层面；而法治监督强调不同权力监督的体系化，基本形成了国家机关内部监督与国家机关外部监督相结合的体系。三是功能层级不同：法治监督着眼于全覆盖、无死角的完整动态的权力监督；而检察机关的法律监督恰好是法治监督体系中的下位概念，助力其他监督方式共同实现法治。

2. 法治监督与法制监督

法制监督概念是20世纪80年代出现的法律术语，如今在法律文献中的出现频率已经不高。法制监督的含义有分歧：一种观点认为，法制监督就是前述广义的法律监督；另一种观点认为，法制监督专指国家权力机关，尤其是各级人大及其常委会对"一府两院"等被监督对象进行的监督。相较于法制监督，法治监督是在"法治体系"建设语境下提出的，它更强调法的价值、法的目标，强调监督体系的动态性、整体性、有序性以及监督主体的广泛性，它服务于不同发展阶段不同的法治目标。

（三）中国特色社会主义法治监督体系的组成

既然法治实施是一个系统化的概念，那么，法治监督自然也内含体系化的特质。之所以强调的是以体系化的方法推进法治监督建设，原因在于法治监督本身就是一个包含多个子体系的结构复杂且规模庞大的系统工程。各个子体系相互联系、相互作用、相互促进。它们协调一致时就能发挥最大功能，促进法治监督体系的整体建设，一旦其中某个子体系或某个环节出了问题，就可能使整个法治监督体系脱离正常运行的轨道。因此，习近平总书记强调，要加强"党纪监督、行政监察、审计监督、司法监督和国家机关内部各种形式的纪律监督"，[①] 形成"严密的法治监督体系"。[②]

法治监督体系的逻辑构成可以从主体角度加以分析，目前有"二元结构说"和"三元结构说"两种不同的观点。"二元结构说"认为，法治监督体系可以分为国家与社会两个层面的监督，或者由内部与外部的监督体系所组成。国家监督体系包括立法监督、行政监督、司法监督，其中立法监督的地位是最高的；社会监督体系包括社会组织监督、舆论监督、公民监督。[③] "三元结构说"主张，法治监督体系是由执政党监督体系、国家监督体系、社会监督体系构成的有机系统。[④]

我们认为，中国特色社会主义法治监督应该将所有公权力的行使情形都纳入监督的范畴。中国共产党作为中国最高政治领导力量，决定了在党和国家的各项监督制度中，党内监督最为严格也最具主导性。习近平提出："要把党内监督同国家监察、群众监督结合起来，同法律监督、民主监督、审计监督、司法监督、舆论监督等协调起来，形成监督合力。"[⑤] 所以，法治监督不仅不能少了党内监督，更应以党内监督为主导。

我国监察体制改革之前，纪律检查机关与国家监察机关存在部分职能重叠的情况，既增加了反腐败的成本，还容易出现纪法脱节、衔接不畅、监督空白等问题。但是，随着中国特色社会主义法治进程的推进，特别是国家监察体制改革的深化，实践对党内监督的规范化、法治化水平提出了更高要求，所以党内监督与国家监察具有了内在一致性。深化我国监察体制改革，就是要将监督机制中原本存在重叠的监督职能进行整合，弥补监督机制中存在的

---

① 习近平：《论坚持全面依法治国》，中央文献出版社，2020，第 75 页。

② 《中共中央关于全面推进依法治国若干重大问题的决定》，《人民日报》2014 年 10 月 29 日，第 1 版。

③ 刘鑫：《全面推进依法治国的路径选择》，《理论与当代》2015 年第 1 期，第 8~10 页。

④ 殷祎哲：《试论法治监督体系对法治中国建设的作用》，《法制与经济》2017 年第 1 期，第 147~149 页。

⑤ 《习近平谈治国理政》（第二卷），外文出版社，2017，第 169 页。

监督空白与监督漏洞，将党的纪律检查机制与国家监察机制进行创新整合，从而实现监督资源的最佳配置，使监督治理达到最佳效果。因此，我们认为，中国特色社会主义法治监督体系应该包括内部监督体系和外部监督体系二元机构，其中内部监督体系包括立法机关的监督、纪检监察的监督、审判机关的监督、检察机关的监督等；外部监督体系则包括群众的监督、舆论的监督以及民主党派的监督等。

二 法治监督体系的理论基础

新时代中国特色社会主义法治监督理论继承了马克思列宁主义经典权力监督理论，并且结合了中国特定的政治生态环境和时代精神，是马克思主义经典权力监督思想在中国的创造性发展。

（一）马列主义经典权力监督思想

马克思列宁主义经典权力监督理论的底层逻辑是，既然一切国家权力来源于人民，那么只有让权力回归人民手中，才能防止权力被少数人垄断，才能防止权力被滥用。社会主义国家的机关建设，应当削减资产阶级统治下臃肿的机构，剥夺易滋生腐败官僚风气的权力，从源头上进行权力制约与监督。具体而言，在论证上包括以下逻辑层次。

1. 国家权力来自人民

恩格斯强调，"国家是社会在一定发展阶段上的产物"，[①] "政治统治到处都是以执行某种社会职能为基础，而且政治统治只有在它执行了它的这种社会职能时才能持续下去"。[②] 因此，处理社会公共事务和履行社会公共职能构成国家政治统治得以维持和存续的前提和基础。国家产生的根本原因就在于社会公共事务的存在需要政府履行一定的公共职能。它表面上凌驾于社会，实际上仍根植于社会。但是，到了阶级社会，国家权力从公共权力中产生，性质却发生了变化，转变成了统治阶级专有的特权，成为实现少数阶级利益的工具。诚如恩格斯所言："社会为了维护共同的利益，最初通过简单的分工建立了一些特殊的机关。但是，随着时间的推移，这些机关——为首的是国家

---

① 《马克思恩格斯文集》（第四卷），人民出版社，2009，第189页。
② 《马克思恩格斯选集》（第三卷），人民出版社，1995，第523页。

政权—为了追求自己的特殊利益，从社会的公仆变成了社会的主人。"①

2. 借用无产阶级专政，让国家权力回归人民

既然国家权力具有两面性，那么要控制国家权力，首先就应由无产阶级夺取政权，并在摧毁旧的国家机器的基础上建立无产阶级专政政权。马克思以巴黎公社的实践经验为基础，提出了无产阶级专政的思想。主张通过革命手段夺取政权后，国家的权力也应真正地转移至人民手中，不能出现"居于人民之上的官吏"。②

3. 人民是权力监督的主体

为了防止社会主义国家机器沦为资产阶级统治下欺压百姓或者腐败生事的工具，马列经典理论认为，工人阶级取得国家统治权后，必须"以新的真正民主的国家政权"取代旧的国家机器。国家机关必须由社会主人变为社会公仆，接受人民监督。③ 这为"人民是权力监督主体"的观点奠定了理论基础。

（二）中国特色权力监督思想的嬗变

中华人民共和国成立以后，中国共产党人始终重视对权力进行监督。在十八届四中全会和习近平法治思想提出以前，具体可以分为第一代领导集体的民主监督思想、第二代领导集体的制度监督思想、第三代领导集体的系统化监督思想以及第四代领导集体的全向监督思想几个发展阶段。

1. 毛泽东等第一代领导集体的民主监督思想

毛泽东始终将民主方法贯穿于其权力监督思想之中，他曾在 1945 年与民主党派人士的谈话中，就共产党能否跳出历史周期率指出："我们已经找到新路，我们能跳出这周期率。这条新路，就是民主。"④ 新中国成立之初，为了抵御资产阶级"糖衣炮弹"的威胁，时刻保持组织肌体的纯洁性，毛泽东不仅通过在党内广泛开展批评与自我批评等党内民主监督方式开展党风廉政建设，而且格外重视群众监督、民主党派监督与新闻舆论监督等多种监督形式的监督效能。民主党派监督是实现民主的有利条件，新闻舆论监督是实现民

---

① 《马克思恩格斯选集》（第三卷），人民出版社，1995，第 12 页。
② 《列宁全集》（第二十九卷），人民出版社，2017，第 143 页。
③ 习近平：《在纪念马克思诞辰 200 周年大会上的讲话》，《人民日报》2018 年 5 月 5 日。
④ 《毛泽东年谱（1893—1949）修定本》中卷，中央文献出版社，2013，第 611 页。

主的外部保障；党员同志与党外民主人士进行民主合作，可以清除某些弊病，此外利用正确的新闻舆论监督，可以更好地扩大外部监督的渠道。

2. 邓小平等第二代领导集体的制度监督思想

改革开放之后，党的领导集体又面临全新的风险挑战。在经济建设不断发展的同时，如何加强党的政治建设，如何建设一个廉洁的政府，是亟须解决的重大问题。邓小平提出可以利用制度创新来监督权力。他指出："制度好可以使坏人无法任意横行，制度不好可以使好人无法充分做好事，甚至会走向反面。"① 但是，他同时也强调了综合运用多种监督手段的必要性，党员领导干部行使权力必须接受民主党派监督、群众监督等全方位、多层次的监督。

3. 江泽民等第三代领导集体的系统化监督思想

以江泽民同志为核心的党的第三代中央领导集体针对党的干部队伍在思想、组织、作风等方面存在的严重问题，强调要强化对党内监督、法律监督、群众监督等多种监督方式的综合应用，建立健全党内和党外、自上而下和自下而上相结合的监督制度。②

4. 胡锦涛等第四代领导集体的全向监督思想

以胡锦涛同志为总书记的党中央，审时度势，强调要从源头上加强对权力的制约和监督，既强调领导干部要树立正确的权力观，也要注重事前监督和事中监督以防患未然，还要将事前监督、事中监督与事后监督有机结合起来，防止监督缺位。③

（三）习近平法治思想

习近平在承接上述权力监督思想的基础上，根据我国不同阶段的发展情况作出了相应调整，在监督理念、监督模式等方面实现了重大创新与发展。习近平法治思想强调监督体系当以法治监督为目标，形成法治化规范化的现代权力监督体制。习近平格外强调，要发挥法治在国家治理体系和治理能力现代化中的积极作用，中国特色社会主义实践向前推进一步，法治建设就要

---

① 《邓小平文选》（第二卷），人民出版社，1994，第333页。

② 参见江泽民《论党的建设》，中央文献出版社，2001，第70页。

③ 参见中共中央文献研究室编《十六大以来重要文献选编》（上），中央文献出版社，2005，第85页。

跟进一步。^①习近平认为，法治监督理论落实到具体监督机制，亦应当是符合规则之治、制度之治、程序之治的法治监督体系，即以法治化方式推进监督机制运行，在事前、事中、事后监督中全面贯彻法治原则，依照法定程序规范权力行使、监督权力运行。法治监督体系是一个以宪法监督为核心的，统摄执法监督体系、司法监督体系和社会监督体系等子体系的严密的、完整的、动态的监督体系。

习近平法治思想并非偶发性生成，而是我国社会主义建设新阶段必然生成的理论成果，是中国共产党中央领导集体权力监督思想经过长期理论沉淀、提炼理论精华、融合现代法治社会发展理念后发展而成的系统全面的法治监督理论，具有深厚的理论根基和本土实践支撑。

1. 习近平法治思想与马列主义经典权力监督思想一脉相承

马列主义经典权力监督思想的核心是国家权力来源于人民，且应该服务于人民。习近平法治思想在国家权力来源问题上与马列主义经典理论是一致的。它在吸收马列主义权力来源思想的基础上，结合了现代国家治理理念，解决了法治化和规范化的监督体系问题。习近平法治思想在阶级属性上与西方三权思想有本质上的不同，习近平法治思想强调党内监督、人大监督、民主监督、行政监督、司法监督、审计监督、社会监督、舆论监督多权力协调机制，增强监督合力和实效，^②绝非各自以部门利益、政治立场为阵营进行权力斗争博弈之策，因此为法治监督体系高效运行提供内在稳定性与向前驱动力。

2. 习近平法治思想承继了前代党中央领导集体的权力监督思想内核

习近平先后提出，要"健全监督机制和程序，坚决纠正违宪违法行为"，^③"加强党纪监督、行政监察、审计监督、司法监督和国家机关内部各种形式的纪律监督"，^④形成"严密的法治监督体系"。习近平法治思想坚持党的领导，以人民利益为根本，对权力运行形成全面体系化的监督机制，将前代

---

① 习近平：《推进全面依法治国，发挥法治在国家治理体系和治理能力现代化中的积极作用》，《求是》2020 年第 22 期。
② 参见习近平《加快建设社会主义法治国家》，《求是》2015 年第 1 期。
③ 习近平：《论坚持全面依法治国》，中央文献出版社，2020，第 13 页。
④ 习近平：《论坚持全面依法治国》，中央文献出版社，2020，第 75 页。

领导集体依法治国思想的内涵和外延扩展至"全面依法治国"以及最终实现"法治中国"的建设目标，并开创性地提出构建法治监督体系。

3. 习近平法治思想汲取了中华传统监督文化中的有益内容

我国传统法制文化中不乏权力监督的理念。例如战国时期，韩非子提出"法、术、势"相结合的权力监督思想，其主张"以法治权"，"用赏罚二柄御臣"，法、术二者之中，当以法为本。这些都包含对公权力进行监督、对官员进行监督、重视法律等重要理念。在巩固君权理念下构建的古代监督机制更是注重立法建制，注重监督途径和方式的多渠道、多环节，重视行政监察手段的运用，形成了完备的监察体系。习近平法治思想生成汲取了传统监督文化中的有益内容，如监督主体机构化、监督机构权责统一等，可见习近平法治思想是中国理论、本土理论，其思想底色、文化底蕴均体现着我国的制度特点与实践根基。

三 中国特色社会主义法治监督体系的品质

中国特色社会主义法治监督体系是一个具有独特内涵的整体概念，它是由主体、客体、对象、手段等具体要素按照一定的逻辑规则组成的有机整体。它具有下列品质。

（一）党的领导是中国特色社会主义法治监督体系的基础要求

"全面推进依法治国，方向要正确，政治保证要坚强。"[1] 坚持党的领导是社会主义法治的根本要求，是党和国家的根本所在、命脉所在，是全国各族人民的利益所系、幸福所系，是全面推进依法治国的题中应有之义。[2] 中国特色社会主义法治监督体系是中国特色社会主义法治体系下的五大子系统之一，[3] 是以习近平法治思想为指导的党的领导下的监督体系。每一种法治模式当中都有一种政治逻辑，社会主义法治监督体系的政治逻辑在于，

---

① 中共中央文献研究室编《习近平关于全面依法治国论述摘编》，中央文献出版社，2015，第34页。

② 习近平：《关于〈中共中央关于全面推进依法治国若干重大问题的决定〉的说明》，《人民日报》2014年10月29日，第2版。

③ 中国特色社会主义法治体系包括法律规范体系、法治实施体系、法治监督体系、法治保障体系和党内法规体系五个子系统。参见徐显明《论坚持建设中国特色社会主义法治体系》，《中国法律评论》2021年第2期。

要想维护国家与社会秩序的稳定，整合人民的利益诉求，通常需要一个具有凝聚力的组织，由该组织根据此种利益诉求制定满足人民基本需求的政策与制度规范，而政党在整合人民利益诉求并形成制度提案的过程中能够发挥至关重要的作用。政党对人民利益诉求的整合程度越高，就越能代表国家与社会的整体利益。政党整合人民利益诉求的能力，往往同政党的领导地位和领导能力密切相关。中国特色社会主义法治监督体系在坚持党的领导的同时，也旨在改善党的领导，提高党的执政能力和执政水平。"党要管党""从严治党"也意味着运用法治手段督促权力行使者自觉增强"四个意识"，坚定"四个自信"，做到"两个维护"，对党忠诚，时刻与党中央保持高度一致。只有在这种政治氛围下，方能不忘初心，牢记全心全意为人民服务这一根本宗旨。

（二）以人民为中心是中国特色社会主义法治监督体系的根本宗旨

党的根基在人民、力量在人民。习近平强调："一个政党，一个政权，其前途命运最终取决于人心向背。"[1] 可见，维护人民根本利益是构建严密的法治监督体系的标准要素。习近平法治思想始终秉持党性和人民性的统一。运用法治手段对权力进行制约和监督，直接目的是保障人民的权益，防止人民的合法权益被权力的不正当使用所侵害。习近平提出："要坚持用制度管权管事管人，抓紧形成不想腐、不能腐、不敢腐的有效机制，让人民监督权力，让权力在阳光下运行，把权力关进制度的笼子里。"[2]

除此之外，法治监督不仅是为了限制权力，还是为了让权力的运行更加顺畅和规范，让权力运行的结果令人民满意。从权力的来源看，权力源自人民权利的部分让渡，运行权力是为了实现单个个体所不能实现的目标。人民让渡部分权利给国家，目的也正是希望国家凝聚力量实现以个体之力所不能实现的利益追求与价值目标。习近平也指出："权力监督的目的是保证公权力正确行使，更好促进干部履职尽责、干事创业。"[3] 制约和监督权力最终是要促进公权力得到正确行使，而不应成为权力行使者消极怠工的借口。总之，

---

[1] 中共中央宣传部编《习近平新时代中国特色社会主义思想学习问答》，学习出版社、人民出版社，2021，第 101 页。

[2] 习近平：《论坚持全面依法治国》，中央文献出版社，2020，第 75 页。

[3] 习近平：《论坚持全面依法治国》，中央文献出版社，2020，第 242 页。

中国特色社会主义法治监督体系人民利益诉求，在服务人民的实践中逐渐生成。

（三）中国特色社会主义法治监督体系的价值导向是公平正义

人民群众满意与否还涉及法治监督是否真正促进了社会公平，是否实现了实质正义。只有真正实现公平正义，才能得到人民内心的认同。中国特色社会主义法治监督体系追求的是良法善治，权力行使者不仅不能在行为方式上偏离法律轨道，也不能在权力行使的目标上违背法治的公平正义价值，权力运行的后果必须与公平正义目标相契合。争取能让人民群众在每一项法律制度、每一个执法决定、每一宗司法案件中都感受到公平正义这个目标，健全社会公平正义法治保障制度。人心向背直接决定了党的生死存亡，腐败现象、特权现象如果不能得到遏制，就会对党和人民群众的血肉联系产生杀伤性的破坏，只有真正为人民群众谋福利，尊重和保障人权才能得到人民群众内心深处的认同。

（四）中国特色社会主义法治监督体系的核心任务是制约和监督权力

中国特色社会主义法治监督体系是对我国原有权力监督体系的调整和完善，所以制约和监督权力是法治监督体系的核心任务。在监督对象上，法治监督体系要实现对所有行使公权力的公职人员监察全覆盖。不仅包括公职人员中的党员群体，也包括非党员群体。凡是有行使公权力的职责的人，其行为就应受到制约和监督。在监督内容上，公权力的所有行使情形都应当纳入法治监督的范畴。既包括乱用或滥用权力的渎职行为，也包括不用或弃用权力的失职行为。只有将公权力的所有行使情形都纳入法治监督的范畴，才能最大限度地发挥制度的执行效力。

（五）中国特色社会主义法治监督体系的实现路径是凝聚监督合力

中国特色社会主义法治监督体系优化了以往的权力监督方式，采取事前监督与事后监督共存、内部监督与外部监督相结合、权力监督与权利监督并行，既能够全程多维监督，又能够公开透明监督。党的十八届四中全会提出法治监督体系构建时使用了"严密的"这一定语，这是对法治监督体系提出的具体要求。法治监督体系的严密性体现在体系建构的严密性。所谓体系的严密性则首先体现在监督体系要有精确的管理，以及顺畅的协调通道，能够让监督精准定位，使监督程序涵盖每个法律实施环节，从而把监督的责任具体到每一责任主体，避免监督真空或多头管理，以及由此产生的责任不明、相互推诿。我们认为，中国特色社会主义法治监督体系是一个以宪法监督（国家权力机关的监督）为核心，统摄执法监督体系、司法监督体系和社会监督体系等子体系的严密的、完整的、动态的监督体系。

第二节　人大监督

一　人大监督与人大监督制度的内涵

人大监督是指作为国家权力机关的全国人民代表大会和地方各级人民代表大会及它们的常务委员会，为了维护宪法和法律的权威、国家法制的统一以及人民的根本利益，按照法定程序和权限，对国家行政、监察、审判和检察机关的立法、执法、司法活动及其工作等内容进行监视、督促或管理，并采取监察、调查、纠正、处理等活动的总称。顾名思义，人大监督制度是指全国人民代表大会和地方各级人民代表大会及它们的常务委员会对由它们产生的行政机关、监察机关、检察机关和审判机关等国家机关及其公权力进行监督制约的原则、规则和机制的总称。

如上一节所述，中国特色社会主义法治监督体系是以宪法监督为核心，统摄执法监督体系、司法监督体系和社会监督体系等子体系的严密的、完整的、动态的监督体系。作为国家权力机关的人民代表大会及其常委会的监督也就是宪法监督。人大监督或宪法监督之所以是法治监督体系的核心，是由以下原因决定的。首先，宪法是一切立法、执法、司法活动的规范基础，依法治国首先要依宪治国。依宪治国的关键是要保障宪法的有效实施，宪法的有效实施自然离不开有力的宪法监督。我国《宪法》第62条第2项以及第67条第1项规定了全国人大及其常委会有"监督宪法的实施"的职责，因此宪法监督与人大监督在内涵上具有一致性。其次，全国人大及地方各级人大是我国权力机关，监察、行政、审判和检察等各级国家机关均由它产生，向它负责，受它监督，因此人大监督作为法治监督体系的核心，当之无愧。最后，中国特色社会主义法治监督体系与西方的三权鼎立、三权制衡的政治制度截然不同之处在于，我国法治监督体系是以最广大人民为监督主体的。人民代表大会制度的重要原则和制度设计的基本要求，就是任何国家机关及其工作人员的权力都要受到制约和监督。党的十八届三中全会《中共中央关于全面深化改革若干重大问题的决定》也指出："推动人民代表大会制度与时俱进。坚持人民主体地位，推进人民代表大会制度理论和实践创新，发挥人民代表大会制度的根本政治制度作用。"① 因此，人大监督理应成为法治监督体系的核心。

二　人大监督的特点

（一）监督地位的权威性

人大监督在中国特色社会主义法治监督体系中居于最高位置，如果离开人大监督，最高权力机关将失去最有效的治理手段，其地位和权威性将会受到质疑。因此，也只有不断强化人大监督权，健全完善人大监督制度，才能为人大及其常委会行使监督权提供制度支撑，才能切实发挥监督实效，保证宪法法律得到贯彻执行，维护法制统一。

（二）监督模式的单向性

我国奉行单一制的国家权力结构模式，建立的政权组织结构模式是人民代表大会制度，即由人民选举产生全国人民代表大会和地方各级人民代表大会，作为行使国家权力的机关，并由其产生"一府一委两院"等其他国家机关，这些机关对它负责，受它监督。人民代表大会作为国家权力机关，单向监督制约行政权、监察权、审判权、检察权等其他国家权力，不受这些权力的平行节制或反向制约。

（三）监督对象具有组织性

依据《宪法》和《各级人民代表大会常务委员会监督法》（以下简称《监督法》）的规定，人大选举产生国家机关，人大及其常委会有权对国家机关进行监督。但是人大的监督是针对国家机关的监督，而不是对其公职人员的直接监督。原因在于，人大一般通过"听取和审议工作报告"、"审查和批准计划和预算"及"备案审查规范性文件"的方式行使监督权。这三种形式指向的都是以国家机关为监督对象的整体性工作监督，不涉及国家机关公职

---

① 《中共中央关于全面深化改革若干重大问题的决定》，《人民日报》2013 年 11 月 16 日，第 1 版。

人员的具体工作监督。

（四）监督手段多样性

正是因为人大监督权在所有监督手段中具有最高权威和效力，为保证这一权力的有效行使，宪法法律赋予了人大及其常委会听取审议报告、审查和批准决算、执法检查、询问和质询、特定问题调查等多种监督手段。

（五）监督理念柔和性

在宪法和法律赋予人大行使的各种监督措施中，质询、特定问题调查被认为是严厉的监督方式，一经启用便会发挥出明显的监督效果和社会效果。但是在具体实践中，人大开展监督工作往往采取听取和审议报告、执法检查、规范性文件的备案审查等常态化的监督手段，而质询、特定问题调查、撤销法规等较为严厉的方式运用得并不多见。例如，根据《立法法》《监督法》的规定，人大的审查机构认为法规、司法解释存在违宪违法问题的，应先请制定机关自行纠正，对于自行纠正环节又通常采取先沟通协商再提正式书面意见的操作步骤，可谓给足了制定机关"面子"。用一些学者的说法，这是一种"柔性"审查机制。[1]

三　人大监督的意义

人大监督是中国特色社会主义法治监督体系的重要组成部分，健全和完善人大监督制度能够更好地体现党的领导、人民当家作主与依法治国的有机统一。具体而言，它有下列意义。

（一）有利于贯彻落实党中央决策部署

习近平指出："新的形势和任务对各级人大及其常委会工作提出了更高要求。要按照总结、继承、完善、提高的原则，推进人民代表大会制度理论和实践创新，推动人大工作提高水平。"[2] 健全和完善人大监督工作制度，支持和保证人大依法独立行使监督权，成为健全、发展和完善人民代表大会制度的重要内容，有利于加快推动党中央决策部署贯彻落实，充分发挥人民代表大会制度在国家治理体系中的根本政治制度作用。

---

[1]　参见邹平学《宪法和法律委员会的目标定位与机制创新》，《中国法律评论》2018 年第 4 期。

[2]　习近平：《论坚持全面依法治国》，中央文献出版社，2020，第 76 页。

（二）有利于体现人民当家作主

社会主义的监督不是为了监督而监督，其根本目的在于维护和实现人民的根本权益，巩固人民当家作主的主体地位。这就要求中国特色社会主义法治监督体系必须以广大人民利益为根本指向。人民是最广泛的监督主体，由人民选择并组建监督机制去规范权力运行，而人大监督的正当性正是源于人民的授权，它是出于维护人民的根本利益而创设的。健全完善人大监督制度，是人大及其常委会充分实现代表民意的重要举措。只有人民的利益被代议机关充分代表，代议机关始终同人民群众保持密切联系，并充分发挥代议机关的传导功能，才能维护好、实现好、满足好人民群众的根本需求。

（三）有利于推进全面依法治国建设

根据宪法法律的规定，各级人大及其常委会负有对"一府一委两院"执法、司法、行政工作等事项的监督职权，通过监督以督促宪法法律得到切实有效的贯彻执行，从而实现维护法制统一和宪法法律权威的目的。习近平指出："人民代表大会制度的重要原则和制度设计的基本要求，就是任何国家机关及其工作人员的权力都要受到制约和监督。"[1] 监督旨在通过察看被监督者进而采取督促、纠正和处理等行为方式促使权力主体依法正确行使权力。要想发挥好监督实效，需赋予监督主体实体性的监督权限，以及适度的、刚性的、有效的监督手段，并将完备的正当法律程序作为制度保障。健全完备的法律制度是制度被有效贯彻落实和权力得以有效运行的前提基础。健全完善人大监督制度能够为人民代表大会制度运行提供规范基础，进而为行使监督权、督促被监督者依法正确行使权力和履行职责提供强有力的后盾。

四　人大监督的内容

按照内容划分，人大及其常委会对其他国家机关监督的内容可以分为立法监督和工作监督两个方面。

（一）立法监督

立法监督包含广义的立法监督与狭义的立法监督。广义的立法监督既包括对法律、法规、规章的违宪审查，也包括对宪法的解释，还包括对立法机

---

[1] 习近平：《论坚持全面依法治国》，中央文献出版社，2020，第74~75页。

关的立法行为、行政机关的行政行为及司法机关的司法行为的合法性审查，还包括对各政党、社团组织和公民的宪法行为的监督。狭义的立法监督仅仅是对于法律、法规、规章以及司法解释的违宪性、违法性或违章性开展审查以及解释宪法。从我国现行宪法规定的监督内容来看，我国立法监督内容仅指狭义的立法监督，具体包括以下内容。

1. 合宪性审查

合宪性审查是指由全国人大及其常委会针对国家立法活动所产生的法律法规以及国家机关的依法履职行为（例如制定的司法解释）依据宪法的法律文本或者是具有根本法效力的法律文件开展具体审查、评估、作出结论及进行相关法律处理的各项审查活动。合宪性审查的主要行为特征是立法监督的法律依据是宪法[①]，而对被审查对象的审查活动也是围绕着被审查对象是否与宪法相一致展开的。党的十九大报告明确指出"加强宪法实施和监督，推进合宪性审查工作，维护宪法权威"。[②] 目的在于通过合宪性审查来发现和纠正违宪的法律法规和行为，确保宪法作为国家根本法的法律权威。可见合宪性审查是中国特色的宪法监督制度，是完善宪法监督制度的重要着力点。我国《宪法》第 67 条第 7、8 项规定，全国人大常委会有权撤销同宪法、法律相抵触的行政法规、地方性法规等。[③] 为落实人大的这项宪法监督权，2000年《立法法》第 89 条以及 2006 年的《监督法》第五章还确立了法规和司法解释的备案审查制度。在此基础上，全国人大常委会制定了法规、司法解释备案审查工作程序。

2. 合法性审查

在中国现行立法监督体系中，合法性审查包含两层含义：一是指对审查对象是否符合包括宪法、法律、行政法规、自治条例、单行条例、地方性法

---

① 值得注意的是，合宪性审查的标准不仅包括宪法规定、宪法原则，还包括宪法精神。2019 年 12 月 16 日通过的《法规、司法解释备案审查工作办法》第 36 条规定："对法规、司法解释进行审查研究，发现法规、司法解释存在违背宪法规定、宪法原则或宪法精神问题的，应当提出意见。"

② 习近平:《决胜全面建成小康社会　夺取新时代中国特色社会主义伟大胜利》,《人民日报》2017 年 10 月 28 日，第 1 版。

③ 但是，全国人大及其常委会同时也是立法主体，又是立法监督主体，所以对于法律是否合宪的监督属于自我监督，但自我监督已经脱离了监督的本义。参见胡戎恩《完善立法监督制度——兼论宪法委员会的创设》,《探索与争鸣》2015 年第 2 期。

规等在内的所有法律法规的审查行为的总称；二是专指对审查对象是否符合全国人大及其常委会制定的基本法律和基本法律以外的其他法律的审查行为。近年来，我国地方立法领域违背宪法、法律的情形多有出现，尤其是地方立法权下放以后，受立法政绩化的利益驱动，一些地方出现立法越位现象，超越《立法法》及其他法律、法规、规章，造成无限性立法、过度立法。习近平指出："2015 年立法法修改，赋予设区的市地方立法权，地方立法工作有了积极进展，总体情况是好的，但有的地方也存在违背上位法规定、立法'放水'等问题，影响很不好。"[①] 根据《立法法》的相关规定，目前我国尚没有专门的地方立法监督制度，现有的针对地方性法规的监督主要是通过立法批准、备案审查等制度设计予以体现的。其中，备案审查主要针对省市两级地方性法规，需要报送全国人大常委会和国务院进行备案审查。因此，备案审查是一种纵向监督、事后监督，是对立法结果的监督。备案审查能够及时发现在执行法律方面存在的问题，及时制止违法的错误决策，是一种很有力度的监督措施。是我国地方立法监督的主要方式。

3.合规性审查

在中国现行立法监督体系中，合规性审查是指由《立法法》规定有权备案审查的机关针对报送的法规，认为其不符合行政法规、军事法规、监察法规和地方性法规等所作的合规性审查。

我国现行备案审查制度对于纠正违宪违法的法规、司法解释，设计了"三步走"的处理机制：一是与制定机关沟通协商；二是提出书面审查意见，要求制定机关修改或者废止；三是经过上述工作，制定机关仍不纠正的，通过全国人大常委会审议决定作出处理。对于法规，处理方式是予以撤销；对于司法解释，处理方式是作出要求"两高"予以修改、废止的决定，或者常委会自己作出法律解释。

（二）工作监督

工作监督是人大及其常委会对同级政府、监察委员会、人民法院和人民检察院的工作是否符合宪法和法律赋予的职责及其组成人员是否尽职尽责等

---

① 习近平：《坚定不移走中国特色社会主义法治道路　为全面建设社会主义现代化国家提供有力法治保障》，《求是》2021 年第 5 期。

进行监督。《监督法》明确规定了人大常委会行使监督权的多种方式，具体包括听取和审议报告、审查和批准决算、执法检查、询问和质询、特定问题调查、审议和决定撤职等。

1. 听取和审议报告

《监督法》第8条第1款规定："各级人民代表大会常务委员会每年选择若干关系改革发展稳定大局和群众切身利益、社会普遍关注的重大问题，有计划地安排听取和审议本级人民政府、人民法院和人民检察院的专项工作报告。"听取和审议专项工作报告，可以了解工作进展情况，发现工作中存在的问题和不足，及时提出审议意见，对推动经济社会全面发展、有效推进依法治国有着极其重要的作用。但是，在目前实际工作中，部分人大常委会组成人员缺乏依法履职的能力和素质，听取和审议"一府一委两院"专项工作报告不发言，更不提意见建议，不免流于形式，达不到审议工作报告的目的。

2. 审查和批准决算

计划和预算监督，是人大常委会监督工作的重要组成部分。《监督法》规定，国务院应当在每年6月，将上一年度的中央决算草案提请全国人民代表大会常务委员会审查和批准。县级以上地方各级人民政府应当在每年6月至9月，将上一年度的本级决算草案提请本级人民代表大会常务委员会审查和批准。决算草案应当按照本级人民代表大会批准的预算所列科目编制，按预算数、调整数或者变更数以及实际执行数分别列出，并作出说明。《监督法》还规定，国民经济和社会发展计划、预算经人民代表大会批准后，在执行过程中需要作部分调整的，国务院和县级以上地方各级人民政府应当将调整方案提请本级人民代表大会常务委员会审查和批准。严格控制不同预算科目之间的资金调整。预算安排的农业、教育、科技、文化、卫生、社会保障等资金需要调减的，国务院和县级以上地方各级人民政府应当提请本级人民代表大会常务委员会审查和批准。国务院和县级以上地方各级人民政府有关主管部门应当在本级人民代表大会常务委员会举行会议审查和批准预算调整方案的一个月前，将预算调整初步方案送交本级人民代表大会财政经济委员会进行初步审查，或者送交常务委员会有关工作机构征求意见。但在实际工作操作中，这些规定很难落实到位。因为我国各级人大会议一般都是从基层逐级先后往上召开，不少地方人大会议有时要在上年12月底或1月召开，而此时预算执行的数据还无法统计出来，只能是一个估计的数据，同时，由于我国人民代表大会的会期不长，会议日程安排审议预算草案和上年预算执行情况的报告一般只有半天到一天的时间，人大代表把主要精力都花在审议预算草案上，根本无暇顾及对上年预算执行情况的监督，把上年预算执行情况单独作为人民代表大会审查监督的内容在工作中完全流于形式，已无实质意义。

3. 执法检查

执法检查是国家权力机关以"一府一委两院"为对象，就相关法律法规在本区域内落实情况所开展的一种重要法律监督形式，人大执法检查是国家权力机关的一种监督行为，实质上就是一种执法监督，它既具有法律监督的性质，还具有工作监督的性质。《监督法》第22条要求各级人民代表大会常务委员会每年选择若干关系改革发展稳定大局和群众切身利益、社会普遍关注的重大问题，有计划地对有关法律、法规实施情况组织执法检查。从当前各地执法检查权的行使情况看，一般采取听取汇报、实地察看、开座谈会的形式，有时检查前由被检查的地方政府及相关部门预定路线，随机抽查较少，主动采用其他方式检查则更少，执法检查容易墨守成规，易造成执法检查走过场，难以全面了解真相、掌握实情。

4. 询问和质询

《监督法》第34条规定，各级人民代表大会常务委员会会议审议议案和有关报告时，本级人民政府或者有关部门、人民法院或者人民检察院应当派有关负责人员到会，听取意见，回答询问。但是，询问和质询方式的人大监督在实践中运用得很少。例如，在十三届全国人大常委会第六次会议期间，参会委员、代表及列席人员就"两高"执行难工作开展专题询问，这在全国人大常委会历史上是第一次。

5. 特定问题调查

《监督法》第39条规定，各级人民代表大会常务委员会对属于其职权范围内的事项，需要作出决议、决定，但有关重大事实不清的，可以组织关于特定问题的调查委员会。实践中，也的确发生过人大行使特定问题调查权的先例，例如2015年10月，全国人大常委会预算工委调研组到浙江云和县就"云和人大特定问题调查"开展专题调查。特定问题调查被认为是一种严厉的监督方式，一经启用便会发挥明显的监督效果和社会效果。但是人大特定问题调查是各级人大及其常委会所有监督方式中使用最少的一种。

6. 审议和决定撤职

《监督法》第44条规定，县级以上地方各级人民代表大会常务委员会在本级人民代表大会闭会期间，可以决定撤销本级人民政府个别副省长、自治区副主席、副市长、副州长、副县长、副区长的职务；可以撤销由它任命的本级人民政府其他组成人员和人民法院副院长、庭长、副庭长、审判委员会委员、审判员，人民检察院副检察长、检察委员会委员、检察员，中级人民法院院长，人民检察院分院检察长的职务。但在实践中，这项权力极少被启用。

第三节　监察监督

一　监察监督的内涵

监察监督是由监察机关对所有公职人员依法、独立展开督察，调查职务违法和职务犯罪，开展廉政建设和反腐败工作，维护宪法和法律的尊严的活动。《监察法》第11条第1项规定："监察委员会依照本法和有关法律规定履行监督、调查、处置职责：（一）对公职人员开展廉政教育，对其依法履职、秉公用权、廉洁从政从业以及道德操守情况进行监督检查。"据此，监察委员会将独立、统一行使腐败治理的监督、调查与处置职权。

由中国共产党主导的社会主义权力监督体系中，监察监督与其他党和国家监督制度经历了从各自独立运行到部分重合，再到交集合作，直至最终统一于顶层设计的演进历程。在监察体制改革以前，对公权力行使监督权的主体包括权力机关（人大监督）、司法机关（检察监督、审判监督）、行政机关（行政监察、审计监督）、政协机关（民主监督）、人民群众（群众监督）、舆论机构（舆论监督）等，这些监督主体多元，难以形成监督合力。另外，中国共产党在中国特色社会主义建设中处于中心地位，党内纪律监督其实最为严格也最具有主导性。党内纪律监督的主体是党的组织、纪检组织与党员，监督对象是党组织与党员领导干部，监督内容更加突出政治性，监督依据是党内法规，监督层次包括抽象监督与具体监督，相较于其他监督权力，党纪监督有更为严格、明确的标准。党纪监督重在纪在法前、纪严于法。但是，党的纪律检查机关与国家监察机关存在部分职能重叠的情况，既增加了反腐败的成本，还容易出现纪法脱节、衔接不畅、监督空白等问题。监察体制改革，就是要将监督机制中原本存在重叠的监督职能进行整合，弥补监督机制中存在的监督空白与监督漏洞，将党的纪律检查机制与国家监察机制进行创新整合，从而实现监督资源的最佳配置，使监督治理达到最佳效果。

国家监察体制改革在党的十八大以来取得重大进展，十八届三中全会报告专章研究强化权力运行和监督体系问题，从体制和机制的视角提出完善党和国家领导体制、党风廉政建设，以及与国家权力运行体制机制相关的权力清单制度和公开权力运行的流程。这推动了《中国共产党党内监督条例》《中国共产党巡视工作条例》等一系列党内规范的出台，奠定了监察改革的基础。党的十九届四中全会从推进国家治理体系和治理能力现代化的战略高度，对坚持完善党和国家监督体系作出重要部署，强调"必须健全党统一领导、全面覆盖、权威高效的监督体系，增强监督严肃性、协同性和有效性，形成决策科学、执行坚决、监督有力的权力运行机制"。监察监督是完善党和国家监督体系的重大举措，组建国家监察委员会，同党的纪律检查机关合署办公，实现依规治党与依法治国、党内监督与国家监察有机统一，实现对所有行使公权力的公职人员监察全覆盖。

二　监察监督的特点

（一）定位上的政治性

监察委员会是与党的纪律检查机构合署办公的专门机构。按照《中国共产党章程》，纪律检查委员会是党内监督的专责机关，而在纪委监督基础上新创设的国家监察监督制度则是党内监督的拓展和延伸。因此，监察机关的定位是政治机关。监察监督的依据不仅包括法律和政务规章，还包括党纪。"纪严于法""纪在法前"决定了监察监督是一项政治工作，是一种政治监督，具有鲜明的政治性质，涉及党、政、法三维，要运用政治思维和方法开展工作。

（二）职责上的专门性

监察权地位的提升与国家独立权力的属性，意味着由行政区划监察机关及其派驻或派出机关统一行使监督权。根据《监察法》第 3 条之规定，各级监察委是行使国家监察职能的专责机关，享有腐败治理的全责、全权，监察监督的目的是反腐败，因为腐败治理是国家治理的底线。国家治理能力低下会导致腐败，反之腐败也会进一步降低国家治理能力。

（三）领域的全覆盖

监察体制改革就是为了解决腐败治理权"片段化"、"碎片化"与"隔离化"问题，改变多家权力部门分别行使腐败的预防、调查、处置与文化建构权的格局。监察监督是习近平法治思想创造性地将党政合署办公模式运用到法治监督体系建设中的产物，采用专职且党政合署办公的模式将党的监督与国家监督贯通，形成了统一高效的新型监察监督体制，将反腐败和权力监督的各种力量集中统一起来。将所有用权者纳入统一的监督框架内，解决以往监察与党内监督衔接不到位、某些用权者因监督范围不周延而处于监督范围之外的问题，最终实现"对公权力监督和反腐败的全覆盖、无死角"。[①] 基于实现监察"全覆盖"的目标，监察监督领域既包括对交易型"硬"腐败的治理，也包括对权力不彰、利益冲突或公权不为等"软"腐败的治理。《监察法实施条例》列举了监察机关有权管辖的 101 个职务犯罪罪名。一些行权行为甚至超出了腐败的范围（例如危害公共安全罪的多个罪名，渎职罪等）。

（四）监督介入的主动性

监督权以外在权力介入于特定权力内部为必须，是典型的"介入性"权力。监督权有两个子环节，"监"意指观察、观测，"督"意指督促、规范。监察体制改革前的国家监督尽管主体多元，某些主体确也发挥了重要作用，但现实的腐败治理成效表明监督效能仍存在严重短板：人大监督过于抽象、司法监督又限于犯罪结果发生后，所以结果与外在监督多于过程与内在监督，无法介入权力运行的动态过程。因而，若继续依循原先的监督体系或监督方式，在中国腐败治理主要矛盾已经发生根本变化的情况下，很难实现消除腐败机会的新目标。监察体制改革的目标，就是在实现集中国家监察力量的同时，解决监督间接、抽象、被动与结果性的问题，使直接监督、具体监督、主动监督与过程监督成为腐败治理的主导模式。

---

① 习近平：《在新的起点上深化国家监察体制改革》，《求是》2019 年第 5 期。

（五）监督对象的对人性

《监察法》第 3 条将监察监督对象设定为"所有行使公权力的公职人员"。这是因为腐败的发生决定于多元因素，但是，"人"与"权"的存在是最根本要件，权力被滥用前具有中立性，人是扭曲公权的根本要素，以公职者为中心建构国家监察监督系统，符合腐败治理基本规律。

（六）职权上的贯通性

国家监察体系是在党对反腐败工作统一领导下建立的监督体系，在监督依据方面，执纪和执法相互贯通，将所有的监督对象同时置于党的纪律和国家法律的尺度之下，以此实现坚持纪法协同的监督效果。反腐败体系的建构不可能独立于政治体系的建设和发展，它与政治体系的特性以及成熟程度密切相关。中国的反腐败体系的建构与成长，就与中国的政治体系和国家建设逻辑密切相关，形成了以政党为中心的中国特色的惩治与预防腐败体系。中国特色反腐败系统由党内监督与国家监督二元子系统组成，党内监督行使机制由《中国共产党党内监督条例》根据监督对象的不同加以设定，如第三章"党委（党组）的监督"中就规定了日常管理监督、巡视监督、组织生活监督、党内谈话监督、干部考察考核监督、述责述廉监督、个人有关事项报告监督、插手干预重大事项监督等监督机制。国家监察机关与党的纪检机关合署办公是一种全方位、立体化的监督模式，自监察体制改革以来，大多地方监察机关正是借助纪委监督通道作为"观测口"而进行监督，实现"纪、法、罪三把尺子"的贯通衔接，体现了依法治国与依规治党的有机统一。

三　监察监督的内容

根据《监察法》第 11 条第 1 项的规定，监察监督包括四种监督类型，分叙如下。

（一）履职监督

履职监督重在监督公权行使的合法性，包括行权实体与程序合法性，涉及不为、滥为、实体或程序违法等监督为重点。习近平提出："维护制度权威、保障制度执行，是纪检监察机关的重要职责。"[①] 履职监督的目的是将

---

① 《习近平谈治国理政》（第三卷），外文出版社，2020，第 550 页。

权力关进制度的笼子中，因为权力的实际行使者是具有主观偏好的人。控制权力的本质，是要将权力行使者的行为纳入制度化、规范化、程序化的框架之内，使其不能根据个人偏好肆意妄为，不能偏离人民授权的初始目的。习近平提出："要坚持用制度管权管事管人，抓紧形成不想腐、不能腐、不敢腐的有效机制，让人民监督权力，让权力在阳光下运行，把权力关进制度的笼子里。"①

（二）用权监督

用权监督重在监督公权行使的公正性，包括行权合理性与无偏私性，涉及徇情、徇私与裁量合理等监督重点。需要健全和完善一些重点制度，以便对权力的行使过程加以监督，例如，要强化重要事项集体议事决策制度，健全施政行为公开制度和政务公开制度等。

（三）廉洁监督

中国特色社会主义国家治理体系向来重视教育的基础功能，监督体系建构同样强调教育的作用，对全体公权行使者开展有力的政治教育，是中国特色国家治理的本质，《监察法》确认了廉政教育是监察监督职责行使的前提，廉政教育是提高公权行使者抵御腐败诱惑的武器，更是监察委员会行使监督职责中发现问题的重要渠道。

（四）操守监督

操守监督重在监督公权行使的合道德性，包括行权道德与公共道德，涉及悖德、失范等监督重点。尽管如此，因"道德操守"属独立监督类型，而我国对公权者道德规范要求主要以党内规范的形式出现，较少转化为国家立法。

第四节　检察监督

党的十八大以来，习近平总书记对检察工作作出一系列重要指示，对检察机关法律监督的重要地位、主要职责、基本任务作出深刻阐释，检察机关

---

① 中共中央文献研究室编《十八大以来重要文献选编》（中），中央文献出版社，2016，第58页。

法律监督的实践与制度创新取得重大进展。尤其是 2021 年 6 月 15 日，中共中央专门就检察监督发布《中共中央关于加强新时代检察机关法律监督工作的意见》，明确了人民检察院是国家的法律监督机关，是保障国家法律统一正确实施的司法机关，是保护国家利益和社会公共利益的重要力量，是国家监督体系的重要组成部分，在推进全面依法治国，建设社会主义法治国家中发挥着重要作用。

一　检察机关的法律监督的概念与意义

检察机关的法律监督是指人民检察院通过运用法律赋予的职务犯罪侦查权、公诉权和诉讼监督权，追诉犯罪和纠正法律适用中的违法行为来保障国家法律在全国范围内统一正确实施的专门工作。从人民检察院作为"国家的法律监督机关"来看，法律监督由刑事检察、行政检察、民事检察、公益诉讼等四大监督职能构成。

新中国检察制度是建立在人民代表大会制度这一根本政治制度的基础之上的，人民检察院的机构和职能设置是为适应人民行使国家权力的需要而在国家政治制度这一最高层面上建构的，其建构理念乃是作为马克思主义法和国家学说的重要组成部分的法律监督思想。由于人民检察院具有独立于行政机关的宪法地位，且诉讼职能是人民检察院法律监督职能的主要实现形式，因而法律监督职能的履行是与人民法院的审判或裁判职能有机地结合在一起的，所以，在我国制度框架内，"司法机关"被认为是人民法院（审判机关）和人民检察院（法律监督机关）的统一体，人民检察院被认为是我国的司法机关，法律监督制度也是国家司法制度的有机组成部分。

总之，"法律监督"是检察机关的基本职能，"司法机关"是检察机关法律监督的职能特性，"保护国家利益和社会公益重要力量"，"在推进全面依法治国，建设社会主义法治国家中发挥重要作用"是检察机关法律监督的功能体现。申言之，法律监督基本职能是司法特性和保护、推进功能的上位概念，强化法律监督，就是通过保障法律统一正确实施，保护国家利益和社会公共利益、推进全面依法治国、建设社会主义法治国家的价值功能。

二 检察机关法律监督的特征

（一）国家监督

在马克思主义的哲学和社会理论中，国家一词通常有两种指称含义：一是指"组成为国家的新社会"，[①] 这个意义上的国家是"整体社会"的一种历史形态；二是指特定社会生产方式（"市民社会"[②]）的政治与法律的上层建筑。在历史唯物主义哲学中，法或法的关系在本质上是社会生产关系的意志关系形式，而国家或"国家机器"的概念通常不是指作为一种"整体社会"意义上的民族国家，也不是指作为与个人或私人概念对应的公共利益共同体的国家，而是指特定社会经济基础的政治和法律的上层建筑意义上的国家。如果说"政治"上层建筑主要由国家立法权、行政权等政治权力机关所构成，那么作为"纯粹法律权力"的国家司法权则主要属于一定社会的法律上层建筑范畴，是法或法的关系的人格化。而国家司法权对社会经济基础的保护，乃是通过保障行为法或行为规范的权威性、有效性来实现的。我国检察机关属于具有独立法律地位的国家法律监督机关，作为"纯粹法律权力"的一种法律职能，检察机关之法律监督乃是对法或法秩序之不可违反性的监护职能，亦即监视法律是否被违反，一旦法律被违反，就依法启动违法责任的追究程序或者适用法律错误的纠错程序的职能。

（二）纯粹性、超然性的监督

检察机关法律监督是一种执法活动，但是，作为法律监督的执法职能与行政机关的行政职能存在质的区别。

首先，行政执法大量地表现为一种行政许可职能，而行政许可的对象并非涉嫌违法的行为，而是自然人、法人的法律行为或权利行为，因而行政许可被认为是具有"服务"性质的行政职能，理论上就有"警察型政

[①] 《马克思恩格斯选集》（第四卷），人民出版社，2012，第13页。

[②] 马克思恩格斯著作中的"市民社会（bürgerliche Gesellschaft）"一词主要有两种指涉含义。一是指"十六世纪以来就进行准备、而在十八世纪大踏步走向成熟的'市民社会'"。《马克思恩格斯选集》（第二卷），人民出版社，1972，第86页。这个意义上的市民社会指现代资产阶级社会这一社会经济形态。二是指"人们在自己生活的社会生产中发生一定的、必然的、不以他们的意志为转移的关系"（生产关系）的总和。

府"向"服务型政府"转变一说。但是，"服务型检察"或"服务型法律监督"这样的提法可能导致误解。因为"服务"作为一种义务形式是相对于主体的权利而言的，而法律监督却是因主体的违法或侵权行为而设置的国家职能。

其次，各种监督机制相互衔接，共同发挥着监督制约作用。而法律监督，只有在被监督对象的行为触犯最低标准时才能启动。据此，国家法律监督机关必须是一个超然于被监督的社会关系（包括其法律关系）之外的、不承担任何行政职能和没有丝毫行政权力的"纯粹的法律机构"，而检察机关正是这样的纯粹法律监督机构，"检察机关和任何行政机关不同，它丝毫没有行政权，对任何行政问题都没有表决权"。[①] 检察职能除了反映法律监督机关与个人和单位之间违法与制裁或纠错的法律关系之外，不包含任何其他法律关系的因素。

（三）整体性、全局性的监督

党的十九大以来，在以习近平同志为核心的党中央坚强领导下，检察机关实现理念变革、职能、重构、机构重塑，检察队伍展现出新姿态、新面貌，检察事业进入新发展阶段。遵循意见谋发展，一是在党和国家工作大局视野中提高服务精度，打造出更加符合人民期待的检察产品，在服务保障中引领向善、在推动发展中实现善治。二是以自身工作的高质量保障服务发展的高质量，检察机关既是司法实践的监督者，也是参与者，其监督职责的践行是参与式、跟进式、融入式的，这就要求检察机关自身各项工作必须做到高质量，全面提升以监督办案为特征的法律监督质效，更好地维护司法公正。

（四）以诉或诉权的行使为基本的实现形式

法律监督有诉讼监督和非诉讼监督两种形式。诉讼形式的监督和非诉讼形式的监督，构成了检察机关的法律监督职能的全部。我们认为，诉讼形式的法律监督是检察法律监督职能中最具权威性、实效性的核心或主干部分，而诉讼形式的法律监督是以法定诉讼程序的存在为前提的，检察监督权的法律效力就在于能够发动这种诉讼程序，亦即可以将监督客体（违法行为）提

---

① 《列宁全集》（第四十三卷），人民出版社，1987，第195页。

交至有实体处分权或裁判权的国家机关作出裁决。这也意味着，作为一个有机整体的检察权的权威性始终是以国家权力机关和人民法院的实体处分权或裁判权为依托的。在党和国家的监督体系中，法律监督与司法审判权正是通过"在监督中办案"和"办案中监督"实现有机结合的。

三　检察机关法律监督的内容

（一）刑事检察监督

检察职能产生的初衷是对刑事侦查和刑事审判的监督制约。在侦查监督中，重点纠正打击不力和纠正冤假错案；在审判监督中，重点监督纠正重罪轻判、有罪判无罪以及轻罪重判等问题；在刑罚执行监督中，重点纠正不依法交付执行、超期羁押以及"纸面服刑"等问题；党的十九大以来，最高人民检察院认真贯彻党中央决策部署，领导全国各级检察机关深入贯彻习近平法治思想，落实"少捕慎诉慎押"司法政策，推进扫黑除恶专项斗争，推出平等保护民营经济、以典型案件重塑正当防卫、落实指控证明犯罪和认罪认罚从宽制度主导责任等方式实现对刑事诉讼活动的监督。

（二）民事检察监督

民事检察监督是人民检察院对人民法院民事审判权力与执行权力的监督，使当事人在诉权被侵犯时能够得到及时救济，确保民法典统一正确实施。就民事检察而言，其具有鲜明的制约权力、保障权利的法治特征。

（三）行政检察监督

行政检察监督是指人民检察院监督各方主体实施公共行政活动是否严格遵守宪法、法律的特定检察活动。行政检察监督的核心价值追求是保障宪法和法律完整统一实施而对公共行政的控制，旨在促进国家法律在公共行政层面的正确统一实施；根本目标是在构建检察权威与保障公民权利之间寻求价值平衡；检察对象是享有国家公权的多方主体在国家公权领域内实施的具有受控性和执行性的各种外部活动；检察内容是监督上述活动是否严格遵守法律。因此，行政检察监督划分为行政行为检察监督和行政诉讼检察监督，其中前者包括行政执法检察监督和行政立法检察监督等。

（四）公益诉讼检察监督

公益诉讼检察是检察权以间接方式监督制约和保障行政权规范运行的制

度设计。从现实情况来看，行政机关的滥用职权和失职、渎职等行为是导致和激化诸多社会矛盾的主要原因之一，而生态环境和资源保护、国有资产保护、国有土地使用权出让、食品药品安全等领域造成国家和社会公共利益受到侵害等，在一定程度上与行政不作为或乱作为有关。这就要求公益诉讼检察要围绕生态环境资源保护国有财产保护、国有土地使用权出让等领域开展监督工作，把握公益诉讼案件的查办规律，通过对履职、起诉的督促，支持起诉，提起诉讼等方式，严格履行诉前检察建议和起诉程序，确保案件得到有效办理。

第五节　社会监督

一　社会监督的概念和意义

社会监督指公民个人、社会团体和社会组织依据宪法、法律和法规，运用各种方式（例如新闻媒介）对党政机关及其工作人员实施的监督。

中国特色社会主义法治监督体系是一个相互关联的大系统，既包括中国共产党内部的监督、国家的监督，也包括社会监督。社会监督是人民行使当家作主权力的根本体现，反映了我国社会主义民主的性质和宗旨。完善的社会监督制度对于推进我国民主政治建设、克服官僚主义和腐败现象、促进社会主义法治具有重大的现实意义。新中国历史上，曾经出现过"文化大革命"这种社会监督乱象。党的十八大以来，中国特色社会主义进入新时代，全面推进社会监督的法治化和规范化是完善中国特色社会主义法治监督体系的重要任务。以习近平同志为核心的党中央全面推进依法治国，把社会监督的制度化规范化建设摆在十分重要的位置。强调社会监督或舆论监督的重要性，从根本上说，这是由我们党的性质和宗旨决定的。中国共产党是中国工人阶级的先锋队，是中国各族人民利益的忠实代表。中国共产党作为执政党，它必须代表我国社会绝大多数人民群众的根本利益。这就是说，除了绝大多数人民群众的根本利益之外，中国共产党没有自己的特殊利益，这就决定了党的先进性质。那么，中国共产党在实践中是不是真正体现出了这个性质，是不是真正代表了绝大多数人民群众的根本利益，归根结底要由人民群众来作出最后的判断。通过社会监督，党和国家可以及时获得人民群众的反馈意见，积极接受群众评议与社会监督，又可以对群众的反馈意见作出及时回应，对群众不满意的地方及时整改，对不当使用权力、侵害群众合法权益的情形予以预防和打击。

二 社会监督的特点

社会监督与权力体系内的监督相比，具有不可代替的特殊作用，这主要是由它的下列特点所决定的。

（一）性质上的民主性

如前文所言，社会主义法治监督体系区别于西方的权力监督体系的关键是监督的标准，社会主义法治监督是否达标的标准是人民是否满意。人民是权力的赋予者，其必然有权监督权力。将能否达到令人民满意的程度作为权力监督是否达标的判断标准，与马克思主义权力监督理论中"权力源于人民，理应回归人民"的思想一脉相承。社会监督实质上体现了"人民的权力"这一民主政治的核心内容。换句话说，社会监督关系到政党执政的合法性问题。"合法性"作为政治学的一个重要概念，是指民众对于现存政治秩序和政权的信任、支持和认同，用习近平的话说，就是人民"拥护不拥护""赞成不赞成""高兴不高兴""答应不答应"。[1]

（二）作用上的相对独立性

社会监督之所以有效，是因为与党内监督和国家监督相比，它具有相对独立性，不处于特定等级体制或领导干部的控制之下，不依附、不受制于其他监督制度。邓小平同志曾强调："我们要坚持共产党的领导，当然也要有监督，有制约"，[2]而绝对"没有超乎人民群众之上的权力"，"没有向人民群众实行恩赐、包办、强迫命令的权力"。[3]为此必须"充分发扬人民民主，保证全体人民真正享有通过各种有效形式管理国家，特别是管理基层地方政权和各项企业事业的权力享有各项公民权利"。[4]这深刻阐明了社会监督主

---

[1] 习近平：《在第十三届全国人民代表大会第一次会议上的讲话（2018年3月20日）》，人民出版社，第6页。

[2] 《邓小平文选》（第三卷），人民出版社，1995，第256页。

[3] 《邓小平文选》（第一卷），人民出版社，1994，第218页。

[4] 《邓小平文选》（第二卷），人民出版社，1994，第322页。

体只有真正拥有各项权力、具有完全独立的行为品格，才能有效发挥其监督作用。

（三）监督向度上的自下而上性

社会监督属于自下而上的监督。我国长期以来偏重自上而下的路径监督，而对自下而上的监督重视不够。具体表现为前者的监督力度确实在不断加大，诸如强化巡视制度、垂直管理，甚至"垂直空降"有关干部等，但由于种种原因后者的监督力度有限，群众不敢监督、不能监督和不会监督的问题依然存在。应当说，权力运行方向总是具有自上而下的特点，这就决定了权力主体之间的关系表现为上级命令下级、下级服从上级。这种自上而下的权力运行，对于保证党的路线、方针、政策和国家的法律、法规的贯彻执行发挥了重要作用。但是，从这种自上而下的权力监督效果来看，权力主体间的利益关联及其所处层级的远近程度等因素往往会造成所谓"上级监督太远，同级监督太软，下级监督太难，纪检监督太晚"的困境。近年来，"一把手"违法乱纪案件居高不下，也表明片面依赖权力系统内部上下隶属关系的监督有一定的局限性。因此，在完善监督体系上，还要注意探索和完善人民群众自下而上监督的制度。

（四）监督方式上的直接具体性

相对于政党和国家内部的监督，社会监督属于直接监督，也属于积极监督。就前者来说，这种监督能够为公众提供一种直接参与国家事务的机会和渠道，从而使人民的权力、人民的统治在更广的范围内成为现实，这本身就是对政党和国家权力的一种制约。社会监督不是被动地依赖政党和国家权力运作，而是主动通过自身的行为来维护人民权益。

三　社会监督的主要内容

我国社会监督的基本途径是人民群众通过批评、建议、申诉、检举、控告等方式表达意见的机制和制度，主要包括以下几种。

（一）群众信访监督

《党政机关信访工作暂行条例》明确规定："人民群众通过来信来访向各级党委和政府提出要求、建议、批评和揭发、控告、申诉，是宪法规定的民主权利，也是人民群众参与管理和监督国家各项工作、监督国家工作人员的一种方式。各级党委和政府要保障人民群众行使这项民主权利。"信访监督具有广、热、快、真等特点，是人民群众参政议政、献计献策、监督党政机关及其工作人员的重要形式。近年来，群众举报也成为公民行使监督权的另一条重要渠道，具有方便易行、处理迅捷、覆盖面广、威力巨大等优点，已经日益成为群众维护正义，抑制和消除腐败的重要武器。

（二）新闻舆论监督

新闻舆论监督是人民群众通过新闻媒介工具对党和政府的各项工作所进行的广泛的监督。它是以大众传播媒介为载体，以反映群众呼声，为公众提供及时、可信的舆论信息为手段，对社会政治经济生活和决策机构提供咨询和实行监控的一种社会行为。它以其广泛性、公开性、及时性和评价性而具有强大的威慑力。新闻媒体在我国是传达党和政府方针政策的工具，是反映人民群众利益愿望的工具，是人民群众意见的表达平台，从本质上说，新闻媒体是社会的良知。随着改革开放的深入，我们的党政领导机关和干部对新闻媒体的作用越来越重视，并且能够采取积极措施，主动地接受新闻媒体的社会监督，例如党政机关建立并且实施了新闻发言人制度。随着近年来互联网技术的迅猛发展更是造就了庞大的网络群体，而且为反腐败提供了便捷有效的手段。

（三）社会群众组织的监督

社会群众组织有特定的含义，是指当今社会中依法设立的非政府、非营利性的民间社团、组织和机构等。据统计，目前中国各类社会组织已经超过350万个，初步形成了门类齐全、覆盖范围广泛的社会组织体系。社会群众组织在监督权力和反腐败方面取得了一些实质性的进展，例如实践中的"村民监督委员会"。村民监督委员会的候选人在社会关系上回避了村委会和村支委会的成员，由村民大会直接选举产生，其职能就是监督村委会。这种来自农村基层的"草根监督"是村民的内在要求，从而使开展社会监督有了深厚的群众基础。未来应该坚持培育发展和管理监督并重，完善培育扶持和依法管理社会组织的政策，发挥各类社会组织提供服务、反映诉求、规范行为的作用。

本章小结

中国特色社会主义法治监督体系是中国特色社会主义法治体系的重要组成部分。它以习近平法治思想为理论基础，不仅继承了马克思列宁主义经典权力监督理论，而且结合中国特定的政治生态环境和时代精神，实现了马克思主义经典权力监督思想在中国的创造性发展。中国特色社会主义法治监督体系以党的领导为基础要求，确立了以人民为中心的根本宗旨，秉持公平正义的价值导向，其核心任务是制约和监督权力。具体到各种监督方式而言，人大监督既包括对法律、法规、规章以及司法解释的违宪性、违法性或违章性开展审查以及解释宪法，也包括对全国人大及其常委会对于同级政府、监察委员会、人民法院和人民检察院的工作是否符合宪法和法律赋予的职责及其组成人员是否尽职尽责等进行监督。监察监督则是由监察机关对所有公职人员依法、独立展开督察，调查职务违法和职务犯罪，开展廉政建设和反腐败工作，维护宪法和法律的尊严的活动。法律监督体现为人民检察院通过运用法律赋予的职务犯罪侦查权、公诉权和诉讼监督权，追诉犯罪和纠正法律适用中的违法行为来保障国家法律在全国范围内统一正确实施的专门工作。社会监督指公民个人、社会团体和社会组织依据宪法、法律和法规，运用各种方式（例如新闻媒介）对党政机关及其工作人员实施的监督。各类监督形式应该贯通衔接，凝聚监督合力。

问题与思考

1. 如何理解中国特色社会主义法治监督的内涵与特征？

2. 法治监督体系中各类监督形式如何贯通与协调？

3. 如何看待新媒体技术对社会监督方式与效果的影响？

4. 结合以下材料，回答相关问题。

2022 年 12 月 28 日，全国人大常委会法制工作委员会主任沈春耀作了《全国人民代表大会常务委员会法制工作委员会关于十三届全国人大以来暨

2022年备案审查工作情况的报告》。该报告指出，有司法解释规定，上级人民检察院可以依法统一调用辖区内的检察人员办理案件，经上级人民检察院作出调用决定，被调用的检察官可以代表办理案件的人民检察院履行出庭支持公诉等各项检察职责。有公民对此规定提出审查建议。对于被调用的检察人员代表所调用的人民检察院履行出庭支持公诉等各项检察职责是否需要经本级人大常委会作出相关任职决定，实践中存在不同认识和做法，涉及对人民检察院组织法有关规定的理解。我们经研究认为，宪法和有关组织法等法律共同构成检察权行使的法律依据，根据人民检察院组织法有关规定，上级人民检察院可以调用辖区内的检察人员办理案件；被调用的检察人员代表办理案件的人民检察院履行出庭支持公诉等各项检察职责的，须经本级人大常委会作出相关任职决定。我们已向有关制定机关提出了研究意见，建议予以考虑。

问题：（1）在我国，立法监督的对象、范围是什么？立法监督的方式有哪些？

（2）当下的立法监督方式可能存在哪些不足？应如何改进？

第十二章 中国特色社会主义法治保障体系

第一节 社会主义法治的政治保障

一 党的领导为中国特色社会主义法治建设提供了根本保障

当代中国法治建设所走过的道路，充分表明中国共产党坚强有力的领导是法治建设得以顺利推进并取得重大进展的根本保障。与西方作为部分利益代言人的政党不同，中国共产党是全新类型的政党。"作为马克思主义政党，中国共产党摆脱了以往一切政治力量追求自身特殊利益的局限，一经诞生就把为中国人民谋幸福、为中华民族谋复兴确立为自己的初心使命。"① 中国共产党自成立之日起就致力于建设人民当家作主的新社会、新政权、新制度，为中国式法治现代化建设提供了目标指向、根本遵循、战略规划和策略选择。

在新民主主义革命时期，以毛泽东为主要代表的中国共产党人把马克思主义国家和法治理论与中国新民主主义革命法制的实际相结合，不仅形成了丰富的法治理论，而且也在革命根据地开启了现代化的法治实践。在社会主义革命和社会主义建设时期，党领导人民实现了人民民主的法律化制度化，确立了社会主义基本制度，为中国式法治现代化开辟了道路。不过，受内外各种因素困扰，开局良好的法制建设在 20 世纪 60 年代陷入停滞、逆转和倒退状态。"文化大革命"期间，法制遭到严重破坏，党和人民付出了沉重的代价。十年内乱结束后，以邓小平同志为主要代表的中国共产党人成功开创了中国特色社会主义道路，中国进入改革开放的新时期。邓小平理论、"三个代表"重要思想、科学发展观的形成，坚持、发展了中国式法治现代化道路。在中国特色社会主义旗帜下，党领导人民确立了"发扬社会主义民主、健全

---

① 中共中央宣传部：《中国共产党的历史使命与行动价值》，《人民日报》2021 年 8 月 27日，第 1 版。

社会主义法制","有法可依、有法必依、执法必严、违法必究"的基本方针，确立了"依法治国、建设社会主义法治国家"的基本方略，确立了"坚持党的领导、人民当家作主、依法治国有机统一"的基本原则，提出"尊重和保障人权"的国家理念，初步形成中国特色人权保障法治体系，并形成了以宪法为核心，包括236部法律、690多件行政法规、8500多件地方性法规在内的中国特色社会主义法律体系。[①]

党的十八大以来，中国特色社会主义进入新时代。以习近平同志为主要代表的中国共产党人，提出了一系列原创性的治国理政新理念新思想新战略，创立了习近平新时代中国特色社会主义思想。这一伟大思想明确提出"全面依法治国"重大战略，论述了全面依法治国的重大意义、政治方向、工作布局、重点任务、重大关系、重要保障。其包括内涵丰富、论述深刻、逻辑严密、系统完备的习近平法治思想。在习近平法治思想指引下，党领导人民在新时代成功走出了一条中国式法治现代化新道路。其"新"集中体现为习近平提出并科学阐述的"全面依法治国新理念新思想新战略"，最鲜明的特征是坚定不移走中国特色社会主义法治道路，筑法治之基、行法治之力、积法治之势，为全面建设社会主义现代化国家、实现中华民族伟大复兴提供良法善治。具体而言，就是坚持党对全面依法治国的领导，坚持以人民为中心，坚持中国特色社会主义法治道路，坚持依宪治国、依宪执政，坚持在法治轨道上推进国家治理体系和治理能力现代化，坚持建设中国特色社会主义法治体系，坚持依法治国、依法执政、依法行政共同推进，法治国家、法治政府、法治社会一体建设，坚持全面推进科学立法、严格执法、公正司法、全民守法，坚持统筹推进国内法治和涉外法治，坚持建设德才兼备的高素质法治工作队伍，坚持抓住领导干部这个"关键少数"。其"新"在实践中鲜明表现为从依法治国到全面依法治国，从建设中国特色社会主义"法律体系"到建设中国特色社会主义"法治体系"，从"有法可依、有法必依、执法必严、违法必究"到"科学立法、严格执法、公正司法、全民守法"，从建设"法治国家"到建设"法治中国"，从着力推进"国内法治"到"统筹推进国内法治和涉外法治"，从确立"依法执政"到"坚持依法治国与制度治党、

---

① 张文显：《论中国式法治现代化新道路》，《中国法学》2022年第1期，第6~8页。

依规治党统筹推进、一体建设"等波澜壮阔的法治转型。[①]

因此，在全面依法治国的推进过程中，只有坚持党的领导，才能确保全面依法治国的正确方向；只有坚持党的领导，才能为全面依法治国提供科学理论指导；只有坚持党的领导，才能确保全面依法治国的顺利推进。党的领导是法律权威的支撑力量和维护力量，法律权威是党的权威的体现和党执政的法律形式。[②]坚持在党的领导下全面推进依法治国，可以说是社会主义法治与资本主义法治的本质区别。如果离开党的领导，就会迷失中国特色社会主义法治道路的正确方向，难以保证法治中国建设的社会主义性质。[③]

二 党的组织资源与组织力量为法治建设提供组织基础

在现代化国家与现代化法治的建设过程中，需要充分地整合社会资源，对各种社会力量和社会关系进行有效的干预。然而，我国传统社会是一个组织化程度很低的社会，在文化上表现为人们"缺乏公共观念，缺乏纪律习惯，缺乏组织能力，缺乏法治精神，一句话总括，缺乏为营团体生活所必需的那些品德"；[④]在政治上则表现为缺乏国家认同与参与公共治理的热情与能力，如同一盘散沙，对外不能团结起来抵抗侵略，对内无法顺利开展国家建设。中国共产党自建党之时，就致力于建设一个组织严密、纪律严明的无产阶级群众性、使命性政党。通过内部团结一致、严明纪律的组织体系和"从群众中来，到群众中去"的组织路线，中国共产党形成了强大的社会动员能力和社会关系调控能力，成功地克服了长期困扰中国现代化的低组织化状况，结束了中国百余年外侮内争的历史，推进和拓展了中国式现代化的国家建设和法治建设。

作为世界第一大党，中国共产党的组织层级在世界各国政党中最复杂、最多，从基层党支部到中央政治局常委，形成了一个纵横交错的组织网络。在纵向上，它是一个由中央组织、地方组织、基层组织以及党领导下的党组

---

① 张文显：《论中国式法治现代化新道路》，《中国法学》2022年第1期，第8~9页。

② 谢鹏程：《论社会主义法治理念》，《中国社会科学》2007年第1期，第88页。

③ 周叶中、庞远福：《论党领导法治中国建设的必然性与必要性》，《法制与社会发展》2016年第1期，第33页。

④ 梁漱溟：《中国文化要义》，载《梁漱溟全集》（第三卷），山东人民出版社，1990，第313页。

等单位构成的组织体系。① 根据党章规定，党的中央组织包括：党的全国代表大会和由它产生的中央委员会、中央纪律检查委员会；由中央委员会全体会议选举产生的中央政治局、中央政治局常务委员会和中央委员会总书记；由中央委员会决定其组成人员的中央军事委员会，以及其成员由中央政治局常务委员会提名、中央委员会全体会议通过的中央书记处。党的地方组织主要是指党的省、自治区、直辖市，设区的市和自治州，县（旗）、自治县、不设区的市和市辖区委员会及其常务委员会。此外，党的地方组织还包括地委和相当于地委的组织。党的基层组织主要是指在企业、农村、机关、学校、科研院所、街道社区、社会组织、人民解放军连队和其他基层单位成立的党组织，包括基层党委、党总支、党支部等。党组是党在中央和地方国家机关、人民团体、经济组织、文化组织和其他非党组织的领导机关中设立的领导机构，在本单位发挥领导作用，是党对非党组织实施领导的重要组织形式。在横向上，中央、地方与基层组织内部还设置有分支部门与工作人员，职责分工明确，有固定的决策、实施与监督部门等，来履行党组织的日常功能。在党的组织体系中，党中央是党组织的神经中枢，是路线方针政策的制定者，发挥着统领全局、协调各方的领导核心作用；中央和国家机关党组织是贯彻党中央决策部署的"最初一公里"；地方党组织是连接中央与基层的桥梁，发挥着上情下达、下情上传的沟通协调作用。党组在党的组织体系中具有特殊地位，负责将党中央决策部署贯彻落实到本部门、本单位、本系统的具体工作之中。基层党组织承担着党员发展、教育和管理的责任，是贯彻落实党中央决策部署的"最后一公里"。② 通过健全而严密的组织制度，严格的组织纪律，党的组织体系发挥了强大的组织力，为践行党的宗旨、履行党的责任与使命提供了坚实的基础。

除了健全与严密的组织体系、组织制度与组织纪律外，中国共产党高度重视基层党组织建设、发挥基层党组织战斗堡垒作用与党员先锋模范作用，也是党的组织优势所在。在革命年代，中国共产党就确立了"支部建在连上""一切工作到支部"原则，使基层党组织成为密切联系群众、贯彻党的路

---

① 巩瑞贤:《党的组织体系：概念、特征与时代价值》,《学术探索》2021年第2期,第39页。

② 臧秀玲:《新时代党的组织建设的新趋势》,《人民论坛》2021年第27期,第87页。

线方针政策的"战斗堡垒"。改革开放以来，中国共产党坚持与发扬"支部建在连上"的优良传统，克服与避免西方政党"空心化、网络化、媒体化"现象，不仅在农村乡镇、街道社区、国家机关、国企单位、学校与科研院所、人民解放军等传统领域继续加强基层党组织建设，而且在新经济与新社会组织领域中也着力加强党的建设，致力于实现基层党建"全覆盖"；既注重发挥基层党组织在基层治理中的领导作用、以党建引领基层治理，又注重发挥党支部直接"教育党员、管理党员、监督党员和组织群众、宣传群众、凝聚群众、服务群众"的重要作用。时至今日，中国共产党已经发展壮大成为具有460多万个基层党组织、9200多万名党员、覆盖基层社会各个领域的世界最大的马克思主义执政党。①

中国共产党确立的根本组织原则是民主集中制原则。依据《中国共产党章程》总纲的规定，党内民主集中制即"民主基础上的集中和集中指导下的民主相结合。它既是党的根本组织原则，也是群众路线在党的生活中的运用"。民主集中制原则要求既充分发扬党内民主，又实行正确的集中，在党内充满战斗力与活力的基础上实现全党团结一致，增强党内的整合力与向心力。同时，群众路线是党的根本工作路线与根本工作方法。从历史上看，无论是革命、建设还是改革开放时期，我们党都始终强调要贯彻群众路线、密切联系群众。党的十八大以来，习近平要求把群众路线贯彻落实到治国理政全过程，要求党的一切执政活动与国家的一切治理活动都要"尊重人民主体地位，尊重人民首创精神，拜人民为师，把政治智慧的增长、治国理政本领的增强深深扎根于人民的创造性实践之中，使各方面提出的真知灼见都能运用于治国理政"。② 民主集中制原则与群众路线相结合，使党的组织体系既坚强有力，又能够保持先进性和适应性。通过这一组织体系，党的领导一方面在国家权力结构之中得到了体制化的落实，另一方面又得以融入社会生活，团结、带领最广大的人民群众进行中国式现代化建设。因此，中国共产党的

---

① 刘红凛：《制度优势与治理效能何以实现？——论中国特色社会主义制度优势背后的政治保障、实现机制与价值归依》，《教学与研究》2021年第5期，第71页。
② 中共中央文献研究室编《十八大以来重要文献选编》（中），中央文献出版社，2016，第76页。

严密组织体系，是世界上任何其他政党都不具有的强大优势。①

在法治建设中，党的组织资源与组织力量也发挥着引领方向、协调冲突、督促落实的作用。第一，党的中央组织通过对全面依法治国的集中统一领导，为法治建设的顺利推进提供了强大的组织依托与组织保障。近年来，中央政治局常委会专门听取中央国家机关党组汇报工作，就是党中央保障法治建设的机制之一。2015年1月16日，中央政治局常委会召开会议，专门听取全国人大常委会、国务院、全国政协、最高人民法院、最高人民检察院党组汇报工作。会议强调，2015年是全面深化改革的关键之年，是全面推进依法治国的开局之年，也是全面完成"十二五"规划的收官之年。全国人大常委会、国务院、全国政协、最高人民法院、最高人民检察院党组，要带头遵守党的政治纪律和政治规矩，自觉在思想上政治上行动上同以习近平同志为核心的党中央保持高度一致，在贯彻落实党中央重大决策部署上凝神聚焦发力，确保政令畅通，确保在各自工作中坚持正确方向。② 2016年1月，中央政治局常委会除听取中央国家机关党组汇报工作外，还要听取中央书记处汇报工作。自此，中央政治局常委会听取中央国家机关党组与中央书记处汇报工作的方式成为一个长效机制。这一机制有力地保障了党中央关于法治建设的决策部署在中央国家机关的工作中得以贯彻落实。第二，党的地方组织也依据党内法规，发挥着地方法治建设的统一规划、统筹协调、整体推进、督促落实功能。第三，党的工作机关、国家机关党组、基层党组织以及党委主要负责人也都在其工作领域履行推进和保障依法治国建设顺利进行的领导职责。其中，政法委员会作为党委领导政法工作的组织形式，在推进全面依法治国方面发挥着重要的保障作用。根据党的十八届四中全会通过的《中共中央关于全面推进依法治国若干重大问题的决定》的要求："各级党委政法委员会要把工作着力点放在把握政治方向、协调各方职能、统筹政法工作、建设政法队伍、督促依法履职、创造公正司法环境上，带头依法办事，保障宪

---

① 本报评论员：《加强党的组织体系建设——二论贯彻落实全国组织工作会议精神》，《人民日报》2018年7月6日，第1版。

② 新华社：《中共中央政治局常务委员会召开会议 听取全国人大常委会、国务院、全国政协、最高人民法院、最高人民检察院党组工作汇报 中共中央总书记习近平主持会议》，载新华网，http://www.xinhuanet.com/politics/2015-01/16/c_1114027033.htm，最后访问日期：2023年1月31日。

法法律正确统一实施。政法机关党组织要建立健全重大事项向党委报告制度。加强政法机关党的建设，在法治建设中充分发挥党组织政治保障作用和党员先锋模范作用。"[1] 总之，在党的组织体系中，各级党委（党组）和领导干部都要发挥职能作用，形成合力，保障推进法治中国建设。[2]

三　党的人才选拔与干部培养制度为法治建设提供人才队伍支撑

中国共产党的组织工作中有一个重要的内容，即干部和高素质人才队伍的培育、选拔、管理、使用工作。通过选贤任能的选人用人制度，党吸纳并锻造了一批又一批高素质人才队伍，为实现依法治国的战略目标提供了人才队伍支撑。

中国共产党历来高度重视人才选拔与干部培养制度建设。1938 年，毛泽东同志在六届六中全会上指出，"政治路线确定之后，干部就是决定的因素"，"共产党的干部政策，应是以能否坚决地执行党的路线，服从党的纪律，和群众有密切的联系，有独立的工作能力，积极肯干，不谋私利为标准"，在干部任命方面旗帜鲜明反对任人唯亲的干部路线，并提出"才德兼备"的干部标准和"任人唯贤"的干部路线。[3] "才德兼备"的干部标准、"任人唯贤"的干部路线在新中国成立以后得到了持续发展与制度化。改革开放以来，为了适应经济体制改革与社会发展的需要，干部队伍革命化、年轻化、知识化、专业化的"四化方针"成为党的干部路线的核心内容。1982 年，党的十二大审议通过了《中国共产党章程》。这部党章吸取了历届党章正反两方面的经验，对全体党员、党的干部提出比过去历次党章更加严格的要求。1982 年的党章还专门增加了"党的干部"一章，明确规定："党的干部是党的事业的骨干，是人民的公仆。党按照德才兼备的原则选拔干部，坚持任人唯贤，反对任人唯亲，并且要求努力实现干部队伍的革命化、年轻化、知识化、专业化。"此后，党中央逐步建立健全了一系列干部制度，包括干部职务任期制

---

① 《中共中央关于全面推进依法治国若干重大问题的决定》,《人民日报》2014 年 10 月 29 日，第 1 版。

② 相关论述可见本书第四章第一节、第七章第一节。

③ 《毛泽东选集》（第二卷），人民出版社，1991，第 526 页。

度、干部选拔任用制度、干部考核评价制度、干部教育培训制度、干部监督制度、干部任职回避制度、干部交流制度、干部责任追究制度等，不断增强党的干部建设成效。

党的十八大以来，以习近平同志为核心的党中央为提升党应对复杂多变的国际国内环境和抵御各种风险考验的能力，着力推进全面从严治党，进一步加强了党的干部队伍建设。第一，落实党管干部原则，严把选人用人关口，在干部选拔与任用上坚持贯彻新时期好干部标准。党的十八大以来，党中央提出"信念坚定、为民服务、勤政务实、敢于担当、清正廉洁"的好干部标准，改进干部选拔方式，强化党委和组织部门在干部选拔任用中的领导和把关作用，坚持全面从严治党和从严管理监督干部，防止干部"带病提拔"。^①除了提出"好干部"标准以外，党的十九大报告还提出了建设高素质专业化干部队伍的要求。其中，高素质的建设要求表现为"坚持德才兼备、以德为先，坚持五湖四海、任人唯贤，坚持事业为上、公道正派"，"突出政治标准，提拔重用牢固树立'四个意识'和'四个自信'、坚决维护党中央权威、全面贯彻执行党的理论和路线方针政策、忠诚干净担当的干部，选优配强各级领导班子"；专业化的建设要求表现为"注重培养专业能力、专业精神，增强干部队伍适应新时代中国特色社会主义发展要求的能力"。^② 2014 年 1 月和 2019 年 3 月，中共中央两次对《党政领导干部选拔任用工作条例》进行了修订，进一步完善了党政领导干部选拔任用制度。第二，完善和创新了干部监督制度，强化了对党员干部的行为约束。2015 年 8 月，中共中央重新修订颁布了《中国共产党巡视工作条例》。通过中央巡视制度，使党内监督常态化。2015 年 10 月，中共中央修订并颁布《中国共产党廉洁自律准则》《中国共产党纪律处分条例》；2018 年 8 月，再次修订《中国共产党纪律处分条例》。这些党内法规旨在严肃党的纪律，纯洁党的组织，保障党员民主权利，教育党员遵纪守法，维护党的团结统一，保证党的路线、方针、政策、决议和国家法律法规的贯彻执行。2016 年 10 月，党的十八届六中全会审议通过了《中

---

① 郝玉明：《党政干部选拔任用 70 年：制度演进与改革成效》,《天津行政学院学报》
2020 年第 6 期，第 37 页。

② 习近平：《决胜全面建成小康社会　夺取新时代中国特色社会主义伟大胜利》,《人民日报》2017 年 10 月 18 日，第 1 版。

国共产党党内监督条例》。该条例建立健全了中央统一领导，党委（党组）全面监督，纪律检查机关专责监督，党的工作部门职能监督，党的基层组织日常监督，党员民主监督的党内监督体系。第三，深化人才管理机制改革，增强了人才吸纳与职业激励举措。2016 年 3 月，中共中央印发了《关于深化人才发展体制机制改革的意见》。该意见着眼于破除束缚人才发展的思想观念和体制机制障碍，解放和增强人才活力，提出了推进人才管理体制改革、改进人才培养支持机制、创新人才评价机制、健全人才顺畅流动机制、强化人才创新创业激励机制、构建具有国际竞争力的引才用才机制、建立人才优先发展保障机制、加强对人才工作的领导等举措。① 为了鼓励新时代优秀干部敢于担当，党的十九大报告明确指出："坚持严管和厚爱结合、激励和约束并重，完善干部考核评价机制，建立激励机制和容错纠错机制，旗帜鲜明为那些敢于担当、踏实做事、不谋私利的干部撑腰鼓劲。"② 2018 年 5 月，中共中央颁布《关于进一步激励广大干部新时代新担当新作为的意见》，为切实激励优秀干部担当实干进一步提供了制度保障。③ 2018 年 7 月，习近平同志在全国组织工作会议上指出："我们坚持党管人才原则，以识才的慧眼、爱才的诚意、用才的胆识、容才的雅量、聚才的良方，把党内外、国内外各方面优秀人才集聚到党和人民的伟大奋斗中来。"④

习近平同志指出："全面推进依法治国是一个系统工程，是国家治理领域一场广泛而深刻的革命。"⑤"系统工程"意味着全面依法治国具有复杂性、长期性、艰巨性，涉及经济建设、政治建设、文化建设、社会建设、生态文明建设、国防军队建设、党的建设等各领域。因此，全面依法治国法治的战略部署，需要通过各行各业广大党员干部的具体工作和行动来落实。通过党的人才选拔和干部培养制度而形成的干部队伍，能够坚决地贯彻执行党的理论

---

① 《中共中央印发〈关于深化人才发展体制机制改革的意见〉》，载中国政府网，http://www.gov.cn/xinwen/2016-03/21/content_5056113.htm，最后访问日期：2023 年 1 月 3 日。

② 习近平：《决胜全面建成小康社会　夺取新时代中国特色社会主义伟大胜利》，《人民日报》2017 年 10 月 18 日，第 1 版。

③ 《中共中央办公厅印发〈关于进一步激励广大干部新时代新担当新作为的意见〉》，载中国政府网，http://www.gov.cn/zhengce/2018-05/20/content_5292263.htm，最后访问日期：2023 年 1 月 3 日。

④ 习近平：《在全国组织工作会议上的讲话》，《当代党员》2018 年第 19 期，第 5 页。

⑤ 习近平：《论坚持全面依法治国》，中央文献出版社，2020，第 102 页。

和路线方针政策，按照党中央关于"各级党组织和全体党员要带头尊法学法守法用法"的要求在各行各业履职尽责，增强法治意识、提高法治素养，带头遵纪守法、捍卫法治，保障宪法法律实施。如果缺乏这样一支忠诚、干净、担当的高素质干部队伍，全面依法治国的治国方略就难以实现。党的人才选拔与干部培养制度为法治建设提供了坚实的人才队伍保障。

第二节　社会主义法治的制度保障

一　中国特色社会主义制度是社会主义法治的制度保障

中国特色社会主义制度是中国共产党带领中国人民经过长期革命、建设、改革而逐步建立发展起来的。2011 年 7 月，胡锦涛同志在庆祝中国共产党成立 90 周年大会上的讲话中，将中国特色社会主义制度体系分为根本制度、基本制度、具体制度三个层面。其中，人民代表大会制度是根本政治制度；中国共产党领导的多党合作和政治协商制度、民族区域自治制度以及基层群众自治制度等构成了基本政治制度；公有制为主体、多种所有制经济共同发展，构成了基本经济制度；建立在根本政治制度、基本政治制度、基本经济制度基础上的经济体制、政治体制、文化体制、社会体制等构成了具体制度。这样一整套相互衔接、相互联系的制度体系所构成的中国特色社会主义制度，"是当代中国发展进步的根本制度保障，集中体现了中国特色社会主义的特点和优势"。[①]

2019 年 10 月，党的十九届四中全会通过《中共中央关于坚持和完善中国特色社会主义制度　推进国家治理体系和治理能力现代化若干重大问题的决定》。该决定一方面要求"坚持和完善人民代表大会制度这一根本政治制度"，"坚持和完善社会主义基本经济制度"，另一方面又将"社会主义基本经济制度"的内容扩展为"公有制为主体、多种所有制经济共同发展，按劳分配为主体、多种分配方式并存，社会主义市场经济体制等"。该决定还特别强调了党的领导制度，提出："中国共产党领导是中国特色社会主义最本

[①]　胡锦涛：《在庆祝中国共产党成立 90 周年大会上的讲话》，《人民日报》2011 年 7 月 2日，第 1 版。

质的特征，是中国特色社会主义制度的最大优势，党是最高政治领导力量。"在"坚持和完善繁荣发展社会主义先进文化的制度"方面，该决定提出"坚持马克思主义在意识形态领域指导地位的根本制度"。另外，该决定还提出了许多重要的具体制度：在"坚持和完善党的领导制度体系"中，提出"完善党领导各项事业的具体制度""完善党员、干部联系群众制度""健全党管干部、选贤任能制度""完善和落实全面从严治党责任制度"；在"坚持和完善人民当家作主制度体系"中，提出"健全人大对'一府一委两院'监督制度"、"完善民主党派中央直接向中共中央提出建议制度"和"完善人民政协专门协商机构制度"；在"坚持和完善中国特色社会主义法治体系"中，提出"完善审判制度、检察制度""完善律师制度"；在"坚持和完善中国特色社会主义行政体制"中，提出"落实行政执法责任制和责任追究制度""实行政府权责清单制度""形成稳定的各级政府事权、支出责任和财力相适应的制度"；在"坚持和完善社会主义基本经济制度"中，提出"健全支持中小企业发展制度""完善农村基本经营制度""完善公平竞争制度"；在"坚持和完善繁荣发展社会主义先进文化的制度"中，提出"坚持以社会主义核心价值观引领文化建设制度""健全人民文化权益保障制度"；在"坚持和完善统筹城乡的民生保障制度"中，提出"必须健全幼有所育、学有所教、劳有所得、病有所医、老有所养、住有所居、弱有所扶等方面国家基本公共服务制度体系"；在"坚持和完善共建共治共享的社会治理制度"中，提出"完善信访制度""完善和落实安全生产责任和管理制度"；在"坚持和完善生态文明制度体系"中，提出"完善生态环境保护法律体系和执法司法制度""健全生态环境监测和评价制度，完善生态环境公益诉讼制度，落实生态补偿和生态环境损害赔偿制度，实行生态环境损害责任终身追究制"；在"坚持和完善党对人民军队的绝对领导制度"中，提出"健全人民军队党的建设制度体系""建立健全基于联合、平战一体的军事力量运用政策制度体系""调整完善战备制度，健全实战化军事训练制度""建立健全聚焦打仗、激励创新、军民融合的军事力量建设政策制度体系""化军官职业化制度、文职人员制度、兵役制度等改革"；在"坚持和完善'一国两制'制度体系"中，提出"完善特别行政区同宪法和基本法实施相关的制度和机制""健全中央依照宪法和基本法对特别行政区行使全面管治权的制度"；在"坚持和完善党和国家监督体系"中，提出"健全党和国家监督制度"；等等。①《中共中央关于坚持和完善中国特色社会主义制度　推进国家治理体系和治理能力现代化若干重大问题的决定》将中国特色社会主义制度概括为一个由"根本制度、基本制度、重要制度"构成的制度体系，大大丰富了中国特色社会主义制度的内涵与外延。

正如习近平在庆祝中国共产党成立 95 周年大会上的讲话中所指出的那样："中国特色社会主义制度是当代中国发展进步的根本制度保障，是具有鲜明中国特色、明显制度优势、强大自我完善能力的先进制度。"② 中国特色社会主义制度为我国的政治稳定、经济发展、文化繁荣、民族团结、社会安宁、国家统一提供了有力保障，为经济快速发展、社会长期稳定的形成创造了良好的制度环境。这一制度体系确认了党的集中统一领导，确保了国家始终沿着社会主义方向前进；这一制度体系保证了人民当家作主的主体地位，也保证了人民在依法治国中的主体地位与社会公平正义；这一制度体系把社会主义制度和市场经济有机结合起来，不断解放和发展社会生产力；这一制度体系确保人民军队绝对忠诚于党和人民，有力地保障了国家主权、安全、发展利益。因此，中国特色社会主义制度是法治建设的根本基石，为全面依法治国的顺利推进提供了制度保障。

二　完善和加强社会主义法治运行机制保障

由于法治建设涉事复杂，任务艰巨，为了使全面依法治国各项任务得到细化和落实，还需要完善和加强社会主义法治运行机制保障。社会主义法治运行机制着眼于制度的具体运行，特别关注如何促使从事法治实践工作的基本行为主体在制度约束下迅速地作出反应，合理地采取行动，进而实现制度所确立的目的。近年来，有关社会主义法治运行机制的研究与改革实践主要集中在两个方面：一是如何制定法治建设指标体系和考核标准；二是如何完善法律实施中的权力运行机制。

---

① 《中共中央关于坚持和完善中国特色社会主义制度　推进国家治理体系和治理能力现代化若干重大问题的决定》，《人民日报》2019 年 11 月 6 日，第 1 版。

② 习近平：《在庆祝中国共产党成立 95 周年大会上的讲话》，《人民日报》2016 年 7 月 2 日，第 2 版。

（一）建构和完善法治建设指标体系

党的第十八届三中全会通过的《中共中央关于全面深化改革若干重大问题的决定》提出，要逐步建立科学的法治建设指标体系和考核标准。[1] 其中，法治建设指标体系又被称为法治量化评估指标体系、法治指数体系、法治评估体系，这一体系的建构一般应经过以下几个环节：第一，通过将法治的构成成分分解为具有不同属性的因子，并将其与一定的数值标准联系起来，形成某种指数系统；第二，收集与因子相关的数据材料，将数据材料进行处理与转换，使其能够在评估系统中进行定量测量并形成确定的数值，来描述和评估一个国家、地区或者社会的法治状况；第三，对该评估结果进行进一步的审查与论证，以检验该评估结果以及其所依赖的评估系统的可靠性。[2] 因此，法治建设指标体系的建构需要坚实的理论和方法支撑。一方面，它需要以合理区分法治构成要素的学理为根据，进而才能将法治这一复杂、庞大的事业指标化，为最终的测量提供基本的前提条件。另一方面，它需要通过特定的技术将不同类型的数据进行整理转化，进而最大限度地剥离主观因素对数据的干扰，并且设置合理的权重分配，以保障其对法律实践的解释力和可信度。然而，在这两个方面，相关的法学理论与方法论都存在一些分歧和争议。[3]

尽管存在量化的困难，但是，法治的内在构成多样而丰富，如果能够通过多层次、多维度的标准，将法治建设的要素区分开来，可以使我们更清晰地认识法治的要求，逐步接近具体的正义。同时，如果将法治作为社会因素的存在状态加以分析，以量化的指数方法来呈现法治状态便是比较适宜的。近年来，法治建设指标所使用的技术方法也日益成熟。通过收集多种类型的

---

[1] 《中共中央关于全面深化改革若干重大问题的决定》,《人民日报》2013 年 11 月 16 日,第 1 版。

[2] 孟涛:《法治指数的建构逻辑:世界法治指数分析及其借鉴》,《江苏行政学院学报》2015 年第 1 期;孟涛:《法治的测量:世界正义工程法治指数研究》,《政治与法律》2015 年第 5 期;周祖成、杨惠琪:《法治如何定量——我国法治评估量化方法评析》,《法学研究》2016 年第 3 期;侯学宾、姚建宗:《中国法治指数设计的思想维度》,《法律科学（西北政法大学学报）》2013 年第 5 期。

[3] 鲁楠:《世界法治指数的缘起与流变》,《环球法律评论》2014 年第 4 期,第 124~125页、第 132~133 页;陈林林:《法治指数中的认真与戏谑》,《浙江社会科学》2013 年第 6 期,第 144~147 页。

数据，综合使用定性与定量两种分析方法，培育多元化的评估主体，将计量过程中所涉及的方法、数据等尽量做到透明公开，对评估结果进行充分的论证，形成多维互动的反馈与修正机制，就可以在很大程度上化解量化困难、评估指标被干预和歪曲等问题。①

法治建设指标体系的设置目的不仅在于以一种尽量客观和可操作化的方式来展现法治建设的状况，而且还在于为决策者提供一套反思工具，使其能够在法治建设中发现问题之所在以及确定努力之方向。近年来，我国在实践中展开了针对法治运行不同环节的专项评估考察以及特定地区的综合性法治状况评估考察。21世纪初，香港、北京、江苏、浙江、上海、深圳等地区首先开展了综合性法治状况专项评估考察。此后，越来越多的地方出台了相关的法治考核与评价办法。而专项评估则主要集中在立法、执法、司法活动方面。立法方面的法治评估与指标建构既表现为立法后评估，也表现为立法前评估。比如，国务院于2004年颁布的《全面推进依法行政实施纲要》中规定："积极探索对政府立法项目尤其是经济立法项目的成本效益分析制度。政府立法不仅要考虑立法过程成本，还要研究其实施后的执法成本和社会成本。"此后，国务院启动了对《信访条例》《艾滋病防治条例》《蓄滞洪区运用补偿暂行办法》等行政法规的立法后评估。2011年，全国人大常委会将《科学技术进步法》《农业机械化促进法》作为立法后评估的试点对象。② 另外，地方人大以及地方人民政府也有比较丰富的立法后评估与立法前评估实践。③ 2015年，第十二届全国人民代表大会第三次会议修正了《立法法》。该法第39条将立法前评估程序纳入了全国人大常委会的立法程序之中。④ 除立法评估以

---

① 周祖成、杨惠琪：《法治如何定量——我国法治评估量化方法评析》，《法学研究》2016年第3期，第30~35页。

② 本刊记者：《积极稳妥开展立法后评估工作——访全国人大常委会法制工作委员会》，《中国人大》2011年第14期。

③ 许安标：《立法后评估初探》，《中国人大》2007年第8期；陈伟斌：《地方立法评估成果应用法治化问题与对策》，《政治与法律》2016年第3期；章志远：《地方政府规章立法后评估实证研究》，《中国法律评论》2017年第4期；周怡萍：《立法前评估制度研究——以地方立法为视角》，《人大研究》2014年第8期。

④ 《立法法》第39条规定："拟提请常务委员会会议审议通过的法律案，在宪法和法律委员会提出审议结果报告前，常务委员会工作机构可以对法律草案中主要制度规范的可行性、法律出台时机、法律实施的社会效果和可能出现的问题等进行评估。评估情况由宪法和法律委员会在审议结果报告中予以说明。"

外，执法与司法方面的考核评估也是我国建设法治指标体系的重要内容。自2004 年，国务院颁布《全面推进依法行政实施纲要》以来，国务院便开始推行行政执法责任评议考核与行政执法绩效评估制度，力图通过考核评价推进法治政府建设。地方政府也先后出台了有关法治政府建设指标体系或行政执法评议考核文件。[①] 司法评估制度则始于 1995 年通过的《法官法》所确认的法官考核制度。随着政府绩效评估与考核制度的铺开，司法机关也开始建设审判绩效考核制度、案件质量评估和法治指数体系。2011 年 3 月 10 日，最高人民法院正式下发了《关于开展案件质量评估工作的指导意见》，决定在全国法院系统内正式开展案件质量的评估工作。自此，中国法院系统的案件质量评估体系从试点试行阶段过渡至正式普及阶段。检察系统对案件质量评估的探索几乎与法院系统同步。[②]

　　已有的法治评估实践在我国法治建设中既发挥了积极的作用，也尚存缺憾与不足。从整体上看，法治建设指标体系和考核标准的建构与完善，有助于呈现我国法治建设的进度与面貌，为具体的法律运行机制提供认识和纠错工具，进而保障法治建设的顺利进行。2014 年，党的十八届四中全会通过的《中共中央关于全面推进依法治国若干重大问题的决定》特别提出要"把法治建设成效作为衡量各级领导班子和领导干部工作实绩重要内容，纳入政绩考核指标体系"，"把能不能遵守法律、依法办事作为考察干部重要内容"。[③] 这样，不仅有利于抓住"关键少数"，促使领导干部做尊法守法用法的模范，而且也有利于保障法治建设战略部署落到实处。

（二）健全执法权、监察权、司法权运行机制

　　"法律的生命力在于实施，法律的权威也在于实施。"[④] 在法律实施环节，行政执法机关、监察机关、司法机关是关键的行动主体，其行使职权的行为

---

① 包万超：《论法治政府的标准及其评估体系》，《湖南社会科学》2013 年第 2 期；陈书笋：《行政执法绩效评估指标研究》，《社会科学》2014 年第 3 期。

② 孙晓东：《中国司法评估制度完善研究》，《广东社会科学》2018 年第 6 期；施鹏鹏、王晨辰：《论司法质量的优化与评估——兼论中国案件质量评估体系的改革》，《法制与社会发展》2015 年第 1 期。

③ 《中共中央关于全面推进依法治国若干重大问题的决定》，《人民日报》2014 年 10 月 29 日，第 1 版。

④ 习近平：《论坚持全面依法治国》，中央文献出版社，2020，第 96 页。

直接影响着法律实施的效果。因此，习近平在十九届中央政治局第三十五次集体学习时讲话指出："'天下之事，不难于立法，而难于法之必行。'推进法治体系建设，重点和难点在于通过严格执法、公正司法、全民守法，推进法律正确实施，把'纸上的法律'变为'行动中的法律'。"[①] 为了使人民群众在每一项法律制度、每一个执法决定、每一宗司法案件中都感受到公平正义，要"健全执法权、监察权、司法权运行机制，加强权力制约和监督"。[②]

在行政执法权运行机制的完善方面，我国目前已经形成了一定的改革方略与具体举措。第一，厘清政府和市场、政府和社会的关系，简政放权，实现政府职能转变，明确政府的执法权边界。这样可以从外部控制行政执法权的运行范围，推动有效市场和有为政府更好结合，使政府把该管的事务管好、管到位。《法治政府建设实施纲要（2021—2025 年）》所提出的全面实行政府权责清单制度、深入推进"放管服"改革，都是这一改革战略的具体举措。第二，调整行政主体内部的关系，合理划分和依法规范各级行政机关的职能和权限，深化行政执法体制改革。这一改革方向旨在从内部合理整合行政执法权，使行政主体内部形成合理分工，解决权责交叉、多头执法等问题。为了完善权责清晰、运转顺畅、保障有力、廉洁高效的行政执法体制机制，《法治政府建设实施纲要（2021—2025 年）》在行政主体的横向关系与纵向关系方面提出了许多具体的改革举措。第三，完善行政执法程序，在每一个执法环节上规范行政执法权力。在这一方面，《法治政府建设实施纲要（2021—2025 年）》提出要全面严格落实行政执法公示、执法全过程记录、重大执法决定法制审核制度，按照行政执法类型，制定完善行政执法程序规范等具体举措。第四，加强对执法权运行的内部监督机制，全面落实执法责任制。在这一方面，《法治政府建设实施纲要（2021—2025 年）》提出要健全事前事中事后监管有效衔接、信息互联互通共享、协同配合工作机制，加强省市县乡四级全覆盖的行政执法协调监督工作体系建设，严格确定不同部门及机构、岗位执法人员执法责任和责任追究机制等具体举措。

在司法权运行机制的完善方面，我国已经形成的改革方略与具体举措包

---

① 《习近平谈治国理政》（第四卷），外文出版社，2022，第 302 页。

② 《习近平谈治国理政》（第四卷），外文出版社，2022，第 303 页。

括以下几个方面。第一，健全以司法责任制为核心的审判权力运行体系。党的十八大以来，审判权的运行机制改革一直以实现"让审理者裁判，由裁判者负责"为目标。为了实现这一目标，最高人民法院于2019年通过了《最高人民法院关于深化人民法院司法体制综合配套改革的意见——人民法院第五个五年改革纲要（2019—2023）》，提出了强化独任庭、合议庭的法定审判组织地位，依法确定职责权限，确保权责一致等要求。[①] 2020年7月，最高人民法院根据中共中央办公厅印发的《关于深化司法责任制综合配套改革的意见》，制定了《关于深化司法责任制综合配套改革的实施意见》，提出"完善审判权力和责任清单"、"优化审判团队组建"、"完善案件分配机制"、"完善统一法律适用机制"以及"严格违法审判责任追究"等要求。[②] 2021年，最高人民法院又通过《关于完善人民法院专业法官会议工作机制的指导意见》，确立了专业法官会议工作机制，以激发专业法官在解决法律适用中的分歧等困难问题的积极活力。[③] 第二，完善人民法院组织体系和机构职能体系。为了克服法院行政化、等级化严重的问题，《最高人民法院关于深化人民法院司法体制综合配套改革的意见——人民法院第五个五年改革纲要（2019—2023）》还提出理顺不同层级法院的关系，"优化四级法院职能定位""深化人民法院内设机构改革""加强专业化审判机制建设"等要求。[④] 2021年5月，中央全面深化改革委员会审议通过《关于完善四级法院审级职能定位的改革方案》。该方案明确了四级法院的职能定位，旨在推动纠纷自下而上有效过滤、精准提级。同年8月，全国人大常委会授权最高人民法院和北京、天津、辽宁、上海、江苏、浙江、山东、河南、广东、重庆、四川、陕西等12个省、直辖市开展为期两年的试点。同年9月，最高人民法院又出台《关于完

[①] 《最高人民法院关于深化人民法院司法体制综合配套改革的意见——人民法院第五个五年改革纲要（2019—2023）》，载最高人民法院网，https://www.court.gov.cn/zixun-xiangqing-144202.html，最后访问日期：2022年12月25日。

[②] 《关于深化司法责任制综合配套改革的实施意见》，载最高人民法院网，https://www.court.gov.cn/fabu-xiangqing-245981.html，最后访问日期：2022年12月25日。

[③] 《关于完善人民法院专业法官会议工作机制的指导意见》，载最高人民法院网，https://www.court.gov.cn/fabu-xiangqing-283981.html，最后访问日期：2022年12月25日。

[④] 《最高人民法院关于深化人民法院司法体制综合配套改革的意见——人民法院第五个五年改革纲要（2019—2023）》，载最高人民法院网，https://www.court.gov.cn/zixun-xiangqing-144202.html，最后访问日期：2022年12月25日。

善四级法院审级职能定位改革试点的实施办法》。① 第三，完善检察权运行机制。2019 年 2 月，最高人民检察院发布《2018—2022 年检察改革工作规划》。这一文件是近几年检察改革的纲领性文件。该文件在完善检察权运行机制方面提出了以下要求：科学设置办案组织和队伍、完善担任领导职务检察官办案制度、规范检察官办案权限、完善检察官承办案件确定机制、完善检察官业绩评价机制、完善案件管理和监督机制、完善司法责任认定和追究机制等。②

在监察权运行机制的完善方面，由于我国监察体制改革经历的时间较短，监察机关承担的职能又非常艰巨复杂，如何进一步健全监察权运行机制，仍需要理论和实践两方面的积累。③ 2022 年 10 月，十九届中央纪律检查委员会向中国共产党第二十次全国代表大会做工作报告时，在今后五年的工作建议中提出"持续深化纪检监察体制改革""健全党纪国法相互衔接、权威高效的执行机制""完善巡视巡察制度""完善派驻监督制度机制"等要求。④ 2023 年 1 月，中国共产党第二十届中央纪律检查委员会第二次全体会议通过的会议公报提出，要"深入推进纪检监察体制改革"，"巩固拓展改革成果，一体深化推进党的纪律检查体制改革、国家监察体制改革、纪检监察机构改革，健全统筹推进'三项改革'的领导体制和工作机制"，"完善派驻监督体系机制"，"通过改革推进力量和资源整合，推动完善信息沟通、线索移送、措施配合、成果共享工作机制"，"健全党纪国法相互衔接、权威高效的执行机制"。⑤ 结合这两个文件和已有的理论研究，当下监察权运行机制改革的重点和难点主要表现在以下几个方面。其一，由于监察权主体在组织上采用

① 徐昕、黄艳好:《中国司法改革年度报告（2021）》,《哈尔滨工业大学学报》（社会科学版）2022 年第 2 期，第 25 页。

② 《2018—2022 年检察改革工作规划》，载最高人民检察院官网，https://www.spp.gov.cn/xwfbh/wsfbt/201902/t20190212_407707.shtml#2，最后访问日期：2023 年 1 月 3 日。

③ 参见秦前红、刘怡达《国家监察体制改革的法学关照：回顾与展望》,《比较法研究》2019 年第 3 期。

④ 《十九届中央纪律检查委员会向中国共产党第二十次全国代表大会的工作报告》，载中央纪委国家监委网站，https://www.ccdi.gov.cn/toutiaon/202210/t20221027_227265.html，最后访问日期：2022 年 12 月 26 日。

⑤ 《中国共产党第二十届中央纪律检查委员会第二次全体会议公报》，载中央纪委国家监委网站，https://www.ccdi.gov.cn/toutiaon/202301/t20230110_240984.html，最后访问日期：2022 年 12 月 26 日。

纪检监察合署办公的体制，在职能上集党纪监督、行政监督与法律监督于一体，因此监察权运行机制的完善比行政权、司法权运行机制的完善更为复杂，需要统筹推进多项领导体制和工作机制的改革，还需要健全党纪国法相互衔接、权威高效的执行机制；其二，监察权改革的主要目标在于"形成以党内监督为主、其他监督相贯通的监察合力"，要实现这一目标，在实践中需要进一步完善监察权与司法权的衔接机制，特别是信息沟通、线索移送、措施配合、成果共享工作机制；其三，派驻监督体系在我国《监察法》《监察法实施条例》中都有规定，但是其具体运行还面临着一些需要解决的难题。① 因此，完善派驻监督体系机制也是监察权运行机制改革的一个重要方面。

第三节　社会主义法治人才与物质保障

一　加强社会主义法治人才保障

法治人才指的是具有法学教育背景，即将或已经在法治专门队伍中任职的德才兼备的高素质人员。由于法治专门队伍发挥着沟通法律系统与社会系统的中介作用，因此，为这支队伍提供人才保障，是确保其正常发挥功能的关键所在。"夫法之善者，仍在有用法之人，苟非其人，徒法而已。"②

加强人才队伍保障，首先需要使法治专门队伍中的人员"革命化、正规化、专业化、职业化"。这既是我国《公务员法》《法官法》《检察官法》等法律的要求，也是近年来法治专门队伍的建设方向。为了实现"四化"的要求，《法治中国建设规划（2020—2025 年）》提出了许多具体举措。坚持把政治标准放在首位，加强科学理论武装，深入开展理想信念教育。完善法律职业准入、资格管理制度，建立法律职业人员统一职前培训制度和在职法官、检察官、警官、律师同堂培训制度。完善从符合条件的律师、法学专家中招录立法工作者、法官、检察官、行政复议人员制度。加强立法工作队伍建设。建立健全立法、执法、司法部门干部和人才常态化交流机制，加大法治专门队伍与其他部门具备条件的干部和人才交流力度。加强边疆地区、民

---

① 蒋来用：《有关派驻监督的几点探讨》，《理论探索》2018 年第 5 期，第 42~48 页。

② 沈家本：《唐刑制按语》，载法治中国化研究中心网站，http://fzzgh.hznu.edu.cn/c/2011-10-27/265380.shtml，最后访问日期：2022 年 12 月 26 日。

族地区和基层法治专门队伍建设。健全法官、检察官员额管理制度，规范遴选标准、程序。加强执法司法辅助人员队伍建设。建立健全符合职业特点的法治工作人员管理制度，完善职业保障体系。健全执法司法人员依法履职免责、履行职务受侵害保障救济、不实举报澄清等制度。加强法治专门队伍教育培训。①

加强人才队伍保障，还应加快发展律师、公证、司法鉴定、仲裁、调解等法律服务队伍。这一队伍的强健，有助于维护民众的权利和社会的和谐。针对我国法律服务队伍中存在的问题，《法治中国建设规划（2020—2025年）》提出了以下队伍建设要求：健全职业道德准则、执业行为规范，完善职业道德评价机制；把拥护中国共产党领导、拥护我国社会主义法治作为法律服务人员从业的基本要求；坚持和加强党对律师工作的领导，推动律师行业党的建设；完善律师执业权利保障制度机制；健全法官、检察官、律师等法律职业人员惩戒机制，建立律师不良执业信息记录披露和查询制度；发展公职律师、公司律师和党政机关、企事业单位、村（居）法律顾问队伍。②

加强人才队伍保障，还需要完善法治人才培养体系。近年来，一方面，我国法学教育取得了巨大的发展成就；另一方面，法学教育仍比较粗放，所培养的法科学生仍难以满足社会的需求。为了更好地服务于社会主义法治国家的建设事业，全面参与全球治理的国际化战略，需要构建凸显时代特征、体现中国特色的法治人才培养体系。在这一方面，《法治中国建设规划（2020—2025年）》提出以下具体举措：坚持以习近平新时代中国特色社会主义思想为指导，坚持立德树人、德法兼修，解决好为谁教、教什么、教给谁、怎样教的问题；推动以马克思主义为指导的法学学科体系、学术体系、教材体系、话语体系建设；深化高等法学教育改革，优化法学课程体系，强化法学实践教学，培养信念坚定、德法兼修、明法笃行的高素质法治人才；推进教师队伍法治教育培训；加强法学专业教师队伍建设；完善高等学校涉外法学专业学科设置；加大涉外法治人才培养力度，创新涉外法治人才培养模式；建立健全法学教育、法学研究工作者和法治实践工作者之间双向交流机制。③

---

① 《法治中国建设规划（2020—2025年）》，《人民日报》2021年1月11日，第2版。
② 《法治中国建设规划（2020—2025年）》，《人民日报》2021年1月11日，第2版。
③ 《法治中国建设规划（2020—2025年）》，《人民日报》2021年1月11日，第2版。

这些举措有利于法学教育从粗放的模式中解放出来，提升法学教育质量，培养高素质的合格法学人才。

二 加强社会主义法治的物质保障

在现代社会，"制度设计的成本对于保护基本权利是必不可少的，它必须由公共支付"，[①] 而这种成本往往又是高昂的。因此，以保障人民权益为根本任务的法治体系的运行需要大量的物质性投入。在法治保障体系的建构与完善中，需要研究的一个重要课题是：如何通过加大物质性投入，为我国的法律创制与法律实施活动提供条件，形成质量更优的法律产品，更好地保护人民的权益。

在社会主义法治的物质保障方面，经费保障是最为突出的一项内容，也是法律运行必不可少的物质基础。在政法机关中，司法机关的经费保障问题是非常突出的。一般而言，司法经费包括代表行政事务管理权运行成本的人员经费、日常运行公用经费、基础设施建设经费以及代表司法权运行成本的办案业务经费和业务装备经费。这些经费是否充足，在很大程度上影响着司法机关的运行。我国司法经费保障机制经历了从1998年以前的"统收统支"模式，转向"分级管理、分级负担""明确责任、分类负担、收支脱钩、全额保障"模式。随着改革的深入推进，这种经费保障模式面临的问题在于：一方面，司法机关在法治运行中承担的功能不仅是在具体的地方解决纠纷、维持治安，而且还要发挥整合社会秩序，维护全国统一大市场等职能，其所提供的司法服务具有超越地方的公共性；另一方面，司法机关的经费长期实行分级管理、分级负担的体制，导致司法机关事实上能够提供的司法服务很容易受到特定地方资源赋存差异的约束，司法权的运行也容易受到地方的不当干预。[②] 党的十八届三中全会通过的《中共中央关于全面深化改革若干重大问题的决定》提出"建立事权和支出责任相适应的制度。适度加强中央事权

---

① ［美］史蒂芬·霍尔姆斯、凯斯·R.桑斯坦：《权利的成本——为什么自由依赖于税》，毕竞悦译，北京大学出版社，2004，第58页。

② 王亚新：《"省级统管"改革与法院经费保障》，《法制与社会发展》2015年第6期；张洪松：《独立、问责和支配的统合：中国司法经费管理体制改革的政治分析》，《思想战线》2019年第2期。

和支出责任，国防、外交、国家安全、关系全国统一市场规则和管理等作为中央事权"，同时，该决定还提出了"省以下地方法院、检察院人财物统一管理"的司法改革任务。[①] 这一司法改革任务的设定理由在于："我国是单一制国家，司法职权是中央事权。考虑到我国将长期处于社会主义初级阶段的基本国情，将司法机关的人财物完全由中央统一管理，尚有一定困难。应该本着循序渐进的原则，逐步改革司法管理体制，先将省以下地方人民法院、人民检察院人财物由省一级统一管理。地方各级人民法院、人民检察院和专门人民法院、人民检察院的经费由省级财政统筹，中央财政保障部分经费。"[②]

然而，由于各种实际因素的制约，法检系统实行"省级统管"经费保障机制的改革方案在实际推进中仍需要进一步探索。[③]"推动省以下地方法院检察院人财物统一管理，初衷是为了减少外部不当干扰。随着全面依法治国战略布局的推进、领导干部插手案件记录通报问责等一系列制度的实施，外部干预大为减少，司法环境明显改善。同时，我国经济社会发展不平衡，不同地方司法保障水平差别大。比如，新疆、西藏、内蒙古等自治区地域辽阔，辖区内不同地方司法保障水平也不一样，实行财物省级统一管理，确实存在困难。各省区市推进这项改革时，可从实际出发，因地制宜，不强求步调绝对一致。条件具备的，由省级统一管理或以地市为单位实行统一管理；条件不具备的，可暂缓实行。"[④] 2018年，我国《人民法院组织法》《人民检察院组织法》修订时，也没有将"省以下地方法检两院的经费由省级财政统管"纳入修订后的法律之中，而是只增设了概括性的经费保障条款。近年来，有学者建议，通过完善司法机关的预算制度来保障办案业务所需经费，这样既可以保证高质量司法公共服务的供给，还可以促进司法问责的实质化。[⑤]

除经费问题以外，社会主义法治的物质保障还表现为科技和信息化保

---

① 《中共中央关于全面深化改革若干重大问题的决定》，《人民日报》2013年11月16日，第1版。
② 孟建柱：《深化司法体制改革》，《人民日报》2013年11月25日，第6版。
③ 范丽思：《省级统管后法院经费保障机制再造》，《人民司法》2021年第22期。
④ 孟建柱：《坚定不移推动司法责任制改革全面开展》，《中国应用法学》2017年第1期，第6页。
⑤ 叶姗：《司法经费保障条款的预算法治实现》，《中国人民大学学报》2022年第5期；郑涛：《预算法院的法理基础与实现路径——兼评法院经费省级统管改革》，《法学》2021年第9期。

障。当下，人工智能科学技术的飞速发展，已经成为国家法治建设的重要科技保障手段。《法治中国建设规划（2020—2025年）》提出：建设法治中国，要适应科技信息化发展大势，加强科技和信息化保障，充分运用大数据、云计算、人工智能等现代科技手段，全面建设"智慧法治"，推进法治中国建设的数据化、网络化、智能化。优化整合法治领域各类信息、数据、网络平台，推进全国法治信息化工程建设。[①] 对此，有学者结合立法、执法、司法等法律创设和实施的具体环节，提出了科技信息的实际功用：大数据分析可以为立法中的重大事项提供统计分析和决策依据；"互联网＋政务服务"的推进，可以促使政务服务重点领域和高频事项基本实现"一网、一门、一次"的快捷便利；推动大数据、人工智能等科技创新成果同司法工作深度融合，完善"互联网＋诉讼"模式，可以加强诉讼服务设施建设，全面建设集约高效、多元解纷、便民利民、智慧精准、开放互动、交融共享的现代化诉讼服务体系；加快公共法律服务实体平台、热线平台、网络平台有机融合，建设覆盖全业务、全时空的公共法律服务网络。[②] 通过现代信息科技的应用，可以有力促成法治提质增效，提升公平正义指数。因此，要建立健全大数据辅助法治专门队伍进行科学决策和社会治理的机制，使之成为法治运行的有效保障。

┌─────────┐
│ 本章小结 │
└─────────┘

完善有力的法治保障对全面推进依法治国至关重要。如果没有一系列的保障条件，全面依法治国就难以实现。建设法治中国，首先必须加强政治保障，坚持党对全面依法治国的领导。党的领导为全面依法治国提供了目标指向、根本遵循、战略规划和策略选择；党的组织资源与组织力量为法治建设提供了组织基础；党的人才选拔与干部培养制度为法治建设提供了人才队伍支撑。建设法治中国，还必须加强制度保障，坚持中国特色社会主义制度，

---

① 《法治中国建设规划（2020—2025年）》,《人民日报》2021年1月11日，第2版。
② 徐显明:《论坚持建设中国特色社会主义法治体系》,《中国法律评论》2021年第2期，第11页。

完善和加强社会主义法治运行机制保障。建设法治中国，还必须加强社会主义法治的人才与物质保障，努力建设一支德才兼备的高素质法治工作队伍，同时从经费、科技和信息化等方面加大投入，为我国的法律创制与法律实施活动提供条件。

问题与思考

1. 如何理解"党的领导为中国特色社会主义法治建设提供了根本保障"？

2. 结合实例，简要说明党的组织资源与组织力量在法治建设中的积极作用。

3. 党的人才选拔与干部培养制度有哪些？

4. 如何理解"中国特色社会主义制度是社会主义法治的制度保障"？

5. 法治建设指标体系建设一般经历几个环节？

6. 结合实例，简要分析我国目前法治建设指标体系的实践情况。

7. 如何加强社会主义法治人才保障？

8. 如何加强社会主义法治的物质保障？

第十三章　中国特色社会主义法治的党内法规体系

2021 年 7 月 1 日，习近平总书记在庆祝中国共产党成立 100 周年大会上宣布：我们坚持依规治党、形成比较完善的党内法规体系。[①] 这是党的建设史上特别是制度建设史上的重要里程碑，标志着党内法规制度建设进入高质量发展新阶段，全面从严治党、依规治党站在新的历史起点上，对于党团结带领全国人民实现中华民族伟大复兴具有重要意义。本章将围绕党内法规体系的概念、发展历程、形成意义、构成和形成标志、未来展望等问题，作一简要介绍。

第一节　党内法规体系概述

一　党内法规的界定

2019 年修订的《中国共产党党内法规制定条例》（以下简称《制定条例》）第 3 条第 1 款规定：党内法规是党的中央组织，中央纪律检查委员会以及党中央工作机关和省、自治区、直辖市党委制定的体现党的统一意志、规范党的领导和党的建设活动、依靠党的纪律保证实施的专门规章制度。党内法规具有以下五个基本特征。

一是政治性。政治性是党内法规的首要特征。这是由中国共产党作为马克思主义政党的本质属性决定的。党内法规以政治属性为基础，以确保各级各类党组织和全体党员团结统一、行动一致，确保党始终成为中国特色社会主义事业的坚强领导核心为主要目的，集中体现全党统一意志。

[①] 习近平：《在庆祝中国共产党成立 100 周年大会上的讲话（2021 年 7 月 1 日）》，人民出版社，2021，第 7 页。

二是特定性。这是就党内法规的制定主体和调整对象而言的。首先，党内法规由特定的党组织制定。党内法规不是党的所有组织都有权制定，只能由特定的党组织，即党的中央组织、中央纪委以及党中央工作机关和省区市党委制定，党的省级以下组织无权制定。

党的中央组织制定的党内法规，称为中央党内法规。实践中大多数中央党内法规是由中央政治局及其常委会制定的。

中央纪委制定的党内法规，称为纪检条规①，是维护党风党纪、开展反腐败工作的重要依据。中央纪委在党内法规的定义中单列，排在党的中央组织后、党中央工作机关前，主要考虑是：中央纪委由党的全国代表大会选举产生，这与党中央工作机关由党的中央委员会产生显著不同；中央纪委是党的最高纪律检查机关，承担着维护党章和其他党内法规、检查党的路线方针政策和决议的执行情况、协助党委加强党风建设和组织协调反腐败工作等重要任务，在制定、执行党内法规和监督党内法规实施方面具有重要地位，虽然与党中央工作机关一样，都是在党的中央委员会领导下进行工作，但其地位具有一定特殊性和超然性。

党中央工作机关制定的党内法规，称为部门党内法规。2019 年《制定条例》将 2012 条例所规定的"中央各部门"修改为"党中央工作机关"，缩小了党内法规制定主体的范围。主要考虑的是，只有党中央工作机关对本系统、本领域具有实施领导、指导、监督等职能，才有必要制定党内法规。不属于党中央工作机关的中央部门，如中央政研室、中央改革办、中央保密办、中央文明办、中央党校（国家行政学院）、中央党史和文献研究院等，不再有党内法规制定权。党中央工作机关主要有四类：一是党中央综合办事机构，即中共中央办公厅；二是党中央职能部门，主要包括中央组织部、中央宣传部、中央政法委、中央统战部等，负责党的某一方面工作的主管部门；三是党中央办事机构，主要包括中央财办、中央网信办、中央编办等，协助党中央办理某一方面重要事务的机构或者党中央决策议事协调机构的常设办事机构；四是党中央派出机关，如中央和国家机关工委，代表党中央统一领导中央和国家机关各部门党的工作。其中中共中央办公厅、中央组织部制定的党

---

① 纪检是纪律检查的简称，表明纪检条规的适用范围；条规是条例、规定、办法等的总称。按照《制定条例》，中央纪委无权制定条例，"条规"只是沿袭过去的用法。

内法规较多。

纪检条规和部门党内法规合称部委党内法规。

省区市党委制定的党内法规，称为地方党内法规。省区市党委可以根据党章和《中国共产党地方委员会工作条例》等赋予的权限，制定地方党内法规。

将党内法规制定权赋予省级以上党组织，主要有两方面原因：一是党内法规是党管党治党的重要依据，省级以上党组织需要通过党内法规履行职责、开展工作；二是省级以上党组织行使党内法规制定权，有利于维护党内法规的严肃性和权威性，保证党内法规协调统一，有利于维护党中央权威和集中统一领导，避免政出多门、政令不一。

其次，党内法规的调整对象是特定的，即党的领导和党的建设。党是最高政治领导力量，总揽全局、协调各方，决定了党内法规涵盖党的领导和党的建设各方面。

三是规范性。党内法规作为党的制度的高级形态，有自己独特的外在形式特征，以维护党内法规的严肃性，与其他制度形式区分开来。首先，党内法规具有特定的名称。根据《制定条例》第5条第1款的规定，党内法规使用党章、准则、条例、规定、办法、规则、细则7类名称。其次，党内法规具有特定的表述方式。根据《制定条例》第6条的规定，党内法规一般使用条款形式表述，根据内容需要分为编、章、节、条、款、项、目。再次，党内法规按照规定程序制定。根据《制定条例》，党内法规制定要经过起草、审批、发布等环节。最后，党内法规具有确定的发布形式，以制定机关文件形式发布。

四是普遍性。所谓普遍性，是指党内法规在党内具有普遍适用性和反复适用性。这意味着，党内人事任免、表彰决定、内部机构设置、机关内部工作制度和工作方案等个别适用的文件，工作要点、会议活动通知等较短时间段适用的文件，因不具有普遍适用性和反复适用性，不能称作党内法规。

五是强制性。根据《制定条例》第3条的规定，党内法规依靠党的纪律保证实施。换言之，遵守和执行党内法规是党的一项纪律要求，党内法规对党组织和党员具有直接拘束力。任何党组织和党员都必须毫无例外地遵守党的纪律，无论谁违犯党的纪律都要被追究责任，受到纪律处分。

有人认为，党内法规就是法律，或者是法律的一种。这种观点混淆了党内法规和国家法律的界限，是不正确的。党内法规和国家法律的共同点比较多：两者都带有"法"字，都是通过严格程序制定、具有强制性和约束力的行为规范；一些党内法规和国家法律联系密切、相互渗透；条件成熟时可以通过法定程序把党内法规中的内容上升为国家法律。从根本上说，党内法规和国家法律是一致的，都是党和人民意志的高度统一，都是党的基本理论、基本路线、基本方略的具体体现，都是党依法执政的重要手段，都是中国特色社会主义法治体系的重要组成部分。

二者的不同之处主要包括以下几点。第一，制定主体不同，党内法规由省级以上党组织制定，法律由立法机关制定。第二，适用范围不同，党内法规适用于各级党组织和广大党员，法律适用于国家机关、社会组织和全体公民，适用范围更广。第三，效力不同，党内法规制定必须遵守在宪法和法律范围内活动原则，党内法规不得同法律相抵触。第四，表现方式不同，党内法规分为党章、准则、条例、规定、办法、规则、细则7类，法律主要包括宪法、法律、行政法规、地方性法规等。第五，实施方式不同，党内法规依靠党的纪律保证实施，法律以国家强制力为保障。第六，行为规范的要求不同，党内法规对党员的要求，通常比法律对普通公民和国家机关工作人员的要求更为严格。

实践中，人们经常使用"规范性文件"这个概念。"规范性文件"是2012年6月中共中央办公厅印发的《中国共产党党内法规和规范性文件备案规定》首次提出的，是指中国共产党各级各类组织在履行职责过程中形成的具有普遍约束力、可以反复适用的决议、决定、意见、通知等文件。党的规范性文件包括中共中央制定的规范性文件、中央纪委以及党中央工作机关和省区市党委制定的规范性文件、不具有党内法规制定权的党组织制定的规范性文件。

党内法规和规范性文件都属于党的制度范畴，都由党组织制定并规范党的领导和党的建设活动。二者区别在于：从制定主体上看，只有省级以上党组织有权制定党内法规，而各级党组织都可以制定规范性文件；从名称上看，党内法规的名称是特定的，分别是党章、准则、条例、规定、办法、规则、细则，而规范性文件的名称一般为决议、决定、意见、通知等；从表述形式上看，党内法规一般采用条款形式表述，而规范性文件一般采用段落形式表述；从审批程序上看，党内法规更为严格，一般要求采取会议审议批准方式，而规范性文件除会议审议批准外，还可采取领导签批、领导传批的方式；从效力上看，同一主体制定的党内法规与规范性文件，前者效力高于后者。

二　党内法规体系的界定

党内法规体系是党内法规制度建设的重要目标，是党内法规制度体系的核心组成部分。党内法规体系，是以党章为根本，以民主集中制为核心，以准则、条例等中央党内法规为主干，由各领域各层级党内法规组成的有机统一整体。[①]

党内法规体系具有以下四个特征。

一是统一性。这是党内法规体系的最显著特征。所有党内法规都以党章为根本，以民主集中制为核心，在宗旨、目标、价值、原则等方面保持一致，是一个有机组合、协调统一的整体。

二是全面性。党内法规体系涵盖党的领导和党的建设各领域的所有党内法规。东西南北中，党政军民学，党是领导一切的。党内法规体系建设，必须适应党管党治党、执政治国的需要，把党的领导和党的建设活动全面纳入制度化、规范化、程序化轨道。

三是层级性。党内法规体系是由党章、中央党内法规、部委党内法规、地方党内法规等不同位阶的党内法规构成的，具有鲜明的层次性。

四是相对稳定性。党内法规体系一旦形成，在一定时期内具有相对稳定性。

除了党内法规体系外，实践中还经常使用"党内法规制度体系"概念。2012年《制定条例》第8条规定，逐步构建内容协调、程序严密、配套完备、有效管用的党内法规制度体系。习近平总书记提出，要"构建内容协调、程序严密、配套完备、有效管用的制度体系"。[②]2013年、2016年中共中央先后印发的《中央党内法规制定工作五年规划纲要（2013—2017年）》《关于加

---

① 宋功德、张文显主编《党内法规学》，高等教育出版社，2020，第43页。
② 中共中央文献研究室编《十七大以来重要文献选编》（下），中央文献出版社，2013，第443页。

强党内法规制度建设的意见》均提出，到建党100周年时，形成比较完善的党内法规制度体系。党的二十大报告重申，坚持制度治党、依规治党，完善党内法规制度体系。

相比于党内法规体系，党内法规制度体系多了"制度"二字，内涵更加丰富。党内法规制度是党内法规和规范性文件的合称。一般来说，党的领导和党的建设是由党内法规和规范性文件共同调整的。加强党的制度建设，提高党的领导能力和执政水平，既要不断推进党内法规体系建设，也要不断推进党内法规制度体系建设。

第二节　党内法规体系建设的历史演进

党内法规是无产阶级政党的天然基因，与中国共产党相生相伴，经历了从无到有、从少到多、从分散化到体系化的发展过程，经过100年的持续努力，终于形成比较完善的党内法规体系。这个过程大体可分为萌芽、探索、初创、形成四个阶段。

一　萌芽阶段：从中国共产党成立到新中国成立

1921年8月3日，中国共产党第一次全国代表大会通过党的第一个党内法规《中国共产党第一个纲领》，规定党的组织，严明党的纪律，宣告中国共产党诞生。此后我们党制定发布了一系列党内法规，在管党治党、维护党的团结统一等方面发挥了不可或缺的重要作用。

1938年11月6日，党的六届六中全会通过《关于中央委员会工作规则与纪律的决定》《关于各级党委暂行组织机构的决定》《关于各级党部工作规则与纪律的决定》三部党内法规，规定了党的中央组织、地方组织、地方组织工作部门的产生、组成、职责和工作规则、工作方式、工作纪律，以及党员和党组织、党组织和党组织之间的关系，初步搭建起党的组织法规体系框架。这是党内法规体系建设的滥觞。

但从总体上看，受制于社会历史条件，党主要依靠适应性、灵活性更强的政策文件，而不是内容科学、程序严密的党内法规来处理党内事务；党的建设基本范畴是思想建设、组织建设、作风建设，对制度建设尤其是党内法规建设还不够重视;① 党内法规较少,据粗略统计,1921—1949 年出台党内法规约 40 部,年均仅 1 部多,② 构建党内法规体系的必要性不大,未提出党内法规体系思想。

二　探索阶段:从新中国成立到党的十一届三中全会

新中国成立初期,少数党员干部革命意志衰退、个人主义膨胀,官僚主义、命令主义作风严重,个别人甚至以权谋私、腐化堕落。党的领导人强调加强纪律、监察等制度建设,健全党的监督体系。为此中共中央先后发布《关于实行精兵简政、增产节约、反对贪污、反对浪费和反对官僚主义的决定》《关于"三反"斗争有关问题的指示》《关于反对官僚主义、反对命令主义、反对违法乱纪的指示》等成龙配套的法规制度,推动整治堕落颓废、官僚主义、贪污腐化等行为取得明显成效。③

为适应新形势新任务的需要,党出台了一系列规范党和国家关系的党内法规。1949 年 10 月 30 日,中央宣传部和新华社总社印发《关于中央人民政府成立后宣传工作中应注意事项的指示》,要求改变过去以中国共产党名义向人民发布行政性质的决定、决议和通知的做法,"凡属政府职权范围者应由中央人民政府讨论决定,由政府明令颁布实施"。为保证党对中央政府的领导,1949 年 11 月,中央政治局审议通过《关于在中央人民政府内组织中国共产党党委会的决定》和《关于在中央人民政府内建立中国共产党党组的决定》,塑造了我国党政关系的基本格局。1953 年 3 月,中共中央发布《关于加强中央人民政府系统各部门向中央请示报告制度及加强中央对于政府工作领导的决定》,进一步强化了党对政府工作的领导。为保证党对政法工作的领导,建立有关案件的党内审批制度。为加强党对农业合作化的组织指导,中共中央作出《关于建立农村工作部的决定》。为加强党对国营企业的领导,建立国营企业党委领导下的厂长负责制。④ 1956 年 9 月,党的八大通过党章,

---

①　江金权:《坚持制度治党依规治党》,《时事报告(党委中心组学习)》2016 年第 4 期。

②　宋功德:《党内法规的百年演进与治理之道》,《中国法学》2021 年第 5 期。

③　本书编写组编著《中国共产党党内法规制度建设历程研究》,法律出版社,2021,第 247~248 页。

④　本书编写组编著《中国共产党党内法规制度建设历程研究》,法律出版社,2021,第 236~240 页。

强调党必须充分发挥国家机关的作用，使国家机关能够相对独立地、负责地开展工作。上述举措搭建起较为完备的党领导国家政权机关的法规制度体系。

但此后不久，党的指导思想出现"左"的偏差，社会主义建设进程遭受严重挫折，党内法规建设陷于停顿。九大和十大通过的党章反映了党在社会主义建设进程中遭受的严重挫折，是党章史上的严重倒退。

这段时期，我们党适应形势任务的需要，对党内法规体系建设作了有益探索。但党内法规建设未受到应有的重视，党内法规数量不多。据粗略统计，1949—1978 年出台党内法规约 30 部，年均 1 部。[①] 新中国成立初期党内法规体系建设的探索之旅刚刚起步便戛然而止。

三 初创阶段：从党的十一届三中全会到党的十八大

改革开放后，汲取"文化大革命"的惨痛教训，以邓小平同志为核心的党的第二代中央领导集体深刻认识到，在执政条件下，党面临的许多问题涉及体制制度问题，单靠意识形态灌输和思想道德教育难以解决，因此强调制度治党，逐渐产生党内法规体系思想。

1978 年 12 月，邓小平在中央工作会议上提出："国要有国法，党要有党规党法。党章是最根本的党规党法。没有党规党法，国法就很难保障。"[②] 首次将党内法规与国家法律摆在同等重要位置。党的十一届三中全会强调，健全党的民主集中制，健全党规党法，为新时期党内法规建设指明了方向。1980 年 8 月，邓小平在中央政治局扩大会议上指出，制度问题更带有根本性、全局性、稳定性和长期性，要求健全党的领导、组织和监督等制度。[③]1986 年 9 月，党的十二届六中全会通过《中共中央关于社会主义精神文明建设指导方针的决议》，强调"建设好党的作风，思想教育很重要，制度建设也很重要"，首次在思想建设、组织建设、作风建设之外，提出制度建设的观点，将制度建设纳入党的建设总体布局。1987 年 10 月党的十三大提出，"在新的历史条件下，在党的建设上走出一条不搞政治运动，而靠改革和制度建设的新路子"。1990 年 7 月，中共中央印发被称为党内"立法法"的《中国共产

---

① 宋功德：《党内法规的百年演进与治理之道》，《中国法学》2021 年第 5 期。
② 《邓小平文选》（第二卷），人民出版社，1994，第 147 页。
③ 《邓小平文选》（第二卷），人民出版社，1994，第 333 页。

党党内法规制定程序暂行条例》，首次提出编制中央党内法规制定工作规划计划，为统筹推进党内法规建设提供了法规依据。1992 年年初邓小平在南方谈话中提出，希望经过 30 年的努力，在各方面形成一整套更加成熟、更加定型的制度。^① 这一重要论述蕴含党内法规体系思想。江泽民继承了邓小平的体系建设思想，2000 年 5 月他强调："对党内已经确立的制度要严格执行，同时要根据实践的发展，不断健全各项制度，形成一套从严治党的制度和机制。"^② 2006 年 1 月 6 日，为进一步推进党风廉政建设和反腐败工作制度化规范化，胡锦涛在十六届中央纪委六次全会上首次提出，加强以党章为核心的党内法规制度体系建设。^③ 同年 6 月 29 日，中央政治局总结全党保持共产党员先进性教育活动的理论和实践经验，提出"逐步建立健全以党章为核心的党内制度体系"。^④

按照党中央决策部署，党的制度建设有序推进，党内法规大量涌现。据粗略统计，1978—1989 年出台党内法规约 20 部，年均不到 2 部；1989—2002 年出台党内法规约 50 部，年均近 4 部；2002—2012 年出台党内法规约 80 部，年均达 8 部。^⑤ 由于党内法规越来越多，保证党内法规之间的协调一致就成为一个紧迫课题。2012 年 5 月 26 日，中共中央修订《中国共产党党内法规制定程序暂行条例》，首次提出"逐步构建内容协调、程序严密、配套完备、有效管用的党内法规制度体系"的目标任务，以解决党内法规制定工作中叠床架屋、冲突矛盾等问题。

与此同时，党在局部领域开展党内法规体系建设探索。2000 年 6 月，中共中央办公厅印发《深化干部人事制度改革纲要》，提出今后 10 年干部人事制度改革的基本目标和方针原则。党的十七大后，中共中央先后印发党政领导班子、后备干部队伍、干部人事制度改革、干部教育培训改革、国家人才发展等中长期规划，对未来 5 到 10 年相关领域需要出台的法规文件进行部署

---

① 《邓小平文选》（第三卷），人民出版社，1993，第 372 页。

② 《江泽民文选》（第三卷），人民出版社，2006，第 29 页。

③ 中共中央文献研究室编《十六大以来重要文献选编》（下），中央文献出版社，2011，第 181 页。

④ 新华社：《建立以党章为核心的制度体系》，载新浪网，https://news.sina.com.cn/o/2006-06-30/07239336414s.shtml，最后访问日期：2022 年 12 月 15 日。

⑤ 宋功德：《党内法规的百年演进与治理之道》，《中国法学》2021 年第 5 期。

安排。从 2005 年《公务员法》颁布到 2011 年，中共中央、国务院及中央组织部等有关部门为贯彻实施《公务员法》，制定《公务员范围规定》《公务员登记实施办法》《公务员职务与级别管理规定》等 20 多个配套法规，形成了以《公务员法》为核心的中国特色公务员法律法规体系。[①] 2005 年、2008 年，中共中央先后印发《建立健全教育、制度、监督并重的惩治和预防腐败体系实施纲要》《建立健全惩治和预防腐败体系 2008—2012 年工作规划》，统筹安排反腐倡廉建设法规制定工作。2009 年以来，中共中央办公厅每年编制中央党内法规和规范性文件制定工作年度计划。

四 形成阶段：从党的十八大到中国共产党成立 100 周年

党的十八大以来，以习近平同志为核心的党中央坚持全面从严治党、依规治党，全方位推进党内法规体系建设。

习近平总书记高度重视党内法规建设，对推动形成党内法规体系作出一系列重要论述。主要有：要举全党之力，推动形成内容协调、程序严密、配套完备、有效管用的中国特色党内法规制度体系；要构建以党章为根本、若干配套党内法规为支撑的党内法规制度体系；全面从严治党必须坚持思想建党和制度治党相结合，全方位扎紧制度笼子；要尽快形成立体式、全方位的厉行节约反对浪费制度体系；要建立严格、完善的作风建设法规制度体系；要加强反腐倡廉党内法规制度建设，尽快形成内容科学、程序严密、配套完备、有效管用的反腐败制度体系；要以改革创新精神加快补齐党建方面的法规制度短板，力争到建党 100 周年时形成比较完善的党内法规制度体系。[②] 习近平总书记的上述重要思想和指示要求，为新时代加快形成比较完善的党内法规体系指明了前进方向、提供了基本遵循。

党中央加强统筹谋划，对党内法规体系建设作出一系列安排部署。2013 年 11 月，中共中央印发《中央党内法规制定工作五年规划纲要（2013—2017 年）》，强调加快构建党内法规制度体系，首次提出到建党 100 周年时，

---

① 中共中央组织部编《中国共产党组织建设一百年》，党建读物出版社，2021，第 407~409 页。

② 中共中央办公厅法规局编著《中国共产党党内法规制定条例及相关规定释义》，法律出版社，2020，第 53 页。

全面建成内容科学、程序严密、配套完备、运行有效的党内法规制度体系。与规划纲要相衔接，从2014年开始，中共中央办公厅单独编制中央党内法规制定工作年度计划。2014年10月，党的十八届四中全会把党内法规纳入中国特色社会主义法治体系，首次提出形成完善的党内法规体系这一战略任务。2016年12月，中共中央印发《关于加强党内法规制度建设的意见》，对新形势下党内法规制度建设进行顶层设计，首次提出党内法规制度体系"1+4"基本框架，明确"到建党一百周年时，形成比较完善的党内法规制度体系"。2017年10月党的十九大提出，加快形成覆盖党的领导和党的建设各方面的党内法规制度体系。2018年2月，中共中央印发《中央党内法规制定工作第二个五年规划（2018—2022年）》，着眼于到建党100周年时形成比较完善的党内法规制度体系，进一步明确党内法规制度体系建设的任务书、时间表、路线图。2019年9月新修订的《制定条例》提出，"形成完善的党内法规体系，推进依规治党"。同年10月，党的十九届四中全会对健全总揽全局、协调各方的党的领导制度体系作出部署，对加快形成完善的党内法规体系作出安排。2020年11月，中央全面依法治国工作会议重申，建设中国特色社会主义法治体系，形成完善的党内法规体系。上述规划部署，有力推动了党内法规体系建设。

在党中央的坚强领导下，各地区各部门通力协作，法规工作制度机制不断健全，党内法规体系建设加速推进。一是，2012—2014年、2018—2019年，中央先后两次部署开展党内法规和规范性文件集中清理，在中央层面决定废止、宣布失效和修改865件，一揽子解决党内法规制度长期存在的不适应、不衔接、不协调、不一致问题，为形成党内法规体系创造了有利条件。二是，2012年6月，中共中央办公厅印发《中国共产党党内法规和规范性文件备案规定》，要求中央、省、市、县4级党委逐级开展备案审查。党的十八大以来，共审查地方和部门向党中央报备的党内法规和规范性文件3.2万件、发现和处理"问题文件"1400余件，有力促进了党内法规体系和谐统一。[①]三是，党的十八大以来，中央书记处研究讨论重要中央党内法规草案，每年听取中共中央办公厅的党内法规工作情况报告，对党内法规工作中的重

[①] 中共中央办公厅法规局：《中国共产党党内法规体系（2021年7月）》，人民出版社，2021，第21页。

要事项作出部署安排。四是，2015年7月，根据党中央要求，中央书记处建立由中共中央办公厅牵头，中央纪委机关、中央组织部等13家成员单位参加的中央党内法规工作联席会议制度，搭建跨部门会商协作机制，统筹推进党内法规体系建设。五是，2015年7月，中共中央办公厅印发党内第一部关于党内法规解释的规定，促进党内法规统一正确实施。六是，2019年9月，中共中央印发修订后的《制定条例》《中国共产党党内法规和规范性文件备案审查规定》以及新制定的《中国共产党党内法规执行责任制规定（试行）》，连同此前印发的清理、解释等法规文件，对党内法规工作进行全链条制度规范，为推进党内法规体系建设提供了有力制度支撑。

适应新时代党的领导和党的建设需要，制定机关密集出台一大批标志性、关键性、引领性的党内法规。为促进党章与时俱进，党的十九大修改党章，将习近平新时代中国特色社会主义思想确立为全党指导思想，确认党的十八大以来有关管党治党、治国理政的重大理论观点和重大战略思想；为坚持和加强党的全面领导，强化"两个维护"制度保障，制定修订《中共中央政治局关于加强和维护党中央集中统一领导的若干规定》《中国共产党中央委员会工作条例》《中国共产党地方委员会工作条例》《中国共产党党和国家机关基层组织工作条例》《中国共产党党组工作条例》《中国共产党重大事项请示报告条例》等党内法规；为加强全方位监督管理，健全正向激励机制，制定修订关于干部选拔任用、教育管理、纪律处分、考核、问责等一系列党内法规；为改进党风政风，相继出台中央八项规定、党政机关厉行节约反对浪费条例以及经费管理、国内差旅、因公出国（境）、公务用车、会议活动、办公用房等方面50多个配套法规制度；为党领导各方面工作提供制度保障，制定发布党中央领导经济工作规定、领导国家安全工作条例、统一战线工作条例、政法工作条例、机构编制工作条例、宣传工作条例、农村工作条例以及党政领导干部生态环境损害责任追究办法、地方党政领导干部食品安全责任制规定、地方党政领导干部安全生产责任制规定等法规制度。据统计，2012—2021年，十年间共制定修订中央党内法规147部，年均约15部，占现行有效中央党内法规70%，[①]制定力度之大、推进速度之快前所未有，为形

---

① 中共中央办公厅法规局：《中国共产党党内法规体系（2021年7月）》，人民出版社，2021，第19页。

成比较完善的党内法规体系搭建起四梁八柱；中央纪委和党中央工作机关出台 100 部部委党内法规，占现行有效部委党内法规 61%，为加强党的各方面工作提供重要遵循；省区市党委出台 2184 部地方党内法规，占现行有效地方党内法规 67%，推动党中央决策部署在本地区贯彻落实。①

截至 2021 年 7 月 1 日，全党现行有效党内法规共 3615 部。其中，党中央制定的中央党内法规 211 部，中央纪委以及党中央工作机关制定的部委党内法规 163 部，省、自治区、直辖市党委制定的地方党内法规 3241 部，② 以党章为根本，以民主集中制为核心，以准则、条例等中央党内法规为主干，以部委党内法规、地方党内法规为重要组成部分，由各领域各层级党内法规组成，覆盖党的领导和党的建设各方面，内容科学、程序严密、配套完备、运行有效的党内法规体系基本形成，党内生活主要方面基本实现有规可依、有章可循。

第三节　形成党内法规体系的重大意义

党内法规的体系化，是党历经百年艰辛探索取得的重大制度成果，是党的制度建设史上的重要里程碑。构建党内法规体系，事关党长期执政和国家长治久安，具有重大而深远的意义。

一是有利于全面提高党的执政能力和领导水平。长期以来，我们党主要靠开大会、发文件、作指示执政治国。相对于会议、文件、讲话来说，制度更具有根本性、全局性、稳定性和长期性。形成比较完善的党内法规体系，表明党执政治国所依托的制度更加成熟定型，有助于加强和改进党对各方面工作的领导，全面增强党的执政本领，确保党始终总揽全局、协调各方。

二是有利于深入推进全面从严治党。全面从严治党是党的十八大以来党中央作出的重大战略部署，是"四个全面"战略布局的重要组成部分。党内

---

① 中共中央办公厅法规局：《中国共产党党内法规体系（2021 年 7 月）》，人民出版社，2021，第 19 页。

② 中共中央办公厅法规局：《中国共产党党内法规体系（2021 年 7 月）》，人民出版社，2021，第 2 页。

法规是管党治党之重器，是我们党在党内制定的制度规定和纪律约束，在全面从严治党中居于核心和关键地位。加强党内法规制度建设，是全面从严治党的长远之策、根本之策。形成比较完善的党内法规体系，有助于强化依规治党法规制度，织密织牢制度笼子，从根本上解决党内法规"失之于宽""失之于松""失之于软"的问题，不断推动全面从严治党向纵深发展。

三是有利于深入推进全面依法治国。党的十八届四中全会将形成完善的党内法规体系确定为建设中国特色社会主义法治体系的重要组成部分。深入推进全面依法治国，必须构建党内法规体系。同时，依规治党对依法治国具有重要引领和保障作用。形成比较完善的党内法规体系，是2010年形成中国特色社会主义法律体系后，我国国家治理体系取得的又一重大成就，弥补了我国法治体系建设的一大短板，标志着中国特色社会主义法治体系党规国法双轮驱动格局正式形成，全面依法治国迈入新阶段，同时有助于健全党领导依法治国的制度和体制机制，把党的领导贯彻落实到依法治国全过程和各方面，深入推进全面依法治国，为建设社会主义法治国家提供有力保障。

四是有利于推进国家治理体系和治理能力现代化。推进国家治理体系和治理能力现代化，是全面深化改革的总目标，是国家制度和制度执行能力的集中体现。党内法规是我们党执政治国的重要载体，决定着国家治理制度的基本方向、运转方式和总体效能。形成比较完善的党内法规体系，完善党总揽全局、协调各方的领导体制和工作机制，使各方面制度更加成熟、更加定型，有利于推动党的制度优势更好地转化为治国理政的实际效能。

第四节　党内法规体系的构成和形成标志

一　党内法规体系的构成

体系构成是指党内法规体系的划分标准，关系体系构建的科学性和有效性，为党内法规体系建设提供目标方向。

关于党内法规体系的划分标准，主要有以下五种。

一是以党章的章名为划分标准。由中共中央办公厅法规室、中共中央纪委法规室、中共中央组织部办公厅编辑的《中国共产党党内法规选编》[①]，依照党章体例编排，将党内法规分为党章、党员、党的组织制度、党的中央组织、党的地方组织、党的基层组织、党的干部、党的纪律、党的纪律检查机关和其他等党规部门。这种划分方法凸显党章的核心地位，有助于完善以党章为核心的党内法规体系。但存在两个明显不足：一是随着党内法规不断发展完善，越来越多的党内法规难以对号入座，只能归入"其他"法规，日积月累"其他"法规成为一个内容庞杂、无所不包的"大口袋"，这显然背离了分类初衷；二是党章章名未涉及党的领导和党的政治建设、思想建设、作风建设等方面，无法全面反映党内法规建设状况。实践中很少使用这种分类方法。

二是以党内法规的名称为划分标准。将党内法规分为党章、准则、条例、规定、办法、规则、细则。这种分类方法较为常见，据此党内法规的名称和性质一目了然。但目前党章仅1个、准则3个、条例40多个，条例以下则数以千计。按照这种分类方法，各部分严重失衡，人们从名称上无法知晓调整对象，因而不宜作为划分的正式标准。

三是以党内法规的制定主体为划分标准。将党内法规分为中央党内法规、部委党内法规、地方党内法规。这种分类方法也较常见，便于人们了解党内法规的地位和效力，但每个部分都由不同类别的党内法规构成，不利于党内法规的学习研究和遵守执行，也不宜作为划分的正式标准。

四是以党内法规的调整对象为划分标准。《中央党内法规制定工作五年规划纲要（2013—2017年）》和《中国共产党党内法规选编（2007—2012）》[②]，根据党内法规的调整对象，将党内法规分为党章及相关法规、党的领导法规、思想建设法规、组织建设法规、作风建设法规、反腐倡廉建设

[①]　中共中央办公厅法规室、中共中央纪委法规室、中共中央组织部办公厅编《中国共产党党内法规选编（1978—1996）》，法律出版社，1996；中共中央办公厅法规室、中共中央纪委法规室、中共中央组织部办公厅编《中国共产党党内法规选编（1996—2000）》，法律出版社，2001；中共中央办公厅法规室、中共中央纪委法规室、中共中央组织部办公厅编《中国共产党党内法规选编（2001—2007）》，法律出版社，2009。

[②]　中共中央办公厅法规室、中共中央纪委法规室、中共中央组织部办公厅编《中国共产党党内法规选编（2007—2012）》，法律出版社，2014。

法规、民主集中制建设法规、党的机关工作法规等 8 个党规部门。这种划分方法，凸显了党章及相关法规的统摄地位，实现了党的领导和党的自身建设全覆盖，符合党的制度建设规律，符合党内法规体系建设内在逻辑，总体上是比较科学的。

五是以制度板块为划分标准。2016 年 12 月中共中央印发的《关于加强党内法规制度建设的意见》，首次提出按照"规范主体、规范行为、规范监督"相统筹相协调原则，完善以"1+4"为基本框架的党内法规制度体系。这是目前党内法规体系划分的正式标准。这里的"1"是指党章，"4"是指体系的四大制度板块，即党的组织法规制度、党的领导法规制度、党的自身建设法规制度、党的监督保障法规制度。其中，党的组织法规制度侧重从"主体"上规范党的中央组织、地方组织、基层组织，党的纪检机关、工作机关、派出机关、党组以及其他党组织的产生和职责问题；党的领导法规制度侧重规范和加强党对党外实施的领导"行为"，规范党领导经济建设、政治建设、文化建设、社会建设、生态文明建设以及外事、国防军队建设等活动；党的自身建设法规制度侧重规范党在党内实施的自身建设"行为"，规范党的政治建设、思想建设、组织建设、作风建设、纪律建设等活动；党的监督保障法规制度侧重从"监督保障"上规范党的工作责任制、党内监督、问责、组织处理、党纪处分、奖励表彰、党员权利保障、党的机关运行保障等活动。据此，形成主体、行为、监督保障三位一体的党内法规制度架构。①

按照这种分类方法，党内法规体系由以下五部分构成。②

（一）党章

党章是立党治党管党的总章程，对党的性质和宗旨、路线和纲领、指导思想和奋斗目标、组织原则和组织机构、党员义务和权利以及党的纪律作出根本规定，全面阐明党的政治立场、政治目标、政治路线、政治方针，是党和人民实践经验和集体智慧的结晶，是党的统一意志最集中的体现。

党章是党的根本大法，是全党必须遵守的总规矩，是坚持党的全面领

---

① 宋功德：《党规之治：党内法规一般原理》，法律出版社，2021，第 108 页。
② 下述内容参见中共中央办公厅法规局：《中国共产党党内法规体系（2021 年 7 月）》，人民出版社，2021，第 24~38 页。

导、加强党的自身建设的根本依据，是党管党治党、执政治国的根本遵循，是制定一切党内法规的基础和依据。

党章由党的全国代表大会制定和修改，代表党的最高意志，在党内法规体系中位阶最高，具有最高效力和最高权威，任何党内法规以及任何党的制度都不得同党章相抵触。

现行党章是党的十二大通过的党章，至今已修改过8次。

（二）党的组织法规

党的组织法规，是调整党的各级各类组织产生、组成、职权职责等的党内法规，为党管党治党、执政治国提供组织制度保障。截至2021年7月1日，现行有效的党的组织法规共153部，其中中央党内法规15部，部委党内法规1部，地方党内法规137部。

一是党的组织体系方面的法规。主要有:《中国共产党中央委员会工作条例》，对党中央的领导地位、领导体制、领导职权、领导方式、决策部署、自身建设等作出规定，为保证党中央对党和国家事业的集中统一领导提供基本遵循;《中国共产党地方委员会工作条例》，规定地方党委全面领导本地区经济社会发展、全面负责本地区党的建设，充分发挥地方党委把方向、管大局、作决策、保落实的重要作用;《中国共产党党和国家机关基层组织工作条例》《中国共产党国有企业基层组织工作条例（试行）》《中国共产党普通高等学校基层组织工作条例》《中国共产党农村基层组织工作条例》《中国共产党支部工作条例（试行）》等，要求把党的基层组织建设成为宣传党的主张、贯彻党的决定、领导基层治理、团结动员群众、推动改革发展的坚强战斗堡垒;《中国共产党党组工作条例》，对党组的设立、职责、运行等作出规定，推动充分发挥党组把方向、管大局、保落实的领导作用。

二是党内选举方面的法规。主要有:《中国共产党地方组织选举工作条例》《中国共产党基层组织选举工作条例》等，发扬党内民主，加强党的地方组织和基层组织建设，健全维护党的集中统一领导的组织制度;《中国共产党全国代表大会和地方各级代表大会代表任期制暂行条例》，完善党代表大会制度，推动党代表大会代表履行代表职责、发挥代表作用。

三是党的组织工作方面的法规。主要有:《中国共产党组织工作条例》等，贯彻新时代党的组织路线，坚持和加强党对组织工作的全面领导，推动提高党的组织工作质量。

四是党的象征标志方面的法规。主要有:《中国共产党党徽党旗条例》等，规范党徽党旗制作使用管理，发挥党徽党旗政治功能，激励全党不忘初心、牢记使命、永远奋斗。

（三）党的领导法规

党的领导法规，是规范和保障党对各方面工作实施领导，明确党与人大、政府、政协、监察机关、审判机关、检察机关、武装力量、人民团体、企事业单位、基层群众性自治组织、社会组织等领导与被领导关系的党内法规，为党发挥总揽全局、协调各方领导核心作用提供制度保障。截至2021年7月1日，现行有效党的领导法规共772部，其中，中央党内法规44部，部委党内法规29部，地方党内法规699部。

一是党领导经济建设方面的法规。主要有:《党中央领导经济工作规定》，加强党中央对经济工作的集中统一领导，保证党中央经济决策部署有效贯彻落实;《中国共产党农村工作条例》等，坚持和加强党对"三农"工作的全面领导，全面推进乡村振兴。

二是党领导政治建设方面的法规。主要有:《中国共产党统一战线工作条例》《社会主义学院工作条例》等，加强党对统一战线工作的集中统一领导，巩固和发展最广泛的爱国统一战线;《中国共产党政法工作条例》《保护司法人员依法履行法定职责规定》《党政主要负责人履行推进法治建设第一责任人职责规定》《法治政府建设与责任落实督察工作规定》等，完善党领导立法、保证执法、支持司法、带头守法的体制机制，把党的领导落实到依法治国全过程各方面;《中国共产党机构编制工作条例》以及《"三定"规定制定和实施办法》、《机构编制监督检查工作办法》等，加强党对机构编制工作的集中统一领导，推进党和国家机构职能优化协同高效。

三是党领导文化建设方面的法规。主要有:《中国共产党宣传工作条例》等，对加强党对宣传工作的全面领导等作出明确规定，为党和国家事业发展提供有力思想保证和强大精神力量;《党委（党组）意识形态工作责任制实施办法》《党委（党组）网络意识形态工作责任制实施细则》等，严格意识形态工作责任制，维护意识形态安全和文化安全。

四是党领导社会建设方面的法规。主要有:《中国共产党领导国家安全工作条例》等，坚持党对国家安全工作的绝对领导，深入贯彻总体国家安全观，推进国家安全体系和能力现代化；《地方党政领导干部食品安全责任制规定》《地方党政领导干部安全生产责任制规定》《健全落实社会治安综合治理领导责任制规定》等，加快推进社会治理现代化，把党的领导优势更好转化为社会治理效能。

五是党领导生态文明建设方面的法规。主要有：《中央生态环境保护督察工作规定》《领导干部自然资源资产离任审计规定（试行）》《党政领导干部生态环境损害责任追究办法（试行）》等，压实生态文明建设和生态环境保护政治责任，推动建设美丽中国。

六是党领导国防和军队建设方面的法规。主要有：《中国共产党军队党的建设条例》《中国人民解放军军队政治工作条例》等，坚持党对军队的绝对领导，全面深入贯彻军委主席负责制，为实现党在新时代的强军目标提供有力保证。

（四）党的自身建设法规

党的自身建设法规，是调整党的政治建设、思想建设、组织建设、作风建设、纪律建设等的党内法规，为提高党的建设质量、永葆党的先进性和纯洁性提供制度保障。截至 2021 年 7 月 1 日，现行有效党的自身建设法规共 1319 部，其中，中央党内法规 74 部，部委党内法规 76 部，地方党内法规 1169 部。

一是党的政治建设方面的法规。主要有：《关于党内政治生活的若干准则》《关于新形势下党内政治生活的若干准则》，坚定维护党中央权威和集中统一领导，全面加强和规范党内政治生活，努力造成又有集中又有民主，又有纪律又有自由，又有统一意志又有个人心情舒畅生动活泼的政治局面；《中共中央政治局关于加强和维护党中央集中统一领导的若干规定》，强调中央政治局同志必须带头严格遵守党章和党内政治生活准则，自觉在党中央集中统一领导下履行职责、开展工作；《中国共产党重大事项请示报告条例》，建立健全重大事项请示报告体制机制和方式方法，严格向党中央请示报告制度，确保政令畅通、令行禁止。

二是党的思想建设方面的法规。主要有：《中国共产党党校（行政学院）工作条例》，加强马克思主义基本理论研究和党的思想理论建设，充分发挥党校（行政学院）干部培训、思想引领、理论建设、决策咨询的作用;《中国共产党党委（党组）理论学习中心组学习规则》等，推动理论武装工作深入开展，加强领导班子思想政治建设。

三是党的组织建设方面的法规。主要有:《党政领导干部选拔任用工作条例》《干部教育培训工作条例》《干部人事档案工作条例》《推进领导干部能上能下若干规定（试行）》《干部双重管理工作规定（试行）》《党政领导干部职务任期暂行规定》《党政领导干部交流工作规定》《党政领导干部任职回避暂行规定》《党政领导干部辞职暂行规定》《关于地方党委向地方国家机关推荐领导干部的若干规定》以及《县以上党和国家机关党员领导干部民主生活会若干规定》等，建立健全干部选育管用的全链条机制，推动建设忠诚干净担当的高素质专业化干部队伍。《中央企业领导人员管理规定》《中管金融企业领导人员管理暂行规定》《事业单位领导人员管理暂行规定》等，加强国有企事业单位干部队伍建设。《中国共产党党员教育管理工作条例》以及《中国共产党发展党员工作细则》等，指导建设信念坚定、政治可靠、结构合理、素质优良、纪律严明、作用突出的党员队伍。

四是党的作风建设方面的法规。主要有:《十八届中央政治局关于改进工作作风、密切联系群众的八项规定》及其实施细则，坚持以上率下，深入整治形式主义、官僚主义、享乐主义和奢靡之风，为党和国家事业开创新局面提供坚强政治和作风保证;《党政机关厉行节约反对浪费条例》《党政机关国内公务接待管理规定》《党政机关办公用房管理办法》《党政机关公务用车管理办法》以及《节庆活动管理办法（试行）》等，弘扬艰苦奋斗、勤俭节约的优良作风;《评比达标表彰活动管理办法》《全国性文艺新闻出版评奖管理办法》等，坚决纠正评比达标表彰过多过滥问题;《中国共产党廉洁自律准则》，重申党的理想信念宗旨、优良传统作风，展现共产党人高尚道德追求;《中共中央、国务院关于进一步制止党政机关和党政干部经商、办企业的规定》《国有企业领导人员廉洁从业若干规定》《农村基层干部廉洁履行职责若干规定（试行）》等，强化重点领域、关键环节廉洁纪律要求。

此外,《党委（党组）落实全面从严治党主体责任规定》《关于实行党风廉政建设责任制的规定》等，以责任制强化和落实管党治党政治责任，推动全面从严治党向纵深发展。

（五）党的监督保障法规

党的监督保障法规，是调整党的监督、激励、惩戒、保障等的党内法规，为保证党组织和党员干部履行好党和人民赋予的职责提供制度保障。截至 2021 年 7 月 1 日，现行有效的党的监督保障法规共 1370 部，其中，中央党内法规 77 部，部委党内法规 57 部，地方党内法规 1236 部。

一是监督方面的法规。主要有：《中国共产党党内监督条例》等，把强化党内监督作为党的建设的重要基础性工程，全面落实党内监督责任，着力使监督的制度优势充分释放出来；《中国共产党巡视工作条例》等，深化政治巡视，充分发挥巡视监督的利剑作用；《中国共产党纪律检查机关监督执纪工作规则》《纪检监察机关处理检举控告工作规则》等，保证纪检机关依规依纪履行监督执纪职责；《关于党员领导干部述职述廉的暂行规定》《关于对党员领导干部进行诫勉谈话和函询的暂行办法》《领导干部报告个人有关事项规定》《党政主要领导干部和国有企事业单位主要领导人员经济责任审计规定》等，明确加强对"关键少数"的监督，确保领导干部尽职尽责、廉洁从政；《党政领导干部考核工作条例》以及《高质量发展综合绩效评价办法（试行）》等，完善考核评价机制，树立讲担当、重担当、改革创新、干事创业的鲜明导向。

二是奖惩方面的法规。主要有：《中国共产党党内功勋荣誉表彰条例》《国家功勋荣誉表彰条例》等，充分发挥功勋荣誉表彰的精神引领、典型示范作用，推动全社会形成见贤思齐、崇尚英雄、争做先锋的良好氛围；《中国共产党党内关怀帮扶办法》等，坚持严管和厚爱结合、激励和约束并重，增强广大党员荣誉感、归属感、使命感；《中国共产党问责条例》以及《关于实行党政领导干部问责的暂行规定》等，推动失责必问、问责必严成为常态，督促各级党组织和领导干部负责守责尽责，保证党的路线方针政策和党中央重大决策部署贯彻落实；《中国共产党纪律处分条例》等，严肃党的纪律，纯洁党的组织，努力使铁的纪律真正转化为党员干部的自觉遵循；《中国共产党组织处理规定（试行）》等，完善干部管理监督制度，促进组织处理与纪律处分、法律责任追究有机衔接；《干部选拔任用工作监督检查和责任追究办法》《领导干部干预司法活动、插手具体案件处理的记录、通报和责任追究规定》等，强化相关纪律约束和责任追究。

三是保障方面的法规。主要有：《中国共产党党员权利保障条例》《中国共产党党务公开条例（试行）》等，发扬党内民主，保障党员权利，增强党的生机活力;《制定条例》、《中国共产党党内法规和规范性文件备案审查规定》、《中国共产党党内法规执行责任制规定（试行）》、《中国共产党党内法规解释工作规定》以及《中央文件制定工作规定》等，将党内法规制度建设和中央文件制定工作纳入制度化规范化轨道;《党政机关公文处理工作条例》《机关档案工作条例》《电子文件管理暂行办法》等，推动提升机关运行服务保障水平。

党内法规体系"1+4"基本框架，具有以下特点。一是凸显党章统帅地位。党章是党的总章程总规矩，在党内法规体系中居于统帅地位。将党章从四大板块中单列出来，置于体系之首，表明党章的最高性、根本性、权威性，有利于维护党章权威，推动党章规定和精神的贯彻落实。二是体现主体、行为、监督"三位一体"。一个完备的制度体系应当是主体、行为、监督"三位一体"的完整闭合系统。依规治党，要解决党组织的产生和职责、党的工作和活动、党的监督和保障三个基本问题。将党内法规体系划分为党的组织法规、党的领导法规、党的自身建设法规、党的监督保障法规四个板块，反映制度建设一般规律，符合党内法规制度建设实际。三是契合"大党建"格局。全面从严治党要求树立"大党建"理念，既要抓好党的自身建设，又要加强和改善党的领导。将党的自身建设法规和党的领导法规各自单独成块，凸显了党的领导法规的重要地位，有利于统筹推进党的建设新的伟大工程和中国特色社会主义伟大事业。总之，这种划分方法坚持周延性与开放性相统一，既能揭示党章与其他党内法规的源与流关系、主体行为监督的"三位一体"关系、党的建设和党的领导的服从服务关系，又能保持各板块内部结构的开放性，为制度创新预留充足空间;坚持现实性与前瞻性相统一，既能照顾到党内法规制度建设现状，明确现有党内法规在体系中的定位，又能较好适应党内法规体系的动态发展，对未来党内法规制度建设起到引领带动作用。

二 党内法规体系的形成标志

党内法规体系的形成标志是衡量党内法规体系完备程度的重要基准，也是引领党内法规建设的目标方向和任务要求。

近年来，党中央在部署安排党内法规建设的过程中，逐步明确了党内法规体系建设的形成标志。2012 年 5 月中共中央印发的《制定条例》第 8 条提出，逐步构建"内容协调、程序严密、配套完备、有效管用"的党内法规制度体系。2019 年修订后的条例将这一表述微调为"内容科学、程序严密、配套完备、运行有效"。中共中央办公厅法规局在《中国共产党党内法规制定条例及相关规定释义》中，将上述十六个字解释为：涵盖党的领导和党的建设各个领域，能够适应管党治党、执政兴国的现实需要；每个领域的基础主干法规制定齐全，每部基础主干法规的配套法规比较完备；党内法规体系内部有机统一，实体性规范、程序性规范、保障性规范相匹配；注重党内法规同国家法律的衔接和协调，党内法规体系与国家法律体系相互协调，形成相辅相成、相互促进、相互保障的格局。①

2013 年 11 月中共中央印发的《中央党内法规制定工作五年规划纲要（2013—2017 年）》，第一次提出党内法规建设工作目标，即涵盖党的建设和党的工作主要领域、适应管党治党需要，内容科学、程序严密、配套完备、运行有效，基础主干党内法规更加健全、实践亟需的党内法规及时出台、配套党内法规更加完备、各项党内法规之间协调统一，保证党内法规体系与中国特色社会主义法律体系内在统一。2018 年 2 月中共中央印发的《中央党内法规制定工作第二个五年规划（2018—2022 年）》，在第一个五年规划基础上新增了一项要求，即坚持党内法规和规范性文件相得益彰，强调规范性文件在党内法规体系中的地位和作用。

根据中央有关规定，党内法规体系的形成标志可概括为以下五个方面。

一是适应党的领导和党的建设需要。党内法规建设的根本目的，是服从服务于党的领导和党的建设需要。构建党内法规体系，必须立足党情国情，遵循党的制度建设规律，体现党和人民意志，及时出台实践亟需的党内法规，与全面从严治党、依规治党的需要相适应，与国家法治建设的需要相协调。

二是基础主干法规齐备。基础主干法规是党内法规体系的支架和基础。构建党内法规体系，必须做到覆盖党的领导和党的建设各领域、各方面的党内法规门类齐全，各党规部门基本的、主要的党内法规齐备，党的领导和党的建设各领域、各方面基本实现有规可依。

---

① 中共中央办公厅法规局编著《中国共产党党内法规制定条例及相关规定释义》，法律出版社，2020，第 54 页。

三是配套法规完备。配套法规是党内法规体系的枝叶和"毛细血管"。构建党内法规体系，必须有针对性地制定配套法规，增强基础主干法规的针对性和实效性，使党内法规体系层次分明、上下配套，形成严密结构和制度合力。

四是体系内部和谐统一。构建党内法规体系，必须以党章为根本遵循，确保不同党规部门之间、不同位阶党内法规之间、实体性规范与程序性保障性惩戒性规范之间、党内法规与规范性文件之间，前后衔接、左右联动，不相交叉、不相抵触，系统集成、各安其位，各展其长、相得益彰。

五是党内法规和国家法律衔接协调。这是形成党内法规体系的内在要求。构建党内法规体系，必须遵守党必须在宪法和法律范围内活动的原则，确保党内法规同国家法律衔接协调，形成党内法规和国家法律相辅相成、相互促进、相互保障的格局。

第五节　形成完善的党内法规体系

新中国成立以来特别是改革开放以来，党中央适应不同历史时期党的建设需要，科学谋划、统筹布局，制定颁布了一系列党内法规，已形成比较完善的党内法规体系。同时也要看到，由于体系建设起步较晚、部分党员干部党内法规意识不强、党内法规工作机构人员配置及专业结构有待优化等原因，党内法规体系建设还存在一些突出问题。主要表现在以下五个方面。一是制定工作不平衡，组织建设、反腐倡廉建设方面已形成比较系统完备的法规制度体系，其他方面法规制度建设相对滞后，体系尚未成型。二是一些主要领域，比如党领导人大、政府、政法、群团等方面，缺乏规范领导体制机制的基础主干法规。三是一些配套法规制度出台不及时，影响了上位党内法规的实施效果。四是制定质量有待提高。一些党内法规过于原则、笼统，只有定性规定，缺乏量化标准；有的过于具体、琐碎，缺乏稳定性可行性；有的缺乏程序性保障性制裁性规定，出台后可操作性不强、威慑力不足；有的带有部门保护主义、地方保护主义色彩甚至违法违规问题；有的法规制度之间不一致、不衔接、不协调，制度空白与制度交叉重复问题并存。五是党内法规和国家法律的衔接不够紧密。上述问题的存在，影响了党内法规的制定质量及其遵守执行。必须采取切实有效措施，加快完善党内法规体系。

当前，我国正处于全面建设社会主义现代化国家的关键时期，我们党肩负着实现中华民族伟大复兴的历史重任。必须适应新形势新任务要求，始终坚持制度治党、依规治党，加快形成完善的党内法规体系，为党团结带领全国人民实现中华民族伟大复兴的中国梦提供更加坚强有力的制度保障。

一　加强顶层设计

这是党内法规体系建设的一条基本经验。形成完善的党内法规体系，要始终坚持统筹规划、整体推进。

（一）推进中央党内法规制定工作五年规划编制工作常态化

《制定条例》第 15 条规定，科学编制党内法规制定工作五年规划和年度计划。从 2013 年开始，党中央已连续印发两个中央党内法规制定工作五年规划，统筹谋划党内法规体系建设，大大增强了党内法规建设的科学性、系统性和前瞻性。2022 年是第二个五年规划的最后一年，我们党刚刚召开二十大。建议贯彻落实新党章精神和党中央决策部署，启动中央党内法规制定工作第三个五年规划编制工作，持续有序推进党内法规体系建设。

（二）适时推动条件具备、时机成熟的领域法规制度体系化

这有利于全景展现具体领域党的政策主张，推动该领域法规制度系统集成，以局部体系化推进整体体系化。按照党的二十大报告的要求，可将健全全面从严治党体系，总揽全局、协调各方的党的领导制度体系，党的自我革命制度规范体系，党统一领导、全面覆盖、权威高效的监督体系和干部考核评价体系，确定为局部体系化的重点领域。

二　完善基础主干法规

针对基础主干法规不齐备问题，建议研究制定一批基础主干法规，进一步完善党内法规体系的基本框架。

（一）落实二十大党章新要求

党的二十大修改党章，新增党的十九大以来习近平新时代中国特色社会主义思想新发展，以中国式现代化全面推进中华民族伟大复兴，不断健全党内法规体系，明确街道、乡、镇和村、社区党组织的地位和作用，完善国有

企业党委（党组）加强党组织自身建设的职责任务，完善党的纪律相关内容，明确派驻纪律检查组的范围，充实纪委的主要任务，调整充实党组的职责定位等内容。建议将上述内容涉及的基础主干法规制定项目，纳入中央党内法规制定工作第三个五年规划，确保二十大党章的规定和精神落到实处。

（二）按照中央既定规划部署，积极稳妥出台准则和条例

由于各方面原因，中央党内法规制定工作第二个五年规划确定的部分制定项目尚未完成。建议按照第二个五年规划的要求，制定思想道德准则、密切联系群众准则，对各级党组织和全体党员的行为作出基本规定；对党领导经济、改革、法治、外事、军队和群团、人才工作作出基础性规定，实现条例对党的领导和党的建设各领域各方面全覆盖。

（三）适应党的建设新形势新任务，制定和完善一批基础主干法规

坚持和加强党的全面领导，制定党的全面领导工作准则，对党领导各方面工作的原则、程序、内容和方式作出统一规定，为健全党的领导制度体系提供基本遵循。制定规范性文件制定条例，为深化党的制度建设提供法规依据。

三　优化配套法规制度

成龙配套是提升党内法规实效的重要途径。必须加强中央党内法规配套建设，使基础主干法规的配套法规制度不断健全，程序性保障性惩戒性规定不断强化，党内法规体系的匹配性、可操作性、实用性明显增强。

（一）树立正确的"配套观"

坚持有所为、有所不为，该配套的配套，不该配套的不得配套，防止以文件落实文件，形成新的"文山"。确需配套的，应着眼于全面准确贯彻中央党内法规，在总体要求、主要精神和基本原则上同中央党内法规保持高度一致，不得超出中央党内法规规定的范围；紧密结合自身实际，对中央党内法规进行细化、具体化，仔细甄别哪些规定和自己有关系、哪些没有关系，涉及自身的才写入配套法规制度，切忌全盘照搬照抄、"上下一般粗"。[①]

---

① 杨沈阳：《制定党内法规配套制度应把握的原则》，《秘书工作》2020 年第 2 期。

（二）引入"三同时"制度

借鉴立法经验，建立配套法规制度与基础主干法规同步起草、同步出台、同步实施的"三同时"制度，确保中央党内法规与配套法规制度步调一致、协同配合。

（三）建立上下级制定机关沟通协调机制

含有配套条款的中央党内法规发布后，上下级制定机关可围绕配套条款，通过召开座谈会、论证会等方式沟通协商，传达中央党内法规意图，明确配套立规目标和重点，增强配套法规制度的针对性和实效性。

（四）加强对配套立规的监督

含有配套条款的中央党内法规出台后，有关部门要适时组织检查配套条款的执行情况，对仍未配套立规的进行通知催告。配套法规制定主体要建立自查机制，定期举办工作会议，对配套立规的数量、内容进行研讨，不断改进配套立规水平。[①]

四　进一步提升党内法规制定质量

党内法规制定质量直接关系到党内法规体系质量。建议采取切实有效措施，进一步提高党内法规制定质量，推动党内法规体系建设高质量发展，将党内法规制度优势更好转化为管党治党、执政治国的治理效能。

（一）严格制定程序

重点把握好调查研究、征求意见、前置审核三个环节。起草单位要深入基层一线，深入调查研究，准确把握群众需求，坚决杜绝闭门造规。在党内法规立改废释纂各环节，要贯彻群众路线，把专家论证与群众参与结合起来，确保党内法规体现党员群众意愿，适应党的建设需要，经得起实践和历史检验。党内法规草案送审前，法规工作机构要加强前置审核，严格政治性、合法性、合规性、合理性审查，把违法违规问题消灭在萌芽状态。

（二）增强针对性和可操作性

树立问题意识，紧紧围绕全局性关键性问题和人民群众普遍关注的热点难点问题，在研究新情况、总结新经验的基础上提出切实可行的制度措施。

---

① 　吴涛、李冲：《党内法规配套立规优化路径研究》，《党政研究》2022年第4期。

党内法规的内容要具体明确、简便易行；既要有实体性规定，也要有程序性保障性惩戒性规定；既要有原则规定，也要有具体措施；既要规定责任，也要匹配权利；既要有行为要求，也要有责任追究。保证党内法规行得通、做得到、管得住、用得好。

（三）完善制定技术

尽快制定《党内法规制定技术规则》，对党内法规的名称、结构、用语、表述方式、基本要求等作出系统规定，提高立规语言的规范性、内容设计的严谨性、体例结构的逻辑性和制度措施的可操作性，推动党内法规制定工作规范化制度化。

五　推进党内法规法典化

2019年新修订的《制定条例》首创党内法规编纂制度。该条例第39条规定，党内法规的编纂、汇编、出版等事宜，由制定机关所属法规工作机构按照有关规定办理。对党内法规进行编纂，是借鉴法典化思维，由制定机关在党内法规清理和汇编的基础上，将现存同类党内法规或同一领域党内法规进行研究审查，从统一性原则出发，决定其存废，对其加以修改、补充，最终形成集中统一、系统的党内法规。[①]

虽然我们党在建党100周年时，已形成比较完善的党内法规体系，但由于制定主体众多，法规数量庞大，调整领域宽广，时间跨度较长，一些党内法规仍存在不适应、不衔接、不协调、不一致问题，一些领域基础主干法规缺位，一些配套法规尚不齐备，一些法规之间不尽一致。编纂党内法规，对特定领域的党内法规进行增删整合，创制新的规范，修改不合适的规范，废除过时的规范，形成体例科学、结构严谨、内容完整、规范合理、和谐统一的法典，有助于提高党内法规制定质量，提升党内法规体系化水平，促进中国特色社会主义法治体系建设，推进国家治理体系和治理能力现代化。

近年来，在党中央坚强领导下，党内法规体系建设取得了显著进展。

---

① 中共中央办公厅法规局编著《中国共产党党内法规制定条例及相关规定释义》，法律出版社，2020，第115页。

2012 年，我们党启动了党内法规和规范性文件备案审查工作，有力促进了党内法规制度的协调统一。2012 年、2018 年中央先后两次对党内法规和规范性文件进行集中清理，在很大程度上解决了党内法规制度的不适应、不衔接、不协调、不一致问题。2020 年 5 月，十三届全国人大三次会议表决通过《民法典》，为党内法规编纂提供了有益经验。2021 年 7 月，中共中央办公厅法规局将现行有效且向社会公开发布的党内法规结集出版。上述情况表明，编纂党内法规的时机和条件已经比较成熟。

同时也要看到，党内法规编纂是一块尚未开发的"处女地"，面临诸多不利条件。一是基本共识不足。法典的构成要件、效力等级和与党章、准则、条例的关系，以及规范性文件是否编入法典等问题众说不一。二是体制机制不明。《制定条例》仅对编纂作了原则规定，未明确编纂的体制机制，谁有权编纂，编纂权限有多大，依据什么原则，遵照什么程序，均缺乏制度依据。三是基础条件不佳。根据《民法典》编纂经验，法典编纂应当具备法律制度成熟、社会关系稳定等基础条件。而党内法规快速发展也就十年左右时间，且不同领域发展不平衡，一些领域的党内关系变化较快、不易定型，一些党内法规不对外公开，党内法规编纂涉及法学、党建、政治学等多个学科，这些都增加了编纂难度。四是编纂技术缺乏。如何安排法典各编以及各编的制度、规则体系，如何处理总则和分编、编和纂的关系等，尚不明确。

为有序推进党内法规法典化，建议有关部门出台"党内法规编纂办法"，对法典的性质、地位和编纂的原则、主体、权限、条件、程序和机制作出系统规定，为党内法规编纂提供制度依据。在此基础上开展编纂试点。考虑到编纂难度，建议先由党的中央组织进行编纂。目前，党的领导和党的政治建设、思想建设、作风建设领域法规较少，党的纪律建设领域的法规制度比较完备，但变化较快。上述领域党内法规法典化的条件暂不成熟。相较之下，组织法规的编纂条件较为成熟。建议率先编纂组织法规。编纂工作遵循《制定条例》的有关规定，借鉴《民法典》编纂经验，坚持问题导向，以组织法规制度清理和汇编为基础，以组织、干部、公务员、人才等方面的条例为主，规定、办法为辅，编纂一部充分体现党和人民意志，适应党的组织建设需要，体例科学、结构严谨、内容完整、和谐统一的组织法典。

六　健全党内法规实施保障机制

实施保障机制是形成党内法规体系的关键支撑。必须进一步健全党内法规实施保障机制，实现党内法规体系各制度要素上下配套、互动关联、融贯协调、和谐统一。

（一）改进党内法规和规范性文件备案审查制度

针对备案审查工作中出现的突出问题，建议适时修订《中国共产党党内法规和规范性文件备案审查规定》，赋予党组织和党员对认为存在问题的党内法规和规范性文件提出审查建议的权利，并建立反馈机制。有关部门根据备案审查规定第 11 条确立的审查标准，结合备案审查工作实践，总结提炼更加具体、更具可操作性的审查标准，促进备案审查工作的科学规范统一。

（二）完善党内法规解释机制

适时修订《中国共产党党内法规解释工作规定》，明确两个以上制定机关联合立规的，由牵头制定机关作出解释；降低申请门槛，允许党组织直接向党内法规解释机关提出申请，提高解释的及时性和便利性。由于解释同党内法规具有同等效力，建议制定机关定期汇编解释，并附于相关党内法规之后公开出版，以便于党员干部遵守执行和学习研究。

（三）制定"党内法规实施后评估办法"

根据《制定条例》的有关规定，吸收实践经验，制定"党内法规实施后评估办法"，对党内法规实施后评估的主体、对象、内容、程序、标准、方式和步骤作出规定，促进实施后评估工作制度化规范化。

七　促进党内法规和国家法律衔接协调

（一）建立党规国法制定工作全程对接机制

明确党规国法衔接协调的原则、程序和方式，推动党内法规制定工作规划计划和国家立法规划计划、党章修改和宪法修改、党内法规和国家法律立改废释纂衔接协调，推动党内法规和国家法律在价值取向、功能定位、规则效力等方面无缝衔接，消除二者之间不必要的交叉重复和冲突矛盾。适时修订《立法法》或者《制定条例》，规定党规国法衔接协调机制，为党规国法衔接协调提供制度遵循。

（二）建立党规国法衔接协调规则

党规、国法分属两套不同的制度规范，有各自的调整对象和职责范围，但存在交叉关系。建议按照各负其责、各尽其职、紧密配合的原则，构建党规国法的衔接协调规则：对于立法法明确规定应由法律规定的事项，党内法规不得作出规定；对于法律已有明确规定的事项，党内法规不作重复规定，仅在行为后果上设定相应的党纪处分种类和幅度；对于法律赋予公民的基本权利和自由，党内法规不得随意限制或者剥夺；对于法律设定的公民基本义务和责任，党内法规不得随意变通或者豁免；对于法律明令禁止的事项，党内法规不得解禁或者突破；对于法律没有规定也不宜规定的事项，由党内法规作出规定；对于调整事项交叉重合的，根据具体情况确定是用党内法规还是国家法律予以规范。

（三）建立党内法规通过法定程序上升为国家意志的转化机制

明确党内法规转化为国家法律的条件、主体、程序和方式，做好党领导立法工作程序与立法程序的对接，善于使党的主张通过法定程序上升为国家意志。有些规范、要求在全社会还不具备实施条件时，可以先制定党内法规，对党员提出要求，在党内实行，待条件成熟后再转化为法律在国家层面施行。

（四）建立党委法规工作机构和国家法制机构沟通协调、人员轮岗交流等机制

保证法律充分体现党的方针政策，党内法规制定工作在宪法和法律的范围内活动，促进党规国法相辅相成、相互促进、相互保障。

党的建设永无止境，党内法规体系建设永远在路上。在新的历史条件下，要充分认识完善党内法规体系的重大意义，遵循党的制度建设规律，以水滴石穿的韧劲、锲而不舍的定力，采取行之有效的措施，不断推动党内法规体系朝着更加完善、更加成熟、更加定型的方向发展，为新时代党管党治党、治国理政提供持续、稳定的制度基础。

本章小结

党内法规体系是党历经百年艰辛探索取得的重大制度成果，是党内法规

制度体系的核心组成部分，具有统一性、全面性、层级性和相对稳定性等特点。党内法规的体系化具有重大意义，其构成可以概括为"1+4"的基本框架，形成标志也逐渐明确。全面建设社会主义现代化国家，必须始终坚持制度治党、依规治党，加快形成完善的党内法规体系。

问题与思考

1. 如何理解党内法规体系的概念和特征？

2. 形成党内法规体系的重大意义是什么？

3. 为什么将党内法规体系的基本框架概括为"1+4"？

4. 如何形成完善的党内法规体系？

参考文献

一 讲话、报告与文件

邓小平:《解放思想,实事求是,团结一致向前看》(1978年12月13日在中共中央工作会议闭幕会上的讲话)。

《法治中国建设规划(2020—2025年)》。

《法治社会建设实施纲要(2020—2025年)》。

《法治政府建设实施纲要(2021-2025年)》。

胡锦涛:《高举中国特色社会主义伟大旗帜 为夺取全面建设小康社会新胜利而奋斗》(在中国共产党第十七次全国代表大会上的报告)。

胡锦涛:《坚定不移沿着中国特色社会主义道路前进 为全面建成小康社会而奋斗》(在中国共产党第十八次全国代表大会上的报告)。

江泽民:《高举邓小平理论伟大旗帜,把建设有中国特色社会主义事业全面推向二十一世纪》(在中国共产党第十五次全国代表大会上的报告)。

江泽民:《全面建设小康社会,开创中国特色社会主义事业新局面》(在中国共产党第十六次全国代表大会上的报告)。

习近平:《关于〈中共中央关于全面推进依法治国若干重大问题的决定〉的说明》。

习近平:《决胜全面建成小康社会 夺取新时代中国特色社会主义伟大胜利》(在中国共产党第十九次全国代表大会上的报告)。

习近平:《高举中国特色社会主义伟大旗帜 为全面建设社会主义现代化国家而团结奋斗》(在中国共产党第二十次全国代表大会上的报告)。

431

《中共中央关于深化党和国家机构改革的决定》（中国共产党第十九届中央委员会第三次全体会议通过）。

《中共中央关于坚持和完善中国特色社会主义制度　推进国家治理体系和治理能力现代化若干重大问题的决定》（中国共产党第十九届中央委员会第四次全体会议通过）。

《中共中央关于全面深化改革若干重大问题的决定》（中国共产党第十八届中央委员会第三次全体会议审议通过）。

《中共中央关于全面推进依法治国若干重大问题的决定》（中国共产党第十八届中央委员会第四次全体会议审议通过）。

《中共中央关于制定国民经济和社会发展第十四个五年规划和二○三五年远景目标的建议》（中国共产党第十九届中央委员会第五次全体会议通过）。

《中共中央关于党的百年奋斗重大成就和历史经验的决议》（中国共产党第十九届中央委员会第六次全体会议审议通过）。

二　论文

曹鎏：《论我国法治政府建设的目标演进与发展转型》，《行政法学研究》2020 年第 4 期。

范进学：《习近平"人类命运共同体"思想下的美好生活权论》，《法学》2021 年第 5 期。

封丽霞：《中国共产党领导立法的历史进程与基本经验——十八大以来党领导立法的制度创新》，《中国法律评论》2021 年第 3 期。

付子堂、朱林方：《中国特色社会主义法治理论的基本构成》，《法制与社会发展》2015 年第 3 期。

韩大元：《中国共产党依宪执政论析》，《中共中央党校学报》2014 年第 6 期。

韩大元：《中国宪法文本中"法治国家"规范分析》，《吉林大学社会科学学报》2014 年第 3 期。

何勤华、周小凡：《"中国特色社会主义法治理论"考》，《中国社会科学》2022 年第 12 期。

侯猛：《如何评价司法公正：从客观标准到主观感知》，《法律适用》2016

年第 6 期。

胡玉鸿:《习近平法治思想中权力运行制约和监督理论》,《江淮论坛》2021 年第 5 期。

黄进:《论统筹推进国内法治和涉外法治》,《中国社会科学》2022 年第 12 期。

黄文艺:《坚持党对全面依法治国的领导》,《法治现代化研究》2021 年第 1 期。

黄文艺:《论习近平法治思想中的法治工作队伍建设理论》,《法学》2021 年第 3 期。

黄文艺:《论习近平法治思想中的司法改革理论》,《比较法研究》2021 年第 2 期。

黄文艺:《推进中国式法治现代化 构建人类法治文明新形态——对党的二十大报告的法治要义阐释》,《中国法学》2022 年第 6 期。

江必新、王红霞:《法治社会建设论纲》,《中国社会科学》2014 年第 1 期。

雷磊:《从"看得见的正义"到"说得出的正义"——基于最高人民法院〈关于加强规范裁判文书释法说理的指导意见〉的解读和反思》,《法学》2019 年第 1 期。

李德顺、王金霞:《论当代中国的"人民主体"理念》,《哲学研究》2016 年第 6 期。

李林:《依法治国与推进国家治理现代化》,《法学研究》2014 年第 5 期。

林华:《通过依法执政实现依法行政的制度逻辑》,《政法论坛》2020 年第 6 期。

马怀德:《法治与国家治理》,《社会科学》2022 年第 8 期。

马怀德:《坚持建设中国特色社会主义法治体系》,《旗帜》2021 年第 1 期。

秦前红:《从市场经济法律体系到民主政治法律体系:中国现代化进程中的法治命题》,载《深圳大学学报》(人文社会科学版) 2019 年第 1 期。

沈国明:《论规制公权力与强化法治监督体系建设》,《东方法学》2018 年第 1 期。

沈岿:《论行政法上的效能原则》,《清华法学》2019 年第 4 期。

王彬:《司法裁决中的"顺推法"与"逆推法"》,《法制与社会发展》

2014 年第 1 期。

王晨:《坚持以习近平法治思想为指导 谱写新时代全面依法治国新篇章》,《中国法学》2021 年第 1 期。

王旭:《论习近平法治思想中的坚持依宪治国、依宪执政》,《法学论坛》2023 年第 1 期。

习近平:《加强党对全面依法治国的领导》,《求是》2019 年第 4 期。

习近平:《坚持走中国特色社会主义法治道路 更好推进中国特色社会主义法治体系建设》,《求是》2022 年第 4 期。

习近平:《加快建设社会主义法治国家》,《求是》2015 年第 1 期。

习近平:《坚定不移走中国特色社会主义法治道路 为全面建设社会主义现代化国家提供有力法治保障》,《求是》2021 年第 5 期。

习近平:《切实把思想统一到党的十八届三中全会精神上来》,《求是》2014 年第 1 期。

习近平:《在新的起点上深化国家监察体制改革》,《求是》2019 年第 5 期。

徐显明:《论坚持建设中国特色社会主义法治体系》,《中国法律评论》2021 年第 2 期。

张文显:《论中国式法治现代化新道路》,《中国法学》2022 年第 1 期。

张文显:《习近平法治思想是全面依法治国的根本指导思想》,《法学》2021 年第 12 期。

张龑:《涉外法治的概念与体系》,《中国法学》2022 年第 2 期。

周叶中、庞远福:《论党领导法治中国建设的必然性与必要性》,《法制与社会发展》2016 年第 1 期。

周祖成、杨惠琪:《法治如何定量——我国法治评估量化方法评析》,《法学研究》2016 年第 3 期。

三 论著

习近平:《论坚持党对一切工作的领导》,中央文献出版社,2019。

习近平:《论坚持全面依法治国》,中央文献出版社,2020。

习近平:《论把握新发展阶段、贯彻新发展理念、构建新发展格局》,中央文献出版社,2021。

《习近平法治思想概论》编写组《习近平法治思想概论》，高等教育出版社，2021。

《习近平谈治国理政》（第一卷），外文出版社，2018。

《习近平谈治国理政》（第二卷），外文出版社，2017。

《习近平谈治国理政》（第三卷），外文出版社，2020。

《习近平谈治国理政》（第四卷），外文出版社，2022。

中共中央文献研究室编《习近平关于全面深化改革论述摘编》，中央文献出版社，2014。

中共中央文献研究室编《习近平关于全面依法治国论述摘编》，中央文献出版社，2015。

中共中央文献研究室编《习近平关于全面从严治党论述摘编（2021年版）》，中央文献出版社，2021。

中共中央办公厅法规局编著《中国共产党党内法规制定条例及相关规定释义》，法律出版社，2020。

中共中央办公厅法规局:《中国共产党党内法规体系（2021年7月）》，人民出版社，2021。

本书编写组编著《中国共产党党内法规制度建设历程研究》，法律出版社，2021。

图书在版编目（CIP）数据

中国特色社会主义法治理论概要 / 王莉君等著. --
北京：社会科学文献出版社, 2024.1
　（中国社会科学院大学系列教材）
　ISBN 978-7-5228-2732-2

Ⅰ.①中…　Ⅱ.①王…　Ⅲ.①社会主义法治－中国－
高等学校－教材　Ⅳ.①D920.0

中国国家版本馆CIP数据核字（2023）第206484号

·中国社会科学院大学系列教材·

中国特色社会主义法治理论概要

著　　者 / 王莉君　等

出 版 人 / 冀祥德
责任编辑 / 易　卉
文稿编辑 / 王楠楠
责任印制 / 王京美

出　　　版 / 社会科学文献出版社（010）59366422
　　　　　　　地址：北京市北三环中路甲29号院华龙大厦　邮编：100029
　　　　　　　网址：www.ssap.com.cn
发　　　行 / 社会科学文献出版社（010）59367028
印　　　装 / 三河市东方印刷有限公司

规　　　格 / 开　本：787mm×1092mm　1/16
　　　　　　　印　张：27.75　字　数：453千字
版　　　次 / 2024年1月第1版　2024年1月第1次印刷
书　　　号 / ISBN 978-7-5228-2732-2
定　　　价 / 128.00元

读者服务电话：4008918866

Markus Schauer

发明历史

Der Gallische Krieg

《高卢战记》中的
史实 与 欺骗

Geschichte und Täuschung in
Caesars Meisterwerk

〔德〕马库斯·绍尔—著

翁庆园—译

社会科学文献出版社
SOCIAL SCIENCES ACADEMIC PRESS (CHINA)

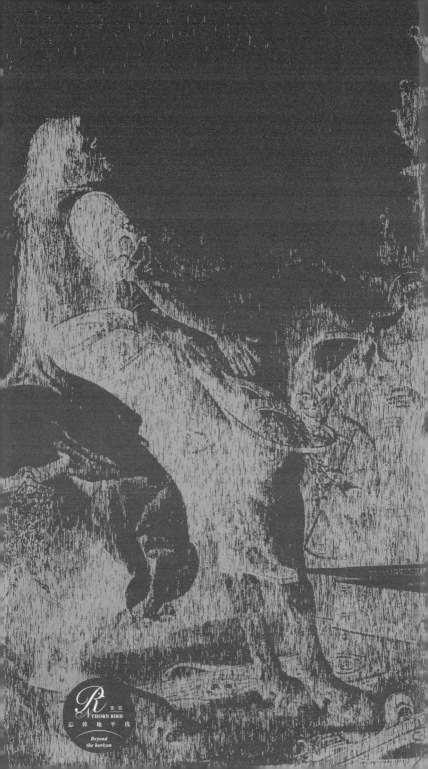

目　录

前　言

　　谁要写一部关于恺撒的书，就接过了一个重大的责任和一项艰巨的任务。这个责任之所以重大，是因为人们总是把拉丁语课或者文理高级中学首先跟恺撒的文本联系到一起。之后就根据其阅读体验——到底是被这些文章迷住了，还是觉得它们不可忍受——来衡量对拉丁语学科的掌握程度以及进入文理高级中学的资格。这个任务之所以艰巨，是因为只有从恺撒身处的时代出发才能理解其人，而对他无所顾忌的政策的评价总是争议不断。

　　相反，恺撒的写作才华却是从来都毋庸置疑的。恺撒通过对公元前58~前50年他领导的高卢战争的描述，证明了这份才华，也把它利用来宣传他本人和他的政策。如果说言辞创造了历史，那么恺撒在哪里书写了历史，又在哪里发明了历史，这又能有多大的区别呢？当本书介绍恺撒这部堪称世界文学名著的高卢战争史，展示其经过精心打磨的文学风格时，这些问题总是脱不开对背景的介绍。

　　尽管处于中心地位的应该是文本，但我在写作本书时心里越来越明白，以恺撒和他的"宣传手册"作为例子，人们能学到如何认识和理解古罗马的世界，至少是认识和理解共和国晚期那个革命的年代。因此在真正开始分析恺撒的文字之前，有一段对古罗马社会政治的介绍，缺了这段，普遍意义上的古罗马文学以及恺撒这部作为特例的作品都是难以想象的。

对我而言，重要的是尽量频繁地引用恺撒文章的（翻译）选段，为的是向大家展示，他关于高卢战争的大作，其内容实际上是多么丰富，多么富有层次感，跟叫人疲倦和腻烦的教材可能留下的印象完全相反。本书不仅为拉丁语专业的学生和教师提供了对恺撒作品的全面导览，还让一切怀有兴趣的人终能获知，学校里关于恺撒的读物实际上讲的都是些什么，对他们隐瞒的又是什么。倘若知道恺撒书中出现的食人行为、独角兽，甚至披头散发、裸露胸脯的妇女，都是为政治宣传服务的，我们便不必担心接收到错误信息或是被欺骗了。"人们不可尽信读到的东西"——奥勃利（Obelix）在《阿斯泰利克斯历险记》① 的新篇《恺撒的纸草文稿》（*Der Papyrus des Cäsar*）里这样总结恺撒的作品。在哪些事上人们可以相信恺撒，在哪些地方需

---

① 法国系列漫画，以高卢村民阿斯泰利克斯（Astérix）和奥勃利为主角，讲述他们在神奇药水的帮助下和村民一起顽强抵抗恺撒的罗马军团、保卫村庄的故事。——编者注

抱有疑问，这本书将尝试给出一个答案。

　　针对恺撒的研究文本几乎不可尽览，所以我在附录里给出了关于单个主题的研究线索，但并不求全。我当然无法一一讨论不同研究者的观点，所以读者在文献索引部分能找到许多书的书名，这些书或是代表了不同立场，或是对问题做了进一步的深入讨论。我还把具有恺撒特色的精读选段放在核心位置，对此进行各种研究，由此得到了一份前后一体、融会贯通的阅读材料。有时我会怀疑，恺撒并不仅仅是在学校里极少被人全面了解，在其他地方也是。无论如何，在本书当中，至少从文学理论的角度而言，读者能发现许多独特的重点和新的阐释或假说。许多知识来自我在汉堡、科隆和班贝格的大学授课内容，并通过研讨课上与学生之间富有成果的辩论得到了进一步丰富。在这层意义上，我首先要感谢我在科隆大学（2008/09冬季学期）和班贝格大学（2012/13冬季学期）的研讨课的参与者，感谢他们给我的灵感。

　　特别要感谢我极其出色的教研团队，尤其是约翰内斯·丹契（Johannes Dentsch）、维罗妮卡·扬泽（Veronika Janser）、克里斯蒂娜·克朗（Christina Klang）、奥利弗·西格尔（Oliver Siegl）和约翰内斯·岑克（Johannes Zenk）。没

11

有他们，本书将不可能以现在这种形式出版。还有我古希腊语文学方面的同事萨宾娜·弗格特（Sabine Vogt）教授，我要衷心感谢她对手稿的审阅、批评。我要把最大的谢意致以拉丁文研究者西尔克·安岑格（Silke Anzinger）博士，在各个写作阶段，我都可以和她讨论此书。她的批评让我在尝试新路时（如愿）没有陷入迷宫。

我还要大力感谢 C.H.贝克出版社，尤其是编辑部和生产部门，尽管我的稿子延期交付，他们仍然精心地检查着稿件。尤其是史蒂芬·冯·德尔·拉尔（Stefan von der Lahr）博士，他通读了全文，给出了特别有帮助的建议，我希望能说出我最诚挚的感谢。对我的妻子安德莉亚·摩根（Andrea Morgan）和姐妹克里丝塔·绍尔（Christa Schauer）也是。克里丝塔作为出品人设计了这本书，直到最后一分钟还在以真挚的姐妹特有的耐心来对待我没有止境的愿望。

马库斯·绍尔

奥伊拉斯堡宫，2015 年 11 月

第一部 历史条件

迪纳厄斯银币（公元前48年）背面
战车上的裸身战士和裸身驭车者以及疾驰的骏马
硬币铭文：L HOSTILIUS SASERN

19世纪的伟大史学家特奥多尔·蒙森（Theodor Mommsen，1817~1903年）撰写的多卷本《罗马史》曾获1902年第二届诺贝尔文学奖，他在恺撒身上看到的是一个对历史影响深远的伟大人物，一个在世界舞台上千年一遇的天才。他认为：

> ……数千年来，民族国家的政治生活一再被导回恺撒当年画下的路线，如果那些胸怀世界的民族今天仍在用他的名字称呼他们君主中的至高无上者，这其中就有一种意味深长的，可惜同时也是让人羞愧的警示。（蒙森：《罗马史》第3卷，1854年，第436页）

这句话提及了恺撒推动的两项历史进程：西欧的罗马化，以及为罗马帝国的建立所作的准备。作为"前身"，罗马帝国又预示着日后所谓的德意志民族神圣罗马帝国的形态，给后者立下了典范。欧洲的国家体制和君主政体正是恺撒一手缔造的政治和军事成果，是其留给后世的遗产，君主制国家的代表至今仍顶着恺撒的头衔，即皇帝（Kaiser）或沙皇（Zar）。

对恺撒的批评之声同样存在，批评者从恺撒身上看到的是一个野心勃勃、自我膨胀、臭名昭著、

16 穷兵黩武的形象。蒙森满怀钦佩地看待恺撒的战争和政策对世界历史的影响，而史学家和哲学家赫尔曼·斯特拉斯伯格（Hermann Strasburger）却把关注点转向当时的人民所承受的痛苦，因为第二次世界大战也给他留下了这样的印象。

> 毕竟，只要对被恺撒的穷兵黩武所波及的民族的遭遇稍作想象，那些史无前例的悖德行为就会跃入每个人的眼帘，恺撒不仅做了这些事，还在自己记载下这些行径的时候，真真正正、原原本本地展示了自我。（斯特拉斯伯格：第 1 卷，1982 年，第 413 页）

将来世世代代的人们也会因为对恺撒评价不一而产生代际和思想上的分裂。恺撒的形象有多吸引人，就有多令人迷惑不安，不过要是以他生活的历史时代为出发点，并把给他打下鲜明烙印的社会政治背景考虑在内，人们还是能够理解恺撒这个人物的。

恺撒这个名字最起码会首先让人联想到战场英雄和强权政治家，也就是那个在结束执政官任期之后攻占高卢，率领军队越过莱茵河前往日耳曼尼亚，跨过英吉利海峡，登上不列颠的恺撒。他横渡卢比

孔河（这件事后来变成了一句经典谚语）[1]，为争夺
罗马的权柄而开启了一场影响深远的内战，短时间
里把他在希腊、埃及、非洲和西班牙的对手逼到走
投无路，最终建立了独裁制。即使他如同演练好一
般轻车熟路地拒绝了送上的王冠，他仍于公元前44
年的罗马历"三月望日"（Iden des März）——这
个词后来同样发展为习语[2]——被谋杀。当时恺撒
正打算和最年长的甥孙屋大维，后来的奥古斯都，
一同向东踏上征伐安息帝国的伟大征途。然而他血
腥的死亡并未阻止罗马共和国的陷落，反而为屋大
维的飞升和元首制的形成作了铺垫。

　　但本书述及的不仅仅是作为将领的恺撒，相反
会更偏重于呈现作为战事报道者的恺撒，也就是那
个对自己在高卢发起的战争进行报道的恺撒。尽管
站在聚光灯下的主要是作家恺撒而非战略家恺撒，
但人们很快就会明白，这二者是密不可分的。恺撒
用剑赢得了军事上的胜利，却很有政治技巧地用笔
来捍卫它——针对他的对手、他的嫉妒者以及他在
罗马的政敌。征服高卢和对高卢战争的记述犹如一
枚纪念章不可分离的两面，代表着恺撒的成功、他

17

---

[1]　"Crossing the Rubicon"（跨越卢比孔河），意为"破釜沉
　　舟"。——编者注
[2]　用以指"命中注定之日"。——编者注

的权势和他的声誉。

恺撒对语言的运用是精湛的，不论是在书面上还是在口头上，他的演说词在许多古典文本中备受赞美，遗憾的是这些演说词都已佚失了。然而任何一种大师级别的技艺总是离不开它的时代环境，时代环境不仅让一个人得以掌握这样的技能，也让此种技能不乏识货之人的接纳和理解，充分发挥出它的作用。如果罗马社会中执政治牛耳的群体对恺撒雄辩的光彩和行文的艺术麻木不仁，他作为演说家和作家的才华将毫无意义。当然，这些人也被他的赫赫战功和政治成就吸引——至少他们中的一大部分是这样。通过坚定果决的姿态、雷厉风行的手段、进取不息的雄心和忘我专注的思维，恺撒给人留下了深刻的印象。他所拥有的一切品质，正符合人们对一位出身自罗马显贵家庭的男性，也即一位"nobilis"的期待。在古罗马人的理解中，"nobilis"指一位来自显赫家族的男性，这个家族需至少出过一任执政官。执政官是执掌国家最高权柄的官员，担任过这个官职是跻身罗马显贵圈的前提条件，而高贵的出身反过来又是成为执政官的前提条件。尤利乌斯家族的恺撒是古罗马上层社会的一员，即古罗马贵族的后裔，他自出生以来就属于仅限罗马显贵阶层进入的权力圈子，他的所思所想、所作所为，也都与自己的身份相符。显赫的身份和个人的魅力不仅为他开辟了通往古罗马贵族阶层顶端的道路，也为他在古罗马民众当中赢得了喜爱和支持。尽管民众往往被说成是反复无常的，他们对贵族领导者原则上的偏爱却经久不变，令人吃惊。恺撒的贵族身份为他的腾飞铺下了第一块基石，对这点再怎么强调也不嫌多，我们在本书中将一再回顾这个重要的事实。

晚期罗马共和国的社会特征以及这种社会中政治运作的方式造就了恺撒其人，我们还将看到演说以及文本作为交流媒介对此起到的作用。

想要公正地评判已经成为历史和文学现象级人物的恺撒——因为只有这样人们才能正确地评价恺撒的伟大之处，或是贬低、淡化甚至否定他的事迹的意义——首先就要谈到恺撒诞生时的社会和政治关系特点（还有文学—社会学特点），提及这位雄心勃勃的政治家在独揽大权前所经历的社会变迁和危机状况，最后，手握这样的权势，他终能在国内为所欲为。

乍看上去，恺撒光辉的事业是不可阻挡又前无古人的，他作为演说家、辩护士、政治家和战地统帅拥有一路顺风的幸运生涯，在这段仕途的终点他征服了高卢，并于内战结束后在罗马建立了独夫统治。然而绝对不能把恺撒的成功完全归于他的天赋和雄心，如果没有贵族共和国的古老传统，如果没有混乱的时代为他开启的全新政治机遇，恺撒就不可能取得卓越的政治地位。恺撒利用各种或老或新的政治机会，熟练地为自己谋取利益——也许比起其他人还要更熟练一些，无时无刻不注意提升自己的政治实力（auctoritas）。如此这般，他拥有了数不胜数的统治手段，这些手段罗马共和国已经无法应付。具体说来就是：尽管他属于古罗马贵族阶层，出身于古老的贵胄之家，却走着广受欢迎的平民派政治路线，借助平民大会架空了元老院。进一步说，他将自己打造成平民和骑士阶层的代言人，从而孤立了那些对他怀有敌意的贵人派元老院议员，并最终走出了破天荒的一步：作为前三头之一，他和军事上及经济上最强有力的人结盟，为的是成为军队统帅攫取越来越大的治权（imperium）。这还意味着，他不只把自己看作罗马的追随者和意大利城邦的庇护人，在征服高卢后，他更是自视为一切民族、国家和军队的庇护人。最终，内战胜利以后，恺撒作为终身独裁官集国家大权于一身。

　　然而第一印象是有欺骗性的：恺撒并不是唯一一个将罗马共和国的弱点玩弄于股掌之上的人。日薄西山的共和国已见识过恺撒的许多先行者：马略、苏拉、庞培，等等。这是一个动荡的时代，起义、军事政变、统治危机和战争如影随形，非常措施、紧急状态和翻天覆地的巨变犹如家常便饭。共和国晚期的无序状况让少数几个人权倾朝野，分裂了虚弱的共和国：格拉古兄弟和元老院之间的斗争、马略和苏拉之间的内战、苏拉向着罗马的第二次进军和他的独裁统治、克拉苏的金融势力，以及庞培为剿灭海盗和平定小亚细亚而获得的军事指挥权把半个世界都变成了他的附庸……这一切都生动地展现了什么叫作大权独揽，让国家沦为少数几个人争权夺利的玩物。恺撒完完全全就是他那个时代的产物，即使他的出现让其他所有人都黯然失色。

如果我们把恺撒当成共和国衰落的表现，想要理解他的崛起，就得深入了解罗马共和国的政治图景，了解传统的罗马共和国是怎样运作的，它革新性的一面又是怎样的。因为恺撒政治上的成功靠的绝不仅仅是那些摧毁了共和国的革命性的政治手段，还有那些传统的政治机制，共和国正是凭此得以长存数百年。

20

第一章　平衡：大军阀股掌上的国家

如果今天历史学家要在罗马共和国和元首制的罗马之间作出区分，并将公元前27年当作罗马元首制开端——这一年，屋大维卸下他执政官的职务，并作为奥古斯都被元老院授予了全新的权限——就必须直面这一重要事实：在帝制时代的宣传中，共和国从未消失。的确，共和国至少在形式上仍然通过各种机构维持运转。但毫无疑问的是，与帝制时代这个形式上得以存续的共和国相比，旧日的共和国是根据另一种规则运转的。旧有的规章制度失灵了，因为它们遭到逾越、遭到蔑视、遭到滥用。恺撒并非独力促成了此种状况，但却在其中起到了决定性的作用。如果我们想了解传统是如何被打破，让恺撒这种现象级人物成为可能的，就必须首先关注一下正常运转的罗马共和国。在这个贵族共和国里，古老的游戏规则是什么？影响力掌握在谁的手中？谁与谁互相竞争？人们在辩论些什么？政治和社会制度采用了怎样的形式？

为了对这些问题有更多了解，仅仅关注形式上的国家机构是不够的，首先得把注意力转向那些一手缔造了这些机构，让它们运转不息的显贵阶层代表人物，以及那些有权有势的豪门大族（gentes），是他们塑造了事实上的公共政治生活。国家——拉丁语写作 res publica，直译过来就是"公共事务"的总和——很大程度上落在门阀手中。虽然民众可以选举公职人员，选举法却有利于上层阶级。此外贿选也是家常便饭。普通公民在最理想的情况下也不过是通过受庇护人和庇护人之间的关系对政治产生一定程度的影响，借着荫庇制他们和权势者取得了联系。所以读者在接下来对于罗马国家的描述中，看到贵族世家以及他们的代理人扮演了主要的角色时，大可不必惊讶。

不过让我们先来看一下罗马的国家机制。以帝制时代的视角回顾过去，为明确起见，旧日的罗马可被称为以及被理解为 res publica libera，也就是"自由的共和国"。国家主权最初掌握在平民阶层和贵族元老院手中，由他们选举出代为管理国家的官员，任期皆为一年，当中最位高权重的就是执政官。从公元前287年起，法律规定执政官之位由一位贵族和一位平民分享。一位平民出身的官僚显贵就这样诞生了，在恺撒所处的时代，他的声望几乎不落于贵族出身的执政官之后。古罗马的平民也可以通过平民大会用自己的选票影响政治，自公元前287年起，平民大会的决议对全体罗马公民具有约束力。古希腊历史学家波利比乌斯（Polybios，生活于公元前 2 世纪）根据希腊人的需求和他自己的观察作出了如下论断：从古典政治哲学的视角看来，在类型上被称为"混合宪制"的政体是良好的国家体制最重要的前提条件，因为民主制、贵族制、君主制的要素都被统一其中，保证了政体的稳定性和持续性。

罗马学者从希腊人那里接受了这个关于自己国家的理论模型。西塞罗在他的著作《论共和国》（*De re publica*）中对罗马共和国的黄金时代进行了理想化的呈现，他心中的这个时代是大西庇阿执政的时代（公元前 2 世纪）。西塞罗赞美的自由共和国是一个强大而又井然有序的政治共同体，其中人民、元老院议员和高级官吏齐心协力处理公共事务。西塞罗因此把 res publica（国家），定义成 res populi（全民的共同事务）（西塞罗：《论共和国》第 1 卷第 39 节）。自然，比起对现状的总结，这更像是理想的写照。共和国陨落前的数年里，西塞罗又一次徒劳地呼唤过、渴盼过他的理想。根据波利比乌斯和西塞罗的理论，一个像罗马这样的共和国，为权力持续的平衡分配提供了最佳的前提条件：平民通过平民大会参与政治、表决议案；贵族通过元老院参与政治、颁布法律并推举行政长官；执政官则掌握着权力的核心，即一种任期有限，分予二人执行的王权。这样看来，是平民和贵族，也就是全体自由民通过两个立法机构决定了国家的发展方向。人民和元老院是一个统一体——这点一再被拿出来宣传，从著名的简写表述SPQR（元老院与罗马人民）就能看出。SPQR经常被签署在官方文件和铭文上，直到今天，人们仍然能在罗马城市的公有物上看到这个四字神名。

　　理论上情况如上所述，实际情形看起来却并非如此，在古罗马，具有决定性意义的往往是实践（usus）。罗马共和国并不像现代国家那样拥有成文法，那时并没有一份文件规定国家的政体。res publica这一概念所描述的也并非政体，而是从王政时代事实上存续下来的罗马国家本身，罗马人简直无法想象还有什么东西能够替代它。老加图（公元前234~前149年）的表述体现了罗马人的典型认知：罗马共和国并非某个立法者的独立作品，而是多人历经数百年的合作产物。西塞罗的"status civitatis"这个表述也同样描绘了国家及其组织机构的实际功用，"国家"这个词正是由此引申而出，而并非由一纸宪法所确定。罗马人所知的，只是不计其数的、诞生于罗马历史上各个时期的条约和单条法律，它们首先规定的是法律程序方面的问题，例如保证了平民大会决议的有效性，或是要把平民保

23

民官排除在晋升体系之外。这些法条的表述往往严密结合具体案例，甚至相互冲突，就是法学家也几乎不能一览它们的全貌。古罗马的法律还有这样一个特点：它们即使年深日久也不会失效，只会陷入被遗忘的境地，然后又被某个狡猾的讼师在需要的时候从故纸堆里翻出。接着它们的有效性就通过在某个具体案例中的成功运用再一次得到证实。法律和立法程序并非以成文宪法为基础，而是以声望和人格尊严权（dignitas）为依据，贵族阶层对此多有贡献。此外，政治家的权威也是立法的重要依据，他们运用法律、颁布法律、执行法律。故此，一条法律的效力与一位辩护士、一位政治家或是一个群体的社会声望和执行能力息息相关，是他们使法律生效。因而人格尊严权和政治权威在罗马意味着更大的影响力和权势，比一位高级官员手中的职权（potestas）更甚。数百年来，这给了罗马共和国必要的制度弹性，令共和国能及时应对各种变革。在共和国最后的 100 年里，这却往往意味着专制。每一次职务的交接和权力关系的变化，都能带来一轮法律条文和国家制度的变迁，因为政治家个人和他的利益对立法和释法起到越来越强的一锤定音的作用，而元老院和监察官们作为审查机构却失灵了。

　　此前提到的元老院会议和平民大会无疑依然存在，元老院决议（senatus consulta）虽然形式上并非法律，对行政长官们却有着事实上的约束力。但是这种元老院决议同样不是通过元老们一人一票的不记名投票而生效的。那些有权有势的意见领袖又引导了选票的流向，确保了他们个人及家族的优越地位。平民大会上的决议也是如此，或许情形还更加严重。

　　在日渐衰落的共和国里，手握大权的人一次次突破立法程序的约束，凌驾于成文法之上，这种屡战屡胜的状况对理解苏拉、庞培，当然还有恺撒这种实权人物的出现尤为重要。因为这些纷至沓来的胜利明摆着表示：罗马共和国与今天的共和国概念之间的共性是多么稀少。还有，只要一个人手中的权力够大，他得拥有多少种翻云覆雨的可能性啊！当政治家凌驾于法律之上时——因为法律的有效性并不重要，重要的是那个让法律贯彻下去的人手中的权力——不论是通过说服还是通过贿赂，国家制度免不了落入专制独裁的彀中。至少，对于不在罗马门阀圈内的人来说，种种幕后关系真是错综复杂。

*

所以，手握大权、几百年来铸造了罗马国家的面貌的人究竟是谁？是显贵们，是那些有影响力的贵族家族的首领。然而出身于贵族家庭不会让一个人立刻成为显贵，在罗马贵族的自我认知中，政治实践扮演着特殊的角色：（大多数情况下）贵族出身是拥有权力的前提条件，但是贵族出身早就不再等同于权力。一个贵胄之家的领袖从出生那一刻起就享有对权力提出诉求的资格，然而能否拥有权力，取决于他是否能成功主张自己的权力，即通过选举来贯彻它，公开捍卫它，超越并击败其他显贵家族的竞争者，也就是要夺得自己的人格尊严权。因为单单是贵族身份还不够：一位显贵的人格尊严权不是唾手可得的，他必须通过建功立业来取得这种资格，同样也可能因为举止不当而失去它，最糟糕的情况是，不仅他本人，甚至他的整个家族都会丧失这一资格。例如，苏拉家族的人格尊严权就在他的一位祖先手中丢失了，直到苏拉这一代才重新获得。在罗马的显贵圈里，人格尊严权举足轻重，甚至比单纯的高贵出身更为重要，值得全力以赴去追求。正是为了它，恺撒越过卢比孔河，发起了内战，至少他在自己的《内战记》中给出了这样的理由。他一定是认为，这样的理由能在与他同阶层的人那里找到共鸣。

一位显贵证明他贵族资格的寻常途径是循着晋升体系（cursus honorum）步步高升，这些官职与元老院里的席位息息相关。元老院的职位是没有俸禄的，也就是名誉职位（honores），争取到这样的职位与担任这样的职位同样花费不小。为了动员自己的支持者在选举中前往投票，常有巨额金钱被投入。捐赠和贿选之间没有严格的界限，例如通过举办公共娱乐活动和大兴土木赢得万众瞩目。操办娱乐活动是市政官的活儿，那是晋升体系中的低级职位；级别更高的人则能利用职务之便中饱私囊，特别是当他的职务与管理行省相关时：一场战争或是对行省的劫掠能给一位资深大法官或资深执政官 ① 带来丰厚的利益。这个"妙计"自然被恺撒在规划自己的前途时收入囊中。

然而高级官职带来的可不仅仅是经济利益，如果在元老院里成功通过了一项法律，官员就有机会让自己和家族留名青史。人们总是以通过法律的官员所代表的家族姓氏为那项法律命名，例

① 在共和时期，当值的执政官卸任后赴罗马的某个行省任一年总督，被称为资深执政官。——编者注

如《尤利乌斯法》（lex Iulia de...）。不过，一位贵族全力以赴追求的目标还是这个国家的最高官职——执政官。两位执政官任职的年份会以他们二人的全名为纪年，例如公元前 59 年就被称为"尤利乌斯·恺撒和卡尔普尼乌斯·比布鲁斯的执政年"（C. Iulio Caesare M. Calpurnio Bibulo consulibus）。谁坐上执政官之位，谁的名字就在史册中永垂不朽。根据不成文法规定，只有那些历史上曾经出过执政官的家族，才能跻身显贵阶层，如果一位平民上升到了执政官的地位，他的后人也都将成为显贵。但若一个家族或是因为贫困潦倒，或是因为丑闻而让人避之唯恐不及，或是因为缺少一位称职的家族领袖，或是他们尚未准备好踏上这条叫人耗费心血（和金钱）的政坛之路，这个家族——或是家族中的这一支——就会渐渐丧失他们显贵的资格，陷入被遗忘的境地。尤利乌斯·恺撒本人出自一个罗马旧贵族氏族，它不仅十分古老，甚至还能自夸为神祇后裔，但却已经很久没出过执政官了。恺撒的父亲"仅仅"做到了民选官，因此恺撒本人虽然继承了提出一定的政治权力诉求的资格，但若论行使它，铺在他面前的也绝非一条坦途。为了争取到执政官的位置，他也要投入莫大的精力和心血。

　　因此古罗马的显贵身份虽然是自出生起就继承而来，但人们必须在政治实践中一再地通过实干和成功换得确认和证明。才能和功勋的作用还不止于此，即使是像马略和西塞罗这样并非旧贵族出身的人，当他们通过功业令其他贵族心悦诚服的时候，也能荣登显贵之列。但是这类平民出身的新贵（homines novi）终究是十分罕见的。

　　贡献和功绩决定了一个人的政治威权和人格尊严，反过来也是一样。这是一个相辅相成的道理，因为贵族个人的能力和利益与此紧密相关。这种动荡不安的情形使得没有哪一家大贵族能持续不断地统治下去，垄断执政官的位子。在一任任执政官交替期间，在一代代人的传承之间，权力不断地从一个家族手中轮换到另一个家族手中，由此形成了显贵阶层内部的权力平衡。历史学家罗纳德·塞姆（Ronald Syme）恰如其分地描写了这种权力关系的平衡状态：

　　　　显贵家族谱写了共和国的历史，给时代冠上他们的姓名，有一个属于西庇安的时代，恰如有一个属于梅特卢斯的时代……。（第24页）纵览罗马共和国的历史，出身于十多个不同贵族家庭的二三十名男性把持了官位和权

力。时光流逝，有些家族崛起，而另一些则没
落了……尽管一些贵族家族在争夺权力的斗争
中被击败，很长一段时间内从政治舞台上消失
了，但直至彻底陨落前，他们仍然保留着罗马
家族与生俱来的坚韧不拔的秉性，心怀对家族
传统的自豪。他们耐心地蛰伏着，等待重夺古
老荣光的一天。（塞姆：1992 年德文版，第 18
页起）

因此，国家制度掌握在活跃于政治舞台上的显
贵人物以及他们的家族手中，这导致他们的原则和
理念同时成为政治生活和政治决策的准绳。政治行
为规范、宗教仪式和荣誉准则以古老家族的悠久传
统为基准。这些家族组成了显贵圈子，和熟人朋友
一起把他们的政治理念一代代传承下去。这套规章
和准则的总和从公私两个方面都规范着贵族们的生
活，成为衡量政治交易和社会关系的一把标尺。人
们称之为祖宗成法（mos maiorum）。这个总结性
质的单数词体现了罗马习惯法的统一性、完整性和
约束力：它的拉丁语名为单数的 mos maiorum（不
是复数的 more maiorum），正像古罗马的十二铜
表法被称为 lex duodecim tabularum（不是复数的
leges duodecim tabularum）一样。

　　祖宗成法主要描述的是贵族阶层的传统和习惯法，而不是普通罗马平民的传统生活方式。的确，因为古罗马的贵族自觉有义务保留简单朴素的生活方式，贵族的生活和平民的生活无疑在某种程度上是趋同的，但是作为政治生活的准绳，祖宗成法是从贵族的角度着眼的。这把不成文的标尺，由贵胄之家杰出的祖先们身体力行地示范过，最终被视作一切政治行为的准则，因为政治是由贵族阶层决定的。极端一点可以说，祖宗成法就是现代的基本法在古罗马的对应存在，它是宪法在当时的替代品，一直到罗马共和国晚期（还不止于此），所有政治家都会援引它。祖宗成法作为准绳和立足点的功能也反映在古罗马历史学家们一再使用的概念组合中：宪法形式（status civitatis）、法律（ius）和习惯法（mos）。

　　祖宗成法在公私生活的各个角落无处不在：元老院里谁被准许何时发言？发言多久？谁该申请什么职位？谁和谁有多少来往？在战争中应该怎样对待使节和敌人？该不成文法都巨细靡遗地一一规定。有谁顶撞了法律，就会面临其他人的孤立、讥嘲乃至盛怒。人生中一些重要场合也差不多，祖宗成法如此这般立下了规矩：应当怎样穿着打扮；妇女如何举止得体；宴请宾客、举办葬礼、修建别墅

29

乃至竖立墓碑花销几何，才不至于有失礼仪。当祖先之法不够用时，也会颁布新的法律来解决麻烦，或者说防止不良风气发展到不可收拾的地步。因此颁布了相应的法律来阻止人们在宴会上挥金如土，或是大办丧仪。这些规矩落到纸上，进一步发展成为国家层面的迷信，好像兴办典礼时必须唱诵的祷词，不能有分毫差错。然而相比于绝大多数未曾书写下来的传统，它们仅仅是一鳞半爪。

祖宗成法主要以具体案例的形式存在和发挥效力，这些事例以文字或口述的方式代代相传。家族历史上那些著名的先人身为表率，为一种受人尊敬的生活树立了榜样（exempla）。在这层意义上，塔西佗曾经说过：榜样比习俗本身更能长存于世（diutius durant exempla quam mores）（塔西佗：《历史》第 4 卷第 42 节）。这些榜样在政治论辩中一再被列举出来，不是为了将当下的政治抉择合法化，就是为了痛斥时弊。随着时间流逝，从这些值得纪念的高贵行为的例子中，发展出了英勇超群（Virtus）这种美德，随之而来的还有其他价值观。

某些行为守则具有非同寻常的意义，如果一项杰出的事业当中有它们的身影，它们就会因此被抬升到神性的地位。事关国体的品质中，最重要和最古老的一种就是恺撒也格外看重的忠诚（Fides）。

它代表了自身的义务感，代表了对同伴和下属恪守的诺言。渐渐地，更多品格荣登其间。一座奉献给光荣（Honos）的神庙形象地说明了人们对美德的典型态度，要进入它，唯一的途径就是通过另一座名为"英勇"（Virtus）的神庙。人们为虔敬（Pietas）也奉献了一座神庙，虔敬不单单意味着对神虔诚，还意味着对父母——主要是对父亲——举止得体。不用说，显贵们想通过奉献神庙来昭告自身的美德。另一种情况是，他们干脆直接把美德拿来用作自己的别名（cognomen），出现频率特别高的名字是"虔信者"（pius）。梅特卢斯（Metellus）家族的一位成员是最早这么干的人之一，他将父亲从放逐中迎回后，就自称为"虔信者"。奥古斯都则认为有资格自称 pietas（对神灵、祖国和父亲尽职尽责），他进一步通过 pietas Augusta 这个词语将这种品质神圣化为一种皇帝的美德。

这些事例说明了，古罗马的价值观脱胎于贵族阶层的现实生活，其中公职（Honos，参照 cursus honorum：晋升体系，直译荣耀之路）、英勇（Virtus）、对家庭尽责（Pietas）以及对同盟伙伴、受庇护者和部属的忠诚（Fides），都扮演着重要的角色。拉丁语学家加布里埃尔·托莫

30

（Gabriele Thome）这样说道：

> 它们与充满活力的一刻联系在一起——英勇、忠诚和虔敬并非消极的美德，它们体现在积极的行为中，在勇敢、忠实、虔诚的举动中。（托莫：2000 年，第 1 卷，第 50 页）

这些价值观在宗教仪式中被供奉起来，证明它们被赋予了国之重器的意义，再一次拔高了并且大张旗鼓地宣传了它们所代表的显贵阶层的价值观。

罗马共和国最引人注目的特征是，重实轻名的态度非同一般地强烈，渗透到了公共生活的各个领域。一条既存的法律形同虚设，直到某个杰出人物令它发挥作用，并以此推动政治进程。一个生于贵族家庭的年轻男子必须通过一系列公开考验，才能树立起自己的政治权威，将他从家族那里继承来的权力，即他的一切贵族特权彻底实现，这些特权反过来又令他的成功之路更加轻松。诗人恩纽斯（Ennius）曾随同执政官 M. 富尔维乌斯·诺比利奥尔（M.Fulvius Nobilior）（公元前 189年）行军并撰文颂扬之。他将罗马国家——他称之为 res Romana——的长存归结到两个要素上：罗马是建立在古代的习俗和古人之上的（Moribus antiquis res stat Romana virisque）［恩纽斯：《编年史》残本，500，约翰内斯·瓦伦（Johannes Vahlen）版］。

　　然而祖宗成法作为传统的习惯法，从来就不是僵硬固化、一成不变的。特事要求特办，树立新的规矩，创造新的榜样，要是这些榜样成功了，今后也会成为范式被人引证，毕竟坚毅果断的作风和甘冒风险的勇气，比起乖乖地走老路往往更容易带来成功。野心勃勃、自信满满的男人们为了自己和家族的荣耀（gloria）和尊严争斗不休。这些男性是塑造了罗马共和国的人，他们可能在这中间已经走得很远了，但是还没有远到逾越显贵阶层共识的那一步。最终作数的是，一个人在贵族阶层和广大民众的共识范围内做出了多少成绩，奠定了多少功业。

　　不言自明的是，这样一个如此看重、尊敬贵族个人成就的社会，对恺撒这样有权有势的人而言正是一个理想的环境。也正是同一个社会，给他和其他觊觎权位的人指出了不可逾越的雷池。然而恺撒远远凌驾于这些社会规则之上——还是多亏了它们所代表的价值观和提供的机遇，他才能飞黄腾达——以至于他的所作所为在许多显贵眼中都与祖宗成法不再相容了。

实力派政治家从中引经据典的祖宗成法，是从日常生活中发展出来的不成文规范，也在日常生活中找到了它的用武之地。祖宗成法具体怎么用都由贵族们说了算，他们试图通过自己的权威按照自己的主意操弄政治。大多数情况下，这意味着他们从家族的利益出发行动。因此，当涉及罗马共和国时，"党派"这种提法具有误导性，人们并非置身于政党中考虑问题，而是置身于氏族族人之中，置身于贵族门庭下。有此必要时，显贵家族之间可以联合，建立一种政治上的友谊关系（amicitia），为他们的政治利益服务。这种联盟通常只是暂时的，只是为了办成某个具体的事情或是贯彻某项具体的法律而缔结的，也有历经数代长存的小集团，政敌往往把这样的小集团彻底地蔑称为"朋党派系"（factiones）。到底是友谊关系还是朋党派系，最终还是由政治立场来决定的："往好了说是友谊，往坏了说是朋党"（inter bonos amicitia, inter malos factio est）（撒路斯提乌斯：《朱古达战争》第 31 节）。总的来说，这种联盟关系总是岌岌可危的，被当作图谋不轨的、与国家为敌的存在，或者至少也被看作共和国的竞争对手。不管怎么说，它们绝不是现在那种身为国家体系一部分的政党组织。

　　派系十分依赖于政治领袖个人，并且由位高权重的元老们组成，他们将自己的人脉资源和门客关系都供给派系领袖使用。一个派系内部，政治、司法、金融乃至军事大权都多半集于一人之手。所以有庞培一派、克拉苏一派、苏拉一派和恺撒一派。与之相对的是，西塞罗的政策并非向某些特定的团体招手，为他们的利益服务，而是服务于政治理念，所以西塞罗从未成为派系领袖，何况他还缺乏军事上的建树。

　　贵族家族和各家族杰出代表之间的竞争铸造了罗马共和国政坛的面貌，名门望族之间争斗不休，又通过政治"友谊"和派系朋党结成更大的共同体，导致国家政坛顶端走马灯似的权力更替，以至于在显贵圈内部保证了某种平衡状态。大贵族们的权力集团和支持者势力很长一段时间内都处于这种平衡之中。

33

第二章 混乱的共和国：在守旧和维新的夹缝中

共和国的权柄因而始终落在显贵们的手里，握在元老院权力核心的掌中。但是，正如之前提到的，并非所有元老都属于显贵阶层，只有执政官的后人才是。大部分元老都是通过接替元老席位从骑士阶层（ordo equester）跃升至元老阶层（ordo senatorius）的。不过骑士和元老的生活方式以及坐拥的财富，直到格拉古兄弟执政年间（公元前132~前121年）①差别都并没有那么大。骑士和元老都要按最高一级税率纳税，拥有至少40万塞斯退斯银币的财富是进入这一税率等级的前提。在显贵小圈子的领导下，骑士金融贵族和元老官僚贵族共同组成了一个相对同质化的、封闭的上层阶级。整个阶级基本的政治利益是相似的，即让目前这种权力关系维持下去。这对居于统治地位的家族是有利的，但是对于罗马和意大利的广大人民是不利的。这导致涉及共和国晚期重大社会政治议题的改革举步维艰。共和国的第二个世纪结束时，意大利的广大人口陷入贫困。而意大利同盟者要求平等待遇，要求分享权力和利益的呼声也越发急迫，他

---

① 应为公元前133年、前123年、前122年。——译者注

们曾为罗马跃升为世界霸主立下了汗马功劳。在
这种艰难的情形下，提比略·格拉古（Tiberius
Gracchus，公元前133年执政）及其弟盖约·格
拉古（Gaius Gracchus，公元前123年、前122
年执政），推动了势在必行且勇气十足的改革，他
们的家族是平民派显贵中声望最高者。但这些改革
彻底地、永远地打破了罗马上层阶级内部趋同的状
态和稳定的局面，最终导向了式微的共和国中一场
又一场自我毁灭的内战。

　　格拉古兄弟尝试贯彻的革新方案，其核心内容
是土地改革。当时意大利的大片土地属于国家，被
称为国有农地（ager publicus）。这些土地被普遍
租给富裕的罗马人，其中也有很多元老贵族。租赁
关系被继承下去。这种习惯法造成的后果是：大地
产主渐渐将租来的土地看作他们的私产。提比略·
格拉古和他身后的派系——也包括志同道合的其他
显贵——的打算是：给大地产主占据的公有土地数
目设置上限，并重新分配收归国有的土地。受益
者应是贫苦的人民，他们长期被征兵役，失去了农
庄，流离失所来到罗马寻求庇护。提比略不怎么操
心贫困问题：军队是从农民当中征召而来的，拥有
土地是被征兵的前提条件。失地流民的后果就是：
能服兵役的人数量骤减，这才是他和他的支持者担

34

忧的首要问题。弟弟小格拉古的计划更加大胆,或
许也更具有煽动性,他要对公元前146年第三次布
匿战争结束后被彻底摧毁、荒无人烟的迦太基及其周
边土地——此时属于罗马的非洲行省——进行殖民,
这样就会有更多土地供分配。格拉古兄弟的农地改革
给最急迫的社会政治问题找到了一锤定音的解决办
法——至少他们自己是这么宣传的。然而今天有争议
的是:小格拉古的改革到底是动了真格,还是只是为
了争权夺利并替他在斗争中丧命的兄长复仇呢?

　　改革计划遇到了来自元老院中保守团体的巨大
阻力。原因如下:正如此前指出的,许多元老拥有
意大利的庞大地产,其中就有租赁来的国有土地,
农地改革将直接触及他们的财富基础。因为公元
前218年颁布的一项法律禁止元老经商,耕种大宗
农地就成了他们可观的收入来源,地产也成了他们
的资产。除此以外,格拉古兄弟在农地改革的范围
内所推动的一切,不仅有利于穷苦的人民,也有利
于改革发起者自身,所有从格拉古兄弟带来的农地
法中受益的罗马人和意大利盟友,都将从此成为格
拉古兄弟的拥趸,这会大大提升他们的影响力,增
强他们的经济实力,扩大他们的势力范围。人们只
需要想象一下,整个新建的迦太基殖民地都可能被
纳到格拉古家族的羽翼下!这该带来怎样一家独大

的局面！无怪乎久居罗马的显贵家族起了疑心。他们害怕农地改革会让优势往格拉古家族一方过分倾斜，如此伤及的就不仅仅是寡头角力的平衡局面，甚至意味着罗马寡头政治的终结。因为各处已经流言四起，说格拉古兄弟追求的是称王的荣耀——在罗马共和国，这是人们能对一个雄心勃勃的政治家提出的最严重也是最危险的指控。

　　总而言之，元老院抵制了农地法。这时，提比略·格拉古和他的一派做出了让整个罗马元老贵族阶层都要打个问号的举动：他在如此重要的改革问题上绕过了元老院，违背他们的意愿在平民大会上通过了农地法。10年后，他的弟弟盖约·格拉古为了通过一项法律而做了同样的事，这一举动削弱了元老们的权力。这种对罗马贵族共和国来说闻所未闻的行径导致了严重的后果。现在罗马有两个机构，有权有势的人可以在其中——更准确地说是和它们一起——推行自己的政策，即元老院和平民大会。那些继续把元老院看成政治核心的人骄傲地自称贵人派（optimates），而那些从格拉古兄弟掌权之日起就开始利用平民大会提供的新机遇的人，被颇有些轻蔑地称为平民派（populares）。

　　然而，不论是在格拉古的时代，还是在后来的矛盾斗争中，贵人派和平民派都一样属于显贵阶

层。格拉古兄弟和他们的许多支持者与恺撒和喀
提林(Catilina)一样,都出身于老资格的显贵家
庭,后两者的家庭甚至属于旧时的氏族世家。喀提
林(公元前108~前62年)是一位显贵阶层的革命
者,以他革命者辈出的家族传统而自豪。再也没有
什么不公,比并非贵族出身的西塞罗取代他被选为
执政官更让他感到愤怒的了。平民派和贵人派既非
以阶级属性区分,亦非以政策内容区分,首要的区
分依据是选择这两个权力机构中的哪一个来主推自
己的政策。所以,这两派人马并非有着不同政治纲
领的两个政党,而只是影响罗马历史的两条不同道
路。从格拉古执政的时代起,罗马有了两个可以推
行政策、赋予权力、颁布法律、领导发展的场所。
罗马贵族阶层自此永远地分裂了。过去古老贵族家
庭的代表们坐在元老院里共商大计,如今这一场景
在两个政治舞台上上演。这两个权力中心总是驳回
对方的决议,陷入无休止的对立。寡头阶层的共识
被摧毁了,从长期视角看来,一场内战威胁着罗
马。历史学家撒路斯提乌斯(Sallust,公元前86~
前35年)对元老院和平民大会之间的对抗局面进
行了极端化的描述:

　　　　一切都被撕裂成两党(in duas partis),

居于中立的国家被碾为齑粉。（撒路斯提乌斯：《朱古达战争》第 41 节）

后来，希腊历史学家和传记作者普鲁塔克（Plutarch，公元 45~125 年）这样评价保民官盖约·格拉古在推动新法时绕过元老院的新鲜做法：

> 从前当人民的代表发表演讲时，他们总是转身朝着集合起来的元老院成员，而背对着所谓的露天会场（平民大会的场地），但是当盖约进行演说时，他却首先转向另一面，转向广场……这样他就从某种程度上把贵族制的国家宪法转变成了一种民主制的宪法，使得演说者们不再向着元老院，而是向着人民发表他们的言辞。（普鲁塔克：《格拉古传》第 5 节）

格拉古兄弟的例子同时清楚地显示了在罗马共和国里政治运作的方式：单单一个家族或一派势力就能推动一场宪法改革，只要它的代表人物威望够高，影响够大。如果什么事情初次办成了，就意味着创造了一个新的范式，一旦这个榜样成功树立，将来就可供政治家们援引。不过，对于格拉古通过平民大会引进的那些新做法，只有平民派的人才会拿来作为依据,在元老院里哪怕随着时间推移也无人应和。致力于追求一致性和身份意识的祖宗成法的原则被动摇了。

尽管提比略·格拉古的农地改革至少成功了一部分,但他本人已变成许多贵族的眼中钉。这导致了骚乱,他与众多支持者都在动乱当中被杀。然而10年后(公元前123年),他的政治遗产被其弟盖约·格拉古坚决发扬光大。盖约·格拉古的改革方案更加激进,走得比他的兄长更远。从一开始就能观察到,他的政策和元老院针锋相对。像他这样的显贵会采取这种举动,在不久之前的罗马还是难以想象的。关于他的动机,人们莫衷一是。为被谋杀的兄长复仇可能是原因之一,对权力的渴望亦然,或者他的确希望改革国家,让它有能力肩负起随着统治地区的扩大而增加的重任。他的行动毫无疑问造成了罗马统治阶层内部的又一次分裂。之前提过,如果说骑士们和元老们迄今为止都属于同一个社会阶层和纳税人阶层,并因此追求相近的政治利益,那么通过盖约·格拉古着手推动的两项新法,这一情形已经从根本上长久地改变了。为了赢得骑士阶层的支持,小格拉古大大提升了他们本来已经不低的经济地位和政治权力。

因为元老被禁止经商,增强骑士经济实力的政策让罗马的金融业落到了骑士阶层手里。骑士在格拉古执政前就已经非常富有，富有到一再放贷给那些为了选战或是娱乐活动而需要大笔资金的元老。虽然元老们拥有地产和别墅，但是当他们急需现金时，就必须求助于阔绰的骑士。从骑士阶层中甚至诞生了包税人（publicani），从事征税这份有利可图的业务。罗马没有税务局，有钱的私人负责组织征税。他们把国家预计的税款提前支付给国库，为的是之后去行省向纳税人收税时，能够在应缴税额之上再加上一笔可观的数目，将之据为己有。盖约·格拉古正是从这一点着手：他朝着有利于包税人的方向重新整顿了富裕的亚细亚行省的包税制度，助长了已经颇有影响的包税商势力。

迄今为止，骑士和元老都是通过金钱、政治和生意上的友谊，通过庇护关系，通过有利可图的联姻和收养关系紧密地联合在一起的，历史悠久但是已经落魄困顿的贵族家庭把自己和骑士阶层的财富相结合，一方代表着政治力量，另一方代表着经济力量，但是他们相互依存，共同组成了统治阶层，因而抬高骑士阶层政治地位的举措正是触动了这一局面。盖约·格拉古通过引入一条法律摧毁了原先的平衡状态：在古罗马由陪审员（可与今天的陪审团类比）担任的审判员职务不再保留给元老，而是给了骑士。为什么这一职务会如此重要呢？为了审理国家层面上的重大案件，罗马逐步建立了常设法庭（quaestiones perpetuae），其类型根据不同罪行有所区分，最古老的常设法庭是审理贪污的刑事法庭（quaestio de repetundis），一个多少有着爆炸性的政治影响力的重要机构。若是罗马治下的行省代表受到了罗马行政官员敲骨吸髓的盘剥，也就是说如果占据着高级行政长官职位（执政官和大法官）的元老们为了弥补因为选战而大伤元气的钱袋子对行省进行剥削，且盘剥数额即使放到当时的罗马内部看也显得极为巨大的话，行省代表就可以在这里提出控诉。对贪污罪的审判经常以有利于被控元老的判决告终，因为法官席位上坐着的同样是元老，而官官相护、同道相惜是众所周知的。而骑士作为包税人，不论是对于金钱，还是对于不受元老官员束缚地从行省揩油，都有着迫切的渴求。如果法庭能提供机会，让他们和惹人厌的行政长官们算一算总账，那将是这些金融界人士梦寐以求的事。人们很容易想见，一项规定只能由骑士担任法官的新法将会引起激愤，特别是当属于骑士阶层的包税商已经形成了一个利益集团的时候。

　　盖约·格拉古事实上正如他自己所说的那样，"把短剑扔到了广场上"（参见西塞罗《论法律》第

3 卷第 20 节），骑士阶层和元老阶层之间种下了不和的种子。希腊历史学家阿庇安（公元 90~160 年）后来如此评价格拉古新法的影响：

> 由于骑士在法庭上高居于一切罗马人和意大利人之上，甚至在元老们之上，并且拥有全权，决定财富的分配、市民的权利和放逐的惩罚。这一事实把他们在某种程度上提升成居于元老院之上的主宰，使元老屈身于他们之下。所以当骑士们在表决时站在保民官一边，而且保民官满足了他们的一切愿望来作为回报时，他们对于元老院就越来越危险了。很快就发展到了这样的地步，国内的权力关系颠覆了，元老们只有名誉，骑士们却有实权。（阿庇安：《内战》第 1 卷第 22 节）

格拉古改革 40 年后，独裁官苏拉大刀阔斧地重建元老阶层的统治地位，其间他把法官的位置重新交到了元老的手中（公元前 81 年），那之后又过了约 10 年（公元前 70 年），庞培和克拉苏终于找到了一条平衡之道。但是骑士和元老之间旧有的团结一致的局面——徒劳地尝试重塑这一局面的西塞罗称之为阶级和谐（concordia ordinum）——

不会也不可能得到重建了。

*

格拉古兄弟对于改革阻力的回应，双重地分裂了罗马国家的力量：从制度方面来说，格拉古兄弟将平民大会建设成一个和元老院平起平坐、针锋相对的机构；从社会方面来说，盖约·格拉古摧毁了骑士阶层和元老阶层利益上的共鸣。社会上层分裂成两个相互竞争的群体：骑士和元老。这道裂痕越来越深。罗马的政治实践虽然因此而变得多层次、多元化了，但也同样缺少了稳定性、一致性和透明性。

元老院暂时保住了它的统治地位，但这地位显得摇摇欲坠和争议重重。因为元老们出于私心看不到改革的必要性，他们的统治让国家裹足不前。与此同时，许多势力对现状不满，为首的就是意大利的盟友们，他们虽然为罗马的战争贡献了兵员，却不曾从罗马的胜利和它的权力扩张中分得一杯羹。授予意大利盟友罗马公民权，土地分配，以及意大利广大人口的贫困化，这三项挑战联系在一起，人们要么对此无计可施，要么即使找到了解决办法，办法本身又会引出新的困境。因此，曾 7 次当选执政官，征服了日耳曼的辛布里人（Kimbern）和条顿人（Teutonen）（公元前 102/前 101 年）的马略解除了兵役义务和占有土地之间的关系，使无地者也能从军。大批无地者蜂拥而至，利用这一机遇。农村人口贫困化和兵员匮乏的问题就一举解决了。但它同时引发了新的问题，也就是如何安置退伍军人。每一场规模较大的战争过后都会留下大批因没有农庄而无家可归的武装士兵。他们期待着统帅的奖励和安置。从马略的时代起，这些人成了足以影响局势的新要素。陷在骑士和元老，以及朋党派系之间无休止的争端里的统治阶层，初时可能几乎没有意识到它的存在，但是像苏拉、庞培，尤其是恺撒这些觊觎大权的人都知道如何让转变中的权力关系，以及允许个人权力空前膨胀的新要素为己所用。他们几乎像独裁者那样行事——共和国脱轨了。

第三章　特别指挥权：庞培和前三头

格拉古兄弟为了把改革带上轨道，有意识地挑起了统治阶层内部的分裂，发明了新的权力机制。在这种变化了的政治环境当中，在上层阶级内部，元老和骑士相互斗争；在元老内部，贵人派和平民派又相互斗争。双方都依托于由荫庇关系联结而成的势力圈子，这些团体由无数不满现状的罗马人和意大利人会集而成，让矛盾双方的斗争不同以往地激烈。形势发展到这样的地步：在针对黑海岸边本都国王米特里达梯打响的第一次米特里达梯（Mithridates）战争中，双方争夺最高指挥权的斗争一直持续到最后一刻，升级为贵人派和平民派之间的一场内战（公元前89年）。贵人派的领袖苏拉向着罗马进军，逼迫罗马任命他为最高指挥官，这个前所未有的案例给将来带来了无可救药的后果。战胜米特里达梯之后，已经没有什么可以阻止苏拉第二次向着罗马进军了。苏拉不在罗马期间，平民派在马略和秦纳的领导下重新夺得了权力。苏拉携他的常胜军像对待敌国一样横扫了意大利，他在科林门之战（公元前82年）中拿下了罗马，并对败者进行无情的清算。数千名意大利俘虏立即被处决，苏拉的政治对手则被放逐（就是说，人们可以谋杀他们却不受任何惩罚，甚至还能因此获得他们的一部分财产），甚至他们的子孙都被排除到政坛之外。30年后，当恺撒向罗马进军，复制苏拉的旧例时，他明确地和这种恐怖政策划清了界限。

身处"重建共和国的独裁官"（dictator rei publicae constituendae）的特殊地位上，苏拉建立了贵人派元老的统治，他改革了宪法，大大限制了保民官的权力，削弱了平民大会的影响力，从而削弱了平民派的力量。又通过分化骑士阶层缩小了骑士的影响力：骑士中的有钱商人、企业主和银行家被他吸纳进元老院，元老院的成员数量因此从300名增加到600名，苏拉就是这样夺走了现存的骑士阶层最有实力的代言人的。除此之外，他重新整顿了行政机构，为官僚晋升体系确立了稳定的规章制度。

在苏拉整顿国家的同时，他令人吃惊地自愿卸任独裁官（公元前79年）。根据苏埃托尼乌斯（Sueton）的证言，恺撒事后是如此评价这一步的："苏拉不懂最基本的政治，因为他放下了独裁官的权力。"（苏埃托尼乌斯：《恺撒传》第77节）在剩余的岁月里，苏拉写作回忆录，但他死后没过多久，就出现了变更或废除他的政策的呼声。老雷必达（Lepidus）从伊特鲁里亚（Etrurien）发起了

43

一场针对贵人派统治的反苏拉革命。被放逐者的子孙起来反抗，要求发还充公的财产，归还剥夺的权利，罗马人民则要求把平民大会和保民官全都恢复原样。有些权利立刻就被恢复了，有些政策直到前面提到的庞培和克拉苏执政年间（公元前70年）才被更改。罗马的精英阶层分裂了，忙于内斗，内政无可救药，外交危机四伏，这就是彼时的状况。

如果说内政问题只是部分地凑合着解决了，那么外交问题如今就变得越来越急迫。东边，米特里达梯又一次对罗马的行省施加压力；西边，马略的支持者之一塞多留（Sertorius）带着他的士兵在西班牙建立了叛乱者的王国；同时在地中海上，海盗们四处兴风作浪，威胁罗马的商船往来和粮食供应。好像单单这些还不够似的，色雷斯人斯巴达克斯（Spartacus）掀起了一场奴隶起义（公元前73年），其规模颇具威胁性，席卷了意大利的广大地区。处理这样的局面需要雷厉风行的手段，即使苏拉刚刚重组过国家机构，犹豫不决的元老统治阶层仍无法以传统机制来应对这些问题，因而只好求助于非常措施，苏拉的新政即刻又被取消了。人们把赌注押在一个人的身上，绕过苏拉重新整顿过的晋升体系，赋予他君主一般的权力，委托他解决行政官员们和元老院都无法解决的重大问题——这个人就是格奈乌斯·庞培。因为他的父亲是家族中第一个获得执政官地位的人，庞培并非出身历史悠久的显贵谱系，但正因如此，他十分注意维护和巩固自己家族的地位。庞培早在23岁时就引起了轰动，当时他以自己的力量在意大利东部的皮森特（Picenerland）动员了父亲麾下的门客，带领一支私人军队赶去支援苏拉并助其取胜，年轻的屋大维后来的举动与之十分相似。不久他就获得了Magnus这一别名，意为"伟人"。在西西里和非洲一再打了胜仗后，苏拉许诺给他一场凯旋式（公元前79年），那是一位罗马将领所能获得的最高荣誉，当时庞培还没有任何行政职务。苏拉死后，庞培受元老院之托镇压老雷必达的叛乱，又在那之后不久接了指挥大权铲除塞多留的特殊王国。他自豪地声称自己不费吹灰之力就攻克了该地，同时还有876座西班牙城池。然而庞培不仅关心如何作战，还会考虑战后应该做些什么。正如在西西里和非洲那样，硕果累累的战斗后，庞培在西班牙把行省的秩序整顿得如此周全，以至于他赢得了人民的欢心，也保证了他们将来对他的好感。所以战争带给庞培的不仅是荣誉，还有两股不同的支持者势力：老兵和行省。他懂得如何为了自己的利益和前途利用这种新的庇护关系。

还在从西班牙行军返程途中，元老院就再次请求庞培施以援手。尽管投入了大量兵力，罗马仍然无法控制住斯巴达克斯的起义。庞培快刀斩乱麻地干完了剩下的活儿。他凭着出众的能力在罗马的国土上到处灭火，给罗马政府明摆着的无能救场。最终，他还没有按部就班地走完元老晋升之路，就在公元前 70 年被选为执政官。

接着庞培又被交予一项新的重任：抗击地中海上的海盗。"海盗"一词容易激发错误的想象。他们不是一小撮目无法纪之徒，要在劫掠生涯中试试自己的运气，而是整座城池和整片地区的居民，一心从事专业化的奴隶贩卖。只要他们想做，海盗生意就可以是一个组织完善的、国际化的行业。这严重干扰了罗马的海外贸易。当这些胆大包天的航海者越来越频繁地袭击罗马商人，并掳走有钱有地位的罗马人以勒索高额赎金时，罗马的警钟敲响了。公元前 75 年，年轻的恺撒也在前往罗得岛进修途中落入海盗之手。他在米利都被劫走，不得不在一条海盗船上度过 40 天，一直等到赎金的到来。然而就算是年轻时在私人旅途中的恺撒，也绝不容人戏弄，像普鲁塔克所记载的那样，恺撒等不及上岸就调转矛头追捕诱拐他的人。

他马上组织起几艘船，一刻也没有耽搁地对那些已经扬帆而去的海盗展开追捕。抓住他们之后，就像他之前（在 40 天的等待期间）经常开玩笑地威胁他们的那样，处死了他们。（普鲁塔克：《恺撒传》第 2 节）

但最糟糕的是，因为海面并不平静，罗马的粮食供给面临着全盘崩溃的威胁，于是元老院理所当然地向海盗宣战。这可不是件简单的事，因为"海盗王国"是一张由海滨城市织成的网，包括岛屿和海岸边数不清的锚地与港口，他们装备精良的船队在整个地中海上称王称霸。面对这样的处境，人们又一次想起庞培的功绩，并授予他不同寻常的发号施令的权力，一种所谓的"特别管治权"（imperium extraordinarium），只是这次的规模前所未有、闻所未闻。这一特别管治权指军事和司法方面（很大程度上）不受限制的权力，在某段特定时期、某个特定范围内授予最高级别的行政官员，譬如为了管理某个行省 1 年。但是现在庞培从元老院接到的特别管治权包括了大批传统行省：一项几乎不受限制的自由裁决权，时间长达 3 年，生效范围是整片地中海——包括 75 公里长的海岸线。这个范围不仅包括所有的港口城市，还包括无数的商业城市。此外归入庞培麾下的还有500艘船和20个军团，以及大笔金钱。普鲁塔克恰如其分地评价道：这项治权"不仅仅让渡给了庞培在海上发号施令的权力，它简直就是独裁大权，凌驾于所有人之上的不受限制的管辖权"（普鲁塔克：《庞培传》第25节）。

著名演说家荷尔顿西乌斯（Hortensius）的一句话，体现了人们是怎样迫于情势，一方面需要庞培，另一方面又惧怕他的。西塞罗把这句话转达给了我们，当时元老院正为庞培的最高指挥权而展开辩论："诚然，如果必须把所有权力都授予一个人，那么庞培就是最配得上的，但是不能把所有权力都授予一个人。"（西塞罗：《论格奈乌斯·庞培的最高指挥权》第52节）但是庞培取得了元老院和平民大会的广泛支持，也有来自西塞罗的支持，后者想确保得到庞培的欢心，以便自己往后仕途顺遂。西塞罗也认为自己配得上这个伟大的使命，可以和庞培一道分享"一切权力"。庞培又一次为他的大名争得了荣光，他在最短的时间里战胜了海盗，把他们赶到远离海岸的城池去定居（公元前67年）。

然而他最伟大的壮举还在前方等着，强大的本都国王米特里达梯在亚洲和东部黑海沿岸打下了一座王国，威胁着罗马的小亚细亚行省。15年前，苏拉只是匆匆地教训过他就离开了，为的是立刻赶去与自己在罗马和意大利的敌人算账。卢库鲁斯（Lucullus）担任与米特里达梯对峙的指挥官已有数年之久，但全程参与了利益相关的战争的包税商们认为他的进军不够迅速。持有特别管治权的庞培接过了最高指挥权，在最短的时间里，他不仅征服了本都王国，还平定了从小亚细亚越过叙利亚直达犹地亚（Judäa）的整个东方。在这期间，他的组织和后勤天赋不只体现在行军当中，还体现在重建被征服地区的秩序上。他在透彻地了解了一切盘根错节的政治关系之后，重新划分了这片广袤的土地。他把本都划入比提尼亚行省，新建了叙利亚行省，缩小了犹地亚行省并把它归给罗马，有些地区由当地统治者治理，作为庞培庇护下的代理人邦国保留原样。庞培不是重新任命当地的统治者，就是成功地操纵了他们，确保他们对自己俯首帖耳。为了便于管理，他设立了新的城市，其中有些顶着他的名头，例如 Pompeiopolis, Magnopolis, Megalopolis——最后一个也是以他的别名"伟人"命名。这个别名被庞培保留下来，成为自己全名不可分割的一部分。最终，庞培在东方国家被看作和平和秩序的缔造者、财富和安宁的守护者。他也把自己包装成行省民众和依赖于他的领主们的庇护者，丰厚的战利品使他能够在奖赏副将和士兵的功劳时一掷千金。

在罗马，庞培的成功让人五味杂陈。一方面，他的壮举受人欣羡；另一方面，人们忧心忡忡地注视着他膨胀的实力和不受约束的权限。"伟人"庞培对罗马人来说变得过于伟大了。考虑到时代背景，西塞罗有一次称他为"第一公民"（princeps civitatis）——后来奥古斯都拾起这个荣誉头衔后，就一直用它来描述自己的地位。第一公民的头衔理当归于元老院中声望最高、影响最大的男性，因此与旧共和国里的元老等级秩序完全一致，但是庞培如今展现的潜在实力已经压过了其余元老的总和，元老院眼见就要失去权力的平衡。当庞培重新整顿了整个亚洲，又转向西方的时候，当他带着大军渡过亚得里亚海，像苏拉当年一样抵达意大利南部的布林迪西（Brindisi）（公元前 61 年）时，罗马人失魂落魄地望向这位强大的将军。只要他愿意，就可以易如反掌地拿下罗马。苏拉进军罗马和他血腥的独裁统治犹在 20 年前。但是庞培根本没有想着用军事手段夺得凌驾于罗马的独裁大权，对他来说重要的是另一件事——人格尊严，即要让元老院承认他的贡献，要让他的显贵身份得到认同。庞培的权势已经突破了贵族共和国所能接受的尺度，但他的政治目标还完全停留在祖宗成法——有关贵族传统的未成文法——为一位战果累累的将军圈起的樊篱中。让同时代人惊讶的是，他立即解散了完全效忠于他的军队。要想在元老院把他的亚洲政策贯彻到底，军队就是最强有力的施压手段，现在却被他自己解除了。虽然他自作主张地重构了东方的政治关系，但他的种种举措（acta Pompei）事后还必须经过元老院的批准，就像现在，是该分给老兵许诺给他们的耕地的时候了。庞培走着规定的程序，怀着合情合理的期待，申请事后追认他在亚洲建立的新秩序以及承诺给士兵的耕地。但是元老院把这位没有军队的将军置于尴尬的境地，一再拖延予以批准。至少元老院中的贵人派以此宣示自己的力量，同时削弱了庞培的力量：军队、行省和属国清清楚楚地看到了，只要罗马的元老院不同意，人民的守护者庞培的行为就不算数。

元老院的抵制是一次毫无新意又无法如愿的尝试，即要把伟人庞培重新裁剪到符合共和国标准的尺寸。他最初茫然，继而愤怒：如果他无法通过元老院推行自己的政策，那就得找一条别的路子。正是这个时候，在远西班牙行省担任总督的恺撒回来了。恺撒看到了把庞培拉到自己这一边来的机会，这就是前三头的源起。

49

年长 6 岁的庞培于恺撒既是个挑战又是个警示，庞培的战争和庇护政策令他名闻天下，成为国内的首席公民。然而正是他的威名和卓越地位，让总是受元老院委托而行动的他，又要争取同一个元老院的认可。历史学家马丁·耶讷（Martin Jehne）断定："一个像庞培一样的男人在罗马国家里积聚起来的巨大势力，只会在一定程度上转化成罗马的内政问题。"（耶讷：2015 年，第 39 页）当 10 年后征服了高卢的恺撒面临和庞培一样的问题时，他使用武力攻击了罗马，将元老院打得落荒而逃。

第四章　不同寻常还是司空见惯？恺撒其人以及他的执政官成长之路

从格拉古执政期（公元前 132 年）[①]到前三头结盟（公元前 60 年）之间的历史变迁可以看出，恺撒的特例并非凭空出现，而是通过之前种种充满启示的先例作了准备，这些先例瓦解了共和国的旧制度，为恺撒的出现铺了路。这里主要说的是独夫势力的巨大膨胀，晚期共和国特殊的危机状态不仅使其成为可能，甚至还需要个人势力的膨胀，为的是克服外政方面的难题。元老们——大多是执政官们——因其卓越贡献被承认为最高权威，进而被称为"第一元老"（principes senatus）或"第一公民"（principes civitatis）的情况，对共和国来说虽然已经不再陌生，但是他们的优越地位仅仅基于元老院的认可。而自从平民派似乎把平民大会建设成了元老院的对立面后，元老院就被夺去了垄断地位，不再是能对其成员的权力和影响力加以控制的唯一力量。通过大量授予特别指挥权，少数几个人权力泛滥，元老院和平民大会对此同样难辞其咎。庞培不是特别管治权的唯一持有者，克拉苏和安东

---

① 应为公元前 133 年。——译者注

尼——后三头之一马克·安东尼的父亲——这样的
政治家也从中受益。就像庞培的例子显示的那样,
一再累积的力量和管治权集于一人之身的后果是,
他们庇护的范围扩大到整片地区和整支军队。此
外,在战争和饥荒中发了财的私人可以用自己的金
钱建立起一支军队。据西塞罗记述,金融巨富克拉
苏常说:"没人能真正自称有钱人,如果他的财产
供养不了一支军队的话。"(西塞罗:《论义务》第
1卷第25节;参考普鲁塔克《恺撒传》第2节)
以这种方式变得有权有势的人,可以通过私人间
的联盟让他们的势力成倍增长,这少数几个人彼
此争夺国内的最高权力,元老贵族阶层失去了对
他们的控制。君主制的影子在飘荡,马略、苏拉、
庞培、恺撒这样的实力者正是奥古斯都式元首的
先驱。

　　但是恺撒的政坛之路与庞培的不同,它没有什
么出奇之处。直到公元前60年,也就是直到前三
头联盟组建前,恺撒走过的是一个出身自历史悠久
的罗马家庭的贵族在共和国晚期的典型政治历程。
他的家族虽然是罗马最古老的氏族之一,但并不属
于当时居于统治地位的显贵家族。通过有技巧的联
姻政策,他先后获得金钱,与上层贵族结盟,最终
被权力圈吸纳。一到准予担任某一官职的最低年龄

（suo anno），他就立即荣升这一职位，走完整个晋升体系后，恺撒接过祭司职务，并作为总督，在西班牙夺得了第一批重要的军事胜利成果。政治方面，他从一开始就通过和马略及秦纳（Cinna）之间的亲眷关系而与平民派走得很近。马略是他的姑父，秦纳的女儿是他的第一任妻子。他们死后，他寻求与庞培建立起纽带，他支持庞培被提名为迎战海盗和米特里达梯的最高指挥官，又和庞培的一个亲戚，苏拉的孙女之一成婚。这样他和公元前80年代罗马内战的双方——马略和苏拉——就都有了亲戚关系。

如果人们在三头联盟之前的恺撒的人生中寻找昭告他今后历史地位的事迹，那么是不太可能真正找到的。至少他的一切所作所为都停留在当时习以为常的范畴内，就算这范畴很广。或者换句话，他所做的，正是一再陷于非常状态中的国家要求他做的；他所做的，和其他与他竞争的年轻显贵相比，也没有什么不同。我们完全没理由说，恺撒从他仕途的开始就对独裁统治孜孜以求，或是说一种新的国家形态已经进入了他的视野，要替代旧的共和国，让罗马能适应新生帝国的任务。这种臆测来自古典时代和当代许多历史学家的需求，他们要把恺撒非同寻常的成功归功于他据称是早已拥有的宏图

52

远景：从一开始，他就目标坚定地策划了独裁者的腾飞之路，是为了能够在这个地位上不受任何竞争者阻挠地创造一种全新的国家体制。他的决策和行动看上去十分严谨，然而这种"严谨"，只有在进行历史回顾的情况下才可能成立，只有在事先知道这些举措有助于元首制的形成时才可能成立。

不过恺撒实际上追随着怎样的目标，又出于怎样的理由行动呢？猜测历史人物的动机、计划和目标总是困难的，特别是像恺撒这种情况，也就是当缺乏可靠的自证或同时代人的旁证时。但是人们能从外在的生活状态、社会地位、当时的环境和晚些时候的作家提供的证据出发，推断可能的内部动因——尽管窥视一个人内心的尝试往往是捕风捉影。

从本质上决定恺撒行为模式的一个重要方面应该是他的贵族出身：他是共和国晚期的一名罗马贵族，和他那个时代许多其他雄心勃勃的贵族一样，出于相似的理由，动用相似的手段，追求相似的目标。根据他所在的社会阶层的规矩，对恺撒而言，至关紧要的并不是政策内容或政治理念，不是平民派或贵人派之分，不是国家宪法；于他而言，这首先事关尊严，事关荣誉，事关权力，事关他本人及其家族（gens）。所以为了百尺竿头，更进一步，他不断地壮大和支持他的门客势力，为了彼此之间的提携缔结政治联盟和友谊。恺撒在多大程度上投身于围绕声望和荣誉进行的古老的竞争，人们是绝对不会看错的，罗马的显贵们历来就要把这场斗争在元老院里、在公共广场上进行到底。罗马社会的领导阶级实际上就是罗马国家（res publica）的化身，或者还不止：他们让国家为己所用。首先这么做的就是古老的贵族氏族。"他们可以，"历史学家罗纳德·塞姆这么说，"让君主制和民主制都为他们的目标服务，为的是提高本人和家族的声望。宪法跟这事扯不上什么关系，这些家族比罗马共和国还要古老。"（塞姆：1992年德文版，第68页）恺撒，这位来自尤利乌斯家族的罗马贵族，应该也是这么看的。但是之后有一次他说出了那句值得注意的话：国家什么也不是，只是一个没有躯体和形态的名称（苏埃托尼乌斯：《恺撒传》第77节）。根据这一见解，国家并非与其法制基石一体，而是和它的显贵阶层共沉浮。恺撒的说法表达了他作为贵族的自我认知以及他的政治诉求。

恺撒的政治立场和一生经历完全生长自贵族阶层的土壤，他的贵族身份赋予了他不可动摇的自信和不可遏制的雄心，允许他骄傲自负、独断专横，需要他展现毫不妥协的态度和我行我素的作风，要求他做出伟大的事业，追求名望，让他自然而然地对官职、荣誉和权力提出诉求。他的贵族身份是他一举一动的推动力。

　　这种贵族式的世界观对我们来说可能也显得陌生了，只有以此为出发点才能理解恺撒的政治动机和目标，以及由此衍生的行为。他生活在这样一个政治环境里：在这里，不存在有着各种各样竞选纲领的党派；在这里，选举时民众会把选票投给那个选前发放最大福利的人，特别是当他的姓名早就因为过往经历或历史故事而被他们熟知时；在这里，政治家会用富丽堂皇的公共建筑和免费的节日宴席吸引选民；在这里，高贵的出身意味着一切，表面上光鲜亮丽的成功也十分重要，政策内容和事实论据则几乎一文不值；在这里，贵族阶层只围绕着他们自己打转，漠视灾祸，拖延改革。这些情况不仅与保守的贵人派相符，在号称着眼于革新的平民派身上也能得到印证。许多来自旧贵族阶层的代表以平民派的身份登场，例如李锡尼·克拉苏（Licinius Crassus）、塞尔吉乌斯·喀提林（Sergius Catilina）、克劳狄乌斯·普尔喀（Clodius Pulcher），就连恺撒也是。不过他们革命性的新政主要还是服务于自身的利益，就像贵人派倒退复古的政策一样。恺撒和其他平民派一样以民众的欢心为立身之本，他给民众赠礼，民众回以报答。

*

所以恺撒和他的贵族对手之间的差别并不在于新的政治见解和伟大的愿景，而在于最后恺撒的成功让其他一切都显得微不足道。他成功的秘密何在？存在这样一个秘密么？还是说恺撒积聚了如此巨大的势力，以至于他最终变得比他出身的显贵阶层更要强大，比养育他成长的国家还要强大，而这全都只是一种偶然？

在这个有趣的问题上我们就要依赖于古典作家——主要是普鲁塔克和苏埃托尼乌斯——记下的种种故事和逸闻了。作家们从自己的角度给恺撒描绘了一幅经过第三者转述的肖像，这一形象完全是由后来的历史发展所决定的。但是在我们研究这些古典著作从恺撒人生中挑出的值得纪念的时刻，仿佛是在观察他的性格画像时，还是会看到某些特定的行为方式和性格特征一再地出现。

苏埃托尼乌斯和普鲁塔克都提到了恺撒的第一件事迹：还不满 18 岁的恺撒反抗独裁者苏拉的命令，不愿和他的夫人科涅莉娅（Cornelia），也就是秦纳的女儿分开。苏拉明摆着担心，作为尤利乌斯家族的一员，作为 7 届执政官马略的侄子和 4 届

55 执政官秦纳的女婿,恺撒会进一步加固这三个家族之间的纽带。他想给这位年轻的罗马贵族一个机会,离开处于下风的党派,在胜利者的一派——贵人派那边把握住平步青云的机遇,就像后来的阴谋家喀提林那样。但是苏拉推动恺撒和科涅莉娅离婚的尝试是徒劳的,正如普鲁塔克在他的《恺撒传》里告知我们的一样:

> 当苏拉成为罗马的主宰时(公元前82年),他徒劳地试图用威胁和许诺让恺撒疏远他的夫人科涅莉娅,曾经的掌权者秦纳的女儿,他最终只好没收科涅莉娅的嫁妆。(普鲁塔克:《恺撒传》第 1 节)

然而尤利乌斯·恺撒找到了德高望重的说情者们,全是贵人派的人,他们在苏拉那里固执地替同阶层的恺撒说情。独裁者最终不情愿地对他们作出了让步,但是表示,如果他们看不到,在恺撒的身上不只有一个马略存在,他们就是傻子(普鲁塔克:《恺撒传》第 1 节;参考苏埃托尼乌斯《恺撒传》第 1 节)。他在影射恺撒和马略之间的亲戚关系,后者是反贵人派的。

但是恺撒为什么反抗苏拉呢?马略党人被击败

了，秦纳死了，在一个婚姻首先是政治工具的社会里，找不到什么理由让恺撒如此一意孤行地坚持他和科涅莉娅之间的婚姻关系。马丁·耶讷言之有理地指出了两个核心原因：

> 一个以他贵族身份为荣的显贵最好不要让别人给自己下达指令，一个庇护者总是靠得住地站在他的朋友和追随者一边。在这里恺撒第一次展示出了他不可动摇的自信，以及他对于庇护人义务的超额履行。（耶讷：2015年，第15页）

实际上对一名贵族来说，庇护人的义务事关荣誉，恺撒格外看重这个。苏埃托尼乌斯也证实了，恺撒还是一个年轻人的时候，就对受他庇护的人展现了强烈的义务感和全力以赴的态度。他举例说明，恺撒作为受托人没能替一位努米比亚亲王在法庭上辩护成功，就把他藏在家里长达2年，当他结束大法官的职务启程前往西班牙时，终于能亲自把此人偷偷带出罗马（苏埃托尼乌斯：《恺撒传》第71节）。还有一次，恺撒应该说过，如果他要靠暴徒和杀人犯的帮助才能捍卫自己的荣誉，那他也会向他们致以谢意的（苏埃托尼乌斯：《恺撒传》第

56

72 节）。贵族的忠诚美德，就是在言、行两方面都注意恪守约定，忠于承诺，在有争议时并不简单地臣服于法律和司法权。人们可以想象一下，今天同样的行为会得到什么评价。不过恺撒毫不避讳地以忠诚为自豪，他对这种美德带有表演性质的大力推崇，完全可以被解释成他政治行为的基本特点。他这么做也是出于算计，从中能生出不菲的利益——如果不是立竿见影的好处，就是中长期的收益。通过这种方式，恺撒像庞培那样，不仅把受他庇护的对象和政界友人跟自己捆绑在一起，还把仰赖着他的整个城市和地区都团结到身边。他手下的士兵军官与他之间牢固的纽带也能这么解释。许多年后的内战中，当庞培在元老院授权下与恺撒作战时，由于他的疏忽大意和举棋不定，许多将军投向了恺撒一边，与此同时，恺撒的将军们却几乎都保持着忠诚，尽管恺撒是在跟罗马作战。恺撒非常注意让自己做一个言出必行的人。内战期间，有一次西班牙一个被围困的城市派出使节向他开出了交易条件，只要恺撒饶他们不死，他们就把整座城池都交给他。恺撒答应了并且自豪地宣称：他是恺撒，会信守他说出的话（恺撒：《西班牙战争》第 19 节第 6 行）。并不是恺撒的政策内容，而是从双方忠诚关系中衍生而来的义务感引导着他，不论是涉及战争

还是涉及政治。在形形色色的社会政治关系中，恺
撒都展示了他高贵的诚信和稳定的姿态——作为庇
护人、作为政治联盟中的一方、作为公众政治家。
可以说，恺撒的政策之所以能够一直延续下去，归
根结底，都要多亏他的行为完美地体现了贵族对于
忠诚美德的理想。

　　让我们回到恺撒政治生涯的开端：没有军功
是很难在晚期的共和国里真正打下权力根基的，如
果谁想成为首脑人物，背后就要有一支军队供其驱
策，如果能动员军队或者老兵们前去投票，就能对
罗马共和国施加压力。西塞罗是他那个时代顶级政
治家中唯一一个相信可以放弃军旅的荣耀和军队关
系的支持，希望只凭着言辞的力量和正直的信念来
领导国家的人。他虽然做到了执政官，但在权力的
顶端却立足不牢。恺撒和他正相反，他早年担任军
官——元老的儿子总是立刻就能进入指挥层——第
一次派驻小亚细亚期间，恺撒就在针对米特里达梯
盟邦的战斗中获得了橛叶环花冠（公元前80年）。
这是一种用橡树叶编织成的头冠，作为高等勋章
颁发给在战斗中拯救了同胞的人（苏埃托尼乌斯：
《恺撒传》第2节）。让军官恺撒出类拔萃的不仅
是果敢，主要的还是抓住主动权独立行动的勇气。
从恺撒年轻时代起，就有证据指出，他随时准备拼

尽全力投入行动。苏埃托尼乌斯记录道：接到敌军来犯亚细亚行省的消息（公元前75年），在罗得岛享受修学之旅的恺撒立即渡海回到大陆，自己拉起一支军队抵抗袭击（苏埃托尼乌斯：《恺撒传》第4节第2行）。当时恺撒25岁，正站在他职业生涯的起点。之前提到的劫持事件当中，恺撒也表现得格外有主见，因为负责此事的行省总督在他眼里行动过于迟缓，恺撒重获自由后就毫不迟疑地自行追捕并拿获那些绑架他的海盗，并且亲手安排对他们的处决。这做法大胆放肆，却完全没逾越一位显贵在行省的应有之举。在行省，和权贵有点关系的普通罗马人多多少少能肆意妄为，贵族更是能像国王一样摆谱，就算他们没有任何官职。在罗马则不同，处于竞争关系中的寡头们满怀嫉妒地互相监视，对对方每一次僭越的行为和狂妄的举动都格外敏感，并暗暗记在心头。

在罗马，恺撒从一开始就很注意要在公共场合恰如其分地表现自我和他的家族。姑母尤利娅死后，刚刚当上财政官（公元前69年）的恺撒自豪地展示了自己家族令人肃然起敬的起源。罗马的贵族自古以来就是这样利用公开的送葬形式（pompa funebris），把自己和自己的家族大张旗鼓地"搬上舞台"（就是字面意思）的。对作为外国人长期生活在罗马并周旋于上流社会的希腊历史学家波利比乌斯（公元前 2 世纪）来说，公开葬礼的隆重仪式是他在罗马所见的最有震撼力也最为典型的画面（波利比乌斯：《历史》第 6 卷第 53 节起）。在穿过露天广场的送葬行列中，著名先人的石膏面像由奴隶和自由民扛抬着。不仅仅是死者的遗属，差不多整个家族都伴送死者前往墓地。相应地，在公开悼词中，不仅死者本人的贡献，就连所有著名祖先的功绩都一并被提起和颂扬。对一位年轻的显贵来说，这是一个展示他对家族及其政治传统的虔敬信仰（pietas）的绝好的机会，同时作出这样或那样的政治表态，表明他对先人的榜样格外心折，感到有义务追随之。

当恺撒为他的姑母，也就是马略的遗孀尤利娅致悼词时，他的背后正是这样的传统。他的自我表演如此精彩，不亚于一场盛大的庆功仪式。他毫不避讳地怀念备受争议的马略，让人把他的石膏面像也放在送葬行列中一并抬着行进。恺撒以此把自己放到了平民派的阵营中，这在当时是有风险的，至少是挑衅的行为。恺撒的家族并不属于罗马的领袖家族，但他自信地，没有丝毫犹豫地把自己的家族史上溯到国王和神祇。苏埃托尼乌斯为我们转述了演说词的一个片段。

　　我的姑母尤利娅的母系一方源自诸王，父系一方则与不朽的神明有亲。因为马奇路斯王室自安古斯·马奇路斯而始，这就是姑母母亲的姓氏，尤利乌斯的姓氏则是来自维纳斯，我们的家庭就属于这一族。国王对人有至高无上的治权，而在神灵的威力下国王也要服从，我们家族的血脉里不仅存有王室不可侵犯的权利，也包含神灵的不容亵渎。（苏埃托尼乌斯：《恺撒传》第6节）

　　尤利娅的葬礼表现了家庭和国家、私人生活和政治在罗马贵族的认知当中是多么密不可分。因为家庭史是罗马史的一部分，因为家族今天的代表对于悠久的家族传统负有责任，所以葬礼活动不仅是为了展示满载荣誉的过去，还要服务于当下的家族政治。自从苏拉和贵人派取得胜利以来，马略就从罗马人的集体记忆中被排除出去，当恺撒让马略的石膏面像出现在送葬仪式上，被一并抬着行进时，他唤起了人们对他这位姑父事迹的回忆，公开地站到了马略和他的平民派政策一边。人是受到家族传统的约束的：因此对于马略这位7届执政官、朱古达（Jugurtha）战争的胜利者、辛布里人和条顿人的征服者的纪念，并不一定就会被理解成对贵人派

的挑衅或是政治性的宣言，但至少会被看作一个有
野心的信号，与恺撒将来的政治诉求和立场相关。
事实上，关于他的政治立场，3年后恺撒提供了一
个露骨得多的毋庸置疑的证据。那时他作为市政官
（公元前66年）也负责公共场所的规划和建设，他
让人于夜间在卡比托利欧山上秘密地重新立起曾被
苏拉移除的马略的胜利雕像。贵人派震惊于他的胆
大妄为，人民却拍手叫好。马略的塑像就这样留在
了广场上，平民派不胜欣喜。

　　在我们寻找恺撒特立独行的风范时，总是会撞
见种种逸事，证明他毫不含糊地相信自己超凡的运
气。勇气十足的孤注一掷铸就了恺撒的政治风格，
让他誉满天下同时又声名狼藉。例如当他申请大法
官和大祭司（Pontifex maximus）的职位时，就
把全副身家押在一张牌上。另两个候选人都是名声
很响的前任执政官，为了战胜这两位年长他20岁
的竞争者，恺撒在竞选中送出了巨额的礼物，或者
用更合适的说法是花了大量金钱贿选。大祭司的职
位对他如此重要，这是一条线索，表明了他的野心
远远在大法官之上。这是一场要么赢得所有，要么
一无所有的赌博，如果他在大祭司选举中失败，无
论如何这都会是他政治生涯的终结和个人破产的开
始。因为作为失败了的候选人，他几乎不可能获得

第一个职位，即大法官，该官职往往会因为拥有随之而来的管理权限而收入颇丰。据说，当恺撒早上准备出门参选，与母亲道别时，告诉她，他晚上要么作为大祭司归家，要么再也不会回来了。恺撒赢了这场选举，离开了他位于苏布拉的普通住宅区内的住所，搬进了圣路边大祭司高贵的官邸。

即便是罗马的第一号演说家西塞罗也不得不承认，恺撒是一位杰出的演说者。一个人可以凭着雄辩滔滔的表演为自己或朋友争取一官半职或在法庭上辩护，既获取利益，又赢得认同。不论是在元老院里还是面对人民，要搞政治都离不开演说。恺撒利用了演说的力量介入政治。他很早就开始这么做了，其断然态度显得比他的实际年龄要早熟得多：当西塞罗于公元前63年让元老院投票决定，应该如何处置因喀提林阴谋被逮捕的参与者时，元老们照例按着他们的位份挨个表态，以现任执政官为首，其后是曾担任执政官的其他元老。当日有14位历任执政官在场，他们一个接一个发言完毕后，舆论似乎大局已定，所有人都追随现任执政官德西默斯·西拉努斯（Decimus Silanus）的意见，他要求对阴谋参与者执行死刑。但是表决令人惊异地陷入了僵局：恺撒，被预定的新任大法官，激烈地反对处决喀提林党人，支持以终身监禁取而代

之，他成功地使得在其之后表决的元老同意了他的
建议。就连西拉努斯也在恺撒的演说之下改变了自
己的说法，这样的登场对于一位未来的执政官而言
可谓十分尴尬。就算西拉努斯声称，他关于最高刑
罚——他的用词可能是 supplicium——的提案指的
根本不是死刑，也并不会使情形变得更好。恺撒在
这种局面下仍然未能如意是因为小加图（Cato），
他也是被选出的大法官，用一场狂风骤雨般的演
说再一次扭转了场内的情绪。因此在这一天，是两
个年轻人——恺撒和小加图之间的交锋，而并非建
制派政治家们的表态左右了元老院的辩论。尽管恺
撒的演说并未直接取得成功，他却以一种令人印象
深刻的方式提出了他的政治权力诉求，并且毫不含
糊地让元老们看到了，他的存在不容轻忽。这次元
老院会议上，小加图和恺撒的演说以另一种方式谱
写了历史：大概 30 年后，为了替这两名男性草拟
一幅政治肖像——他们将要成为缠斗一生的顽强对
手——历史学家撒路斯提乌斯在他的著作《喀提林
阴谋》中为这次论战提供了一个富有文学色彩的版
本，所以普鲁塔克对于作为演说家的恺撒也是如此
评价，就毫不令人惊讶了：

62

　　另外，恺撒还拥有所谓的作为政治演说

家的超凡天赋，并以一种野心勃勃的热情不断地开拓着他的天资，以至于他无可争议地被当成第二优秀的演说家（西塞罗被认为是最优秀的）；他的工作堆积如山，所以他乐于放弃成为头号演说家的名誉，因为战争和武器更能把他拥上政权顶峰。他没能抵达大自然通过与生俱来的演说才能向他指出的目标，因为战争和政治吸引着他，随后又让他成为国家的主宰。后来恺撒在回应西塞罗的颂词《加图》时，（在所谓的《反加图》中）自己表达了这样的愿望，即人们或许不该以一位演说家的熟练技巧为准绳去衡量一名士兵的言辞，因为演说家有足够的闲暇时光。（普鲁塔克：《恺撒传》第3节）

作为一名优秀的士兵，他不是一位优秀的演说家，这并不是单纯的谦逊之辞，而是讽刺性的含沙射影，暗合了古罗马人喜欢把实干家和善于言辞的人对立起来的惯性思维——当然这种对立抬高的是实干家的地位。马略作为从军旅生涯中崛起的政治新贵，面对老资历的贵族和他们接受的文学训练，也曾构成这种对立，同时唤起了对于演说艺术，尤其是希腊式的演说艺术普遍的偏见。罗马人对于希腊智辩家式的修辞学原则上抱着不信任的态度，还在恺撒的青年时代，修辞学的学校就曾在罗马阶段性地被禁。恺撒在某种程度上附和马略，把自己评价为一个不会巧言令色的士兵，好像他在繁忙的军务之外就无暇于层次较高的文学和修辞学训练似的。这是他平民派自我包装的一部分，也是对西塞罗的旁敲侧击，而并不是真的摒弃了修辞学——就算普鲁塔克是这么理解的。反对处决喀提林党人的辩护陈词同样反映了，恺撒是一位光彩照人的演说家——西塞罗对这点也从无异议。

恺撒就这样成了大法官（公元前 62 年），如果消息来源可信，那么在这个位置上，恺撒也同样以他自信的政治风格引人注目。当他因为明显向平民派倾斜的政策而被元老院撤职的时候——顺便一说，这一行动的合法性是要打个问号的——他也并不操心这事，只是继续处理公务。他通过这种方式达到了目的，撤职处分又不得不正式取消了。大法官任职期满时，两个西班牙行省之一的管辖权作为奖赏落到他头上，而他立刻打算不顾一切法律和惯例（苏埃托尼乌斯:《恺撒传》第 18 节第 1 行），在规定的履职期限开始前就前往西班牙，按他说的，是为了尽可能迅速地回应当地居民的求助。恺撒从以前担任西班牙行省财务官① 开始，就把自己看作当地的庇护者。恺撒此时为何要如此急切地赶往行省，事实上还有另外一个更有说服力的理由，即他要资助盛大的娱乐活动、进行贿选，他为此甚至在某种程度上背了债，他的债主陷入不安。所以毫不奇怪，债主们打算利用恺撒从卸任大法官到担任行省总督之间短暂的间隔期，在紧急情况下靠法律手段追回欠款，因为他们的债务人这段时间不享受豁免权。直到富有的克拉苏为他的一部分债务做了担保，债主们才让他前往西班牙——恺撒长期着意维护的与金融巨头之间的良好关系在这时派上了用场。进军西班牙终于让他赚得盆满钵满，维持罗马政治运转不息的金钱流通又一次形成了闭环。

恺撒管理远西班牙行省期间，有两件逸事流传了下来，经常被拿来证明他对权力和荣耀的追求：据说在西班牙看到亚历山大大帝的雕像时，恺撒的眼泪夺眶而出，因为亚历山大在他的年纪就已经征服了世界，而恺撒还没有什么值得纪念的事迹（苏埃托尼乌斯：《恺撒传》第 7 节；普鲁塔克：《恺撒传》第 11 节）。此外，当他有一次策马行经一个贫穷的阿尔卑斯山村时，随从的人取笑当地居民的

----

① 恺撒于公元前 69 年担任西班牙行省总督副手，主管行省财政。——编者注

简朴生活，这时恺撒说出了他那句名言："我宁在此处为头，也不甘在罗马居于人后。"（普鲁塔克：《恺撒传》第 11 节）

　　有些格言和逸事似乎属于人们在回顾过往时构建起来的纷纷扰扰的传说，但是它们把握住了那个真实的恺撒的一些性格特征。如果不打算避开以下这些问题，即究竟哪些动机和目标推动着恺撒，他身上又有什么特别之处，那么除了靠古典时期历史学家那儿流传下来的史料集推理出一幅有说服力的、嵌到时代背景中去的人格肖像，就没有其他的什么研究手段了。在恺撒身上，明摆着特别突出的是贵族的阶级自觉意识以及与之相关的无尽的野心，这种野心一再鞭策着他在政治、经济、体格诸方面都投入竞争。他表现自我的一切方式，最终都要归于古罗马贵族不容轻辱的精英阶级意识。他自认为有权在政治和军事上建功立业，这能给他带来公众的认可，照他的理解，这份认可本就该属于他。在这点上，他不受任何事、任何人的动摇，我行我素，有时候危险地一意孤行，执拗而全无妥协余地。雄心所向之处，他不仅流露了极大的行动热情，还展现了让人害怕的冒险精神。他一再孤注一掷，并相信幸运与他同在。对幸运女神之眷顾的信任也同他身为贵族的自我意识相符。

65

　　给人留下深刻印象的还有他精神上的非凡天赋，以及强大的心理素质。他集迷人魅力和说服力、急躁性情和耐力于一身。尽管全力以赴地追求目标，他仍然让自己对一切选择保持开放态度，利用每一次机会，直到可能性被利用殆尽。在履行忠诚义务时，他表现得既稳健又可靠，而在日常政治事务中，他既务实又能随机应变。一旦他决定做什么，就不惧辛劳、不惜代价、不屈不挠地要给事情画上句号。除此以外，他还是一名优秀的演说家、出色的将领，以及——像我们将要看到的——一位天赋不凡的作家。

　　这个男人生活在一个与他的才能十分相配的时代。这是一个巨变的时代，如果一个人处理政治事务无惧另辟蹊径，也不怕打破传统的话，那么冒险的精神、灵活的身段、自主的态度再加上一点幸运，就能获得丰厚的回报。当保守的贵人派把目光完全聚焦于罗马，并忽视了他们约定俗成的老规矩只在罗马才有用、只对罗马才有利时，像庞培和克拉苏这样活跃非常的军官正在好奇地环顾四周，看看在罗马之外还有哪些获得权势的可能性。对外战争给他们带来了金钱和荫庇下的势力关系，这些在罗马也很重要。而不满和骚动在罗马和意大利又成为受平民派欢迎的、拿来提出改革要求的借口。他

们要求改变既有的利益关系，朝着有利于他们或受
其庇护者的方向改革。容易操弄的平民大会作为平
民派手中灵活的武器，对改革贡献颇多。不言而喻
的是，在这个时代，改革和革命之间的界限很容易
变得模糊不清，一个最著名的例子就是喀提林阴
谋。在古罗马的用语习惯中，革新就等于颠覆：转
折（rebus novis studere）的字面意义是"求新"，
实际意思是"寻求颠覆"。平民派的政治家，像克
拉苏、喀提林、克劳狄乌斯以及其他许多显贵阶层
的人物尤其危险，因为新的机遇，他们可以一再加
强传承下来的权力，他们通过平民大会和元老院周
旋，令元老院也无法控制。

恺撒发现了这种权力奥秘，并且懂得将其为
己所用，一如庞培、克拉苏和其他的先行者，他把
贵族那一套规矩和平民政治带来的新机遇结合起
来，成为穷人和不满现状的人的辩护人，致力于为
被苏拉放逐的人的儿子恢复名誉，关心富裕的骑士
阶层的利益，与西班牙行省保持着良好的关系。在
赢得民众的好感方面，他也是驾轻就熟，同时又明
白该如何展示自己骄傲的贵族形象。这两者并不矛
盾，对民众来说也不矛盾，为了自己的利益，民众
只能接受出身于古老贵族阶层的人来做他们的代言
人。这显得既富有爱国精神，又庄重保守。民众也

66

期待政治家能满足他们挑剔的口味和高高在上的要求，他们习惯于奢侈的节庆和娱乐活动、大笔的贿选赠礼和种种特权，他们还要求更多。恺撒以他的口才和形象让民众兴奋不已，用贿选礼品和耗费巨资的娱乐活动确保了他们的忠诚——因为在这点上恺撒能做得比其他人更多。他就这样出色地走完了整个晋升体系，这期间他在罗马和行省以一个个席位、一座座城市、一片片地区为规模丰满着自己的羽翼，通过可靠的庇护关系，恺撒把这些势力和自己紧密联系起来，他努力争取特别指挥权，像他的竞争对手一样向四面八方摸索着，看看什么是可能的，自己又能走多远。

　　事实证明了，恺撒基于贵族的出身和不凡的才华走得相当远，或许比其他人更远，但这解释不了他之后的大权独揽。如果命运的安排没有前来助他一臂之力，他将只是同道中人里的普通的一员。公元前 60 年发生了他一生中极具决定性的事件，从那一刻起，他开始与其他人从根本上区别开来，他越来越频繁地尝试废除贵族阶层传下来的、建立在双向监督上的体制，以独裁的方式统治国家。这是恺撒申请执政官职位的那一年。

第五章　脱轨：在"尤利乌斯和恺撒"治下

公元前62年，恺撒担任大法官的这一年，庞培从亚洲回来了。到了公元前60年，庞培仍在等待，并不只是在等他的凯旋式，还在等元老院承认他在亚洲建立的新秩序。不幸的是，他已经解散了军队，失去了自己最强有力的施压工具。在这种情形下，像在共和国末期经常发生的那样，元老院的保守倒退和冥顽不灵，与优秀强大的个体的开放姿态和实干精神又一次互相碰撞，发生龃龉。这时，一个一心追逐目标的手腕果决的政治家，一个以平民派的身份走完了晋升体系，如今又从远西班牙行省返回，计划着他的执政官大业的人，抓住了机会，要把庞培拉到自己一边来，和自己结盟，这个人就是恺撒。恺撒向庞培提出了一项政治交易：如果庞培帮助他赢得执政官选举，他就会在元老院通过庞培的提案。恺撒把富有的马库斯·李锡尼·克拉苏拉上了船，作为联盟中的第三方，后者正和庞培一样有亟待解决的问题，要在元老院为他庇护下的势力也即包税商争取利益。罗马历史上所谓的前三头联盟就是这样策划出来的（公元前60年）。根据传记作者苏埃托尼乌斯的说法，这三人达成共识："这个国家的任何措施都不应违反他们三人之

一的意愿。"（苏埃托尼乌斯：《恺撒传》第 19 节）
这个政治联盟是私下缔结的，仅靠誓言来维持，基
本上也就是靠个人人品。纵览罗马贵族阶层的政治
活动，这种联盟实际上是一种传统的手段，通过在
元老院里构筑利益共同体来确保实现自己的目的。
它是一种 amicitia——政治家之间由于共同的目标
而走到一起的友谊关系，只是因为其成员不同寻常
的权势，前三头同盟才显得格外有力。首先是天才
的军事战略家庞培，除西西里、非洲和西班牙的城
市外，他羽翼下的势力现在还包括各部族首领，甚
至亚洲的全部行省和全体人民，还有退伍老兵们，
因为元老院不管他们的生计，他们唯有指望庞培，
全心信任他。然后是克拉苏，他靠着苏拉对政敌的
流放，另外还尤其靠着城区发生火灾后投机倒把买
卖房屋积攒了巨额的财富，据普鲁塔克的记载，大
半个罗马都归他所有（普鲁塔克：《克拉苏传》第
2 节），这笔巨大的财富让他能向半个显贵阶层放
贷或是为他们做担保，确保了自己的地位。最后
是恺撒，智慧出众的强权政治家。恺撒的贡献主要
在于，他作为前三头联盟中的精神领袖（spiritus
rector），把从公元前 70 年共同担任执政官时起就
闹翻了的另外两个有权有势的人重新拉到了一起。
同时代的人明显还不是很清楚，什么事情正在酝酿

着。关于恺撒回到罗马，普鲁塔克是这么记述的：

> 他几乎还没回归到政治生活中，就走出了 ⁶⁹
> 骗过所有人——小加图除外——的一着，那就
> 是让庞培和克拉苏重归于好。这两人当时主导
> 了罗马的政治，当他使他们化敌为友时，也赢
> 得了这两名男性的影响力并为己所用，他就是
> 这样通过一个表面上看起来只是出于友善的举
> 动，把政治导上了新的轨道。因为并不像大多
> 数人认为的那样，是恺撒和庞培之间的争吵导
> 致了内战，相反，这更多是因为他们的友谊。
> 因为他们先是在针对贵族阶层的斗争中携手，
> 最终把斗争的矛头转向了对方……（第14节）
> 恺撒办到了：被庞培和克拉苏的友情扶上执政
> 官之位，并和卡尔普尼乌斯·比布鲁斯一起获
> 得了大多数选票。（普鲁塔克:《恺撒传》第13
> 节起）

本来天才的演说家和受人尊敬的执政官西塞
罗也是要被吸纳到这个私人联盟里来的，但他拒绝
了这个声势煊赫的朋党圈子，因为他觉得这个团体
会危害自由的共和国。他所见不错，其余的元老根
本无法与这三人凝聚起来的影响力匹敌，往后数年

间，这个小圈子一手遮天，决定了罗马的政策。

前三头的垄断局面是怎么形成的呢？正如我们所见的那样，共和国末期，权力越来越显著地集中到少数几个寡头的手里。元老院，昔日罗马统治力量的核心，越来越被挤到观众的席位上去，它半是张皇失措，半是怒发冲冠，但不管怎样它都只能一筹莫展地坐视几位主角兴风作浪。但是，在一段时间里，巨头之间的争端还是给其余的贵族在政治上留下了一些发挥的空间。权势者之间不可尽览、变幻莫测的争斗虽然让国家越来越喘不过气，但还是给它留了条命。然而当小加图聚集起贵人派残余的力量对抗从亚洲回来的庞培，并动员他们采用抵制和拖延的策略反击平民派时，后果就是灾难性的了。受到攻击的人团结到了一起。尽管西塞罗很看重小加图，并且政治立场和他相近，但是对于小加图毫不妥协的议案，他还是在一封给阿提库斯（Atticus）的信里叹息道：

> 你不会比我更爱我们的加图，但尽管他是出于好意，并且又是这样一个真诚的人，他还是损害了共和国。他提出那样的议案，就好像他生活在柏拉图的理想国，而不是罗穆路斯的粪坑里似的。（西塞罗：《致阿提库斯书》第2

卷第 1 封第 8 节）

　　的确，在小加图的领导下，元老院生硬的态度让庞培和克拉苏走到了一起，并让恺撒成了前三头的发起人和罗马最有权势的男人之一。恺撒把两个巨头拉拢到了一起，站在他们的肩膀上，同样也是巨头之一的他就能超越所有高不可攀、遥不可及的事物，实现独裁统治——肯定有不少他的同时代人这样担心。以友谊或朋党方式出现的政治协议在罗马共和国里虽然不是什么新鲜事，但是如今三位平民派的巨头结成的同盟非比寻常地有力，以至于历史学家要给它安上一个特别的名字：前三头。在这个同盟中，时代特有的现象和传统的政治手段出乎意料地进一步发展出一种全新的、独一无二的形态，它不再适应共和国的框架，把共和国闹了个天翻地覆。不用惊讶，人们很快就在这个三人同盟里看到了一头"三头怪"，瓦罗（Varro）甚至为这头怪物献上一本讽刺小册子《三头政治》（*Trikaranos–Der Dreiköpfige*）。

　　恺撒的执政期也被马丁·耶讷不无道理地称为共和国"终结的开始"（耶讷：2015 年，第 35 页），他的任期就这样变成了一个闻所未闻的乱局，充斥着劲爆的改革，以及与规章制度之间的尖锐冲突，最终成为一幕随心所欲展示权力的戏剧。不过刚开始的时候一切都还算是照章办事:1月,恺撒召集了元老院会议,为的是听取关于一项农业法案的建议。恺撒的提案把庞培安置老兵的要求和一项针对贫困罗马人民的扶助计划结合在一起,面面俱到、考虑周详。意大利的国有农地,所谓的 ager publicus,将被分给退伍士兵和有需要的家庭去耕种,而因为国有农地不够,就要用从亚洲收缴上来的战利品和税金去从私人手中购置额外的土地。土地只能在业主的同意下以官方估定的价格售卖。这一切应由一个 20 人的委员会来组织和监管。恺撒本人并不属于这个委员会,但是庞培和克拉苏位列其中。这套议案不仅顾及了普遍性的改革要求,还考虑到了眼下的政治需求,明显要和贵人派的传统取得共鸣。尽管如此,当恺撒把这深思熟虑的一揽子法律首先呈递元老院——而并非平民大会,请求他们进一步完善它,完完全全地释放出准备妥协的信号时,恐惧不安的怀疑、冷冰冰的拒绝,还有赤裸裸的仇恨还是从四面八方向他袭来。人们害怕,如果恺撒通过了他的亲民农地法,而庞培成功地安置了他的老兵,这两人的势力将不可遏止地增长——这是以前就用过的理由了,从格拉古兄弟的时代直到现在,每一场土地改革就是这样被消解于无形的。先不说那些具体的、完全合情合理的，对于权力诉求者个人势力过大的恐惧，就是从一种普遍的保守立场出发，元老院也拒绝了恺撒革新性的法律议案。普鲁塔克复述了反对方的理由，他们说这一法律与他职位的高贵不相称，会让执政官蒙上保民官的色彩（普鲁塔克：《庞培传》第 47 节）。所以这关乎贵族之间的公约和原则。一位平民派的执政官，一位致力于颁布对人民有利的法律的执政官，本身就已值得怀疑，当这位执政官正好名叫恺撒的时候，那是最为危险的。贵人派基本立场最有力的代言人是小加图，他本质上坚持拒绝每一项革新，抓住一直以来的传统不放手。小加图在那次命运攸关的元老院集会上最后发言，试图用这种方式搞垮恺撒的农地法：他并不去具体讨论法律草案条文，而是采取阻挠议事的策略，开始长篇累牍地赘述贵人派的原则。由于一位元老拥有时间上不受限制的发言权，阻挠议事对于妨碍决议就是一项行之有效的策略，因为出于宗教迷信，太阳落山之时所有元老院会议须告终结。小加图的阻挠议事策略臭名昭著，当恺撒洞察这一意图时，他无法自控地叫一名胥吏把小加图带下去投入狱中。这演变成一场丑闻，元老们表现出和小加图团结一致的态度，陪同他前往监狱。元老 M. 佩特雷乌斯的一句名言流

72

传开来："宁可和加图同在狱中，也好过和恺撒同在元老院里。"恺撒意识到他做得太过分了，当天就让小加图恢复了自由身。但是伤害已经形成，公元前 59 年的这一天标志着恺撒和元老院之间的关系公开破裂，而一度被撕开的裂痕被证明是不可弥合的。从那时起恺撒就不再顾及元老院，他完全摆脱了约束，进入正面对峙。现在他要用平民派的方式在平民大会里通过他的农地法。不用怀疑，拥有贵人派观念的、恺撒的同僚和死敌比布鲁斯，以及以小加图为中心的元老院的保守派核心，会动用一切手段，为的是在平民大会里也以常见的拖延政策阻碍法案被采纳，恺撒必须实施彻底的预防措施，对此，恰当的人选就是庞培。普鲁塔克生动地描述了，当从贵人派那里不能争取到更多利益时，前三头采用了哪些手段。

73　　接下来的几天里庞培带兵进城，采取行动时毫不迟疑地使用武力，当执政官比布鲁斯（为了抗议）和卢库鲁斯及小加图一同前往广场时，武装者突然扑向他们，扯碎了随侍他们的刀斧手所持的枝条束（执政权的象征），有一个甚至把一筐大粪倒在比布鲁斯的头上，与他随行的两名保民官受了伤。当敌对者以这种方式被清除出会场后，关于农地分配的法律通过了。这对人民来说真是好饵食，结果是，他们变得温驯又顺从，毫无怨言、一声不吭地接受了所有摆在他们面前的法案。（普鲁塔克：《庞培传》第 48 节）

农地法被人民接受了，虽然破坏了所有法律。贵人派的保民官（自格拉古时代以来，贵人派也学到了利用这一特殊职位的优势，并且总是要为他们的人保留 10 位保民官中的几个位置）不仅被剥夺了调停的权利，也就是说提出反对的权利，还受到了肢体攻击，尽管他们是不可亵渎的。但恺撒不怎么担心这事，庞培的老兵们满意了之后，他就大刀阔斧地着手推动前三头其余的法律议案。接下来的法案为克拉苏服务，他要求国家降低从包税商处所收的税，这与他金融从业者庇护人的身份相符。经第三项法案，庞培为在亚洲建立新秩序而采取的所有措施终于一起被追认了。恺撒的法案毫无问题地获得了平民大会的批准，但它的有效性存疑，不仅是因为它在没有元老院参与的情况下通过了，还因为它在数不清的地方与现行的法律相冲突，恺撒的成功似乎是浮于表面的、有疑问的。其他的问题还包括：保民官的调停权不受尊重，恺撒的同僚比布鲁斯在所有集会的日子观察天色，通过不祥的神谕 74 （obnuntiatio）——通常是雷鸣和闪电——把正在进行的决议和恺撒的整套立法宣布为无效。

局势跑偏了，恺撒置身于巨大的压力之下，如果他想让执政官期间的政策一直成功延续下去，就必须壮大自己的实力，即使在执政官任期结束后也要确保自己的权势，这点看起来只有和庞培合作才能实现。所以恺撒通过一种被罗马贵族社会认可的手段加固了他和庞培之间的联盟：联姻。就像在贵族制下的罗马司空见惯的那样，两位巨头的女儿完全被献给她们父亲的强权政治。这两位女性已经订婚的事不会成为什么特别的阻碍。普鲁塔克如此记述：

> 恺撒的女儿尤利娅，和（塞尔维利乌斯·）卡埃皮奥已经订婚，几天之内就要结婚了，令众人大吃一惊的是，庞培与她成婚，并把自己的女儿许配给卡埃皮奥，以平息这份怨恨，纵然她已经和福斯都斯，也就是苏拉的儿子订婚了。而恺撒自己则娶了皮索尼斯之女卡尔普尼娅。（普鲁塔克：《庞培传》第 47 节）

通过新的姻亲关系，恺撒的势力又得到了巩

固，他让被收买的保民官瓦提尼乌斯（Vatinius）在平民大会上为他申请一项对执政官大大有利的军事指挥权。靠他的新女婿庞培和新岳父卢修斯·皮索（Lucius Piso）的支持，他被授予一项为期5年之久的特别指挥权，权力范围覆盖山南高卢行省（也就是意大利北部）和伊利里库姆行省（Illyricum）（大概在今天的斯洛文尼亚和克罗地亚海岸一带），下辖3个军团。然而接下来山北高卢行省（大约在今天地中海沿岸、法国南部一带）长官Q.梅特卢斯·塞勒（Q. Metellus Celer）突然身亡，令人讶异。经由这个偶然事故，恺撒除了分到第4个军团，还又得到一个行省，正好就是这个行省，成为他高卢战争的发起点。

由于恺撒和另外两巨头放肆大胆的作为，元老院失去了对政治的一切影响力。当然小加图觉得元老院也有责任，他把元老院的一筹莫展和唯命是从看在眼里，称巨头们为暴君，元老院自己扶上宝座的暴君。可是小加图也无计可施。从那时起比布鲁斯就退缩回自己的住所，许多贵人派元老也效仿他。人们抵制恺撒召开的元老院集会。这是一个恶性循环：恺撒争取到越大的权力，他就越被敌视；他越被敌视，就越要通过进一步扩张权力来保全自己。这事并不简单，恺撒越来越无法倚靠民众，他们获得的好处基于种种理由消失了：一方面贵人派元老成功做到了拖延土地分配，另一方面元老们的抵制政策使政治活动陷于瘫痪，营造了一种持久的压抑氛围。除此之外，比布鲁斯从他的私人宅邸活跃地发起破坏，他在执政官的谕令里公开鞭挞和讥讽恺撒的全盘政策以及政策的支持者们——首当其冲的就是庞培。这个狡诈的战略尤其在群众中逐渐显露威力。关于此事，西塞罗在给友人阿提库斯的信中写道：

> 比布鲁斯针对他（此处指庞培）的谕令，以真正的阿尔基库罗斯（公元前 6 世纪的希腊诗人，以讽刺诗著名）式的犀利，在民众当中赢得了如此热烈的喝彩，以至于几乎没人能从读着公告的人群边上挤过去。庞培本人对这一切难以忍受，满怀怨愤。（西塞罗：《致阿提库斯书》第 2 卷第 21 封第 4 节）

在公开场合，庞培被民众报以嘘声，迎接恺撒的则是冰一样的沉默。在更多致阿提库斯的信件里，西塞罗富有感染力地描绘了恺撒执政期间，弥漫在元老们当中的幽灵一样的恐惧情绪。他在公元前 59 年的 6 月如此抱怨：

　　我们被人牢牢控制在掌心，在奴隶的桎梏下不再有人揭竿而起，我们害怕死亡和流放，好像这是最糟的情况，实际上这是最微不足道的，所有人都苦于现状，但却无人敢倾吐一言，好让自己的心灵轻松一些……你能从中看出，国家的意志虚弱无力，勇气被压制住了，别问我具体的情形，整个局势都是如此，没有行政官员会再度心怀希冀，期盼有一天自由将重临，普通人就更别说了。面对这样大的压力，有某些小圈子，只有自己人在场开宴时会畅所欲言。痛苦超越了恐惧，不过总的来说笼罩全场的情绪是绝望。（西塞罗：《致阿提库斯书》第 2 卷第 18 封第 1 节起）

　　鉴于此种形势，西塞罗也失去了勇气，并且为缺乏主动性而自责，正像他在下文中承认的那样。1 个月后，形势更加紧迫，西塞罗又一次致信阿提库斯：

　　我们的国家要丧命于一种新的病症。尽管每个人都鄙视、谴责发生的事情，并为其所苦，所有人都态度一致，很快就开始公开谈论这种情况并大声诉苦。但是，没人能开出药方。人们有如下共识：反抗是不可能的，无异于自我毁灭，但是忍让退缩的出路也别无二致，一样导向灭亡的终局……目前没有什么比仇恨平民派更流行于民众之中了。（西塞罗：《致阿提库斯书》第 2 卷第 20 封第 3 节起）

当政治精英们一蹶不振、一筹莫展、无所作为地坐观恺撒行动的同时，平民们毫不掩饰、高声大嗓地表达着他们对前三头的厌烦，辛辣的讽刺诗四处传播，把恺撒的执政漫画化了。苏埃托尼乌斯记载道：

从那时起（比布鲁斯引退后），他就在国内独断专行，包揽了所有决定，以至于有几个恶作剧的人，当他们需要为了证明写下的东西属实而签字的时候，本来应该是恺撒和比布鲁斯执政年间，他们却在日期处签下"尤利乌斯和恺撒的执政年"，两次写下同一个执政官的名字，一次是他的家族姓氏，一次是他的别称。下面的诗句很快就被众口相传：

并不是在比布鲁斯，而是在恺撒执政年间

不久前发生过某些事

我记忆所及之处，比布鲁斯的治下

并不曾发生任何事情

（苏埃托尼乌斯：《恺撒传》第 20 节第 2 行）

如果说有损荣誉的诽谤和辛辣的讽刺完全属于罗马日常政治生活的一部分，那么时不时向恺撒扑面而来的逆风就是这样，但是这阵声浪强大得让人不安。他的执政落到闹剧的境地，他的政绩眼看要毁灭，他的仕途未来渺茫。

这对于恺撒意味着一切——如果想要理解紧接执政官任期后的行省总督一职对他有多重要，就必须记住这个事实。所谓的资深执政官这个职务，是罗马的每个高级官吏都在期待的机会，在花钱如流水的晋升之路结束后能充实一下自己的钱袋子，或许还能通过战争和凯旋仪式赢得额外的声誉。对恺撒来说，这是他重塑名誉和确保政治上能挺过去的最后机会。这样的行省必须拥有发动战争的巨大潜力，但是又不能离罗马太远，这样，恺撒于行省逗留期间，就仍能维持他在罗马的政治影响力。所以重要的是，恺撒必须确保自己掌握正确的行省，他没选择马其顿或叙利亚这些东方的广袤行省，贪财的资深执政官往往特别渴求这样的行省，恺撒却决定要那种能给他提供平台建功立业的行省。恺撒在

78

战略上作出了明智的决策,他让自己分到伊利里库姆行省和山南高卢行省。第一个行省里,在一位名叫布瑞比斯塔(Burebista)的君主治下,达契亚人(Daker)的王国正在成形;第二个行省里,阿尔卑斯山麓背面,日耳曼和凯尔特民族正在进行大迁徙,这都为战争提供了希冀。投入战场打击布瑞比斯塔和达契亚人甚至可能是更容易想象和更有希望成功的选择。如果情况不变,恺撒本来可能会攻占巴尔干半岛,那么历史的走向就会截然不同。由于山北高卢行省总督突如其来的死亡,第三个行省落到了恺撒的手中,对恺撒是件幸事,对世界也造成了深刻的影响:重大的历史转折从这个行省开始了。这就是蒙森所说的:"数千年来,民族国家的政治生活一再被导回恺撒当年画下的路线。"

第二部　来自北方的消息——恺撒的战记

迪纳厄斯银币（公元前 48 年）正面
一位高卢人的头像，维钦托利（Vercingetorix）

我们记下公元前 56 年这一年；像计划的那样，恺撒在高卢的第三个夏季发动了战争。重大战事的捷报频频传回罗马：对赫尔维蒂人（Helvetier）、日耳曼人（Germanen）、比尔及人（Belger）的胜利，对上阿尔卑斯地区民族的胜利，对莱茵河口门奈比人（Menapier）的胜利，对英吉利海峡边的莫里尼人（Moriner）的胜利，对今天的布列塔尼半岛上的威尼蒂人（Veneter）的胜利，对阿基坦民族（Aquitanien）的胜利，对加龙河（Garonne）畔沃卡特人（Vocaten）的胜利，对比利牛斯山前比戈利昂人（Biggerionen）的胜利和对比斯坎湾塔伯利人（Tarbeller）的胜利。

尽管以当时的年代来说战场的位置十分偏远，这位东征西战的高级指挥官还是保持着和罗马的密切联系。除了恺撒作为行省总督和统帅必须发给元老院的年报——它们是组成《高卢战记》的核心材料，他还和无数地位显赫的名人以不同方式进行书信联系，例如和科涅琉斯·巴尔布斯（Cornelius Balbus），这些人在罗马代理他的利益。这意味着，他可能同时向多至 4 名书记员口授信件，如果他没有在做其他事情，甚至会向 7 人同时口授（普林尼：《博物志》第 7 卷第 91 节；普鲁塔克：《恺撒传》第 17 节第 4~7 行）。不过并不是只有恺撒在往首都写信，他的将军们、副将们和其他的高级官员，当然还有许多普通士兵也在写。对未知的民族和土地的征服深深震撼了罗马。公元前56年5月，刚刚在恺撒的批准下从流放中返回罗马的西塞罗在一篇发言当中捕捉到了沸腾的情绪："每天来自高卢的书信和使节都向我们汇报前所未见的民族、地区和地形地貌的名字。"（西塞罗：《论执政官行省》第22节）

恺撒和他的军团不只征服了一片土地，同时还发现了它。他们向罗马发去的关于这片土地的汇报成为人们了解高卢，了解恺撒在此地发动的战争的主要来源。恺撒进军之前，高卢、日耳曼和不列颠在罗马很大程度上代表着化外之地（terra incognita），只有商人和驻扎帝国边境行省的几个军团见过那里的土地和人民。与之相关的地图几乎没有，有的话也很不精确。只有零零星星的希腊语民族志和地理志小册子记述着种种奇闻逸事。尤其大西洋——时人认知里环绕整个大地的"大洋河"的一部分——叫人心向往之。我们知道有两位希腊人各写过一本关于世界海域的著作。航海家和地理学家皮西亚斯（Pytheas，公元前4世纪）描绘了包括不列颠在内的作为凯尔特人居住地的大西洋沿岸，但是他的作品几乎没有留存下来。还有哲学家

与历史学家波希多尼（Poseidonios，公元前 135~
前 50 年），一位比恺撒年长的同时代人，也是西
塞罗的老师和庞培的支持者。他记录了北方的海岸
和民族，然而他的作品除了少数几个片段，只通过
地理学家斯特拉波（Strabon）的著作间接地流传
下来，而斯特拉波写作的时间比恺撒要晚一代人。

　　所以阿尔卑斯山背后那片土地的地理、历史和
当下的社会风貌，在时人的认知中是模糊不清、支
离破碎的，那一点点人们所知的情况交织着神话想
象和童话故事，大洋河是世界尽头的一片神秘海洋，
海水重浊，几乎不能行船，海怪频繁出没。阿尔卑
斯山脉在公元前 2 世纪的希腊诗歌里与神话山脉丽
白安（Rhiphaean）联系在一起，在它背后生活着
传说中的希伯里尔人（Hyperborea），它是如此高
峻，以至于太阳每个夜晚都能藏身在它背后。希腊
诗歌及同类型的著述助长了对于恺撒挺进、深入的
那个蛮荒世界的幻想和偏见，并且和罗马的行政官
员、包税商、外交官、商人和驻行省军团传到罗马
的种种消息混合在一起。毕竟，山北高卢行省从公
元前 121 年开始就已经存在了，它和凯尔特不同
部族的首领及人民，和爱杜依人（Haeduern），在
晚近一些的时期（公元前 59 年起）还和苏维汇人
（Sueben）的国王阿利奥维斯塔（Ariovist）保持

83

着外交往来，但是在那些日子里，经恺撒的发现和征服所查明的、潮水一样涌来的新鲜名称，打开了阿尔卑斯山另一侧的一个崭新世界，罗马活跃地参与其中，像蒙森所说的，就好像发现了一片新的大陆。

> 恺撒在阿尔卑斯山另一边的进军对历史边界的拓展，是世界史上具有重大意义的事件，就好像蜂拥而至的欧洲人发现美洲一样，欧洲中部和北部的民族、北海和波罗的海沿岸的居民加入到了地中海沿岸国家的小圈子里来，一个新世界融入了旧世界。（蒙森：第3卷，1854年，第273页）

公元前56年因此有着非比寻常的意义——因为恺撒准备去开拓当时已知世界的边境。他动身前往位于大洋河当中、置身世界边缘的不列颠。在遥远的罗马，人们和这位勇敢的探索者以及他的士兵一起沸腾狂热。一封来自那个时代的，西塞罗满心挂念向高卢寄去的，给他在不列颠远征军中担任副将的兄弟的信件，来到我们眼前。大西洋陡峭的海岸绝壁尤其让西塞罗无法平静，同时又激发了他诗意的幻想。他请兄弟告知不列颠的更多消息，以便他以此为主题写作，甚至天马行空地追寻诗人的灵感：

所以……我要套上我的马儿，甚至是驾上
诗人的四驾马车——你写道，他（恺撒）喜爱
我的诗歌。只告诉我不列颠的情况就够了，我
要用我的画笔蘸上你的颜色来描绘它。（西塞
罗：《致兄弟昆图斯书》第 2 卷第 14 封第 2 节；
另参考第 2 卷第 16 封第 4 节）

用诗篇去描绘恺撒在高卢的战役——这种文学
雄心不只在西塞罗身上有迹可寻，据推测，普布
利乌斯·泰伦斯·瓦罗（Publius Terentius Varro
Atacinus）在他的史诗《塞广尼战记》（*Bellum
Sequanicum*）里呈现了恺撒对阿利奥维斯塔取得
的胜利——此作品仅有名称传世。还有卡图卢斯
（Catull），他说自己出于爱情的折磨想要一直走到
世界的终点去。

他（卡图卢斯）会越过那高高的阿尔卑
斯山，
去看恺撒胜利的纪念，那澎湃的，
高卢的莱茵河，令人悚然的海洋，不列颠
的边境。
（卡图卢斯：《诗歌》第 11 首第 9~12 行）

84

关于居住在世界边缘之人的古老的诗歌主题和恺撒当下的军事远征联系在一起，如果不算那几乎被人遗忘的皮西亚斯的话，恺撒的冒险挺进是如此深入，或许就像迄今为止神话里的英雄一样。在诗人们的讲述中，伊阿宋和阿尔戈英雄带着他们神圣的船只挺进到了大西洋，而宙斯之子海格力斯前往赫斯珀里得斯姊妹圣园的路上、奥德修斯漂泊在海上的时候，也都曾经过今天的直布罗陀海峡，看到过大西洋。但是大部分神话都局限在地中海范围内的城邦和土地上。人们所认为的位于直布罗陀海峡的海格力斯之柱，在古典时代标记着人类探索过的世界的最远端。为对付海盗而授予庞培的特别指挥权，让他成为一切海洋上的独裁者（公元前 67 年），极其典型的是，该指挥权所及范围"只"到这些柱子为止。关于柱子的另一边，地理学家和诗人想象出了人类禁足的、神秘的土地：传说中的大西洋和世外桃源一般的岛屿仙乡，又或是诗人和哲学家设想中的"alter orbis"，很可能就是尚未被发现的第二个世界。现在，前往这些胜境途中的，就是恺撒。

第六章　一种新的文学体裁的发明

国内政治形势成为恺撒在北方战斗和行军的动力，这些行动展示了他的权力，服务于他急需的宣传活动，帮助他重建被一团乱麻的执政官任期损坏的声誉。战争和远征对他的用处必定在于，把他作为统帅和发现者的伟大成功公布于众。除了各种活动，譬如持续数日的谢神祭——庆典上罗马人民可以用他出的钱寻欢作乐——恺撒还试图通过书籍媒介打动公众，把他们拉拢到自己一边来，为此他用了 7 卷书介绍了他的高卢战役。这是政治在文学中的延续。所以当哲学家威尔·里希特（Will Richter）（1977 年，第 97 页）说，恺撒的战记"既是纪实报道，同时又是文学活动和政治行为"的时候，他的论断恰如其分。恺撒不仅采用军事手段，也利用文学工具来贯彻他的政策，或者就像哲学家赫尔曼·弗兰克（Hermann Fränkel）表述的："恺撒战记中的文学形式只是另一种形式的延伸，那种他在现实当中推动实施的东西。"（弗兰克，1960 年，第 311 页）

当然，恺撒在这里与他人无异，一段短短的文学史插曲可以说明：政治和文学在罗马是怎样紧密纠缠在一起的，以及在罗马，"回忆录"

（commentarius）①的体裁在"生活中的地位"是什么样的。该体裁在罗马拥有悠久的历史，恺撒虽然采用了这种体裁，却立即改变了它的用途，我们将会看到，他最终发明了一种新的体裁。

罗马的文学活动

如果要用一句话概括（流传下来的）罗马文学最引人注目的基本特征，可能就要得出一个惊人的结论：对当前罗马政治一而再、再而三的指涉不仅回响在几乎所有文学体裁中，而且发挥了挑大梁的作用——顺带一提，这点从本质上把罗马文学和希腊文学区别了开来。仅仅是对罗马文学门类的匆匆一览就令人了然，政治化的罗马在文学中的存在感有多强：演说词以及往往表露着政治倾向的历史学一再地提及罗马政治现状，自然不用多说；就是诗歌体裁譬如史诗、哀歌或是抒情诗，都一律以不同的方式展现着和政治话题紧密而具体的联系。维吉尔（Vergil）在他的《埃涅阿斯记》里讲述了罗马建城以前的历史，但是影射的完全是他的时代——

---

① commentarius 一词在拉丁文中指笔记、备忘录、笔记本、日记、回忆录等，用作书名时常以复数形式 commentarii 出现，例如恺撒的《内战记》和《高卢战记》。——编者注

正是在奥古斯都的治下形成了元首制，也就是"第一公民"的独裁。《埃涅阿斯记》的主线情节是特洛伊人从亚洲到意大利的海上迷航。根据古典时代的认知，这段故事大约上演在从罗马建城日（据记载为公元前753年）上溯300年前。也就是说尽管埃涅阿斯的漂流发生于公元前11世纪，维吉尔却在诗歌的三个核心场景中解释了，为何特洛伊人的冒险与当前罗马的政治动向紧密相连：是命运的指引，让埃涅阿斯和他的儿子尤鲁斯（Julus）——既是特洛伊人的领袖又是恺撒和奥古斯都的祖先——和特洛伊伙伴们平安抵达意大利并且在那里扎根，这样有朝一日，他们的后裔奥古斯都和罗马人就能实现对罗马和全世界的统治。在贺拉斯（Horaz）的抒情诗中，这种罗马化也非常典型，这么说不仅是因为他写作政治抒情诗，而且是因为他经常在单个诗篇中把私人化的题材例如爱情、美酒、音乐与政治联系起来，把渺小的个人的一方天地展开到广大的罗马世界，把度过的庸常日子提升到政治性的高度，又或是让庙堂之上的政治走入日常生活。普罗佩提乌斯（Properz）或是奥维德（Ovid）的挽歌凭着经验主义勾画了一个与罗马社会规范和奥古斯都的复辟政治相对立的"反世界"，作为现实世界的衬托显而易见地存在。喜剧和讽刺文学对社会也

87

有精彩的批判，常常指摘政治家个人的行为。人们可以放心地说，罗马文学中的大多数题材都在很大程度上带有鲜明的政治色彩，并且要求创作者对罗马政治有深入细节的了解。

原因是一目了然的：只有罗马提供了让拉丁语文学生机勃勃发展的社会环境。几乎所有名传后世的拉丁语作家，不论他们出生于意大利还是罗马帝国境内的哪个城邦，都来到了罗马并在这里发挥影响力：西塞罗，诗人维吉尔、贺拉斯和奥维德，历史学家撒路斯提乌斯、李维（Livius）和塔西佗，哲学家塞内卡（Seneca），又或是书信体作家小普林尼（Plinius），都不是土生土长的罗马人，但是在罗马享受到了或者说完成了文学和修辞学训练，这使得他们既能以写作为业，又能走上仕途。后一种情况下，他们被老资格的罗马贵族称为"新人"（homines novi）。

就算是没有选择晋升体系，走上荣耀之路的诗人，像卡图卢斯、卢克莱修（Lukrez）、维吉尔、贺拉斯、提布鲁斯（Tibull）或是奥维德，政治离他们也并不遥远。他们要么像奥维德，本来是要走上仕途却转了念头；要么像卡图卢斯，与政治家交好；要么他们属于某个经常参与政治的贵族的门客圈子，这位贵族提携他们，庇护他们，给他们提供

经济支援。西庇阿、梅塞纳斯（Maecenas）或者
梅萨拉（Messalla），以及后来的许多罗马皇帝都
以个人名义作为文学艺术的赞助人活动，他们不是
白白做好事的，教养良好的扈从和陪同人员满足的
不仅仅是个人的精神交流需求，他们还能在众多社
交场合进行得体的对谈，最重要的是他们能代表恩
主的形象，不令他蒙羞。

　　如果罗马现在是这样一个地方：在这儿人们
学习文学技巧，推动文学发展，体验文学魅力，赞
助文学活动，那么差不多就可以说，这里兴起的不
仅是一种拉丁语文学，还是一种具体得多的罗马文
学。理解罗马的社会、文化、政治现实是理解罗马
文学的前提条件。但是文学实践和政治性的罗马之
间的联结还要再进一步，许多贵族不仅从事政治活
动，还亲自进行文学创作，一个原因是：在罗马，
政治教育和文学训练在某种程度上是雷同的，就是
都要学习修辞学。但是在古典时代，对文学史的全
面了解是修辞学的一部分，因为语言和风格要借助
文学来训练，引用、例证和类比的材料要从文学史
中搜集，西塞罗没有一次演讲是不引用诗人的词
句的。

　　所以许多罗马政治家至少在他们的年青时代
都锻造过诗句，这一点丝毫不会令人惊讶。青年

恺撒也不例外，据说他写过诗歌和悲剧（苏埃托尼乌斯：《恺撒传》第56节第5行，第7行）。就是已经扬名立万的政治家也在闲散时光中或是在退隐之后献身文学。例如路泰提乌斯·卡图卢斯（Lutatius Catulus）——辛布里人的征服者，闲暇时会撰写艳情诗歌。之前已经提过西塞罗为不列颠著诗的计划，在他政治上遭到冷遇的那段时期，他就写哲学论文和雄辩术文章，大多采用平易近人的对话体裁。他的兄弟昆图斯（Quintus）身为恺撒军营里的副将，为了打发时间而写作悲剧（西塞罗：《致兄弟昆图斯书》第3卷第5封第7节）。撒路斯提乌斯结束仕途后转向历史写作。共和时代的历史学家通常都是元老，因为只有他们能被指望拥有足够的政治和军事知识，来创作这个门类的文学作品。这层背景关系催生了当代研究中所谓"元老史学"的提法。

　　也有些贵族在自传里非常直白地袒露他们的政治遗愿，据信这种题材的第一部作品来自公元前115年担任执政官的 M. 埃米利乌斯·史考鲁斯（M.Aemilius Scaurus），他从执政官任期起就被视为元老中的第一人（首席元老）。虽然他出身古罗马贵族氏族，却几乎要像一个"新人"一样经营自己的政治生涯，因为像西塞罗记载的，他的家族已经有三代人没得到任何官位，经济状况也不如从前（西塞罗：《给 L. 穆雷纳》第 16 节）。很有特色的是：正是一位家庭背景如此这般的贵族成了贵人派的支持者，维护着一种极其保守的政策，并且想要通过他的三卷本自传《他自己的生活》（*De vita ipsius*）确保他家族将来的地位——这个古老却已经被人遗忘的家族如今通过他的执政官地位重夺荣光。顺便一提，这部作品反响寥寥（西塞罗：《布鲁图斯》第 112 节）。公元前 105 年的执政官 P. 鲁提留斯·鲁弗斯（P. Rutilius Rufus）来自一个古老的平民派显贵家族，除了一本历史作品，他还撰写了一本辩护性质的自传《他的生活》（*De vita sua*）。鲁提留斯在亚洲担任副将时和骑士身份的包税商发生过冲突，公元前 92 年，他在审理贪污行为的刑事法庭上蒙受了出身骑士阶层的、带有偏见的法官不公正的判决而被流放。他的著述从对自己有利的角度展现了朋友、敌人和自己的形象，在本事件中发挥了他所期盼的影响力，鲁提留斯被当作不公正判决下的牺牲者载入史册。两个例子都体现了促使罗马贵族执笔写作自传的典型的社会和政治动机。

　　但是自传总是附着一丝狂妄自大的气息，因此很多贵族选择了一条更加优雅的路子。一个有几

90

分自矜的名门望族拥有诗人门客或历史学家门客
是司空见惯的事，此人为这家贵族效力，好让家
族首领在战争中、政坛上的事迹不至于被人忘却。
执政官 M. 富尔维乌斯·诺比利奥尔（M.Fulvius
Nobilior）行军途中带上著名诗人恩纽斯，后者
通过剧作《安布拉西亚》（*Ambracia*）和叙事诗
《编年史》第 15 卷颂扬了这一战。前面已经提到
过的，于公元前 101 年和马略一同征服韦尔切利
地区日耳曼辛布里民族的 Q. 路泰提乌斯·卡图
卢斯（Q.Lutatius Catulus）写了一本关于他执
政任期的书，交给与他交好的诗人 A. 弗里乌斯
（A.Furius），成了一篇诗歌的灵感（西塞罗：《布
鲁图斯》第 132 节）。庞培雇用他的朋友，密提
林的提奥法诺斯（Theophanes von Mytilene）做
他的私人史学家。独裁者苏拉把他的自传献给年
轻的贵族朋友 L. 李锡尼·卢库鲁斯（L. Licinius
Lucullus），希望后者能够从中攒出一篇历史传记。
西塞罗把记载他执政官生涯的文字草稿交给他曾经
的老师波希多尼加工，但波希多尼拒绝了，西塞罗
稍后拜托的历史学家卢塞乌斯（Lucceius）也一样
（西塞罗：《致友人书》第 5 卷第 12 封）。只有他
的朋友，有钱的骑士阿提库斯帮了他这个忙，替他
润色草稿。西塞罗很高兴，但觉得阿提库斯的版本

过于简练和干巴巴（西塞罗：《致阿提库斯书》第
2卷第1封第1节）。好在西塞罗本人就是一位天
才的作家，他自己拿起笔来，在不同题材的作品中
颂扬自己的执政官任期，其中还有一首叙事史诗。
这样一来，就像他在一封信中自嘲的那样，没有什
么体裁是他不曾用来抬高自己的声望的（西塞罗：
《致阿提库斯书》第1卷第19封）。

　　不论是招徕作为门客的历史学家还是交好的
作家，他们要把尊敬的东家或是委托人的事迹传扬
四海，当然就需要有在任何情况下都适用的原始材
料：文件档案、演讲稿、证明文书、信件、日记，
以及已经初具形态的草稿提纲，勾勒出大致重点和
基本框架，可能还包括作品被期待拥有的政治倾
向。这样的卷宗材料就叫作"commentarii"（随
记），也就是恺撒给他的高卢战记七卷本起的名字。
为何恺撒选择了这样一个题目，我们将在接下来的
几章当中看到。

91

＊

　　方才这一番描述尽管简略，却足够典型地勾勒
出了罗马文学的本质，即政治和文学是怎样紧密地
交缠在一起的。现在人们才恰如其分地理解了"罗

马"这个形容词的意义，因为作家多半不是和政治家有直接联系，就是身处他们的庇护之下，或者干脆自己就投身政治。当然也有站在对立面的作家，他们拿起笔作为武器，跟自己厌恶的政治家以及他们的立场战斗。对作家和政治家双方来说，政治环境就是他们生活其中的这个世界，也是唯一有意义的世界。如果作家不仅想要通过作品反映这个世界的面貌，甚至还要通过作品对它施加影响的话，就无论如何都要充分研究它：在共和时期，贵族们资助叙事诗人和戏剧作者，为了扩大他们的荣光，让他们及其祖先的事迹通过具有历史意义的定制艺术作品传扬四方，或者自己出版演说集、自传和历史著作，在元首制时代，皇帝尝试着把文学当作宣传手段为他的家族所用，在本质上他和共和时代的贵族并无不同。由于古罗马时代文学活动的特殊性，政治和文学之间的互动关系异乎寻常的密切。

一种新体裁的诞生

当恺撒于公元前 52 年出版了有关他远征高卢的七卷本时，这种文学性的自我演绎完全符合当时共和国社会的政治风俗。对该作品的名称可以作多种诠释（该书名的演变和流传史十分复杂）：《C. 尤利乌斯·恺撒关于他在高卢战争中事迹的随记》(*C. Iulii Caesaris commentarii rerum gestarum belli Gallici*)。这个标题今天常被简写成《高卢战记》(*De bello Gallico* 或 *Bellum Gallicum*)。不过该标题当中无可争议的部分是作品的体裁"随记"(*commentarii*)。

Commentarii 是希腊语 hypomnémata 的拉丁语翻译，希腊人把这个词理解成私人笔记的总和，也包括官方档案、议事记录、证明文件或者——从亚历山大大帝的时代起——宫廷实录。希腊语作家琉善(Lukian，公元 2 世纪)在他的作品《人们应当怎样写作历史》(*De historia conscribenda*)——唯一一部保存下来的关于历史学理论的古典著作——当中，用 hypomnémata 这种表达来指称一部历史作品的原始草稿。除此以外，hypomnémata 还可能指一本多少经过了加工的日记，但也可能是一位名人精心文饰过的自传。所以希腊文学当中的门类 hypomnémata 既能指涉非文学性的作品和供文学加工的材料，也能指涉以历史、政治或名人经历为题材的文学作品。

罗马文学中与之相对应的门类就是 commentarius，虽然它的内涵与希腊语 hypomnémata 有所区别。在罗马，官方记录和证明文书叫作 acta，国家档案叫作 tabulae publicae，官方书信和总结报告叫作 litterae（epistulae），出版的自传叫作 libri de vita sua（或是类似的写法）。只有少数分属不同类型的政治或历史主题的作品被称为 commentarius，虽然有些并不带有文学色彩，有些又被视为彻头彻尾的文学作品——这点有时会被人忽视。它们主要包括三类：一类是形式不定、并未出版的罗马官吏私人档案库里保留的记录；一类同样是形式不固定的、尚未出版的、之前提到过的由从政的贵族交给作家友人的原始材料，以便让后者能在此基础上撰写出满载荣耀的史书，或是一篇颂诗；最后一类由富有经验的政治家起草，可能是已出版过的实录，拥有文学作品的水准，但仍然是为了进一步作文学加工而准备的草稿。最后这种就是所谓的文学性质的回忆录，是一种相对新式的文学体裁，像我们将要看到的那样，这种体裁在西塞罗的信件中才比较明确地出现，它是罗马贵族表现自我的把戏渐趋含蓄、微妙的产物。因为自传性质的文字——尤其是当它流露自我吹嘘的痕迹时——就特别容易招来怀疑，让人觉得它缺乏可信度。基于这个原因，西塞罗也觉得自传这种体裁不无问题："还有，它们的可信度很低。"（西塞罗：《致友人书》第 5 卷第 12 封第 8 节）因此，人们把这种个人倾泻而出的长篇

大论——尽管遣词造句已经斟酌、推敲过——仅低
调地称为"回忆录"，拿来献给一位关系很近的作
家，拜托他进行润色。

*

　　恺撒的《高卢战记》将要被归到文学史上的哪
个门类中去呢？众所周知，恺撒自己写下他的事迹，
却谦逊地让它保有"随记"的称谓。他想以此达到
什么目的呢？他真的希望，他能找到一位才华出众
的作家，可以继续拓展和修改他的"随记"，将它加
工成一部伟大的历史著作或是彪炳千古的史诗吗？
　　西塞罗在他辞采飞扬的著作《布鲁图斯》中把
这种说法斥为无稽之谈，此书在《高卢战记》8 年
后出版。他写道：

　　　　如果恺撒有意给其他执笔写作史传的人提
　　供现成的材料，他就是在拜托傻子给这份"草
　　稿"再施粉黛，理智的人理所当然会被他的请
　　求吓退。（西塞罗：《布鲁图斯》第 262 节）

　　作为恺撒的同时代人，西塞罗在修辞学和文学
上的造诣无人能质疑，根据他的判断，恺撒的《高

94

卢战记》写作技艺是如此精湛，只有愚人才敢于对其再加美化，试图使其更加优雅。恺撒的副将和密友 A. 希尔提乌斯（A. Hirtius）也附和西塞罗的判断，恺撒遇刺之后，他在《高卢战记》的第 8 卷中补充记述了恺撒出高卢后，公元前 52~前 49 年发生的事情。

> 它们被发表出来，这样历史学家就不会缺少对这些伟业的了解，它们是如此广受认可，以至于历史学家们似乎从一开始就被剥夺了一切进一步加工此作品的可能性。（《高卢战记》第 8 卷，前言第 5 页起）

恺撒无疑别有意图，以"随记"作为标题，事先就确定了这是一部未成品，然而在此题目之下，恺撒却完整地呈现了他的高卢战争。他从未有丝毫把作品风格定位于"文学回忆录"的意思，而是向"待加工的回忆录"那朴素的文笔看齐，这样他的笔触就接近官方报道。跟传统的回忆录一样，只有事实被罗列出来，通过这种低调的姿态，恺撒营造了作品客观中立的假象，掩盖了他的《高卢战记》明显的倾向性，塑造了有利于自己的个人形象。这种技巧正是潜藏在朴素简练的风格之中，有限的、

95

几乎不加修饰（ornatus）的词汇就已经够用。对于自吹自擂和自我表现，人们一般联想起来的是洋溢的激情和堂皇的排场，人们会想到西塞罗的诸多演讲，他用华丽的辞藻把自己置于舞台中央。恺撒接受的唯一一种文饰乃从历史学中借鉴而来：他在深思熟虑过的位置插入演说词、风俗志、由人物讲述的小故事——一切古典史籍中非常典型的元素。由恺撒重塑过的"随记"因为融入了来自陌生体裁的元素而丰满起来，不过新元素的融入十分小心、适度。这样一来，传统回忆录作为纪实报道的体裁特征就在整体上得以保留。另一点新鲜的是：那个表现自我的政治家恺撒隐藏在第三人称的平实叙述之后，这种写作方式在古希腊罗马文学中是独一无二的，因此加强了《高卢战记》是一部客观纪实报道的印象。

恺撒发明的这种崭新的文学形式，对其恰如其分的描述是——历史著作（historia）和原始回忆录两者的中间形态。前者因修昔底德（Thukydides，公元前4世纪）和撒路斯提乌斯（公元前86~前35年）的作品为我们所熟知。上文提到了希腊语作家琉善的作品《人们应当怎样写作历史》，其中琉善确认了，回忆录和史著就好像工作中的两个步骤：草拟和加工。恺撒一人完成了两步，而在古希腊罗马时代的文学活动中，由不同的人来分担这些工作步骤并不是罕见的事。

*

让我们看一下恺撒的纪实报道明摆着借鉴的那种文学体裁，也就是史书。古典时代，不论是希罗多德（Herodot）还是修昔底德，撒路斯提乌斯、李维还是塔西佗所进行的那种历史写作，都不被视为专业科学，而更多地被当成一种"优美的文学"，其特色包括经过润色的丰富辞藻、均衡的全篇结构以及对素材的戏剧化呈现——至少是在核心场景当中。大量来自戏剧和史诗体裁的元素也出现在历史作品中，例如演说、对话、插进来讲述前情和故事背景的风俗志，以及单篇故事，卓有成效地展示了全盘事件当中一些生动鲜明的片段。可以说，在古典历史学家身上存在着一种危险性，就是沉溺于讲故事的乐趣而忽视了客观事实。但是对他们来说历史和干巴巴的事实无关，历史就是深层次的真实。众所周知，这是观念问题。西塞罗有一次在相近的语境中这么说："在历史事件上讲述者可以撒谎，这样他就能更好地突出重点。"（西塞罗：《布鲁图斯》第 42 节）

　　挖掘历史事件的深层含义就是罗马历史学家的任务。所以不用惊讶，他们就像诗人一样讲述历史，从各个不同角度展示他们的见解和事件之间的联系，以方便读者理解。尤其是在史学领域，这种书写方式导致作品倾向于集中呈现那些紧张程度逐步深化、层层攀升，并最终达到高潮点的情节。高潮点以一幕戏剧化场景出现的情况并不罕见，它需要揭示事件背后"真实的"历史驱动力，事件的发展"事实上"取决于什么。嵌入这幕场景的演说和对话服务于出场人物的性格，有力地剖白了他们的行为动机。这些演说词和对话大部分是基于目的性虚构的，为了展示作决策时的情形，为了解释某种情形下不同的操作可能性，或者干脆就是为了用优美的文字，从历史的高度概括性地总结事情发展的深层原因。当然，历史书中也有基于真实底稿的演说和讲话，然而就是这些演说也要屈从于历史学家对于风格的追求，他会把演说裁剪成对他有意义的样子。这种做法不仅十分寻常，而且被认为合情合理。古希腊罗马史书中充斥着"样板戏"一样尖锐的故事冲突，这些故事冲突有时在对所谓范本（exempla）的艺术化表现中进入高潮。范本是简单易记的故事，它们形象地描绘了典型的人类行为，有些例子引人争相效仿，有些例子又让人望而

97

却步，不过总而言之，它们都是充满教育意义的。虽然古罗马史书远不只是反映罗马价值观体系的榜样文学，就连一度被低估的李维的作品也不是——他的著作以脍炙人口的榜样范例而闻名，但是，把当事人的道德（mores）放到聚光灯下，把它当成推动历史进程的核心力量来审视，是古典时代史学家的共性。在这层意义上，当代研究将此种书写历史的方式称为"道德化"的，也就是反映人类性格的历史写作。

古罗马历史学家们从他们个人化的、完全主观性的视角出发来解释历史。有说服力地展示历史事件的意义，有时候比精确地呈现历史进程更为重要，他们灵活地处理我们今天所理解的"历史真实"，却并未激起任何抵触情绪，这种写作手法是被当时的史书体裁所承认的。历史撰写者对客观性的追求另有标准：也就是无党派性。当塔西佗声称他的作品摆脱了党派性和怨忿心时，他正是这一标准的信奉者："既无愤怒也无狂热"（sine ira et studio）（塔西佗：《编年史》第 1 卷第 1 节）。

*

不言而喻的是，隐约呈现优美文学气质的，以今天的标准看来完全不客观的古典史学，和一本朴素的纪实报道——正像"随记"这个标题和平实的文风给人造成的印象那样——之间几乎没有共同之处。很明显，当恺撒一卷比一卷更加明显地采用史书中的元素来丰富他的战记时，他是在进行无比大胆的组合。他的写作技巧主要在于，随着整部作品的进展，混合风格的叙述不动声色地贯穿全书，以至于表现手法中的新颖之处几乎没有引起注意。这样恺撒就可以悄悄利用他综合到一起的两种体裁的优势：外表看上去给人客观纪实报道的印象，其朴素风格绝不会让人怀疑作品有任何倾向性，或是至少在润色修改时有意预示故事发展的方向；然而植入这些报道的不期而遇的演讲、风俗志和故事却因为完全融入到回忆录的体裁特征中，可以更加尽情地按计划发酵，发挥它们的影响，而被伪装出的客观又谦逊的回忆录风格所欺骗的读者却没有丝毫疑心。

　　与传统史书相比，恺撒的《高卢战记》还有其他优势：自希罗多德和修昔底德以降，常见的是一位历史学家在他作品的前言中谈他自己，谈他的任务和对历史的理解。一个古典历史学家坦陈他的观点，在政治、世界观和方法论上表白自己的立场，而恺撒通过圆滑的体裁选择免掉了这一点。随记在传统上没有这种规矩，如果恺撒作为历史讲述者待在幕后,没人会有什么意见。这种做法也是势在必行,因为他是他自己的事迹的写作者。那个作为史书写作者的恺撒越低调地退居幕后,那个被歌颂的战地英雄在台前就越熠熠生辉。

还有一点区别是:如果是史书的话,人们会期待该书把它所呈现的事件归到更广阔的时代历史背景中去。令人惊异的是,恺撒在《高卢战记》中很少这么做。高卢战争期间在罗马发生了什么,在全书中只占据边缘地位,重要的政治事件——即使是那些直接影响到恺撒的事件——也被排除在内容主体之外。公元前55年的卢卡会议上,恺撒、庞培和克拉苏之间的三头联盟被重申;恺撒的女儿、庞培的妻子尤利娅去世(前三头联盟的稳定性极大地受益于她的婚姻);克拉苏在对安息帝国的战斗中身亡;庞培独任执政官(仅在《高卢战记》第6卷第1节、第7卷第6节第1行中提及);庞培向元老院靠拢;延长资深执政官任期时出现的问题……所有这些《高卢战记》都几乎不曾提到。恺撒只是简短地提及了为表彰他的荣誉而在罗马举办的谢神祭活动。除此以外,他在战记中只是作为统帅,偶尔也作为主持法庭的行省长官登场,而不是一名即使身在远方也仍然通过他的中间人干预着政治的罗马政治家。

纪实报道的表面文章让恺撒可以把重点完全放在高卢战争本身，高卢的军事和政治状况处于叙事的核心。这就营造了一种印象，即真正重要的事件是发生在恺撒所身处的地方：高卢。世界的中心似乎从罗马被迁到了高卢，在这里，恺撒——不像在罗马——可以不受干扰地掌控一切，把命运的丝线握在手心。通过视角的迁移，恺撒不仅将自己置于有利的角度，甚至他的军官和副将们也是一样。他给了他们一种犹如置身天下大势中心的感受，征服新土地，甚至是发现新土地的时候，他们都是在场的见证者。这也部分地解释了，恺撒的这本随记是为谁而写的。当然，他心里也念着罗马元老院和罗马人民，正是多亏了平民大会，威力强大的特别指挥权才落到他的手中。他必须激励他的支持者，维护旧有的庇护关系，赢取新的支持，震慑他的对手。不过，恺撒的思路并不仅仅限定于罗马，而是远远地超越了他的时代。他明显认识到，权力不再像在旧共和国里一样，只跟罗马和罗马的贵族阶层绑定在一起，而是越来越依赖于一个人在意大利和行省的势力。在庞培身上，他看到了这点，庞培的权力基础主要是在行省。恺撒的目光越过了罗马逼仄的城墙，他在更广阔的历史背景下思考，像一个心怀天下的政治家那样行动。所以，不单为了罗

100

马，也为他的部将和罗马城外的支持者们而写作，对恺撒来说意义匪浅。除了意大利全境，恺撒在意大利北面的山南高卢行省也从当地的贵族士绅中赢得了越来越多的支持者。只要想想来自福尔米亚的骑士马穆拉（Mamurra），或者常常接待恺撒来访的住在维罗纳的卡图卢斯之父，就能意识到这点。在山北高卢行省和整个高卢的精英圈子里，恺撒也同样通过赠礼和友善的交往，以及赋予当地人罗马公民权而备受欢迎，当然最主要还是因为他帮他们巩固了在本城和部族内部的影响力，并为他们谋到了高级官职。对这些人来说，恺撒在高卢干了什么，比罗马城内发生了什么更加重要。日后内战结束后，独裁者恺撒将用官位奖赏他在意大利和罗马行省的这些支持者，以此压制元老院里罗马贵族的势力。面对这种缺乏相应的家世、首次担任元老的新贵们如同雨后春笋般涌现的局面，西塞罗——哪怕他自己就是一名新贵——也不禁嘲讽道，不知今天在元老院里又要坐在谁的身边了。顺便一提，以长久的眼光看来，这项政策导致许多显贵家族的权力被大大削弱，并且往往是永久地丧失了权力。这种现象后来由于奥古斯都相似的提拔官僚的政策而变本加厉，标志着共和时代和帝制时代的分野。

与随记的形式相符，把文本内容局限于高卢还有另外一个优势：恺撒作为将领主要对征服行动负责，如果牵涉在被征服地区建立新秩序以及和被征服的民族签订条约的问题，元老院也有发言权。恺撒所采取的措施必须经过元老院的批准——正是这个问题使庞培从亚洲回来时有一大堆的麻烦要处理，并最终促使他答应加入与恺撒和克拉苏之间的三头联盟。省略在罗马的政治进程，一方面让恺撒无须展现他对元老院的依赖，另一方面，当在高卢处理某些政治事务的时候，他又可以避而不谈他的越权行为。恺撒几乎只有在一种情况下才会提起元老院，那就是元老院批准为他的荣誉公开举办谢神祭庆祝活动的时候。

最后一个好处是：恺撒只需表达他在军事战略方面的见解，而不用对政治话题表态，他作为政治家怀着哪些心思，在筹划些什么，有怎样的蓝图，都无须吐露。他不让自己被别人看得通透，为自己保留了一切可能性，让自己显得远远超脱于罗马日常政事的泥沼。恺撒对于他政治上的宏图远景三缄其口，直到今天研究者们仍然为此奔忙和争论不休。一个始终没能解释清楚的问题是：恺撒所追求的，究竟只是第二次执政官任期以及他名誉的全盘恢复，还是成为罗马的独裁者。

《高卢战记》是恺撒为自己精确地量身定做的

101

工具，用于文学上的自我呈现。通过融合纪实报道和史书专著两种体裁，他就能根据不同情况时而长篇大论，时而简洁明了，时而文采飞扬，时而朴实无华，一切随需要而定。除此以外，这种崭新的形式带来的行文上的灵活并未引起进一步的注意，因为《高卢战记》的纪实风格和谋篇布局非常自然地脱胎于恺撒的年报。以资深执政官的身份，他把这些年报寄给元老院：7年战争，7卷年报。这份给元老院的汇报恺撒也提到过，他称之为"litterae"（《高卢战记》第2卷第35节第4行、第4卷第38节第5行），帝国档案保管员苏埃托尼乌斯还看到了这份史料（苏埃托尼乌斯：《恺撒传》第56节第6行），但是就和大部分这种类型的报道一样，今天它们已经下落不明。只有从西塞罗的几封信中（西塞罗：《致友人书》第15卷第1封、第2封、第4封；西塞罗：《致阿提库斯书》第5卷第20封）才能一窥这种官方记录客观平实的风格。

*

我们可以精准地追溯这一新体裁诞生的时刻，这一刻发生在从公元前52年进入公元前51年的冬天，恺撒以他寄给元老院的年报和副将们的各种汇报为基础，开始着手对高卢战争进行汇编性质的总结，附上前言，并以《高卢战争中事迹的随记》（*Commentarii rerum gestarum belli Gallici*）为题出版。在这层背景下，《高卢战记》的续写者希尔提乌斯明确地称之为最终版本，恺撒为高卢战争而撰写的 7 卷本就此收尾："……我也（知道），他多么简捷迅速地给它收了尾。"（《高卢战记》第 8 卷，前言第 6 行）希尔提乌斯需不需要再"书写"（scribere）高卢战争，或者至少"总结"（conscribere）一下高卢战争呢？他也不需要，他需要的是让这本书圆满"结束"（perficere）。他证明了，恺撒是把关于高卢战争的 7 卷本汇编当作一个整体来构思的，至少当时他是把这部汇编当作已经完结了的集子来看的。不过苏埃托尼乌斯为我们提供了一条线索，指出恺撒后来又计划让他的文本接受一轮重大的修订（苏埃托尼乌斯：《恺撒传》第 56 节第 4 行）。这很有恺撒的风格，当觉得有必要修改原文的时候，他并不会把这份活儿委托给一位历史学家，而是宁可自己着手加工。

为了撰写《高卢战记》，恺撒对大量来源不同的原始材料进行加工。除了他呈给元老院的年报以及手下将领们的汇报，他还从丰富的民俗学以及地理学专业文献中，例如从之前提到的皮西亚斯和波希多尼的希腊文著作中汲取信息。这两个人都描写过北方的大洋河,并且在这一背景下写到了生活在阿尔卑斯山和世界大洋之间的凯尔特民族。除此之外波希多尼还撰写了一本史书,报道罗马和日耳曼辛布里人以及条顿人之间的战争,少不了在开头插入一段民俗学性质的文字来介绍这些部族。但是恺撒点名提到的只有古希腊地理学家埃拉托斯特尼(Eratosthenes),在这里他自豪地纠正了后者的说法:莱茵河彼岸的广袤森林叫作“海钦尼亚”(Herkynische),而不是像埃拉托斯特尼说的,叫“奥钦尼亚森林”(Orkynischer Wald)(《高卢战记》第6卷第24节第2行)。这些信息,要么是恺撒从那些把商品远销日耳曼人聚居地的罗马商人处获知的,要么是从凯尔特人和日耳曼人那里得到的,这些人或是为他担任口译,或是和他处于相互信任的可靠关系中。征服高卢时,高卢人撰写的文本——大约在神殿一带地区——肯定也落到了恺撒手里,经他评估,在风俗志中得到充分利用。恺撒提及并且引用了赫尔维蒂人的文献(《高卢战记》第1卷第29节),他们的档案按部族对迁出的移民进行了分类。顺便一提,凯尔特人一般使用的是希腊语字母,因为他们以前在马赛(Massilia/Marseille)和尼斯(Nicaea/Nizza)时——这两个都是希腊人的定居点——就熟悉希腊人的书写系统了。

作为资深执政官和统帅，恺撒保留了一个自己的流动文书处，文书处的负责人是历史学家庞培·特洛古斯（Pompeius Trogus）的父亲，他的信息流传了下来（尤斯蒂努斯：第43卷第12行）。据猜测，《高卢战记》的续写者希尔提乌斯在一段时间内也担任相似职位。恺撒的文书处有着许多书记员、口译员、会计和后勤人员，还有一个保存了信件、档案和工作报告的卷帙浩繁的档案馆，以及一座图书馆。馆藏除了书卷，必定还包括古罗马的交通路线图（Itinerarien），以及只要当时存在，就一定收藏了的地图资料。这些令人如鱼得水的丰富材料尽管在公元前52年夏天的战争中有所遗失（《高卢战记》第7卷第55节第2行），但是当恺撒写作《高卢战记》的时候，却是随行在侧，方便恺撒自己搜索或者让别人帮他查询姓名、数字、距离、战斗过程和民俗细节。恺撒拥有众多受过相应训练的奴隶来做这事，学者们也在他周围逗留，这一点也符合他的罗马贵族身份。譬如我们知道法学家 C. 特雷巴图斯·特斯塔（C. Trebatius Testa），西塞罗极力推荐他做恺撒的法律顾问。在恺撒的随从和手下将领中也完全不乏受过良好教育、可以自己执笔写作的人。我们

已经提到过希尔提乌斯，他在《高卢战记》第 8 卷
中补充了公元前 51 年和公元前 50 年之交时高卢
战争的最后结局。恺撒的《内战记》，也就是他关
于罗马内战的三卷本著作，也被手下官员续写，但
是我们已经不能准确地辨别哪些是续写的内容。续
写部分记述了恺撒击败庞培后不得不在埃及、非洲
和西班牙发动的战争，为的是成为内战当中唯一的
赢家。

不只是恺撒的创作才华，还有当时的历史背
景，以及特定环境下产出文学作品的具体条件一同
创造了这种新颖的、独树一帜的文学形式，直到今
天，在文学史上它仍然独一无二。恺撒的《高卢战
记》后无来者，这种新式体裁只在恺撒的作品中得
到延续。

"它们是赤裸裸的":《高卢战记》的风格和特征

我们已经提到，西塞罗在他雄辩滔滔的作品
《布鲁图斯》中形象地描绘了《高卢战记》的文
风:"它们全无雕饰（nudi）、直来直去（recti）、
曼妙优美（venusti），摒弃了一切辞藻雕饰
（ornatus），就好像放弃了华丽的衣着那样。"

恺撒理性冷静的风格迷住了古典时代和现代的

批评家们，他简洁有力的叙述方式引得众人瞩目，让他们着魔般地兴奋，也同样让他们不安和悚然：这是怎样一个男人啊！能不动声色地用平实的文辞来报道一些人眼中的丰功伟绩——也是另一些人眼中骇人听闻的行径。

不论是欣赏还是抵制恺撒，人们总是一再把他的写作风格和他的手段或性格联系起来。昆提利安（Quintilian，1 世纪）说："恺撒用他打仗的姿态来演讲。"（昆提利安：《雄辩术》第 10 卷第 1 节第 114 行）帝制时代的演说家弗朗托（Fronto，公元 100~170 年）也在一封信里作了类似的表述："我确实看到，恺撒的演说才能就像一名战将（imperatorius）那样予人压迫感。"（弗朗托：《给皇帝维鲁斯的信》第 2 节第 10 行）。日耳曼学者弗雷德里希·甘道夫（Friedrich Gundolf）也说了和前人差不多的话："恺撒并不想简单基于口味、见识或者自己的选择来写作——他别无所选。这是他呼吸、行走和看待事物的方式。"（甘道夫：1924 年，第 10 页）

从恺撒朴实无华、不加修饰的语言风格中可以看出他直奔目标而去的果断行动方式。恺撒一定不会反对这样的解读。是的，他对体裁的选择证明了，他想通过平实的文风把自己表现成一个务实的

105

现实主义政治家。

除了冷静,恺撒语言的轻快也给人留下了深刻印象。一部分原因是:作为继承了雄辩术传统的演说家,恺撒属于所谓的阿提卡主义一派。这个派别避免夸张的表达和无节制的浮华言语,致力于"纯粹的拉丁语"(Latinitas pura)写作。放弃了由挖空心思的词语和超长的句子组成的浮想联翩、玩弄辞藻、张扬大胆的行文,阿提卡主义者立足于简洁清晰的表达、保守克制的修辞。如果说恺撒的演说已经体现了这种风格,那么他的《高卢战记》更是完全符合这种描述。《高卢战记》立足于一种小心谦逊、以事实为本的叙事方式,思路的严谨和语言的简明成为它最主要的文饰。虽然对于我们来说,枯燥无味的军事题材简直是任何意义上的优美的对立面,然而这部作品却因为它精准的表达而放射着高贵的光辉。希尔提乌斯对恺撒优雅的风格赞赏不已,对他的落笔速度也同样吃惊:

　　众所周知,没有其他任何人能创作出这样一部充满艺术感的作品,以至于它叙述的优雅(elegantia)没有其他文本可以超越……然而我的钦佩比其他人更甚,他们只是知道,他写得多么好,对语言的运用多么精准,我却还知道，他是多么迅速又轻巧地完成了这部作品。恺撒拥有写作的天赋和最极致的优雅风格……（《高卢战记》第 8 卷前言第 4 页第 6 行）

蒙森——至少他是一位历史学家——因他史学著作的文学水平获得了诺贝尔文学奖，也醉心于恺撒的优雅风格："在有关高卢战争的字里行间倾注了爽朗欢快和朴素的优美。这在文学中同样独特，就像恺撒在历史上一样。"（蒙森：第 3 卷，1854 年，第 569 页）相反，对二战中的种种行径印象深刻的哲学家赫尔曼·斯特拉斯伯格觉得蒙森的这番评价乏善可陈。

纯粹从美学角度看来可能是这样……但是这并不只有文学的一面，内容和形式之间的张力更加令人毛骨悚然，骇人听闻的事件被兴高采烈地刻画出来，只有当人们判定这种行径与全然魔鬼般的狂热无缘，从而在更高的层面上是清白无辜时，它才变得可以忍受……毕竟，只要对被恺撒的穷兵黩武所波及的民族的遭遇稍作想象，那些史无前例的悖德行为就会跃入每个人的眼帘，恺撒不仅做了这些事，还在自己记载下这些行径的时候，真真正正、原原本

本地展示了自我。（斯特拉斯伯格：第 1 卷，
1982 年，第 412 页起）

从被选取的只言片语中可以看出，人们是多
么执着于寻找作家恺撒和统帅恺撒之间的联系。当
然，根据布封的名言"风格即人"（le style est
l'homme même），风格和人格之间存在一种不可
替代的互相影响的关系，但是这里有一个形式主义
的角度不可被忽视。古典时期，作品体裁一经选
定，作者就和某种特定的写法紧紧地绑定在一起，
也就和传统的体裁规范以及风格元素绑定在了一
起。通过对"随记"体裁的选择，恺撒基本确定了
作品的风格，尽管他以他的方式拓展了该体裁的定
义，而且一次又一次地突破了这个定义。

*

如下的插曲证明了，读者多么敏感地体会到了
这种风格上的细微之处，并且在行家的小圈子里展
开辩论：之前已经提到，西塞罗一再麻烦文学家们
体面地赞美他公元前 63 年的执政官任期。除了波
希多尼和卢塞乌斯，他还拜托正在希腊逗留的朋友
阿提库斯帮这个忙。阿提库斯声称自己是唯一作好

准备的人，并进行了一番尝试。同时西塞罗自己也着手进行相应的描写。当两个人都完稿的时候，他们把自己的文字寄给对方。西塞罗比较了两部"回忆录"——他是这么称呼它们的，并简要地和阿提库斯分享了他的印象。这封书信提供了一个很好的视角，来认识评论家西塞罗的动机和他在文学出版这方面的观念。

　　6月1日（公元前60年）……你的信使见到了我，他交给我一封信和你用希腊文撰写的关于我执政任期的回忆录，我是多么高兴，以至于几天以前通过卢修斯·科西努斯寄给了你一份我同样用希腊语就同一个主题写的文章……我是多么乐意读你这份文稿，但我还是得说，它对我而言太过朴素、平淡如水了。虽然反过来我也发现，对辞藻雕饰的有意舍弃正是它真正的文饰，这部作品就像女人一样——因为不施脂粉而逸散出一缕极其细微的香气。

　　我的作品，正相反，用上了伊索克拉底的全副粉墨和他学生的整套颜料盒，用尽了亚里士多德雄辩的技巧，如果我不是用老学究一样的苛刻劲儿巨细靡遗地检查过这份作品，我本来是不敢把它寄给你的。

108　　　　　我把我的回忆录也同样寄给了罗得岛的波希多尼,一样拜托他要把素材再加工得光彩夺目一些。对此请求,他给我写信说,他不仅仅是受到了刺激,而且是整个儿被吓退了。也就是说我让希腊人都感到不安了——真是这样吗?如是,所有那些总让我感到有压力的人——我本想给他们提供素材用于创作一本格调非凡的皇皇巨著——就不会再扰乱我的心神了。

　　　　如果你喜欢我的作品,请多多关照,好让雅典和希腊其他城市的人也能接纳它,在我看来,这本书可能有助于让我的事迹引起一些关注。(西塞罗:《致阿提库斯书》第2卷第1封第1~2节)

　　西塞罗寄给阿提库斯的这封私人信件从多个角度来说都富有启发性:当阿提库斯遵循传统的回忆录风格,很显然用简单质朴的言辞报道了西塞罗的执政期时,西塞罗却极尽浓墨重彩,用上了修辞学的全套本事,就像他略带夸张地强调的那样。这样西塞罗就明摆着成了所谓的文学回忆录的头号代表人物。然而通过文辞华丽的回忆录,他正好证明了自己并非恺撒在写作上的先行者。尽管西塞罗关于自己执政官任期的记录未能保存下来,我们也知道它和恺撒作品之间的区别明显很大。每个人都能看出，西塞罗文中精雕细琢的表达方式显然压过了传统回忆录的风格。恺撒的作品第一眼看上去保留了传统回忆录朴素的文风，但是大多数人都没有意识到，朴素的言辞发挥出了完美的修辞技巧。两者之间的共同点是，他们都拿传统的回忆录形式进行创新试验，为的都是美化他们自己的政治形象——对他们来说最要紧的就是这个。西塞罗直言不讳的愿望——想要他的书闻名四海、他的功业天下传扬——透露出了这一点。有趣的是，西塞罗非常注重给希腊世界留下深刻印象，希腊对于这位受过良好教育的罗马人而言总是文化上的参照物，此外希腊语还被当作世界性的语言。

当波希多尼拒绝把西塞罗已经精心打造过的文字素材再加雕琢，使其更加光彩照人的请求时，他指出，这份文本不能激起他再加工的欲望，相反他倒是被吓退了。那么西塞罗的文字在波希多尼身上产生的效果，和西塞罗所预言的，《高卢战记》对潜在的修订者产生的效果就是一样的，也就是我们在上文提到过的（西塞罗：《布鲁图斯》第262节）：没有哪位头脑清醒的历史学家敢于插手加工一份已经如此完美地写就的回忆录。引人注意的还有，西塞罗在两处都用化妆来比喻从风格上对文本

109

加以美化的过程：不施粉黛和未施香水的初稿应该
被打扮起来，再用上烫发钳整理一番。这跟琉善的
划分相符，他把撰写历史作品的过程分为初稿和加
工两个步骤。

波希多尼提出的拒绝理由当然只是礼貌性的套
话，但是西塞罗仿佛心领神会一般接受了，并且因
此继续畅想：他的回忆录让波希多尼这样的人也要
自我怀疑，那么它的水准就足以把他从那一大票蜂
拥而至、渴望把他的素材改编成文学艺术作品的人
手里拯救出来。这真是彻底的自嘲：西塞罗只是徒
劳地寻找改编自己作品的人，而阿提库斯对此可是
太了解了。

*

让我们回到恺撒的战记上面，他没有选择西
塞罗那条路，根据一切艺术准则尽其所能地美化
回忆录这一体裁，但是因为他无可比拟、无法企
及的行文风格，他从希尔提乌斯和其他人那里收
获了盛赞。他的"随记"没有什么辞采，却仍然
充满美感。标题暗示着这份文本是尚未加工成文
学作品的素材集合，包括报告和其他材料，但是
不论根据古典的还是现代的标准，它都被评价为

艺术散文。让人动心的，是得体朴素的文字那种严肃尖锐的风范吗？是低调克制的描写那种干干净净的魅力吗？

　　按照古典修辞学，一种优秀的行文风格要由五个特点组成（virtutes dicendi），其中之一就是恺撒摒弃了的文采雕饰（ornatus），但是优质文风的其他几个特点他倒是完全满足：正确无误的拉丁语（Latinitas）、清晰的表达（perspicuitas）、短小精悍的行文（brevitas）、与内容相得益彰的形式（aptum）。一目了然的是，放弃文饰成了一个优势，有利于保证文本其他方面的质量。同样明了的是，恺撒的取舍不仅与阿提卡主义的见解相符，也合乎修辞学的普遍观点。所以希尔提乌斯和西塞罗能根据文学理论，对恺撒在风格上有意设限的作品进行归类，并且能够慧眼识珠；昆提利安、弗朗托和其他人也如上文所述，确立了对恺撒作品的评价，认为他思路和行文清晰、直白而又得体。在罗马的古老传统当中，贵族阶层过着一种有节制的生活，并且惜字如金，以此来彰显自己地位的高贵：人如其言，人如其行。至少在共和时代，有教养的克制态度是与贵族的姿态联系在一起的。恺撒的文风不仅与他的行事风格相符，也跟他的地位相配。

110

*

现在这种风格上的自我设限给人观感如何呢？首先受到影响的是语言结构。即使许多人对恺撒那些脍炙人口的格言的印象完全不是那么回事，他的战记的句子结构大多还是很简单的，只是在恺撒想要塑造混乱局面时才会复杂一些。恺撒从不卖弄辞藻，他在他如今仅存残篇的《论类比》里宣传他对语言准确性的洁癖一般的想象，并在写作战记时遵循一句箴言："要避开不常用的生僻词，就像船长避开礁石群一般。"（《论类比》第 1 卷，克洛茨德译本，片段 2；另参考苏埃托尼乌斯《恺撒传》第 56 节第 5 行，格利乌斯《阿提卡之夜》第 1 卷第 10 节第 4 行）。实际上，《高卢战记》全篇仅出现过 2600 个单词，其中有 1200 个被使用过 3 次以上。显然，恺撒致力于让他的遣词造句不那么引人注目。他绕开诗意的表达、外来词、老旧的词汇和口头惯用语，就连行政和军事上的专业术语，都被他缩减到必要的词汇量，因此成就了一种均衡统一、使人愉悦的叙事节奏。

因为恺撒把叙事重点简化到战况上，该书所需的词汇量又一次缩水了，除此之外，哲学家艾卡特·门辛（Eckart Mensching）还确认了，日常生活中的典型词汇，即士兵们也会用的那种，是彻底缺失的，例如"桌子"（mensa）、"衣服"（vestis）、"医生"（medicus）、"居民"（incola）、"喜悦"（gaudium）、"睡"（dormire）、"吃"（edere）、"生病"（aegrotus）、"疲倦"（fessus）（1988年，第80页起）。对生活场景的展现被恺撒省略了。

　　恺撒追求精简单词，导致用语重复的现象频繁出现，他往往用一模一样的语句描述同一件事情，其间缺乏变化，即使换种说法来叙事轻而易举。头两卷《高卢战记》仍然最忠实地保留着传统笔记的风格，这里出现了用语雷同的典型证据，特别是在呈现模式化的战斗场面时。书中有个地方（第1卷第49节第1行）描写了一处仓库设施，两句话间"位置"（locus）这个词出现了5次。另一处（第1卷第52节第2~3行）"敌人"（hostes）一词在2句话中被用了4次，尽管以"日耳曼人"（Germani）或"野蛮人"（barbari）——罗马人对异族的通常称呼——这些专有名词来替换它很简单。但是重复用词造成的效果并非单调沉闷，而是指代明确。写作时避免非必要的换词，也是一些现代作品的风格特征。如果表现的是一场对话，通常"说"这个词就会在不引起读者注意的情况下一用

112　　再用:"他说……她说……他说……",云云。这样当某处有意换了个词的时候,读者的注意力就会更强地集中到这种讲话方式的水准上:"她轻声补充道……"。恺撒正是利用了这个效果,并且用得叫人心服口服:精简了的词汇让他无论何时都可以明显或隐蔽地替换一个词来强调某一处。

　　回到反复使用"敌人"(hostes)一词的例子上来:恺撒在这里描绘了一场对日耳曼人发起的决定性会战。只要战斗仍处于平衡局面,敌人就始终被恺撒用 hostes 这个泛泛的概念来表述——前面提到该词在寥寥几句中出现了 4 次。但是就在那一刻,当敌人以迅雷不及掩耳之势截住了罗马人的攻势,并且通过组成战斗方阵把战场形势控制在自己手中时,读者们被提醒了,罗马士兵现在正在和谁作战:"但是日耳曼人截住了罗马人的冲锋……"(at Germani...impetus...exceperunt)(《高卢战记》第 1 卷第 52 节)。"日耳曼人"这个名称在"罗马人"心里唤起了恐惧和惊骇,它还代表着罗马对阵日耳曼辛布里人和条顿人的一系列灾难性的、损失惨重的败局,最终马略花了大力气才征服了他们。冷静淡然的"敌人"一词恰在罗马人的进攻陷入僵局时被"日耳曼人"替代。军事行动出现了延缓,叙事也随之缓了下来;与此同时唤起惊怖感的"日耳曼人"这个称呼被提起，含蓄地却也一针见血地解释了（暂时的）战局恶化。

如果用语简化到极致，那么一个小小的变化便足以达到强烈的效果。这样的效果在《高卢战记》全篇到处可见。恺撒刻意使用的大体上十分简单的叙述方式，让他可以通过少数几种修辞手法赢得或是操控读者的注意力。叙事手法越低调，叙事者就越能隐身幕后，可以自由自在地引导和操纵他的读者。

言辞为武器：一位统帅的叙事策略

就像恺撒是战场上的主宰一样，他也是文学创作中的主宰。在讲述自己的故事时，他策略百出。

当然就这么一点还不是恺撒不同凡响的地方，在某种程度上，他实际上是不得不这么做的：事实和事件本身仍然不是故事。光了解事实是不够的，还得用某种特定的形式和结构把它们呈现出来，这样它们就能组成具有内在关联性的故事情节，传达某种易于理解的内涵。所以叙事形式和叙事技巧并非恺撒作品所独有，而是历史学领域中常见的。

古典时代的历史学家比起现代人，下笔要果断得多：对原始材料的选择和谋篇布局，细节程度和

113

叙事方式，都取决于历史学家在目标群体中想达到什么效果，营造怎样的视角，这样一个过程并不会被古典时代的读者当成造假，而是会被理解为一种文学艺术（本书页边码第85页起）。史书作者就像演说家一样想要满足各种美学标准——西塞罗一再强调历史写作和修辞学之间的关系。为了让复杂事态之间的联系一目了然、重点突出，修辞学和叙事技巧被当作不可或缺的手段，备受欢迎。故事既要有教益，也要讲得足够有趣、才智横溢、扣人心弦。叙事技巧和修辞方式都依需要而定。譬如一位历史学家就能通过某个人物之口传达自己的想法，而不给人不可置信的印象。或者，信息会在它能产生最大影响的地方被披露，而不是在时间线上它原本所处的位置。没错，甚至叙事的顺序都不是按照时间，而是根据审美标准安排的。恺撒的创作可以上溯到这样的传统，只是他并不想表现得像一个指手画脚的历史学家，而是想当一个以回忆录形式冷静客观地进行报道的人。那他就必须掩饰他的叙事技巧，隐藏他本人的存在。

1. 隐身的叙事者

恺撒并未在《高卢战记》的头几页出现，不管是作为叙事者还是作为主角都没有。前言部分

介绍了各个国家和民族（《高卢战记》第 1 卷第 1
节），接着是一段关于高卢赫尔维蒂人和塞广尼人
（Sequanern）政治局势的报道（《高卢战记》第 1
卷第 2~6 节），至于由谁报道则全然不知。与其他
回忆录文学作品不同，《高卢战记》没有司空见惯
的献词，假如有献词，那么恺撒是叙事者的事实就
很明显了，他会在献词中把文稿作为遗物托付给一
位友人，这位友人应当忠实地保存这份文稿，或许
还将对它进行扩写和修订，并使它在世上传播。恺
撒并未采用那些高姿态的自我表现手法，像一个假
想中的回忆录作者那样端着高贵、矜持的架子，把
成品当成未成品来贩卖。他更倾向于保留叙事的开
放性，不在"向读者说话的是谁"这点上做文章。
所以关于高卢形势的引言部分就没带什么个人色
彩，显得立场不偏不倚。如同从高处鸟瞰一般，一
位全知全能的匿名叙述者首先让读者获得了对高卢
的总体印象，为的是接下来顺利地把他们的注意力
引到狭小的舞台上，也就是赫尔维蒂人的土地以及
毗邻的地带。与此同时，第一位主角——赫尔维蒂
人的首领奥吉托里克斯（Orgetorix）被引到文中。
读者不仅得知他的姓名和地位，还得知他的政治野
心和计划：塞广尼民族的卡斯提库斯（Casticus）
和爱杜依民族的杜诺列克斯（Dumnorix）都是高

卢贵族，二人之间签订了一份秘密协议，促成赫尔维蒂人毫无阻碍地迁出，同时也为他们统治全高卢做铺垫。对事态发展的呈现直到公元前58年3月28日这个时间点，这一刻，赫尔维蒂人在罗马山北高卢行省的界河罗讷河（Rhone）畔立约，为了沿着一条部分穿越罗马国境的路线向西高卢迁移。对赫尔维蒂人行动的概述照规矩用年份来标记，而且按罗马典型的纪年法，提到了两位共治执政官的姓名。如此一来，这段前情发生的时间就被严格限定在公元前61~前58年的3年里，切入具体行动的时候详细到了日子：公元前58年3月24日。对赫尔维蒂人当时所处的地点也有精确说明：离日内瓦城（Genava）不远的罗讷河桥，属于早就臣服于罗马的阿洛布罗及人（Allobroger）的领地，所以也就是在罗马行省的边境地带。头6章的叙事里，时间和空间聚焦到一点，把读者从普遍意义上的高卢带到了日内瓦罗讷河桥头特定的某一天。

至此该书仍然没在叙事者是谁这点上做文章。我们已经看到，公元前61年和前58年的共治执政官姓名被当作高卢战争前戏的重要信息给出，而恺撒却并没利用这个机会，把自己的姓名连着公元前59年的执政官任期一同提起，尽管他的执政期正是高卢战争发生的前提，也是前情的核心要素。这位叙事者并没作自我介绍，甚至藏起了自己，他没有一个字提到过自己和自己的叙事角度：他没说过一次"我"。人们只能获知，他显然是一个罗马人，以罗马人的视角叙事，因为他把山北高卢行省称为"我们的行省"（《高卢战记》第 1 卷第 2 节第 3 行，第 1 卷第 6 节第 2 行）。结果就是，人们越来越不再去挂怀这位叙事者，就是在风格上他也没怎么招人注意，而是完全消失在按年月日记事的平实报道之后。

这位叙事者尽可能地避开读者的目光，以至于他们忘了此人就是恺撒。恺撒几乎从头至尾贯彻了一个策略，即从第三人称角度为自己代言，这一点正是他的叙事诡计的决定性前提。第三者叙事的角度在古典文学史上是独一无二的。虽然有过一种情况，即一位作者写下亲历之事并在作品中保留了自己的真名，但是又给自己取了一个笔名，这样一来他除了从第三人称的角度写作别无选择。希腊历史学家色诺芬（Xenophon）就是这样在《长征记》一书中不受约束地尽情表现自我，刻画自己在对阵波斯国王的战争中的角色。相反，恺撒承认自己是《高卢战记》的作者，但是他基于若干不同的理由选择了第三人称写法，我们即将要进一步了解这些理由。为了避免行文

116

和内容的生硬，恺撒必须在前言中避免第一人称和任何形式的献词，还得注意不要让第三人称叙事展开得过于突兀。在头几章里，叙事者恺撒和主人公恺撒的身份不能撞到一块。并不需要对自己夸夸其谈，叙事者恺撒的角色就在前言和前情故事中成功树立了起来，而主人公恺撒此时尚未登场。第 7 章开头，恺撒的名字终于第一次出现了，这个新来的主人公如此不着痕迹地融入了赫尔维蒂人的故事，以至于如果这里直接切换到第一人称叙述的话，对阅读体验会是种干扰。

作为主角和作者，恺撒有多么成功地隐身于幕后，从后世对《高卢战记》的接受史中可见一斑。古典时代末期，该书被归到帝制时代的传记作者苏埃托尼乌斯，而不是恺撒的名下——基督教历史学家奥罗修斯（Orosius）这么写道（奥罗修斯：《反异教史》第 6 卷第 7 节第 2 行），诗人圣希多尼乌斯·阿波黎纳里斯（Sidonius Apollinaris）似乎也说过同样的话（圣希多尼乌斯·阿波黎纳里斯：《书信》第 4 卷第 3 节第 6 行，第 9 卷第 14 节第 7 行）。传说的作者苏埃托尼乌斯生活在恺撒之后一个半世纪，而恺撒的同时代人西塞罗和希尔提乌斯就已经对《高卢战记》发表过看法，显然，就这也无法阻止这种可笑的误会。

让我们仔细看看叙事者恺撒对统帅恺撒的头几句报道：

> 当恺撒获报，说赫尔维蒂人企图取道通过
> 我们的行省时，他立刻从罗马出发，急行军赶
> 往山外高卢，来到了日内瓦周边地区。在整个
> 行省他大规模征召兵员，多多益善——但在山
> 外高卢总共只有一个军团的兵力。他立刻让人
> 拆掉日内瓦的那座桥，赫尔维蒂人得知他的抵
> 达，立刻派去了一个使团……他答复使者，说
> 他要仔细地考虑一下这件事，如果他们还有什
> 么需求，就该在 4 月 13 日再来。（《高卢战记》
> 第 1 卷第 7 节第 1~6 行 ）

117

头一个引人注意的是，恺撒这个人物就这样
不加任何解释地被引入文中。当奥吉托里克斯以及
在场的其他凯尔特贵族第一次被提到的时候，叙事
者都以惯常的形式对他们的身份和立场作了简短介
绍，然而却没有任何线索提到恺撒就是上一年的执
政官且如今身兼伊利里库姆、山南高卢和山北高卢
三个省份的资深执政官，他现在走马上任，并被委
以一项长达 5 年之久的特别指挥权。在《高卢战
记》的前情故事中，叙事者对恺撒的执政官任期，

就像对罗马的政局一样不置一词。盖乌斯·尤利乌斯·恺撒的全名没有一次被提到,提及的只有"恺撒"这个称呼。不像他手下的副将们,这个简洁的称呼贯穿了整本《高卢战记》,从来没有一次和统帅或资深执政官这样的职能性称谓连在一起出现。恺撒虽然在这里或那里的战斗场景当中被称为统帅,他的本名却没有被提及。

缺少对恺撒的介绍文字这点很容易解释:叙事者恺撒想在第三人称视角的叙事中尽可能表现得只是"顺带着"提到他这个人,假如大费周章地使用了溢美之词可能会让读者注意到恺撒在书中扮演着罕见的既是作者又是主人公的双重角色。恺撒作为行省长官的身份被假定为众所周知,他随即融入了生动的故事发展进程,以至于读者在这样一个重大的关节点上,也就是叙事者第一次用第三人称叙事方式提到自己的地方,几乎无暇深思。在人们尚未作好心理准备的时候,恺撒已经出现在那个地方——罗讷河桥上,关于赫尔维蒂人来龙去脉的故事就结束在那里。时间点上也刚刚好:第 6 节结束的时间是 3 月 28 日,这一天赫尔维蒂人在罗讷河畔碰头;第 7 节以 4 月 13 日作结,当天恺撒第二次接待了赫尔维蒂人的使节团,在那之前他摧毁了罗讷河桥,并且多次招兵买马。在整本《高卢战记》中只有这两处给出了详细的日期，功用在于让赫尔维蒂人这条线索和恺撒这条线索同步，同时形象地描绘这位行省长官是怎样以迅雷不及掩耳之势展开行动的。叙事的速度和事件发展的速度相一致，情节的快速推进转移了读者对于叙事环境的注意。以及通过延续前情提要故事中的做法，即简单地称山北高卢行省为"我们的行省"，叙事者保留了他作为罗马人的泛泛的视角："当恺撒得知，赫尔维蒂人试图穿过我们的行省时……"通过这种"我们"人称的叙事形式，作为叙事者的恺撒虽然和主人公恺撒同时存在，却并不引人注意，以至于他的存在和故事里的恺撒之间并没产生什么大的冲突。

　　叙事者"我们"在别处也和主人公"他"同时存在，《高卢战记》中总会反复提到前文某处："如同我们上面提到的""就像我们上面展示的"。这类套话证明了，恺撒是为他作品的读者而非听众考虑的，尽管古典时代的书通常是朗读出来的。因为"上述"（supra）这个词指的是相隔很远的前文某处，而在为朗读而写作的文稿中，通常会使用时间副词"之前"（antea）："像我们之前提到的……"。

　　"我们"作为叙事者和以第三人称叙事角度报道自己这种独一无二的组合，是恺撒对老问题作出的新解答：人们应当怎样尽可能不引人注意地进行文学上

119

的自我表现。第三人称视角在主人公和他的自我形象之间人为地创造了距离感,建立起了一种似是而非的客观性。一个小实验能很快揭示这种叙事策略的巨大功效。为此,下面这幕情景将首先以原文中的第三人称呈现,之后我们将尝试用第一人称来表现。

> 他看到局面陷于极大的危机中,已经没有可以投入这场战斗的后备力量,他夺下后卫队伍中一人的盾牌——他本人赶到时未带盾牌——并加入前军。他呼唤着每个百夫长的姓名,号召剩余的士兵发动进攻。他命令队列散开,以便士兵们挥剑更加方便。他的抵达让士兵们重又燃起希望。勇气回来了,敌人的进攻被稍稍抵挡住了,因为每个人都愿为统帅献出他们的一切,尽管他们本人都正身历险境。(《高卢战记》第 2 卷第 25 节)

对比一下,这段以第一人称叙述听起来感觉如何:

> 我看到局面陷于极大的危机中,已经没有可以投入这场战斗的后备力量,我夺下后卫队伍中一人的盾牌——我本人赶到时未带盾

牌——并加入前军。我呼唤着每个百夫长的姓名，号召剩余的士兵发动进攻。我命令队列散开，以便士兵们挥剑更加方便。我的抵达让士兵们重又燃起希望。勇气回来了，敌人的进攻被稍稍抵挡住了，因为每个人都愿为统帅献出他们的一切，尽管他们本人都正身历险境。

这之间的区别叫人吃惊，在第三人称版本中，读者无疑会对那个勇敢忘我的统帅怀抱敬意，而在第一人称版本中，读者将无法忍受这种毫无节制的自我标榜。一句像"我的抵达让士兵们重又燃起希望……"这样的话，在第一人称的叙事中是不可能存在的。可以看出，一种所谓的巅峰时刻，也就是对英雄壮举的形象展示，没办法以第一人称的方式做到。对于所有严肃文学门类来说可能都是这样。在那些伟大的第一人称叙事史诗当中，例如荷马的《奥德赛》和维吉尔的《埃涅阿斯》，题目中的人并未美化颂扬自己的英雄事迹，而是把自己的成就描述成沉痛艰辛的经历。相对地，英雄的荣耀要么是诗人从作者的角度，要么是另一个角色从该角色的角度来赞美，也就是采用第三人称的叙事模式。但是如果一个主人公不厌其烦、天花乱坠地讲述他自己的事迹，不怕夸大其词，也敢于加

120

入其他增强震撼力的元素——这些手段在颂诗当中很常见——他就不仅显得厚颜无耻和狂妄自大,还显得不可靠,经常还会不自觉地显得滑稽。正因如此,西塞罗关于自己执政官任期(本书页边码第90页)的史诗在后世比起承认,收获了更多的嘲讽。以至于塞内卡发明了这句俏皮话:西塞罗称颂自己不是没有理由的,却是没有休止的。很多喜剧小说和讽刺小说利用了这一效果不是偶然的,方法就是采用自白式第一人称叙述。古典时代的例子就是佩特罗(Petrons)的《爱情神话》和阿普列尤斯(Apuleius)的《金驴记》。佩特罗笔下的第一人称叙事者恩科皮乌斯(Encolpius)记叙了他在颓废堕落的罗马社会中的生活,而阿普列尤斯的第一人称叙事者卢修斯(Lucius)则讲述了他如何变成一头驴子,以及披着驴皮开启冒险之旅的。近代的第一人称叙事有闵希豪森男爵(Barons von Münchhausen)的吹牛皮故事,还有托马斯·曼(Thomas Mann)的《骗子费利克斯·克鲁尔的自白》(*Bekenntnissen des Hochstaplers Felix Krull*)等。这些故事营造喜剧气氛的方式有时如出一辙:喜剧效果来自第一人称叙事者局限性视角下的自白,他时而夸夸其谈、志得意满,时而求人垂怜、恳请同情,他对自己所描述的那个世界一知半解。这些有点极端的例子表明了，如果第一人称叙事者关于自己和他的伟大事迹太过喋喋不休，他将可能陷入怎样的危局。

*

　　但是恺撒选择这种叙事形式有相当现实的理由，这场绵延 7 年的战争大戏在多个舞台上由不同演员出演，要展现它，不能只利用自己的笔记和呈给元老院的年报，还要广览他在高卢全境参战的部将们的笔记和汇报，并把所有材料归类和整理成文学形式。就是统帅恺撒也不能同时出现在所有的战场上，所以有些大型的战役是在他缺席的情况下，由他的代理人领导的。到了战争第 3 年，恺撒的副将克拉苏斯（Crassus）、萨比努斯（Sabinus）和拉比努斯（Labienus）指挥了 3 场军事进攻，和恺撒自己的军事行动是同时进行的。然而恺撒只能以第三人称来报道这些由他手下的军官们独立指挥的战斗。如果恺撒此时选择了第一人称，《高卢战记》就将拥有两种并行的叙事形式，叙事视角也会显得不统一。除了风格上的统一，贯穿始终的第三人称叙事还有一个好处：视角局限于一位叙事者身上，他可以一览恺撒和他的部将们的行动，可以从一个战场跳到另一个战场,而不用给读者解释他的无所不在和全知视角。否则人们就会提出一个合情合理的,或许还是鞭辟入里的问题:恺撒是如何做到洞察一切的?一个第三人称叙事者就可以防止该疑问出现,一个第一人称叙事者则相反,要想证明他的叙事角度合理,就得不厌其烦地说明,他是如何远在他处,却能得知现场情形的。

第3卷开头有个例子,在恺撒为了过冬而撤回意大利之前,他委托塞尔维乌斯·盖尔巴(Servius Galba)守御阿尔卑斯之路,并且解释道:

> 恺撒准许他,如果他觉得有必要,就把他的军团带到冬季营地去驻扎,盖尔巴取得了若干成功,从敌人那里夺下了多个营垒,结果就是,各方都派使者来到他这里。(《高卢战记》第3卷第1节第3行)

这段文字倘若以第一人称写就,听起来是这样的:

> 我准许他,如果他觉得有必要,就把他的军团带到冬季营地去驻扎,盖尔巴取得了若干成功,从敌人那里夺下了多个营垒,结果就

是，各方都派使者来到他这里。

第二个版本里缺乏一个信息，即恺撒是如何得知在他启程后又发生了什么的。除此之外，人们还有种时间跳跃的印象。第一人称叙事者只有在他从意大利返回后才能得知盖尔巴在阿尔卑斯山里的情况。因此第二个版本要想成立，就必须附上这样一句解释：

> 后来人们告知我，盖尔巴取得了若干军事胜利……

而第一个版本保证了叙事时间上的延续性：盖尔巴接到一项任务，这项任务取得了军事上的成功。这个简短的例子明示了，要把第三人称叙事插到第一人称叙事当中有多复杂。

这些都是恺撒营造叙事视角并把焦点引向他本人的艺术手段：第三人称叙事隐藏了真实的叙事者，讲述主角恺撒时给人一种客观公正的印象，这有利于恺撒的自我呈现；而第一人称叙事中的自我呈现则是缺乏可信度的，同时会显得咄咄逼人。除此之外，这还关乎视野的问题，文中视野不仅涵盖了恺撒其人，也涵盖了整个战局。第三人称叙事下

123

可以采用总览全局的视角，不仅使对事件的呈现浑然一体，还使可能产生的对信息来源的追问，这样恺撒在发布信息时就保留了极大的转圜余地。比起一个匿名的第三人称叙事者，如果恺撒使用第一人称叙事，那么一再出现的全知视角一定会令读者迷惑不已。

哲学家汉斯·奥普曼（Hans Oppermann）有些过时的热情洋溢的表述证实了，第三人称叙事作为文学手段是多么有效，他在恺撒的第三人称叙事中看到了"史上最伟大的对自我的客观呈现"（奥普曼：1960年，第482页），通过这个论断，他证明了自己就是恺撒熟练的叙事策略所命中的目标。

2. 一年一卷史书

可以想见，《高卢战记》的基本布局十分简单：每年一卷书，也就是从公元前58年到公元前52年一共7卷书（参见本书页边码第243页内容概述）。记事似乎没办法做到更客观了，这个结构源自恺撒每年必须寄给元老院的年报，像我们已经看到的那样（本书页边码第101页），整个高卢战争正是以此为基础呈现的。这符合所谓按年记事的体裁传统，要么在一段特定的历史时期内，要么从罗马建城之日起，历史事件一年接一年被记载下

来。"随记"和史书两种体裁统一于编年史的布局
原则，是的，可以说这是一种既简单又不引人注意
的布局框架，恺撒应其需求把来自两种体裁的元素
都填进这个框架中。通过这种方式，他做到了以朴
素的回忆录风格开端，一卷一卷写得越来越文采斐
然，用罗马史书当中典型的叙事形式——主要是人
物发言、风俗志和插入的单篇故事（本书页边码
第 141、150、156 页）去丰富他的战记。战记第
4 卷中出现了头几句逐字逐句照搬的发言（《高卢
战记》第 4 卷第 25 节），第 5 卷中出现了第一次
较长的发言，最长的发言在第 7 卷。同样，第 4 卷
里有一些较短的风俗志，第 6 卷插入的风俗志是最
长的。由书中人物讲述的小故事也是一样，从第 4
卷开始，一些打磨过的短小的戏中戏让叙述显得生
动活泼。叙事总体来说也越来越详尽、形象和多姿
多彩。第 7 卷已经鲜能见到全书开头那种冷静平实
的风格了。现在人们知道了每一个勇敢士兵的姓名
（《高卢战记》第 7 卷第 47 节第 7 行，第 7 卷第 50
节第 4 行），知道了塞文山脉的雪刚好堆到 6 英尺
那么厚（《高卢战记》第 7 卷第 8 节第 2 行），知
道了尼提奥布洛吉人（Nitiobrigen）的国王都托
马得斯（Teutomatus）在午睡中被敌人惊起，半
裸着上身逃窜（《高卢战记》第 7 卷第 46 节第 5

行），知道了日尔戈维亚（Gergovia）围城中的妇女从城头上裸露着胸脯向着罗马人弯下身去请求宽恕（《高卢战记》第 7 卷第 47 节第 5 行），知道了恺撒因他衣衫的鲜明颜色被人识别出来（《高卢战记》第 7 卷第 88 节第 1 行），知道了恺撒通过大声的呼唤让他的第十军团停步（《高卢战记第 7 卷第 47 节第 1 行），知道了高卢人通过狂野的战斗呐喊相互打气（《高卢战记》第 7 卷第 80 节第 4 行）——而这些小事在第一卷相应的地方一般是提也不提的。

　　叙事方式也一卷卷向前发展，如果说该书开头是官方报告风格，那么到了结尾就接近历史传记的手笔。哲学家德特勒夫·拉斯穆森（Detlef Rasmussen）这么表达他的看法："整本《高卢战记》的风格越来越紧张激烈，放大镜下对事件的描写越来越鲜明清晰，镜头变化着，总的看来，我们经历了从实录报道向文学描述的变迁。"（拉斯穆森：1963 年，第 156 页）。拉斯穆森欣赏恺撒的做法：越来越多的文学修辞成分是恺撒有意为之，贯彻到最后对全书的汇编中，为的是把重要的战事描述得更加生动，并最终在和维钦托利（Vercingetorix）的决定性冲突中到达叙事的高潮。编年史的简单结构掩盖了恺撒所采用的复杂手段：挑选、排列、精简和拓展他的素材，以呈现

125

不同的重点。"明面上按照编年史顺序对历年战事进行分篇布局，是该书风格方面默认的手段，为的是精心掩饰有所选择的重点安排。"（拉斯穆森：1963 年，第 157 页）

编年史的布局原则造成了一种客观记事的印象，即单纯按照时间顺序把一年又一年发生的事件记录下来，这背后隐藏着一种叙事艺术，利用张力、高潮和慢节奏叙事。尽管七卷战记每一卷看起来都像是在报道每年孤立发生的事件，但它们惊人地共同组成了完美的弧形结构：头三卷（1~3 卷）描写了高卢人的臣服，接下来三卷（4~6 卷）阔步向前踏进日耳曼人和不列颠人的领地游历，最后一卷（第 7 卷）以高卢人的大起义回到起点，在对维钦托利的胜利中凯歌高奏地作结。恺撒像一个编剧那样规划着他的高卢战役的进程，从对他有利的角度呈现高卢战争。

一名善意的读者可能会说，《高卢战记》的大体框架总是由事件发生的实际顺序决定的。但是如果更仔细地观察一下这些事件，就会发现一些让人困惑的地方：战争的第 2 年（第 2 卷）就已经以对高卢的征服作结，战争第 3 年几乎没发生什么，而公元前 55~前 53 年这几年，也就是书的第 4~6 卷，在《高卢战记》的全盘布局当中，犹如决定命运的

126　　那一年——公元前 52 年——到来之前的"缓冲带"被设计得异彩纷呈,充分表现了军事上的重大失利:恺撒向日耳曼轰轰烈烈的进军无疾而终,攻占不列颠岛的声势浩大的行动也失败了。第 6 卷结尾处,恺撒面对着一地鸡毛,因为一度暂时性地被压制下去的高卢人利用了恺撒失利的时机,组织新的同盟,策划新的反抗。

　　恺撒使用的是简单却行之有效的叙事策略,尽管受编年史的规则束缚,他成功地做到了把严重的失误巧妙地安插到对高卢战争的全局叙事中去,以至于读者几乎没有感受到这些失误的严重性。首先,说明性的文字,主要是对苏维汇、不列颠、高卢和日耳曼民族风土人情的解说,被插在对公元前 55~ 前 53 年的艰难战局的描述当中。苏维汇人的风俗志开启了这一系列:这段文字占据着非常突出的位置,在第 4 卷的开头。如此一来,第 4 卷明显采用了一种别样的口气:新的主题开始了,异国风情的天地打开了,好像人们从没听说过苏维汇人似的,但并不是这样,早在第 1 卷里,他们就在国王阿利奥维斯塔的领导下扮演过重要的角色。正如我们将要更详细地解释的那样(本书页边码第 150 页起),从第 4 卷起,插入的一系列风俗志开始发挥精心盘算过的作用,一方面掩盖了恺撒进军日耳曼无果而返的事实，另一方面把日耳曼和不列颠诸战役表现得更像特别行动，而不像失利的征服。

《高卢战记》的总体布局加深了这一印象：早在前言部分——当然，恺撒是最后才落笔撰写这部分的——对高卢及其边境地理形势的描述就处于焦点位置，以至于"整个高卢"成为全书实际上的主题和恺撒辛勤笔耕的对象并因而知名，相反的，不列颠和日耳曼只是作为次要战场出现，对它们的征服从头到尾就没有被严肃认真地对待过。与之相应的是，该书标题中只出现了高卢的名字。《高卢战记》第 7 卷，也是最长的一卷，以恺撒的全面胜利作结，其中对战事详尽又鲜明的刻画，最终使得第4~6 卷里军事行动的结果都被忘却了——如果把 7卷书作为一个整体来读的话。

除了按编年史的原则分篇，恺撒还搭起了许多较小的前后呼应的桥梁，它们跨越了单卷战记，把各卷统一成一个总体，例如出现在开头几卷中的"整个高卢"在第 7 卷中回归，又如爱杜依部族的狄维契阿古斯（Diviciacus）其人以及他关于高卢两方势力的发言（《高卢战记》第 1 卷第 31 节第 3行）到了第 6 卷在有关高卢地理风俗的插叙中被再度提起（《高卢战记》第 6 卷第 12 节第 1~5 行），为正确判断第 7 卷中的事态发展创造了前提条件。

127

第 7 卷集中了大量照应前文的内容,在回顾视角下给此前发生的事情赋予了语境和内涵。就是莱茵河右岸的进军最终也被证明是有其意义的,因为恺撒在整个高卢背叛了他之后,突然变魔术般地变出了日耳曼人作为新的盟军(《高卢战记》第 7 卷第 65 节)。

《高卢战记》的情节里有挫折,有阻滞,也有成功,并不是对许许多多兴衰起伏的历史事件的简单记录,而是把它们组织了起来。通过众多民俗插叙,第 4~6 卷环环相扣。第 7 卷一直照应到全书开头,并且在回顾视角下让开头部分显得像终场大戏前的引子:围绕阿莱西亚展开的史诗般的震撼决战结束了恺撒的《高卢战记》——这也是一场布局。恰恰是希尔提乌斯,这个在第 8 卷续篇中亦步亦趋地追随恺撒的人,泄露了这点:因为在希尔提乌斯笔下,战争的第 8 年又重新以高卢部族的阴谋开始了,就好像什么都没发生一样。

128   通过对素材富有技巧的编排,通过对叙事手段的采用,通过深思熟虑后的主动取舍,最终塑造出高卢战争生动图景的,并不仅仅是统帅恺撒,至少还有叙事者恺撒,他只是表面上看起来遵守了编年史谋篇布局的规范。

通过全书前后一气呵成的叙事,恺撒突破了

"一年一卷书"的规矩对他的束缚；而从另一个角度来说，他的叙事方式也有意遵循编年史既定的结构。因为尽管他事后再次加工了《高卢战记》七卷本，把它们连成一体，并在回顾过往时将整个七年战事收入眼帘，在单卷之中他复述的仍然只有自己那一年所知的情况，避免预先提到后面发生的事情或后来才获得的信息。把时间框架控制在一年以内，是恺撒为了达到某些目的而有意为之。基本上可以说，这种做法强调了主人公恺撒身处的情境，在危急时刻突出了事态的不明朗，以及各种事故接踵而来的压迫感。读者被置于恺撒的角度，忘我地和他同呼吸、共命运，体会着这位统帅的决策和行动。读者完全可以想见恺撒的担忧、盘算和抉择，即使恺撒受到了欺骗，或者作出了一个事后被证明是错误的决定，在当时那种情况下，读者也会赞同他的决定。但是因为比起向读者透露的东西，叙事者恺撒自己知道的自然总是更多，那么他就可以为了自己的利益，在呈现事件时，不被人觉察地利用自己所掌握的、与事件结局有关的权威信息。

最后一个方面，恺撒是如何为着自己的目的利用编年史的记事顺序原则的，这里详细解释下。因为被报道的事件发生在哪一年总是很清楚，恺撒不觉得有什么进一步标注日期的必要性（仅有的两个例外在第1卷开头,见本书页边码第115页),就是相对时间——就像相对距离一样——也令人惊异地很少标注出来,就算有也是相当不详细的。例如我们无从得知,对赫尔维蒂人发起的比布拉克(Bibracte)战役、对阿利奥维斯塔发起的贝桑松(Vesontio)战役和对维钦托利发起的阿莱西亚(Alesia)战役都是在哪一天落败的。哲学家艾卡特·门辛得出了如下结论:

> 放弃给出时间和距离信息导致了事件的面貌模糊不清,行动在年初或是初夏的某个时候展开,叙事这样进行着……直到军团抵达冬季营地。省去时间信息,尤其是不去记载绝对的年月日,导致读者不可能对统帅和军队的军事成绩进行独立自主的判断。作者谈及罗马军队的"疾速"(celeritas),点到他们的军队后勤任务——他所讲述的一切,读者都只能选择相信(或者不信),更多的信息肯定只会把读者弄糊涂。(门辛:1988年,第72页起)

就连在这种地方,也就是在时间日期等不惹眼的地方,文学审美上的考虑都压过了对精确记载的需求。除此以外,必定还有一点也推动了恺撒作出不记载日期的决定。这样叙事者可以拓展自己发挥的空间，他能在一年的时间范畴内自由行动，按照对他最有利的顺序和篇幅组织记事：一段时间既能被拉长，又能在不被人注意到的情况下消失无踪。恺撒不仅为他的叙事技巧，也为他对事件的解释权创造了更大的转圜空间。形式上他还是受制于年报逼仄的时间框架，让《高卢战记》从外表看来，总体上不失为一部严格的编年史著作。

130

3. 信息传递和叙事节奏

在历史学的几种主要的叙事手段，如引用演说词，插入风俗志和故事套故事以外，恺撒还使用了一些不惹眼的微妙的叙事技巧。利用这些技巧，他得心应手地运用手头堆积如山、浩如烟海的原始材料，把它们编写得一目了然、清晰易懂。在介绍那些主要的叙事手段前，我们想要分析并举例说明恺撒叙事过程中随处可见的两个特点：一是精心考虑过的编写顺序，或者说对信息的有效安置；二是叙事节奏的显著变化。

首先是材料组织和信息传递。按什么顺序来叙述发生的事件，什么时候向读者传达哪些背景信息，决定了读者对事件发展过程留下什么样的印象。事件之间真正的因果链条，通过在叙事者层面上改变了的叙事顺序，要么得到加强，要么被扭转，要么被掩藏。这里有一个例子。众所周知，第1卷中先后报道了两场战争，首先是对赫尔维蒂人的战争，之后是对苏维汇人及其国王阿利奥维斯塔的战争。对两场战争的描写互不相干，在对赫尔维蒂人的战况报道中没有提到苏维汇人和国王阿利奥维斯塔，苏维汇战争的报道中也没有提到赫尔维蒂人（除了第1卷第31节第14行短暂地提了一下）。恺撒是应爱杜依人——一个与罗马结盟的高卢部族——的愿望奔赴战场与赫尔维蒂人作战的。击败赫尔维蒂人后，他又应爱杜依人的请求再赴战场，这次是针对苏维汇人。在爱杜依人首领狄维契阿古斯的长篇（间接的）发言中，恺撒（读者也和他一起）了解到，为何他如今要同阿利奥维斯塔作战，以及苏维汇人带来了哪些危险。

131　　在恺撒的呈现下，两场战争彼此间没有联系。虽然它们几乎是一场紧接另一场发动的，看上去却似乎是由不同的理由所驱动，直到进军前不久，统帅恺撒（还有读者）才了解到这些原因。然而事实上这两场战争之间有着怎样的关系呢？恺撒从什么时候开始了解到相关的背景信息呢？

　　首先要澄清的是，恺撒早期就很明白苏维汇人的威胁，不是直到赫尔维蒂战争之后才通过狄维契阿古斯了解到的。公元前 61 年末，爱杜依人就在马格托布里加（Magetobriga）遭到了阿利奥维斯塔毁灭性的打击，此事促使狄维契阿古斯在下一年奔赴罗马，请求军事援助。但是那里的人对高卢发生的矛盾冲突不怎么感兴趣，只是通过了一条泛泛的元老院决议。按此决议，罗马驻高卢的行省长官需得保护爱杜依人，如果此行动对罗马有利的话。因为狄维契阿古斯在罗马逗留了一段时日——他也曾在西塞罗处做客（西塞罗：《论预言》第 1 卷第 90 行）——人们可以了解到关于高卢内部形势的第一手信息。就恺撒而言，他于公元前 59 年自己的执政官任期内加强了和苏维汇人首领阿利奥维斯塔之间的外交关系，甚至授予他"国王"和"罗马人民之友"的头衔（《高卢战记》第 1 卷第 35 节第 2 行，第 43 节第 4 行）。高卢人狄维契阿古斯和日耳曼人阿利奥维斯塔对罗马人来说都是名人，至迟从狄维契阿古斯在罗马逗留期间起，恺撒就获知了阿利奥维斯塔对高卢的袭击。两个事实，即元老院颁布的有利于爱杜依人的决议，以及授予阿利奥维斯塔友人头衔，都在《高卢战记》中多次被提到，并且在恺撒为战争动机正名的策略中扮演着重要的角色。但是叙事者恺撒只有在这些事实有助于他的全书布局时才会提起它们。当恺撒就任高卢行省长

官时,他对高卢的政治形势的掌握,绝对比人们从
他的叙述中所了解到的要多。在他投入赫尔维蒂战
争之前,必定还获取了更多信息。此外,在关于赫
尔维蒂战争的前言故事中,恺撒自己指出,赫尔维
蒂人为日耳曼人所迫,要向外迁移。他还提到了,
赫尔维蒂人首领奥吉托里克斯和爱杜依人以及其他
高卢部落贵族们在一起策划阴谋。

通过狄维契阿古斯的演说,恺撒激起了这样一
种印象,好像高卢内部的矛盾冲突直到赫尔维蒂人
失败才全部大白于天下。叙事者恺撒有意分开描写
这两场战争,尽管它们有着同样的动因和同样的政
治背景——对此他早就了然于心:两场战争都是由
爱杜依人的请求引起的,赫尔维蒂人和爱杜依人以
及其他高卢部族一样受日耳曼人排挤,所有这些部
族彼此之间都有联系。要注意到时间过得有多快:
高卢战争开始的几个月前,苏维汇人是爱杜依人最
为紧迫的威胁,而顶多2个月后,即赫尔维蒂战争
结束之后,他们重又变成了爱杜依人面临的最紧迫
的问题。这使人们不禁猜测,问题在这个间歇期内
仍然是存在的,而且恺撒在赫尔维蒂战争之前就已
经把苏维汇战争纳入计划了,而不是直到狄维契阿
古斯恳切的演讲之后。但是恺撒仍然偏向替两场战
争各写一段前情故事,避免把它们联系起来,尽管

这样做很容易，而且实际上也是合情合理的。

恺撒为他的信息策略选择了不同的叙事形式：赫尔维蒂战争从作者的视角切入（参见本书页边码第114页），苏维汇战争从狄维契阿古斯的视角切入。这样两段前情故事的功能——让战争动机更加明朗——就通过不同的方式得到了体现，材料本身原本难免会产生内容上的重复，但在这里，这种局限在叙事层面上被突破了。

通过对素材的熟练编排以及有技巧的信息传递，恺撒达到了许多目的：整个故事被分成一目了然的几个单元，便于读者理解。情节走向和恺撒的行动都很容易想见。接连提起战争动机激起了这样的印象：恺撒对两场战争中的每一场都深思熟虑过，两次都是应爱杜依人的请求开战的。这样每场战争就都有各自的动机，并且被合理化了。恺撒的表现并不像蓄意的侵略者——实际上他无疑就是侵略者——而像爱杜依人的庇护者。他并不盲目地投入一场规模未知的冲突，而是一步步被卷入其中。这种假象通过叙事技巧得到了强化，两次战争都通过间接引用的讲话（叙事者的或是狄维契阿古斯的）详细地复述了爱杜依人的求助。恺撒深知演说所能引起的情绪反应，所以紧贴在与阿利奥维斯塔开战的内容之前插入了狄维契阿古斯的讲话，从受

133

害者爱杜依人视角描写了苏维汇国王的暴行和专横态度，使得读者犹如亲见。这样，恺撒向阿利奥维斯塔开战的决定不仅博得了读者的赞同，甚至还让读者心怀期待。通过熟练的材料组织和有效的叙事手段，恺撒成功地做到了操控读者的感知，同时还取悦了读者。

*

我们即将进一步了解的第二个叙事手段是变换叙事节奏：作为叙事者，恺撒决定了他会把哪些材料详细地呈现给读者，哪些只是简略地记下一笔，哪些干脆隐瞒。在每次叙事中，所谓的故事时间，也即事件真实的发展，和所谓的叙事时间，即事件在叙述中占据的时长和顺序，常常是不一致的，和舞台剧展示一幕情景的方式很不一样。所以恺撒的《高卢战记》绝大部分篇幅都在处理夏季的几个月，战争只可能在此时进行，而只有很少的笔墨落在冬季。他又把战争情节推到夏季诸事的中心位置，漫长的休战期和平日的营地生活则很少提及。但根据苏埃托尼乌斯的记载，后者包括野外劫掠和纵情狂欢（苏埃托尼乌斯：《恺撒传》第 54 节第 2 行，第 67 节第 1 行），恺撒乐于在胜利后允许士兵做这些事情来满足他们。叙事者决定了，哪些事件要巨细靡遗地描写，哪些草草勾勒一下就已足够，哪些干脆完全略过，以此确立内容重点。叙述不同事情时的速度也不一样，一件事的叙事时间是被拉长，还是与故事时间等同，抑或被缩短，甚至根本不予呈现，是一种重要的引导读者目光、影响读者对事态的理解的手法。通过把笔墨聚焦在战事上，事态的密集程度似乎上升了，造成了一种印象：恺撒和他的士兵始终在马不停蹄地奔走。

首先来看一个例子，看看恺撒如何在他的叙述中延长一个短暂然而重大的时刻，以及他为什么要这么做。当纳尔维人（Nervier）出其不意地袭击了罗马军队的时候——当时他们部分仍在行军中，部分忙于搭建营地——恺撒从他的视角描述了极端混乱的一刻：

> 他们（注：纳尔维人）……飞速地抢占了山岗，冲向我们的营地和忙于修建防御工事的士兵。恺撒必须在片刻内完成一切：升起红旗——这是一个立即拿起武器的信号——唤回修筑工事的士兵，把那些为了搬土来筑造工事而远离的人召回来，组织战斗队列，对士兵发表讲话，吹起进攻的号角。由于时间急

135

迫，敌人又已发起冲锋，这其中大部分任务都不可能完成。唯有二事可以帮忙弥补一下这种困局。一是士兵们的理论素质和实战经历，他们在过往的战争中得到历练，可以很好地安排自己去做应做之事，不比受人指派来得差。二是如下事实：恺撒禁止手下将领们在营塞筑好前离开防御工作和他们的军团。由于敌人既在近处，又迅速掩至，他们不等恺撒命令，就马上根据自己的判断展开必要的行动。恺撒只发布了最急需的命令。为激励士卒，恺撒匆忙赶往他恰巧碰上的那个军团。（《高卢战记》第2卷第19节第8行～第21节第1行）

这急如星火的一刻，让统帅恺撒无法有条不紊地作出安排的一刻，随着叙事者恺撒对摆在手头的任务的一一道来被延长了。除此之外，叙述不厌其烦地点出了，士兵们在之前的战斗中所获得的军事历练在当前局势下得到了验证。两处说明——历数统帅未完成的计划，以及指出"士兵们的理论素质和实战经历"——把接踵而来的状况从情节的层面引到了思考的层面上。统帅有条不紊、明智审慎的安排基于战斗的激烈而未能贯彻，却仿佛在叙事者的层面上通过一种大众的观察视角被补上了。叙事之中插入了思考的间隙，推进中的报道被打断了，结果就是：统帅一瞬间的茫然无措，比起他在危难关头镇定自若、胸有成竹的反应，远没有那么引人注意。他通观全局，清楚按照常规应该采取的一切措施，并且在电光石火的一瞬认识到，哪里是真正需要统帅眼下介入的地方。这种叙事技巧的效果显而易见。我们可以看看，如果把两处说明从段落中划掉，只保留跟情节有直接关系的信息，会是什么效果。

他们（注：纳尔维人）……飞速地抢占了山岗，冲向我们的营地和忙于防御工事的士兵。因为恺撒禁止手下将领们在营寨筑好前离开防御工作和他们的军团，基于敌人既在近处，又迅速掩至，他们不等恺撒命令，就马上根据自己的判断展开必要的行动。恺撒只发布了最急需的命令。为激励士卒，恺撒匆忙赶往他恰巧碰上的那个军团。

136

以上文字中，恺撒的无能为力更加鲜明地跃然纸上。他的"最急需的命令"并不像那个没缩减的版本那样，表现得像个聪明的取舍，也就是在司空见惯的战斗准备中作出的选择，而更像是面对偷袭时的无助反应。

但是恺撒也是一位精练叙事的高手。年报的核心部分是每次军事行动的高潮,每当讲述这些轰轰烈烈的举动时,叙事节奏就会加快,以至于其余的事件只能在每卷书的结尾简略地提上一笔。就连第 7 卷,也就是最后一卷的结尾,听起来也是这种干巴巴的汇报腔调,并没有接着总结一下七年战争。在倒数第二段报道了对维钦托利的抓捕后,最后一段简要总结了恺撒赢得高卢战争后采取的所有措施:他是怎样分别对待爱杜依人和阿浮尔尼人(Arvernern)的,又向哪一个冬季营地派遣去了哪10 位副将。文章最后两句献给了恺撒本人:

> 他自己决定在比布拉克过冬。当人们从恺撒的书信中得知当年发生的战事后,他们在罗马为这次胜利举办了长达 20 天的谢神祭。(《高卢战记》第 7 卷第 90 节第 7 行起)

就这样,本卷的结尾,同时也是整部七卷本战记的结尾处的叙事都回到了朴实无华的记事风格,外观上保持了回忆录的形式。

通过采用快节奏叙事,恺撒追求的还有一个目标。一份简洁的报道只会列举事实而不进行深入阐述，这样恺撒就能轻描淡写地带过战争的某些侧面，它们或是看上去无助于他达到目的，或是出于其他原因令人不快。例如，恺撒几乎完全屏蔽了战争中牺牲者一方的视角，哪怕是和古典时代的其他历史著作相比，也尤显特殊。当然，对阿利奥维斯塔、维钦托利和其他知名敌手观点的陈述，会经再三斟酌后出现在书中某些地方。然而普通民众遭受的痛苦以及他们首领的败阵，大多数情况下都被描述得干巴巴。恺撒为了震慑或是惩罚高卢人而对高卢的田野和村庄进行的蹂躏，分别在第 3 卷和第 4 卷的最后一段，以及第 6 卷的倒数第二段得到了简略的提及。第 3 卷以如下句子收尾：

> 不停的瓢泼大雨使得让士兵们继续待在帐篷里已经成为不可能。所以恺撒命令，洗劫敌人的所有田地，把村庄和农户付之一炬。然后他率军返回，驻扎在冬季营地。（《高卢战记》第 3 卷第 29 节第 2 行起）

对高卢人的首领英度提奥马鲁斯（Indutiomarus）和阿克果（Acco）的处决分别出现在第 5 卷和第 6 卷的最后一段，只有简短的记录。关于阿克果是这么写的：

承受了两个营的损失，恺撒率军回到雷米人的一个城镇杜诺科多勒姆（Durocortorum），在那儿他通知高卢人召开全境会议，会议上他决定对森农内斯人（Senonen）和卡尔努德人（Carnuten）的阴谋进行调查，阿克果作为这些行径的主谋遭到了严厉的判罚，恺撒按照先人的习俗处决了他。有些人因为恐惧处罚而逃走了，他们因此而被放逐。恺撒让两个军团驻扎在毗邻特雷维里人（Treverer）的冬季营地，两个驻扎在林恭内斯人（Lingonen）附近，还有六个驻扎在森农内斯人领地上的阿及定古姆（Agedincum）。他也像以往一样操持军队的补给，为此他急驰往意大利，为的是主持巡回审判大会。（《高卢战记》第6卷第44节）

在这段不动声色的描述中，在军队调动和后勤补给之外顺便提到了阿克果的处决，恺撒就这样省略了被他征服的敌人的视角，就此避免了读者对阿克果和他的人民生发理解甚至同情的可能。这一策略也在处理维钦托利的战败时找到了用武之地。战役打响前，叙事者恺撒对他着墨甚多，战役结束之后就几乎没有了。短短的几句话提到了维钦托利把选择交予高卢人，让他们决定或是杀死他，或是把他活着交给恺撒。然后记述继续：

> 针对此事，人们向恺撒派去一个使团。恺撒发出命令，让他们交出武器，并把首领们带上来，他自己坐在营地前的工事内，这些首领被带到他的面前。维钦托利被交出来了，武器被扔到一起。（《高卢战记》第7卷第89节第3~5行）

恺撒再也没为这位高卢部族联盟的伟大领袖多置一词，他剥夺了此情此景所能有的任何一丝悲剧气氛。他本来可以怎样描摹交出维钦托利的情景呢？且让我们将它和普鲁塔克的版本比较一下：

> 煊赫的权势就这样如同梦幻泡影在一瞬之间随风而逝，大多数人丧命在接战的现场。最终，阿莱西亚的守卫者们在和恺撒一样不得不忍受过不可言说的苦痛和疲倦之后屈服了。维钦托利，这场战争的伟大领袖，执起他最光芒闪耀的武器，跨上披挂豪华的骏马，直接出城驰往营门。在罗马人的营地里，他绕着恺撒高踞其上的座位骑行一圈，随后从马上跃下，扔

139

下他的甲胄，坐在恺撒的脚前，在那里他沉默地等待着，直到有人把他带走，并为了准备凯旋式而关押起来。（普鲁塔克：《恺撒传》第27节第8~10行）

普鲁塔克像戏剧的终幕一样勾画了维钦托利痛苦而深重的坠落：一天之内，这位国王的命运决定了，他再一次摆出全部排场来到恺撒的营地，为的是接受臣服的屈辱。读者战栗了，像人们惯于对一位陨落的英雄抱有同情那样，同情着维钦托利。不管是在这里还是在《高卢战记》书中的其他地方，恺撒都隐瞒不提的是，他曾经以"朋友"之名称呼维钦托利，为的是保证他的忠诚（卡西乌斯·迪奥：《罗马史》第40卷第41节第1行）——这是否真跟颁给阿利奥维斯塔的官方头衔一样（本书页边码第131页及第144页起），尚不十分明确。直到今天，关于应该如何理解普鲁塔克描绘中的维钦托利引人注目的举动，研究者们仍然意见不一。有种理论是他没想到自己会被逮捕，而是盼望着作为曾经的朋友获得恺撒宽恕。然而恺撒在这种情形下不为所动：这个高卢人应该是在一所罗马监狱里蹲了6年，直到恺撒欢庆凯旋，在凯旋行列里牵着他走，接着按习俗绞死为止。

*

　　只触及事实的快节奏叙事的结果是，就连一场规模浩大的人祸都有可能淹没在海量的信息当中并被无视。一个特别富有感染力的例子为孟杜皮人（Mandubier）在阿莱西亚战役中遭受的命运提供了补充信息。孟杜皮人是维钦托利和他的战士们拿下并建起碉堡的那座城市真正的居民，当恺撒的围城带来了饥荒威胁的时候，维钦托利的战士们采取了如下措施：

> 　　在阿莱西亚收留了高卢人的孟杜皮人，被迫带着妇孺撤出（阿莱西亚），当他们来到罗马人的防线时，流着泪一再恳求，把他们收为奴隶并给他们吃的。但是恺撒通过分布在城头上的哨岗阻止了对他们的收留。（《高卢战记》第 7 卷第 78 节第 3~5 行）

　　恺撒继续报道战役进程，对孟杜皮人接下来的命运再也不置一词。但是随着这位罗马统帅的命令而来的，是一场在文本中完全被略去的人祸。从围城当中被赶出来，又被封锁在恺撒的包围圈内，

140

孟杜皮人连同妇女和孩子活活饿死在两道前线之间（卡西乌斯·迪奥：《罗马史》第 40 卷第 40 节第 3 行）。他们是如此绝望，以至于把为奴看得比饿死更强。但就是这个选项也被拒绝了。当这些手无寸铁的人向罗马士兵乞求饶命时，一定有持续整日的撕心裂肺的情景，直到他们完全无力、痛苦地死去。面对所有这些，叙事者都沉默不语，尽管他并不想完全放置不提包括妇孺乞求这一幕在内的事实，因为很明显，这种恐怖首先要算在敌人的账上：他们对自己人也同样残酷无情的特点——恺撒此前曾经详细地阐述过［采用了让克里托纳图斯（Critognatus）发言这种形式，本书页边码第 204 页起］——在此处达到了高潮。但是经由恺撒的命令，他和罗马人成了共谋者，因此该命令的后果被匆匆地略过了。

141
顺便一说，恺撒禁止收留孟杜皮人的命令，从纯粹的军事角度看来是顺理成章的措施，因为恺撒的军队面临着被大批赶至阿莱西亚的高卢援军包围的威胁，他们眼下要担心的不仅仅是前线交火，还有补给紧缺。要供应孟杜皮人口粮的话，局势会进一步恶化。但是恺撒没有把这点举出来当理由，他认为这么做没必要。

叙事艺术家恺撒随意变换着叙事节奏。他可以把短短的一刻拉长，又可以把长长的过程缩短。有时在对他重要的地方，他的叙述情景感极强，如同正在实时报道，典型例子就是插入的人物发言。

4.发言和演说

从被西塞罗称为"历史（写作）之父"（pater historiae）（西塞罗：《论法律》第1卷第5节）的希罗多德（Herodot，公元前5世纪）以降，人物发言就属于历史叙事这门艺术的核心塑造手法。像之前提到的，发言绝不是逐字逐句地被引用，而是由历史学家自由发挥构建的——有时候以流传下来的文本或者本人的记忆为基础。希腊历史学家修昔底德（公元前4世纪）——撒路斯提乌斯等罗马历史学家借鉴了他的《伯罗奔尼撒战争史》的写作方法——强调了他的历史作品中演说词的艺术性，并且如此描述它的功用：

　　演说词里头这一处或那一处的表达，如果要对它们进行逐字逐句的精确复述，不论是要我复述我本人听到的那些言论，还是要给我提供消息的人复述他们听到的那些话，都一样困难。每个人在他的处境下，据我的想法大概会怎么发言，那么文中他的发言就是这样了，尽

可能在总体精神上与实际发言相接轨。(修昔底
德:《伯罗奔尼撒战争史》第 1 卷第 22 节)

142　　人们注意到了"每个人……会怎么发言"这种
表达。这位有倾向性的历史学家想以当时形势所需
为判断标准,分析出某个局势下的基本问题,而一
位真实的发言者偶然间动了什么念头,那可能是排
在第二位的。在这点上,古典时代和现代书写历史
的方式大有不同:现当代历史作品中的发言(例如
一位政治家的演说词)被逐字逐句呈现,也就是说
是一份客观的原汁原味的材料,历史学家只是对它
进行阐释而已;而在古典时代的历史著作中,人物
发言都是事后按着想象补足,或者干脆就是生造出
来的,属于历史作品的文学要素。人物发言实际上
是由历史学家精心加工而成的,因为它们被看作叙
事流中的亮点。一种典型的情况是:传抄这些历史
作品的人有时候只摘录一书中的对话和演说部分,
就像撒路斯提乌斯的《历史》一书,除却少数短小
的片段,仅有演说词和书信部分的文字保存了下来。

　　发言和演说的功能是,尽可能栩栩如生地刻
画历史人物形象,让他们的观点和动机——尽管常
常只是揣测的观点和动机——跃然纸上,突出历史
性一瞬的意义,分析对事态具有决定性的局势下

的两难处境。逐字逐句引用的对谈和演说同时还提高了戏剧效果，纪实报道变成了情景剧。通过人物发言，古典时代的历史学家可以把主题和动机说出来，据他的想法，这些动机决定了历史人物的行为。因此，演说这种能从情绪上感染人的叙事形式，就是历史学家用来反映事态以及向读者传达事件意义的工具。

　　但是历史学家在发言当中表达的观点，极少是他本人看法不经过滤的体现，因为该观点要服务于历史人物形象的塑造，也影响到读者的感受。通过人物语言，蛮族被塑造成缺乏人性而骄傲自负的；战场统帅被塑造成明智审慎的、优柔寡断的，或是盲目行动的；政治家被塑造成有远见的、撒谎成性的，或是在涉及党派利益时无法公正处事的。经常是发言双方或是争论双方突出了具有决定性意义的重要局势，并对其展开分析，他们让历史学家有机会介绍一场冲突中的双方——蛮族和罗马人。没有任何一方的观点能代表历史学家的见解，但是它们都经过了他的润色修饰。

143

*

　　恺撒也要利用对话和演说，这一点不足为奇，尽管传统上它们并不属于回忆录这种体裁。至少他把《高卢战记》前三卷的对话控制在间接转述的范围内，这种写法与回忆录的纪实报道风格更加相配，为的是从第 4 卷起越来越多地植入一字一句的复述。但是转述的言辞在《高卢战记》中还是占压倒性多数，仅有七分之一的话语属于直接引用。

然而正是间接引用非常适合表达历史人物（传闻中）的动机，赋予事件进程以意义。当恺撒想强调、弱化或是质疑他笔下主人公（或他本人）的性格特征或行为动因时，无甚害处的转述毫无辞藻修饰，给读者以纯粹引用发言的错觉，这种手法就好像是为恺撒的目的量身定做似的。因为比起直接引用，间接引用使得从叙事者视角到人物视角之间的过渡更加流畅，也更加隐蔽。叙事者所揣测的——或者干脆就是栽到人物身上的——动机和意图，就像在叙事层面上的其他发展一样，被当作事实来叙写。当恺撒把和阿利奥维斯塔之间的争端演绎成一场唇枪舌剑的交锋时，他充分利用了转述手法的优势。这场交锋在双方使节来往之后的一场一对一会晤中达到高潮，不管从哪个角度看，它都等于古典历史学家笔下的一场辩论，只是这一场由恺撒对个中言语进行了转述而已。阿利奥维斯塔表达的意思如下：

他（注：阿利奥维斯塔）不得不假定，恺 144
撒在友谊的幌子下，只是为了消灭他，才让自
己在高卢的这支军队整装以待，如果恺撒不后
退并把军队撤出这一地区，他将不会再把恺撒
当作一位朋友，而是当作敌人来对待。（《高卢
战记》第 1 卷第 44 节第 10~11 行）

　　如此这般的会谈究竟是否发生过，是存有疑问
的。具体讨论过哪些事情，恺撒尽可自由发挥。我
们永远都不会知道，他让阿利奥维斯塔表达的思
虑，阿利奥维斯塔是否真有想过；如果有，他又是
否告知了恺撒。但是这番考虑意义重大，因为它包
含了决定性的动机，解释了为何曾被恺撒授予"罗
马人民之友"称号的阿利奥维斯塔和恺撒之间的关
系趋向破裂。是阿利奥维斯塔（恶意的）揣测：恺
撒对他的友情都是虚情假意，事实上恺撒既不想和
他，也不想和爱杜依人保持友谊，对恺撒来说，重
要的只是战胜阿利奥维斯塔和苏维汇人。这一假设
或许和真实情况相去不远，但是恺撒并不承认。比
这重要得多的是，阿利奥维斯塔只是从他假设的形
势推断出了后果，阿利奥维斯塔是那个宣称双方友
谊——恺撒之前呼吁过的友谊——作废的人。让我
们换一种写法试试：如果引用的段落是以一种平铺

直叙的方法写成的，将会抛出哪些问题。

　　　　阿利奥维斯塔假设，恺撒在友谊的幌子下，仅仅是为了消灭他，才让自己在高卢的这支军队整装以待。基于这一假设他得出结论，如果恺撒不后退并把军队撤出这一地区，就必定会被当成敌人而不是朋友来对待。

　　先不论这段话比之前少了压迫感，读者可能会发问：恺撒从何处得知阿利奥维斯塔假设的内容？如果恺撒不愿回到全知叙事者的角度上，就需要提供出处，但是首先，如果阿利奥维斯塔的重要决定——不再把恺撒看作朋友——由恺撒来表达，就是毫无意义的，只有让阿利奥维斯塔表达这一决定并且开诚布公地说出来，恺撒才能把战争爆发的责任推给他。在恺撒断绝友谊之前，阿利奥维斯塔就明确地毁弃了它。这场看似无用的言语交锋从对情节发展的意义来说，还没什么结果就被打断了，但在文本阐释层面上的贡献却不可小觑：因为阿利奥维斯塔轻率地抛弃了"罗马人民之友"的头衔，并且进行了事实上的宣战，恺撒成了受损一方，可以不受任何义务约束，现在就对阿利奥维斯塔开战。

转述是能为叙事者所用的具有决定性意义的手段，为的是向读者传达角色被揣测或是被发明出来的动机，使这一动机不再被质疑和追问。因为间接引语可以无缝融入回忆录的纪实报道风格，对情节的讲述和对动机的解释彼此交融、相互渗透。通过这种方式，恺撒在叙述事件时一再顺带提到他揣测的动机，按照自己的意图呈现事件的背景和来龙去脉。叙事者恺撒如何把朴素叙事和转述话语结合起来，他以此营造了怎样的效果，下面的例子可以说明。

战斗之后，为了追上赫尔维蒂人的主力部队，恺撒在阿拉河上架起一座桥，带着他的部队渡了过去（**讲述一个过程**）。

赫尔维蒂人因他突如其来的抵达而颇为惊异，因为他们看到恺撒在一天之内就渡过了河，而他们自己花了差不多20天才艰难地渡过来（**只可能是由叙事者猜测得出的感受**）。

使团的发言人是狄维果，卡西乌斯战争中赫尔维蒂人的领袖（**陈述事实，唤起对旧日失败了的战争的联想**）。

他说：如果罗马人民和赫尔维蒂人缔结和平，他们就会迁到恺撒划定给他们，并希望他们定居的土地上去,留在那里。但是如果恺撒要和他们继续作战,他就该想想罗马人过往的失败和赫尔维蒂人的勇敢(**无缝融入报道风格的间接引语**)。(《高卢战记》第1卷第13节起)

这里假设的赫尔维蒂人的动因融入了从作者角度出发的平实叙述,赫尔维蒂人由于对行省长官恺撒突如其来的抵达感到惊恐——叙事者恺撒是从何得知此事的?——向恺撒派出使节。把对猜想的动机的陈述和对行为的陈述连在一起,这一行动的动机自然就显得确凿无疑了。接着是转述狄维果(Divico)的发言,他虽然很有外交技巧地向恺撒开出了灵活的条件,但是如果恺撒不接受这条件,那么随之而来的自然是威胁了。之前顺带提到的赫尔维蒂使团所谓的"真正的"动因——对恺撒迅速抵达的惊惧,到了现在才发挥出处心积虑的影响,也就是让狄维果自信满满的登场显得虚假,那只是表演出来的,而读者知道使团前来的真正理由。同理,既然读者相信自己已经看透了狄维果的策略,那么他们就不会对文中间接引用的狄维果的话语抱有怀疑,而是相信这番话暴露了他的狂妄自大,并且了解到:一个野蛮人竟敢于用罗马过往的失败威胁恺撒。读者必定会感到忧虑不安,这完全在恺撒意料之中，他希望这样描述与狄维果的协商，使这次协商的失败以及与赫尔维蒂人的战争看上去似乎不可避免。

大部分间接引语——它们精心构建的力量现在明了了——主要出现在《高卢战记》的开头，这并非偶然，为的是使所谓的进攻高卢的必要性能够说服公众。主要是在第 1 卷中，（间接）引用的谈话伴随事件的发展，尤其为恺撒、高卢人和日耳曼人的行为提供了动机。而在第 2 卷和第 3 卷中，为了更好地报道战争，语言描写退居到次要地位。与使团和首领们的谈判虽然只是间接陈述，却得到了极其详细的引用，恺撒一直就表现得像个极有外交手腕的行省长官和遣词造句的战术家，直到他终于被逼到——他想让人这么以为——名正言顺地开始军事干涉为止。因此，第 1 卷中的部分内容比起战争实况报道，更像是对连续不断的磋商的记录。这一令人吃惊的发现和恺撒圆熟的自我呈现有关。他不是作为军队统帅，而是作为行省长官前往高卢，他必须一直谈判下去，直到罗马的利益不再允许这么做为止。

从第 4 卷书起，恺撒终于不愿再放弃直接引用这种塑造手法，不过他没有像平地惊雷一样出人意料地插入谈话，而是小心翼翼，先用多次转述进行

147

148 铺垫，到第 4 卷才出现了第一处直接引语，长度仅有两句（《高卢战记》第 4 卷第 25 节）。到了第 5 卷已有两处，其中一处稍长，包括 8 行（《高卢战记》第 5 卷第 30 节）。第 6 卷中，拉比努斯——不是恺撒！——作了《高卢战记》中唯一一次"经典的"罗马将领发言。第 7 卷向长篇大论的演说作出了让步，这种手法在第 8 卷克里托纳图斯的演说中被使用得淋漓尽致（本书页边码第 204 页起）。

在恺撒的书中，逐字复述发言意味着宣布一起重大事件，标志着刚好就在事件高潮之前的戏剧化的一刻。在争论中，演说对最终结果起着一锤定音的作用（《高卢战记》第 5 卷第 30 节）；在集会中，它能带来情绪上的转折（《高卢战记》第 7 卷第 20 节第 38 行）；让还在摇摆不定的人群统一起来决定采取行动（《高卢战记》第 4 卷第 25 节）。通过复述人物发言，决定性的一瞬间在此刻上演，接下来的情节发展都取决于此：过往之事就在眼前发生，发言者的视角变成了读者的视角，甚至发言者口里的话也变成了读者的，因为在古典时代人们常常大声地朗读。

让我们来看一下在《高卢战记》中撞见的第一处直接引语。当罗马的舰船抵达不列颠的海岸时，士兵们受到冲锋而来的敌军紧紧的逼迫，他们如同瘫痪了一样不敢跳进海里，不敢踏过波浪抢滩，入侵不列颠的行动面临着陷入僵局的危机。此时，第十军团的军旗手抓住了主动权：

当我们的士兵主要因为水的深度一再犹豫的时候，第十军团的军旗手向神灵祈求，希望能赐给他们这次行动一个完满的结局。然后他喊道："跳下去，伙伴们，要是你们不想把军旗交给敌人的话。我无论如何都会守住我对国家和统帅的义务。"他大声喊出这段话后，马上从船上一跃而下，擎起军旗冲向敌人。我们的士兵受到激励，所有人都从船上跃下。当另外一艘船上的士兵观察到他们的行为时，他们也立刻跟随着向敌军挺进。（《高卢战记》第 4 卷第 25 节）

引人注意的是，这段发言开始被提到的方式，是恺撒到此处为止常用的叙事手法。军旗手求助于神这一事实是用简单的陈述句报道的，在向神祈求好运结局时过渡到间接陈述。直接引语带着对士兵们的迫切呼吁从这里切入，开头是决定一切的号召："跳下去……"这声呼吁被听到了，在士兵当中引起了一阵情绪的涌动，他们鼓起勇气向敌人进

149 攻。军旗手的演说标志着向胜利的转折，让危机局势戏剧般地展现在眼前。恺撒毫不吝惜地动用他叙事艺术的全部手段，把极度危险的那一刻以强烈的压迫感呈现给读者，几乎给了他们一种自身陷于危局的感受。这使得全书第一处直接引语的效果更显出色。

人们可能会问，为什么恺撒把这意味深长的一刻让给一位军旗手，而不是通过其本人作为统帅的发言来突出强调？答案可能是，这样做对他而言过于廉价和直白了。此外，他认为自己另有主要任务——他的贡献不在于身先士卒，而在于创造条件好让士兵们证明他们的勇气。其余就交托给他手下非同一般的动力（当然这是他领导有方的结果）和恺撒的运气了。恺撒非常看重这些：尽管困难丛生，挫折不断，最终运气总是站在他这一边，那是幸运女神赐给统帅的重要美德。他对自我地位的定性非常全面：凡是在他的领导下发生的，就都是他的成功。如果他承认其他人的功绩，那也对他没什么损失。可以说，另一个人完全可以成为成功的关键助力。一位军官，或者一名普通士兵，就像这里的军旗手，通过简短的"战地领袖演说"，刚好承担了恺撒的任务。因为这段演说呼吁的是典型的士兵美德：同志情谊——如果士兵们不想让军旗手陷入麻

烦，就必须跟上他；荣誉——因为丢失军团旗帜被
视为耻辱；还有对祖国和对统帅的忠诚——军旗手
已经以身作则做到了这点。此前还向神灵发出了呼
唤，鼓舞了士兵们的情绪。简言之，军旗手的寥寥
数语事实上就等于一位战地统帅的演讲。

　　为什么恺撒本人不做这段演讲，还有一个原
因。《高卢战记》全书中找不到对他的讲话逐字逐
句的引用，作为统帅，恺撒所有的发言都以转述的
形式出现。这样叙事者恺撒的角色就不会和统帅恺
撒的角色冲突。恺撒倾向于让他的对手——维钦托
利和克里托纳图斯（本书页边码第 204 页起）直
接发言，特别是那些较长的直接引语。通过这些发
言，读者对这些角色，对敌人的思想观念和他们
的果敢坚毅都有了一个（作者精心设计过的）印
象，恺撒要跟这些人一一打交道，而且就是此时此
刻，因为决定性的冲突就在眼前。优秀的演说不仅
勾画出了对手的面貌，还让他们显得重要非凡，与
恺撒旗鼓相当。只有伟大的敌手才能衬托伟大的胜
利者。所以恺撒让敌人发言，直到他的胜利令他们
沉默。

150

5. 风俗志

风俗志是古典史学中不可或缺的要素。塔西佗

（公元1世纪）称它为除战争描写和著名人物的死亡外，组成传统历史书写的三个典型要素之一（塔西佗：《编年史》第4卷第33节）。在千篇一律的战争描写中，民族风俗志就是调剂和消遣，代表着对古典历史写作的文学功底要求。

如果我们给书中对作为工具的演说词的利用画出一条上升发展的曲线，即从单独使用间接陈述出发，经过第4卷中首次采用的简短的直接陈述，终于到了第7卷中最长的直接引语，那么我们就会发现，对风俗志的运用也呈现类似的发展曲线。如果说读者开始只是通过简短的解释和不着痕迹地编织进故事发展中的间接引语了解到事件的背景信息，那么第4卷开头苏维汇人的风俗志就让他头一次获知了脱离直接故事情节的、更加丰富的事实。其他跟事件主题有关的风俗志譬如莱茵河桥的搭建（《高卢战记》第4卷第17节）、不列颠人的战车技术（《高卢战记》第4卷第33节），以及一番更深入的关于地理风俗的描写（《高卢战记》第5卷第13~14节），虽然在真实性方面存在一定程度的争议。到了第6卷，终于出现了长度远超前文的风俗描写，几乎完全与故事情节剥离开，对日耳曼人和高卢人进行了本质上的比较（《高卢战记》第6卷第11~28节）。这一现象也要归属于《高卢战记》中多次被观察到的文风变化，通过这样的文风变化，回忆录体裁因为史书叙事方式越来越多的介入得到了进一步的丰满。

故事进展当中，叙写地理民俗意味着片刻的停顿，延长了叙事时间，中断了对战事的报道。恺撒利用了这一停顿给读者提供事件背景信息，这对读者理解接下来发生的事态，特别是理解统帅的决定十分重要。所以风俗志看似只是传递了客观事实，实则已经变成操控读者和转移读者注意力的工具。书的第4~6卷尤其以风俗志为特色，写这部分乍看上去是因为远征日耳曼和不列颠带来了新知识。但是苏维汇风俗志——尤其是高卢风俗志，在书里靠前的地方也并未缺席。一篇又一篇风俗志熟练地把读者的关注从公元前55~前53年的军事失利上引开。

对高卢人和日耳曼人长篇大论的民俗描写是个好例子。在恺撒于公元前53年第二次搭起莱茵河桥梁并且率军渡河以后，乌比尔人（Ubier）探子的消息传到了他这里：苏维汇人已经退进泥泞的森林深处。而他本来是想对其采取惩罚措施的（基于莱茵河右岸的军事行动，他指的不是征服）。接着他中断了进军，掉头避开了不保险的事儿。在横渡莱茵河以及后撤之间，塞进了好几页面面俱到的民

152 俗记录，细致又翔实地分析了高卢人和日耳曼人之间的差别，然而对于理解眼下的局势帮助甚微。就算把这段风俗志删掉，也不会干扰到叙事流，反之，没有了这段民俗描写，恺撒第二次渡过莱茵河的记载就要清楚得多，易于理解得多。然而书中此处正是躲开了易读性，有技巧地粉饰了事实。把塞进来的风俗志拿走，军事上的无所作为马上一目了然，且看下面这段改写的文字：

> （第 10 节）苏维汇人决定（乌比尔人这么说），在森林边缘等待罗马人的到来。（风俗志）（第 29 节）当恺撒从乌比尔人探子那里获悉，苏维汇人已经撤进森林里去，他决定不再向前挺进，他担心粮秣不足，因为日耳曼人很少关心耕种，就像我们上面介绍过的那样。（《高卢战记》第 6 卷第 10~29 节，略去第 11~28 节的风俗志）

在缺少风俗志部分的文本中，恺撒搭起了一座桥梁，带着大军渡过，了解到苏维汇人撤进纵深内陆去了。然后他吹响了回军的号角，给出的理由是给养困难。这个版本当中军事行动看上去不仅是失败了，而且显得相当轻率。因为日耳曼人不耕作这点，恺撒并不是到了第 6 卷才知道的（"像我们上面介绍过的"，风俗志段落当中，第 6 卷第 22 节），而是从第一次征伐苏维汇人开始就知道了（《高卢战记》第 4 卷第 1 节第 8 行）。这部分风俗志掩饰了一次重大的军事失败和尴尬的无功而返，因为苏维汇人的退却，恺撒不得不这么做。

今天人们满可以判断，恺撒事后修订时基于这个理由，插入了这部分关于民族风土人情的描写，他自己对此进行了相当不厌其烦的解释，然而并不是很有说服力。

153

　　因为我们已经报道了这个地方，描绘一番高卢和日耳曼的风俗，并且深入解释区分这两个民族的一些要点，在我看来似乎并不是不合时宜的事，在高卢有……（《高卢战记》第 6 卷第 11 节第 1 行起）

长篇大论的风俗志把读者的注意力从不体面的远征上转移开去，（取而代之的是）让他愉快地享用有趣的背景信息，这一段落属于《高卢战记》中最令人流连忘返的内容，并非偶然。因为恺撒报道的并不止于这两个民族的生活方式、宗教和社会，在文末，他还向阴郁的日耳曼森林里神秘的动物世界投去一瞥。这些充满童话色彩的，让人想起荒诞不经的猎人传说的故事，有些研究者并不相信是恺撒所写，而是把它们评价为某位不知名写手后来的添油加醋。当恺撒让分外奇异的动物在日耳曼的土地上——这片他不仅没有征服，甚至都没有穿越过一次的土地——安家落户时，这些研究者可能误判了恺撒的目的。恺撒描写了三种动物，据猜测是驯鹿——然而对他来说像是独角兽，以及驼鹿和野牛。只有最后一种他在莱茵河地区亲眼看到过。因为他只是从口耳相传中了解到驼鹿（驯鹿也是）。对这种动物外形的有误的描写，以及由此而错误地引导出的当地人捕猎它的引人注目的方法，是这样的：

> 除此之外还有被称为驼鹿的动物。它们看起来像山羊并且有一身彩色的毛皮。但是它们比山羊要大一些，角是钝的，没有膝盖骨。它们休息时也不躺下，如果它们不巧跌倒下去，就没法再站起来或者从地面起身。它们把树木当作休息场所，可以倚在上面，也可以向一边歪着休息。如果猎人们从足迹之中发现了它们惯于回去休憩的地方，就会把这里的所有树木连根刨起，或是把树修剪成好像还稳稳站着的

154

模样。当这些动物习惯性地倚靠上去时，支撑着它们的树木就会被体重压垮，跟它们一起翻倒在地。（《高卢战记》第6卷第27节）

这番描述激起了一种印象：日耳曼的森林充满着未知的危险，同时也没有任何能吸引罗马人前去冒险的诱惑。一幅野蛮猎人的图景就此绘成，他们（不像之前描写过的住在莱茵河附近的日耳曼人）不懂饲养家畜，从他们那儿既拿不到粮食，也没什么有价值的东西——充其量也只有镶银的牛角酒杯（《高卢战记》第6卷第28节第6行）。读者会赞成，恺撒不愿率军穿过这样的森林——苏维汇人藏在森林的深处；他们也会觉得替罗马征服这样一片既贫瘠又陌生的土地毫无意义。对莱茵河彼岸的森林令人不安的刻画合理化了恺撒的做法，即中断针对苏维汇人的惩罚性行动。高卢和日耳曼风俗志不仅把读者的注意力从无功而返的进攻转移开来，还解释了，为何恺撒把莱茵河右岸的地区留给日耳曼人的决定是正确的。

然而这里还有一个问题，独角驯鹿和没有膝盖的驼鹿怎么解释？哲学家奥托·席尔（1967b，第37页起）找到了动物故事的源头：恺撒的信息根本不是来自日耳曼，即日耳曼商人、翻译和佣兵

155 的叙述，而是来自希腊。之前已经提到，恺撒在高卢不仅有个文书处，还有个民俗学著述丰富的图书馆。他（或者他的书记员之一）一定在图书馆里撞见了一本希腊动物学的书，书中浮想联翩的动物世界和日耳曼蛮荒的森林显得格外相配。恺撒使用的这本书遗失了，但是书里的故事走进了一本时代较晚的著作，以《自然研究者》（*Physiologus*）的标题流传至今。书中对一头大象的描写如下，和恺撒的驼鹿故事的相类之处不可忽视。

> 这只动物有着一根长鼻……但是没有膝盖，所以不能屈膝，也没法躺着睡觉。而当大象想睡觉的时候，它就走开去，到歪树那里倚在上面……但是猎人记住了这些树，用斧子使劲劈它们。现在大象倚上去，树马上就断了。此时猎人到来，找到躺在那儿的大象，就能随心所欲地对待它。（席尔译文，1967b，第40页）

民间幻想故事世界里的大象没有膝盖，这很好理解：大象的粗腿好像穿着肥大的裤子，缺了膝盖让它"有懈可击"，由此产生了猎人的传说，说他锯断大象倚着睡觉的树。如果说放在大象身上，这种传说的形成易于理解，那么搬到驼鹿这种体型最大的鹿种身上就难以理解了。这里显然把大象和驼鹿弄混了，而这种错误只可能在希腊文中发生。因为希腊语的大象叫作elephas，而鹿叫作elaphos。所以恺撒采用的来源一定是一本希腊文著作，书里狩猎大象的古怪方式被误搬到了对日耳曼驼鹿的狩猎上。在这本参考文献里，独角兽的古老神话也和对驯鹿的描述联系在一起，顺便一提，独角兽这种动物在《自然研究者》中同样一再出现了。这对恺撒是最有利不过的，因为日耳曼森林里的生活越是令人惊异，他不再渡过莱茵河的决定就越显得正确。

156

　　找不出什么理由来认为，高卢和日耳曼风俗志结尾部分对动物的描写文字是编造的。像我们已经看到的那样，这些文字有明确的叙事功用，同时，奇谈逸闻传统上也是民俗学或地理学古典著作的一部分，特别是当涉及世界边缘的地区和民族时。如果关于动物的描写有文本可依，那么它们就披露了恺撒作为回忆录作者的工作方式：很显然，他利用了带在身边的专业图书馆以丰富风俗志的素材。当涉及他本人亲眼见识的民族和土地时，他也把古老的希腊语著作当作素材来源来利用。无疑，把书本读物看得比第一手的见闻更加重要，这完全属于历史学的书写传统。因此风俗志并不总是远征军统帅

和发现者恺撒个人对当地风土的见证,也是主要由
作家和政治家恺撒提供的文学材料。

6.戏中戏

逐字引用的演说通常是自成一体的戏中戏的高
潮部分,它生动地、典型地展示了一场更为恢弘的
事件——例如一场战役——当中某个特定的片段。
历史学家们——首先是李维——爱好在他们的著作
当中插入戏中戏,它就像演说词一样是历史学的书
写传统的一部分。它们是一场宏大叙事当中的小故
事,方便读者分辨事态,展示给读者或庄严崇高或
惊心动魄的事例。单个故事常常根据古典戏剧里的
五幕剧框架精心编排,结果就是,其中一些故事就
像李维的索芙妮丝芭故事一样(李维:《建城以来
史》第30卷第12节开始),在接下来的几个世纪
里为戏剧和歌剧提供了素材。借助这些戏中戏,作
者演绎了、激起了澎湃的激情。历史记载赢得了戏
剧性,因为人被安排到故事的核心位置上。

*

恺撒也在由他创造的回忆录体裁变体中植入了戏
中戏,最先是在第4卷中,接下来更加频繁。他对戏

中戏的运用与已知的该书叙事技巧发展曲线相合，即他借用古典史书叙事方式的频率随着卷数的增加而上升。与风俗志相似，戏中戏犹如消遣，给阅读平添趣味；它们流连于历史事件的某些时刻，把这些时刻变成叙事中的高潮。那一刻，恺撒把他的叙事艺术集中倾注在大事件中一个短小的情节上——否则，他总是把整个舞台都收入眼底。这样恺撒就几乎能按着他的喜好随心所欲地确定重点，转移读者对于棘手事情的注意力，突出重大的时刻，并且调动读者的情绪。两个互相竞争的百夫长普尔洛（Pullo）和沃伦纳斯（Vorenus）的故事被设计得尤为精心，因此我们这里把它不加缩写地原样引用出来。

当时（erant）这个军团里有两个极其勇敢的百夫长，即提图斯·普尔洛和卢修斯·沃伦纳斯，他们即将升为首列百夫长。两人之间竞争（controversiae）不停，都想胜过对方。这些年来他们为了地位激烈地相互竞赛。

当（ad）营地工事前的战斗分外激烈的时候，两人中的普尔洛说："你还在犹豫什么呢，沃伦纳斯？你还要等到什么时候证明你的勇敢？我们的竞争就要在今天做个了断了。"他说着就越过工事冲出去，冲向敌人阵列看上

158

去最密集的地方。沃伦纳斯也没有停留在营垒上，他跟上普尔洛的脚步，因为他担心自己会有胆怯的名声。普尔洛从一定距离以外向敌人投掷长矛，并且刺穿了正从敌人队中向前冲锋的一人。当此人受重伤死去时，敌人用他们的盾牌遮盖住他，一起向普尔洛投掷武器，让他无法再向前继续挺进。普尔洛的盾牌被刺穿了，一支短矛钉在他的腰带上，他的剑鞘被击中而歪到一边。当他试着拔出剑来时，右手被挡住了，以至于敌人把他包围时他却手无寸铁。这时他的对手沃伦纳斯赶来帮忙，和这个陷入困境的人站在一起。大群敌人马上从普尔洛转向沃伦纳斯，因为他们相信，那一矛已经穿透了普尔洛。沃伦纳斯持剑和他们混战，杀死了一名敌人，把其他人逼退少许。但是当他向前勇猛突进时，一个跟跄绊在洼坑里摔倒了，当敌人将他团团围困时，普尔洛又赶来支援他。就这样，他们二人在击倒了若干敌人后，得以毫发无伤地载誉回到营垒。

命运就是这样（sic）和他们二人之间的激烈竞争开了一个玩笑，让这二人轮流赶去支援和搭救对方，这样就没法判定，这两人中的哪一个更勇敢。(《高卢战记》第5卷第44节)

　　就算把这段文字从上下文中剥离出来，它也是个有意义的自成一体的故事，像范例一样勾勒出了明确的主题：对罗马士兵"勇敢"（virtus）的赞美。德特勒夫·拉斯穆森分析了这段故事的环形结构：故事以一个事先设定好的"那个时候"（erant）开始——古希腊罗马童话的典型开头——然后以一段清晰的总结陈词"这样"（sic）结尾。核心关键词"勇敢"首先出现在普尔洛的直接引语中，他已经和沃伦纳斯竞争了很久，后者更为勇猛。文中这样描述对最勇敢者声誉的争夺："竞争"（controversia）一词出现在"勇敢"一词的前后，"勇敢"一词被"竞争"一词包裹起来。普尔洛的言语是导火索，引得二人要为他们的争端寻求一个一锤定音的裁决——像经常出现的那样，是直接引语带来了骤变。随之描绘的是两位百夫长的英雄事迹，二人的故事都呈现了同样的发展：普尔洛勇敢地战斗，陷入包围，被沃伦纳斯所救；接着沃伦纳斯勇敢地战斗，同样陷入窘境并被普尔洛所救。然后二人并肩英勇作战，载誉回到己方营地。两位士兵不相上下的本事反映在他们战斗过程严格的平行发展中。结束句中，动机"勇敢"和"竞争"又一起出现了，并在出人意料的高潮中谱写了圆满的结局：一个"对手"挽救了另一个"对手"的生命。

159

该故事的风格浑然一体，恺撒在这里坚决舍弃了一个上面已经提到过的习惯（本书页边码第111页起）——尽可能采用简单朴素的词汇，允许自己重复用词。在普尔洛和沃伦纳斯的故事当中，完全不缺复杂的表达，例如："短矛钉在腰带上"（verutum in balteo），"持剑战斗"（gladio rem gerere）。他避开了重复用词：大约有4个不同的词用来表达"刺穿"。语言打磨过、内容彻底构思过的戏中戏，在其余朴素纪实风格文字的映衬下犹如文学明珠。

当恺撒把这段戏中戏插进他的纪实报道中时，他的目的是什么？首先，这段故事让他有了个好机会普遍地介绍一下百夫长们的功绩，给人留下一个他和士兵们关系密切的印象。别忘了，这支军队不仅为统帅恺撒，也为政治家恺撒的一切成功奠定了基础——而且是越来越强地奠定了基础。后来，作为独裁者，他把百夫长提拔到元老的地位。恺撒向百夫长们致以敬意，确保自己有一支可靠的支持力量，增强和扩大了他在遥远的罗马的影响力。

作为叙事者，恺撒遵循着深思熟虑的叙事策略。在其他例子里我们已经看到了，通过有技巧地安排素材的顺序，恺撒以微妙的手法建立起了事件之间的联系，实际上这种联系可能根本不存在。两个百夫长的竞争故事被安插在罗马冬季营地遭高卢纳尔维人——三年前几乎让恺撒奇袭得手的一个民族——围困的长篇报道当中（本书页边码第 134 页起）。当恺撒不在场时，营地的情形更加危险。首先可以肯定的是，叙事者拒绝告知，是哪一天，在什么样的背景下，两位百夫长要决出个胜负。恺撒笔下，他们英雄般的突围并不属于哪一场特定的战役——前面已经提到《高卢战记》在注明日期上惜字如金（本书页边码第 128 页）。这是围营期间的任意一天。正好在战况发展到这个地步的时候讲了这样一个故事，从时间顺序上或者纪实角度来说并没有什么理由，而是为叙事策略起见。这一节故事有利于读者对围营的漫长、战斗的激烈和罗马人在极端困境中表现出的英勇无畏有一个认识。整本《高卢战记》当中，几乎没有一次事态像这次对冬季营地的袭击一样，被描写得如此危急。对士兵们的要求这次也是罕有地高（《高卢战记》第 5 卷第 40 节）。就在百夫长故事之前，有一次对高卢人大规模袭击的报道，捍卫营地的罗马人尽管已经精疲力竭，仍然全力以赴。恺撒强调，"这一天对我们的士兵来说，是其他日子无法相比的、最艰苦的一天"（《高卢战记》第 5 卷第 43 节第 5 行）。但是他们做到了把局势再次控制在自己手中。接着就是普尔洛和沃伦纳斯的故事，然后对营地的围困继续，就要变得让人无法忍受了(《高卢战记》第5卷第45节第1行)。不过有利的转折出现了：终于，人们成功通知了恺撒，他马上赶来解围。

如果正是在这个地方插进了一段故事——士兵英勇品质最漂亮的榜样，那它就像是为之前战况最激烈的那一天士兵们的功绩立了一块纪念碑。普尔洛和沃伦纳斯这两个百夫长是所有百夫长和他们所率领的步兵队的代表，代表他们赢得了美誉。同时，这段故事插入的地方正好是围营的转折点前，位于白热化的战斗场面和成功地通知到指挥官之间。它延长了等待和胶着坚持的时间。除此以外，它给整个叙事带来了一种新的腔调，整个围营的局面似乎沐浴在一种别样的光线下：所有人都累得要死，好几天无人入眠，就是伤员也要上来做帮手，最后几乎没人是不带伤的。然后两位勇士登场了，上演了一出以自我为中心的戏剧。让战斗显得像体育竞技，掩盖了血淋淋的严峻局面。尽管士兵们英勇无畏，尽管他们的指挥官没做错什么，一个罗马军团还是几乎到了要被消灭的地步。但是军中的情绪重又被鼓舞起来——恺撒的士兵总是能保持这样高涨的士气——一切都述说了一个有道德教益的故事(fabula docet)，就像李维可能会说的：英勇是值得的，坚持是值得的，命运奖励了他们对于恺撒的信任。

这段相互竞争的百夫长的故事和对两个副将——科塔（Cotta）和萨比努斯（Sabinus）——之间不幸的争斗巨细靡遗的描述（《高卢战记》第5卷第30节起）形成了一个对比。这又是另一个故事了。

*

对叙事策略高手恺撒所使用的修辞学武器进行的一番简要分析，揭示了编写《高卢战记》时采用了大量相互影响的叙事技巧和布局手段。恺撒一开始还是把他的叙事技巧隐藏在平实的回忆录风格后面，不久后他就敢于卸下伪装走出来，一再地、越来越频繁地——主要是从第4卷开始——采用那些让回忆录看上去越来越像史书的叙事方式。但是理性冷静的回忆录口吻仍然作为基调保留了下来，叙事者随时可以回归到这种语调上去，并且他以这种文风结束了对高卢战争的报道。他的战记已经超出了假托的回忆录范畴，它是纪实文学形式的精品散文。在风格层面上，从朴素的实录到高雅的文学都应需求出现，并且和谐共存，读者几乎没有意识到，藏身于叙事者角色中的恺撒以回忆录的标题为伪装，为自己的故事创造了一种新的体裁。

162

第七章 发明历史

恺撒为回忆录创造了一种新的形式，一方面他为此受到古典文学评论的赞美和欣羡，而另一方面，对他的质疑已经在现代文学理论中扩散开来。恺撒与回忆录的平淡风格结合起来的所有叙事方式和塑造手段，难道不都是转移读者注意力和操纵读者心理的理想工具吗？

在一本备受瞩目的书中，这种质疑达到了高峰，指责恺撒篡改历史。法国哲学家米歇尔·拉姆鲍德（Michel Rambaud）在恺撒的《高卢战记》里看到了明显的对历史的扭曲，并且在他本人作品的标题中表达了这种猜测：《恺撒回忆录中的历史变形艺术》（*L'art de la déformation historique dans les Commentaires de César*，1953 年）。他的意思是：

> 恺撒只展示对他有利的那一面真相，他的报道形式，就是我们所称的历史变形的艺术。（拉姆鲍德：1953 年，1966 年德文版，第 364 页）

完全可以理解，由于纳粹和其他独裁者宣传运动带来过沉痛体验，对于恺撒的宣传小册子的学术性分析也变得比之前更具批评性质了，而且似乎对这本书的政治倾向和操控心理的技巧进行了彻底的研究。拉姆鲍德和其他人刨根究底，质疑恺撒的基本信用。

但是这里必须指出一个本质区别。现代的意识形态宣传与古罗马人政治上的自我形象塑造少有共同之处。一个罗马贵族不会宣传一种理念、一套纲领，或是一种体制。他不知道有什么其他的东西可以替代他生存其中的政治体系：它就是罗马共和国。他把罗马共和国当作不言自明的前提，因此不需要从理念上论证它的合理性或是捍卫它的存在。罗马屹立不移，对于它的扩张政策，并不存在原则性的批评，也没有什么真正的替代选项——尽管针对罗马在世界历史意义上的使命以及所谓的"罗马主义"（Romidee）直到帝国时代才出现经典的表述。所以恺撒不需要多么精心设计的策略来合理化他的所作所为，那是世世代代的罗马贵族都已做过的事：在战争中扬名立万。至于战争的痛苦，以及敌对一方的平民百姓要面对的血流成河的情形，在罗马几乎没人感兴趣。恺撒一再引证的"意识形态"，即他在《高卢战记》中反复指出的东西，是罗马民族的传统或者说习惯（consuetudo 或

mos）。人格尊严的概念也扮演着类似的角色。

在罗马，政治宣传和现代意义上的意识形态无关，而是和这个人本身及其"贵族家族"的自我展示相关，顶多跟他所代表的"政治阵营"（factio）相关（参见本书页边码第52页起）。罗马的贵族在表现自我的同时，也展示了他所代表的这个国家。他所做的一切，据他的自我认知，也都是为罗马而做的。私人身份和公职身份之间没有清晰的界限：一位罗马显贵总是一个公众人物，对外交涉时既以罗马人民的名义又以自己个人的名义行事。显贵们操心的还有：他们塑造的罗马历史需要以这种方式呈现出来，即以他们认为正确和得体的方式，通过演说、建筑工程和凯旋式公之于众。罗马的历史就是他们的历史，每个家族都奋力追求写下自己的那一个篇章。不言而喻的是，每位显贵关于罗马史都有他自己的版本，其中他和他的家族尽可能扮演着重要的角色，他们大张旗鼓地宣扬这一角色。这一传统中生长出了贵族风格的历史书写，有时这种风格也被称为"元老式的"，我们已经了解到（参见本书页边码第89页起），有些贵族正是在这种背景下写作了回忆录。他们的历史学家门客加工这些笔记，在历史著作当中突出该贵族世家的功绩，有时贵族们自己也这么做。这种对待历史的方式与显贵阶层的自我认知相符，并非什么出人意表的事情。

此外当然还有另一种书写历史的方式，一直保留到今天：撒路斯提乌斯、塔西佗和另一些人强调，他们对历史的阐释不受制于哪一个庇护人或党派，并在前言里和那些为贵族世家撰写的、政治色彩强烈的受托之作决然划清界限。当然这并不意味着，他们就不会通过作品传达自己对于事物的看法，或是打着古典历史书写者的招牌在某些特定的领域搞发明创造。即使在他们的作品中，历史学性质的阐释也和文学性的创作相伴相生——如果说这只是为了更高的真相服务，不负责传达任何党派理念的话——这一点前文已经提过（参见本书页边码第 95 页起）。

165

在这种情况下，把恺撒关于高卢战争的文本称为纯粹的政治宣传并指责其在某些地方扭曲了历史，看上去就不太对头了。诚然，恺撒在表现他自己。但是根据当时罗马社会的观念，这种自我表现是他应有的权利，就像按照他的视角去展现他自己所发动的高卢战争，也是理所当然的一样。在他贵族的自我认知里，无法想象他自己有必要去扭曲事实和欺骗读者：恺撒对在高卢发生的事态有着特定的感受，他的《高卢战记》就是这一视角的自主表达。同时,他的许多决定和权衡都能指望在罗马获得原则上的认同。准备好发动侵略,要求在高卢树立霸权,对被卷入战争的民族毫无人权的待遇缺乏意识,只要是为了国家的利益服务就情愿以众多的牺牲和人们的痛苦作为代价——这一切都与罗马共和国的原则一致,无须缄口不言也无须掩饰。

对恺撒蓄意操纵读者的指责更应该从另一角度入手,即从《高卢战记》独树一帜的混合文体入手,在这部作品中,传统的回忆录、自传和史书被结合到一起。这些体裁相互之间至少在四点上是根本不兼容的。考虑到叙事者的视角、风格高度、政治倾向和对文学创造的接受程度,它们彼此之间相去甚远。回忆录和自传是第一人称叙事,而史书则相反,第三人称叙事者占据了压倒性的地位。处于文学作品素材准备阶段的回忆录在文学风格上并无什么雄心壮志,而自传和史书完完全全就是文学门类。自传自然是有政治倾向的;回忆录因其尚未成形,还没能表现出什么政治倾向;贵族史学与党派相关,独立史学则强调自己的无党派性和自主判断。最后,再怎么强调也不够:古罗马所有的历史作品门类,除回忆录外,对于创造性的叙事艺术都是敞开怀抱的,这样的叙事艺术不仅要顾及历史事件当中的事实判断,还要服务于深层次的真实。在恺撒所创作的多种史学体裁混合体里，各个体裁的典型特征中只有对他有利的那些才会被尽力发挥出来。文风理智、政治中立的回忆录体裁，为包含文学虚构要素的、政治倾向鲜明的历史专著提供了基础，后者自传和宣传的性质隐藏在第三人称的叙述背后。或者说得更简单一点，恺撒赋予他的高卢战争版本一种普适性纪实报道的色彩，他对该历史事件个性化的解说以及他的自我表现几乎没能引起注意。恺撒的自我宣传小册子的精华之处恰恰在于，它几乎不会被认成自我宣传。

*

恺撒究竟有多么熟练地运用了不同文体的优势，并让它们的叙事手法为自己服务——为了把这点解释得更加明白易懂，需要一个小小的文学史实验：高卢战争在一本单纯的历史专著里看起来会是怎样的？例如，以撒路斯提乌斯的《朱古达战争》为参照，假如高卢战争出自他这样的历史学家之手，看起来会是什么样子的？

如果由这样一位历史学家来描述高卢战争，他就不会把它单单塑造成恺撒的个人功绩，而是会给其他罗马指挥官和其他主角更多的出场机会，他会

167 把有利的评价更平均地分配给各主角，恺撒将不再是事件中心唯一的"英雄"。同时还必定会出现更多针对恺撒本人，针对他的野心，或者还有针对他的单个军事决定的批评。一位历史学家肯定会把故事的来龙去脉，即过往几十年中罗马和高卢之间的关系，和叙事更加紧密地结合在一起。此外他还会分析罗马的内政，分析罗马和高卢这两个舞台之间的相互影响，恺撒对此却几乎闭口不提。估计他还会把高卢战争当作恺撒执政官任期的后果加以分析，并讨论这场战争反过来又对罗马共和国造成了怎样的威胁，也就是前三头不可遏制的实力增长。在这样的背景下，他可能还会让小加图，这个恺撒最大的对手发表一场演说。最终他会替蛮族描绘一幅更善意的肖像，首先就会把维钦托利，或许还有阿利奥维斯塔，刻画得更加伟大、更加富有英雄气概和悲剧气质。结果就是关于高卢战争会有一番不同的故事，史书体裁所要求的第三人称叙事方式将提供更加多样化、涵盖面更广的视角，而自传和传统的回忆录只许单方面的第一人称叙事视角出现。

一个具体的例子将会说明第三人称叙事开辟了更多的可能性：阿莱西亚战役中，敌人被罗马人围困在阿莱西亚城内，面临着断粮的威胁，所以他们召集了一场会议来听取各方意见。一个纯粹自传体叙事的作者无论如何也不可能知道，在阿莱西亚的那场会议上发生了什么，除非他给出信息来源，并承认自己是后来才得知这些消息的。一位史书作者正好相反，他会让读者听到阿莱西亚会议上的发言，进而听见另一方的声音，以激起读者对那位身处绝望处境的对手的同情。但是作为混合体裁的作者，恺撒同时做了这两件事：像一位史书作者那样，他假装采取第三人称视角，这样他就可以提供阿莱西亚会议中的一场发言，也就是克里托纳图斯的发言；但是作为自我表现者，恺撒对这段发言作了一番设计，让对手及其勇气都显露蛮族的特质，本书后文会阐述这一点（本书页边码第204页起）。

168

*

　　但是，批评恺撒的自我表演，批评他给历史涂脂抹粉，批评他为自己的事业进行政治宣传——这些被针对的行为在罗马贵族社会中都是再普通不过的。如果说恺撒把不同文学门类融合成一种新的体裁，是为了美化自己和自己的所作所为，那么他的目标就和其他走传统形式的贵族的没什么区别。恺撒意图把高卢战争塑造成头等历史大事，并且以一位极其杰出地完成了其中诸多使命的将领的形象登场，这关乎他在高卢发起的这场战争将以怎样的面目出现。

现在，正有这么一个好故事属于成功的自我宣传文本——就算它并不自称为宣传。之所以是好故事，并不是因为它充满了谎言和巧妙的欺骗策略，而是因为它把叙事者所要传达的信息通过清晰的语句和大量具有说服力的细节，富有表现力地传达了出来：当地情形、动机、人物角色和他们的性格、行为链、事件背景和来龙去脉、结果和后果，等等，丰富了一段叙事的意义。这样看来，恺撒就是跟其他的历史学家一样"发明"了历史，他还为了他的历史——至少是在某些地方——运用了和其他人一样的叙事艺术和修辞方法。只是他不承认他作为历史撰写者的角色。对欺骗的指控较少涉及他笔下的历史版本和他对自己的宣传，而更多是针对他的作者身份和他创造的新体裁。

*

直到本书的这个地方，我们才小心翼翼地对恺撒笔下历史事件的可信度提出追问——因为要回答这个问题，就得对恺撒的时代有个全面的了解和认知：了解古罗马的文学活动及其政治意义，了解古罗马真正的回忆录传统，了解古典史学普遍存在的文学性以及它们的叙事手段。在这层背景上，如果现代的历史学家指控恺撒胡乱拼凑文学门类，某种程度上就相当于把现代人的标准强行搬到古代。

还有——这点直到今天都还是这样：没有哪一个活跃的政治家抓起笔来，是为了传播学术真相。他写作，是为了影响他人。所以对于恺撒来说，《高卢战记》就是战争和政治以另一种方式的延续。这本书把对全高卢的征服引到了罗马人的公共意识中，让对高卢的征服成为事实。因为古典历史学家也知道：历史中总有两个身影，一个创造历史，另一个写作历史。就这点而言，历史不仅是由历史事件的当事人，还是由史传作者——在双重意义上——书写的。

恺撒的自我呈现与事实真相相比如何？他把重点放在什么上面？他略过了哪些点？或者只是轻轻一笔带过哪些部分？他绕开了哪些历史事件？简单地说，就是恺撒笔下的真实和我们所理解的真实，在哪些地方是不吻合的？追问这些问题当然是合情合理而且有意义的，只不过对恺撒刻意篡改历史的指责并不符合真相罢了。要找到这些问题的答案当然很困难，因为对于我们来说，恺撒的《高卢战记》就是关于高卢战争的唯一的史料来源，几乎所有其他从古典时代流传至今的证据都依赖于这一来源。所以除了试着根据恺撒自己的叙述，重构历史事件的真实脉络，就几乎没有其他的可能性了。哲学家威尔·里希特对此提出了以下几个具有引导性的问题:(1) 恺撒可能会想在哪里摆布读者呢?(2) 他在哪些地方是不能玩弄花招的? (3) 他在哪些地方是可以巧妙施展手段的? (里希特:1977年版，第99页起)

一般来说，如果恺撒的声誉有受到损害的危险，他就有可能玩弄一些策略。这层意义上的"危险"首先能让人想到的就是错误的军事决策和败仗，想到敌人带来的挫折和耻辱，想到下级军官那些让统帅相形见绌的胜利，想到士兵当中的反对声浪和哗变反抗。此外，玩弄策略还会在这些方面对恺撒大有用处:每当他开启战端、展示军力、采取惩罚措施或者公开违背法律的时候，他需要向罗马证明他的行动是合理的。就像他引起小加图的盛怒时所做的那样，他逮捕了乌西彼得人(Usipeter)和登克德里人(Tencterer)的使者，并且尽管已经臣服，他还是屠杀了这两个民族，这样的行为需要得到解释。最后，恺撒还可能这么做:把那些被他征服的土地说成罗马的战利品，而把那些他无法征服的地区说成无利可图的。有一点他无论如何都不会泄露给读者：他真正的目标和下一步的计划。在《高卢战记》当中，人们只能认出将领恺撒，而不是政治家恺撒。

某些特定的事实和关节点是报道者无法撼动的。例如后勤的原则，军事上和技术上的事实，赶某一段路程要多久，建造一段特定长度的城墙或是特定数目的船只需要多少士兵。可以查证的事实肯定也是准确的，例如副将和对手们的姓名、冬季营地的所在地、发放了多少军饷、有多少个军团和百人队。范围很广的地理风俗也不能随意被无视或扭曲得不像样，同样较少遭篡改的还有见证人众多的重大事件，例如战争动员、军中哗变、行军、围城、搭建桥梁和造船、规模较大的集会、胜利和失败。在这些大前提下，精湛的叙事艺术可以创作出细节、趋势、情绪、事件因果关系、背景和动机，可以对它们避而不谈或是暗示它们的存在。但是这种精心加工过的结果和显而易见的战事结局，在某种程度上还不能说是在耍花招。

特别是那些几乎没法被证人证伪的事件，那些不存在于副将们的报告中、士兵们的书信里、恺撒随行的商人和财务人员的记载中的，也没有进入恺撒呈给元老院的报告的事件。那些难于把握的事

171

件给了恺撒自由腾挪的空间,例如指挥部里的意见走向,单支部队的情绪,假设的或者压根儿就是强加给敌方使者或将领的动机(恺撒本人的动机也一样),主要人物的性格,一场战役当中作为范例被描述的突发情况或幕间插曲。就像前文已经说明的那样,叙事者就是这么奠定了事件发展的内部逻辑的。巧妙的叙事策略徐徐展开,若干操纵读者的手法也已为我们所知晓。这里仅举几例:某一年中空缺的或是含糊的日期记录,带有诱导性质的素材分配,通过切换叙事节奏熟练安排的重点,精心设计的信息传播,以及变换的视角和叙事的手法。一种十分微妙且几乎无法被确证的花招是闭口不言地绕开某个事实。威尔·里希特对此作了精确表述:

> 唯一能准确判断哪些沉默是有意为之的标准就是,如果提及那些本没有提及的事情,就会影响读者对于身为采取行动者的作者的看法。(里希特:1977年,第101页)

仔细看来,那些古典历史学家落笔时毫不吝惜他们露骨的主观阐释的地方,也是为恺撒大开操纵读者方便之门的地方。古典时代的读者能够意识到,历史学家到底是仅仅依据他们自己的自由想象解释历史，还是站在某个贵族家庭或某个党派领袖的立场上解释历史，抑或是涉及外交时站在全体罗马人的立场上解释历史，须依情况而定。读者对主观阐释的评价有好有坏，但是基本上他们不会指责某种表现手法是欺骗的手段。

如果考虑到这点，那么人们大概就会发现，恺撒被指责为"篡改历史"的做法不过是贵族阶层流行的一套自我表现手段。只不过恺撒为他的自我表现找到了一种新的文学形式，在这种形式之下，他对历史的解读和宣传，因为秘密地藏身在回忆录体裁的幕布后面，而可以被理解为"做得不够得体罢了"。但是有一点很清楚，传唤恺撒作为反对他自己的证人，既难以实现，在方法论上也无法令人满意。不过分析他讲了什么，怎么讲的，出于什么目的，还是有可能的；然后通过这种方式来接近问题的真相：他发明的历史意味着什么。那么就让我们转向恺撒关于高卢的观点和他笔下的高卢战争版本吧。

空　间

让我们记下公元前 52 年，恺撒和他的军队一起在高卢身陷战争的第 7 年，也是他历尽艰难镇压

了一场全高卢起义的那一年。然而，恺撒的军事成
功不能掩盖他在罗马要面对的政治问题，他曾经的
盟友，前三头之一的庞培，开始越来越多地和他作
对，并推行了一项对他不利的政策。这位战果累累
的统帅面临着如下指控：滥用职权、洗劫行省、践
踏部族的权利和神圣法（Sakralrecht）①。

在这种情形之下，恺撒决定通过七卷本对高卢
战争的全貌作一番呈现，为的是把他在高卢的规模
浩大的胜利转达给公众，提升他在罗马的政治地位。
在七卷本之前他加入了一段前言——又一次违背了
回忆录的传统形式——其中他简要地勾勒了他的军
事行动阵地高卢，起到开宗明义的作用，因为这片
土地在罗马还远未为人所知。恺撒尽情地、天才地
利用了这个机会，他以如下字句开启了作品的篇章：

> 高卢作为一个整体（Gallia est omnis）分
> 为三片地区：一片住着比尔及人，一片住着阿

① "神圣法"是一个相当模糊的概念，主要指宗教信仰领域的
习惯法，涉及誓言、诅咒、预言、魔法、庇护、殡葬、崇
拜活动等，学界目前尚未有清晰的界定。古典时代在奴隶
问题上，公民法（ius civile）或公法（ius publicum）等
往往并不认可奴隶和自由民一样拥有人身权利，但在个别
情况下，神圣法（ius sacrum）会视奴隶为有行为能力的人
而非物品，从而给予其一定的保护。——编者注

基坦人，第三片上居住着的民族在他们自己的
语言里被称为凯尔特人，然而在我们的语言里
叫作高卢人。他们在语言、风俗和法律上各不
相同。加龙河分开了高卢人和阿基坦人，马恩
河和塞纳河分开了高卢人和比尔及人。(《高卢
战记》第 1 卷第 1 节第 1 行起)

　　这里看上去只是记录了一些地理和民俗方面
的事实。像古典时代的读者那样接受过修辞学的训
练，并且习惯于毫无难度地洞察政治家的内心，恺
撒在这一段落里保持着单纯诚恳，并且是在头一个
单词就这么做的：高卢（Gallia）。这个单词显得
清白无害。在有意识地选择首个单词的时候，恺撒
就已经开始进行自我表现和政治定位了。

　　因为在古典时代，不按书名，而是按照一本书
的开头来称呼书籍是司空见惯的做法。所以人们不
仅会说"维吉尔的《埃涅阿斯记》"，还会说"维吉
尔的《战争》"，因为"战争"（arma）是这部史诗
开头的第一个单词。人们不仅谈论普罗佩提乌斯的
《哀歌集》，还谈论他的"辛西娅"（Cynthia），因
为他的哀歌以这个名字为开端。这样人们在提到恺
撒关于高卢战争的著作时，就不会说他的"随记"，
而是简单地说他的"高卢"。如果恺撒以"高卢"

这个词开始他的作品，他就用一个简单的小花招确保了，被他征服的高卢总是和他的名字绑定在一起。

　　然而这点对恺撒的重要性还不止这些："高卢"还代表着他的军事计划和对高卢的征服，准确地说是对整个高卢的征服。恺撒说，"高卢作为一个整体……"（Gallia est omnis...），通过这个似乎自然而然地用在此处的单词 omnis，他诱使读者产生了三个印象：一者，有一个作为整体的高卢存在；二者，高卢必须作为一个整体被对待；三者，通过点出三片区域的名称，暗示了"整个"高卢所指。作为整体的高卢，以西阿尔卑斯山、莱茵河、艾默运河（Ärmel）、大西洋和比利牛斯山为界的高卢，只是被建构出来的图景，在恺撒之前不曾存在。古希腊人提到"凯尔提克"（Keltiké），即凯尔特人的土地，意指阿尔卑斯山以北某片不确定的地区，向东汇入斯基泰人（Skythen）的领地；顿河〔Don，以前称为塔内斯河（Tanais）〕被当作欧洲和亚洲之间的分界。同样于前言（《高卢战记》第 1 卷第 1 节第 4 行）中就已经提到的定居在凯尔特人和斯基泰人之间地区的日耳曼人，希腊人却并不知晓他们的存在。

　　边界确定的高卢——被称为 Gallia（取代了Galli）——描述了一片在恺撒之前不曾存在的国

174

土，是由他的征服所创造出的国土。凯尔特人分散在全欧洲，远及东方，日耳曼人生活在他们当中，和他们完全混在一起。南高卢还居住着前印欧日耳曼一系的民族依波尔人（Iberer）和利圭尔人（Ligurer）。在恺撒的时代，日耳曼人像凯尔特人一样定居在莱茵河两岸，自恺撒起，莱茵河才成为两者之间的分界。换句话说，恺撒在前言第一句话里定义了：什么是"整个"高卢，它"碰巧"和他可以征服的地区严格吻合。因为恺撒直到远征高卢结束后才写作前言，他知道他到了多远的地方，并且正好可以把被他征服的地区称为"全高卢"。这样子他就展示了全面的胜利：征服了"一整片"国土。基本上，《高卢战记》里的第一句话就是高卢的立国公证，以及日耳曼的立国公证，因为恺撒把莱茵河定为两者之间的界限。

这样定义高卢，是因为恺撒还有其他野心。在他开战的时候，他还不是我们所知的那个伟大统帅。对于他的同时代人来说，该角色另有其人：伟人庞培，他刚为罗马征服了亚洲，重新整顿了亚细亚行省。想和庞培拉平比分甚至超过他的恺撒，把为罗马征服高卢视为己任。他明摆着让自己的高卢事业和庞培如日中天的亚洲事业不相上下。作为开篇第一个单词，高卢不仅仅是充满光荣的书名简写，更

175

是一项军事计划，同时也是一个政治策略。因为全高卢的征服者和伟人庞培至少是平起平坐的。以庞培为参照，恺撒的政治地位大大地得到了提升，他追求的第二任执政官任期变得触手可及。

*

对于罗马的读者而言，高卢的地图仍是一片空白，恺撒在上面继续描绘着纵横经纬。首先他提到三片地区，通过界河划定了它们的范围。加龙河隔开了西南方的阿基坦，而塞纳河（Seine）和马恩河（Marne）隔开了东北方的比利时——顺便一提，从所有流传下来的古典文本中可以看到，三条河流的名称都是到了恺撒这时才头一次确定下来的。

然而他对三处地界的划分又抛出了新的问题，因为根据今天的认识，这三片地区都居住着凯尔特人，虽然在西南地带占据统治地位的是依波尔人，但是在加龙河的入海口，河流两岸定居着凯尔特比图里吉人（Biturigen）相当大的一部分部族。东北地区除了凯尔特人还有日耳曼人，他们表现出向莱茵河左岸挺进的趋势。还有，定居地是不稳定的，民族一直在迁移，也就是说，三分高卢并不能从民族的角度来确定。虽然恺撒下一句话声称，三

个民族在语言、制度和法律上各自有别，几乎给人
一种印象，好像全高卢存在三个地区，它们各有各
的语言和文化。但这与事实不符。充其量凯尔特人
因不同的方言互相区别，但方言绝对不止三种，而
且加龙河、塞纳河和马恩河作为明显的方言区分界
的假设并无依据。关于制度和法律的问题，一方面
我们知道，凯尔特人以部落的形式组织起来，其中
至少有 64 个部落传承下来，就像恺撒的战地报道
经常通过具体例子指出的，他们作为主权独立的民
族生活着。另一方面，存在一些跨部落的机构，比
如部族大会，凯尔特地区各部族的代表齐聚一堂，
而所涉及的地区可能比恺撒所谓的"全高卢"要小
得多。但是在凯尔特人定居的全境，从来没有形成
过跨地区的国家组织。

　　当然，跨部族的联盟是众所周知的，公元
前 100 年前后，中央高原地区的阿浮尔尼人和西
阿尔卑斯边缘地带的阿洛布罗及人和沃克蒂耶人
（Vocontier）组成了联盟。恺撒自己也提到过两个
部落组织——用的是党派（factiones）一词——在
争夺高卢的主宰权。塞广尼人和阿浮尔尼人站在一
边，爱杜依人和其他部族站在另一边（《高卢战记》
第 1 卷第 31 节第 3 行起）。这些组织在后文也很
重要（例如在地理风俗部分:《高卢战记》第 6 卷

176

第 12 节和第 7 卷）。但是我们所知的两个政治联盟都没有和恺撒在前言中划分的高卢三地扯上任何关系。

结论或许令人惊讶：古典时代的历史学家，例如通过斯特拉波的记载传世的波希多尼的作品，以及恺撒自己在前言以外的篇章中对生活在高卢的凯尔特人的内部组织结构的报道，都与《高卢战记》前言里当作事实来呈现的民族地理三分状况并不相符。

恺撒是如何为比尔及人（Belgae）——该部族的名字也是在此处首次提到——创造出一种假象，显示他们是在高卢境内建立起自己的部落组织的？这一点很有启发性。应恺撒的要求，雷米人——愿意为这位野心勃勃的统帅效劳的一个比尔及部落——给他提供了一份比尔及所有部落的名单，上面详细地记载了战士的人数（《高卢战记》第 2 卷第 4 节第 5~10 行）：总共 308000 名士兵。顺便一说，此处给出的如此详细的人口普查数据，与恺撒在文中其他地方营造出的远离文明的比尔及蛮族生活的景象并不相配。对武装部族数目的计算无论如何也回答不了这样的问题，即人们是怎么把这些部族和其他凯尔特部族区分开来的。如果说他们中的大部分源自日耳曼人，这条线索未免含糊不清，而且又抛出了两个新问题：为什么源自日耳曼人的比尔及人，自身不是日耳曼人？那些不是源自日耳曼人的比尔及人，又是怎么和高卢的凯尔特人相区别的？恺撒后面还会提到高卢的比尔及人部族内部形成的一个较小的共同体：比利时（Belgium）（《高卢战记》第 5 卷第 12 节第 2 行，第 25 节第 4 行）。比利时作为统一体统一于何处，同样没有得到解释。

　　恺撒显然无意为高卢描绘一幅多姿多彩的政治或人类学地图。他不是根据民族或部落划分国土的，而是根据地理区域：恺撒的三个高卢片区像他的"全高卢"一样是一种建构。"比利时"和民族总称"比尔及"可能都是新发明，灵感来自比利时地区雷米人所作的人口普查报告，普查报告诱导性地定义了这些民族的概念。

　　所以恺撒展露身手的空间明显是他自己发明的。他在地图上描绘的制度结构，并不是他自己遇见的或从文献中摘出来的。他在前言当中就已经划分了疆域领土，配合他进军的节节胜利，就像他按照自己征服战争的成果定义了"全高卢"一样。他的行动可以提炼成如下框架：

　　公元前 58 年（第 1 卷）恺撒平定了凯尔特人的高卢地区。公元前 57 年（第 2 卷）他战胜了比利时地区的高卢部族。公元前 56 年（第 3 卷）高卢阿基坦人俯首称臣。公元前 55、前 54 和前 53 年（第 4~6 卷）恺撒对日耳曼人和不列颠人发起了多次无功而返的进军。公元前 52 年（第 7 卷）他战果丰硕地镇压了几乎遍及高卢"全境"的起义。

通过把三分高卢称作早已有之，恺撒给了人们一种印象，即他的行军是一场完全可预料到的、计划周全的行动。一步一步地，他在三年里依次征服了高卢的三个地区，战争结束的时候，他已将整个高卢置于控制之下。顺便一提，恺撒还想通过他对高卢的划分提前确立行省的边界，为了管理高卢他早就这么打算了，但他自己接下来并没有完成行省的归类整顿。最终，公元前 16 年，在奥古斯都治下经过若干麻烦的往来扯皮之后，高卢确实被划分成了三个元首行省，也就是三高卢（tres Galliae）：阿基坦高卢（Aquitania）、比利时高卢（Belgica）和卢格杜努姆高卢（Lugdunensis）① 行省。但是它们的疆域和恺撒确立的三个区域并不完全重合。

恺撒在前言头三句中谈到高卢时，反映的并不是高卢战争之前的局势，而是最后在恺撒影响下的局势。文学创作和具有历史意义的行动在这里紧紧结

---

① 也译作"卢格敦高卢"。卢格杜努姆即今天的里昂。——编者注

合在一起，或者像德特勒夫·拉斯穆森表述的那样："恺撒确实是这场战争的'作者'，事实上是，文学上也是。"（拉斯穆森：1963 年，第 158 页）

*

　　政治家和战略家恺撒想通过前言达到什么目的，我们已经解释了。但是作为叙事者的恺撒也在工作：他必须引领读者进入未知的世界，进入充满陌生民族、河流、山峦的世界。因此，通过把事件上演的舞台简缩到最基本的骨架，他为读者提供了初步的指引。同时，这个新世界——如果把前言结尾部分（《高卢战记》第 1 卷第 1 节第 5~7 行）当真的话，它便会一直延伸到大洋河——在许多陌生国家名字的回响中显得广袤辽阔又五光十色。叙事者把他架设的事件现场与后文情节联系起来。他把莱茵河描述为高卢人和日耳曼人之间的分界，这样他就让读者作好了心理准备，知道向着日耳曼的军事挺进和向着不列颠的进军一样，仅仅被归为探索行动，而没有被归为失败的远征。第 6 卷里的高卢—日耳曼风俗志也一样事先把莱茵河定为两个部族之间的分界线，文明开化的高卢人和野蛮的日耳曼人被放在一起比较。恺撒就是以这样一种方式来讲

179

述民俗地理情况的。它们看起来似乎是不含任何花招的、不可动摇的事实，但恺撒成功做到了在实际上并未伪造信息的情况下，以符合他利益的方式事先组织好这些信息。

前言当中，叙事者只对两个部族的特点进行了进一步详细刻画：比尔及人和赫尔维蒂人。两个部族都极其勇敢，因为他们长年进行着对抗日耳曼人的战争。两个部族在情节发展当中也都意义非凡：赫尔维蒂人给高卢战争提供了借口，比尔及人是恺撒镇压了的北方部落集团。通过描写这两个部族，恺撒突出了从始至终代表着占领区的这两个角色。两个部族都代表着日耳曼人的威胁。这里暗示了，光是为了抵御日耳曼人、守住莱茵河边界就已经是一桩大功劳了，征服莱茵河右岸地区根本不是现实的选项。现在，舞台搭好了，幕布拉开了，好戏可以开始了。

人　物

古典史学中位于核心位置的是当事人，历史被人格化了，伟人们左右了事件的进程，他们代表了人民、一个党派或者一种态度。因为古典史学追求的目标是：挖掘整理出人性或事件具有典型意义的普遍特点，他们并不仅仅把历史事件的主人公当作个体来描写，而是作为某一群人或某一类人的代表，他们展现出一整套特定的美德、动机和行为模式。所以有了如下这些模板：野心勃勃的党派领袖、腐化堕落的贵族、算无遗策或是理智被蒙蔽的将领、勇猛然而野性未泯的蛮族人。以这种方式，历史人物忽然就变成了文学人物，对他们的描绘总是突出形于表面的特征，即常常会呈现文学作品中反复出现的元素。

　　通过借鉴传统史学而拓展了叙事者的发挥空间的恺撒，也把极大的精力放在引入和描写他的主人公上。值得注意的是，恺撒把读者的目光引到中心人物身上的手法有多么异彩纷呈：这位作者一会儿自己直接描述人物（直接描写），一会儿通过其他人物之口刻画此人的性格（间接描写），或者通过人物的言行表明他们的作风（隐晦描写）。读者如何评判一个人物，还取决于叙事者是否透露了该人的行为动机，以及从怎样的角度观察他的行为：从人物本身的视角，从其他人物的视角还是从作者全知全能的视角。这同样适用于书中恺撒本人的角色。叙事者恺撒首先采用了人物恺撒的视角，为的是稍后越来越频繁地切换到第三人称视角。第三人称视角的叙事形式，如沃德马·桂尔勒（Woldemar Görler）所强调的那样，使得叙事者立场的急遽改变成为可能。

> 通过不以第一人称视角，而以第三人称视角叙事，恺撒把自己从第一人称叙事的狭隘桎梏中解放了出来。现在他可以从内在视角出发，尽情利用第三人称视角给他的自由。现在，作为高高超脱于事件之上的第三人称叙事者，他可以报道在此情境中的当事者恺撒尚未知悉的事实，他可以透视其他角色的内心。（桂尔勒：1976 年，第 101 页）

181　　角色被塑造成什么样和恺撒是怎么描述他们的密切相关，因为毕竟《高卢战记》中的所有角色都出现在恺撒的双重视角——主人公恺撒的视角和叙事者恺撒的视角——当中，所以对他们的行为更进一步的观察就与恺撒的自我表现密不可分。

1. 恺撒和他的士兵

众所周知的是，恺撒和他的士兵保持着密切的联系，许多百夫长，也即百人队的队长，他都能叫出姓名。所以他能在战场上指名道姓地激励他们（《高卢战记》第 2 卷第 25 节第 2 行）。他在士兵当中享有崇高的声望，以至于当他们在战斗中进入恺撒的视野时总是全力以赴。显然，面对士兵时，恺撒找到了距离感和亲切感之间的平衡点，并且明白他该在什么地方对他们严格，又在什么地方对他们宽容。传记作家苏埃托尼乌斯对此报道得更多：

> 恺撒既不会把所有的违纪行为记在心上，也不会按照它们的严重程度去一一惩罚，但是对哗变和叛乱他毫不留情地追根溯源，惩罚得分外严厉，在其他事情上就睁只眼，闭只眼了。
>
> 有时在一场战果丰硕的大胜后，他会免除手下人服役的义务，纵容他们四下游荡和尽情找乐子，他习惯性地自夸，他的士兵就算洒了香水也照样能战斗。
>
> 交谈时他不喊他们"士兵"（milites），而是称他们"同志"（commilitones），这更能迎合他们……以这种方式，他使得士兵们全力以赴，战斗得格外勇敢。（苏埃托尼乌斯：《恺撒传》第67节）

这种领导风格不仅仅是针对他的指挥部人员，还针对广大的普通士兵。结果就是，士兵们在高卢及其接壤各地进行的长达十年的战争当中，从未叛变过一次——当然在之后的内战当中就不一样了。

这里苏埃托尼乌斯所记载的恺撒和士兵之间的相处，在《高卢战记》中并未出现，恺撒的笔墨主要集中于军事活动和后勤运输上，仅限于将领和部队之间公事公办的互动，营地日常生活就像所有私人事务一样省去了描写。富有启发性的是，叙事者恺撒是如何把《高卢战记》中重要性仅次于他的角色——他的部队——引入文中的。

恺撒最早提到士兵的时候是在招募部队和行军的情景里。军团作为匿名的军事单位登场，只听恺撒的命令。每个军团都有 1 名副将和 6 个百人队，除此以外还有骑兵军官和辅助部队。书中丝毫未提随同高级将领的军事指挥部，只有一个名字被提起过——然而也就是提起而已，别的再也没有了：提图斯·拉比努斯（Titus Labienus）。当恺撒在意大利北部再招募 5 个军团的时候（《高卢战记》第 1 卷第 10 节第 3 行），他把行省边境的部队交给了拉比努斯。尽管拉比努斯这个时候已经是恺撒多年的知交，并且从那时起就屡屡在高卢战争中作为恺撒的代理人发挥作用——当统帅不在高卢境内的时候，他就拥有向所有军团发号施令的大权——但他的级别和他迄今为止的仕途都未被提到（他是公元前 63 年的保民官）。对恺撒代理人的介绍十分草率，特别是当考虑到对奥吉托里克斯这样的高卢人和其他高卢首领的介绍有多么详尽时。一眼看上去，可以说对拉比努斯的介绍简短得就像对恺撒本人的介绍一样，然而效果却截然不同：恺撒虽然没有被介绍给读者，但却始终在场；拉比努斯的角色却因为只有开头短短一笔提及而被严重地打压了。

恺撒的军团接着进行了多次小规模的战斗，并投入到一场针对赫尔维蒂人的战斗中去，战斗中未提及单个士兵的事迹，也未提到单个军官的姓名。对军事行动的报道简短且只关注事实，军队在其中是匿名的单元。

然而接着出现了一次突发事件，描写这次事件时，叙事者给了参与其中的罗马人更多的笔墨（《高卢战记》第 1 卷第 21 节起）。赫尔维蒂人在山脚下搭起夜晚营地，恺撒向拉比努斯下达命令，带着两个军团秘密地从后面绕到山脊上，而他自己则从山谷的一面向敌人发起进攻。这次人们得知了拉比努斯具体的头衔：他是 legatus pro praetore——指挥官级别的副将。占领山头后，恺撒按计划带着他的军团接近赫尔维蒂人的营地，并让帕布留斯·康西狄乌斯（Publius Considius）作为斥候在前探路。这个人除在此处出现以外就再无别的事迹了，他在整本《高卢战记》中都未再次参与行动。作为继拉比努斯之后第二个被提到姓名的士兵，介绍

183

到他时，恺撒还进行了一番简短的人物刻画：

> 同时他把 P. 康西狄乌斯，这个他认为最
> 富经验的士兵之一派去侦察，他已经在苏拉之
> 后又在克拉苏的麾下战斗过。（《高卢战记》第
> 1 卷第 21 节第 4 行）

破晓时分，康西狄乌斯就全力奔回报告说，山
脊并没有被拉比努斯占领，而是被赫尔维蒂人占领
了。据此恺撒让他的军团驻足停步，没有战斗发
生。但是白天晚些时候他获知，拉比努斯确实是占
领了山脊，而"康西狄乌斯由于满心恐惧，就汇报
了他根本没有进行的观察"（《高卢战记》第 1 卷第
22 节第 4 行）。

这里可以确定两件事：康西狄乌斯是叙事者第
一个详加描写的士兵，他不仅拥有姓名，还有性格
特征和简短的生平。但他作为第一个被当作文学形
象塑造的士兵，是一个在决定性的局势下犯下错误
的人。尽管他拥有战斗经验，却陷入恐慌，还通过
错误的汇报妨碍了一次和赫尔维蒂人交战的大好机
会。恰好，这是第一个在开头就从叙事上被加工过
的故事。虽然它并不是一个独立的故事——对这次
突发事件的刻画被紧密地嵌入行军的总体报道——

但它毕竟展示了人物的一幅袖珍小像，预示了一段紧张的情节构筑，带来了一个出人意料的结尾。然而接下来既没有来自叙事者的总结，也没有来自统帅的评价。

恺撒为什么耗费如此之多的笔墨在这些因为毫无结果所以无关紧要的行动上？答案是，他想把自己表现成一个严谨的报道者，即使在细节上也对读者毫无保留。除此之外他还想把自己塑造为一个思虑周详的统帅，小心地试探每一种情况，耐心地等待恰当的时机出击。这里演绎出来的是恺撒专业化的领导风格，或者用一个罗马人的概念来表述就是他的战略（consilium）能力，也就是作为统帅明智审慎的优秀品质。

回答这样一个问题要困难得多：为什么恺撒要让这个倒霉蛋成为第一个在读者眼前登场的士兵，这样一个因为害怕就弄砸了大好机会的人。让我们把这个问题暂时搁置，追踪叙事者接下来的脚步，更深入地了解恺撒和他的军队。

*

随即在比布拉克附近展开了对赫尔维蒂人的决定性战斗，记载中并未提到军官们的名字，恺撒的部队同样成功地保持了匿名。胜利之后是与苏维汇人的国王阿利奥维斯塔漫长的谈判，谈判最终失败了。正当与日耳曼苏维汇人的战斗就在眼前时，由于商人们关于日耳曼蛮族人的骇人汇报，罗马军队的营地里爆发了一阵恐慌的情绪。叙事者出其不意地描述了一幅有层次感的情绪图景，头一次向他士兵的灵魂深处投去一瞥。

185　　　　　恐慌首先攫住军团指挥官、骑兵指挥官和那些出于友谊从罗马追随恺撒至此，而并没有很多战争经验的人。他们中有的拿出这个理由，有的拿出那个理由，表现得好像不得不动身离开，请求恺撒准许他们走人。羞耻心让另一些人留下来，为的是不叫人怀疑他们害怕了。当然让他们掩藏自己的情绪也是不可能的，有时他们都无法忍住自己的眼泪。所以他们退回自己的帐篷，抱怨自己的命运，与朋友一起悲叹他们明天就要共同面对的危险。整个营地的人都在写遗书。渐渐地，他们的话语和恐惧也开始让那些对军中服役习以为常的人——士兵们、百夫长和骑兵将领——心神不定。他们中那些不想让自己显出恐惧的人，就说他不是害怕敌人，而是害怕那些横亘在我们和阿利奥维斯塔之间的广袤森林里的狭隘的林间小道，或是担心粮草不继。有一伙人甚至来对恺撒说，当他命令拔营进军的时候，士兵们会出于恐惧无视他的命令而拒不进军。（《高卢战记》第 1 卷第 39 节第 2~7 行）

直到目前为止，当谈到部队的时候，我们说的不是军团（legiones），就是军队（copiae），要么就是士兵（milites），现在头一次出现了多种多样、形形色色的分类和称谓，组成了部队这个总体：军团指挥官、骑兵指挥官、政治伙伴、百夫长、骑兵领队和普通士兵。匿名的战斗团体成为背景，拥有不同战斗经验、性格特点、感受和动机的人们显现出来。叙事者把读者尽可能地领到士兵们身边，观察他们的军营生活，甚至跟着他们走进营帐，在那里，士兵们私下抱怨，他对他们在羞耻和恐惧之间摇摆的情绪追根究源，洞察了他们假托的借口。他的猜测叫人不快又切中要害：恐惧首先从军团指挥官和政治友人那里散布开来，也就是从年轻贵族那里开始，他们为了有个好前途而参加了这次出征，就像罗马的习俗那样，尽管他们毫无经验，却因为出身立刻就进入了军官阵营。总的来说，恺撒塑造了一幅生动活泼的人类行为全景图，

186

让读者亲眼见证士兵们的情绪。《高卢战记》当中除恺撒外最重要的角色——军队，就这样得到了介绍。

迄今为止，叙事者恺撒两次向读者深入介绍了他的士兵，之前是康西狄乌斯，这次是整支部队，并且观察了他们的内心生活。两个例子中都出现了一股巨大的恐惧，两次军事行动都因此受到干扰。在读者第一次与恺撒笔下的士兵们相逢时，恺撒为他的士兵所描绘的形象恰好不太有利于他们。所以这个问题又出现了：为什么《高卢战记》开头对士兵的人物描写中，恰恰是士兵的首要美德——勇敢（fortitudo 或 virtus）——受到了质疑？

与此同时恺撒开始了自我表现。对营中情绪进行了巨细靡遗的描摹后，恺撒记载了一次军事会议，他在会上发表了（被间接引用的）长篇演说。他一步步分析了，为什么所有的恐惧都是毫无根据的，并反驳了一切只是想象出来的异议。最后他对第十军团流露了自己的信任，他们的勇敢赢得了他单独给予的赞美。演说大获成功。

这场演说惊人地扭转了所有人的观念，给他们灌注了紧迫的动力（alacritas）和对战争的期待（cupiditas belli gerendi）。（《高卢战

记》第 1 卷第 41 节第 1 行）

恺撒所造成的情绪逆转一直持续下去，并且带来了对阿利奥维斯塔和苏维汇人迅速而全面的胜利。战局的扭转如此迅速，对它的报道如此简略，和之前对战役的呈现一样，使用了平实而不带感情色彩的军事化用语。当然，这次恺撒特意提到了，他在每个军团顶层设置了一名副将和一名财务官，以便让士兵们的英勇有个见证。在战争第一年末，也是第一卷的结尾处，这位成功的统帅如此自信地声明：

　　当恺撒在这一年的夏天硕果累累地终结了两场如此重要的大战后，因为季节原因，他让他的军队早早转移到了塞广尼人境内的冬季营地，把冬季营地的指挥权移交给了拉比努斯。

（《高卢战记》第 1 卷第 54 节第 2 行起）

自我表现者恺撒让自己在战时会议中的发言作为转折点出现：士兵们的恐惧消失无踪，恺撒胜利了。然而他的发言带来的并不仅仅是一瞬间的情绪转折，它还标志着一次深刻的转变：恺撒发言前，恐惧是近景视角下的士兵们展现的唯一情绪，在那以后他们就像换了个人似的，浑身是劲、满心兴奋、期待战斗，最重要的是，他们不再怀疑他们的统帅。恺撒的发言是指示性的，甚至是有挑衅意味的，以对第十军团堪为表率的英勇品质的赞美为结束，它起了不可思议（mirum in modum）的作用，让胆怯的人成为真正的士兵。现在就可以明白了，叙事者恺撒在刻画士兵角色时先凸显他们的弱点，到底有着怎样的目的。局势需要统帅恺撒，他把懦夫变成士兵，把乌合之众变成军队。是恺撒做到了这点，而不是他的副将或百夫长们。

军官们在第 1 卷中扮演的角色微不足道得令人吃惊。不算康西狄乌斯（和两位使者，第 1 卷第 47 节第 4 行）的话，被提到名字的副将就只有拉比努斯和克拉苏斯。第 1 卷以恺撒成为两场战争的伟大胜利者而告终，也以拉比努斯被交托冬季营地的领导任务而告终。总的来说，通过将士兵们和军官们引入书中，以及通过对他们的介绍，一位强大的统帅形象跃然纸上。他不仅独自统领着军队，事实上他建设起了这支军队，最终把它锻造得无坚不摧。

*

军队和军官们组成了背景，背景前，恺撒置

身舞台中央，战时会议成了双重自我形象展示的场地。面对士兵们的忧虑，恺撒是一位战地统帅，给他们注入勇气，承担了说服的工作。同时，叙事者恺撒利用了这次演说，把统帅恺撒介绍给读者。统帅恺撒一方面熟谙心理技巧，对士兵们的恐惧十分理解，另一方面又对军官们和百夫长们抗命的迹象表现了毫不妥协的强硬：他和底层以及中层军官断然划清界限，不允许任何人对他的战略决策进行干涉。

　　当恺撒认清形势时，他就召开战时会议，请百夫长们参与诸事讨论，他对他们进行了严厉的责备。首先，他们认为，考虑往哪儿进军以及按什么战略行动该是他们来考虑的事（第 10 行）……有谁把他的恐惧掩藏在对粮草不继或是道路状况不佳的担忧下，就未免太放肆了，因为他要么是不相信他们统帅对本职工作的履行（officium），要么就是胆敢指点他。这些事情该是由他来操心的（第 12 行）……而他们所讲的那些士兵抗命的情况、拒不服从和拒绝进军，倒并不使他感到不安。因为如果一支军队拒绝听从命令，据他所知，原因要么在于，战败之后幸运（fortuna）

弃统帅而去，要么在于发现了统帅的某些罪行，贪污（avaritia）有据。而恺撒本人的清白（innocentia）却是可以从他的生平行事当中看出的，他的运气（felicitas）也可以从他对赫尔维蒂人的胜利当中看出……（《高卢战记》第 1 卷第 40 节第 1~15 行）

这里发言的是一位统帅，同时也是一位贵族，他坚决要求无条件的服从。相应地，对他来说，履行统帅职责也是无条件的义务：他对总体战略承担责任，监督后勤运转，他决定军队何时开拔，向哪里进发，他不欠任何人一个解释。明智的计划（consilium）和周到的未雨绸缪（providentia）是他的分内事。鉴于他品行端正，战争中幸运常伴，他坚信他的士兵会跟随他。可能令人吃惊的是，尽管考虑到士兵哗变的危险，恺撒也没有引证他特殊的军事才华和美德以增强说服力，而是以他的大公无私和幸运为证。为什么恰恰是无私这一政治家的美德在这里如此重要？他非常务实和具体地提到了赢得战利品的希望：在战争中恺撒的运气会带来丰厚的战利品，而恺撒的大公无私保证了士兵们也能分得红利。就像叙事者恺撒似乎经常采取奥林匹亚诸神高高在上的全知视角总览一切一样，叙事者恺撒也是这样毫无异议地凌驾于他手下的军官之上，把全局尽收眼底。

　　这点在《高卢战记》接下来的几卷当中得到了证实：恺撒并未把自己塑造为士兵当中的"第一士兵"，也未声称自己拥有士兵们的勇敢美德。他展示了两个百夫长——普尔洛和沃伦纳斯——谁更勇敢的竞争（本书页边码第157页起），以作为勇气的例证，这种写法并不是偶然的。勇气属于战斗，是士兵们的事。恺撒自己几乎从不介入血腥的事态，如果有的话，他也不会把自己作为前线战士来表现。纳尔维战役的场景当中（《高卢战记》第2卷第25节第2行），在极度危急的状况下，他从一名 190 站在后列的士兵手中夺下的不是剑，而是盾牌，然后冲到第一列；不是为了战斗，而是为了激励战士们以及重新组织阵列（本书页边码第119页起）。

　　恺撒的表达中，分工十分明确：士兵们负责战斗，军官们负责在统帅指示的具体范围之内进行监督。战斗是门技术活，而且要经过练习，所以恺撒一再自豪地指出他部队的丰富经验（usus）。此外还需迸发出如此的战斗热情（cupido belli gerendi 或 studium pugnandi），恺撒以他对阵苏维汇人时的战前演说燃起他们持久的战斗热情。恺撒认为他的士兵拥有的其他典型特质，除了勇敢（virtus 或

fortitudo），首先就是纪律性（disciplina），以及拼搏进取的积极情绪（alacritas），后者与他们统帅的幸运相得益彰。

引人注意的是，恺撒自己——最高指挥官，在恺撒的笔下从来都是远离战争的黑暗和混乱的，他从来不让自己看起来像是处在战斗旋涡的中心。他细心地研究着每一场战役的可能性，决定什么时候该带队向前、组织阵列、吹响进攻的号角，然后士兵们接过主动权，彻彻底底成为行动的主角，以至于统帅在他们之中几不可见：一个不可捉摸的叙事者纵观了整场战役。从他严格的客观视角看来，如果统帅恺撒眼下对事态并无助益的话，这位统帅是否逗留在场并不重要。叙事者冷静地与事件保持着距离，自然也加强了读者对恺撒统帅才华的印象——至高无上的神灵一般，居于统帅的超然地位上。

这同样促成了以下感受：对于一份战争主题的叙事文本来说，战斗在恺撒笔下扮演的角色竟然这么"微不足道"。文本用寥寥数语就交代了多个战斗场面，史书中常见的戏剧性战斗描写相当罕见。取而代之，引人注目的是该书特有的对搭建桥梁、工事和攻城器具的翔实指示和描写。恺撒是一幅军事战略蓝图的设计师，这战略不仅建立在士兵们的战斗力上，还建立在压倒敌军的工程技术能力上。就像叙事者多次强调的那样：一次又一次，只消看到罗马人的建筑工艺，敌人的军心就开始动摇，以至于罗马军团可轻易取胜。恺撒个人对战争的贡献也是这样，他不用在战场上舞刀弄剑，就决定了战局向着对罗马有利的方向发展。

总的来说，指挥官恺撒浑身散发一种主宰一切的镇定气质，作为名人，他的性格有棱有角、卓尔不群却又不可把握，更令上述印象得到了加强。除少数场面外——像第一处长篇累牍地对统帅演说的间接引用（本书页边码第188页起）或是他对纳尔维战役的干预（本书页边码第119页起）——书中缺乏让他的性格特征得以逐步发展完善的对具体局势和互动的描写。不过很明显的是，叙事者对表现出一种逐步发展的人格特征也不怎么在意。正因如此，书中还没有直接引用的统帅发言。就像他在主宰地位上表现得高高在上、不可掌控那样，他也拒绝一切对自己和对其决策的批评。

*

显然，恺撒把他和他属下的指挥官如拉比努斯和克拉苏斯的职责范围划分得泾渭分明,并且赋予他自己的角色一种政治家的格局。他不仅是统帅,还是行省长官,特别是新征服土地地界上的省长。在履行这些责任时,他是外交家和政治家,缔结联盟,规定和平条件,接受或拒绝投降条约,颁布法律,召开法庭或地区代表大会——简单地说:他按他的设想构建高卢的政治格局。因为恺撒原则上只把处理较高级别的事务当作他的职责所在,如果他在次一级的个别事件当中容忍其他人发挥主动性、展开行动,甚至赞赏他们,对他也不是什么损失。所以他能够在无可争议的地位上轻易就允许一个无名的军旗手果敢的举动和动人的言语,让陷入僵局的不列颠海岸抢滩登陆行动重又活跃起来(本书页边码第 148 页)。他可以批准他的副将必要时自主行动,乐见他们的成功,只要包括读者在内的每个人都清楚,这些局部性的成功都是多亏了他——这个领导一切的人。恺撒退到他的部将们身后,是为了比他们更高大。甚至唯一的一篇真正的将领发言也不是来自恺撒,而是由拉比努斯所作,由于恺撒不在场,拉比努斯负责敦促士兵:

现在渴望已久的机会到来了,士兵们。你们的敌人处在对他们不利的、行动不便的地带，现在就在我的率领下展现同样的勇气吧，那已经无数次在你们统帅的领导下证明过的勇气。想象一下，他就在这里，并且注视着你们。(《高卢战记》第6卷第8节第3行)

拉比努斯是恺撒最优秀的副将，恺撒以演讲的方式突出了拉比努斯的形象——但他自己仍然是主角。作为高卢战争的精神领袖，恺撒的魅力徐徐彰显，在他本人的叙事中这种魅力无处不见自不用说，就算这位统帅无法亲身在场，他的光环的影响力依然存在。

2. 恺撒和他的敌人

《高卢战记》的前言对高卢作了一番地理概貌梳理，同时借此——读者明白的——介绍了这些恺撒将要与之交战的民族。所以如果这里统帅特别突出强调与战争进程相关的某个方面，也毫不奇怪：赫尔维蒂人和比尔及人的勇气植根于日复一日与日耳曼人的战斗中，对比尔及人来说，还植根于他们原始粗犷的生活方式当中。通过这段描写，日耳曼人被间接地塑造成好战的角色。这样就有三个民族打从一开始就被归为有威胁性的，恺撒在战争的头两年中投入战场与其交战。

193

*

　　勇敢是恺撒最常归到敌对方民族身上的品质，他还按照罗马人的理解，屡次把这种勇气归因于他们不受拘束的对自由的热爱（《高卢战记》第 4 卷第 1 节第 9 行）以及他们远离罗马文明的严酷的战争生活。恺撒把对手这种原始的、激情洋溢的勇气和罗马人的工程技术及战略上的优势放在一起对比——在头几卷当中尤其如此。后来对双方能力介绍的比重逐渐偏移了：到了第 7 卷，一方面，罗马人的勇气得到了大大的强调；另一方面，高卢人模仿罗马人战术的能力，获得了一种确凿无疑的、带点施恩者态度的承认。就是在地理风俗部分也提到了高卢人的文明成果。有一次，恺撒甚至措辞明确地赞扬高卢的城墙既有效，又美观（《高卢战记》第 7 卷第 23 节第 5 行）。相对地，对于不事生产的日耳曼人呢，他就完全轻蔑地否认他们拥有任何形式的文明。所以在他笔下，莱茵河不仅是两个民族之间的界限，还是两种发展程度不同的文明之间的界限。他借高卢人狄维契阿古斯——这个从自己的亲身经历了解日耳曼人的人——之口说："日耳曼人的土地和高卢人的土地完全没有可比性，

就像高卢生活方式和日耳曼生活方式不可同日而语一样。"(《高卢战记》第 1 卷第 31 节第 11 行）

与之相符的是，恺撒只把"野蛮人"这种轻蔑的称呼用在日耳曼人和不列颠人身上，而没有用在高卢人身上。只有在大洋河畔的布列塔尼——也就是世界的边缘——生活着的威尼蒂人，才曾经有一次被称为"野蛮人"。读者会产生一种印象，就是高卢是和真正的野蛮人世界之间的一个重要缓冲区：两个最重要的魔鬼对手就是这样被勾勒出了轮廓。

当然，在精细的工笔画中，魔鬼般的敌人形象被塑造得更加复杂，因为谁是恺撒的对手这个问题并没那么容易回答。不管是在统帅恺撒，还是在叙事者恺撒看来，他都面对着一大帮部落和民族，而他们与恺撒和罗马之间的关系可能是大相径庭的。爱杜依人从开头直到战争最后一年都是忠实的盟友，远征正是为着他们的利益才开始的（反正恺撒找的理由就是这样，参见本书页边码第 130 页起）。比利时的雷米人也表现出亲罗马的态度，而其他的高卢部族和比尔及部族则对罗马表现出敌意。联盟关系在战争过程中不断变化，就是在亲罗马的部族当中都一再出现这样的危险：一个对罗马抱着敌意的对手在基本忠实于罗马的领导层里搞破坏。在爱

194

杜依人内部，这个人正好就是狄维契阿古斯的弟弟杜诺列克斯，而狄维契阿古斯正是向恺撒求援以对付苏维汇人的人。好像这还不够麻烦似的，看上去可靠的盟友也离恺撒而去，到了战争的第7年，甚至迄今为止一直保持忠诚的爱杜依人也这么做了。朋友变成敌人，敌人变成盟友，简单来说，统帅恺撒并不是针对某个一成不变的敌人投入战场的，所以叙事者也就不能简单粗暴地构建一副敌人的样貌。

到目前为止，我们只谈到部落和民族，现在我们碰到了另一个两难处境，不论是统帅恺撒还是叙事者恺撒，都要与之搏斗：至少在战争的头几年当中，不存在一个性格鲜明的军事人物、一个伟大的个人形象可以代表敌国。庞培在东方的王国有这样的对手，当他战胜了米特里达梯时，也就占领了他治下的地区。相反，恺撒必须和很多部族作战，它们由数量或多或少的当地头人率领——在恺撒的叙述中他们仅有姓名出现。这些部族组成了一个更大的、却不稳定的联盟，单单一场胜利在这儿的作用可谓微乎其微。外交策略、说服或者勒索发挥的作用常常比武力更大，然而就是这些手段的功效也是有限的。地方上有实权的人只寻求眼下的好处，过了这一刻，只要时机看起来不错，他们就又脱离了联盟。高卢人很快也学会了，只要妥协看起来更有希望的话，就不要与恺撒在战场上正面对垒。但是如果缺少一个能让他战胜的伟大对手，让他的胜利显得毫无疑义，恐怖主义就成了恺撒的出路：把战争带给每个人，让他们看看谁才是这儿真正掌握实力的人。恺撒不止一次走了这条路，如果他不能在战场上冠冕堂皇地击败对手——因为他们缩了回去，或是因为恺撒没法找到一个合适的、可以逼迫其接受自己条件的敌方领袖——他就一再给士兵下达命令，洗劫和焚烧一个部族的整片定居地，甚至到了种族灭绝的地步。

在高卢的大部分时间里，恺撒都不曾有一个伟大的敌手，让统帅恺撒可以去挑战、战胜，让叙事者恺撒可以描摹其面容——除了两个例外：和他争夺高卢的日耳曼人阿利奥维斯塔，以及阿浮尔尼人维钦托利，后者统一了高卢部族，煽动他们反对恺撒。相对的，为赫尔维蒂人的迁移作准备的奥吉托里克斯在真正的冲突发生之前就命丧黄泉了，以至于恺撒没再碰见他。

*

现在作为叙事者的恺撒面对着一项任务：描

绘出不同敌人的特征，让读者也以为他们就是这个样子，不仅赞同，甚至还敬佩统帅恺撒的举措。叙事者通过一再"重新发明"敌人，成功完成了这项任务。对众多缺乏"魅力领袖"的小部族，恺撒的处理方式与对苏维汇国王阿利奥维斯塔的处理截然不同，他把阿利奥维斯塔当作自大又夸夸其谈的野蛮人的典型代表来描绘。维钦托利最后显得像是一个几乎能与恺撒相匹敌的对手，他在一场决定性的大战中被击败，他的投降给恺撒带来了对全高卢的胜利，正像读者收到的暗示那样。恺撒为全部三个敌手，为敌方部落，为日耳曼国王，为高卢人的统帅，勾勒出了不同的敌人形象，他用不同的叙事手法描画这些形象，每一次他的自我表演都是必不可少的。

部落、民族和全体高卢人的形象在某些情形当中被第三人称叙事者统一化了。恺撒详细阐述了高卢人在针对乌西彼得人和登克德里人的战争中是不可靠的，这两个日耳曼部族越过莱茵河而来，如今威胁着高卢恺撒治下的和平。

> 当恺撒得知此事（比尔及的门奈比人遭乌西彼得人和登克德里人驱逐）的时候，他就开始担心高卢人的不可靠（infirmitas），因为

他们的意图和决断是不可捉摸的，并且总会招致一场政权颠覆。所以他相信，他不能放手让他们对事情负责……（第3行）通过多以传闻为基础的汇报，他们容易受人影响，在最重要的政治事务上常常做出立刻就让他们后悔的计划，因为这些计划依赖于不可靠的流言，因为大部分探听来的情况都是捏造的，只是顺着高卢人的心思说的。因为恺撒清楚他们的这种习性，他比惯常更早就出发前往军中，为的是抢在一场更大的战争爆发之前行动。（《高卢战记》第4卷第5节第1行～第6节第1行）

乍看上去，对高卢人的反复无常的抱怨在此处是不得当的。上面才刚刚提到两个日耳曼部族在被苏维汇人驱逐之后，以武力强渡了莱茵河（《高卢战记》第4卷第1节和第4节）。接下来被引用的段落中，恺撒就要向高卢人宣告他的意图，对入侵者宣战，并且真正地贯彻这一意图：不久后的一次停战期间——恺撒是这么说的，日耳曼骑兵突袭了罗马人，把他们打得落荒而逃。叙事者把这当作一个契机，为的是确保读者下一步能够理解他对乌西彼得人和登克德里人采取的行动。

197

这次战斗后恺撒就有了这个意思，他既不需要聆听更多（乌西彼得人和登克德里人）使者的话，也不需要去谈条件。这些人揣着阴谋诡计（dolus）来请求和平，要把他引进一个圈套（insidiae），现在他们自己开启了战端。他认为干等着敌军获得支援以及他们的骑兵返回是最大的愚蠢……战斗第二天，一早上许多日耳曼的使者来到营地见他，他们由部落领袖和最年长的人组成。恺撒极为高兴，他们落到了他的掌心当中，他下令逮捕他们。（《高卢战记》第4卷第13节第1~6行）

这里发生了什么？高卢人的反复无常，在此之前实际上只是被泛泛地谈及，为的是能理直气壮地在高卢人得以和乌西彼得人和登克德里人组织联盟前，就对这两个民族采取迅速而断然的行动。如果仅仅为此，本来不需要如此赘言。但是现在，高卢人普遍不靠谱的性格印象以及对日耳曼人在具体事情上狡诈爱欺骗人的判断融合到了一起，使得恺撒的决断显得如此具有说服力，采用铁腕对付复杂的局势。毕竟恺撒从一开始就是这样，要不惜一切代价把乌西彼得人和登克德里人再驱逐出高卢，对于进一步的磋商，他并没什么兴趣，以至于他已经准

备为此付出和罗马万民法冲突的代价：逮捕日耳曼
人的使者——因为使者在古典时代被看作不可侵犯
的。还在等候使者期间，恺撒奇袭了乌西彼得人和
登克德里人并对其进行了残忍屠杀。根据他自己给
出的数字，约有 40 万人被屠戮，其中包括妇女和
儿童。

　　这种种族屠杀以及对使者权利的践踏，即使对
于战时关系中的罗马而言，也是十分罕见、难以
接受的。恺撒在罗马的众多敌人无论如何都要尽
其所能地利用这次意外事件，他们从他担任执政
官以来就等待着这么一个机会。小加图甚至在元
老院提出一项议案，把恺撒交给乌西彼得人和登
克德里人处置——顺便一说，像这样一次事况，他
完全可以从罗马历史中援引先例（普鲁塔克：《恺
撒传》第 22 节）。但是恺撒在他对高卢战争的整
体呈现当中，明显不觉得否定这些事实——或是仅
仅对此加以美化——有何意义。完全相反：他不仅
直截了当地承认了对妇女和儿童的屠杀，甚至还承
认，他很高兴使者们不加猜疑地把自己交到他的手
里，而他在其他情况下几乎从不谈及自己的感受。
在这层背景下，就更容易理解，为什么叙事者恺撒
在这里如此坚持于塑造敌方民族的品德特点，或者
换种说法，坚持已经流传开的偏见。当他为了合理

198

化自己的行为而赋予敌方民族不可捉摸和诡计多端的形象时,在罗马几乎无人反对他。

当长年的盟友爱杜依人在战争第7年脱离联盟的时候,恺撒采用了同样的技巧,以向读者解释这一苦涩的挫折。他谈及他们的不忠(perfidia)——一个非常让人动情的词,恺撒在整本《高卢战记》中只在讲述三次突发事件时使用过,其中一次是提到过的乌西彼得人的骑兵突袭,还有一次是对钦纳布姆(Cenabum,今奥尔良)罗马商人的谋杀,被恺撒在第7卷书中反复拿来作为严厉的"报复行动"的借口。对方的不忠合理化了罗马人这一方的行为,他们把自己看作忠诚的民族,在任何事情上都是。不过爱杜依人几十年来以及整个高卢战争期间都是罗马忠实的盟友,这次恺撒说话的语气和对付日耳曼人时截然不同。他似乎把自己当作爱杜依人的庇护者,指出他对他们的功劳。

……他向他们简短阐述了他对于他们部族的功劳,在敌人夺走了他们的所有盟友,强迫他们进贡,逼他们不情不愿、极端耻辱地成为人质后,他是怎样发现作为一个弱小部族的他们,把他们带回他们的城池,夺回他们的土地的,又是怎样帮他们后来重获财富和权力的,以至于他们不仅恢复了他们之前的地位，甚至还显而易见地获得了以前从来没有过的更高的声誉和影响力。(《高卢战记》第7卷第54节第3行起）

尽管爱杜依人的脱离呈现出的是一次外交上的重大失败，完全可以由此引出对恺撒政治能力的质疑，但恺撒一样能够让这个不怎么光鲜好看的机会为己所用。他把自己塑造成行善者和思虑周详的行省长官。高卢人本质上的弱点是，对于推行可靠的政策无能为力，他们不仅需要一位手腕强硬的统帅，还需要一位仁慈的管理者，只要高卢人配合，他就给予他们帮助和利益。恺撒在高卢的积极作用早在高卢—日耳曼风俗志部分就已成为一个主题。

随着恺撒的到来，一个转折出现了，爱杜依人接回了他们的人质，他们旧有的势力又恢复起来，恺撒还给他们赢得了新的支持者，因为这些人看到，他们在和爱杜依人缔结了友谊盟约之后，就处于更加有利的地位，能在一种更加公正的统治下生活。通过其他的一些措施，爱杜依人声誉日隆，更受爱戴，以至于塞

200

广尼人让出了他们原先的地位。现在雷米人站上了这一位置。因为可以看出，从恺撒那里他们能够得到和爱杜依人一样的好处，那些因为旧有的争端而和爱杜依人无论如何也无法联合的部族，就加入了雷米人的圈子。这些人本着良心接过了保护他们的任务。这样子他们就快速获得了影响力。当时的情形就是这样，爱杜依人被承认为无可争议的领袖，而雷米人的声望则居于次席。(《高卢战记》第 6 卷第 12 节第 6~9 行）

高卢人内部的矛盾斗争在这里组成了背景，在这一背景下，恺撒作为行省长官现身，调节他们的关系，带来和平。恺撒给高卢人提供了两种东西——战争和桎梏，但是也有联盟与利益。不过传递给读者的信息始终都是：高卢人没有恺撒就无法顺利解决问题。或者换句话说：高卢人和日耳曼人不靠谱的性格给恺撒建功立业大开绿灯，合理化了他作为统帅和行省长官的操作。

*

恺撒在描写阿利奥维斯塔时换了一种方式，他

放弃了从第三人称的角度直接对其进行性格刻画，
而是带着读者一步一步地从多个不同视角接近阿利
奥维斯塔这个人物，直到人们仿佛和这个蛮族国王
面对面相视。

　　早在前言部分恺撒就展开了第一步。前言明
确了，与日耳曼人为邻的民族必须在与他们的日常
战斗中证明自己的勇气。日耳曼人不仅是战士，还
是极其好斗的战士，他们要求对手交出一切。我们
从爱杜依人狄维契阿古斯的口中得知了更详细的消
息，他的民族直接遭受日耳曼苏维汇人的侵略，因
此向恺撒请求帮助。爱杜依人激烈地控诉了这位苏
维汇国王。

　　　　然而在阿利奥维斯塔于马奇多布里加战
　　役中击败高卢人一次后，他就开始了独断专
　　行（superbe）、残酷无情（crudeliter）的
　　统治，他索要地位最高的贵族们的孩子做
　　人质，如果有不顺他心意的地方，就用一
　　切手段惩罚他们、折磨他们。他是一个既
　　暴躁易怒（iracundus），又性情反复无常
　　（temerarius）的野蛮人（homo barbarus）。
　　他们无法再忍受他这样的统治……。（第32
　　节第4行）塞广尼人（他们把阿利奥维斯塔

201

作为盟友接到他们的土地上）的命运又比其他人更加不幸以及让人印象深刻。他们自己甚至不敢私下里抱怨和求援，因为当阿利奥维斯塔不在场时，他们对他的残酷无情的害怕，也和他在场时一样。因为其余的人至少有机会逃跑，而他们却必须忍受阿利奥维斯塔的一切暴行，因为他们把他接纳到了他们的土地上，而他们的城池全都在他的武力范围之内。（《高卢战记》第 1 卷第 31 节第 12 行～第 32 节第 5 行）

在这段话里几乎出现了古罗马人所知的对于一个野蛮人的全部偏见，但它却不是出自恺撒之口，而是出自一名高卢人之口，他很显然知道自己在讲些什么。是阿利奥维斯塔的傲慢和易怒，残忍和易变，让他的武力统治变得不可忍受。尽管阿利奥维斯塔不在场——而恺撒在场——塞广尼人也不敢背地里抱怨一声，对苏维汇国王的惧怕是如此强烈，那当国王本人在场时，他将会散播怎样的恐惧呀。

叙事者又向阿利奥维斯塔接近了一步。因为恺撒丝毫不惧，并且还为了安排一次会谈，把一个使团派到这位令人生畏的蛮族国王处。起初阿利奥维斯塔不想理会，接着是毫无成果的书信往来，阿利奥维斯塔狂妄的信件似乎证实了狄维契阿古斯的说法。当恺撒向莱茵河进军，而阿利奥维斯塔停留在贝桑松时，高卢商人当中关于日耳曼人的流言突然开始传播：

> 他们坚决声称，日耳曼人身材无比魁梧，难以置信的勇敢，历经兵刃洗礼，如果他们撞上日耳曼人，简直几乎无法注视他们脸上的表情和承受他们锋锐的目光。（《高卢战记》第1卷第39节第1行）

202

通过详尽展现对日耳曼人非理性的恐惧，叙事者再次提升了紧张感——这恐惧突然侵袭了罗马士兵，恺撒必须用一篇很长的演说来对付它（见本书页边码第188页起）。

当阿利奥维斯塔从他那方发出会谈的建议时，恺撒同意了。书中非常详细地介绍了为这次会面所作的准备。然后这天终于来了，恺撒（还有读者）终于能够一睹阿利奥维斯塔的真面目。对会面地点、军队位置还有随行人员数目的描写都精确到细节，好像是在摆出战斗的架势一样。

　　那里有一片开阔的平原，上面是一块高地，到阿利奥维斯塔和恺撒的营地距离相当，二人如同议定好的那样前往那里会谈，恺撒让骑马陪同他前来的军团留在离山丘两百步远的地方，阿利奥维斯塔的骑兵也在相同距离处列成阵势。但阿利奥维斯塔要求他们每人由十名士兵陪同，在马上进行会谈。（《高卢战记》第1卷第43节第1~3行）

　　然后是一场言语交锋：一边是恺撒，作为可敬自信、富有外交手腕的罗马代理人出场；另一边是阿利奥维斯塔，表现得高傲又狂妄。因为他相信，可以与恺撒站在同样的高度进行谈判，可以像恺撒一样提出一些原则和要求。会面以敌人从潜伏处投石而突然告终，指出这点可以有效地证实日耳曼人的狡诈。当罗马士兵随后了解到此事——主要是了解到阿利奥维斯塔那种对于一个蛮族人来说闻所未闻的狂妄（arrogantia）行径时，他们要求作战（《高卢战记》第1卷第46节第4行），战斗确实也发生了，然而让人吃惊的是，叙事者对战斗只是一笔带过。

　　叙事者通过若干步骤树立起了阿利奥维斯塔这个日耳曼人国王的角色，把他塑造成一个野蛮的恶棍：从前言部分顺带赋予日耳曼人好斗的性格特征开始，到狄维契阿古斯使人不安的详细解说，再到阿利奥维斯塔在高卢的恐怖统治，以及他给恺撒的狂妄书信，还有让恺撒的士兵陷入恐慌的、关于巨人一般的日耳曼人的传言，直到阿利奥维斯塔和恺撒之间的私人会晤——最后这件事被表现成冲突的高潮。叙事者越是接近阿利奥维斯塔，紧张程度就越是上升。反面角色的巅峰时刻所展示的，不仅仅是阿利奥维斯塔平日里给高卢人带来的恐惧，还有他面对恺撒时表现出的傲慢（arrogantia）：一个野蛮人觉得自己能和一名罗马行省长官和统帅平起平坐。本质上说，阿利奥维斯塔遭到批判的政策，正是罗马自己推行的政策，某种程度上，阿利奥维斯塔的书信和口述是罗马的一面镜子，但是几乎不会有任何一个罗马读者这么看。恺撒介绍阿利奥维斯塔绝对不是这个意思，而是要用精挑细选的叙事手段把政治家阿利奥维斯塔按照野蛮人的模子塑造，让他这个毕竟还是戴着"罗马人民之友"头衔的人，简直就变成了狂妄的野蛮人头目的同义词。他只懂一种语言，就是武力。而阿利奥维斯塔究竟是怎样的人，我们永远不会知道了。

*

叙事者恺撒处理维钦托利——高卢联军的统帅——完全是另一种方式，他不仅承认这个对手和他旗鼓相当，还有意把他塑造成一个值得认真对待的伟大敌手，他的失败能给恺撒带来巨大的荣耀。为了这个目的，恺撒不满足于熟练地描写人物形象，而是把整个第 7 卷构建成一个具有历史意义的戏剧篇章，在戏剧的高潮，阿莱西亚城内和周围迎来了一场决定一切的战役。接下来我们将进一步观察分析这段叙述性，同时也是虚构性的精品文字。（参见本书页边码第 217 页起）但是当恺撒把维钦托利可敬的形象和一个野蛮人的形象放在一起两相对照时，传说中高卢人的残忍习性——前面曾经多次提及，然而每次篇幅都很短——是无止境的这点就一目了然了，这个野蛮的形象就是克里托纳图斯。

情况是这样的：一部分高卢军队在阿莱西亚陷入了罗马人的包围圈，等待着盟友的援军。当粮食储备耗尽的时候，他们召集了一个大会，以听取关于目前出路渺茫的局势的意见。有些人主张投降，另一些人主张只要力气还够用就突围。

这时阿浮尔尼人克里托纳图斯，这个如恺撒所说有着高贵出身和巨大影响力的人，做了一场演说。这是唯一一个提到克里托纳图斯的地方。这到底是不是一个真实的历史人物，研究者们观点不一。但他的演说毫无疑问是恺撒的自由发挥，他选择了史书中常用的表现方式，为的是为他对手的野蛮观念描画一幅令人印象深刻的图景。这是《高卢战记》中最长的一篇直接引文，正如有些人所说，也是辞采最佳的，所以这里不加删减地全文复述出来。

"我不会去评价那些人的想法，"他解释道，"他们把可耻的奴役称为投降，然而我相信，人们不该再把他们看作国民，请他们参加这样的集会。我关心的是那些赞成突围而可能失败的人。尽管照你们所有人的看法，他们的建议显然令人想起你们早先的英勇善战，可这并非英勇善战，而是软弱，无力忍受一时的匮乏。要找到慷慨赴死的人，比找到能忍耐煎熬的人更容易。尽管如此，如果我能预见到，失去的只不过是生命，我还是会赞成这个计划的——这事关我们的荣誉。但是作决定时必须考虑到我们攻下的整个高卢。你们是怎

205

么想的？我们的朋友和亲人将陷到怎样的情绪里？如果他们在八万人丧命后被逼到了这样一个地步，几乎要站在尸体上下定决心进行决战？你们不能让这些人失去援助，他们为了拯救你们而忘却了自己的危险。你们不能因为愚蠢、轻率或软弱就让高卢被消灭，把自己拱手交出去受奴役。还是你们怀疑他们的勇气和决心，因为他们没有在约定好的日期抵达？为什么？你们相信，罗马人只是为了好玩才每天忙着造营垒外围的壕堑么？如果你们因为前往城内的通路被隔绝了，而不能通过信使获得确定的消息，那么就把敌人在恐惧中夜以继日地筑工事这件事，当作他们即将抵达的证据。我的建议是什么呢？我建议像我们的祖先对辛布里人和条顿人战斗时那样做，虽然那场战斗看起来截然不同。然而我们的人当时被驱进城里，忍受着相似的匮乏状况，以那些因为年龄似乎不再适合作战的人的尸体维系生命，也不向敌人屈服。就算我们没有这么做的先例，我相信我们也必须这么做，为了争取自由，为了给后世树立好这样一个榜样。当时的那场战争如何能与今天的相比呢？纵然辛布里人摧毁了整个高卢，令我们的国土蒙受了巨大的灾难，他们

终有一天还是撤出了我们的土地，去寻找其他
的国家。我们的主权、法律、土地和自由他们
都留给了我们。但是罗马人接踵而来，仅仅是
因为被嫉妒心推动着，他们了解我们的赫赫有
名和英勇善战。除了在我们的土地和家乡驻扎
下来，永远奴役我们之外，他们还想要什么其
他的呢？他们没有一次不是因着这个理由而开
战。就算你们不知道，在遥远的国度发生了什
么，也看一看接壤的高卢地区吧，它变成了罗
马的行省，罗马人变更了它的法律法规，它屈
身于罗马的斧头下，在永久的奴役中受苦。"
（《高卢战记》第 7 卷第 77 节第 3~16 行）

206

恺撒的意图非常明显：像他所说的那样，他想
要揭示高卢人有能力犯下的独一无二的、邪恶的残
忍行径，从而展现他的敌人不可动摇的决心和时刻
准备着的态度，不惜一切代价全力夺取胜利。与支
持野蛮食人行为的演说词内容形成鲜明对比的，是
阿莱西亚议事会议是在怎样一种有序和文明的框架
下举办的。人们召开了一场大会（consilium），为
了听取对他们将来命运走向的意见，不同的观点
通过文明有礼的辩论（variis sententiis dictis）
和演说（oratio）表达。读者可能会有种印象，即

阿莱西亚的战时会议就像罗马的元老院会议一样，当克里托纳图斯作为掌握极大权威的高级贵族登场的时候，当他发表了一篇文辞精心打磨过的演说时，读者一定会忆起罗马，叙事者所使用的词汇尤其会让他们回想起罗马元老院发言时的典型用语。

非罗马人，也就是蛮族人也能用出色的拉丁语（和希腊语）进行演说，这在古典史学传统当中司空见惯，要归因于历史学家们对文学水平的追求。然而出现了这样的问题：为何恺撒要把篇幅最长也最优美的演说让给一位蛮族人来表演，以及这篇演说真的像一直以来声称的那样精彩吗？

诚然，它用出色的拉丁语写就，从头到尾一再经过修辞润色，但是它的结构以及论据的严谨性又如何呢？让它第一眼看上去像是一篇通盘考虑、精心布局的演说的地方，仔细一看，就暴露了它的精彩只不过是假象。因为其中有若干明显的笨拙之处和严重的思路问题。第一，克里托纳图斯拒绝了迄今为止提出的投降或突围的建议，而是支持第三条路：坚守，直至援军抵达。据他的发言，这只是数日的问题。他的建议听起来本应该是这样的：等待，继续减少食物配给，在最糟糕的情况下停止非战斗人员的食物供应（在驱逐孟杜皮人

出境时，人们确实作出了并执行了这一决定，参
见本书页边码第 139 页起）。然而当他为自己的建
议（consilium）进行措辞时（《高卢战记》第 7 卷
第 77 节第 12 行），却没有这么说，而是立刻呼吁
开始食人，好像这个方案对于时间较长的坚守是一
个必不可少的条件似的，又好像其他所有的路子都
被通盘考虑过、策划过似的。第二，他援引祖先先
例作为自己建议的有力论据，据说他们在同辛布里
人和条顿人的战争当中，在危局之下吃过人肉。祖
先所作的示范（exemplum）在古罗马贵族社会里，
对于人们的价值观而言有着莫大的意义，被视为备
受尊敬的传统（mos maiorum）。所以在罗马，不
只有像李维这样的历史学家会援引榜样的例子，演
说者也经常乐于在他们的论述过程中引用古老美德
的范例。跟他们所做的完全一样，克里托纳图斯也
使用了一个祖宗旧例，然而，这不过是祖先在面临
危难时因道德感匮乏而做出的榜样。不然，倘若克
里托纳图斯当作榜样来赞美称颂的这个叫人毛骨悚
然的先例就是一种惯例，那高卢人的祖宗成法该是
什么样啊！——一位罗马读者此处可能就要这样自
问。以及，根据他自述的论据，高卢人的祖先其实
是有替代选项的：要么敢于突围，要么死于饥饿。
今天的克里托纳图斯——据他所说（《高卢战记》

第 7 卷第 77 节第 6 行）——也可能作出这些决定，如果援军不会因此被削弱，如果全高卢的自由不会被当作儿戏的话。辛布里人和条顿人从来没有真正威胁到高卢人的自由，克里托纳图斯自己是这么说的，因为他们继续向前开拔了（《高卢战记》第 7 卷第 77 节第 14 行）。那么人们就不禁要问，为什么前人没有在战斗中英勇献身，或是选择清白地饥饿而死？第三，克里托纳图斯论述中的下一个薄弱环节在于，他虽然不想去苛求同伴们突围时踩着不可避免的尸体去战斗，但大概会要求阿莱西亚围城当中的人以尸体果腹。第四，引人注意的是，克里托纳图斯认定了阿莱西亚围城中的高卢人只有负面品质——愚蠢（stultitia）和轻率（temeritas）。就算是他们非常有理有据的推测，即可以通过一场英勇的突围重拾祖先的勇气，都被他驳回了，他在其中只看到了一种软弱态度（mollitia）的表达；而当恺撒处于困境中时，他与士兵们之间的相处是多么的不同啊！第五，克里托纳图斯的价值观念总的来说扭曲了。他通过一场道德说教揭开了勇敢和软弱之间的对立，并且指责他的人民，说他们一点都不能"短时间"忍受匮乏。但他自己都丝毫没有支持忍受匮乏，而是把人肉列入了菜单，还把这种行为阐释为祖先真正的美德。在这其中人们几乎可以看出对道貌岸然的长篇大论的犬儒主义的戏仿，小加图就是因这类长篇大论臭名昭著。克里托纳图斯声称自己拥有尊严，恺撒反之以残忍斥责他。他所谓的罗马人对高卢人勇敢善战的嫉妒欣羡（invidia）在这里也罕见地显得别扭，特别是紧接着提到罗马人奴役了每一片土地的人民——也就是完全贯彻了勇敢善战的概念时。克里托纳图斯所下的论断总的看上去与实际情形相反，似乎是罗马价值观的一场扭曲呈现。

　　对克里托纳图斯的定性有何意义？很明显，克里托纳图斯使用了罗马价值体系中的语言，并且尝试着运用罗马式的修辞，但这种相似只是流于表面。事实上，它是对罗马式辩才和显贵阶层的漫画式扭曲，阿莱西亚的会议暴露了它只是罗马元老院会议的野蛮人版本。恺撒让克里托纳图斯假扮成罗马人，是为了让他野蛮人的形象更加直白鲜明。

209

情　节

　　恺撒置身事件中心，他是无所不在的情节主导者，唯一纵览一切、决定一切、执行一切的人。他也是一个独自收割所有声誉的人。罗马元老院前后三次为他的胜利许给他长达数日的谢神祭。但是他也独自一人为高卢发生的所有事情承担责任。这成了他在政治上易受攻击的软肋。这样就很容易理解，他不仅要夸耀他的事迹，还寻求将之合理化。他一方面要自我夸耀，另一方面也要为自己的行动辩解。两者都需要写作技巧才能实现，有时还需要虚构情节。

恺撒从未通过文辞合理化他的政治手段，他的作品里根本没有从管理、国际法或哲学角度展开的关于"正义之战"（bellum iustum）的正反思辨，也没有任何关于历史的概述，可以解释如今所面临问题之来龙去脉。偶尔他会引用元老院的决议、盟约或者干脆援引罗马人习惯的处理方式（mos, consuetudo，例如《高卢战记》第 1 卷第 8 节第 3 行，第 1 卷第 45 节第 1 行）。他更青睐的做法是，如此这般地讲述事情经过，让每个读者都觉得他的做法是正确的或必要的。展现战争过程时，他的落脚点完全在于如何让自己身为统帅行事显得更加得当。

关于高卢战争爆发过程的记载，是从政治角度将某事合理化的典型范本，而对战争结局的叙述，则是军事胜利史的典型范本。在这两种情况下，叙述性成分和虚构性成分都交缠在一起。

1. 战争怎样开始：赫尔维蒂人的迁徙

公元前 60 年前的那数十年里，高卢的历史风210起云涌。辛布里人和条顿人在公元前 2 世纪结束时的入侵让这片土地动荡不安，高卢各部族互相竞争，争夺霸权地位，他们彼此结盟，也与日耳曼人和罗马人结盟。两个互相敌对的阵营渐渐明晰，一个由爱杜依人领导，另一个则由塞广尼人领导。爱杜依人与罗马保持着外交关系，领有罗马民族之 "兄弟和血亲"（frates consanguineique）的头衔（《高卢战记》第 1 卷第 33 节第 2 行；参见西塞罗《致阿提库斯书》第 1 卷第 19 封第 2 节）。塞广尼人请求苏维汇人的国王阿利奥维斯塔——他从罗马处获得了 "国王" 和 "罗马人民之友" 的头衔（《高卢战记》第 1 卷第 35 节第 2 行，第 43 节第 4 行）——进行军事援助，相应地，他们提供给他定居地作为酬答。早在恺撒之前，罗马的影响就覆盖到阿尔卑斯山以北地区，人们可以说，罗马的外交也把罗马的党派之争带到了那里。贵人派支持爱杜依人，从公元前 61 年应爱杜依人狄维契阿古斯之请颁布的元老院决议可以看出，平民派则支持苏维汇人，这已由恺撒执政期间阿利奥维斯塔获得的荣誉所证实。此外还能确认的是，定居在罗马山北高卢行省北部的阿洛布罗及人以多次起义而知名,而赫尔维蒂人——至少从马略公元前101年平定辛布里人和条顿人起——就没有遇到这样的事情。

*

这就是恺撒抵达之前,高卢政治局势重新洗牌的结果,不因《高卢战记》报道的内容而改变。然而接下来发生了什么,怎么就导致了战争,这位统帅对此的记载几乎就是唯一的史料来源了。乍一看去,恺撒对于赫尔维蒂战争根源以及动因的分析完全有理有据。赫尔维蒂人,一个好战的、孜孜以求于扩张的民族,觉得他们受到定居地的天然疆域所限,此外又受日耳曼人逼迫,就在一位赫尔维蒂贵族奥吉托里克斯的推动下决定迁移,以实现对全高卢的统治。此外,为了保证自己有足够的力量支持,奥吉托里克斯还与塞广尼人卡斯提库斯及与罗马敌对的爱杜依人杜诺列克斯秘密接洽。这个秘密联盟被曝光了,奥吉托里克斯被他的同胞控告叛变,逃走并且丧命。虽然迁移计划的始作俑者死了,赫尔维蒂人还是坚持他们的决议,焚烧了他们的村落和所有无法带走的储备,为的是断绝回头的可能性。他们先是想在罗讷河以南寻找一

条便利的道路——说的就是日内瓦湖和支流索恩河
（Saône）之间的那一段——离开他们的家乡，然
而这条路要穿过罗马的行省。这件事发生在公元前
58 年初。然而恺撒立刻从罗马急急赶来，禁止赫
尔维蒂人行经罗马行省，给出的理由是这与罗马的
政治准则不相容。接着迁移者们选择了罗讷河以北
另一条狭窄的道路，它通过塞广尼人的领地，塞广
尼人在爱杜依人杜诺列克斯的知会下允准了这次穿
越。此时恺撒得知，赫尔维蒂人想要进入桑东尼人
（Santonen）的领地，它横卧在中央高原和大西洋
之间，而且就像他叙述的那样，他清楚地看到好斗
的赫尔维蒂人对托洛萨腾人（Tolosaten）的危险
性，后者的居住地已经属于罗马行省。所以当爱杜
依人和其他高卢部族控诉赫尔维蒂人如洗劫一般席
卷了他们的土地时，恺撒征召起更多的部队，攻击
了赫尔维蒂人，当时他们正要横渡阿拉河（Arar，
即索恩河）。碰巧的是，恰恰赫尔维蒂人里的梯古
林尼部落（Tiguriner）被消灭了，他们在公元前
107 年前与条顿人一起击败了执政官 L. 卡西乌斯
率领下的一支罗马军队，使其蒙羞。

　　叙事者把赫尔维蒂人的出迁故事讲得有条有
理，故事的开端是：赫尔维蒂人中"远超其他人的
最高贵和最富有的人"（《高卢战记》第 1 卷第 2 节

212

第1行)奥吉托里克斯用征服全高卢的主意让他好斗的人民兴奋不已。恺撒把推动历史发展的力量人格化了,将笔墨聚焦于奥吉托里克斯这个人物,作为第三人称叙事者,他赋予此人一种看上去合情合理的动机:对国家霸权的追求,亦即会敲响每一个罗马行省长官警钟的无理要求。追求权力的基本动机既简单又有说服力,有效地攫住了读者的注意力,以至于像威尔·里希特(里希特:1977年,第102页起)提到的,陷于恺撒版本故事的读者忽视了三种不可能性。第一,人们可以把这种形式的对权力的追求归给一个人,却不能归给一个近50年来一直保持中立立场、和平地生活着的部族。地理学家斯特拉波把赫尔维蒂部族的品质描述为:尽管坐拥金山,仍然热爱和平(斯特拉波:第7卷第293节)。恺撒则相反,他在前言当中就把赫尔维蒂人当作好战部族来介绍,因为他们是日耳曼人的邻居,几乎日日卷入与日耳曼人的战争。第二,如果赫尔维蒂人想夺得整个高卢的统治权,那么他们之前放弃自己肥沃而安全的腹地,而不是把它当作自己扩张的起点,简直就是荒谬之举。最后是第三点,奥吉托里克斯死后,赫尔维蒂人仍然坚持他们的出迁计划,哪怕缺了政治上交游广阔又精明的奥吉托里克斯的领导,恺撒提到的他们赢得高卢霸权的动机或许就要化为空谈，全无实现的可能性。

从恺撒的描述终究是不能正确推论出为何赫尔维蒂人想要出迁，又为何恰恰想要进入桑东尼人的偏僻地带。较切合的迁出理由，如缺乏粮食或是逃离日耳曼人，恺撒自己就否定了。赫尔维蒂人的仓储如此富足，甚至要烧掉大部分他们在迁徙之路上无法携带的粮草，他们也总是在和日耳曼人的战斗中成功自卫，甚至在他们的故土上让日耳曼人尝到了败果。就是对现代研究者来说，赫尔维蒂人的迁徙从多个角度看来也都充满了谜团。

为了更好地了解叙事者恺撒在多大程度上讲述了与"实际"发生的事况有别的历史，我们在这里迅速回顾一下试图重塑历史的尝试。就如前面已经承认的那样，这种重塑属于大胆的抽象推测，但却值得三思。历史学家史蒂文斯（Stevens）（史蒂文斯：1952 年，第 169 页起）建议读者想象如下情形：爱杜依人陷入危境，因为他们要在得到日耳曼人撑腰的塞广尼人跟前保住自己的地位，所以就紧锣密鼓地要把一部分战斗经验丰富的赫尔维蒂人接到自己的土地上。支持这点的证据还有，爱杜依人杜诺列克斯在塞广尼人那里支持赫尔维蒂人自由伴送，或许就是他，把桑东尼人偏远的领地说成赫尔维蒂人的目的地，为的是欺骗塞广尼人。这也符合

213

如下情况：在恺撒战胜赫尔维蒂人后，请求赫尔维蒂人的盟友波依人居住到他们的土地上的，正是爱杜依人（《高卢战记》第1卷第28节第5行）。

不管是什么推动着赫尔维蒂人背井离乡，叙事者都竭尽所能地让他们显得富有攻击性，让他们的迁徙看上去像是对罗马的威胁。精心刻画的角色奥吉托里克斯，这个据说以赢得高卢霸权为目标的人，帮助恺撒给赫尔维蒂人的迁徙抹上了政治权力的色彩，而他可能实际上从不曾有这种意向。此外恺撒还提到，爱杜依人和其他部族向他寻求支援，协助他们对付赫尔维蒂人（《高卢战记》第1卷第11节）。叙事者对战争的核心理由处理得轻描淡写、随随便便，让人瞠目。因为实际上，赫尔维蒂人对爱杜依人的袭击事关"同盟条款"，因为爱杜依人置身罗马的保护下。人们不禁要问，为何叙事者在此处不再泄露求助的内容，就像后来由狄维契阿古斯所代表的爱杜依人催促恺撒投入对苏维汇人的战斗时，叙事者所做的那样。也许根本就没有什么特别的指控针对赫尔维蒂人，只是他们请求恺撒在赫尔维蒂人迁徙时维持秩序。毕竟恺撒所假托的理由是不合情理的：恺撒声称赫尔维蒂人前往的目的地，即桑东尼人的土地，与罗马行省毗邻，所以他们若定居于此，就可能成为生活在罗马土地上——托洛萨（Toulouse，即今图卢兹）地区内的——托洛萨腾人的威胁。桑东尼人住在与托洛萨腾人直线距离 300 公里远处，两者之间至少还定居着四个其他部族。但是恺撒可以押注，罗马人几乎不了解高卢的地理形势。也正是在这种情况下，叙事者虚构出了他需要的空间。

赫尔维蒂人迁徙的整个故事都是为了合法化这次战争，此战应当拯救恺撒在罗马的政治生涯。叙事者熟练地赋予事物以假托的前情概要、可信度以及动机，操纵着读者的感受。这里指的并不一定是严重的造假，只是程度细微的差别，可这细微的差别对读者眼中事物展现的方式却有很大的影响。当威尔·里希特这么写的时候，他的评断是恰如其分的：

> 文本中对论据的组织方式让人无法一眼识别出来，只有从哲学角度再次审视，才能洞若观火。首先要考虑到，在众多准确事实和部分极其精确的描述之间，只有少数叙述并不符合真相……然而相对于表面上的假象，恰恰是实质上的动机被埋藏于黑暗当中，或是被它的替身所掩盖。（里希特：1977 年，第 114 页）

擅自发动一场征服战争，在政治和法律两方面

215

都是十分棘手的难题，恺撒不惜一切代价也要打这一仗，并在事实上通过赫尔维蒂战役打响了它。所以他让读者相信，此战并非他个人主动要打，而是由于种种外部情况被强加于他，似乎他只是在履行行省长官的义务，不可避免地采用了军事手段。当恺撒面对这些问题的时候，围绕赫尔维蒂人出迁发生的种种状况，已经发展到不可收拾的地步（《高卢战记》第 1 卷第 7 节）。恺撒只能——叙事是这么暗示的——对已发生的事态和要发生的事态作出回应：在罗马，他接到了一个叫人吃惊的消息，赫尔维蒂人想要通过罗马的行省。恺撒毫不迟疑地作出反应，匆匆赶往北边，禁止了赫尔维蒂人的穿越。不久他就得报，赫尔维蒂人想要通过塞广尼人和爱杜依人的领地，为的是去桑东尼人那里定居。恺撒在这里看到了罗马行省面临的危险，又一次展开针对性行动：他在意大利北部征召军队，带领他们穿过阿尔卑斯山。简单来说是这样的：

> 从那里他带着军队穿过阿洛布罗及人的土地，进入塞古西阿维人的地盘，他们是生活在罗讷河对岸行省以外的第一个部落。（《高卢战记》第 1 卷第 10 节第 5 行）

　　隐藏在这无害的两句话背后的是如下事实：恺撒在未受元老院委托的情况下，基于自己的判断，率领 5 个军团跨过罗马帝国的边界，展开了一场军事进攻。接下来他接到了爱杜依人和其他部族的求援，请求帮助他们对付赫尔维蒂人。恺撒又一次迫不得已地开始行动，在赫尔维蒂人横渡阿拉河的时候带着军队追上了他们，并击溃了他们中的一部分。

　　在叙述赫尔维蒂战争的爆发时，赫尔维蒂人似乎是蠢蠢欲动、不可束缚的部族，而恺撒则是富有远见的行省长官，然而他却险些被发生的事态弄得猝不及防，必须对接踵而至的汇报和信使迅速作出反应。从他这一侧越过行省边界，是一次意义显著的政治和军事事件，这点仅被顺便提及，笔墨主要落在行省长官的措施上，赫尔维蒂人活跃的动作一再要求他采取新的行动。

　　这样进攻者恺撒成了被动的角色，而被攻击的赫尔维蒂人却成了主动的角色。这个故事最后要传达的信息是：赫尔维蒂人自己要为他们的毁灭承担责任。

　　为了让这大胆的归咎显得有理有据，叙事者再次去麻烦神灵，除此之外他笔下就找不到什么虔信的迹象了。所有赫尔维蒂部族当中，恰好梯古林尼

216

人成了战争的第一批牺牲品。这点得到如下论证：

> 这一带的住民叫作梯古林尼人，因为赫尔维蒂人全族分为四个部分或大区，这一部人马在迁出他们的原住地时——在我们父辈的时代——杀死了执政官 L. 卡西乌斯，并迫使他的军队钻轭门以示投降。或许是偶然，或许是神灵所作的安排，恰巧是这一部赫尔维蒂人，曾经带给罗马人民惨重失败的一部，首先得到了惩罚。由此恺撒不仅为罗马国家所遭受的不义，也为个人的屈辱复了仇，因为梯古林尼人在他们杀死卡西乌斯的同一场战斗中，也杀死了恺撒岳丈卢修斯·皮索的祖父副将卢修斯·皮索。（《高卢战记》第 1 卷第 12 节第 4~7 行）

所以恺撒用差不多 60 年前发生的事情来合理化他对赫尔维蒂人的袭击，他把相隔这么久远的两件事扯上关系，并且展示了一种——至少以今天的眼光看来——荒谬的因果结构，对此他毫不在意，甚至还在不久之后第二次采用了同一种因果结构，指出神力的影响。他就是这样自以为是地训诫战后赫尔维蒂人派来想和他商谈和平协议的使者的：

> 一般情况下总是这样，不死的神灵长久地放纵那些他们想要惩罚的人，是为了让他们在好运突然中断之时感到格外痛苦。(《高卢战记》第 1 卷第 14 节第 5 行)

当恺撒为了寻找一个在罗马拿得出手的开战理由而陷入困局时，他引用了一种古老的想象，即神灵们施加惩戒时姗姗来迟，是为了造成必要的落差。军事统帅变成叙事大师，他扯出了一切记录，为的是构建一段能合法化他的战争的历史。

2. 战争如何结束：恺撒对阵维钦托利

自从战胜赫尔维蒂人以来已经过去了七年，其间恺撒不得不一再镇压起义，现在他已经征服了"整个"高卢，从罗马行省到艾默运河，从莱茵河到大西洋。因为高卢的局势看似平静无波(《高卢战记》第 7 卷第 1 节第 1 行)，公元前 53~ 前 52 年的冬天，恺撒优先投身行省长官的职责，在意大利北部召开庭审。他在那里获知，P. 克劳狄乌斯（P. Clodius）——平民派和恺撒一派最重要的成员之一——被谋杀。接着元老院就决定，从意大利全境征召有义务服兵役者，恺撒利用这个机会也在他的行省征兵。

这些恺撒都在第 7 卷的开头为我们报道了，这

218

是恺撒少数几个惜字如金地提到罗马内政的地方，这不是没有理由的。恺撒接下来就把罗马城内的政治乱局和贯穿了公元前52年的高卢大起义联系到一起。在还不能接受丧失自由的高卢人中间，有流言在散播，说恺撒因为罗马局势不稳，无法赶来高卢与他的部队会合。这一（错误的）揣测促使全高卢的部族都在维钦托利的领导下起来反对恺撒。恺撒就这样把公元前52年高卢大起义的部分责任归咎于他在罗马的政敌。但是克劳狄乌斯的死亡和高卢人的揭竿而起之间真的有联系吗？这是值得打问号的。

不管怎样，寥寥数语，恺撒就通过他所讲述的战争第7年的版本，不仅确保了他在历史上的地位，还影响了罗马的政局。他在此时决定出版关于高卢战争的七卷本，首先就是考虑到罗马政局眼下的发展。因为恺撒的任期将要结束，无望再续，他越来越迫切地需要一场军事上的胜利，为的是不输给他在罗马的政治对手。因此第7卷意义非凡：它是《高卢战记》的最后一卷，它所描述的最后的战争要能证明恺撒的伟大，展现最后的胜利。

所以不仅统帅恺撒，叙事者恺撒也在书的最后几章全力以赴，就一点也不让人诧异了。《高卢战记》中没有任何一卷像第7卷那样叙事生动鲜明，谋篇布局周详。对战事的报道有时如同史书，有着形象的人物、动人的场景，同时还有——在开头——戏剧性地层层上升的情节，直到对决定性的阿莱西亚大战的史诗般的描绘。

　　情节如下：维钦托利——阿浮尔尼部族的一位年轻首领和高卢起义的领导人，越来越成为恺撒不容轻视的对手，他总是计划周全，行动果断。他实施一套新的战略，正打到恺撒的痛处，他系统性地孤立后者，切断其和盟友以及资源之间的联系。他不仅做到了把素来对罗马有敌意的部族拉拢到自己一边来进行反抗，甚至还有针对性地去争取恺撒的盟友。此外他还疏散了无数的村庄，把他们的存粮付于一炬，让它们对罗马军队全无用处。这招暂时生效了：虽然恺撒成功占据了几座城池［维隆纳邓努姆（Vellaunodunum），钦纳布姆（Cenabum），诺维奥东努姆（Noviodonum）］，却一再陷入严重的补给困境。他公开记载了此事。一时半会儿他没办法给士兵弄到粮草（《高卢战记》第 7 卷第 17节第 3 行），被切断了和罗马行省之间的联系，失去了高卢的盟友——最后就连爱杜依人也弃他而去，而他们早在恺撒之前很久就和罗马关系密切，是高卢唯一一个戴着罗马人民"兄弟和血亲"荣誉头衔的部族（《高卢战记》第 1 卷第 33 节第 2 行，参见西塞罗《致阿提库斯书》第 1 卷第 19 封第 2

219

节)。尽管局势不利,恺撒还是成功地拿下了阿瓦利肯(Avaricum)和其他城池,并在一场骑兵战斗中击败了维钦托利。后者接着和8000余人撤回阿莱西亚,恺撒随即就以强有力的包围圈困住阿莱西亚。城防工作完成不久之前,维钦托利派出他的骑兵队,他们要前往高卢所有部族处,征集一支声势浩大的援军。援军抵达时,大战就展开了,并以恺撒的胜利而告终。

恺撒的报道显得平实、详尽、十分诚恳,因为他承认自己遭受的挫折,承认维钦托利的军事才华,这让维钦托利成为与恺撒旗鼓相当的对手。但是通过对人物熟练的塑造,以及微妙地运用隐藏的动机,叙事者确保了读者对这名来自高卢的敌人不会产生任何同情。

首先谈谈对人物形象的塑造。首次介绍维钦托利这个角色的时候,恺撒就对其进行否定性的揭露,尽管他有着显赫的出身。恺撒称维钦托利的父亲就已经致力于对高卢进行独裁统治,并且正因此而被他本人的部族杀死。他又称维钦托利本人因计划与罗马为敌而和他的亲戚之间产生矛盾,并被他们驱逐出故乡城市日尔戈维亚。但是他从"穷人和罪犯中"(《高卢战记》第7卷第4节第3行)征召了士兵,回到日尔戈维亚,将他的仇敌放逐出城

市，自己居于义军领袖的地位。然后他组建了一
支规模浩大的跨高卢部族的联军。恺撒虽然赞扬
他慎重的举动——那是对非罗马人不同寻常的赞
美——但却强调他非同一般的苛刻：

> 通过严刑峻法，他逼迫那些犹豫不决的人
> 服从。当过失较为严重时，他让罪人经受所有
> 酷刑后被烧死。当事态没那么严重时，他就割
> 掉他们的耳朵或是刺瞎他们的眼睛，把他们送
> 回家去，好让其他人有个鉴戒，让他们因为刑
> 罚的严酷陷于恐惧。(《高卢战记》第 7 卷第 4
> 节第 9 行起)

维钦托利不仅被写得非常残忍，作为一名统
帅，他还不时需要采用血腥的暴力逼人服从。后来
的阿莱西亚围城战中也是，当他为了免于饥馁而不
得不按定量给士兵分配口粮时，不用威胁也是不能
达到目的的：

> 他发出命令，把所有的粮草都送来他这
> 里，并且对那些不遵安排的人定下死刑的惩
> 罚。(《高卢战记》第 7 卷第 71 节第 6 行)

维钦托利的严苛行为不仅把他自己追求的事业变得不光彩——如果需要对战士们采用这种手段来施压，这又算什么自由之战？——战士们本身也因此蒙羞，因为他们明摆着既不守纪律也没有常性。利用这些似乎是顺便加入的信息，恺撒营造了一种对比，以维钦托利为背景把他自己衬托成了理想中的统帅形象，士兵们在任何情形下都会追随的统帅。虽然罗马的军队也曾遇到饥荒，但是这位罗马统帅和他富有责任感的军团呈现的样子，与那位高卢的对手以及他不服管束的乌合之众截然不同。

当恺撒在构筑围城工事期间和各个军团谈话时说，他打算放弃围城，因为对他们来说粮草的短缺太严重了，所有人都要求他别这么做。他们说，他们作为士兵在他的旗帜下已经服役多年，他们不会让自己蒙羞，绝不会放弃未完成的工作。如果他们不管已经开了头的围城任务，这对他们来说是个耻辱。他们宁可忍受一切困苦……（《高卢战记》第 7 卷第 17 节第 4~7 行）

角色在这里似乎调换了过来。统帅提出可以

放弃，士兵们要求坚持到底。恺撒的体贴和维钦托利的残暴形成了对比。在另一个场景下，恺撒甚至让宽恕主宰了自己，那时士兵们因为蔑视他的命令而在攻打日尔戈维亚时遭遇惨败——当然他们只是因为战斗热情过于高涨而不是因为缺乏战斗意志而这么做的。就像他在第 1 卷（本书页边码第 188 页起）的演讲中一样，恺撒对于不服从命令的行为展现了强硬的态度，但同时也对士兵们的感受表示了理解。在这种情况下，尽管出现了这一切问题，他还是赞扬了士兵们的勇敢，而且安慰了他们。

　　他钦佩他们巨大的勇气……另一方面他必须谴责他们的目无法纪和僭越行为，因为他们显然相信，他们能比指挥官更好地判断战斗的胜利和结局。在一个士兵身上，他对纪律性和服从命令的看重不比对英勇无畏的看重要少。在演说结尾处，他又鼓舞了士兵们的信心并说道：他们不必因为这件事丧失勇气，也不要把这次因为地势不利而蒙受的损失，归因于敌人的英勇。(《高卢战记》第 7 卷第 52 节第 3 行，第 53 节第 1 行）

222

恺撒和士兵之间的关系以双向的尊重和信任为显著特点，他并不威胁他们，他对他们的讲话是明确又开诚布公的。而维钦托利和他的部队之间笼罩的气氛从来都不是无条件的信任。这位高卢统帅暂时留下他的步兵，带着骑兵展开进攻，回来后他的部下指责他背叛了他们（《高卢战记》第 7 卷第 20 节）。叙事者通过详细复述维钦托利面对部队所作的自我辩白，突出展现了这一闻所未闻的事件。先是间接引用，继而甚至进行直接引用。为了证明他所说的是事实，维钦托利带上了罗马的俘虏，他之前用酷刑折磨过他们，迫使他们给出他所期待的回答。一位统帅被他的军队指责为背叛者，然后还要施用计谋，以再次为自己和自己的事业赢回部队的信任，这正是恺撒自己所树立的理想统帅形象的反面教材。

在高卢人那里，欺骗和贿赂扮演着重要的角色。据说为了高卢联盟能运转起来，维钦托利必须动用谎言和金钱赠礼（《高卢战记》第 7 卷第 31 节第 1 行起），其他高卢贵族也是如此，只能通过狡诈诡计动员自己的支持者，不让他们掉链子（《高卢战记》第 7 卷第 38 节，第 63 节第 2 行）。统帅的这种行径正配一般高卢人出尔反尔的习性，叙事者不厌其烦地描述这些。在一幕幕生动的场景中，他一再以鲜明的笔触形象地勾勒出了高卢人的优柔寡断和反复无常。他们一会儿弃恺撒而去，一会儿又背叛他们的人，一会儿又改变他们的计划和战术（《高卢战记》第7卷第42节起）。塑造高卢人的性格时，恺撒面临两难局面，要是他把他们刻画得毫无定性、缺乏动力、无组织性，那他们就不再是值得尊敬的对手，而他作为统帅的功绩也要打折。所以他公开承认高卢人的勇猛，有一次甚至引入了一个小例子来佐证他们的英雄气概：在最前沿的阵地上，投掷来的武器像冰雹一样密集命中的地方，一个高卢人坚守他的岗位直到倒下，他马上就被另一个人替代，这个人又战斗直至被击中，下一个人又顶上他的位置，这样直到战斗终结。（《高卢战记》第7卷第25节）

　　第7卷中，通过更多地牵扯到平民，恺撒进一步完善了高卢人的形象。在这方面，他第一次对高卢妇女给予特别的注意，有时甚至承认她们在战事中扮演的角色不可小觑。有次他甚至唤起了一种错觉，似乎高卢的士兵们完全听命于他们妇女的意志。恺撒包围了阿瓦利肯，而维钦托利守卫它。当守城的人意识到他们将要失败的时候，就在维钦托利同意的情况下制订了一个计划，趁着寂静夜色逃出城市，把这座城市——和它手无缚鸡之力的人民——拱手交给罗马人。但是他们在作此盘算的时候忘记了妇女们。

> 他们（士兵们）已经准备着晚上采取行动，这时妇女们突然冲上街头哭着扑到男人们的脚下，哀求他们不要把她们和他们共同的孩子交到敌人手里，使其面对可怕的死亡。因为天生力气较弱，她们不便逃走。当她们发现男人们还是坚持他们的打算时——因为在极度危险的时候，畏惧不容怜悯心的存在——就开始喊叫并把即将开始的逃亡指给罗马人看。重新陷入惊慌的高卢人害怕罗马骑兵会又来堵路，就放弃了出逃的计划。（《高卢战记》第7卷第26节第3~5行）

224　　　"软弱的"妇女们破坏了战士们的（也是维钦托利的）军事战略，阻碍了计划中的撤退。叙事者通过这个小插曲找到了一条巧妙的路子，让高卢人显得愚笨而又不会损害罗马人的军事声誉。

在日尔戈维亚围城战中，平民的动向也同样没逃过叙事者的眼睛，这次反过来是妇女们扮演了让高卢人显得毫无主见的角色，给人留下了深刻印象。恺撒的士兵们猛攻城池，突然居民中传开流言蜚语，说敌人已经在城里了，然后发生了如下情形。

　　妇女们把衣服和银饰从城头扔下，裸露着胸脯探出身子，伸出双手向罗马人请求宽恕，不要对她们做出在阿瓦利肯所做的那些事（参见《高卢战记》第 7 卷第 28 节第 4 行），即对妇女和儿童也毫不留情，有些人甚至沿着城墙爬下去把自己交到士兵们手里。（《高卢战记》第 7 卷第 47 节第 5 行起）

　　值得注意的是，恺撒在描写妇女们的困境时毫不加以美化，比起在意料之中的城破之后再被他们强暴或杀死，她们宁可主动把自己交到敌人手里。但是晚些时候确定了，城外的高卢军队赶来救援，城防可能重建起来，这在妇女们当中引发了如下思想转变。

　　当（抵达的高卢士兵的）数目显著增长的时候，不久前在城头上向城下的罗马人伸出手的妇女们，现在开始恳求高卢士兵，她们按照高卢的习俗给他们看散开的头发，并把自己的孩子举在面前。（《高卢战记》第 7 卷第 48 节第 3 行）

在战争中用这种方式激励男性是高卢妇女的传统，这点已被证实，然而通过让高卢妇女从这一刻到下一刻之间如同按下开关一般切换态度，恺撒夺走了高卢妇女这一姿态所饱含的所有激情和动人之处。在阿瓦利肯，男人们为了救自己的命而让妇女们陷入困境，这里反过来了，两者都天衣无缝地融入了恺撒描绘的高卢人反复无常的形象。此外高卢妇女不知羞耻的投机性还佐证了一个经典的偏见，即妇女的眼泪是不可信的，同时也让围城内的人的困境显得可笑。

*

这寥寥几个例子就展示了，恺撒在第 7 卷中比起前文更加注重对人物和事件生动鲜明、细节丰富的刻画——读者在读前几卷时哪能料到，回忆录作者恺撒会对"裸露的胸脯"和"散开的头发"发表见解呢？叙事的翔实和生动与第 7 卷在谋篇布局方面的特殊地位不无关系。文采修辞以及取自史书的叙事方式丰富了该卷的内容。不仅如此，这一卷还显露了戏剧结构的端倪——这同样是从古典史学中学来的：事件被塑造成恺撒和维钦托利之间的对抗，对抗一再扩大、升级，在围绕阿莱西亚的战斗中达到了高潮。

在这场戏里头，维钦托利的军事战略仿佛变成了文学作品的话题，它反复出现，终于在事件高潮即阿莱西亚战役当中扮演了核心角色——焦土政策和饥荒。

我们只需要简略通读第 7 卷就能明白这一点。上文已经提到，维钦托利的目标是切断恺撒的粮草供应，所以他呼吁高卢人毁掉他们的存粮。叙事者通过一段间接引用的发言告知了读者这位高卢统帅的计划：

> 他指出，必须把人们会遇到的所有田庄和村落都付于一炬，并且是从波依人的领土边境直到罗马人可能会前往征集给养的整片地区……（第 9 行）此外，焚毁城池也是必要的。（《高卢战记》第 7 卷第 14 节第 5~9 行）

维钦托利的战略在士兵当中获得了响应，叙事者记载道：

> 当这个建议得到广泛的赞同后，比图里吉的二十多个城市就在当天被焚。（《高卢战记》第 7 卷第 15 节第 1 行）

226

尽管这个战略是经过反复斟酌的，尽管恺撒事实上被它逼到了艰苦的困境，但它在某种程度上与高卢人的爱国主义背道而驰，高卢人通过摧毁家乡来表明对家乡的热爱。也许正因如此，叙事者在第7卷中一反常态，不再把笔墨限于重大的军事事件，而是多次重点展现高卢城市之美，为的是突出高卢自由战争自我毁灭的性质。不管怎样，维钦托利对待自己国家的严苛以及无论如何都要战胜罗马人的意志是再明显不过了。高卢人自豪地支持他的战略，虽然这要求他们为此付出自身的一切代价，但却也折磨着敌人。

> 多亏我的努力，像你们看到的那样，一支如此庞大的、战无不胜的军队几乎要被饥饿消耗殆尽了。(《高卢战记》第7卷第20节第12行)

当叙事者让高卢统帅自吹自擂，尤其是直接引用他自夸的语句时，他也通过维钦托利的饥饿战略，把这个角色刻画得冷酷强硬，毫无仁慈之心。然后叙事者继续报道这一战略执行时的毫不留情：

因为他们认为无法保住诺维奥东努姆这座城市，就将它付于一炬，这样它对罗马人就没什么用了。匆忙间他们用船载走了尽可能多的粮食，剩下的都被烧毁或是投进河中。（《高卢战记》第 7 卷第 55 节第 7 行起）

就在阿莱西亚战役开始前，维钦托利再度对部队解释了他的焦土战略，这一次采用间接引语：

因为他手下的骑兵多得非比寻常，阻止罗马人征集粮草反而要简单得多。他们应当用同样的镇静态度毁掉他们自己的粮草，焚烧他们自己的农庄。（《高卢战记》第 7 卷第 64 节第 2 行起）

叙事者一再让读者眼见高卢人为了饿困罗马人而不惜自毁国土的战略，由此赋予了高卢人残酷顽强的个性，让整个高卢大起义蒙上了一层别样的阴霾——尽管他们是在为自由祖国的理想而斗争。然而还不止这些，战争过程中每到决定性时刻，他都让饥饿作为话题出现。高卢人的起义以对落脚在钦纳布姆的罗马商人的谋杀为始。被提到名字的只有骑士 C. 福非乌斯·齐塔（C.Fufius Cita），恺撒委派他陪同运送粮草（《高卢战记》第 7 卷第 3 节第 1 行）。然后维钦托利接过了指挥权，发出执行焦土战略的将令，二十多座城市、数不尽的村落和农庄成为牺牲品。只有一座城市得以幸免——阿瓦利肯。听到城里居民的请求，维钦托利态度软化了，在此一例上放弃了焦土战略——这是个致命的错误。恺撒拿下了这座城市，让他饿得半死的部队又生龙活虎起来。基本上可以说，维钦托利的同情心——此处用了 misericordia 这个概念——反而给他招来了灾祸。如果我们置身一场戏剧中，放过阿瓦利肯的这个抉择就是悲剧英雄犯下的致命失误。因为从这儿开始，维钦托利的战略就不再那么有效，而恺撒不可阻遏地向前推进，直到对阿莱西亚形成包围。命运的讽刺之处在于——或者也是叙事者想要达到的讽刺效果——如今维钦托利和他的 8 万将士被困在阿莱西亚，被截断了一切粮草运输，有成为饥饿战略牺牲品的危险，而这个战略本来是他选定来对付恺撒及其士兵的。在这种情形下，克里托纳图斯发表了他著名的讲话，我们在前面已经引用过了（本书页边码第 204 页起）。他在发言中呼吁食人。如果把饥荒对于第 7 卷中的战事的军事价值考虑进来，那么克里托纳图斯的呼吁就在事件整体关联下又获得了一层新的意义。至迟是在这个地方，饥荒从一项军事战略变成了文学主题。这样

看来，维钦托利的战略就在克里托纳图斯的演说中
达到了恶意讽刺和扭曲的高潮。或者换句话说，克
里托纳图斯的演说就是恺撒对维钦托利的军事战略
的文学性回复。

*

　　自然，恺撒也不会错过用军事行动来回应维钦
托利，在大大小小的多次战斗和进攻中，高卢人都
证明了他们的战略能力，之后恺撒在阿莱西亚战役
中战胜了他们。整个情节到阿莱西亚战役发展到了
顶峰，在此一役中，罗马人必须从恺撒提前布置好
的包围圈出发，同时两线作战——一面是对付从城
内冲出来的高卢人，一面是对付他们的援军。叙事
者在描述中又借用了史学和戏剧的表现手法，以提
升决定命运的那一刻之前的紧张感：高卢部族联盟
的庞大援军是要来把阿莱西亚从恺撒的围困中解放
出来，他们依照被困在阿莱西亚城内的维钦托利的
命令，集结起来。那是8000名骑兵和25万步兵
（《高卢战记》第7卷第76节第3行）——叙事者
不仅提到总人数，还提供了令人印象深刻的记录，
列明哪个部族贡献了多少名士兵，由此提升了读者
的期待值。高卢人在人数上占有绝对优势，注定是

229

要胜利的。

> 所有人热切而又充满信心地向阿莱西亚开拔，他们之中没有一个人不相信，敌人只要看见这样一支庞大的部队就要丢盔弃甲。这种观点又进一步强化了，因为这将是一场两线作战的战斗，如果同时从城里突围，而城外又出现了数目如此众多的骑兵和步兵的话。（《高卢战记》第 7 卷第 76 节第 5 行起）

敌人既在力量上占据优势，又信心满满，罗马的军队看起来将难逃一劫了。叙事者让高卢军中燃起了一种和战斗结局相悖的情绪，以使罗马人接下来的胜利显得更加光彩照人。有文学素养的读者能感受到，敌人对一场胜利的笃定期待，一定是过分傲慢和亵渎神灵的表现。战斗开始了，叙事者把它演绎成一场嘈杂的骚动。当步兵还在扮演观众的角色时，骑兵打响了这场战斗。

> 从所有在高处围成环状的营寨望出去，视野都是极好的，士兵们焦急地等待着战斗结局……由于战争在众目睽睽之下进行，无论是英雄壮举还是懦夫行径都没法掩饰，双方都

要博取名誉、害怕耻辱，因而鼓起了最大的勇气。（《高卢战记》第 7 卷第 80 节第 2~5 行）

骑兵的冲锋仿佛古罗马圆形剧场当中的演出一般，从四周层层推进——叙事者不可能以更加震撼人心的方式表现高卢战争的终幕了。恺撒把副将分派到冬季营地各处去，用短短的一句记载结束了他的《高卢战记》的最后一卷：恺撒在罗马被允以二十天的谢神祭。统帅恺撒精彩地完成了他的一切任务，而叙事者报道了一切，好像没什么需要再补充的了。

读者认为他已经读到了高卢战争战果累累的结局。对，还一起经历了它。但还有第 8 卷呢，由恺撒的副将之一希尔提乌斯若干年之后撰写，内容包括恺撒担任共同执政官的第 8 年和第 9 年，虽然它以如下的句子开头：

征服全高卢后，恺撒希望，士兵们能在冬季营地从过度疲劳中休整恢复，因为在过去的那个夏季里他们无休止地征战。（《高卢战记》第 8 卷第 1 节第 1 行）

但是接下来那句话又把我们带回到了高卢战争

230

那个异常熟悉的世界:

> 然而他接到消息,有若干部族在同时备战,并且彼此秘密缔盟。(《高卢战记》第 8 卷第 1 节第 1 行)

没有哪一年高卢人不搞阴谋,就是在阿莱西亚大捷后也没有什么两样。年复一年,都是如此。然而在最艰苦的冬天,恺撒又要让他的军团动身,去镇压下莱茵和大西洋之间爆发的若干起义。

*

很明显,阿莱西亚之战根本就不是一场一锤定音的战役。但是恺撒在上一卷中展露的精湛叙事功力给读者留下的印象是如此深刻,以至于直到今天仍然存在这种观点:高卢战争基本上是在阿莱西亚迎来了它的终局。那么就是作家恺撒有这个本事决定高卢战争的终点,而不是统帅恺撒。

结语：恺撒的自我创造

迪纳厄斯银币（公元前44年）正面
恺撒戴花冠的头像
硬币铭文：CAESAR DICT PERPETUO

我们的观察研究现在结束了，其间我们沿着历史和文学之间的界线走过了一段路。途中可以确定的是，要判断我们研究的到底是高卢战争，还是恺撒关于高卢战争的作品，并不总是那么容易的。恺撒两者都"写了"：历史和文学。

他本人也如此。我们遇见的他既是历史人物，也是文学形象。他不止一次让我们产生一个无解的疑问：我们究竟是在跟哪一个恺撒打交道？而恺撒有意为之的自我写照，手法是如此完美，以至于无从再度辨认出他对自己形象的着意塑造是从哪里开始，又在哪里结束。或许恺撒自我呈现的高妙之处恰恰在于，他不仅仅展示了自己的形象，更是根据自我展示的内容重新创造了自己的形象。那么恺撒的自我创造可能存在于何处呢？

在恺撒向高卢进发以前，罗马最著名的统帅不是他，而是庞培，这都随着高卢战争发生了本质上的改变——恺撒对战争的展现对此贡献匪浅。因为恺撒在他的书中不是作为政治家登场，而是以军事统帅的身份出现的。作为军事统帅，他对自己形象的展示——对，应该说是发明——是如此叫人心悦诚服，以至于直到今天，他都被看作世界史上最杰出的统帅之一，与亚历山大大帝和拿破仑并举。而罗马的人们再熟悉不过、再敬畏不过的那个政治家，

236　并不需要他去重新塑造，而在远离罗马政治舞台的地方，他也无法做到这点。顺便一提，对他而言，这跟以一副新的政治面貌示人肯定是没什么关系的（这对一位古罗马贵族来说本来就是想也不用想的事），而是关乎荣誉和声望，它们在罗马主要跟军功挂钩。还有，过往几十年中，没有一个不把老兵纳入庇护范围的政治家称得上真正的大人物，恺撒对此再明白不过了。没有军队势力的话，他既不能和国内不计其数的政敌叫板——因为他混乱不堪的执政官任期，元老院保守派始终对他记恨在心——也无法和庞培比肩。后者是逃不过的，因为前三头联盟早就已经破裂，而庞培成了元老院的人。如果恺撒想保住他的权力的话，稳妥的做法是，首先把自己表现成一个能力出众的统帅，让士兵们不论发生何事都死心塌地追随他，不得已时甚至与罗马为敌，就像后来发生的那样。其次，他在表现高卢战争的时候肯定得注意，在指派给自己的行省里要像一个谨慎周到的长官，在征服所得的高卢像一个优秀的总督——不过这是次要的。

　　所以他的"随记"主要是对高卢战争——尤其是对统帅的战功——所作的令人印象深刻的回顾和宣传。历时 7 年，恺撒为声势浩大的高卢战争画下了圆满的句点，战胜了强大的敌手维钦托利，征服了"整个"高卢——战记传达给我们的信息就是这样。但是这份成功的总结不能完全归功于杰出的统帅恺撒，而也要多亏光芒闪耀的作家恺撒。我们看到，是他的叙事才华成就了这位杰出的统帅。西塞罗有一次论证过，是什么造就了一位优秀的统帅。公元前66年，在一次演说中，他为授予庞培特别指挥权而发声，他得出的结论是：庞培集所有决定性的统帅美德于一身（西塞罗：《论格奈乌斯·庞培的最高指挥权》第28~29节，第49节）：战略思维和远见（consilium）、迅猛（celeritas）、勇敢（fortitude）、权威（auctoritas）和幸运（fortuna）。竭力仿效庞培的恺撒也宣称自己同样拥有这些美德。首先是远见：《高卢战记》中的许多段落都论述了，恺撒采取每项行动时是多么谨慎小心，不论机遇或危险是多么突如其来，恺撒都会采取必要的安全防范措施。在小细节上他也十分到位，甚至不厌其烦地论述他是如何保证粮秣供应，军队开往何方，使者又派去哪里，他什么时候命令搭建和拆除营地的。不过这些后勤工作对于战争艺术同样至关重要，例如恺撒想象和设计出来的不可胜数的各类建筑和围城工事。所有这些都证明了统帅行事的专业性和计划性。

然后是迅猛：迅猛的行动跟审慎的思虑同样重

237

要，对恺撒来说并不矛盾。行动迅速常常被他列作胜利的原因。他一再强调，敌人未曾料到他神速的抵达，因而不知所措，或是立刻逃窜。

第三是权威：对此似乎无须赘言。像恺撒在第1卷和第7卷中对士兵发表的演说（本书页边码第188、221页）所显示的，针对不服从的严厉态度与针对一切其他行为的包容理解相辅相成，士兵们（据称）从不消退的激情给人留下了深刻的印象，证实了这种统率风格的成功。

接着到了勇敢：和其他品质相反，勇敢对恺撒来说主要是士兵的美德，不论是在朋友还是在敌人身上都能看到。诚然，恺撒也证明了自己的勇气，尤其是当他处于危急关头，本人亲身参战之时，例如在纳尔维战役或是阿莱西亚的决定性战斗中。但是最具说服力的勇气榜样都是他的士兵们，就像那个在不列颠海滩上的军旗手、百夫长沃伦纳斯和普尔洛以及其他许多人。

最后是幸运：要是少了这一个因素，智力和性格方面的一切长处都不足称道了。这个因素是理性无法解释的，却又是真实存在的——战争中的运气。恺撒一再提到他的好运，他个人的运气，这显示他受到命运的眷顾。运气是士兵们最信任的特质，也是他们所追随的特质，在整部《高卢战记》中，这特质仅属于恺撒一人。总的来说，可以确定的是，西塞罗在恺撒的榜样、搭档和对手庞培身上所见到的，理想化地集于庞培一身的统帅美德，都由自我呈现者恺撒有意识地——展示出来。

除了打仗，统帅还有其他工作；除了统帅美德录所列举的，统帅还有其他任务。所以人们在初读《高卢战记》的时候会感到意外，书中真正对于战争的描述占据的篇幅竟是那么稀少。恺撒大力推行联盟政策，还为胜利之后接踵而来的事情操心。他自诩为庇护人和外交家，必须到处插手，干预高卢人反复无常的政策，他指出他赐予高卢盟友——政治上的"小学生"——的种种恩惠。但是对于每一个投降之后，或者在他们的邻居投降之后还是要起来反抗他的部族，他则指为蓄意谋叛，毫不留情地打击他们。他采取行动，提出理由，仿佛他已经是新行省高卢的长官，表现得像是在全高卢建立新秩序的权威人物。这里传递给罗马的信息也十分明确：恺撒已作好准备，要在高卢建立起一支新的势力，这意味着将带来金钱、援助、援军，以及将来他在罗马的地位会得到极大的巩固。可以说，恺撒正是在这么一个角色中创造了自己的形象，一个恺撒在罗马从未扮演过，或是从未这样深入地扮演过

239　的角色：伟大统帅的角色，就像庞培一般了解自己身后的军队和行省。他为自己创作的这幅写真，可能会让罗马的人们五味杂陈，尊敬他的功绩，却又对他惊人的实力增长忧心忡忡，意识到恺撒基于他的莫大功绩将会提出各种诉求，无论如何都让人忧虑不安。他可能会要求得到下一个执政官任期和更多的荣誉，或许他还会要求独裁统治。

　　《高卢战记》中介绍的这位统帅，身上无处不显示那个野心勃勃的贵族的影子。他不仅是最高司令官，还是罗马无可争议的代理人，这跟他作为显贵的自我认知相符。他发言时是在代表自己，也是在代表罗马。他的敌人就是罗马的敌人，他的朋友就是罗马的朋友。在他需要特意合理化自己行为的地方，他总是援引罗马的传统（mos 或 consuetudo），也就是贵族阶层的传统。他的一举一动表明他完全意识到自己大权在握，他认为这是成熟庄重的表现。作为贵族的自我认知不容他自我辩护式的情绪抒发。他避而不谈对赫尔维蒂人发动侵略战争时专断独行的态度，又或是冷酷无情、肆无忌惮地吹嘘他不顾万民法逮捕乌西彼得人和登克德里人使节等行为。他的行为果断坚决、独立自信，却也毫无廉耻，对于他征服的那些自由部族所承受的不公，他麻木不仁。虽然他一再承认对于

自由的追求是人类基本的追求，甚至说出了如下的
警句：

> 因为他知道，高卢人总的来说全都倾向于
> 颠覆造反，而且由于他们轻浮反复的脾性，很
> 快地就被挑唆起来打仗。但他也知道，普遍而
> 言，人类天性（natura）中充满了对自由的追
> 求（libertatis studium），又痛恨奴役，因此
> 他认为有必要把军队分成各个单位，分派到更
> 广袤的地区上去……（《高卢战记》第3卷第
> 10节第3行）

恺撒能够这样地去思索和描写人类的天性，但
是并不感到有把自己的行为与此扯上关系的必要。
他觉得无须在自由概念的对面再树立起另外一种价
值观（例如财富、安全或是相类的价值），或以任
意方式把对高卢的征服在意识形态上予以拔高。在
这些事情上罗马的利益和他本人的利益是唯一的标
尺。他充其量也就是解释一下自己的所作所为，绝
不合理化自己的行为，或是从道德角度对此展开讨
论。如果军事上有此必要，他也会进行种族屠杀，
并不去美化这种行径。

希尔提乌斯为恺撒的《高卢战记》续了一卷，

240

他所撰写的部分与恺撒执笔部分形成的对比是富有启发性的。公元前51年，尽管有阿莱西亚大捷，高卢人的一系列反抗依然不屈不挠，因为其后恺撒基于罗马的政局发展无法再在高卢逗留下去，他在乌克萨洛登努姆（Uxellodunum）堡垒陷落后残酷地杀鸡儆猴：他下令砍掉所有能服兵役的住民的手。如果是由恺撒来撰写第8卷，估计他就不会隐瞒这种残暴，而是要让人们意识到这点，也许他会简短地指出这一措施是不可避免的。相反，按希尔提乌斯的意思，恺撒的处罚手段必得通过一番序言不厌其烦地予以解释。

> 因为恺撒明白，他的宽容早已众所周知，他无须担心留下这样的印象，即他是基于残酷的天性而采用过于严厉的手段。不过他看不出，他要怎么才能达到计划中的目标，如果还有更多的部族从不同的地点决定采取相同行动的话。因此他相信，必须通过对当地居民具有示范意义的严厉惩罚震慑其他人。所以他砍去所有曾执起武器的人的双手，却留他们一命，为了使他们因卑劣行径所受的处罚一目了然。（《高卢战记》第8卷第44节第1行起）

241

高贵的恺撒在他的七卷本中从未对一种严厉手段释出过相似的"歉意"，希尔提乌斯所引证的恺撒"众所周知"的宽容（clementia），似乎不太容易回溯到高卢战争的经历，而更多是和接踵而至的内战有关，因为恺撒在内战中说出了这句名言："这将是一种新的胜利，我们将用同情心和宽大为怀来武装自己。"（载于西塞罗：《致阿提库斯书》第9卷第7封c）。面对他的同胞和同阶层的罗马人，恺撒的做法和面对高卢人时截然不同，他相信，比起赤裸裸的武力，宽容此时对他更有用。他不单单是为了让对手吃惊才宣传这种美德，而是身体力行地贯彻了它。"恺撒的宽容"（clementia Caesaris）变成了一个惯用语，比他本人的生命还要长久。当希尔提乌斯设法把乌克萨洛登努姆的残暴景象与恺撒的宽容统一起来时，可能就是这个词跃入了他的脑海。

*

恺撒不仅用剑，也用笔夺得了他的军事桂冠，这就是该书的主题。他通过文学进行的自我呈现把他本人颂扬成一位成功的统帅，对他的政治诉求有极大的助力。他展示了自己的功绩，情形急迫时，他可能会凭着忠诚的士兵来索取对自己功业的承认和表彰。他，这个如今从高卢满载胜利果实归来的人，已不再是那个公元前 59 年担任执政官职位的人了。混乱不堪、争议重重的执政官任期结束后，恺撒的目标是：通过征服"整个"高卢重塑他的声誉——古罗马贵族此处的用词是"人格尊严"。他的随记应该对高卢战争进入公众视野有所帮助，恺撒需要大众，为未来与罗马政敌的斗争作好准备。

242

这就是他的计划——但它能实现吗？《高卢战记》是否取得了恺撒殷切期盼的政治成功？的确，它让高卢战争成为世界史上最伟大的战争之一，而恺撒成了统帅的典范。但是从罗马日常政治事务的角度来看它却错失了目标。尽管有着《高卢战记》中一点一滴收集起来的那些贡献，恺撒再次担任执政官的诉求仍被拒绝。由于这次侮辱，这位贵族的声誉可能要蒙受无法恢复的损害，他的仕途似乎已到了终点。但是恺撒不仅仅是一位光芒四射的作家，事实上他还是一位能力出众的统帅，率领着一支对他忠心耿耿的军队。所以，作为统帅，他再一次把自己交托给幸运女神，为了拯救自己的荣誉，他说了一句话，然后渡过了卢比孔河："骰子已经被掷下。"

《高卢战记》第 1~8 卷内容总述

第 1 卷

公元前 58 年，罗马山北高卢行省一再爆发起义。但是推动恺撒插手干预的导火索最终还是赫尔维蒂人在头领奥吉托里克斯死后的迁移计划，因为他们越来越多地受到日耳曼人的纠缠和逼迫。借助阿奎莱亚（Aquileia）的援军，恺撒做到了把赫尔维蒂人挡在罗讷河河谷，随即又应爱杜依人和阿洛布罗及人的呼救赶去援助。相应地，他们承诺恺撒以供应粮草的方式支持他。因为运粮拖延，恺撒不得不去和列斯古斯（Liscus）以及狄维契阿古斯磋商，但这并没有妨碍他最终战胜赫尔维蒂人并使他们在比布拉克一役中投降。

同年夏天，当爱杜依人为了对付向南入侵的苏维汇人而请求他提供支援的时候，恺撒第二次以高卢部族保护者的身份出征。恺撒向他们的领袖阿利奥维斯塔派去的两个使团、对贝桑松的占领和一次私人会晤都没有带来什么效果。尽管面临士兵哗变的威胁，恺撒终究还是战胜了这位苏维汇国王，极大地提高了他在高卢和罗马的声望。

第 2 卷

公元前 57 年初，恺撒带着两个军团开始了对北部比尔及人的征服。在渡过阿斯纳河（Aisne），以及爱杜依盟军入侵贝洛瓦契（Bellovacern）后，恺撒解放了被比尔及人围困在比布拉克斯（Bibrax）城内的雷米人。又一次对阵恺撒失利后，比尔及人不得不解散他们的部队并退却。相对地，恺撒一个接一个征服了更多的比尔及部落，例如苏维西翁人（Suessionen）和纳尔维人，并占领了日耳曼阿杜亚都契人（Atuatuker）的城市。同时他的副将 P. 李锡尼·克拉苏斯战胜了西北方海岸的部族。莱茵河右岸若干部族投降后，恺撒在塞广尼人的地盘上搭起了冬季营地，元老院决定为他举办长达 15 天的谢神祭。

第 3 卷

在随之而来的公元前 56 年，恺撒在今天的布列塔尼地区向威尼蒂人发动进攻，这些人反抗他的副将克拉苏斯。因为陆上进攻无功而返，恺撒在卢瓦尔河上造起船只，借助水军，布鲁图斯终于在海上为恺撒赢得了渴望中的胜利。除此之外，克拉苏斯几乎征服了整个阿基坦地区。而恺撒本人不得不以对莫里尼人和门奈比人的一次毫无成果的进攻结束了这一年的战争。

第 4 卷

公元前 55 年引人注目的是两次大战，开始是针对日耳曼人的战争，在日耳曼乌西彼得人和登克德里人袭击了门奈比人之后，恺撒投入战争。他赶走了一个日耳曼使团，蒙受了日耳曼骑兵给他带来的一次失败。又逮捕了一个使团后，他才迎来了胜利，接着他搭起一座桥渡过了莱茵河。

接下来恺撒开始准备他的第一次不列颠远征，但是风暴给船队造成的损毁阻碍了渡海和登陆。在不列颠，他成功地防御了对营地的袭击，在回到高卢之前重建了和平。在回到冬季营地之前，还有对莫里尼人和门奈比人的数次战斗等着他，以及元老院决定为他举办的长达 20 天的谢神祭。

第 5 卷

公元前 54 年的夏天，恺撒的第二次不列颠远征整装待发。他渡过了泰晤士河（Themse），夺下了卡西维拉努斯（Cassivellaunus）统治的城市，而还未启程时，他就因为杜诺列克斯——爱杜依人首领狄维契阿古斯那个与罗马敌对的弟弟——的不可信任而叫人杀了他。在不列颠，他征服了几个定居于当地的部族，签订和平协议之后重新回到了高卢。

冬季开始的时候，高卢中部和西北高卢有了骚乱。塔斯基提乌斯（Tasgetius）被谋杀后，局势发展到厄布隆尼人（Eburonen）在安比奥里克斯（Ambiorix）率领之下起义，消灭了15个罗马步兵队，其中包括副将撒比努斯和科塔的部队。接着厄布隆尼人、纳尔维人和其他几个部族袭击了副将Q. 西塞罗的冬季营地。他呼唤恺撒来援。通过恺撒的疾速介入，他们赢得了胜利，并防止了其他对拉比努斯和L. 罗斯修斯（L. Roscius）营地的攻击。

第6卷

下一年（公元前53年）以对纳尔维人和门奈比人的征服，以及拉比努斯对特雷维里人（Treverer）的胜利为开端。接着第二次渡过莱茵河后，恺撒插入了对高卢和日耳曼风土人情的记载，他深入描写他们之间不同的生活方式、宗教、农业生产和政治状况等。夏季，恺撒展开了对安比奥里克斯和厄布隆尼人的复仇之战，安比奥里克斯最终还是从他手中溜走了。同时，日耳曼人试图对阿杜亚都契的西塞罗营地发起第二次袭击，恺撒返回营中，成功抵御了这次进攻。在搬进冬季营地以及恺撒启程前往意大利北部之前，他处死了森农内斯国王阿克果。

第 7 卷

战争的第 7 年（公元前 52 年）整个笼罩在维钦托利率领的高卢大起义的阴影下。恺撒迅速采取了行动，率军越过塞文山脉挺进阿浮尔尼人的地区，途中他夺下了若干城池，最终围住了阿瓦利肯并攻占了它。这是高卢人基于战术方面的原因而未能付于一炬的少数城市中的一座。在接下来的发展当中，因为维钦托利不放弃，罗马军队分散开来，然而他们未能阻止爱杜依人的背弃，不得不加紧对日尔戈维亚的攻势，却没有成功。接着恺撒和拉比努斯会师一处，为了在日耳曼骑兵的支援下围困住维钦托利所在的阿莱西亚这座城市。尽管一支高卢援军出动，维钦托利仍然不得不在激烈的战斗之后投降。在元老院又一次批准给恺撒 20 天的谢神祭荣誉之前，他征服了爱杜依人和阿浮尔尼人的部族，在比布拉克搭起了冬季营地。

第 8 卷

［由奥卢斯·希尔提乌斯所作，开头有一封希尔提乌斯给 L.科涅琉斯·巴尔布斯（L. Cornelius Balbus）的信］

战争的最后一年（公元前 51 年）充斥着不同高卢部族的大小起义，恺撒在副将们的协助下把它们全数镇压了，完成了对高卢的全面征服。他制服了贝洛瓦契人，再次让人寻找安比奥里克斯的踪迹，他的副将战胜了杜姆奈克斯（Dumnacus）以及卡努腾人（Karnuten），他攻占了乌克萨洛登努姆这座城市，极其残忍地对待那里的人民。这一年以拉比努斯对特雷维里人的征服和对阿特雷巴特人（Atrebates）康缪斯（Commius）的征服作结。

公元前 50 年，恺撒把已占领的高卢行省交到拉比努斯手中。希尔提乌斯以一段对恺撒和元老院之间的争端和事由的简短陈述结束了全书，争端最终引发了罗马内战。

批　注

历史条件（本书页边码第 15 页起）

布林曼（Bringmann）提供了现代视角下的概述（2002 年和 2003 年）；塞姆（Syme）论罗马的贵族阶层（1939 年，1992 年德文版，第 16~31 页），对古罗马政治特色的观察，直至今天仍有参考意义；关于古罗马单个贵族家族，参见门策（Münzer）（1920 年），进而参见盖尔策（Gelzer）（1943 年，第 2 卷，第 5~55 页），以及克里斯（Christ）（1979 年）、迈耶（Meier）（1997 年）和霍克斯坎普（Hölkeskamp）（2004 年）对晚期共和国的重要分析；巴尔特鲁施（Baltrusch）（2004 年）、林克（Linke）（2005 年）和布罗泽（Blöser）（2015 年）提供了更新的优秀视角。

平衡：大军阀股掌上的国家（本书页边码第 20 页起）

论国家的定义：西塞罗的定义以斯多噶派的国家定义为基础，却又与之相反，在其之上作了修正，指出民众并非简单地被置于国家法律之下，而是本身构建了这个国家（参见西塞罗：《论共和国》第 1 卷第 39 节）。论古罗马的显贵：盖尔策（1912

年）和塞姆（1939年，1992年德文版，第17页）。
论古罗马的价值观：托莫（Thome）（2000年）、
霍克斯坎普（2004年，第169~198页）。古罗
马历史学家对于宪法形式（status civitatis）、法
律（ius）和习惯法（mos）之间关系的论述：参见
西塞罗《为塞斯提乌斯辩护》第98节、撒路斯提
乌斯《历史》第1卷第3节（relatus inconditae
olim vitae mos, ut omne ius in viribus esse）、
塔西佗《编年史》第1卷第4节第1行（igitur
verso civitatis statu nihil usquam prisci et
integri moris）、塔西佗《编年史》第3卷第28
节（continua per viginti annos discordia, non
mos, non ius）。论历史写作中的典范：盖特纳
（Gärtner）（2001年）。

混乱的共和国：在守旧和维新的夹缝中（本书
页边码第33页起）

参见林克的一般论述（2005）。论阶层：尽
管学术研究采纳了元老阶层和骑士阶层这两个概
念，但实际上元老和骑士仍同属一个阶层（以
及同一个纳税等级），考虑到ordo equester和
senatorius的表达，或许更好的提法是"骑士等
级"和"元老荣誉"。论法庭：在苏拉治下，执

法权（quaestiones）被重新交予元老（公元前81年），在首席执政庞培和克拉苏治下（公元前70年），法官的席位由骑士、元老和平民财务官各占三分之一。以阶级和谐（concordia ordinum）为关键词，西塞罗试图在他的执政官任期内（公元前63年）针对平民派阴谋家喀提林，重建新定义的贵人派作为多数派的优势——但只是暂时性地取得了成功。

特别指挥权：庞培和前三头（本书页边码第42页起）

论政治生涯中特别指挥权的意义：参见布罗泽（2015年）。关于苏拉：参见克里斯（2002年）。关于庞培：参见塞姆（1939年，1992年德文版，第32~47页）及盖尔策（1984年，第212~223页）。论前三头：不清楚前三头联盟是在恺撒被选为执政官之前还是之后建立的。前三头这一称呼实际上容易招人误解，因为它给人一种感觉，即这是一个由元老院按照程序正式任命的三人团队，就像屋大维、安东尼和雷必达这个"后三头"被元老院委任来重建共和国一样。相反，所谓的前三头是三人之间的私人盟约。

脱轨：在"尤利乌斯和恺撒"治下（本书页边码第 67 页起）

关于恺撒的生平传记：希勒（Sihler）（1912年）、斯特拉斯伯格（Strasburger）（1938年）、盖尔策（1960年）、拉斯穆森（Rasmussen）（1967年）、达尔曼（Dahlmann）（1968年）、盖舍（Gesche）（1976年）、迈耶（Meier）（1982年）、威尔（Will）（1992年）、克里斯（1994年）、坎弗拉（Canfora）（2001年）、达尔海姆（Dahlheim）（2005年）、艾尔本（Elbern）（2008年）、格里芬（Griffin）（2009年）、威尔（2009年）；巴尔特鲁施（2004年）和耶讷（Jehne）（2015年）提供了短小精悍的梗概。保存下来的重要史料：恺撒和西塞罗的著述，撒路斯提乌斯的《喀提林阴谋》，普鲁塔克的《恺撒传》、《庞培传》和《克拉苏传》，苏埃托尼乌斯的《恺撒传》，卡西乌斯·迪奥、阿庇安、维莱伊乌斯·帕特尔库鲁斯（Velleius Paterculus）、奥罗修斯的著作，以及李维和弗罗鲁斯（Florus）著作中的片段（参见门辛：1988年，第29~31页，见参考文献）。关于高卢战争，年代较晚的史料极大地依赖于恺撒的著述，只有曾经随同恺撒行军的阿西纽斯·波利奥（Asinius Pollio）是一个例外，但他的著作未能流传下来，而他对晚近历史学的影响也是有争议的。关于恺撒的姓名：苏尔鲍姆（Suerbaum）（2013 年）。关于高卢战争的前情故事：斯托斯尔（Stoeßl）（1950 年）、霍夫曼（Hoffmann）（1952 年）、里希特（Richter）（1977 年，第 102~116 页）、维默尔（Wimmel）（1980/82 年）。论前三头的意义：普鲁塔克把前三头成立的那一年，即公元前 60 年，安排成政治地震的开端，终于发展成公元前 49 年的罗马内战。阿西纽斯·波利奥这个对我们来说形迹几乎已经消失的历史学家也是，他描述了内战史，从前三头的组合中看出了共和国灭亡的真正原因，参见贺拉斯《颂歌》第 2 卷第 1 节第 1 行起："motum ex Metello consule……"（也就是在公元前 60 年前……）。

来自北方的消息——恺撒的战记（本书页边码第 81 页起）

关于古典时代对北方的想象：蒂姆佩（Timpe）（1989 年）、沙戴（Schadee）（2008 年）。关于大洋河：罗姆佩（Romm）（1992 年）、安岑格（Anzinger）（2015 年，见参考文献）。

一种新的文学体裁的发明（本书页边码第 85 页起）

克洛茨（Klotz）（1910 年，第 1~26 页）、奥普曼（1933 年）、克诺赫（Knoche）（1951 年）、波莫（Bömer）（1953 年）、爱德考克（Adcock）（1956 年）、盖尔策（1963 年，第 307~335 页）、拉斯穆森（1963 年）、奥普曼（1967 年，第 499~506 页）、席尔（Seel）（1967 年 b，第 11~27 页）、盖特纳（1975 年）、穆启乐（Mutschler）（1975 年）、里希特（Richter）（1977 年）、门辛（1988 年）、威尔（1992 年，第 80~87 页）、韦尔希（Welch）/鲍威尔（Powell）（1998 年）、肖尔茨（Scholz）（1999 年）、佩林（Pelling）（2006 年）、克劳斯（Kraus）（2009 年）。关于标题：克洛茨（1910 年，第 1~3 页）、巴维克（Barwick）（1938 年，第 128 页起）、门辛（1988 年，第 9 页）还原了 *Commentarii rerum gestarum belli Gallici* 这个标题，里希特（1977 年，第 41~45 页）则主张采用 *Commentarii de bello Gallico* 这个标题。关于传承：奥普曼（1967 年，第 509~511 页）、席尔（1967 年 b，第 27~37 页）、赫林（Hering）（1987 年，第 5~15 节）、门辛（1988 年，第 25~27 页，见参考

文献）。关于插入的文字：巴维克（1938年，第
1~99页，第128~130页）、赫林（1956年）、贝
瑞思（Berres）（1970年）。关于收信人：门辛
（1988年，第31~37页）、吕普克（Rüpke）（1992
年）、黎贝格（Lieberg）（2009年）。关于元老院
组成的变迁：盖尔策（1960年，第267页）。关
于体裁的形成和时间问题：拉斯穆森（1963年，
第150~159页）、奥普曼（1967年，第506~509
页）、席尔（1967年，第12页）、门辛（1988年，
第27~29页）、魏泽曼（Wiseman）（1998年）；
较早时候的文献里时而有这种看法，即恺撒逐年依
次发布《高卢战记》七卷本中的一卷，例如巴维克
（1938年，第100~128页）、巴维克（1952年和
1955年）、爱德考克（1959年，第59~62页）。
关于《战记》和呈给元老院的报告之间的区别：值
得注意的是苏埃托尼乌斯的记载，作为图拉真和
哈德良皇帝（公元114~118年）的秘书和档案管
理员，他接触到恺撒的大量作品（包括戏剧和诗
歌），在计算这些作品的数目时，他在《战记》和
呈给元老院的报告（epistulae）之间作了明确的
区分（苏埃托尼乌斯：《神圣的尤利乌斯传》第56
节第1~2行、第6行）。有意思的是他的注释，称
恺撒呈给元老院的汇报不同寻常（苏埃托尼乌斯：

《神圣的尤利乌斯传》第 56 节第 6 行）："他的元老院报告也仍存于世，他大概是第一个把它们装进新的框架，即改写成分页笔记簿的形式（memorialis libellus），而之前的执政官和将军都是把一大张跨页的纸（transversa charta）写得满满的寄出去。"这种分页笔记（参考古希腊体裁 hypomnema）在苏埃托尼乌斯那里和回忆录（Commentarii）不是一回事。论作为历史学家的恺撒：盖尔策（1963年）、盖特纳（1975年，第 63~118 页）、克劳斯（2009年）。论古典史学的主观性：海德曼（Heldmann）（2011年）。关于史学写作理论：在著作《人们应当怎样写作历史》（*De historia conscribenda*）（成书于公元 165 年）里，琉善把撰写一本史书的过程分为三个步骤（第 47 节起）：收集材料（synagoge），草稿笔记（hypomnema）和包括前言、叙事部分和风俗志在内的经过加工、风格优美的作品（historia）。而 Commentarius 这种形式大约等同于 hypomnema，参考阿芬那留斯（Avenarius），1956年，第 71~164 页，以及荷姆耶（Homeyer），1965 年。关于西塞罗的回忆录：西塞罗把关于他执政官任期的记录寄给了一些人，包括庞培（西塞罗：《为苏拉辩护》第 67 节，博比奥评注；西塞罗：《为普兰奇乌斯辩护》

第 85 节 ），阿基亚斯和泰伊鲁斯（《为阿基亚斯
辩护》第 28 节;《致阿提库斯书》第 1 卷第 16 封
第 15 节 ），波希多尼和阿提库斯（《致阿提库斯
书》第 1 卷第 19 封第 10~20 节，第 2 卷第 1 封第
1 节 ），卢塞乌斯（《致友人书》第 5 卷第 12 封 ）。
帝制时代也有这种形式的请求信：L. 维卢斯作为
马可·奥勒留的将军征服了安息帝国，他于公元
165 年给他的老师、历史学家 M. 科涅琉斯·弗朗
托写了一封信，请求他完成一份回忆录［弗朗托：
《安息帝国书信集》第 1 卷第 2 封；参考爱德考克
（1959 年，第 11 页起 ）］。关于恺撒的文书处：盖
尔策（1963 年，第 122 页起 ）、拉姆鲍德（1953
年，第 58 页 ）、马利茨（Malitz）（1987 年 ）、门
辛（1988 年，第 39~41 页，见参考文献和位置索
引 ）。论风格（及其与恺撒性格的关系 ）：奥普曼
（1931 年 ）、艾登（Eden）（1962 年 ）、拉斯穆
森（1963 年，第 10 页起 ），关于文风和性格之间
的关系引用了布封的话，佩林（2006 年，第 15 页
起 ）。论恺撒的优雅：戴施葛瑞伯（Deichgräber）
（1950 年 ）、诺丁（Nording）（1992 年，第 8~16
页 ）。关于句子结构和词汇量：克劳茨（1910 年，
第 4~9 页 ）、巴维克（1938 年 ）、拉斯穆森（1963
年，第 57 页 ）、里希特（1977 年，第 180~190

页）、门辛（1988年，第75~87页）。关于希尔提乌斯：克洛茨（1910年，第149~180页）、布耶科维奇（Bojkowitsch）（1924年）、巴维克（1938年，第172~178页）、盖特纳（1975年，第118~122页）、里希特（1977年，第191~199页）、吕普克（1992年，第202~207页）、帕策（Patzer）（1993年）、佩林（2006年，第18页起）、格鲁特（Gluett）（2009年）、盖特纳/豪斯堡（Hausburg）（2013年，第21~30页，第169~184页）。第8卷前言部分是写给并且献给科涅琉斯·巴尔布斯的，所以被称为"给巴尔布斯的信"。关于叙事技巧：因姆（Ihm）（1892/93年）、怀斯（Wyss）（1930年）、席里谢尔（Schlicher）（1936年）、拉斯穆森（1963年）、穆启乐（1975年）、桂尔勒（Görler）（1976年和1977年）、里希特（1977年）、拉塔茨（Latacz）（1978年）、迈耶（1987年）、门辛（1988年，第43~87页）、勋贝格（Schönberger）（1988年）、格吕克里希（Glücklich）（1990年）、洛曼（Lohmann）（1990年）、莱基瓦特（Reijgwart）（1993年）、曼内特（Mannetter）（1996年）、奥德斯约（Oldsjö）（2001年）、霍茨贝格（Holzberg）（2004年）、瑙泽克（Nausek）（2004年）。关于格言警句：普

莱斯威克（Preiswerk）（1945 年）。论叙事者的
前后照应：门辛（1988 年，第 48 页起，见位置索
引）、克洛茨（1910 年，第 13 页起）谈论了前文
提示语的缺位。论《高卢战记》是为读者准备的：
克洛茨（1910 年，第 9 页起）。论修辞学和历史
写作之间的关系：参考西塞罗《论法律》第 1 卷第
5 节、《论演说家》第 37 卷第 207 节，以及魏泽曼
（1979 年，第 40 页）、撒路斯提乌斯《喀提林阴
谋》第 8 节强调了历史学对身后名的意义。论演说：
奥普曼（1933 年，第 72~85 页）、墨菲（Murphy）
（1949 年）、拉斯穆森（1963 年，第 170 页起，
见参考文献）、西菲尔（Schiefer）（1972 年）（克
里托纳图斯）、穆启乐（1975 年，第 84~86 页）、
史戴德勒（Städele）（1981 年）、门辛（1988 年，
第 55~62 页）、诺丁（Nording）（1991 年）、丹
格尔（Dangel）（1995 年）、詹姆士（James）
（2000 年）、克劳斯（2010 年）、鲍士（Pausch）
（2010 年）、提西丘－切利多尼（Tsitsiou-
Chelidoni）（2010，第 125~155 页）。关于风俗
志和人类学：诺顿（Norden）（1920 年）、克洛
茨（1910 年，第 26~56 页）、克洛茨（1934 年）、
里希特（1959 年，提及驼鹿）、拉斯穆森（1963
年，第 79~104 页）、席尔（1967 年 b，第 37~43

页,关于驼鹿)、蔡特勒(Zeitler)(1998年第2版)、霍茨贝格(1987年)、门辛(1988年,第62~66页)、多贝什(Dobesch)(1989年)、克里默(Kremer)(1994年,第202~218页)、伦德(Lund)(1995年和1996年)、艾利(Aili)(1996年)、汉克(Henke)(1998年)、杰维斯(Jervis)(2001年)、胡特(Hutter)(2004年)、霍茨贝格(2004年)、瑞吉茨比(Riggsby)(2006年,第67~81页)。关于单篇插曲:怀斯(1930年)、拉斯穆森(1963年,第27~29页,关于普尔洛和沃伦纳斯)、盖特纳(1975年,第173页起)、穆启乐(1975年,第86页起)、考斯特(Koster)(1978年,关于普尔洛和沃伦纳斯)、布朗(Brown)(2004年)。

发明历史(本书页边码第162页起)

拉姆鲍德(1953年)、瓦尔泽(Walser)(1956年)、奥普曼(1967年,第511~522页)、蒙哥马利(Montgomery)(1973年)、柯林斯(Collins)(1972年)、斯蒂威(Stiewe)(1976年)、里希特(1977年,第96~101页,见参考文献)、任吉尔(Renger)(1985年)、克里斯(1994年,第284页)、恩内克/普费弗尔

（Enenkel/Pfeijffer）（2005 年）。仅有的另一处关于高卢战争的史料记载来自卡西乌斯·迪奥，参考里希特（1977 年，第 98 页起）。关于恺撒在高卢的政策：斯托斯尔（1950 年）、盖尔策（1960年），后者对事实状况的描述至今仍无人能超越，盖尔策（1963 年）、西达特（Szidat）（1971年）、迈耶（1978 年）、黎贝格（1998 年）、韦尔希 / 鲍威尔（1998 年）、西谢尔曼（Sichermann）（2007 年）、克劳斯（2010 年）。关于地理：高卢地理状况参见哈曼德（Harmand）（1973 年，第 552 页起）、君克沃特（Drinkwater）（1983年）、沃特斯（Wolters）（1990 年）、弗雷贝格（Freiberger）（1999 年）、威廉姆斯（2001年）；罗马在高卢南部的行省仅仅被恺撒称作 nostra provincia，即"我们的行省"，在共和国时期叫作山外高卢（或者远高卢，以和意大利北部的山南高卢行省或者近高卢相区别），但从奥古斯都的时代起也叫作 Gallia Narbonensis（那旁行省）；关于比利时，参见巴维克（1955 年）、怀特曼（Wightmann）（1985 年，尤其是第 10~14页）、DNP（2012 年）；关于不列颠，参见布洛德森（Brodersen）（1998 年和 2003 年）；关于空间概念，参见拉姆鲍德（1974 年）、瑞吉茨比（2006

年，第 21~45 页）、沙戴（2008 年）；关于莱茵河边界，参见瓦尔泽（Walser）（1956 年）、席尔（1967 年 b，第 42 页）、舒尔茨（1998 年）；关于不列颠，参见考布（Korb）（2001 年）。关于前言：耶克尔（Jäkel）（1952 年）、拉塔茨（1978 年）、多贝什（2000 年）、瑞吉茨比（2006 年，第 28~32 页）。关于讨论书本开篇处用来替代标题的字句：施罗德（Schröder）（1999 年，特别是第 16~20 页，见参考文献）。关于凯尔特部族大会：布鲁瑙克斯（Brunaux）（2009 年）。关于三分高卢：恺撒在前言当中的地理分区有何背景，对此进行的追问关系到恺撒写作地理志和民俗志时都引用了哪些文献。波希多尼的作品［参考马利茨（1983 年）］必定是重要的史料来源之一，虽然他的作品除少数片段外都佚失了，但却对斯特拉波有着至关重要的影响，后者写作的年代在恺撒之后。现在问题是，斯特拉波手头的哪些信息来自恺撒，哪些可以回溯到波希多尼那里。参考赫林谨慎的研究（1954 年），进一步参考佛格（Vogel）（1882 年，特别是第 519 页起）、诺顿（1920 年，第 365 页起）、克洛茨（1910 年），后者的假设是，斯特拉波并不是直接地，而是通过亚历山大的泰玛吉尼斯（Timagenes）接受了恺撒的影响，巴维克

（1938 年，第 35~48 页，第 87~92 页），他相信斯特拉波的主要材料来源是波希多尼，拉特（Radt）（2006 年，第 5 卷第 401 页）。但我认为，对信息来源的追问在我们的论述当中并不是决定性的，因为三分高卢的做法，就像我说的，很明显是追溯到恺撒的。并没有证据指出，这种分法在恺撒之前就已经存在。此外，这种三分法以一种领土观念为前提，也就是行省里会有的一种观念，在罗马之前的高卢并没有这种观念存在的证据，同时它也不符合高卢社会的结构，该结构是由迁徙流动中的部落和部落联盟所决定的。涉及高卢的河流系统，以及城市、部落、山脉、湖泊和河流名称时，恺撒把波希多尼和其他人当作民俗地理学方面的史料来源，但三分高卢——这对于斯特拉波和恺撒之后的世人不言而喻的地理分区——的源头只有他的作品。关于人物塑造：门辛（1988 年，第 49~55 页）。关于恺撒的士兵：门策（1923 年）、门辛（1984 年）（康西狄乌斯）、格吕克里希（1990 年）、韦尔希（1988 年）、布朗（2004 年）、克劳斯（2009 年，第 168~171 页）、舒尔茨（2010 年）（拉比努斯）。关于恺撒的敌人：迪勒（Diller）（1936 年）（阿利奥维斯塔）、古腾布鲁纳（Gutenbrunner）（1953 年）（阿利奥维斯塔）、瓦尔泽（1956 年）（日耳曼人)、拉斯穆森(1963 年,第 36~40 页)(维钦托利)、多贝尔霍夫(Doblhofer)(1967 年)(阿利奥维斯塔、安比奥里克斯)、席尔(1967 年)(安比奥里克斯)、舒尔特-霍尔提(Schulte-Holtey)(1969 年)、考特鲁巴斯(Koutroubas)(1972 年)、西弗尔(Schieffer)(1972 年,第 47~54 页,第 113 页起)(克里托纳图斯)、克里斯(1974 年)(阿利奥维斯塔)、郝布纳(Heubner)(1974 年)、里希特(1977 年,第 76~78 页)(克里托纳图斯)、伽德纳(Gardner)(1983 年)(高卢人)、迈耶(1993 年)(日耳曼人)、斯道希(Storch)(1993 年)、伦德(1995 年)、罗林斯(Rawlings)(1998 年)(身为战士的高卢人)、顾迪诺/费尔曼(Goudineau / Fellmann)(2000 年)(维钦托利)、安德洛奇(Andreocci)(2008)(日耳曼人)、布雷克曼(Bleckmann)(2009)(日耳曼人)、提西丘-切利多尼(2010 年)(克里托纳图斯)、苏尔鲍姆(1997 年)(孟杜皮人)、波特(Porte)(2013 年)(维钦托利)。跟我的阐释相反,克里托纳图斯的演说被很多研究者评价为虽则专断甚至残忍,却是有理有据的。甚至有人多次指出,从这场演说里能窥见恺撒已经失传的那些演说词的光彩。据我看来,从语言和风格的角度看这说得没错，但是并不符合恺撒的思路和组织论据的方式。关于乌西彼得人和登克德里人：诺顿（1920年，第87页起）、盖尔策（1960年，第116~119页，以及关于小加图的谴责）。关于正义之战：阿尔伯特（Albert）（1980年）、吕普克（1990年）、西本波恩（Siebenborn）（1990年）、拉梅奇（Ramage）（2001年）。关于赫尔维蒂战争：克洛茨（1915年，第1~7页）、斯托斯尔（1950年）、霍夫曼（1952年）、耶克尔（1952年）、史蒂文斯（1952年）、瓦尔泽（1956年和1988年）、里希特（1977年，第102~116页）、拉塔茨（1978年）、洛曼（1993年）、费舍（2004年）。关于对战役的描述：桂尔勒（1980年）（纳尔维人）、迈耶（1993年）（纳尔维人）。

结语：恺撒的自我创造（本书页边码第235页起）

蒙哥马利（1973年）、穆启乐（1975年）、里希特（1977年）、拉梅奇（2002年和2003年）、恩内克/普费弗尔（2005年）、威尔（2008年）。论统帅的美德：普洛格（Ploeger）（1975年）。论恺撒的幸运：埃尔克（Erkell）（1944年）、波莫（1966年）、塞弗特（Seiffert）（2012年）（以及

关于疾速）。论恺撒的宽容：特鲁（Treu）（1948
年）、达尔曼（1967年）。关于最终结论：这些话
应该是恺撒用希腊语说的（参考普鲁塔克:《恺撒
传》第32节；苏埃托尼乌斯:《神圣的尤利乌斯传》
第32节起）。

参考文献

版本信息

引用说明：本书德语引文摘自以下译本，个别地方已作微细修改。

Arend, W., Geschichte in Quellen. Altertum, München [4]1989 [Appian]

Ax, W., Cicero, Mensch und Politiker. Auswahl aus seinen Briefen, Stuttgart 1953 [Briefe an Atticus]

Ax, W., Plutarch. Griechische und römische Heldenleben, Wiesbaden 1996

Anderson, W. A, Gaius Sollius Modestus Sidonius Apollinaris, Epistulae et carmina – Poems and Letters. Lat.-engl., London 1963–1965

Blank-Sangmeister, U., Marcus Tullius Cicero, Epistulae ad Quintum fratrem, Stuttgart 1993

Borst, J., Publius Cornelius Tacitus, Historiae – Historien. Lat.-dt., Mannheim [7]2010

Büchner, K., Marcus Tullius Cicero, Vom rechten Handeln. Lat.-dt., Düsseldorf u. a. [4]2001

Deißmann, M., Gaius Julius Caesar, De Bello Gallico – Der gallische Krieg, Stuttgart 1980 [[2]1991]

Drexler, H., Polybius, Geschichte, 2 Bde., Zürich 1961–1963

Eisenhut, W., Gaius Sallustius Crispus, Opera – Werke. Lat.-dt., Düsseldorf [3]2006

Fear, A. T., Orosius, Seven books of history against the pagans. Liverpool 2010

Forbiger, A., Strabo, Geographica, Wiesbaden 2005

Fuhrmann, M., Marcus Tullius Cicero, Die politischen Reden. Lat.-dt., 2 Bde., München 1993

Guggenbühl, G./Weiss, O., Quellen zur Geschichte des Altertums, Zürich [2]1953 [Appian]

Heller, E., Publius Cornelius Tacitus, Annalen. Lat.-dt., Mannheim [6]2010

Hillen, H. J., Titus Livius, Ab urbe condita VII – Römische Geschichte VII. Lat.-dt., Düsseldorf u. a. 1997

Hout, M. P. J. van den, Marcus Cornelius Fronto, Epistulae, Leipzig 1988

Kasten, H., Marcus Tullius Cicero, Epistulae ad Atticum – Atticus-Briefe. Lat.-dt., München ⁴1990

Kasten, H., Marcus Tullius Cicero, Epistulae ad familiares – An seine Freunde. Lat.-dt., Düsseldorf u. a. ⁶2004

Klotz, A., Gaius Iulius Caesar, Commentarii Belli Alexandri, Belli Africani, Belli Hispaniensis, Stuttgart 1982

König, R., Gaius Plinius Secundus, Naturalis Historia – Naturkunde. Buch VII. Lat.-dt., Zürich 1996

Kytzler, B., Marcus Tullius Cicero, Brutus. Lat.-dt., München 1977

Landmann, G. P., Thukydides, Geschichte des Peloponnesischen Krieges, Zürich u. a. 1993 [¹1959]

Martinet, H., Gaius Suetonius Tranquillus, Die Kaiserviten, Berlin ⁴2014

Nickel, R., Marcus Tullius Cicero, De legibus – Über die Gesetze. Lat.-dt., München ³2004

Nickel, R., Marcus Tullius Cicero, De re publica – Der Staat. Lat.-dt., Mannheim 2010

Radermacher, L., Marcus Fabius Quintilianus, Institutio Oratoria, Bücher 7–12, Leipzig 1959

Schäublin, C., Marcus Tullius Cicero, De divinatione – Über die Wahrsagung, Lat.-dt., Berlin ³2013

Schoeck, G., Zeitgenosse Cicero. Ein Lebensbild aus zeitgenössischen Quellen, Zürich u. a. 1977 [Briefe an Atticus]

Seel, O., Marcus Iunianus Iustinus, Historiarum Philippicarum Pompei Trogi, Stuttgart 1985

Stegemann, V., Der gallische Krieg. Caesar, mit Hinweisen von G. Wirth, München 1978

Vahlen, J., Quintus Ennius, Ennianae poesis reliquiae, Leipzig 1928

Veh, O., Cassius Dio, Römische Geschichte, Düsseldorf 2007

Weinreich, O., Gaius Valerius Catullus, Sämtliche Gedichte, Zürich 1969

二级文献

Adcock, F. E., Caesar as man of letters, Cambridge 1956 [dt. unter dem Titel: Caesar als Schriftsteller, Göttingen ²1959]

Aili, H., Caesar's Elks and other mythical creatures of the Hercynian forest, in: Asztalos, M. / Gejrot, C. (Hgg.), Symbolae Septentrionales. Festschrift für J. Öberg, Stockholm 1995, 15–37

Albert, S., Bellum iustum. Die Theorie des ‹gerechten Krieges› und ihre praktische Bedeutung für die auswärtigen Auseinandersetzungen Roms in republikanischer Zeit, Kallmünz 1980

Andreocci, P., Die Germanen bei Caesar, Tacitus und Ammian. Eine vergleichende Darstellung, Freiburg 2008

Anzinger, S., Post Oceanum nihil. Albinovanus Pedo und die Suche nach einer anderen Welt, RhM 158.3–4 (2015) 326–407

Avenarius, G., Lukians Schrift zur Geschichtsschreibung, Meisenheim/Glan 1956

Baltrusch, E. (Hg.), Caesar, Darmstadt 2007

Baltrusch, E., Caesar und Pompeius, Darmstadt 2004

Barwick, K., Caesars Commentarii und das Corpus Caesarianum, Leipzig 1938

Barwick, K., Kleine Studien zu Caesars Bellum Gallicum, RhM 98 (1955) 41–72

Barwick, K., Wann und warum hat Caesar seine Commentarii über den Gallischen Krieg geschrieben?, AU 1.4 (1952) 23–40

Barwick, K., Zur Entstehungsgeschichte des Bellum Gallicum, in: Rasmussen (1967) 255–277 [vgl. ders. 1955]

Berres, T., Die geographischen Interpolationen in Caesars Bellum Gallicum, Hermes 98 (1970) 154–177

Bleckmann, B., Die Germanen. Von Ariovist bis zu den Wikingern, München 2009

Blösel, W., Die römische Republik. Forum und Expansion, München 2015

Bojkowitsch, A., Hirtius als Offizier und als Stilist I–III, WS 44 (1924/25) 178–188, 45 (1926/27) 71–81 und 221–232

Bömer, F., Caesar und sein Glück, Gymnasium 73 (1966) 63–85; gekürzt auch in: Rasmussen (1967) 89–115

Bömer, F., Der Commentarius. Zur Vorgeschichte und literarischen Form der Schriften Caesars, Hermes 81 (1953) 210–250

Bringmann, K., Geschichte der römischen Republik. Von den Anfängen bis Augustus, München 2002 [²2010]

Bringmann, K., Krise und Ende der römischen Republik (133–42 v. Chr.), Berlin 2003

Brodersen, K., Das römische Britannien. Spuren seiner Geschichte, Darmstadt 1998

Brodersen, K., ‹Splendid Isolation›. Wie Caesar Britannien zur Insel machte, in: Kussl, R. (Hg.), Spurensuche, München 2003, 85–98

Brown, R. D., Virtus consili expers. An interpretation of the centurions contest in Caesar, De bello Gallico 5,44, Hermes 132 (2004) 292–308

Brunaux, J.-L., Druiden. Die Weisheit der Kelten, Stuttgart 2009

Cancik, H., Disziplin und Rationalität. Zur Analyse militärischer Intelligenz am Beispiel von Caesars Bellum Gallicum, Saeculum 37 (1986) 166–181

Canfora, L., Caesar. Der demokratische Diktator. Eine Biographie, München 2001 [it. zuerst 1999]

Christ, K., Caesar. Annäherung an einen Diktator, München 1994

Christ, K., Caesar und Ariovist, Chiron 4 (1974) 251–292

Christ, K., Krise und Untergang der römischen Republik, Darmstadt 1979

Christ, K., Sulla. Eine römische Karriere, München 2002

Cluett, R., The continuators. Soldiering on, in: Griffin (2009) 192–205

Collins, J. H., Caesar as political propagandist, in: Temporini, H. (Hg.), Aufstieg und Niedergang der römischen Welt, Bd. I,1, Berlin u. a. 1972, 922–966

Dahlheim, W., Julius Caesar. Die Ehre des Kriegers und die Not des Staates, Paderborn 2005

Dahlmann, H., Cicero, Caesar und der Untergang der res publica libera, Gymnasium 75 (1968) 337–355

Dahlmann, H., Clementia Caesaris, in: Rasmussen (1967) 32–47 [zuerst 1934]

Dangel, J., Stratégies de parole dans le discours indirect de César (De bello Gallico). Étude syntaxico-stylistique, in: Longrée, D. (Hg.), De usu. Études de syntaxe latine, Louvain-la Neuve 1995, 95–113

Deichgräber, K., Elegantia Caesaris. Zu Caesars Reden und Commentarii, Gymnasium 57 (1950) 112–123; auch in: Rasmussen (1967) 208–223

Diller, H., Caesar und Ariovist, Humanistisches Gymnasium 46 (1935) 189–202; auch in: Rasmussen (1967) 189–207

Dobesch, G., Caesar als Ethnograph, Wiener humanistische Blätter 31 (1989) 18–51

Dobesch, G., Caesar, Commentarii über den gallischen Krieg, Buch 1, Kapitel 1. Eine Sensation, Wiener humanistische Blätter 42 (2000) 5–43; auch in: Archaeologica Austriaca 84–85 (2000–2001) 23–39

Doblhofer, E., Caesar und seine Gegner Ariovist und Ambiorix. Zur Interpretation von BG I 35–36, 43–44, V 27, AU 10.5 (1967) 35–58

Drinkwater, J. F., Roman Gaul. The three provinces, 58 BC–AD 260, London u. a. 1983

Eden, P. T., Caesar's style. Inheritance versus intelligence, Glotta 40 (1962) 74–117

Elbern, S., Caesar. Staatsmann, Feldherr, Schriftsteller, Mainz 2008

Enenkel, K./Pfeijffer, I. L. (Hgg.), The manipulative mode. Political propaganda in antiquity. A collection of case studies, Leiden 2005

Erkell, H., Caesar und sein Glück, Eranus 42 (1944) 57–69; auch in: Rasmussen (1967) 48–60

Fischer, F., Caesars strategische Planung für Gallien. Zum Verhältnis von Darstellung und Wirklichkeit, in: Heftner, H./Tomaschitz, K. (Hgg.), Ad fontes, Wien (2004) 305–315

Fränkel, H., Über philologische Interpretation am Beispiel von Caesars Gallischem Krieg, in: Ders., Wege und Formen frühgriechischen Denkens, München 1960, 294–312 [zuerst 1933]; auch in: Rasmussen (1967) 165–188

Freyberger, B., Südgallien im 1. Jahrhundert v. Chr. Phasen, Konsequenzen und Grenzen römischer Eroberung (125–27/22 v. Chr.), Stuttgart 1999

Gaertner, J. F./Hausburg, B. C., Caesar and the Bellum Alexandrinum. An analysis of style, narrative technique and the reception of Greek historiography, Göttingen 2013

Gardner, J. F., The Gallic Menace in Caesars propaganda, Greece and Rome 30 (1983) 181–189

Gärtner, H.-A., Beobachtungen zu Bauelementen in der antiken Historiographie, besonders bei Livius und Caesar, Wiesbaden 1975

Gärtner, H.-A., Die *exempla* der römischen Geschichtsschreiber im Zeitalter des Historismus, in: Most, G. W. (Hg.), Historicization – Historisierung, Göttingen 2001, 223–239

Gelzer, M., Caesar als Historiker, in: Ders., Kleine Schriften, Bd. 2, Wiesbaden 1963, 307–335; auch in: Rasmussen (1967) 438–473

Gelzer, M., Caesar. Der Politiker und Staatsmann, Wiesbaden ⁶1960

Gelzer, M., Die Nobilität der römischen Republik, hg. J. von Ungern-Sternberg, Stuttgart ²1983 [zuerst 1912]

Gelzer, M., Pompeius. Lebensbild eines Römers, Stuttgart ²1959 [Ndr. 1984]

Gelzer, M., Vom römischen Staat, 2 Bde., Leipzig 1943 [zuerst 1920]

Gesche, H., Caesar, Darmstadt 1976

Glücklich, H.-J. (Hg.), Caesar als Erzählstratege, AU 33.5 (1990)

Glücklich, H.-J., Soldaten für Caesar? Vier Szenen aus den Commentarii, AU 33.5 (1990) 74–81

Görler, W., Caesar als Erzähler (am Beispiel von BG II 15–27), AU 23.3 (1980) 18–31

Görler, W., Die Veränderung des Erzählerstandpunktes in Caesars Bellum Gallicum, Poetica 8 (1976) 95–119

Görler, W., Ein Darstellungsprinzip Caesars. Zur Technik der Peripetie und ihrer Vorbereitung im Bellum Gallicum, Hermes 105 (1977) 307–331

Goudineau, C./Fellmann, R. u. a. (Hgg.), Caesar und Vercingetorix, Mainz 2000

Griffin, M. T. (Hg.), A companion to Julius Caesar, Oxford 2009

Gundolf, F., Caesar. Geschichte seines Ruhms, Berlin 1924

Gutenbrunner, S., Ariovist und Caesar, RhM 96 (1953) 97–101

Harmand, J., Une composante scientifique du Corpus Caesarianum. Le portrait de la Gaule dans le De Bello Gallico I–VII, ANWR I 3 (1973) 523–595

Heldmann, K., Sine ira et studio. Das Subjektivitätsprinzip der römischen Geschichtsschreibung und das Selbstverständnis antiker Historiker, München 2011

Henke, R., Jägerlatein in Caesars Bellum Gallicum. Original oder Fälschung?, Gymnasium 105 (1998) 117–142

Hering, W., C. Iulii Caesaris commentarii rerum gestarum vol. 1, Bellum Gallicum, Stuttgart u. a. 1987

Hering, W., Die Interpolation im Prooemium des Bellum Gallicum, Philologus 100 (1956) 67–99

Hering, W., Strabo über die Dreiteilung Galliens, Wiss. Zeitschrift der Univ. Rostock 4 (1954) 289–333

Heubner, F., Das Feindbild in Caesars Bellum Gallicum, Klio 56 (1974) 103–182

Hoffmann, W., Zur Vorgeschichte von Caesars Eingreifen in Gallien, AU 1.4 (1952) 5–22

Hölkeskamp, K.-J. (Hg.), Eine politische Kultur (in) der Krise? Die letzte Generation der römischen Republik, München 2009

Hölkeskamp, K.-J., Senatus populusque Romanus. Die politische Kultur der Republik – Dimensionen und Deutungen, Stuttgart 2004

Holzberg, N., Der Feldherr als Erzählstratege. Caesar über Caesar und die Germanen, in: Hose, M. (Hg.), Große Texte alter Kulturen. Literarische Reise von Gizeh nach Rom, Darmstadt 2004, 175–193

Holzberg, N., Die ethnographischen Exkurse in Caesars Bellum Gallicum als erzählstrategisches Mittel, Anregung 33 (1987) 85–98

Homeyer, H., Lukian. Wie man Geschichte schreiben soll, München 1965

Hutter, S., Vestis virum reddit. Zur Beurteilung des äusseren Erscheinungsbildes von Fremdvölkern in der Ethnographie der späten Republik und frühen Kaiserzeit, Bern u. a. 2002

Ihm, G., Die stilistische Eigenart des VII. Buches von Caesars Bellum Gallicum, Philologus Suppl. 6 (1892/93) 767–777

Jäkel, W., Der Auswanderungsplan der Helvetier. Interpretationen zu Caesar B. G. I,1–6, AU 4.1 (1952) 40–57

James, B., Speech, authority, and experience in Caesar, Bellum Gallicum 1.39–41, Hermes 128 (2000) 54–64

Jehne, M., Caesar, München 1997 [⁵2015]

Jervis, A., Gallia Scripta. Images of Gauls in Julius Caesar's Bellum Gallicum, Pennsylvania 2001

Klotz, A., Cäsarstudien. Nebst einer Analyse der Strabonischen Beschreibung von Gallien und Britannien, Leipzig u. a. 1910

Klotz, A., Der Helvetierzug, Neue Jahrbücher für das klassische Altertum 35 (1915) 609–632

Klotz, A., Geographie und Ethnographie in Caesars Bellum Gallicum, RhM 83 (1934) 66–96

Knoche, U., Caesars commentarii, ihr Gegenstand und ihre Absicht, Gymnasium 58 (1951) 139–160; auch in: Rasmussen (1967) 224–254 [zitiert nach Rasmussen]

Kohns, H. P., Der Verlauf der Nervierschlacht. Zu Caesar Bellum Gallicum II 15–27, Gymnasium 76 (1969) 1–17

Korb, S., Die römische Eroberung Britanniens von 55 v. Chr. bis 84 n. Chr., Osnabrücker Online-Beiträge zu den Altertumswissenschaften 4 (2001) 1–33

Koster, S., Certamen centurionum (Caes. Gall. 5.44), Gymnasium 85 (1978) 160–178

Koutroubas, D. E., Die Darstellung der Gegner in Caesars Bellum Gallicum, Heidelberg 1972

Kraus, C. S., Divide and conquer. Caesar, De bello gallico 7, in: Kraus, C. S./Marincola, J./Pelling, C. (Hgg.), Ancient historiography and its contexts, Oxford u. a. 2010, 40–59

Kraus, C. S., Reden und Schweigen in Caesars Bellum Gallicum, in: Fuhrer, T./Nelis, D. (Hgg.), Acting with words. Communication, rhetorical performance and performative acts in Latin literature, Heidelberg 2010, 9–30; englische Version in: Berry, D. H./Erskine, A. (Hgg.), Form and function in Roman oratory, Cambridge 2010, 247–263

Kraus, C. S., The bellum Gallicum, in: Griffin (2009) 159–174

Kremer, B., Das Bild der Kelten bis in augusteische Zeit. Studien zur Instrumentalisierung eines antiken Feindbildes bei griechischen und römischen Autoren, Stuttgart 1994

Latacz, J., Zu Caesars Erzählstrategie (BG I 1–29: Der Helvetierzug), AU 21.3 (1978) 70–87

Lieberg, G., Caesars Politik in Gallien. Interpretationen zum Bellum Gallicum, Bochum 1998

Lieberg, G., Epilogus vel retractatio. Quo consilio Caesar ‹Bellum Gallicum› ediderit, quaeritur, VoxLat 45 (2009) 351–352

Linke, B., Die römische Republik von den Gracchen bis Sulla, Darmstadt 2005

Lohmann, D., Bibracte – Lesermanipulation im Bellum Helveticum, AU 36.1 (1993) 37–52

Lohmann, D., Leserlenkung im Bellum Helveticum. Eine ‹kriminologische Studie› zu Caesar, B. G. I 15–18, AU 33.5 (1990) 56–73

Lund, A. A., Caesar als Ethnograph, AU 39.2 (1996) 12–24

Lund, A. A., Die Erfindung der Germanen, AU 38.2 (1995) 4–20

Maier, F., Caesar im Unterricht. Unterrichtsprojekte, Hilfsmittel, Textinterpretationen, Bamberg 1983 [³1992]

Maier, F., Die Nervierschlacht als Gestaltungsobjekt. Ein Beitrag zu Caesars Erzählstrategie im Bellum Gallicum, in: Neumeister, C. (Hg.), Antike Texte in Forschung und Schule, Frankfurt a. M. 1993, 173–180

Maier, F., Furor Teutonicus im Bellum Gallicum, in: Neukam, P. (Hg.), Motiv und Motivation, München 1993, 47–71

Maier, F., Herrschaft durch Sprache. Caesars Erzähltechnik im Dienste der politischen Rechtfertigung (BG IV 24–31), Anregung 33 (1987) 146–154

Maier, U., Caesars Feldzüge in Gallien (58–51 v. Chr.) in ihrem Zusammenhang mit der stadtrömischen Politik, Bonn 1978

Malitz, J., Die Historien des Poseidonios, München 1983

Malitz, J., Die Kanzlei Caesars – Herrschaftsorganisation zwischen Republik und Prinzipat, Historia 36 (1987) 51–72

Mannetter, D. A., Narratology in Caesar, Diss. Madison (DA 56, 1996, 4757A)

Meier, C., Caesar, Berlin 1982

Meier, C., Res publica amissa. Eine Studie zur Verfassung und Geschichte der römischen Republik, Frankfurt a. M. ³1997 [zuerst 1966]

Mensching, E., Caesars Bellum Gallicum. Eine Einführung, Frankfurt a. M. 1988

Mensching, E., Zu den Auseinandersetzungen um den Gallischen Krieg und der Considius-Episode (BG I 21–22), Hermes 112 (1984) 53–65

Meusel, H., C. Iulii Caesaris Commentarii De Bello Gallico, erklärt von F. Kraner, W. Dittenberger, H. Meusel, Bd. 1 (Buch 1–4) Berlin ¹⁷1913, Bd. 2 (Buch 5–7) Berlin ¹⁷1920, Bd. 3 (Buch 8 und Register) Berlin ¹⁷1920 (Nachdrucke 1960 ff.)

Mommsen, T., Römische Geschichte, 3 Bde., Leipzig 1854 ff.

Montgomery, H., Caesar und die Grenzen. Information und Propaganda in den Commentarii de Bello Gallico, SO 49 (1973) 57–92

Münzer, F., Caesars Legaten in Gallien, Klio 18 (1923) 200 f.

Münzer, F., Römische Adelsparteien und Adelsfamilien, Stuttgart 1920

Murphy, C. T., The use of speeches in Caesar's Gallic war. Caesar's indirect discourse reveals formally contrived speeches, CJ 45 (1949) 120–127

Mutschler, F.-H., Caesars Kommentarien im Spannungsfeld von sozialer Norm und individuellem Geltungsanspruch, in: Haltenhoff, A./Heil, A./Mutschler, F.-H., O tempora, o mores! Römische Werte und römische Literatur in den letzten Jahrzehnten der Republik, München u. a. 2003, 93–117

Mutschler, F.-H., Erzählstil und Propaganda in Caesars Kommentarien, Heidelberg 1975

Norden, E., Der Germanenexkurs in Caesars Bellum Gallicum. Die ethnographischen Abschnitte Caesars über Suebi und Germani (1920), in: Ders. (1920); auch in: Rasmussen (1967) 116–137

Norden, E., Die Germanische Urgeschichte in Tacitus' Germania, Stuttgart 1920 (Ndr. 1974) 84–97; auch in: Rasmussen (1967) 116–137

Nordling, J. G., Indirect discourse and rhetorical strategies in Caesar's Bellum Gallicum and Bellum civile, Wisconsin 1991

Nousek, D. L., Narrative style and genre in Caesar's Bellum Gallicum, Rutgers 2004

Oldsjö, F., Tense and aspect in Caesar's narrative, Uppsala 2001

Oppermann, H., Caesar, der Schriftsteller und sein Werk, Leipzig u. a. 1933

Oppermann, H., Caesars Stil, Neue Jahrbücher f. Wiss. und Jugendb. 7 (1931) 111–125

Oppermann, H., Probleme und heutiger Stand der Caesarforschung, in: Rasmussen (1967) 485–522

Patzer, A., Aulus Hirtius als Redaktor des Corpus Caesarianum. Eine grammatisch-historische Analyse der epistula ad Balbum, WJA 19 (1993) 111–130

Pausch, D. (Hg.), Stimmen der Geschichte. Funktionen von Reden in der antiken Historiographie, Berlin 2010

Pelling, C., Judging Julius Caesar, in: Wyke (2006) 3–26

Ploeger, H., Studien zum literarischen Feldherrnporträt römischer Autoren des 1. Jahrhunderts v. Chr., Kiel 1975

Porte, D., Vercingétorix. Celui qui fit trembler César, Paris 2013

Preiswerk, R., Sententiae in Caesars Commentarien, MH 2 (1945) 213–226

Radt, S., Strabons Geographika. Mit Übersetzung und Kommentar, 5 Bde., Göttingen 2006

Ramage, E. S., Aspects of propaganda in the De bello Gallico. Caesar's virtues and attributes, Athenaeum 91 (2003) 331–372

Ramage, E. S., The ‹bellum iustum› in Caesar's De Bello Gallico, Athenaeum 89 (2001) 145–170

Ramage, E. S., The populus Romanus, imperium, and Caesar's presence in the De bello Gallico, Athenaeum 90 (2002) 125–146

Rambaud, M., L'art de la déformation historique dans les commentaires de César, Paris 1953 [²1966]

Rambaud, M., L'espace dans le récit Césarien, in: Chevallier, R. (Hg.), Littérature Gréco-Romaine et géographie historique, Paris 1974, 111–129

Rasmussen, D. (Hg.), Caesar (Wege der Forschung), Darmstadt 1967

Rasmussen, D., Caesars Commentarii. Stil und Stilwandel am Beispiel der direkten Rede, Göttingen 1963

Rasmussen, D., Das Autonomwerden des geographisch-ethnographischen Elements in den Exkursen, in: Ders. (1967) 339–371; auch in: Ders. (1963) 79–104

Rawlings, L., Caesar's Portrayal of Gauls as Warriors, in: Welch/Powell (1998) 171–192

Reijgwart, E. J., Zur Erzählung in Caesars Commentarii. Der ‹unbekannte› Erzähler des Bellum Gallicum, Philologus 137 (1993) 18–37

Renger, C., Täuschung über Quantitäten oder Aufhellung von Qualitäten? Zu Methode und Absicht tendenziöser Darstellung in Caesars Bürgerkrieg, Gymnasium 92 (1985) 190–198

Richter, W., Achlis. Schicksale einer tierkundlichen Notiz (B. G. VI,27), Philologus 103 (1959) 281–296

Richter, W., Caesar als Darsteller seiner Taten. Eine Einführung, Heidelberg 1977

Riggsby, A. M., Caesar in Gaul and Rome. War in words, Austin 2006

Romm, J. S., The edges of the earth in ancient thought. Geography, exploration, and fiction, Princeton 1992

Rüpke, J., Gerechte Kriege – gerächte Kriege. Die Funktion der Götter in Caesars Darstellung des Helvetierzuges, AU 33.5 (1990) 5–13

Rüpke, J., Wer las Caesars bella als commentarii?, Gymnasium 99 (1992) 201–226

Schadee, H., Caesar's construction of Northern Europe. Inquiry, contact and corruption in De bello Gallico, CQ 58 (2008) 158–180

Schieffer, R., Die Rede des Critognatus (B. G. VII 77) und Caesars Urteil über den Gallischen Krieg, Gymnasium 79 (1972) 477–494

Schlicher, J. J., The development of Caesar's narrative style, CPh 31 (1936) 212–224

Scholz, U., Der commentarius und Caesars Commentarii, in: Neukam, P. (Hg.), Musen und Medien, München 1999, 82–97

Schönberger, O., Darstellungselemente in Caesars Bellum Gallicum 7,25–26, Gymnasium 95 (1988) 141–153

Schröder, B.-J., Titel und Text. Zur Entwicklung lateinischer Gedichtüberschriften. Mit Untersuchungen zu lateinischen Buchtiteln, Inhaltsverzeichnissen und anderen Gliederungsmitteln, Berlin u. a. 1999

Schulte-Holtey, G., Untersuchungen zum gallischen Widerstand gegen Caesar, Münster 1969

Schulz, M.-W., Caesar und Labienus. Geschichte einer tödlichen Kameradschaft. Caesars Karriere als Feldherr im Spiegel der Kommentarien sowie bei Cassius Dio, Appianus und Lucanus, New York u. a. 2010

Schulz, M.-W., Die Germanen und der Rhein als biologische Grenze. Ein roter Faden durch das Gesamtwerk des B. G., AU 41.4–5 (1998) 5–17

Seel, O., Ambiorix. Beobachtungen zu Text und Stil in Caesars Bellum Gallicum, in: Rasmussen (1967) 279–338 [zuerst 1960]

Seel, O., Caesar-Studien, Stuttgart 1967b

Seiffert, P., Celeritas Caesaris als Darstellungsprinzip im Bellum Gallicum, Pegasus-Onlinezeitschrift 2012 (2) 88–124

Sichermann, S., Caesars Aussagen zu Politik und Sozialstruktur der Gallier im Exkurs und im Bericht. Ein Vergleich, Erlangen 2007

Siebenborn, E., Bellum iustum. Caesar in der abendländischen Theorie des Gerechten Krieges, AU 33.5 (1990) 39–55

Sihler, E. G., C. Julius Caesar. Sein Leben nach den Quellen kritisch dargestellt, Leipzig 1912

Städele, A., Barbarenreden. Ein Beitrag zur Behandlung des römischen Imperialismus im Lateinunterricht, Anregung 27 (1981) 18–31

Stevens, C. E., The Bellum Gallicum as a work of propaganda, Latomus 11 (1952) 3–18, 165–179

Stiewe, K., Wahrheit und Rhetorik in Caesars Bellum Gallicum, WJA 2 (1976) 149–163

Stoeßl, F., Caesars Politik und Diplomatie im Helvetierkrieg, ESHG 8 (1950) 5–36

Storch, H., Feinddarstellung – Selbstdarstellung. Interpretierende Lektüre von B. G. IV 1–15, AU 36.6 (1993) 52–63

Strasburger, H., Caesars Eintritt in die Geschichte, München 1938

Strasburger, H., Caesar im Urteil seiner Zeitgenossen, Historische Zeitschrift 175 (1953), 225–264, ²1968 (= Studien zur Alten Geschichte, hg. W. Schmitthenner u. a., Bd. 1, Hildesheim 1982, 343–421)

Suerbaum, W., Caesar – rettender und Verderben bringender Kaiser-Name, DASiU 61.2 (2013) 6–18

Suerbaum, W., Zivilisten zwischen den Fronten. Die Mandubier vor Alesia (Caes. Gall. 7,78) und Muslime in Srebrenica. Ein Beispiel für (un)moralische Geschichtsschreibung, Anregung 43 (1997) 17–24

Syme, R., The Roman Revolution, Oxford 1939 (dt. Stuttgart 1957, überarbeitete und erweiterte Ausgabe München 1992 [danach zitiert]; neue Übersetzung Stuttgart 2003)

Szidat, J., Caesars diplomatische Tätigkeit im Gallischen Krieg, Stuttgart 1971

Thome, G., Zentrale Wertvorstellungen der Römer, 2 Bde., Bamberg 2000

Timpe, D., Caesars gallischer Krieg und das Problem des römischen Imperialismus, Historia 14.2 (1965) 189–214; auch in Baltrusch (2007) 107–135

Timpe, D., Entdeckungsgeschichte des Nordens in der Antike, RGA (Reallexikon der Germanischen Altertumskunde), Bd. 7 (1989) 307–389

Torigian, C., The Logos of Caesar's Bellum Gallicum, especially as revealed in its first five chapters, in: Welch/Powell (1998) 45–60

Treu, M., Zur clementia Caesars, MH 5 (1948) 197–217

Tsitsiou-Chelidoni, C., Macht, Rhetorik, Autorität. Zur Funktion der Reden Caesars und seiner Gegner in De Bello Gallico, in: Pausch (2010) 125–155

Vogel, A., Jahresberichte. 48: Strabon 1 & Strabon 2, Philologus 39 (1880) 326–351 & Philologus 41 (1882) 309–340, 508–531

Vogt, J., Caesar und seine Soldaten, AU 2.7 (1955) 53–73 [zuerst 1940]

Walser, G., Bellum Helveticum. Studien zum Beginn der Caesarischen Eroberung von Gallien, Stuttgart 1998

Walser, G., Caesar und die Germanen, Wiesbaden 1956

Walser, G., Caesars Entdeckung der Germanen und die Tendenz des Bellum Gallicum, Schweizer Beiträge zur allgemeinen Geschichte 11 (1953) 5–26

Welch, K., Caesar and his officers in the Gallic war commentaries, in: Welch/Powell (1998) 85–110

Welch K./Powell, A. (Hgg.), Julius Caesar as artful reporter. The war commentaries as political instrument, London 1998

Wightman, E. M., Gallia Belgica, Berkeley u. a. 1985

Will, W., Caesar, Darmstadt 2009

Will, W., Julius Caesar. Eine Bilanz, Stuttgart 1992

Will, W., Veni, vidi, vici. Caesar und die Kunst der Selbstdarstellung, Darmstadt 2008

Williams, J. H. C., Beyond the Rubicon. Romans and Gauls in republican Italy, Oxford 2001

Wimmel, W., Caesar und die Helvetier, RhM 123 (1980) 126–137 & RhM 125 (1982) 59–66

Wiseman, T. P., Clio's cosmetics. Three studies in Greco-Roman literature, Leicester 1979

Wiseman, T. P., The publication of the De bello Gallico, in: Welch/Powell (1998) 1–9

Wittke, A.-M./Olshausen, E./Szydlak, R., Historischer Atlas der antiken Welt, Stuttgart u. a. 2007

Wolters, R., Römische Eroberung und Herrschaftsorganisation in Gallien und Germanien. Zur Entstehung und Bedeutung der sogenannten Klientel-Randstaaten, Bochum 1990

Wülfing, P., Caesars Bellum Gallicum. Ein Grundtext europäischen Selbstverständnisses, AU 34.4 (1991) 68–84

Wyke, M. (Hg.), Julius Caesar in western culture, Oxford u. a. 2006

Wyss, E., Stilistische Untersuchungen zur Darstellung von Ereignissen in Caesars bellum Gallicum, Bern 1930

Zeitler, W. M., Zum Germanenbegriff Cäsars. Der Germanenexkurs im sechsten Buch von Caesars Bellum Gallicum, in: Beck, H. (Hg.), Germanenprobleme in heutiger Sicht, Berlin u. a. ²1998, 41–52

人名、地名索引

（此部分页码为德文原书页码，即本书页边码。）

引文位置索引

（横线前为引文在原始资料中的位置，横线后为引文在本书中的位置，即本书页边码。）

阿庇安：《内战》

Appian: Bürgerkriege 1, 22-S. 40

恺撒：《高卢战记》

Caesar: Bellum Gallicum 1, 1-S. 114; 1, 1, 1 f.-S. 173; 1, 1, 4-S. 174; 1, 1, 5-7-S. 178; 1, 2-1, 6-S. 114; 1, 2, 1-S. 212; 1, 2, 3-S. 115; 1, 6, 2-S. 116; 1, 7-S. 215; 1, 7, 1, 6-S. 117; 1, 8, 3-S. 209; 1, 10, 3-S. 182; 1, 10, 4-S. 215; 1, 11-S. 213; 1, 12, 4-7-S. 216; 1, 13 f.-S. 145 f.; 1, 14, 5-S. 217; 1, 21 f.-S. 183; 1, 21, 4-S. 183; 1, 22, 4-S. 183; 1, 28, 4-S. 213; 1, 28, 5-S. 128; 1, 29-S. 103; 1, 31, 3-S. 127; 1, 31, 3 ff .-S. 176; 1, 31, 11-S. 193; 1, 31, 12-1, 32, 5-S. 201; 1, 31, 14-S. 130; 1, 33, 2-S. 210, 219; 1, 35, 2-S. 131, 210; 1, 39, 1-S. 202; 1, 39, 2-7-S. 185; 1, 40, 1-15-S. 188 f.; 1, 41, 1-S. 186; 1, 43, 1-3-S. 202; 1, 43, 4-S. 131, 210; 1, 44, 10-11-S. 144; 1, 46, 4-S. 203; 1, 47, 4-S. 187; 1, 49, 1-S. 111; 1, 52-S. 112; 1, 52, 2-3-S. 111; 1, 54, 2 f.-S. 187; 2, 1, 1-S. 118; 2, 4, 5-10-S. 176; 2, 19, 8-21, 1-S. 134 f.; 2, 25-S. 119; 2, 25, 2-S. 181, 190; 3, 1, 3-S. 122; 3, 29, 2 f.-S. 137; 4, 1-S. 196; 4, 1, 8-S. 152; 4, 1, 9-S. 193; 4, 4-S. 196; 4, 5, 1-4, 6, 1-S. 196; 4, 10, 3-S. 239; 4, 13, 1-6-S. 197; 4, 17-S. 151; 4, 25-S. 124, 147, 148; 4, 33-S. 151; 4, 34, 5-S. 239; 5, 12, 2. 25, 4-S. 177; 5, 13-14-S. 151; 5, 30-S. 147; 5, 40-S. 160; 5, 43, 5-S. 160; 5, 44-S. 157 f.; 5, 45, 1-S. 160; 6, 8, 3 f.-S. 192; 6, 10-29（ohne 6, 11-28）-S. 152; 6, 11, 1 f.-S. 153; 6, 11-28-S. 151; 6, 12-S.

176; 6, 12, 1–5-S. 127; 6, 12, 6–9-S. 199 f.; 6, 27-S. 153 f.; 6, 28, 6-S. 154; 6, 44-S. 137 f.; 7-S. 176; 7, 1, 1-S. 217; 7, 3, 1-S. 227; 7, 4, 3-S. 220; 7, 4, 9 f.-S. 220; 7, 8, 2-S. 124; 7, 14, 5–9-S. 226; 7, 15, 1-S. 226; 7, 17, 3-S. 219; 7, 17, 4-7-S. 221; 7, 20-S. 147, 222; 7, 20, 12-S. 226; 7, 25-S. 223; 7, 26, 3–5-S. 223; 7, 28, 4-S. 224; 7, 31, 1 f.-S. 222; 7, 38-S. 147, S. 222; 7, 23, 5-S. 193; 7, 42 f.-S. 223; 7, 46, 4-S. 124; 7, 47, 1-S. 124; 7, 47, 5-S. 124; 7, 47, 5 f.-S. 224; 7, 47, 7-S. 124; 7, 48, 3-S. 224; 7, 50, 4-S. 124; 7, 52, 3–53, 1-S. 221 f.; 7, 54, 3 f.-S. 199; 7, 55, 2-S. 103; 7, 55, 7 f.-S. 227; 7, 63, 2-S. 222; 7, 64, 2 f.-S. 227; 7, 65-S. 127; 7, 71, 6-S. 220; 7, 76, 3-S. 229; 7, 76, 5 f.-S. 229; 7, 77, 3–16-S. 204–206; 7, 77, 6-S. 207; 7, 77, 12-S. 207; 7, 77, 14-S. 208; 7, 78, 3–5-S. 140; 7, 80, 2–5-S. 229; 7, 80, 4-S. 124; 7, 87 f.-S. 230; 7, 88, 1-S. 124; 7, 89, 3 f.-S. 138; 7, 90, 7 f.-S. 136

恺撒：《论类比》

Caesar: De Analogia Buch 1, Frg. 2 Klotz-S. 110

恺撒：《西班牙战争》

Caesar: Spanischer Krieg 19, 6-S. 56

卡西乌斯·迪奥：《罗马史》

Cassius Dio: Römische Geschichte 40, 40, 3-S. 140; 40, 41, 1-S. 139

卡图卢斯：《诗歌》

Catull: Gedichte 11, 9–12-S. 84

西塞罗：《致阿提库斯书》

Cicero: Briefe an Atticus 1, 19-S. 90; 1, 19, 2-S. 210, 219; 2, 1, 1-S. 90; 2, 1, 1–2-S. 107 f.; 2, 1, 8-S. 70; 2, 18, 1 f.-S. 76; 2, 20, 3 f.-S. 76; 2, 21, 4-S. 75; 5, 20-S. 102; 9, 7 c-S. 241

Fronto: An den Kaiser Verus 2, 1-S. 105

格列乌斯：《阿提卡之夜》

Gellius: Attische Nächte 1, 10, 4-S. 110

桂尔勒：1976 年

Görler, 1976 S. 101-S. 180

甘道夫：1924 年

Gundolf, 1924 S. 10-S. 105

希尔提乌斯：《高卢战记》第 8 卷

Hirtius: Bellum Gallicum 8. Buch, Vorrede 4-S. 106; 5 f.-S. 94;
    6-S. 102, 106; 8, 1, 1-S. 230; 8, 44, 1 f.-S. 240

耶讷：2015 年

Jehne, 2015 S. 39-S. 49; S. 15-S. 55; S. 35-S. 70

尤斯蒂努斯

Justin 43, 12-S. 103

李维：《建城以来史》

Livius: Seit der Gründung Roms 30, 12 ff .-S. 156

门辛：1988 年

Mensching, 1988 S. 72 f.-S. 129; S. 80 f.-S. 111

蒙森：1854 年

Mommsen, 1854 ff . Bd. 3, S. 273-S. 83; S. 436-S. 15, 78; S.
    569-S. 106

奥普曼：1960 年

Oppermann, 1960 S. 482-S. 123

奥罗修斯：《反异教史》

Orosius: Geschichte gegen die Heiden 6, 7, 2-S. 116

普林尼：《博物志》

Plinius: Naturgeschichte 7, 91-S. 81

普鲁塔克：《恺撒传》

Plutarch: Caesar-Vita 1-S. 55; 2-S. 45, 50, 68; 3-S. 62; 11-S. 64;

13 f.-S. 69; 17, 4–7-S. 81; 22-S. 198; 27, 8–10-S. 138 f.

普鲁塔克:《克拉苏传》

Plutarch: Crassus-Vita 2-S. 51, 68

普鲁塔克:《格拉古传》

Plutarch: Gracchus-Vita 5-S. 37

普鲁塔克:《庞培传》

Plutarch: Pompeius-Vita 25-S. 46; 47-S. 71, 74; 48-S. 72 f.

波利比乌斯:《历史》

Polybios: Historien 6, 53 f.-S. 58

昆提利安:《雄辩术》

Quintilian: Rhetorik 10, 1, 114-S. 105

拉姆鲍德:1953 年

Rambaud, 1953 S. 364-S. 162 f.

拉斯穆森:1963 年

Rasmussen, 1963 S. 28-S. 158; S. 156-S. 124 f.; S. 157-S. 125; S. 158-S. 178

里希特:1977 年

Richter, 1977 S. 97-S. 85; S. 99 f.-S. 169; S. 101-S. 171; S. 102 ff.-S. 212; S. 114-S. 214

撒路斯提乌斯:《朱古达战争》

Sallust: Jugurthinischer Krieg 31-S. 32; 41-S. 37

席尔:1967 年 b

Seel, 1967b S. 37 ff.-S. 154; S. 40-S. 155

圣希多尼乌斯·阿波黎纳里斯:《书信》

Sidonius Apollinaris: Briefe 4, 3, 6-S. 116; 9, 14, 7-S. 116

史蒂文斯:1952 年

Stevens, 1952 S. 169 ff.-S. 213

斯特拉波

Strabo 7, 293-S. 212

斯特拉斯伯格：1982 年，第 1 卷

Strasburger, 1982 Bd. 1, S. 412 f.-S. 106; S. 413-S. 16

苏埃托尼乌斯：《恺撒传》

Sueton: Caesar-Vita 1-S. 55; 2-S. 57; 4, 2-S. 57; 6-S. 59; 7-S. 64; 18, 1-S. 63; 19-S. 68; 20, 2-S. 77; 54, 2-S. 134; 56, 4-S. 102; 56, 5-S. 88, 110; 56, 6-S. 101; 56, 7-S. 88; 67-S. 181; 67, 1-S. 134; 71-S. 56; 72-S. 56; 77-S. 43, 53

塞姆：1992 年

Syme, 1992 S. 18 ff .-S. 27; S. 68-S. 53

塔西佗：《编年史》

Tacitus: Annalen 1, 1-S. 97; 4, 33-S. 150

塔西佗：《历史》

Tacitus: Historien 4, 42-S. 29

托莫：2000 年，第 1 卷

Thome, 2000 Bd. 1, S. 50-S. 30

修昔底德：《伯罗奔尼撒战争史》

Thukydides: Der Peloponnesische Krieg 1, 22-S. 141

大事年表

前 125~前 121 年	罗马山北高卢行省成立。
前 120~前 101 年	辛布里人和条顿人南迁。
前 107 年	赫尔维蒂部族的梯古林尼人击败了执政官卡西乌斯。
前 102/前 100 年	恺撒诞生。
前 73 年	恺撒成为军团指挥官。
前 70 年	庞培和克拉苏任执政官。
前 63 年	恺撒成为大祭司。
前 62 年	恺撒担任大法官。
前 61（60？）年	恺撒大法官任期届满，得到了远西班牙行省总督的职位； 阿利奥维斯塔在马格托布里加之役中战胜了爱杜依人； 阿洛布罗及人起义； 赫尔维蒂人奥吉托里克斯死亡。
前 61~前 58 年	赫尔维蒂人拟定迁移计划。
前 60 年	前三头组成（恺撒、庞培、克拉苏）； 爱杜依人狄维契阿古斯在罗马逗留。
前 59 年	恺撒和比布鲁斯担任执政官； 年初，恺撒通过农地法。
前 58~前 50 年	恺撒作为资深执政官驻于高卢。
前 58 年	罗马山北高卢行省起义； 年初，恺撒从罗马启程； 夏季，赫尔维蒂人在比布拉克投降； 恺撒击败阿利奥维斯塔。
前 57 年	年初，恺撒向比尔及人进军； 秋季，西北方海岸边的部族被 P. 李锡尼·克拉苏斯击败。

前 56 年	恺撒和庞培的卢卡会议; 和西北海岸的城邦国家作战; P. 李锡尼·克拉苏斯击败了阿基坦人; 夏末,恺撒对莫里尼人和门奈比人的征战无功而返。
前 55 年	庞培和克拉苏担任执政官; 冬季,乌西彼得人和登克德里人渡过莱茵河; 春季和夏季,和日耳曼人作战; 恺撒第一次渡过莱茵河; 恺撒第一次远征不列颠。
前 54 年	处死爱杜依人杜诺列克斯; 夏季,第二次远征不列颠,横渡泰晤士河,拿下卡西维拉努斯的城池; 中部和西北部高卢爆发动乱; 冬季,厄布隆尼人在安比奥里克斯率领之下起义; 罗马副将撒比努斯和科塔的部队覆灭。
前 53 年	春季,征服纳尔维人和门奈比人,拉比努斯战胜特雷维里人; 第二次渡过莱茵河; 夏季,日耳曼部落攻击了罗马人在阿杜亚都契的营地; 对厄布隆尼人发起复仇之战,安比奥里克斯逃亡; 秋季,处决森农内斯人阿克果。
前 52 年	春季,高卢部族在维钦托利率领下起义; 恺撒围攻并夺下阿瓦利肯城; 夏季,阿莱西亚战役,维钦托利投降; 征服爱杜依人和阿浮尔尼人。
前 51 年	春季,征服贝洛瓦契人; 夏季,战胜杜姆奈克斯; 征服卡努腾人。

前 50 年	把高卢行省交给拉比努斯。
前 49 年	渡过卢比孔河； 恺撒和庞培之间爆发内战。
前 48 年	夏季，恺撒失利于迪尔拉奇乌姆（Dyrrhachion）； 恺撒在法萨卢斯（Pharsalos）战胜庞培； 秋季，庞培被杀。
前 47 年	占领亚历山大城。
前 46 年	恺撒在塔普苏斯（Thapsus）战胜共和派。
前 45 年	恺撒在蒙达（Munda）战胜共和派； 恺撒成为终身执政官*。
前 44 年	3 月 15 日恺撒遇刺。

* 应为公元前 44 年成为终身执政官。——译者注

地图:恺撒任资深执政官时的高卢
(前58~前50年)

(本地图为德文原书插附地图)

- 山南高卢
- 山北高卢
- 由恺撒征服的地区
- ⋯⋯ 部族之间的界线(根据《高卢战记》
  第1卷第1节第1行起)
- ✕ 战役

地图：恺撒任资深执政官时的高卢（前58~前50年）

图书在版编目（CIP）数据

发明历史：《高卢战记》中的史实与欺骗 /（德）
马库斯·绍尔（Markus Schauer）著；翁庆园译. -- 北
京：社会科学文献出版社，2022.10
ISBN 978-7-5228-0154-4

Ⅰ.①发… Ⅱ.①马… ②翁… Ⅲ.①高卢战争 – 研
究 Ⅳ.①K126

中国版本图书馆CIP数据核字（2022）第090508号

发明历史：《高卢战记》中的史实与欺骗

著　　者 /〔德〕马库斯·绍尔（Markus Schauer）
译　　者 / 翁庆园

出 版 人 / 王利民
组稿编辑 / 段其刚
责任编辑 / 周方茹
文稿编辑 / 陈嘉瑜
责任印制 / 王京美

出　　版 / 社会科学文献出版社·联合出版中心（010）59367151
　　　　　　地址：北京市北三环中路甲29号院华龙大厦　邮编：100029
　　　　　　网址：www.ssap.com.cn
发　　行 / 社会科学文献出版社（010）59367028
印　　装 / 北京盛通印刷股份有限公司

规　　格 / 开　本：889mm×1194mm 1/32
　　　　　　印　张：11.875　字　数：200千字
版　　次 / 2022年10月第1版　2022年10月第1次印刷
书　　号 / ISBN 978-7-5228-0154-4
著作权合同
登 记 号 / 图字01-2018-7133号
审 图 号 / GS（2022）4494号
定　　价 / 72.00元

读者服务电话：4008918866